D1832674

लोकल से ग्लोबल

इंडियन कॉरपोरेट्स

लोकल से ग्लोबल

इंडियन कॉरपोरेट्स

प्रकाश बियाणी

कमलेश माहेश्वरी

राजकमल प्रकाशन

ISBN : 978-81-267-1938-9

मूल्य : ₹ 1500

© प्रकाश बियाणी

दूसरा संस्करण : 2011
पहली आवृत्ति : 2022

प्रकाशक : राजकमल प्रकाशन प्रा.लि.
1-बी, नेताजी सुभाष मार्ग, दरियागंज
नई दिल्ली-110 002

शाखाएँ : अशोक राजपथ, साइंस कॉलेज के सामने, पटना-800 006
पहली मंजिल, दरबारी बिल्डिंग, महात्मा गांधी मार्ग, प्रयागराज-211 001
36-ए, शेक्सपियर सरणी, कोलकाता-700 017

website: www.rajkamalprakashan.com
email: info@rajkamalprakashan.com

आकल्पन : नरेन्द्र मोर्य/राजेश पवार

मुद्रक : बी.के. ऑफसेट
नवीन शाहदरा, दिल्ली-110 032

LOCAL SE GLOBAL
by Prakash Biyani/Kamlesh Maheshwari

माँ को

प्रकाश बियाणी
सुनीता बियाणी

यह पुस्तक क्यों

तैयार है हिंदुस्तान

सन् 1947 में हम सबने यह स्वप्न सँजोया था कि आजाद भारत ऐसा स्वावलंबी राष्ट्र होगा, जहाँ हरेक को रोटी, कपड़ा और मकान ही नहीं, शिक्षा, सफाई व स्वास्थ्य उपलब्ध होगा। 15 अगस्त को लालकिले की प्राचीर से हर साल देश के एक दर्जन प्रधानमंत्री द्वारा यह संकल्प दोहराया गया, पर ऐसी नहीं हुआ बल्कि हमें उनसे मिले आर्थिक क्रियाकलापों पर 'प्रतिस्पर्धा-प्रतिरोधक प्रतिबंध' और करों में ऐसी बढ़ोतरी जो धनोपार्जन को हतोत्साहित करे या बेईमान बनाए।

निःसंदेह आजाद भारत के पहले प्रधानमंत्री पंडित जवाहरलाल नेहरू एक स्वप्नदर्शी महान नेता थे, पर वे अपने संगी-साथी व अफसरशाही के मनमानस में देशहित में ईमानदारी से काम करने की इच्छाशक्ति विकसित नहीं कर पाए। यही नहीं, दुर्भाग्य से देश के आर्थिक विकास के लिए पं. नेहरू ने 'रशियन मॉडल' अपनाया। प्रतिबंधित अर्थव्यवस्था वाली इस प्रणाली के अनुसार 'धनोपार्जन सामाजिक अपराध है।' परिणाम...देश में प्रतिस्पर्धा का माहौल नहीं जन्मा और उद्योग जगत ने 'माइंड सेट' बना लिया कि देश के आर्थिक विकास में उनकी कोई जरूरत नहीं है। आर्थिक विकास का सारा बोझ सरकारी क्षेत्र की इकाइयों पर आ गया। उन्हें सारे संसाधन और संरक्षण तो उपलब्ध थे, पर किसी से भी प्रतिस्पर्धा न होने से वे राजनेताओं और अफसरशाही के लिए 'सोने की खान' व श्रमिकों के लिए 'सैरगाह' बन गईं। भारत एक गैर-प्रतिस्पर्धी 'आईलैंड' बनकर रह गया।

सन् 1966 में कांग्रेसी नेताओं ने इंदिरा गांधी को 'गूँगी गुड़िया' मानकर प्रधानमंत्री बनाया। उनका पूरा ध्यान अपना जनाधार बढ़ाने पर लग गया। वे ऐसा कुछ करना चाहती थीं कि उनकी जनछवि निखरे। इंदिरा गांधी ने शॉर्टकट चुना और लोक-लुभावना नारा दिया—'गरीबी हटाओ'। गरीबी मिटाने के नाम पर प्रतिबंधों का नया दौर शुरू हुआ। राजनेताओं व अफसरों की सम्प्रभुता इतनी प्रबल व प्रखर हो गई कि देश में उद्योग स्थापना और संचालन टेढ़ी खीर हो गया। उद्योग स्थापना के लाइसेंस मिलने मात्र से ही भारी कमाई होने लगी। उद्योगपतियों का समय व ऊर्जा दिल्ली की हवाई यात्राओं व मंत्रालयों के गलियारों में खर्च होने लगी। देश की सारी वाणिज्यिक गतिविधियाँ एक निर्धारित चक्रव्यूह (सर्किल) में सिमटकर रह गईं। गैर-प्रतिस्पर्धी औद्योगिक माहौल व अराजक मार्केट में उपभोक्ताओं का खूब शोषण हुआ। सारा देश अभावों में जिया। उत्पादन पर सरकारी नियंत्रण होने के कारण हमने तब रोजमर्रा की छोटी-छोटी चीजों के लिए भी लम्बी प्रतीक्षा की। यही नहीं, सरकारी खर्च बढ़ने से उसकी पूर्ति के लिए हर स्तर पर नियंत्रण

व हर बजट में कर बढ़ते गए। करों की दर इतनी हो गई कि ईमानदारी से कर्ज चुकाओ तो अपनी कमाई की खुरचन से भी वंचित हो जाओ। देश में ब्लैक मनी का समानांतर आर्थिक ढाँचा खड़ा हो गया।

अमीरी ऐसा मानवाधिकार है, जो माँगने से नहीं मिलता

इस लूट से जन्मे जनाक्रोश से बचने के लिए दोषी लोगों ने वाणिज्यिक समुदाय पर दोषारोपण किया। उन्हें मुनाफाखोर, कर-चोर व समाजशोषक बनाकर पेश किया। देश में एक कृत्रिम माहौल बना– 'धन कमाना बुराई है।' सोची-समझी साजिश के साथ इस सोच को जनसाधारण के मन-मानस में बिठाया गया। याद करें वे हिंदी फिल्में जिनमें गरीबी को ग्लैमराइज्ड किया जाता था और मिल मालिकों को गरीबों का दुश्मन बताया जाता था। और याद करें स्कूली पाठ्यक्रम के वे निबंध जिनका सार था–'सादा जीवन जिएँ, कम कमाएँ, कम खाएँ, मोटा पहनें, पैदल चलें।' ये बातें केवल किताबी आदर्श अपवाद या विवशता हो सकती हैं। एक साधारण गृहस्थ की तो सबसे पहली व सबसे बड़ी चाह होती है सम्पूर्ण परिवार को आर्थिक सुरक्षा व सम्पन्नता।'धनोपार्जन पाप है' वाले सोच ने देश की जो दुर्दशा की, उसे धीरूभाई अम्बानी ने इन शब्दों में पूरी बेबाकी से व्यक्त किया है कि 'जो समाज धनोपार्जन करने वालों को कोसता है, वह दरिद्री में जीता है।'

सन् 1991 में हालात ऐसे हो गए कि विदेशी मुद्रा रिजर्व घटकर 1.1 बिलियन डॉलर रह गया। दुनिया के देश भारत को दिवालिया घोषित करें, इस अप्रिय स्थिति से बचने के लिए भारत सरकार ने बैंक ऑफ इंग्लैंड के पास 25 टन सोना गिरवी रखकर 20 करोड़ डॉलर जुटाए। यह समस्या का फौरी निदान था। नरसिंहराव सत्तारूढ़ हुए तो चाणक्य सी चतुराई दिखाते उन्होंने अध्यापक से ब्यूरोक्रेट बने डॉ. मनमोहनसिंह को नॉर्थ ब्लॉक सौंपा। देश के पहले टेक्नोक्रेट (वित्त विशेषज्ञ) वित्तमंत्री ने देश को आर्थिक स्वतंत्रता देने की जोखिम उठाई। देश की अर्थव्यवस्था ने करवट लेना शुरू किया।

सन् 1991 के बाद उद्योग जगत को कब, कैसे व कितनी आजादी मिली, इससे ज्यादा महत्वपूर्ण है जनमानस का 'माइंड सेट' बदलना। उदारीकरण व नियंत्रणमुक्ति के साथ प्रतिस्पर्धा की जो तीखी व तीव्र आँधी आई, वह सबसे पहले हमारे इस सोच को समेट ले गई कि धन कमाना बुराई है। उद्योग स्थापना व संचालन के लिए आसानी से पूँजी उपलब्ध होने एवं 'लाइसेंस' नहीं, बल्कि नए 'बिजनेस आइडिया' उद्योग की स्थापना व सफलता की बुनियाद बन गए तो न्यू जनरेशन उद्यमियों ने पूरे जोश के साथ मैदान सँभाल लिया। स्थापित उद्योगपतियों ने भी तकनीकी उन्नयन और कारोबार विस्तार पर भारी निवेश किया। फलत: भारतीय उद्योगपति बहुराष्ट्रीय कम्पनियों का देशी-विदेशी मार्केट्स में मुकाबला करने लगे। जनमानस का सोच बदलने और भारतीय उद्योगपतियों के प्रतिस्पर्धी होने के कई प्रेरक व रोचक उदाहरण हैं, जैसे : नारायण मूर्ति जैसे उद्यमी मिसाल हैं कि बिना पूँजी व बिना संरक्षण (गॉड फादर) मध्यवर्गीय शिक्षित उद्योग स्थापित कर सकते हैं।

—अजीम प्रेमजी या आनंद महिन्द्रा जैसे उद्यमियों ने साबित किया कि भारत में भी ईमानदारी व नैतिकता के साथ कारोबार करके 'बिलेनियर' बन सकते हैं।

—रतन टाटा या कुमारमंगलम बिड़ला ने अपने थके उद्योगों को 'लोकल से ग्लोबल' बनाया।

—सुनील भारती मित्तल, किशोर बियाणी या अशोक पाटनी ने साबित किया कि उत्पादन व सेवा की लागत व अपना मुनाफा घटाकर भीषण प्राइज वॉर जीत सकते हैं।

—धूत व बजाज बंधु या डाबर व मुंजाल परिवार फैमिली रन बिजनेस को प्रोफेशनली मैनेज्ड बनाने की बेहतरीन मिसाल है।

—देशबंधु गुप्ता ने पहली पारी की हार को दूसरी पारी की जीत की बुनियाद बनाया है।

—डॉ. विजय माल्या या सुधीर अग्रवाल ने साबित किया कि वे मायावी कारोबार के सफल संचालन की मिसाल हैं।

—यूसुफ के. हमीद या डॉ. अंजी रेड्डी जैसे उद्यमी पैरेंट कानूनों को बैसाखी बनाकर फार्मा उद्योग में मुनाफाखोरों के लिए वैश्विक चुनौती बन गए हैं।

—सुभाष चंद्रा, अनिल अग्रवाल या गोविंदभाई काकड़िया ने साधारण शिक्षा के बावजूद विश्वव्यापी कारोबार स्थापित किए।

देश के उद्योग जगत के ध्वजारोहक भारतीय उद्योगपतियों की यह सूची बहुत लम्बी है, जो उदारीकरण के पहले दशक में सदियों की गुलामी और पचास साल के प्रतिबंधित माहौल में सुप्त हो चुकी उद्यमशीलता के उत्प्रेरक हैं। ध्यान दें कि उदारीकरण के दूसरे दशक में जब इन भारतीय उद्यमियों ने मजबूती से मोर्चा सँभाला तो सारी दुनिया कहने लगी है कि सावधान! सोया टाइगर (भारत) जाग गया है। यह कथन अतिशयोक्ति नहीं है।

सन् 2008 में लेहमन ब्रदर्स के दिवालिया होने के बाद वैश्विक अर्थव्यवस्था चरमरा गई तो भारतीय कम्पनियों की निर्यात आय व मुनाफा भी घटा। भारतीय शेयर मार्केट ने (बीएसई सूचकांक 21 हजार से 8000 के स्तर) भी गोता लगाया पर आज दोनों ही पुराने दौर में लौट आए हैं। सन् 1991 में जो अंतरराष्ट्रीय मुद्राकोष हमारी बाँहें मरोड़ रहा था, वह आज हमारी बैंकिंग प्रणाली के विकसित राष्ट्रों के लिए अनुकरणीय बताता है। कभी विदेशी कम्पनियाँ भारतीय कम्पनियाँ खरीदती थीं, आज भारतीय उद्योगपति विदेशी कम्पनियाँ खरीद रहे हैं। भारत आज दुनिया का दूसरा सबसे बड़ा मैन्यूफैक्चरिंग हब है।

अपने आसपास उन मध्यवर्गीय परिवार को देखें, जिन्होंने पचास साल अभावों में काटे थे, वे आज अच्छी जिंदगी जी रहे हैं। कभी पूरे परिवार के लिए वे एक स्कूटर का स्वप्न देखते थे, आज घर के हर वयस्क सदस्य का अपना वाहन है। नि:संदेह बदलाव की यह बयार अभी देश के ग्रामीण अंचल तक नहीं पहुँची है, पर उनके भी दिन बदलने लगे हैं। फूड प्रोसेसिंग सुविधा, सड़कों का नेटवर्क और सम्भावना अनुसार न्यूक्लियर पावर से 40 हजार मेगॉवाट अतिरिक्त बिजली पैदा होने लगेगी तो ग्रामीण आबादी का श्रम, समय और वेस्टेज घटेगा तथा आय बढ़ेगी। देश में आज कुशल-अकुशल श्रमिक और टेक्नोक्रेट्स की कमी नहीं है तो उनका आत्मविश्वास

भी इतना गगनचुम्बी हो गया है कि वे जीवनपर्यंत सुरक्षा देने वाली सरकारी नौकरी नहीं करना चाहते। 'ज्वॉइन टुडे-लीव टुमारो' के सूत्र पर चलते हुए उनके लिए नौकरी बदलना बड़ी सम्भावना की खोज है जो चारों तरफ प्रचुर मात्रा में फैली हुई है। सच यह है कि देश में आज बेरोजगारी नहीं है, बेरोजगार हैं। बेरोजगार भी वे हैं जो 'इजी मनी' चाहते हैं, जबकि अमीरी मानवाधिकार है, पर इसे कोई किसी को तश्तरी में भेंट नहीं करता।

संक्षेप में कहें तो 'चलता है' वाले सोच से हम भारतीय मुक्त होने लगे हैं। 'हम भी कर सकते हैं' यह कहना और करना हम सीख गए हैं। देश की अर्थव्यवस्था को उन्मुक्त उड़ान के लिए पंख मिले तो दो दशक में वह करिश्मा हो गया, जो कई सदियों में नहीं हुआ था।

भारतीय उद्योगपतियों पर केंद्रित सन् 2004 में प्रकाशित पुस्तक 'शून्य से शिखर' में हमने उदारीकरण के पहले दशक (1991-2000) को धुरी बनाया था। पाँच साल में शून्य से शिखर के 11 संस्करण प्रकाशित हुए। आपकी इस सराहना ने मनोबल बढ़ाया और हमने उदारीकरण के दूसरे दशक (2000-2010) को धुरी बनाकर यह पुस्तक 'लोकल से ग्लोबल–इंडियन कॉरपोरेट्स' तैयार की। इस पुस्तक के लिए मैंने और मेरे सहलेखक कमलेश माहेश्वरी ने 50 उद्योगपतियों को चिह्नित किया और उनके करिश्मे लिपिबद्ध किए। राजकमल प्रकाशन द्वारा प्रकाशित इस पुस्तक का पहला हार्ड बाउंड संस्करण एक ही माह में बिक गया। यह इसका पेपर बैक संस्करण है। इसके अंग्रेजी, गुजराती और मराठी संस्करण भी शीघ्र ही प्रकाशित हो रहे हैं। विश्वास है कि पूर्व प्रकाशित पुस्तकों की तरह प्रबुद्ध पाठक 'लोकल से ग्लोबल...' को भी रोचक और प्रेरक पाएँगे और अपनी प्रतिक्रिया–अच्छी व बुरी–से अवगत करवाएँगे।

अंत में यह दोहराना प्रासंगिक होगा कि फ्री लांस लेखक की हैसियत से हमारे देश में मध्यवर्गीय जीवनयापन भी तब ही सम्भव है, जब शुभेच्छु मित्र-परिजनों का सम्बल मिले। मेरे ऐसे ही शुभेच्छु शख्स हैं–सुधीर अग्रवाल (डीबी कॉर्प), अशोक पाटनी (आर.के. मार्बल), प्रमोद फरक्या (विजिलेंस पब्लिसिटी), निशिथ शरण (यूथोपिया कंसल्टेंसी), अशोक गुप्ता (नेशनल इंडस्ट्रीज), पं. विजयशंकर मेहता (जीवन प्रबंधन समूह), रामप्रकाश शर्मा 'प्रभु' (ग्राम संस्कृति), गुरवीरसिंह चावला (कॉरपोरेट छत्तीसगढ़)। अपनी पुत्रियों अंशु व अंचल से मुझे दो दामाद-पुत्र-मनीष भाटी व कमलेश माहेश्वरी की सौगात मिली है, जो मुझे चिंतामुक्त लेखन का सुअवसर प्रदान करते हैं। इस पुस्तक की प्रसव पीड़ा में मेरी पत्नी सुनीता बियाणी के साथ भागीदार बने हैं मेरे दो सहयोगी मित्र–नरेन्द्र मौर्य व पी. नीलेश।

हम माँ सरस्वती के चरण-कमलों में विनम्रता के साथ अर्पित कर रहे हैं।

प्रकाश बियाणी

'सुरभि' 34, रविनगर (श्रीनगर एक्सटेंशन), इंदौर (म.प्र.)

मो. 93032 23928/98930 23928/ 0731-2560777

E-mail ; prakashbiyani@yahoo.co.in

लोकल से ग्लोबल : एक रिमाइंडर

कॉरपोरेट जगत की मशहूर मैगजीन 'फोर्ब्स' की ताजा सूची में दुनिया के पाँच सबसे अमीर लोगों में दो भारतीय मूल के उद्योगपति–मुकेश अंबानी और लक्ष्मीनिवास मित्तल हैं...दुनिया की सबसे सस्ती 'नैनो कार' बनाने वाले रतन टाटा को मशहूर रीडर्स डाइजेस्ट मैगजीन के सर्वे के अनुसार सर्वाधिक विश्वसनीय व्यक्ति के रूप में जगह मिली है...मुम्बई में जन्मे उद्योगपति संजीव मेहता ने ब्रिटेन की उस ईस्ट इंडिया कम्पनी को खरीद लिया है, जिसने भारत पर कई दशकों तक शासन किया था...देश की सबसे प्रतिष्ठित आईटी कम्पनी इन्फोसिस के संस्थापक एन.आर. नारायण मूर्ति को श्रीलंका के राष्ट्रपति महिन्द्रा राजपक्षे ने अपना अंतरराष्ट्रीय आईटी सलाहकार नियुक्त किया...ब्रिक देशों (ब्राजील, रूस, भारत और चीन) में विलय एवं अधिग्रहण (एम एंड ए) सौदों के लिए भारत दूसरा सबसे पसंदीदा बाजार है...लंदन के 'द संडे' टेलीग्राफ नामक अखबार की एक रिपोर्ट के मुताबिक भारत ब्रिटेन में सबसे बड़ा निवेशक देश बन रहा है। भारतीय कम्पनियाँ सालाना 140 से 150 ब्रिटिश कम्पनियों का अधिग्रहण कर रही हैं।

अब इन पाँच सवालों के जवाब सोचिए!

—आपको लगता है कि आर्थिक उदारीकरण के बाद हमारे देश में तरक्की की रफ्तार तेज हुई है?

—क्या आप देश और देशवासियों की तरक्की में देश के उद्योग जगत का योगदान मानते हैं?

—आपको लगता है कि आज भारत के उद्योगपति वे चीजें बना रहे हैं, जिनके लिए कभी विदेशों पर निर्भर थे?

—क्या आज आपको अपनी जरूरत की चीजों के लिए महीनों की 'वेटिंग' नहीं करनी पड़ती?

—क्या आप अपने बच्चों के लिए रतन टाटा या नारायण मूर्ति, किरण मजूमदार शॉ जैसे लोगों को प्रेरक मानते हैं?

इस दिमाग-पच्ची का उद्देश्य इतना है कि आप इस किताब के साथ सहज ढंग से जुड़ सकें। कहते हैं कि जीवन 10 फीसदी वह होता है, जो हम होते हुए देखते हैं, जबकि बाकी 90 फीसदी हमारी उन प्रतिक्रियाओं का परिणाम होता है, जो हम इसके प्रति दर्शाते हैं। यह परखी गई सच्चाई कॉरपोरेट जगत की उन 50 मशहूर हस्तियों पर भी लागू होती है, जिन पर यह पुस्तक केंद्रित है। आज हम उन्हें अपना रोल मॉडल मानते हैं, लेकिन क्यों? कुछ बरसों पहले की ही बात करें तो इनमें से कई के नाम न तो हम लोग जानते थे और न ही उनके प्रति हमारे मन में सम्मान की भावना थी। सम्भव है कि आज भी आपके लिए कई नाम अपरिचित और अनजाने हों। हो सकता है कि कुछ नाम तो आपने पहली बार ही सुने हों, लेकिन इससे फर्क नहीं पड़ता, क्योंकि किसी भी रूप या काल में इन ग्लोबल महानायकों को जानना और उनके जीवन से मिली जानकारी आपके लिए प्रेरणा बन सकती है।

हम सब कहते हैं कि दुनिया तेजी से बदल रही है, लेकिन सवाल यह है कि क्या हम खुद को उसके अनुरूप बदल पा रहे हैं? शायद नहीं, क्योंकि यदि ऐसा होता तो सम्भवत: आज कॉरपोरेट जगत हम गैर-अंग्रेजी पाठकों को इतना पराया नहीं लगता और न ही इसके महानायक परदेसी जैसे लगते। ऐसा क्यों है कि हम नेताओं के घोटाले, फिल्मी कलाकारों की गॉसिपें और क्रिकेट खिलाड़ियों के कीर्तिमान तो याद रखते हैं, पर हम अपने देश के महान उद्यमियों को नाम से या फोटो देखकर नहीं पहचान पाते? यकीन कीजिए कि सूचना-क्रांति के आज के दौर में जिसके पास सही ज्ञान है, वही बलवान है। तो ऐसे में यदि

हम अपने ही देश के उन महानायकों को नहीं जानते, जिन्हें बाकी दुनिया भारत की शान समझती है तो सोचिए कि घाटे में कौन है?

मैं आपके लिए दावा तो नहीं करता, लेकिन मैंने स्वयं अपने अंदर और अपने आसपास दर्जनों लोगों को सिर्फ और सिर्फ किताबें पढ़कर बदलते देखा है। मैंने देखा और परखा है कि एक आधे पेज की छोटी-सी बोध कथा पढ़ने से सम्पूर्ण इंसानी व्यक्तित्व या उसकी जीवनशैली बदल सकती है। मानना होगा कि शब्दों में अपार शक्ति होती है। और यदि वे किसी के जीवन संघर्ष से रूबरू कराते हों, तब तो अनमोल हो जाते हैं। इस किताब के हर शब्द का ध्येय यही है।

यह किताब न तो कोई प्रायोजित संकलन है और न ही यशोगाथा का कोई दस्तावेज, यह महज एक 'रिमाइंडर' है, जो हमें याद दिलाने आया है कि हमें कुछ और भी जानने और याद रखने की जरूरत है। इस जरूरत को मजबूरी न समझें, क्योंकि यह तो अपने आपमें ही एक उद्यम है।

हम चाहते हैं कि आप शून्य से शिखर और मुश्किलों से मंजिलों पर पहुँचे इन भारतीयों को जानें, समझें और उनके उद्यम को प्रेरणा बना लें। आप सीखें कि क्यों इन उद्यमियों ने घर-परिवार या सुरक्षा की ढाल यानी 'कम्फर्ट-जोन' छोड़ा और उद्योग से जुड़ी चुनौतियाँ स्वीकार कीं। आप उन हालात का जायजा भी लें, जिनमें इन लोगों ने संघर्ष किया और खुद को साबित किया। यह किताब एक मौका है कि हम कर्म-यज्ञ में जुटे रहने वाले इन लोगों को अपने करीब पाएँ और उनके परिवार व वंश-वृक्ष को जानें।

असफलताओं और मुश्किलों को प्रेरणा समझना हर एक के बूते की बात नहीं। यह सच है कि हर कोई रतन टाटा या धीरूभाई अंबानी नहीं बन सकता, लेकिन उनके जीवन से प्रेरणा तो ले ही सकता है। हमारी चाह है कि अपनी लोकल 'जमीन' से ग्लोबल 'दुनिया' में छा जाने वाले इन उद्योगपतियों को जानने का यह एक छोटा-सा उद्यम आपके जीवन के लिए भी सकारात्मक बदलाव का कारण बने।

शुभकामनाओं के साथ जीवन संघर्ष पर एक बोध कथा—

भट्ठी का मजदूर एक-एक कर कच्ची ईंटों को भट्ठी में सजा रहा था। उनमें से एक ईंट इस डर से काँपने लगी कि वह भट्ठी की तेज आग में जल जाएगी। 'डरो नहीं'—दूसरी ईंटों ने उसे समझाया। 'यह सौभाग्य तो मुश्किल से मिलता है, आग हमें तपाकर बड़े काम के लायक बनाती है।' पर उसने नहीं सुना और कतराकर बगल में पड़े घास के ढेर में छुप गई और भट्ठी में जाने से बच गई। जब कुछ दिन बाद पक्की ईंटों से मिली तो पक्की ईंटों ने उसके बारे में अफसोस जाहिर किया। लेकिन उसे यह देखकर कि उसकी सहेलियों का रंग थोड़ा लाल होने के सिवाय खास नहीं बदला है, उसने परवाह नहीं की। जल्दी ही ईंटों को ले जाने के लिए मजदूर आए। एक मजदूर ने उस कच्ची ईंट को देखकर पूछा—'अरे, यह यहाँ कैसे आ गई!' उन्होंने उसे उठाकर बाहर फेंक दिया। अपनी सहेलियों को खुशी-खुशी जाते देख कच्ची ईंट को बहुत अफसोस हुआ, पर अब अफसोस करने का कोई फायदा न था। वह यहाँ अलग अकेली और बेकार पड़ी रही। मौसम के थपेड़ों के कारण उसने धीरे-धीरे अपना आकार खो दिया.. और अंततः कीचड़ का एक लोंदा बन गई।

कमलेश माहेश्वरी

सम्पर्क-09320390340 / E-mail ; maheshwari.kamlesh@gmail.com

अनुक्रम

द ग्रेट रिस्क टेकर

धीरूभाई अंबानी

धीरूभाई जैसा रोमांचक जीवन बिरलों को मिलता है। उन्होंने जो सम्पदा कमाई, उसे सात पीढ़ी द्वारा सात युग में कमाना कठिन है। एक दिवास्वप्न बनकर भी वे सबको अनुकरणीय लगते हैं। क्या जादुई करिश्मा था उनके पास? इस सवाल का सरल जवाब है–नाम (धीरू), जन्म (निर्धन परिवार), शिक्षा (मात्र मैट्रिक), पहला रोजगार (300 रुपए की नौकरी), पहली चाह (गरीबी से मुक्ति) और सबसे बड़ी उपलब्धि (सम्पन्नता)...यानी वह सब जो हम हैं और हम होना चाहते हैं। लाइसेंस-परमिट राज का दौर हो या उदारीकरण का यह युग, दोनों धीरूभाई के बिना अधूरे लगते हैं। धीरूभाई अंबानी ने जितना यश कमाया, उतना ही अपयश भी। यही उन लोगों की नियति है, जो लीक से हटकर जीवन जीते हैं।

कुलीन उद्यमी

रतन टाटा

भारत रत्न जेआरडी टाटा ने सन् 1938 में जब टाटा समूह की बागडोर संभाली तब जमशेतजी टाटा द्वारा स्थापित यह उद्योग समूह कई क्षेत्रों में सक्रिय था। इसे देश का बहुप्रतिष्ठित उद्योग समूह बनाने के साथ 10,627 करोड़ रुपए सालाना टर्नओवर के साथ जेआरडी टाटा ने समूह की 80 कम्पनियां सन् 1991 में रतन टाटा को सौंपीं। रतन टाटा ने उदारीकरण के साथ जन्मी प्रतिस्पर्धा के लिए टाटा समूह को पुनर्गठित किया तो टैटले, कोरस और जगुआर लैंड रोवर जैसे अधिग्रहण करके स्वदेशी से विश्वव्यापी (लोकल से ग्लोबल) उद्योग समूह बना दिया। टाटा समूह सवा तीन लाख करोड़ रुपए के सालाना कारोबार के साथ साढ़े तीन करोड़ लोगों को रोजगार प्रदान कर रहा है।

ध्वजारोहक

कुमारमंगलम बिड़ला

देश के पहले बहुराष्ट्रीय उद्योगपति आदित्य विक्रम बिड़ला का अल्पायु में निधन हुआ, तब उनके पुत्र कुमारमंगलम की उम्र थी 28 वर्ष। कहा गया कि बिड़ला परिवार की यह इकाई भी हाशिए में चली जाएगी, पर कुमारमंगलम बिड़ला ने अपने पड़दादा (जी.डी. बिड़ला), दादा-दादी (बसंतकुमार व सरलादेवी बिड़ला) और मां-पिता (आदित्य व राजश्री बिड़ला) से सीखा है कि सुख में बौराए नहीं, दु:ख में घबराए नहीं। परिणाम! देश के बहुप्रतिष्ठित बिड़ला घराने का आज कोई नामलेवा बचा है तो वह है एवी बिड़ला समूह। तद्नुसार कुमारमंगलम बिड़ला ने साबित किया है। सूर्योदय हो इसलिए होता है सूर्यास्त...!

लौह-पुरुष

ओमप्रकाश जिंदल

ओमप्रकाश जिंदल ने अपने जीवनकाल में अपने चार पुत्रों के बीच कारोबार का खुला बंटवारा करते हुए कहा था—कुछ करोड़ इधर या उधर, क्या फर्क पड़ता है! पैसा तो परिवार में ही है। हमउम्र भाई साथ-साथ बड़े होते हैं, लड़ते-झगड़ते हैं, सुलह-समझौता होता है। सकारात्मक सोच का यह सिलसिला चलते रहना चाहिए। उनके निधन के बाद उनके पुत्रों ने मां सावित्रीदेवी जिंदल को एकमत से समूह का चेअरमैन चुन लिया। वे समूह की आर्नामेंटल चेअरमैन हैं, पर अपने स्वर्गीय पति के पदचिन्हों पर चलते हुए राजनीति के जरिये समाज सेवा भी कर रही हैं। विश्वविख्यात पत्रिका फोर्ब्स के सर्वे के अनुसार दुनिया के शीर्ष कुबेरों में सावित्रीदेवी जिंदल का क्रम 44वां है।

द टू प्रोफेशनल

केशुब महिन्द्रा/आनंद महिन्द्रा

देश के वयोवृद्ध उद्योगपति केशुब महिन्द्रा ने सन् 1964 में जब महिन्द्रा एंड महिन्द्रा का दायित्व संभाला था, तब समूह जीप असेंबलिंग करता था। उन्होंने समूह का कारोबार फैलाया और उदारीकरण के बाद अपने लिए 'बैक सीट' चुनते हुए आनंद महिन्द्रा को महिन्द्रा एंड महिन्द्रा (एम एंड एम) की जब बागडोर सौंपी, तब इस उद्योग समूह के हालात अच्छे नहीं थे। प्रोफेशनल मैनेजमेंट के साथ आनंद महिन्द्रा ने समूह को ऐसा बहुराष्ट्रीय बना दिया है कि आज दो दर्जन कम्पनियों के साथ दुनिया के कई देशों में समूह कारोबार कर रहा है। एम एंड एम के पूर्व प्रबंध निदेशक आर.के. पीताम्बर कहते हैं–Anand is not one to demand attention. He commands it.

हमारा बजाज

संजीव व राजीव बजाज

'मैं नंबर वन था, तुम भी नंबर वन बनो'–पिता की यह चुनौती राजीव व संजीव बजाज के लिए 'दिल्लगी' नहीं, 'दिल की लगी' बन गई। राहुल बजाज ने 25 साल में मात्र एक नया प्रोडक्ट (चेतक स्कूटर) लांच किया था, पुत्रों ने दस सालों में 25 से ज्यादा न्यू जनरेशन बाइक लांच करके पिता की चुनौती का जवाब दिया–पापा, आपने देश जीतने को कहा था, हम इससे भी बड़ा करिश्मा करना चाहते हैं। बजाज बंधुओं की निगाहें अब यूरोपियन व अमेरिकन मार्केट पर टिकी हुई हैं, जहां हाई एंड पावरफुल बाइक का चलन है। हमारा बजाज इंडोनेशिया, अर्जेंटीना, नाईजीरिया, ईरान में पहुंच गया है।

दिल से हिंदुस्तानी

हेनिंग हॉक लार्सन

'नेशनल सेक्टर' की एकमात्र बहुराष्ट्रीय कम्पनी लार्सन एंड टुब्रो के संस्थापक हेनिंग हॉक लार्सन सन् 1935 में भारत आए तो यहीं के होकर रह गए। इस यूरोपियन उद्यमी ने भारतीय संसाधनों से स्थापित एल एंड टी को अपने जीवनकाल में ही शेयरधारकों को लौटा दिया। उनका निधन हुआ तो एल एंड टी के स्टाफ ने उनका भारतीय विधि-विधान से दाह संस्कार किया। लार्सन का स्वप्न पूरा करते हुए एल एंड टी के सीएमडी ए.एम. नाईक ने इसे ऐसी कम्पनी बना दिया है, जो सारी दुनिया में इंजीनियरिंग, फैब्रिकेशन व कंस्ट्रक्शन के चुनौतीपूर्ण प्रोजेक्ट्स को निर्धारित समयावधि में पूरे करने के लिए मशहूर है।

फाइनेंस विजार्ड

दीपक पारीख

एचडीएफसी ने मध्यवर्गीय भारतीयों को सबसे पहले आसान शर्तों पर होम लोन्स देकर इस मार्केट में ऐसा एकाधिकार स्थापित किया है कि ताजा घमासान में भी इस मार्केट का आधे से ज्यादा हिस्सा आज भी उसके कब्जे में है। एचडीएफसी को सफलता का मंत्र 'Affection In lending' दीपक पारीख से मिला है। इस सूत्र पर चलते हुए एचडीएफसी ने गृह निर्माण कर्ज को जनसाधारण के लिए आसान बनाया और यह मार्केट इतना बड़ा कर दिया कि आज देश के सारे बैंक रिटेल कारोबार के लिए इस पर निर्भर है। इसी तरह दीपक पारीख जिस बेसिक सिद्धांत पर चलकर देश के यशस्वी वित्त विशेषज्ञ बने, वह है—ग्राहक का प्यार और विश्वास जीतो।

लम्बी पारी

ब्रजमोहन लाल मुंजाल

आम धारणा है कि एक पीढ़ी उद्योग/कारोबार शुरू करती है, दूसरी उसे स्थापित करती है और तीसरी पीढ़ी उपयोग करते हुए विभाजन की शुरुआत करती है। देश के विभाजन के बाद खाली हाथ आजाद भारत में फिर से कारोबारी पारी शुरू करने वाला मुंजाल परिवार आज दुनिया का सबसे बड़ा बाइसिकल व बाइक निर्माता है। संयुक्त मुंजाल परिवार के 21 सदस्य समूह की 15 कंपनियों, 300 से ज्यादा पार्ट्स सप्लायर्स, 5000 आउटलेट्स की देखरेख कर रहे हैं। समूह के 23 हजार कर्मचारी संतुष्ट हैं। इन चार भाइयों के इस संयुक्त परिवार में कभी कोई विवाद या विभाजन नहीं हुआ है तो इसका श्रेय ब्रजमोहन मुंजाल को है।

इंशा अल्लाह

यूसुफ के. हमीद

'सबको मिले जीवनरक्षक औषधियां'—इस संकल्प के साथ 75 साल पहले डॉ. ख्वाजा अब्दुल हमीद ने सिप्ला की स्थापना की थी। मुस्लिम पिता व यहूदी माँ की संतान यूसुफ के. हमीद पिता के पदचिन्हों पर चले और फार्मा उद्योग में पेटेंट कानून और उसके कारण होने वाली मुनाफाखोरी की खिलाफत करते हुए उन्होंने दुनिया की महारथी फार्मा कम्पनियों से खुली लड़ाइयां लड़ीं। मसलन वे जो एड्स काकटेल 12 हजार डॉलर में बेचते थे, उसका जेनेरिक वर्सन सिप्ला ने मात्र 300 डॉलर में बेचा। सिप्ला को गरीबों की दुआएं मिलीं। आज इसके प्रोडक्ट पोर्टफोलियो में 800 दवाएं हैं, जिनसे सारी दुनिया के गरीब लाभान्वित हो रहे हैं।

11

द पायोनियर

रायबहादुर मोहनसिंह ओबेराय

रायबहादुर मोहनसिंह ओबेराय ने अपने पुत्र पृथ्वीराजसिंह 'विक्की' को कभी इस हिदायत के साथ वर्ल्ड टूर पर भेजा था कि वे दुनिया की महंगी होटलों में रहें और देखें कि वे अतिथियों को कैसे ट्रीट करते हैं। कई वर्षों तक विक्की स्टार होटलों में रहे और विवाह के बाद ही परिवार के फॉर्म हाउस में शिफ्ट हुए। पिता ने पुत्र से तब कहा था–तुम स्मार्ट हो, इंटेलीजेंट हो, पर केवल स्मार्ट होने से कोई किसी का दिल नहीं जीत लेता। इसके लिए चाहिए सलीका व विनम्रता, जो होटल उद्योग की बेसिक जरूरत है। विक्की ने पिता से सबक सीखते हुए होश, होशियारी, हौसले और सलीके व विनम्रता से ओबेराय समूह को विश्वव्यापी बना दिया है।

क्रिस्टल क्लियर

अजीम प्रेमजी

पाकिस्तान बनने के बाद मनचाहा मंत्री-पद अस्वीकार करने वाले मोहम्मद हाशम प्रेमजी विप्रो के संस्थापक हैं। पिता के निधन के बाद 21 साल की उम्र में अजीम प्रेमजी विप्रो के चेअरमैन बने तो कम्पनी के शेयरधारकों ने कहा—आप अनुभवहीन हैं। कम्पनी किसी प्रोफेशनल को सौंप दें। अजीम प्रेमजी ने खाद्य तेल और साबुन बनाने वाली विप्रो को मल्टी प्रोडक्ट्स समूह बनाने के साथ दुनिया के आईटी सेक्टर में स्थापित किया, पर वे जड़ों से जुड़े रहे। आज वे आईटी साल्यूशंस, एफएमसीजी उत्पाद, लाइटिंग उपकरण, मेडिको उपकरण बेच रहे हैं और कहते हैं—पैसा कमाएं पर उसे समाज की बेहतरी के लिए भी खर्च करें।

रेडी टू टेक ऑफ

गौतम अदाणी

उद्यमशीलता की बात हो तो सबसे पहले कभी याद आते थे मारवाड़ी उद्यमी। धीरूभाई अम्बानी, करसनभाई पटेल और उत्तमभाई मेहता ने इस परंपरागत सोच में सेंध लगाई तो गौतम अदाणी जैसे गुजराती उद्यमी ने इस धारणा को पूरी तरह ध्वस्त कर दिया कि केवल मारवाड़ी ही दाँव लगाते हैं, जोखिम उठाते हैं। गौतम अदाणी अपनी कारोबारी यात्रा में आई हर बाधा को जड़ों से समाप्त करते हुए इतने तेज दौड़े हैं कि मात्र दो दशक में बन गए हैं गुजरात के न्यू जनरेशन इंटरप्रिन्योर पोस्टर बॉय...

अभिनंदनीय

एन.आर. नारायणमूर्ति

सन् 1981 में इन्फोसिस की स्थापना के लिए नारायणमूर्ति और उनके साथियों ने बड़ी मुश्किल से 10-10 हजार रुपए जुटाए थे। सन् 1989 में इन्फोसिस ने दुर्दिनों का सामना किया। मूर्ति ने मित्रों से कहा—सुरंग के दूसरे छोर पर हमेशा रोशनी होती है। भारतीय उद्योग प्रतिबंधमुक्त हुए, इन्फोसिस और आईटी उद्योग देश की अर्थव्यवस्था के ध्वजारोहक बन गए। इन्फोसिस के प्रमोटर्स आज बिलेनियर हैं तो हजारों इन्फोसियन मिलेनियर। नारायण मूर्ति ने साबित किया है कि भारत में भी ईमानदारी, पारदर्शिता व नैतिक मूल्यों के साथ व्यापार-व्यवहार किया जा सकता है और निर्धन युवक भी ज्ञान को पूँजी बनाकर असीम सम्पदा और अथाह मान-सम्मान अर्जित कर सकते हैं।

हम साथ-साथ

वेणुगोपाल धूत, राजकुमार धूत व प्रदीप धूत

इलेक्ट्रॉनिक्स मार्केट में मशहूर वीडियोकॉन समूह आज अपने देश के अलावा सूडान, जार्डन, यमन, यूक्रेन, ओपन, कनाडा व ऑस्ट्रेलिया में ऑइल व गैस खनन कर रहा है। वित्त विशेषज्ञ कहते हैं कि क्रूड ऑइल का मूल्य एक डॉलर बढ़ता है तो वीडियोकॉन समूह की आय 7.3 करोड़ रुपए बढ़ जाती है। वीडियोकॉन के सूत्रधार हैं वेणुगोपाल, राजकुमार व प्रदीप धूत, जिन्होंने एकजुटता के साथ फैमिली रन बिजनेस को प्रोफेशनली मैनेज्ड बनाने की मिसाल कायम की है। धूत परिवार की तीसरी पीढ़ी कारोबार में सक्रिय हो गई है, पर संयुक्त परिवार की परंपरानुसार वेणुगोपाल धूत ही समूह के सर्वेसर्वा हैं।

दुर्गपाल

बर्मन परिवार

गुलाम भारत में डाबर समूह जन्मा और लाइसेंस-परमिट राज में प्रौढ़ हुआ। उद्योगों की नियंत्रण मुक्ति (सन् 1991) के समय यह वयोवृद्ध (107 वर्ष) हुआ, पर आज भी युवा जोश के साथ मैदान में डटा हुआ है। संयुक्त बर्मन परिवार ने समय के साथ कदमताल करते हुए मूल आधार आयुर्वेद के अलावा समूह के कारोबार को ऐसा बहुआयामी व विश्वव्यापी बना दिया है कि बहुराष्ट्रीय कम्पनी यूनीलीवर तक को डाबर की नकल करनी पड़ी है। बर्मन परिवार ने आयुर्वेद को चूरण व चटनी उद्योग की पहचान से मुक्त किया है। डाबर इंडिया के बांग्लादेश, इजिप्ट, नाईजीरिया, नेपाल और पाकिस्तान में भी उत्पादन संयंत्र हैं।

दूसरों के लिए जीएँ

गोविंदभाई काकड़िया

डायमंड की पहचान है–Color (रंग/सुर्खी), Clarity (शुद्धता/स्वच्छता), Cut (तराशना/निखार), Carat (तौल/वजन)। भारतीय डायमंड उद्योग में एक ऐसा उद्यमी भी है, जिसने अपनी सुर्खी व शुद्धता खुद निखारी और अपना वजन इतना बढ़ा लिया कि वे भारतीय डायमंड उद्योग के ध्वजारोहक बन गए हैं। एक अत्यंत निर्धन परिवार में जन्मे अशिक्षित गोविंदभाई काकड़िया की कारोबारी यात्रा फिल्मी कहानी से भी ज्यादा रोमांचक है और यह प्रेरणा देती है कि जिस शख्स में भी डायमंड की तर्ज पर चार 'सी'–Courage (साहस), Credibility (विश्वसनीयता), Current (प्रवाह), Charity (उदारता) होती है, वे इतिहास का हिस्सा नहीं बनते, स्वयं इतिहास रचते हैं।

सुरा सम्राट

विजय माल्या

विजय माल्या देश के ऐसे हाई प्रोफाइल उद्योगपति हैं, जो स्पोर्ट्स व विंटेज कारों, रेसिंग हार्सेस, लक्झरी नौकाओं, फुटबॉल क्लब, क्रिकेट टीम, फॉर्मूला वन टीम व पॉश विलाज के लिए जाने जाते हैं। वे कहते हैं–'मैं किंगफिशर बीयर बेचता हूं, जिसका प्रतिनिधित्व स्विमिंग कास्ट्यूम ही कर सकता है, घाघरा नहीं। मुझे अपने ब्रांड से प्यार है, मैं उसे जीता हूं। वह दिन हर भारतीय के लिए भी गौरवशाली होगा, जब यूबी ग्रुप दुनिया का सबसे बड़ा (फिलहाल दूसरा क्रम) लिकर समूह हो जाएगा।' किंगफिशर बीयर की तरह किंगफिशर एयरलाइंस भी ऊंची उड़ान भरते हुए दुनिया के कई देशों तक पहुंच गई है। देश या दुनिया का मद्यपान प्रेमी हो या हवाई यात्री, वह जानता है कि किंगफिशर का क्रिएटर कौन है।

19

डिटरजेंट किंग

करसनभाई पटेल

'ड्रीमर विद डिफरेंस' करसनभाई ने साबित किया है कि मध्यवर्गीय व्यक्ति उद्यमी हो, जोखिम उठाए तो अपना खुद का उद्योग स्थापित कर सकता है और अपने महारथी प्रतिद्वंद्वी को थका सकता है। शर्त है प्रतिद्वंद्वी से बिना डरे उसकी कमजोरी पर हमला करो। वह बचाव करे तो और आक्रामक हो जाओ। हार-जीत का फैसला होने तक मैदान न छोड़ो। निरमा के पहले बहुराष्ट्रीय कम्पनियाँ लोकल ब्रांड की चिंता नहीं करती थीं, पर अब किसी लोकल ब्रांड के लांच होते ही उनके बोर्ड रूम्स में खतरे की घंटी बजने लगती है। करसनभाई पटेल ने निरमा के जरिये ब्रांड अध्ययन का सारा सोच बदल डाला है और साबित किया है कि भारतीय उपभोक्ताओं की मानसिकता समझना आसान नहीं है।

20

चाणक्य

समीर व विनीत जैन

बैनेट कोलमैन एंड कंपनी (टाइम्स ग्रुप) के वाइस चेअरमैन समीर जैन मीडिया मुगल हैं, पर मीडिया शॉय हैं। वे भारतीय समाचार-पत्र उद्योग के ऐसे कूटनीतिज्ञ हैं, जिन्हें जीत से ज्यादा अपने प्रतिद्वंद्वी को दौड़ाने व थकाने में मजा आता है। वे रणनीति बनाते हैं और उसका क्रियान्वयन बैक स्टेज से वॉच करते हैं। इसी रणनीति से समीर जैन ने बैनेट कोलमैन को भारतीय मीडिया वर्ल्ड की कैशरिच कम्पनी बनाया है। Act local but think global सोच वाले टाइम्स का सूत्र वाक्य है–There are no full stops in Times. बैनेट कोलमैन की चेअरपर्सन इंदु जैन का वैश्विक अमीरों की सूची (2010) में 36वां क्रम है।

21

द बॉक्सर

सुभाष चंद्रा

'जब आप जानते हैं कि आप नहीं जानते तो सफलता की सम्भावना बढ़ जाती है'–इस दिलचस्प बिजनेस मंत्र पर चलते हुए सुभाष चंद्रा ने हमेशा वह कारोबार किया, जिसका वे ककहरा नहीं जानते थे। अनाज आढ़तिए से इंटरटेनमेंट व इन्फोटेनमेंट क्षेत्र के अग्रणी उद्योगपति बनने वाले सुभाष चंद्रा ने मीडिया मुगल रूपर्ट मर्डोक से गुरिल्ला युद्ध लड़ा, जीता और जी टीवी को लोकप्रिय और कमाऊ सैटेलाइट चैनल बना दिया। बिना स्थानीय भागीदार चीन में मल्टी लेयर्ड लेमिनेटेड ट्यूब्स बनाने के संयंत्र स्थापित किए और दुनिया के दूसरे बड़े ट्यूब निर्माता बन गए। सुभाषजी कहते हैं–ठान लें तो भारतीय कुछ भी कर सकते हैं, वह भी दूसरों से बेहतर...!

फास्ट मूवर

सुनील भारती मित्तल

सोची-समझी जोखिम उठाना, दूर की सोचना और उसे द्रुत गति से लागू करना सुनील भारती की केवल रणनीति नहीं, वरन् स्वभाव है। मंजिल पर सबसे पहले पहुँचने की चाह में 'रफ व टफ' ड्राइविंग भी उन्हें डराती नहीं है। वे 'गति' को ही 'गंतव्य' मानकर हर प्रोजेक्ट शुरू करते हैं। भारतीय मोबाइल सेवा क्षेत्र के लीडर बनने के बाद एयरटेल को वे अब ग्लोबल ब्रांड बनाने जा रहे हैं। दक्षिण अफ्रीका की तीसरी सबसे बड़ी व बांग्लादेश की चौथी बड़ी सेल सेवा को अधिगृहीत करके सुनील भारती मित्तल ने बहुराष्ट्रीय उद्योगपति बनने की तैयारी शुरू कर दी है। दक्षिण अफ्रीका में प्राइस वॉर उनकी सफलता का सूत्र होगा, जिसमें वे पारंगत हैं।

स्ट्रीट स्मार्ट

सुधीर व समीर मेहता

टोरेंट ग्रुप को हेल्थ केअर के साथ-साथ पावर सेक्टर में स्थापित करके सुधीर व समीर मेहता ने साबित किया है कि वे योग्य पिता की सुयोग्य संतान हैं। फार्मा उद्योग में निर्यात आय घटने से 1990 के दशक में टोरेंट को दुर्दिनों का सामना करना पड़ा था। मेहता के बंधुओं ने न केवल फार्मा उद्योग में कम्पनी को पुनर्स्थापित किया, बल्कि एनर्जी सेक्टर में भी एंट्री ली। 1650 मेगावॉट जनरेशन क्षमता के साथ टोरेंट पावर अहमदाबाद, गांधीनगर व सूरत को 10 बिलियन यूनिट से ज्यादा विद्युत आपूर्ति कर रहा है। टोरेंट फार्मा की सहयोगी कम्पनी के ब्राजील में 20 उत्पाद लोकप्रिय हैं। जर्मनी में इसने 90 साल पुरानी एक फार्मा कम्पनी भी अधिगृहीत की है।

वाणिज्य विशारद

उदय कोटक

1990 के दशक के बाद देश में जितने बड़े अधिग्रहण/विलयन हुए, उनमें वाणिज्य विशारद (फाइनेंस विजार्ड) उदय कोटक ने प्रत्यक्ष-अप्रत्यक्ष मध्यस्थता की भूमिका निभाई है। विदेशी कम्पनियों ने भी भारत में जब भी 'बिग मनी' निवेश करना चाहा तो सबसे पहले उदय कोटक से परामर्श लिया। कोटक महिन्द्रा समूह का कारोबार आज भारत के अलावा मारीशस, सेनफ्रांसिस्को, लंदन, दुबई, न्यूयार्क और सिंगापुर तक फैला हुआ है। जिन निवेशकों ने 25 साल पहले उदय कोटक के वेंचर्स में एक लाख रुपए निवेश किए थे, वे आज करोड़पति हैं।

खेतिहर भूमिपुत्र

भँवरलाल जैन 'भाऊ साहब'

देश आजाद हुआ, तब हम थे 37 करोड़। देश की बहुसंख्यक आबादी खेती पर निर्भर थी। हमने किसानों को मॉडर्न खेती के गुर नहीं सिखाए और देश को भुखमरी का सामना करना पड़ा। सन् 1964 में हरित क्रांति ने हमें बचा लिया। सौ करोड़ से ज्यादा आबादी वाले देश को आज एक और हरित क्रांति की जरूरत है। भँवरलाल जैन ने जलगांव स्थित जैन एग्री पार्क में इसे साकार किया है। भँवरलाल जैन ने समूह का कारोबार अपने देश के साथ अमेरिका व इजराइल तक फैला दिया है और अब वे जैन इरिगेशंस को वन बिलियन डॉलर समूह बनाना चाहते हैं।

संजीवनी की खोज

डॉ. अंजी रेड्डी

डॉ. के. अंजी रेड्डी को बहुराष्ट्रीय फार्मास्युटिकल कम्पनियाँ 'ड्रग पायरेट' कहती हैं पर वे कहते हैं—कहने दें। उनकी वास्तविक परेशानी कुछ और है। हम भारत में दस गुना कम लागत पर जेनेरिक मेडिसिन खोज लेते हैं। वे हमारी इस क्षमता से डरते हैं। डॉ. रेड्डी लैब ने स्वीस, जर्मनी व ब्रिटेन में फार्मा कम्पनियां अधिगृहीत की हैं तो इंगलैंड की स्मिथ क्लाइन के साथ मार्केटिंग अनुबंध करके ग्लोबल फार्मा उद्योग में पैर जमाना शुरू कर दिए हैं। डॉ. अंजी रेड्डी के अनुसार दवा उद्योग पहले आम आदमी के लिए है, इसके बाद मुनाफा अर्जन का स्त्रोत। अविकसित देशों के निर्धन नागरिकों को सस्ती दवा उपलब्ध कराना केवल कारोबार नहीं, एक मिशन है।

27

काबिलियत से कामयाबी

अमृतभाई पटेल

आमिर खान की फिल्म थ्री इडियट कहती है—
'काबिलियत प्राप्त करो, कामयाबी आपका पीछा करेगी। केवल कामयाबी प्राप्त करने के लिए दौड़ोगे तो मंजिल मिलेगी।' भारतीय उद्योग जगत में कई उद्यमी हैं, जिन्होंने अपनी काबिलियत से कामयाबी पाई है। वे शून्य से शिखर पर पहुँचे हैं। लोकल से ग्लोबल उद्योगपति बने हैं। गुजरात की परीक्षित इंडस्ट्रीज के संस्थापक अमृतभाई पटेल भी काबिलियत से कामयाबी प्राप्त करने वाले ऐसे ही उद्यमी हैं। यही नहीं, उन्हें तो काबिलियत प्राप्त करने, उसे साबित करने और उसके बलबूते कामयाबी प्राप्त करने के लिए बचपन से प्रौढ़ावस्था तक जमकर संघर्ष भी करना पड़ा है।

माइलस्टोन

प्रताप सी. रेड्डी

चिकित्सक अपने ज्ञान से धनोपार्जन करके लक्ज़री जीवन जीता है तो हम कहते हैं—गरीबों को लूटकर ऐश कर रहे हैं। ऐसे ही कटाक्षों की उपेक्षा करके प्रताप सी. रेड्डी ने दो दशक पहले देश में पहली मेडिको कॉरपोरेट सेवा शुरू की। दुनिया के कई देशों के एक करोड़ से ज्यादा रोगियों का उपचार कर चुके अपोलो की सबसे बड़ी उपलब्धि है 98.4 प्रतिशत सफलता के साथ हजारों ओपन हार्ट सर्जरी। अपोलो हॉस्पिटल्स समूह के आज भारत के अलावा श्रीलंका, यूएई, सऊदी अरब व कुवैत में 41 से ज्यादा अस्पताल, 482 फार्मेसी, 53 क्लिनिक्स हैं। 'अपोलो' ग्लोबल मेडिको वर्ल्ड में प्रतिष्ठित ब्रांड नेम है।

29

चतुर शिकारी

अनिल अग्रवाल

पटना से व्हाया मुम्बई-लंदन पहुँचने वाले एक स्क्रेप व्यापारी के पुत्र अनिल अग्रवाल और लक्ष्मी मित्तल में एक समानता है। दोनों ने रुग्ण सरकारी कम्पनियों को रणनीति बनाकर अधिगृहीत किया और मुनाफादेय बनाया। लक्ष्मी मित्तल 'स्टील किंग' बने तो अनिल अग्रवाल ने अलौह धातु (Non ferrous metal) उद्योग में फूट प्रिंट अंकित किए हैं। वे कहते हैं–'ओवर स्मार्ट दिखने के बजाय थोड़ा मूर्ख दिखना बुद्धिमत्ता है।' इसी रणनीति के साथ अनिल अग्रवाल ने समूह की सिरमौर कम्पनी वेदांता रिर्सोसेस को लंदन मेटल एक्सचेंज में सूचीबद्ध करवाकर ग्लोबल मेटल उद्योग में अपनी खास जगह बनाई है।

द आर्या

शोभना भरतिया

हिंदुस्तान टाइम्स की चेअरमैन शोभना भरतिया बिड़ला परिवार की पहली पुत्री हैं, जो स्वेच्छा से 'वूमन इंटरप्रिनर' बनी हैं। वे उन बिरले लोगों में से हैं जो चुप्पी का हथियार की तरह इस्तेमाल करते हैं। ऐसे रणनीतिकार गुमशुम दिखकर अपने विरोधियों को गफलत में डालते हैं और फिर जोर का झटका आहिस्ता से लगाते हैं। एचटी ने सबसे पहले विदेशी निवेश जुटाया तो सबसे पहले वॉल स्ट्रीट जर्नल के साथ बिजनेस समाचार-पत्र लांच किया है। शोभना भरतिया के अनुसार अखबार प्रकाशन मेरे लिए व्यवसाय नहीं, शौक है। मुझे यह काम करने में मजा आता है, क्योंकि मैं अपने आसपास होने वाली घटनाओं की साक्षी नहीं, पर पात्र बनना चाहती हूं।

31

टेकओवर टायकून

अजय पीरामल व डॉ. स्वाति पीरामल

मैन्यूफैक्चरिंग सेक्टर में मशीनें काम करती हैं, पर फार्मा सेक्टर में मानव मस्तिष्क। टेक्सटाइल सेक्टर के अजय पीरामल ने सन् 1988 में जब फार्मा सेक्टर में प्रवेश किया तो लोगों ने कहा कि वे अपना भविष्य दांव पर लगा रहे हैं। आज पीरामल हेल्थ केअर के पास बहुप्रचलित दवाओं का सबसे बड़ा काकटेल है तो अजय पीरामल बहुराष्ट्रीय फार्मा कंपनी के बोर्ड रूम्स से ऐसे उद्योगपति के रूप में जाने जाते हैं, जो ग्लोबल पैटेंट कानूनों की अवहेलना नहीं करता और सबके हितों की भी रक्षा चिंता करता है। यही कारण है कि पीरामल हेल्थ केअर के पास आज बहुप्रचलित औषधियों का सबसे बड़ा प्रोडक्ट पोर्टफोलियो है।

सफेद सोने के सौदागर

अशोक, सुरेश व विमल पाटनी

भारत में मार्बल की कहानी 'ताजमहल' से शुरू होती है, पर तीन सौ सालों तक यह 'ठहरी' हुई नजर आती है। असंगठित क्षेत्र में अर्द्धशिक्षित लोग बिना किसी आचार संहिता के इस उद्योग में कार्यरत थे। मार्बल केवल देवालयों या सम्पन्न लोगों के घर-दफ्तर तक सीमित था। किशनगढ़ के पाटनी समूह ने इस परम्परागत कुटीर उद्योग को प्रोफेशनल व अत्याधुनिक बनाया और ग्राहक हितैषी मार्केटिंग से मार्बल को विश्वसनीय पहचान दिलवाई। अब विएतनाम व तुर्की में स्टोन खनन शुरू करके पाटनी बंधु मार्बल उद्योग के पहले ग्लोबल उद्योगपति भी बन गए हैं, पर जमीन से जुड़े पाटनी बंधु आज भी विनम्र हैं और जरूरतमंदों की मदद करने में उदार।

मेगा ड्रीम्स

देशबंधु गुप्ता

ऑस्ट्रेलियन जंगली फूल ल्यूपिन रसेल जिस भूमि में जन्म लेता है, उसे उपजाऊ बनाता है। देशबंधु गुप्ता द्वारा इस फूल के नाम से स्थापित फार्मा कंपनी ल्यूपिन सन् 2002 में अचल सम्पदा व शेयर मार्केट में निवेश करके कर्ज के चक्रव्यूह में फंस गई थी। इसके शेयर मूल्य धराशायी (800 रुपए से 70 रुपए) हो गए। देशबंधु गुप्ता ने भूल सुधारी। अपने लिए बैक सीट चुनी और अपने प्रोफेशनल पुत्र-पुत्रियों को मोर्चा सौंपा। जापान, दक्षिण अफ्रीका, फिलीपींस, जर्मनी और ऑस्ट्रेलिया के फार्मा कंपनियां अधिगृहीत कीं। ल्यूपिन लैब अपने नाम को चरितार्थ करते हुए बिलियन डॉलर कंपनी बनने जा रही है। इसके सालाना टर्नओवर में विदेशी मार्केट्स की हिस्सेदारी तीन-चौथाई है।

मैराथन रनर

वेणु श्रीनिवासन

दक्षिण भारतीय बिजनेस टायकून जी. सुंदरम आयंगर के पोते वेणु श्रीनिवासन ने देश में सबसे पहले ईंधन किफायती बाइक लांच करके स्कूटर का क्रेज समाप्त किया था। सुजुकी ने उन्हें न्यू जनरेशन तकनीक देने में आनाकानी की तो वेणु श्रीनिवासन ने 19 साल पुरानी भागीदारी छोड़ी और इन हाउस तकनीक आधारित विक्टर लांच की। सन् 2010 में देश की पहली ऑटो क्लच बाइक बनाई। वेणु श्रीनिवासन देश के अकेले बाइक निर्माता हैं , जो नोबेल पुरस्कार के समकक्ष जापानी डेनिम अवार्ड से नवाजे गए हैं। अमेरिका ने वेणु श्रीनिवासन को स्टार ऑफ एशिया (2002) तो भारत सरकार ने नेशनल टेक्नोलॉजी अवार्ड से नवाजा है।

चैम्पियनों के चैम्पियन

रमेशचंद्र अग्रवाल

तीन दशक पहले भास्कर एक क्षेत्रीय समाचार-पत्र था, जिसके मध्यप्रदेश से तीन साधारण संस्करण प्रकाशित हो रहे थे। आज देश के 13 राज्यों से हिंदी, गुजराती व अंग्रेजी के 52 संस्करण, 128 उपसंस्करण, न्यूयार्क व कनाडा से अंतरराष्ट्रीय संस्करण के साथ राष्ट्रीय समाचार-पत्र समूह बन गया है। भास्कर समूह अब जापान से प्रकाशित दुनिया के सबसे बड़े समाचार-पत्र असाही शिंबून की तरह सौ से ज्यादा संस्करणों का 1.25 करोड़ से ज्यादा प्रतियों का समाचार-पत्र बनाना चाहता है। असाही शिंबून यानी 'उगता सूरज'। भास्कर का मतलब भी 'तपता सूरज' है, जिसका सोच है- समय की रेत पर छोड़ते चले निशां, देखती हमें जमीं, देखता है आसमां।

द मदर ऑफ इन्वेंशन

किरण मजूमदार शॉ

किरण मजूमदार शॉ ने बिना पूँजी, बिना अनुभव और बिना गॉड फादर सन् 1978 में बायोकॉन इंडिया की स्थापना की। विश्व मीडिया द्वारा आज 'मदर और इन्वेशन' और 'बायोटेक क्वीन' जैसे विशेषणों से नवाजी जाने वाली किरण मजूमदार शॉ ग्लोबल बायोटेक वर्ल्ड में अपने देश से ज्यादा मशहूर हैं। नेचर मैगजीन के अनुसार इस भारतीय महिला उद्यमी ने अमेरिका और यूरोप के बाहर बायो टेक्नोलॉजी को स्थापित किया है। अपनी इस उपलब्धि का श्रेय वे अपने जीवनसाथी जॉन शॉ को देती हैं। इस दम्पती ने साबित किया है कि यदि हर सफल पुरुष के पीछे एक महिला होती है तो महिलाएं भी पुरुष के सहयोग से सफलता के शिखर पर पहुंच सकती हैं।

37

रिटेल के राजा

किशोर बियाणी

साधारण ट्रेडर्स से रिटेल के राजा बने किशोर बियाणी के बारे में कहते हैं कि असल 'किशोर' को कोई नहीं जानता। उनके स्टोन फेस चेहरे की किफायती मुस्कान के पीछे छुपा है 'क्विक सिल्वर ब्रेन' (पारा चढ़ा मस्तिष्क)। वे आइडियाज का चलता-फिरता बिग बाजार हैं, जिन्होंने भारतीय रिटेल मार्केट को इतना रपटीला कर दिया है कि महारथी ग्लोबल रिटेलर्स कहते हैं—विचित्र है भारतीय और उनसे भी विचित्र है उनका मार्केटिंग का तौर-तरीका। किशोर बियाणी ने अपने रिटेल आउटलेट्स के फॉर्मेट स्वयं गढ़े हैं। बिग बाजार में यदि कार के मालिक को खरीदी करते हुए देखा जाता है तो पास ही के काउंटर पर कार ड्राइवर भी खरीदी करता है।

वायुपथ

नरेश गोयल

अंतरराष्ट्रीय एयरलाइंस के टिकट सेल्स एजेंट नरेश गोयल ने सन् 1993 में जेट एयर की स्थापना की तो ट्रेवल उद्योग से जुड़े लोगों ने उन्हें 'शेखचिल्ली' कहा। नरेश गोयल ने कई बार एयर पाकेट्स का सामना किया तो व्यक्तिगत लांछनों से भी बचाव किया। नरेश गोयल का दोस्त बनाने और दोस्ती निभाने का अंदाज सबसे अलग है। आत्मीयता उनमें कूट-कूटकर भरी है। उनके अनुसार मित्रों ने ही मेरी सफलता के सारे दरवाजे खोले हैं और मेरे सपनों को साकार किया है। जेट एयर आज देश की सर्वश्रेष्ठ उड्डयन सेवा है, जिसके एयर क्राफ्ट्स यूरोप, नार्थ अमेरिका, खाड़ी देशों और एशिया के 21 शहरों में पहुंचने लगे हैं।

मसलमैन

के. एम. माम्मेन

सन् 1946 में के.एम.एम.एम. माप्पिलाई ने घर में ही गुब्बारे बनाने का कुटीर उद्योग लगाया। इस कुटीर उद्योग को सन् 1987 में टायर मार्केट का लीडर बना देने वाले स्व. के.एम.एम.एम. माप्पिलाई की यशोगाथा का सूत्र है–'लक्ष्य पर स्थिर निगाहें'। स्व. माप्पिलाई हार-जीत का फैसला न होने तक मैदान में डटे रहते थे। हार को सबक में तब्दील कर लेते थे। एमआरएफ देश की ऐसी बहुप्रतिष्ठित कम्पनी है, जिसकी बहुत थोड़ी इक्विटी में निवेशकों की हिस्सेदारी है। माप्पिलाई परिवार ने जो कमाया, उसे कम्पनी के कारोबार के विस्तार में निवेश किया है।

बीज-पुरुष

डॉ. बद्रीनारायण बारवाले

हम उन उद्यमियों के लिए रेड कारपेट बिछाते हैं, जो गिने-चुने शिक्षित प्रोफेशनल्स को रोजगार देते हैं और उन कृषि उद्योगपतियों की उपेक्षा करते हैं, जो देश की बहुसंख्यक निरीह, नादान व नासमझ ग्रामीण आबादी का जीवन बेहतर बनाते हैं। हरित क्रांति की सफलता में महती योगदान देने वाले महिको के संस्थापक डॉ. बद्रीनारायण बारवाले को अंतरराष्ट्रीय अवार्ड वर्ल्ड फूड प्राइज मिलने के तीन साल बाद भारत सरकार ने पद्मभूषण से नवाजा। अमेरिका व जापान में आज महिको उन्नत बीजों के लिए मशहूर है। महिको 30 फसलों के सौ से ज्यादा उत्पाद बनाकर देश में दूसरी हरित क्रांति की प्रतीक्षा कर रही है।

41

द ग्रेट फोर्जर

बाबा कल्याणी

दुनिया की हर बड़ी ऑटोमोबाइल कम्पनी के टॉप-2 कम्पोनेंट्स सप्लायरों में एक है कल्याण समूह। फोर्जिंग के इंटरनेशनल सप्लायर कल्याणी समूह के फ्रंट एक्सेल आज हर दूसरे अमेरिकन ट्रक में लगाए जा रहे हैं। परमिट व लाइसेंस राज में नीलकंठ कल्याणी द्वारा स्थापित कल्याणी समूह का उनके पुत्र बाबा कल्याणी ने ऐसा कायाकल्प किया है कि चार स्वदेशी कम्पनियों के अलावा कल्याणी समूह के विदेशों में आठ उत्पादन संयंत्र हैं। पांच बहुराष्ट्रीय कम्पनियों के साथ छह देशों में संयुक्त वेंचर्स हैं। बाबा कल्याणी सही कहते हैं–स्वप्न वह नहीं जो हम सोते हुए देखते हैं, स्वप्न वे हैं जो हमारी नींद उड़ा देते हैं।

पुरुषार्थी

ओंकार एस. कँवर

अपोलो टायर्स के संस्थापक व अपने पिता सरदार रौनकसिंह से कानूनी लड़ाई के बाद ओंकार एस. कँवर ने कारोबार की बागडोर संभाली और भारतीय वाहन व चालक के अनुरूप टायर बनाकर घरेलू मार्केट में पकड़ गहरी की तो विश्व मार्केट में भी पहचान बनाई। पांच बार नेटवर्थ गंवा चुकी अपोलो टायर्स सालाना 5 हजार करोड़ रुपए का टर्नओवर कर रही है। ओंकार एस. कँवर को उम्मीद है कि टर्नओवर के आधार पर वित्तवर्ष 2015 में अपोलो टायर्स दुनिया की टॉप-टेन टायर कम्पनियों में एक होगी। ओंकार एस. कँवर के अनुसार–हम टायर के हिसाब से सड़कें नहीं बना सकते, इसलिए सड़कों के हिसाब से टायर बनाते हैं।

43

ट्रैक्टर क्वीन

मल्लिका श्रीनिवासन

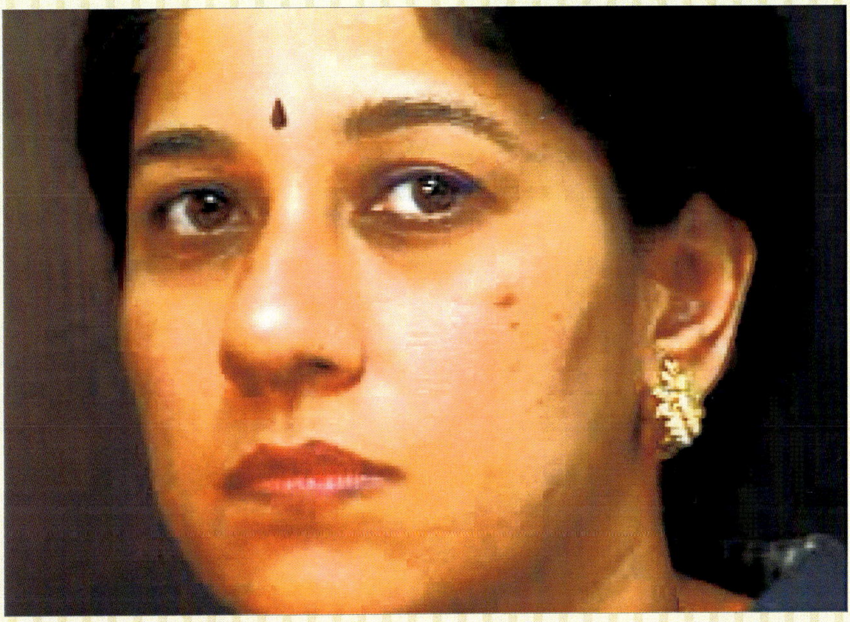

पुत्री को पुत्र तुल्य मानकर उद्योग संचालन के लिए तैयार करने एवं उपयुक्त मौके पर सम्पूर्ण दायित्व सौंपने के दुर्लभ उदाहरणों में एक है—दक्षिण भारतीय एमलगमेशंस उद्योग समूह। इसके चेअरमैन ए. सिवासेलम ने अपनी पुत्री मल्लिका श्रीनिवासन को टैफे सौंपी, जो कहती हैं—कारोबार कोई भी हो, सबकी अनिवार्य व न्यूनतम जरूरत समान है। मैंने इस विश्वास के साथ टैफे में शुरुआत की थी कि टैक्टर हो या कोई अन्य कारोबार, कोई फर्क नहीं पड़ता। बिजनेस कोई भी हो, सहजता से बहने वाली सरिता नहीं है। इस नदी में कभी बाढ़ आती है तो यह नदी सूख भी जाती है। टैफे देश की दूसरी सबसे बड़ी ट्रैक्टर निर्माता कम्पनी है, जिसके किसान ग्राहक कहते हैं—घी खाना देसी, ट्रैक्टर लाना मैसी।

44

इंडियन हर्बल क्वीन

शहनाज हुसैन

'तुम भारत में जन्मी हो, यहीं तुम्हें दफन होना है। यदि तुम्हें अपने माँ-बाप से प्यार है तो विदेशी नागरिकता मत लेना।'
पिता ने पुत्री को यह चिट्ठी तब भेजी थी, जब उन्हें पता चला कि बेटी ईरान की नागरिकता लेने जा रही है। बेटी को पिता की चिट्ठी ने ऐसा झकझोरा कि उसने घर का सारा सामान औने-पौने में बेचा। ईरान की मुद्रा तब कनवर्टिवल नहीं थी। दूसरे देश में इसका कोई मूल्य नहीं था। बेटी ने फ्रेंच फर्नीचर व ईरानी कालीन खरीदे। स्वदेश लौटकर ग्रेटर कैलाश, नई दिल्ली स्थित एक बेडरूम के मकान के बरांडे को इस कालीन व फर्नीचर से सजाकर यहाँ नेचर ट्रीटमेंट ब्यूटी केअर सैलून खोला, जिसे देखकर मीडिया ने लिखा था—अद्भुत! भारत में पेरिस की झलक...।

रंग-रोगनकार

अश्विन दानी

भारतीय प्रबंधन, टेक्नोलॉजी, मानव सम्पदा व दर्शन में विश्वास करने वाले अश्विन दानी और जलज दानी ने एशियन पेंट्स को ग्लोबल कम्पनी बना दिया। एशियन पेंट्स आज न केवल देश की सबसे बड़ी पेंट्स कम्पनी है, वरन् दुनिया की टॉप टेन डेकोरेटिव पेंट्स कम्पनी में से एक है, जिसके 24 देशों में 30 उत्पादन संयंत्र हैं। एशियन पेंट्स के उत्पादन 50 देशों में पहुंच रहे हैं। एशियन पेंट्स ने लोकल पेंट्स कम्पनियों को अपना फालोअर बनने पर विवश कर दिया है। अश्विन दानी के अनुसार–भारतीय प्रबंधन, भारतीय टेक्नोलॉजी, भारतीय शोध अनुसंधान व भारतीय दर्शन हमारी ताकत हैं और हम अपना यह मूल स्वरूप खोना नहीं चाहते।

शुगर सुल्तान

शिशिर व कुशाग्र बजाज

नई पीढ़ी नए आइडियाज के साथ शुरुआत करती है। विदेश से शिक्षा प्राप्त कुशाग्र बजाज परिवार के कारोबार से जुड़े तो उन्होंने महसूस किया कि उनके ताऊजी (राहुल बजाज) के नियंत्रणाधीन संयुक्त परिवार में नई पीढ़ी को समान ट्रीटमेंट नहीं मिल रहा है। उन्हें शिकायत थी कि राहुल बजाज 'सेल्फ सेंटर्ड व सन सेंट्रिक' (अपने और अपने पुत्रों को धुरी मानने वाले) हैं। वे परिवार ऐसे मुखिया हैं, जिनके लिए उनके पुत्र सर्वोपरि हैं, शेष सब गौण। बंटवारे के बाद कुशाग्र बजाज के पिता शिशिर बजाज को हिंदुस्तान शुगर मिली। कुशाग्र बजाज इसे देश की दूसरी बड़ी शुगर निर्माता कम्पनी बना चुके हैं, पर उनका लक्ष्य है सालाना वन बिलियन डॉलर का कारोबार।

47

मैदानी सिपाही

हबील खोरकीवाला

गुजराती शब्द व्यवहार से जन्मा है शब्द बोहरा। सारी दुनिया में लगभग 10 लाख बोहरा हैं। बोहरा समुदाय की सबसे प्रगतिशील शाखा दाऊदी बोहरा है। इनमें से एक खोरकीवाला परिवार की मुंबई में पहचान है—सौ साल से ज्यादा पुराना देश का पहला डिपार्टमेंटल स्टोर अकबरअलीज। इस परिवार की वैश्विक पहचान है फार्मास्युटिकल कंपनी वॉकहार्ट जिसके सूत्रधार हैं हबील खोरकीवाला जो दुनिया के गिने-चुने बोहरा उद्योगपतियों में अव्वल क्रम पर हैं। वॉकहार्ट अपने नाम से जर्मन कंपनी होने का बोध कराने वाली है। हालांकि इसका मतलब है वर्क-हार्ड। हबील खोरकीवाला भी जमकर मेहनत करके अपने कारोबार पर लौह पकड़ के लिए उद्योग जगत में मशहूर हैं।

यशोदा मैया

विद्या मुरकुम्बी/नरेन्द्र मुरकुम्बी

विद्या मुरकम्बी व उनके पुत्र नरेंद्र मुरकम्बी ने बेलगाम (कर्नाटक) के गन्ना उत्पादक हजारों किसानों को मिलेनियर बना दिया है। अपने पुत्र के साथ जब उन्होंने शुगर उद्योग में एंट्री ली, तब पूँजी जुटाने के लिए वे कर्नाटक के 80 गाँवों में भटकीं और उन्होंने गन्ना उत्पादक किसानों को अपना निवेशक बनाया। कम्पनी सूचीबद्ध हुई तो कस्टमरी बेल बजते ही कम्पनी के 9000 किसानों का पांच करोड़ रुपए का निवेश आठ सौ करोड़ रुपए हो गया। श्री रेणुका शुगर्स के किसान निवेशक कहते हैं कि कभी हम प्रति एकड़ 30 से 40 टन गन्ना उत्पादन कर रहे थे, अब यह दोगुना हो गया है। विद्या माँ से हमने सीखा है- खूब कमाओ और सोच-समझकर खर्च करो।

49

गोताखोर

राजश्री पाथी

भगवान किसी को भी दुनिया में खाली हाथ नहीं भेजता। जिन्हें सकारात्मक परिवेश मिलता है, उनका व्यक्तित्व बहुआयामी हो जाता है। अपने व्यक्तित्व को अपनी महत्त्वाकांक्षा के अनुरूप संवारने वाली ऐसी ही महिला उद्यमी हैं—राजश्री पाथी, जिन्होंने अपने पिता के निधन के बाद शुगर उद्योग में अपनी अलग पहचान बनाई, पर अपनी जीवनशैली से समझौता नहीं किया। उनके अनुसार—

जीवन है समुद्र की लहरों पर सवार नौका
लहरों पर झूलने का सुनहरा मौका
जीवन है हर पल भारी होड़
पल-पल रोमांच तो जीवन बचाने की दौड़।

शहंशाह की वापसी

अमिताभ बच्चन

क्रिकेट की तरह जिंदगी में भी दो पारी होती हैं। पहली पारी की पराजय से सबक सीखकर जो पूरे आत्मविश्वास के साथ दूसरी पारी शुरू करते हैं, वे ही विजयश्री प्राप्त करते हैं। अमिताभ बच्चन की एबीसीएल ने पहली पारी में अर्जित उनके यश को मटियामेट कर दिया, पर रील लाइफ में हमेशा संघर्ष करते अपना हक छीनने वाले अमिताभ बच्चन रीयल लाइफ में भी जुझारूपन की जिंदा मिसाल बन गए। 'मोहब्बतें' और 'कौन बनेगा करोड़पति' के जरिये बिग बी की वैसे ही वापसी हुई है, जैसे सचिन पहली पारी में शून्य पर आउट हो और दूसरी पारी में दोहरा शतक बनाकर भी नाट आउट लौटे। आइए हम सब भी कहें—यस...यू हेव कम बैक शहंशाह।

लोकल से ग्लोबल
इंडियन कॉरपोरेट्स

01

द ग्रेट रिस्क टेकर

धीरूभाई हीराचंद अंबानी

'भाग्य व पुरुषार्थ', 'किस्मत व हिकमत' या 'तकदीर व तदबीर' –ऐसे मुहावरे हैं, जिनका व्यक्ति की सफलता से बेहद नजदीकी सरोकार है। जिन पर ये दोनों मेहरबान होते हैं, वे आसानी से सम्पन्नता के शिखर पर पहुँच जाते हैं। ऐसे दुर्लभ लोगों में भी वे अपवाद हैं, जो देर तक सफलता व सम्पन्नता के उस पिरामिड पर आसीन रहते हैं, जहाँ सूई की नोक जितनी जगह ही है। स्व. धीरूभाई ऐसी ही हस्ती थे, जिन्होंने भाग्य व पुरुषार्थ के साथ अपनी प्रबल इच्छाशक्ति को जोड़कर अपने आसपास का माहौल बदल डाला। यही नहीं, भारतीय उद्योग जगत की बुनियाद रखने वाले टाटा-बिड़ला से आगे बढ़कर वे आम भारतीय के लिए दिशासूचक या रोल मॉडल बन गए।

क्या कारण है कि अन्य उद्योगपति केवल एक आदर्श या एक दिवा-स्वप्न लगते हैं, जबकि उनसे भी अधिक सम्पन्नता के बावजूद धीरूभाई हम सबके आसपास! क्यों वे अमीर या गरीब सबको 'संभव या यथार्थ' लगते हैं! क्या जादुई करिश्मा था धीरूभाई के पास! इन सवालों के कई जवाब हैं, जिनमें से सबसे आसान व सर्वमान्य है–नाम (धीरू), जन्म (निर्धन परिवार), शिक्षा (मात्र मैट्रिक), पहला रोजगार (300 रु. की नौकरी), पहली चाह (गरीबी से मुक्ति) और पहली उपलब्धि (सम्पन्नता) के कारण हर भारतीय धीरूभाई को अपने बेहद नजदीक पाता है। सबके जैसा होने का विश्वास दिलाते हुए वे आसानी से अनुकरणीय लगते हैं।

जरा और गौर करें तो पाएँगे कि स्वदेशी सरकार की प्रतिस्पर्धा विरोधी रीति-नीति या उपभोक्ता व उत्पादक विरोधी नियम-कानून, जिनका टाटा-बिड़ला ने विरोध नहीं

किया, उन्हें धीरूभाई ने हमेशा निशाना बनाया। उनके अनुसार, ये प्रतिबंध उपभोक्ता व उत्पादक यानी प्रकारांतर में देश की अर्थव्यवस्था के हित में नहीं थे। परिणाम! हम सब साक्षी हैं कि जिन नियमों के उल्लंघन के कभी धीरूभाई पर आरोप लगे, वे उदारीकरण व नियंत्रण-मुक्ति के ताजा दौर में कानूनी तौर पर मान्य किए गए हैं।

मसलन, अब सरकार नहीं वरन् उपभोक्ता व मार्केट तय करता है कि कौन-सा उत्पाद कितना बनना चाहिए और किस मूल्य पर बिकना चाहिए? सचाई यह है कि धीरूभाई ने जिस उन्मुक्त अर्थव्यवस्था व व्यापार-व्यवहार की पैरवी की, वह मिलने पर ही भारतीय उद्योग ग्लोबल हुए हैं। कभी आदित्य विक्रम बिड़ला अकेले भारतीय ग्लोबल उद्योगपति थे तो आज सैकड़ों कम्पनियों को बहुराष्ट्रीय होने का गौरव हासिल है। यही नहीं, हम आज दुनिया में इकोनॉमी सुपर पॉवर बनने का स्वप्न देखने लगे हैं। धीरूभाई के कारण ही देश का औद्योगिक इतिहास दो नए कालखंड में बँट गया है। दिलचस्प बात यह है कि इस इतिहास का कोई भी दौर हो, वह उस धीरूभाई के बिना अधूरा लगता है, जिसने एक निर्धन शिक्षक के यहाँ जन्म लिया एवं 'रंक से राजा' बनने की दंतकथा चरितार्थ करते हुए देश के औद्योगिक जगत ही नहीं, वरन् संपूर्ण अर्थव्यवस्था का माइल़-स्टोन बनने का अपूर्व गौरव जुटाया।

नि:संदेह धीरूभाई 'पारस' थे, पर वे उस यहूदी राजा की तरह लालची व मूर्ख नहीं थे, जिसने देवपुत्रों से आशीर्वाद माँगा था कि जिसे वह छुए वह सोना बन जाए। इस वरदान से उसका जीवन ऐसा अभिशप्त हो गया कि राजा रोटी को छूता तो वह सोना बन जाती, राजा ने पुत्रों को छुआ तो स्वर्ण प्रतिमा बन गए। धीरूभाई को भी विधाता से सम्पन्नता का वरदान तो मिला था, पर इसका आधार था 'कर्म व इच्छाशक्ति', केवल स्पर्श नहीं। परिणाम! वे एक 'मुनीम' की तरह केवल धन के ट्रस्टी नहीं बने, वरन् धन का उपभोग व उपयोग करके उन्होंने रिलायंस जैसा विश्वस्तरीय औद्योगिक साम्राज्य खड़ा किया। अपने पुत्रों को 'स्वर्ण प्रतिमा' बनाने के बजाय उनकी 'प्रतिभा' को ऐसा स्वर्णिम बनाया कि धीरूभाई के बाद व विभाजन के बावजूद रिलायंस की उन्नति का अंतिम छोर दूर-दूर तक दिखाई नहीं देता है। और स्व. धीरूभाई की इच्छाशक्ति तो इतनी प्रबल थी कि उन्होंने भीष्म पितामह की तरह इच्छा-मृत्यु को वरण किया। ब्रेन हैमरेज के दूसरे अटैक के बाद वे पूरे एक पखवाड़े (24 जून से 6 जुलाई, 2002) बाणों की शय्या (जीवनरक्षक उपकरणों) पर तब तक लेटे रहे, जब तक उन्हें यह विश्वास नहीं हो गया कि वे नहीं रहेंगे, लेकिन रिलायंस के शेयरधारक व कर्मचारी कंपनी का परचम फहराए रखेंगे। दूसरे शब्दों में- धीरूभाई के जीवनकाल में ही रिलायंस ऐसी अवधारणा बन गया था, जिसमें 'अंबानीज' अप्रासंगिक हो।'

याद करें वह पखवाड़ा। धीरूभाई ब्रीच कैंडी हॉस्पिटल की चौथी मंजिल पर यमराज से लड़ रहे हैं... उनकी पत्नी कोकिलाबेन आई.सी.यू. में भी हमेशा की तरह उनके संघर्ष की मूक संबल बनी हुई हैं... अस्पताल की तीसरी मंजिल पर देश की गण्यमान्य हस्तियों के साथ अंबानी परिवार उदासमना चर्चारत है... अस्पताल के बाहर धीरूभाई के प्रशंसकों की भारी भीड़ जुटी

हुई है... मीडिया के लोग सबसे पहले व दूसरों से ज्यादा जानने के लिए भाग-दौड़ कर रहे हैं... और दूसरी तरफ, रिलायंस समूह वैसे ही कार्यरत है जैसे कुछ हुआ ही नहीं। सारी भागमभाग के बीच मुकेश व अनिल अंबानी एक ग्लोबल पेट्रो कॉरपोरेशन के साथ पूर्व निर्धारित बैठक में हिस्सा लेते हैं, पर मृत्युशय्या पर लेटे धीरूभाई अभी भी संतुष्ट नहीं हैं। उनकी जानलेवा रुग्णता की खबर से गिरे रिलायंस के शेयर मूल्य जब स्थिर होने लगते हैं यानी धीरूभाई अपने पैंतीस लाख से ज्यादा बिजनेस पार्टनर्स (शेयरधारक) को पहले आश्वस्त करते हैं, फिर 6 जुलाई, 2002 को नश्वर काया छोड़ते हैं। 7 जुलाई को रिलायंस के सारे दफ्तर/कारखाने फिर से पहले की तरह सामान्य हो जाते हैं। खाली रह जाती है मेकर चैंबर नरीमन प्वॉइंट मुंबई स्थित केबिन में धीरूभाई की लाल लेदर चेयर जो अब हमेशा उनका यह कथन याद दिलाती है-'यदि एक धीरूभाई इतना सब कर सकता है तो सोचें कि हजारों धीरूभाई अपने देश के लिए क्या कर सकते हैं...।'

धीरूभाई जैसा रोमांचक जीवन बिरलों को ही मिलता है। सात दशक (सन् 1932-2002) में उन्होंने जो यश व सम्पदा कमाई, उसे जुटाने के लिए अन्यथा सात पीढ़ी व सात युग भी शायद कम हैं। चोरवाड़ (सौराष्ट्र-गुजरात) के एक निर्धन शिक्षक हीराचंदभाई व जमनाबेन के यहाँ जन्मे धीरूभाई का पाँच भाई-बहनों में तीसरा क्रम था। मध्यमवर्गीय अभावों के बीच उनका लालन-पालन हुआ। देश-विदेश के हजारों एम.बी.ए./एम.टेक./सी.ए. व आईआईटीयन्स को चलते-चलते बिजनेस के गूढ़ गुर सिखाने वाले धीरूभाई को मात्र मैट्रिक तक की विधिवत् शिक्षा मिली और वह भी गाँव के एक साधारण स्कूल से। पैसा कमाने के लिए इतनी शिक्षा भी काफी है, यह सोचकर वे 17 वर्ष की कच्ची उम्र में रमणीकभाई (अपने बड़े भाई) के बुलावे पर अदन पहुँच गए और 300 रुपए वेतन पर ए. बैसी एंड कंपनी में क्लर्की करने लगे। गृहस्थी चलाने के लिए उन्होंने वहाँ कई पार्टटाइम नौकरियाँ भी कीं। बीमा दावों के निराकरण हेतु परामर्श दिया और कमीशन कमाया। अदन में उनके साथ काम कर चुके उनके एक पुराने मित्र उन दिनों को याद करते हुए कहते हैं-'असीम ऊर्जा थी धीरूभाई में। दिनभर की कड़ी मेहनत के बाद जब हम आराम करते थे, तब वे देर रात को एक वोल्केनो में पार्ट टाइम नौकरी करते थे।' अपने मित्रों से ज्यादा कमाई करने के बावजूद उनका गुजराती बनिया मन-मस्तिष्क उन्हें बार-बार टोकता रहा कि धन कमाना है तो नौकरी नहीं, अपना कारोबार करो और सम्पन्नता का सुख अपने मित्र-परिजनों के बीच है परदेश में नहीं।

यही हुआ। नौ वर्ष बाद एक पुत्र (मुकेश) को गोद में व दूसरे (अनिल) को पत्नी की कोख में लेकर धीरूभाई सन् 1958 में स्वदेश आ गए। भूलेश्वर (मुंबई) स्थित जयहिंद सोसायटी के चौथे माले के एक छोटे-से फ्लैट में उन्होंने नए सिरे से अपनी गृहस्थी बसाई। मृदुभाषी व मिलनसार स्वभाव के कारण यहीं वे 'धीरू अंबानी' से धीरूभाई अंबानी बने। रिलायंस कॉमर्शियल कॉरपोरेशन के नाम से मस्जिद बंदर में उन्होंने एक ट्रेडिंग फर्म स्थापित की। 15,000 रुपए नकद पूँजी, एक टेबल, दो कुर्सी व एक कांटेक्ट नंबर (पीपी फोन) के साथ वे खाड़ी देशों को मसाले व फैब्रिक्स निर्यात करने लगे। थोड़े ही दिनों में जेठा मार्केट के व्यापारियों

के बीच उन्होंने एक और पहचान बनाई–'किंग ऑफ चमक' (पॉलिस्टर)। सन् 1966 में धीरूभाई ने अहमदाबाद से 30 किलोमीटर दूर नरोडा में दस हजार वर्गमीटर के भूखंड पर चार मशीनों की टेक्सटाइल मिल लगाई। सरकार की निर्यात प्रोत्साहन योजना के तहत रूस, पोलैंड, जाम्बिया, युगांडा, सऊदी अरब को निर्यात से 70 के दशक में उन्होंने अच्छा पैसा कमाया। नवंबर, 1977 में 28 लाख शेयरों का वे रिलायंस का पहला जननिर्गम लाए, क्योंकि बैंक व वित्तीय संस्थान उन्हें कर्ज देने में आनाकानी कर रहे थे। अब 58 हजार लोगों का भाग्य (धीरूभाई के पार्टनर्स-रिलायंस के पहले शेयरधारक) उनके साथ जुड़ गया। लाइजनिंग व लॉबिंग तथा मिलनसारिता व मार्केटिंग में बेहद माहिर धीरूभाई ने डेढ़ दशक में टेक्सटाइल उद्योग में एक और कीर्तिमान बनाया। 25 वर्षों (सन् 1966 से 1991) में रिलायंस का सालाना टर्नओवर 66 लाख से बढ़कर 155 करोड़ रुपए हो गया, जबकि देश की स्थापित टेक्सटाइल मिलों (बॉम्बे डाइंग या जे.के. सिंथेटिक्स) को 100 करोड़ रुपए का माइल-स्टोन छूने में सौ-सौ साल लगे हैं। धीरूभाई ने रिलायंस की सफलता व सम्पन्नता को अपने शेयरधारकों में भी ऐसी उदारता से बाँटा कि रिलायंस निवेशकों का 'डार्लिंग' शेयर बन गया। 'शेयर' व 'शेर' का अंतर न समझने वाले लोगों के मन में शेयर मार्केट के प्रति ललक पैदा करने का श्रेय धीरूभाई को ही है।

इस संदर्भ में धीरूभाई का एक कथन दोहराना प्रासंगिक होगा। सन् 1998 में 'व्हार्टन स्कूल ऑफ डीन अवार्ड' (एशिया के किसी शख्स को पहली बार) से नवाजे जाने पर उन्होंने कहा था– 'अमेरिका ने दुनिया में सम्पन्न राष्ट्र की अवधारणा पेश की है। कैसी विलक्षण बात है कि हम भारतीय दीवाली पर धूमधाम से लक्ष्मीपूजा करते हैं, पर जो धनोपार्जन करते हैं उन्हें कोसते हैं। गुलामी के दौर में अफसरशाही की सम्प्रभुता ने हमें ऐसा भ्रमित किया कि हम देश के उद्योग-व्यापार का महत्व ही भूल गए।' अपने इस कथन व सोच के प्रति धीरूभाई स्वयं इतने दृढ़ थे कि जो भी अवसर उन्हें मिला, उसका उन्होंने येन-केन-प्रकारेण दोहन किया, रिलायंस को आगे बढ़ाया व सम्पन्न बनाया। उनकी तूफानी गति ने उद्योग-व्यापार ही नहीं, राजनीति व अफसरशाही में उनके कई दोस्त-दुश्मन बनाए। विवादों के बीच उद्योग संचालन धीरूभाई की नियति बन गया। एक जमाने में उनके कट्टर विरोधी रहे प्रखर पत्रकार अरुण शौरी (सन् 2003 में केंद्रीय विनिवेश मंत्री) का एक कथन (धीरूभाई की प्रथम पुण्यतिथि के अवसर पर) उनके विरुद्ध समय-समय पर लगे सारे आरोपों का सटीक जवाब है। देश के यशस्वी तत्कालीन राष्ट्रपति भारतरत्न डॉ. ए.पी.जे. अब्दुल कलाम की उपस्थिति में श्री शौरी ने स्वप्रेरणा से कहा–'मैं पत्रकार था, तब मानता था कि धीरूभाई लाइसेंस की शर्तों का उल्लंघन कर अनुमति से ज्यादा उत्पादन कर रहे हैं, जबकि आज हम सब यह मानते हैं कि तब ये प्रतिबंध ही गलत थे। इनके कारण ही देश पिछड़ा। हमें धीरूभाई को धन्यवाद देना चाहिए कि उन्होंने गैरजरूरी व कालातीत प्रतिबंधों को बदलने की जोखिम उठाई, माहौल बनाया, वह आज नियंत्रण-मुक्ति व आर्थिक सुधार का आधार है।'

तत्कालीन केंद्रीय मंत्री की हैसियत से सरकार की भूल की ऐसी सार्वजनिक स्वीकारोक्ति करके उस समारोह में शौरी ने खूब तालियाँ बटोरीं, पर इन तालियों की अंतरध्वनि सुनें, जो कहती हैं- 'स्व. धीरूभाई जैसे उद्योगपतियों के दु:साहस व दूरन्देशी के कारण ही प्रतिकूल परिस्थितियों में भी भारतीय उद्योग बचे रहे। अन्यथा, हम शायद आज भी अविकसित राष्ट्र ही होते।' यही नहीं, आजादी के बाद उत्पादकता व प्रतिस्पर्धा पर प्रतिबंध नहीं लगा होता तो शायद पूर्व राष्ट्रपति डॉ. ए.पी.जे. अब्दुल कलाम को यह नहीं कहना पड़ता- 'भारत को विकसित व सम्पन्न राष्ट्र बनाना हर भारतवासी का लक्ष्य होना चाहिए।'

इस संदर्भ में 60 के दशक से टेक्सटाइल उद्योग में कार्यरत व रिलायंस के पॉलिएस्टर हेड सुबोध सप्रा का एक कथन (साक्षात्कार दैनिक भास्कर - 21 सितंबर, 98) दोहराना प्रासंगिक होगा, जो दर्शाता है कि देशहित में दूर की सोचना व उसे द्रुत गति से लागू करना धीरूभाई का स्वभाव था। श्री सप्रा ने तब कहा था-'रिलायंस का पहला पॉलिस्टर संयंत्र देश का भी पहला विश्वस्तरीय संयंत्र था। 60 हजार टन उत्पादकता (तब) का यह प्लांट देश के पहले पॉलिस्टर संयंत्र (इम्पीरियल केमिकल इंडस्ट्रीज) से तीन गुना बड़ा था। इसकी पॉलिस्टर उत्पादकता भी देश की कुल जरूरत से ज्यादा थी।

रिलायंस ने सबसे पहले भारत से पॉलिएस्टर का निर्यात शुरू किया। हालाँकि, मेड इन इंडिया ब्रांड तब दुनिया में हेय दृष्टि से देखा जाता था। उन दिनों मुंबई पोर्ट से जो सामान निर्यात होता था, उसमें रिलायंस के कंटेनर्स सबसे बड़े व सबसे ज्यादा होते थे। धीरूभाई ने 70 के दशक में अनुमान लगा लिया था कि केवल कॉटन से बढ़ती आबादी की कपड़ों की जरूरत पूरी नहीं हो सकेगी। कॉटन का सस्ता, टिकाऊ व संभाव्य विकल्प पॉलिस्टर है। श्री सप्रा ने अपने इस साक्षात्कार का समापन इस प्रसंग से किया था- 'एक बार कुछ लोग धीरूभाई से मिलने आए। हमेशा की तरह उनसे पूछा गया- आपकी सफलता का राज क्या है? धीरूभाई ने भी आदतन सवाल के जवाब में सवाल दागा- मेरे पीछे क्या है? जवाब मिला–दीवार। धीरूभाई बोले–मुझे यह दीवार नहीं दिखती, मैं हमेशा दीवार के उस पार देखता हूँ।'

धीरूभाई ने संकेतों से अपनी सफलता के जो मंत्र बताए हैं, उनका देश की अग्रणी एडवरटाइजिंग व इवेंट मैनेजमेंट मुद्रा कम्युनिकेशंस के संस्थापक ए.जी. कृष्णमूर्ति ने अपनी पुस्तक 'धीरूभाइज्म' में खुलासा किया है। कई साल धीरूभाई के नजदीकी सहयोगी रहे कृष्णमूर्ति लिखते हैं कि धीरूभाई अपने साथियों की क्षमता पर पूरा भरोसा करते थे, पर जरूरत पड़ने पर वे सबसे पहले उनके साथ मोर्चा भी सँभाल लेते थे। मुझे याद है कि विमल के फैशन शो काफी लोकप्रिय थे। उनमें इतनी भीड़ उमड़ती थी कि उसे सँभालना टेढ़ी खीर था। दिल्ली के एक शो में ऐसा ही हुआ। मुद्रा कम्युनिकेशंस की टीम के साथ मैं भीड़ में बुरी तरह से घिर गया था। धीरूभाई ने यह दृश्य देखा तो अपनी कमीज के बाजू ऊपर चढ़ाए और हमारी मदद के लिए आगे आ गए। धीरूभाई तब वीवीआईपी हो गए थे लेकिन उस दिन कन्वेंशन हॉल के प्रवेश द्वार पर कई लोग उन्हें नहीं पहचान पाए।

अवरोध व बाधाओं के आर-पार देखने की इस अद्‌भुत क्षमता के कारण ही धीरूभाई ने वर्ल्ड क्लास मैन्यूफैक्चरिंग प्लांट स्थापित किए, जो आज रिलायंस की सफलता व सम्पन्नता की स्थायी बुनियाद बने हुए हैं। बैकवर्ड इंटीग्रेशन प्रोजेक्ट्स (उद्योग की जड़) पर अरबों का निवेश उनकी ऐसी दूरदृष्टि थी, जिसकी आज भी कोई और मिसाल नहीं है। टेक्सटाइल उद्योग में अपूर्व सफलता, सम्पन्नता व लीडरशिप मिल गई तो धीरूभाई ने कम मूल्य पर माल बेचकर भी मार्जिन (मुनाफा) बढ़ाने की मंशा से बैकवर्ड इंटीग्रेशन की रणनीति अपनाई थी।

बिजनेस इंडिया के 'बिजनेस मैन ऑफ द ईयर' अवार्ड से नवाजे जाने पर इस रणनीति का उन्होंने बेहद रोचक अंदाज में खुलासा किया था। उन्होंने कहा था-'मैं पॉलिस्टर बनाता था। मैंने सोचा इसका बाप कौन? फिर नया सवाल उठा बाप का बाप कौन?' बस मैंने पॉलिस्टर बनाते-बनाते पेट्रोलियम कॉम्प्लेक्स स्थापित कर दिया। धीरूभाई की ऐसी उद्यमी जिज्ञासाओं व उनके समाधान खोजने की उनकी जिद के कारण ही रिलायंस कई कंपनियों की एक कंपनी बना है। बुनियादी संसाधन व संयंत्र (सम्पदा) वर्ल्ड क्लास होंगे तो अच्छे उत्पाद बनेंगे और उन्हें प्रतिस्पर्धी मूल्य पर बेच सकेंगे, यह सोचकर ही रिलायंस ने हजीरा, जामनगर, नरोड़ा, पातालगंगा कॉम्प्लेक्स व उनके पुत्रों ने नवी मुंबई में धीरूभाई नॉलेज सेंटर की स्थापना की है। यही नहीं, इन भीमकाय संयंत्रों को रिकॉर्ड समय व न्यूनतम लागत में स्थापित करने का रिकॉर्ड भी बनाया है रिलायंस ने। मुकेश व अनिल अंबानी ने संयंत्रों की स्थापना के समय मोर्चे पर खुद आगे खड़े रहकर अपनी फौज का नेतृत्व सँभाला है। पातालगंगा में भीषण बाढ़, हजीरा में महामारी प्लेग, जामनगर में प्रचंड समुद्री तूफान या गुजरात में विनाशकारी भूकंप भी उनके इरादों को कमजोर नहीं कर पाए क्योंकि वे ऐसे पिता के पुत्र हैं, जिसने निजी जीवन में उन्हें सम्पन्नता के सारे सुख तो दिए, पर कामकाजी जिंदगी में 'आराम' व 'असंभव' जैसे शब्द बोलने व सुनने की भी अनुमति नहीं दी। दो घटनाएँ इसका प्रमाण हैं। 24 जुलाई, 1989 की रात को पातालगंगा (जिला-रायगढ़, महाराष्ट्र) में आठ घंटे में 20 इंच पानी बरसा। 80 किलोमीटर प्रतिघंटे की प्रचंड आँधी ने वहाँ स्थित करीब 90 इकाइयों को तहस-नहस कर दिया। 400 लोग मारे गए, 1500 परिवार प्रभावित हुए। 1500 करोड़ रुपए लागत का रिलायंस का पेट्रोकेमिकल्स कॉम्प्लेक्स भी बाढ़ की चपेट में आ गया। तूफान थमते ही सुबह सात बजे अंबानीज सक्रिय हुए। 200 एकड़ में फैला जटिल कॉम्प्लेक्स आधे घंटे में बंद कर दिया गया। रिलायंस के बड़े अधिकारियों की आपात् बैठक हुई। 72 घंटे में दुनिया व देश से विशेषज्ञ बुलवा लिये गए। 96 घंटे में 6000 लोगों की टीम ने रिलायंस कॉम्प्लेक्स को पहले जैसा बना दिया। दो सप्ताह में पॉलिस्टर इकाई पहले की तरह काम करने लगी। दूसरी घटना है-8 जून, 1998 को जामनगर में समुद्री तूफान। इससे 550 लोग गुम हो गए थे। रिलायंस उन दिनों वहाँ 24000 करोड़ रुपए लागत की ग्रासरूट रिफाइनरी लगा रहा था। 50,000 लोग 'राउंड द क्लॉक' काम कर रहे थे। तूफान की खबर मिलते ही रातोरात मुकेश अंबानी व हीतल अंबानी (धीरूभाई के भतीजे स्व. रसिकलाल के पुत्र) के नेतृत्व में सेंट्रल कमांड बनी। 24 घंटे में मुंबई से 100 लाइन का टेलीफोन एक्सचेंज शिफ्ट हो गया और 15 दिन में पहले से ज्यादा 60 हजार श्रमिक-कर्मचारी

काम पर लग गए।

धीरूभाई में बड़े सपने देखने का साहस था, पर वे हमेशा अपनी आँखें खुली रखते थे। वे अपनी क्षमताओं को पहचानते, परखते और सपने पूरे करने में जुट जाते थे। यह ऐसे ही, जैसे पर्वतारोही को पर्वत की चोटी नहीं दिखती पर वह ऊँचाइयों की ओर बढ़ता रहता है। याद करें कि अदन में धीरूभाई ने भी इसी तरह जब रिफाइनरी खोलने का स्वप्न देखा था, तब उन्हें 300 रु. मासिक वेतन मिल रहा था।

आम धारणा है कि 6 फरवरी, 1986 को पहले मस्तिष्क-घात के बाद धीरूभाई ने अपने पुत्रों को उद्योग संचालन की शिक्षा-दीक्षा देना शुरू की थी, पर सचाई यह है कि मुकेश व अनिल स्कूली शिक्षा के दौरान ही धीरूभाई व रसिकलाल मेशवानी (धीरूभाई के भागीदार व उनकी बहन त्रिलोचनबेन के पुत्र, निधन सन् 1985) के सहयोगी हो गए थे। स्कूली शिक्षा के अंतिम साल में ही धीरूभाई ने मुकेश अंबानी को एक ट्रेड फेयर में हिस्सा लेने के लिए पोलैंड भेज दिया था। रिलायंस के पहले जननिर्गम (1977) के आवेदन दोनों भाइयों ने गिने थे। रिलायंस पर जब पहला छापा पड़ा था, तब मुकेश अंबानी मुंबई के यूडीसीटी में केमिकल इंजीनियरिंग की पढ़ाई कर रहे थे। धीरूभाई उन दिनों न्यूयॉर्क में थे। मुकेश अंबानी ने ही रसिकभाई के साथ सरकारी अधिकारियों का सामना किया था। स्टेनफोर्ड से एमबीए करने के बाद सन् 1991 में मुकेश अंबानी स्वदेश लौटे तो दूसरे ही दिन पातालगंगा भेज दिए गए थे। उनकी देखरेख में रिलायंस का पहला इंटीग्रेशन प्रोजेक्ट रिकॉर्ड अवधि 17 माह में पूरा हुआ, जबकि इस प्लांट के लिए टेक्नोलॉजी प्रदायकर्ता ड्यूपांट ने इसी आकार का संयंत्र तीस माह में पूरा किया था।

अनिल अंबानी व्हार्टन स्कूल से अंतिम टर्म पेपर पूरे करके दिसंबर, 1982 को स्वदेश लौटे ही थे कि धीरूभाई ने उनकी पीठ तो थपथपाई पर साथ ही आदेश दिया कि शाम को ही फ्लाइट पकड़कर अहमदाबाद पहुँचो और कल से नरोडा में काम करना शुरू करो। विदेश से पढ़ाई के बाद लौटे अनिल अंबानी ने छोटे-से अवकाश की अनुमति माँगी तो पापा का जवाब था– 'छुट्टियों व मौज-मस्ती के लिए जिंदगी में खूब अवसर मिलेंगे, अभी यह समय नहीं है।' देश की सुप्रसिद्ध कॉरपोरेट लेखिका गीता पीरामल ने सही तो कहा है–

'It is tough being a Birla or a Tata, but it is even tougher being an Ambani.'

मुकेश व अनिल अंबानी ने विदेश में उच्च शिक्षा ली है, पर उनका वास्तविक ट्रेनिंग ग्राउंड है 'घर' और असली शिक्षक हैं 'धीरूभाई'। अपने पुत्रों को उद्योग संचालन की सही समय पर सही ट्रेनिंग धीरूभाई की दूरदृष्टि है। इस ट्रेनिंग की बुनियाद है–

'Think big and move fast.' (बड़ा सोचो व तेज चलो) । जी हाँ, धीरूभाई ने बड़े-बड़े प्रोजेक्ट समय पूर्व पूरा करने की ट्रेनिंग अपने पुत्रों को अपने ही अंदाज में दी है। वे उन्हें बड़े अटपटे लक्ष्य व साधन देते थे। मसलन, जामनगर में रिफाइनरी की स्थापना के समय मुकेश अंबानी को पापा से निर्देश मिले थे–'हर रोज कम से कम 44 करोड़ रुपए खर्च करें। ज्यादा खर्च करें तो अच्छी बात है, पर कम खर्च हो तो कारण बताएँ।' परिणाम! दुनिया की सबसे बड़ी

ग्रासरूट रिफाइनरी 36 माह में स्थापित (दिसंबर, 99) हो गई, जो लागत व समय दोनों मापदंडों से एक विश्व रिकॉर्ड है।

'Don't think you can achieve anything on your own' (मत सोचो कि सब कुछ तुम अकेले कर लोगे) यह धीरूभाई का दूसरा मंत्र है। धीरूभाई ने अपने पुत्रों से कहा था–'दुनिया में बाथरूम ही अकेली ऐसी जगह है, जहाँ तुम अकेले होते हो। अन्यथा कुछ भी करना हो तो चाहिए विश्वसनीय व योग्य सहयोगी।' मुकेश अंबानी कहते हैं–(बिजनेस इंडिया दिसंबर, 1997) 'Trust in troops के इस सबक का सुफल है कि हमने अपने स्टाफ पर जितना विश्वास किया, वह कई गुना होकर वापस लौटा।' देश के यशस्वी उद्योगपति राहुल बजाज के अनुसार–'धीरूभाई में सफलता की चाह कूट-कूटकर भरी थी। उनकी यह प्यास कभी नहीं बुझी। वे लक्ष्य तय करते थे और लोगों में बाँट देते थे। अपने सहयोगियों को अधिकार व आजादी देते थे और केवल चौकसी करते थे। इस रणनीति से ही रिलायंस ने बड़े-बड़े प्रोजेक्ट समय-पूर्व पूरे किए।' 'ना ' सुनना धीरूभाई का स्वभाव नहीं था।

रिलायंस में कार्यरत लोग कहते हैं–'हमने धीरूभाई को कभी 'सर' नहीं कहा। वे हमारे लिए मालिक बाद में थे 'धीरूभाई' पहले। उनमें मालकियत का अहम था ही नहीं।' संगी-साथियों की 'केयर कंसर्न' उनका स्थायी स्वभाव था। वे गुप्तदान में विश्वास करते थे। यही कारण है कि उनका नाम महादानियों में शामिल नहीं किया जाता, पर उन्होंने हजारों लोगों की बिना माँगे मदद की और कभी इसकी चर्चा भी नहीं की। किसी के पुत्र को नौकरी लगवा देना, नौकर को मुंबई घूमने के लिए हवाई जहाज का टिकट भेज देना, भूकंप पीड़ित गाँवों में चिकित्सा पहुँचाना या बाढ़ग्रस्त इलाकों में अनाज-सब्जी वितरण रोजमर्रा की बात थी।

रोज दोपहर में दफ्तर में ओपन सेशन होता था। कोई भी कर्मचारी अपने पुत्र या पुत्री का विवाह आमंत्रण देने जाता तो 50 हजार रुपए से एक लाख रुपए तक का गिफ्ट या कर्ज ले आता था। अंतिम दिनों में वे तीन घंटे ही दफ्तर आते थे, पर अपने साथियों से मिलने की परंपरा उन्होंने कभी बंद नहीं की। वस्तुतः धीरूभाई के सोच में आधे भरोसे जैसी कोई चीज नहीं थी, क्योंकि इसका मतलब है आधा अविश्वास। यदि कोई कहता है कि वह किसी पर 90 फीसदी भरोसा करता है तो वह यह नहीं कहता कि तुम भरोसेमंद हो। वस्तुतः वह कहता है तुम पूरी तरह भरोसेमंद नहीं हो।

शेयर मार्केट के शहंशाह धीरूभाई

सत्तर के दशक में वित्तीय संस्थानों ने धीरुभाई को रिलायंस के विस्तार हेतु कर्ज देने में आनाकानी की तो वे शेयर मार्केट में आ गए। इस माध्यम से उन्हें न्यूनतम लागत की पूँजी मिली, पर सच यह है कि इस पहल से धीरूभाई की सफलता व सम्पन्नता का एक हिस्सा आम लोगों तक पहुँचने लगा। छोटे-छोटे शहरों व कस्बों के लोगों का रुझान शेयरों के प्रति बढ़ने लगा और भारतीय शेयर मार्केट में हलचल होने लगी। इस तरह धीरूभाई शेयर मार्केट्स के भी उद्धारक बने। उनसे ही आम निवेशकों ने सीखा कि सोच-समझकर थोड़ी-सी जोखिम उठाएँ, नजरें

खुली रखें और अपनी बचत को इक्विटी में निवेश करके अच्छा रिटर्न जुटाएँ। रिलायंस ने 1977 से 1985 के दौरान तीन निर्गमों से 1.20 करोड़ से ज्यादा शेयरधारकों की फौज खड़ी की।

रिलायंस पहली कंपनी है, जिसका सन् 1992 में यूरो कनवर्टिबल बांड इश्यू आया। रिलायंस सन् 94 में जीडीआर का दूसरा यूरो इश्यू लाई। धीरूभाई को कई नवोन्मेषी दस्तावेज (डिबेंचर्स) पहली बार भारतीय शेयर मार्केट में लांच करने का श्रेय हासिल है तो रिलायंस देश की पहली कंपनी है, जिसने अमेरिकन शेयर मार्केट में पहली बार सफलता के साथ जीडीआर इश्यू बेचा। धीरूभाई की वित्तीय मामलों की सूझ-बूझ भी बहुत गहरी थी। इस मार्केट में 'समय' का बड़ा महत्व है। यह जानकर ही उन्होंने जो भी पहल की उसका सही समय चुना और उसे लागू करने में भी विलंब नहीं किया। पूर्व वित्तमंत्री पी. चिदम्बरम् ने एक बार कहा था कि मुझे रिलायंस के 100 साल के यूरो बांड का आवेदन मिला। सायं 4 बजे मैंने आवेदन पर अनुमति लिखकर हस्ताक्षर किए और सायं 7 बजे मुझे पता चला कि रिलायंस ने डील पूरी कर ली है।

धीरूभाई अपने शेयरधारकों के हितों की रक्षा के लिए समय-समय पर शेयर मार्केट के धुरंधर खिलाड़ियों से भी भिड़े हैं। मार्च, 1982 में कलकत्ता में एक शेयर ट्रेडिंग सिंडीकेट ने रिलायंस शेयरों की बड़ी मात्रा में शॉर्ट सेलिंग शुरू की। मकसद था, रिलायंस के शेयर-मूल्य गिराना, घटे मूल्य पर वापस खरीद करना व बाद में सामान्य मूल्य पर बेचकर मुनाफा कमाना। धीरूभाई अपने निवेशकों को इस लूट से बचाने के लिए परदे के पीछे से मैदान में कूद पड़े। हालाँकि, तब उनके पास इस साजिश से बचने के लिए अतिरिक्त पूँजी नहीं थी। धीरूभाई के मित्रों ने उनके लिए सिंडीकेट से 11 लाख शेयर खरीद लिये। सिंडीकेट से जुड़े लोग फँस गए। धीरूभाई ने सौदा उतारने के बजाय शेयरों की डिलीवरी माँगी जो सिंडीकेट के पास नहीं थे। शेयर मार्केट में ऐसी हलचल हुई कि इतिहास में पहली बार बिना अवकाश तीन दिन तक लगातार बीएसई बंद रहा। इसके बाद शेयर मंडियों में धीरूभाई की जबरदस्त साख स्थापित हो गई। सन् 1995 में फिर धीरूभाई ने शेयर मार्केट में हलचल पैदा की थी। डुप्लीकेट शेयरों के आरोप में रिलायंस की सफाई नहीं सुनी गई तो उन्होंने धमकी दे डाली कि वे रिलायंस इंडस्ट्रीज, रिलायंस कैपिटल, रिलायंस पेट्रोलियम व रिलायंस इंडस्ट्रियल इन्फ्रास्ट्रक्चर के शेयर्स बीएसई से हटा (डिलिस्टंग) लेंगे। यदि ऐसा हो जाता तो बीएसई व इसके ब्रोकर्स पर यह वज्रपात ही होता, क्योंकि सबसे ज्यादा ट्रेडिंग वाले शेयरों का केंद्र एनएसई बन जाता, बीएसई सुनसान हो जाता।

स्पष्ट है कि धीरूभाई का अपनी बात कहने व उसे मनवाने का अंदाज बिल्कुल अलग था। आमतौर पर 'ना' वे कहते नहीं थे और कभी 'ना' वे सुनते भी नहीं थे। व्हार्टन के डीन पेट्रिक हार्कर कहते हैं-'धीरूभाई ने रिलायंस को भारत में निजी क्षेत्र का सबसे बड़ा औद्योगिक समूह बनाया, पर इससे बड़ा काम उन्होंने यह किया कि करोड़ों आम निवेशकों को शेयर मार्केट में निवेश करना सिखाया। वे भारत में निवेश की अवधारणा पैदा करने वाले ऐसे शख्स हैं, जो निवेशकों, खासकर बिजनेस-वर्ल्ड के लिए प्रेरणा-पुंज बने रहेंगे।'

धीरूभाई की विरासत

सन् 1966 में 15 हजार रुपए की पूँजी के साथ एक साधारण ट्रेडिंग फर्म के रूप में जन्मे रिलायंस समूह का धीरूभाई के निधन के समय सालाना टर्नओवर 65 हजार करोड़ रुपए से ज्यादा था। समूह का टेक्सटाइल्स, पेट्रोलियम, पेट्रोकेमिकल्स, पॉवर, टेलीकॉम, बीमा, फाइनेंस, लाइफ साइंस क्षेत्र में अग्रणी व अव्वल दखल था। रिलायंस दुनिया का दूसरा सबसे बड़ा पैराक्जाइलीन उत्पादक, पाँचवाँ सबसे बड़ा पोलीप्रोपलीन, दसवाँ सबसे बड़ा पीवीसी उत्पादक था। दुनिया की सबसे बड़ी ग्रासरूट रिफाइनरी का मालिक-संचालक था रिलायंस समूह। देश के निजी क्षेत्र के इस सबसे बड़े औद्योगिक समूह का शुद्ध मुनाफा अर्जन के आधार पर दुनिया में 175वाँ क्रम था। दुनिया की फार्चून 500 कंपनियों में बिक्री के अनुसार रिलायंस का क्रम 400वाँ था। वित्त वर्ष 2002-03 में रिलायंस समूह ने 65,061 करोड़ रुपए के टर्नओवर पेटे 4,104 करोड़ रुपए शुद्ध मुनाफा कमाया था। कुल अचल सम्पदा 63,737 करोड़ रुपए तो नेटवर्थ 30,327 करोड़ रुपए पहुँच गई थी। 11,510 करोड़ रुपए (8.4 मिलियन डॉलर) के निर्यात के साथ रिलायंस देश की सबसे बड़ी निर्यातक कंपनी भी थी। इसके उत्पाद सौ से अधिक देशों में पहुँच रहे थे। रिलायंस समूह के कुल टर्नओवर में पेट्रो-रिफाइनिंग व मार्केटिंग सेक्टर का हिस्सा आधे से भी ज्यादा था। जामनगर पेट्रोलियम रिफाइनरी स्थापित क्षमता का 106 फीसदी दोहन करते हुए 286 लाख टन कच्चे तेल का उत्पादन कर रही थी।

कोकिलाबेन धीरूभाई अंबानी

विलक्षण है विधाता का विधान... जिस शख्स ने बड़ी-बड़ी समस्या चुटकी बजाते सुलझाई, वह एक छोटी-सी चूक कर गया। अपने दोनों पुत्रों को धीरूभाई ने भरपूर संभावनाओं वाला औद्योगिक साम्राज्य सौंपा, उसे चलाने और बढ़ाने के कारोबारी गुर भी सिखाए, पर अपनी वसीयत नहीं बनाई। कहते हैं कि अपने जीवनकाल में परिवार की एक क्लोज-बैठक में एक बार धीरूभाई ने अपने दोनों पुत्र और दोनों पुत्रियों (गोवा के जाने-माने बिजनेस टायकून राज सालगांवकर से विवाहित दीप्ति और चेन्नई के घनश्याम कोठारी से विवाहित नीना) को बताया था कि उनके निधन के बाद किसे क्या मिलेगा? धीरूभाई की जीवनसंगिनी कोकिलाबेन ने उस बैठक में कहा था कि वे यह सब कागज पर लिख दें। उनकी यह वसीयत सबको मान्य होगी। यह सुनकर धीरूभाई आपा खो बैठे थे और कड़े शब्दों में बोले थे कि रिलायंस के 36 लाख शेयरधारक मुझ पर भरोसा करते हैं। मुझे अपने पुत्रों पर वैसा ही भरोसा है।

रिश्ते भावनाओं के कच्चे धागे से बँधे होते हैं। यह बंधन सद्भावना की सुगंध बिखेरता है तो बिखरने पर कड़वाहट की ऐसी सुनामी जो रिश्तों की सारी मधुरता बहा देती है। अपने पुत्रों के बीच रिलायंस के 'लूज डिस्ट्रीब्यूशन' के पीछे धीरूभाई का सोच था कि उन्होंने पूरे परिवार को रिश्ते के जिस धागे से बाँधा है, वह मजबूत है। विधि का विधान... दिवंगत पिता की तीसरी पुण्यतिथि (6 जुलाई, 2008) के पूर्व ही दोनों भाइयों में अनबन हो गई। दोनों के पास इतनी अथाह सम्पदा है कि पीढ़ी-दर-पीढ़ी केवल भोग करें तो भी न खत्म हो, पर दोनों के बीच

'अहम्' का ऐसा टकराव हुआ कि सार्वजनिक आरोप-प्रत्यारोप व कार्यालयीन पत्राचारों से उन्होंने चार दशक में अर्जित पिता की प्रतिष्ठा को रातोरात धूल-धूसरित कर दिया। कोकिलाबेन की उम्र की वैश्य महिलाओं ने अपने परिवार के कारोबार के विस्तार में अनदेखी अहम भूमिका निभाई है। धीरूभाई की शून्य से शिखर की यात्रा में कोकिलाबेन ने जो योगदान दिया है, उसे मणिरत्नम ने अपनी फिल्म 'गुरु' में बड़े सलीके से फिल्मी परदे पर प्रस्तुत किया है। जामनगर के एक पोस्ट मास्टर के यहाँ जन्मी कोकिलाबेन ने औपचारिक शिक्षा केवल नौवीं क्लास तक प्राप्त की है।

आधा जीवन उन्होंने निर्धनता से उबरने के संघर्ष में पति की भागीदार बनकर खाड़ी देश और मुंबई की चाल में गुजारा है। प्रौढ़ अवस्था में उन्होंने कामचलाऊ अंग्रेजी सीखी, ताकि डायनिंग टेबल पर होने वाली पिता-पुत्रों की वाणिज्यिक चर्चा सुन सकें, समझ सकें। कई सालों बाद उन्होंने रिलायंस के शेयरधारकों की सालाना सभा में आना-जाना शुरू किया। इसका भी खास प्रयोजन था। वे जानना चाहती थीं कि उनके पति के छोटे-बड़े बिजनेस पार्टनर्स (शेयरधारक) उनके बारे में क्या सोचते हैं, क्या कहते हैं? पति के जीवनकाल में कोकिलाबेन उनकी प्रतिच्छाया बनी रहीं, कभी रिलायंस के कारोबार में हस्तक्षेप नहीं किया, पर उनके निधन के बाद जब पुत्रों ने निराश किया तो वे उनके बीच 'आयरन' लेडी बनकर खड़ी हो गईं।

'माँ' केवल माँ होती है। उसके सारे रूप-स्वरूप संतान की भलाई के लिए बनते, बदलते व बिगड़ते हैं। कोकिलाबेन ने इस आदिसत्य को पुनर्स्थापित किया और दोनों पुत्रों को चेतावनी दी कि वे घर का मसला घर में सुलझा लें। वे उन्हें अपने पति की गरिमा और शेयरधारकों के भरोसे को खंडित नहीं करने देंगी। दुर्भाग्य से मुकेश व अनिल निर्धारित समयावधि में कोई फैसला नहीं कर पाए। कोकिलाबेन ने परिवार के नजदीकी और अपने पति के विश्वस्त मित्र के.वी. कामथ (तत्कालीन चेअरमैन, आईसीआईसीआई) को रिलायंस समूह की सम्पदा के आकलन और बँटवारे का प्रारूप बनाने को कहा। देश के निजी क्षेत्र के सबसे बड़े औद्योगिक समूह की चल-अचल सम्पदा का आकलन और उसका न्यायोचित बँटवारा जटिल जवाबदारी थी। भारी मशक्कत के बाद कामथ ने सुझाया कि रिलायंस समूह में अंबानी परिवार की होल्डिंग्स (मालकियत) के तीन हिस्से हों। कोकिलाबेन को 40 फीसदी मिले, जिसमें से 10 फीसदी वे अपनी दोनों पुत्रियों के बीच बाँटें। 30-30 फीसदी मुकेश व अनिल को प्राप्त हो।

जुलाई, 2005 में इस बँटवारे पर मुहर लगाने के लिए कोकिलाबेन ने दोनों भाइयों को इकट्ठा किया। 17 जुलाई को कामथ की उपस्थिति में माँ-बेटों के बीच अंतिम वार्ता हुई। 18 जुलाई को सुबह 3.30 बजे कोकिलाबेन के नाम से मीडिया को एक विज्ञप्ति जारी की गई, जिसमें लिखा था-

''श्रीनाथजी की कृपा से अपने पति धीरूभाई अंबानी की गरिमा को ध्यान में रखते हुए मैंने अपने दोनों पुत्रों मुकेश व अनिल के बीच जारी विवाद को सुलझा लिया है। मुझे विश्वास है कि मेरे पुत्र अपने पिता के मूल्यों का अनुपालन करेंगे और रिलायंस समूह के लाखों शेयरधारकों के हितों की रक्षा करेंगे। मेरे पति ने इसी बुनियाद पर भारत का निजी क्षेत्र का सबसे बड़ा औद्योगिक समूह

स्थापित किया है। मुकेश अब रिलायंस इंडस्ट्रीज और आईपीसीएल तथा अनिल रिलायंस इन्फोकॉम, रिलायंस एनर्जी और रिलायंस कैपिटल का नियंत्रण सँभालेंगे। मेरे पति की दूरदृष्टि, सिद्धांत तथा मेरे शुभाशीष उनके साथ हैं, ताकि वे नई ऊँचाइयाँ छूएँ।'' कहते हैं कि माँ ने अपने दोनों पुत्रों को यह सलाह भी दी थी कि वे एक-दूसरे से प्रतिस्पर्धा नहीं करें। तदनुसार उनके बीच 'नो कॉम्पिटिशन' का अनुबंध भी हुआ और यह सहमति हुई कि दोनों ही रिलायंस टेग का इस्तेमाल कर सकेंगे।

वित्त विशेषज्ञ और मीडिया में इसके बाद कई दिनों तक यह चर्चा हुई कि यह बँटवारा मुकेश अंबानी के पक्ष में है। सन् 2004-05 में उन्हें आवंटित रिलायंस इंडस्ट्रीज और आईपीसीएल ने 83,096 करोड़ रुपए का सालाना टर्नओवर किया तथा इनका मार्केट पूँजीकरण 95,484 करोड़ रुपए है। अनिल अंबानी को आवंटित तीनों कंपनियों-रिलायंस कैपिटल, रिलायंस एनर्जी और रिलायंस इन्फोकॉम का टर्नओवर 10,404 करोड़ रुपए और मार्केट पूँजीकरण 16,490 करोड़ रुपए है। अब यह तो कोकिलाबेन ही बेहतर जानती हैं कि उन्होंने इस बँटवारे को स्वीकार करने के लिए अपने पुत्रों खासकर अनिल अंबानी को कैसे तैयार किया और अपने परिवार तथा रिलायंस के लाखों शेयरधारकों के निवेश को कानूनी लड़ाई से बचाने के लिए कितनी जद्दोजहद की। विडंबना यह है कि अंबानी बंधुओं के बीच कुछ ही दिन युद्धविराम कायम रहा। इसके बाद छोटे-छोटे विवादों के बीच दो बड़े झंझट हुए। एक अनिल अंबानी रिलायंस कम्युनिकेशंस में अपनी होर्डिंग का एक हिस्सा दक्षिण अफ्रीका की मोबाइल कंपनी एमटीएन को बेचना चाहते थे, पर मुकेश अंबानी ने इस दलील के साथ यह डील नहीं होने दी कि इसे खरीदने का पहला अधिकार उन्हें है। विवाद का दूसरा मुद्दा है-रिलायंस इंडस्ट्रीज द्वारा अनिल अंबानी की कंपनी रिलायंस नेचुरल रिसोर्सेस को भू-गर्भ से प्राप्त गैस की सप्लाई का मूल्य। मुकेश अंबानी समझौते के तहत तयशुदा दर पर अनिल अंबानी को गैस सप्लाई नहीं करना चाहते। मां की इच्छाओं का अनादर करते हुए दोनों भाई अदालत पहुंच गए हैं। दोनों भाइयों के उच्चस्तरीय संबंधों के कारण केंद्र सरकार भी इस विवाद में शामिल हो गई है। दोषी कौन है, यह गौण है। महत्वपूर्ण है माँ की मनोकामना... परस्पर होड़ किए बिना दोनों भाई दौड़ें और साबित करें कि वे उस पिता की संतान हैं, जिसने भारतीय उद्योग जगत को नई दिशा प्रदान की। संयोग से ऐसी कोशिश एक बार फिर शुरू हुई। दोनों भाई गैस-मूल्य का विवाद अदालत के बाहर सुलझाने को सहमत हो गए हैं। उनके बीच नो-कॉम्पिटिशन की शर्त भी समाप्त हो गई है। काश, वे इस सहमति को सार्थक साबित करें ताकि धीरूभाई जहाँ भी हों यह कहें कि मुझे मेरे पुत्रों पर भरोसा था, और है।

मुकेश-नीता अंबानी

सन् 1957 में जन्मे मुकेश अंबानी ने मुम्बई विश्वविद्यालय से केमिकल इंजीनियरिंग एवं स्टेनफोर्ड यूनिवर्सिटी अमेरिका से एमबीए की डिग्री प्राप्त की है। सन् 1981 में वे पिता के सहयोगी बने और टेक्सटाइल, पॉलिएस्टर फाइबर्स और पेट्रो केमिकल्स के बैकवर्ड प्रोजेक्ट्स

को पूरा करने में उन्होंने अहम भूमिका निभाई। इस फील्ड ट्रेनिंग का सुफल है कि न्यूनतम लागत और समय में स्क्रैच से शुरू करके विश्वस्तरीय प्रोजेक्ट्स स्थापित करने में भारतीय उद्योग जगत में उनका कोई सानी नहीं है। अपनी इसी दक्षता के बलबूते उन्होंने रिलायंस समूह की अपनी नियंत्रण/स्वामित्व की कंपनियों का कारोबार संयुक्त रिलायंस समूह के कारोबार से दोगुना (1.90 लाख करोड़ रुपए - 2009-10) पहुँचा दिया है, पर वे संतुष्ट नहीं हैं। उनकी महत्वाकांक्षा है ऊर्जा सेक्टर का ग्लोबल खिलाड़ी बनना।

कोकिलाबेन

इस लक्ष्यभेद के लिए विभाजन के बाद मुकेश अंबानी ने समूह का सारा कारोबार प्रोफेशनल्स को सौंपकर जिन दो बड़े प्रोजेक्ट्स पर फोकस किया है, वे हैं रिफाइनरी क्षमता बढ़ाना और भू-गर्भ से गैस खनन। जामनगर में 270 लाख टन क्षमता की नई निर्यातोन्मुख रिफाइनरी की स्थापना में मुकेश अंबानी ने अपने ही कीर्तिमान (सन् 1999 में जामनगर में ही स्थापित ग्रासरूट रिफाइनरी) को ध्वस्त किया है। रिलायंस इंडस्ट्रीज ने 27 हजार करोड़ रुपए निवेश की नई रिफाइनरी 33 माह में पूरी की है, जबकि सामान्यत: ऐसी वर्ल्ड क्लास रिफाइनरी की स्थापना पर 50 हजार करोड़ रुपए खर्च होते हैं और न्यूनतम समय लगता है 55 से 60 माह। यही नहीं, दुनिया की अन्य रिफाइनरी की मार्जिन की तुलना में रिलायंस इंडस्ट्रीज की निर्यातोन्मुख रिफाइनरी की मार्जिन भी ज्यादा है। मुकेश अंबानी ने इसके साथ जामनगर (अपने ननिहाल) को दुनिया का सबसे बड़ा रिफाइनरी सेंटर बना दिया है।

मुकेश अंबानी

नीता अंबानी

कृष्णा, गोदावरी, महानदी, सौराष्ट्र और कावेरी बेसिन में रिलायंस इंडस्ट्रीज द्वारा गैस डिस्कवरी ने मुकेश अंबानी के ऊर्जा सेक्टर के ग्लोबल उद्योगपति बनने के स्वप्न को पंख लगाए हैं। गैस डिस्कवरी के इस प्रोजेक्ट से रिलायंस इंडस्ट्रीज केजी बेसिन से इतनी गैस प्राप्त कर लेगी, जो देश की आधी जरूरत पूरी कर दे। वित्त विशेषज्ञ कहते हैं कि आगामी दिनों में रिलायंस के लिए ऑयल और गैस सबसे बड़ा व सबसे ज्यादा मुनाफादेय उद्यम होगा। 'महत्वाकांक्षा पूरी करने के लिए हरसंभव स्रोत का दोहन करो'-पिता के इस कारोबारी मंत्र को ध्यान में रखते हुए मुकेश अंबानी ने गल्फ पेट्रोलियम कॉरपोरेशन में भी नियंत्रक-होल्डिंग प्राप्त की है। यह कॉरपोरेशन तंजानिया, युगांडा, रवांडा और केन्या के पेट्रोलियम सेक्टर में सक्रिय है। रिलायंस इंडस्ट्रीज ने यमन, ओमान, कोलंबिया, पूर्वी तिमोर और ऑस्ट्रेलिया में 85 हजार वर्ग भूमि पर ऑयल खनन के आठ ब्लॉक्स प्राप्त किए हैं। देश के सबसे

अनिल अंबानी

टीना अंबानी

बड़े गैस उत्पादक मुकेश अंबानी इतनी गैस खनन सामर्थ्य जुटा चुके हैं कि वे देश के 13 हजार 200 करोड़ रुपए बचाएँगे। दिलचस्प बात यह है कि तीस अरब डॉलर सम्पदा के साथ दुनिया के सबसे बड़े भारतीय धनी मुकेश अंबानी भारत के रिटेल मार्केट में अपेक्षित सफलता नहीं जुटा पाए हैं। रिलायंस इंडस्ट्रीज ने 5000 पेट्रोल पंप खोलने की अनुमति प्राप्त की थी, पर 1700 पेट्रोल पंप ही खोले। उनमें से भी अधिकांश आज बंद हैं। मुकेश अंबानी के अनुसार–इसका कारण है सार्वजनिक क्षेत्र की कंपनियों को रिटेल बिक्री पर सरकार से रियायत। लेवल प्लेइंग फील्ड ना होने से रिलायंस इंडस्ट्रीज ने देश में रिटेल बिक्री के बजाय इसके निर्यात को प्राथमिकता दी। मुकेश अंबानी ने रिलायंस समूह के सिरमौर कारोबार टेक्सटाइल, पेट्रोकेमिकल्स, ऑयल रिफाइनरी से अलग रिटेल सेक्टर में भी प्रवेश किया है और 25 हजार करोड़ निवेश करके सारे देश में रिलायंस फ्रेश रिटेल आउटलेट्स स्थापित किए हैं।

रिलायंस इंडस्ट्रीज देश की सबसे बड़ी आम निर्यातक भी है। मुकेश अंबानी 450 एकड़ भूमि पर आम पैदा कर रहे हैं। यह वह भूमि थी, जो रिलायंस रिफाइनरी के पाइप्स के कारण बेकार पड़ी हुई थी। कुछ साल पहले यहाँ रिलायंस इंडस्ट्रीज ने आम के बगीचे लगाए, जो आज भारी उत्पादन कर रहे हैं। कल्पनातीत ही है कि देश का निजी क्षेत्र का सबसे बड़ा उद्योग समूह इस तरह का साइड बिजनेस करे, पर यही तो पिता से पुत्र ने सीखा है कि संसाधन कोई भी बेकार नहीं जाना चाहिए।

अमेरिकन मैगजीन फोर्ब्स की दुनिया के दस अमीरों की सूची में शामिल भारत में मुकेश अंबानी जिस बात के लिए चर्चित हुए हैं, वह है उनका मुंबई में 27 मंजिला आवास। कहते हैं कि 60 मंजिला इमारत जितनी ऊँचाई के इस घर को बनाने–सँजाने–सँवारने पर उन्होंने 45 अरब रुपए खर्च किए हैं।

मुकेश अंबानी की पत्नी नीता प्रशिक्षित डांसर हैं। कोकिलाबेन ने उन्हें मुंबई के एक सांस्कृतिक समारोह में नृत्य करते देखा था और मुकेश के जीवनसाथी के रूप में चुन लिया था। नीता अंबानी कहती हैं कि विवाहोपरांत अपने श्वसुर–पिता से मैंने सीखा कि बड़े बनो तो बड़प्पन भी बढ़ाओ। खाली घड़ा केवल शोर करता है, भरा कलश दूसरों की प्यास बुझाता है। ध्यान दें कि धीरूभाई ने इसी सोच के साथ जहाँ भी कारोबार स्थापित किया, वहाँ जनसुविधाओं का भी फैलाव किया। यह सुनिश्चित किया कि हर परिवार को पेयजल, शिक्षा और चिकित्सा सुविधा मिले। तदनुसार प्राकृतिक आपदा के समय सरकारी मदद से पहले हमेशा रिलायंस की टीम पहुँची है और इसकी जवाबदारी कोकिलाबेन, नीता और टीना अंबानी ने सँभाली है। धीरूभाई का निधन हुआ तो जामनगर के अभिभूत नागरिकों ने इसीलिए कहा था–रिश्ते में हमने जमाई (दामाद) खोया, पर सच यह है कि हमारा मसीहा चला गया।

नीता अंबानी अपने श्वसुर–पिता द्वारा स्थापित इस परंपरा का निवर्हन कर रही हैं। उनके द्वारा स्थापित धीरूभाई अंबानी इंटरनेशनल स्कूल में अमीरों के बच्चे शिक्षा प्राप्त करते हैं तो सायंकालीन कक्षाओं में स्ट्रीट किड्स। हर बच्चे को स्कूल में ऐसा समान ट्रीटमेंट मिलता है कि पैरेंट्स–टीचर बैठक में शामिल होने के लिए मुकेश व नीता भी क्यू में खड़े होते हैं। मुकेश व

नीता अंबानी द्वारा स्थापित व संचालित एक दर्जन से ज्यादा स्कूलों में 1500 से ज्यादा बच्चे शिक्षा प्राप्त कर रहे हैं। नीता अंबानी ने सन् 1925 में स्थापित सर हरकिशनदास नरोत्तमदास हॉस्पिटल एंड रिसर्च सेंटर को भी पुनर्स्थापित किया है। यहाँ कार्डियक सर्जरी, न्यूरो सर्जरी, आंकोलॉजी, यूरोलॉजी, गेस्ट्रो एंट्रालॉजी चिकित्सा सेवा उपलब्ध है, जो मध्यमवर्गीय व निर्धन परिवारों में बेहद लोकप्रिय है। नीता कहती हैं कि मैं जो कुछ हूँ उसका श्रेय पापा (श्वसुर-पिता) को है, जो डायनिंग टेबल पर रोज नए सवाल पूछते थे। डिनर टाइम मेरे लिए 'वर्ल्ड व्यू टाइम' होता था। उनसे ही मैंने सीखा है कि जो करो पूरी लगन से करो। वही करो जिसे करने में मजा आए।

मुकेश अंबानी के दो पुत्र आकाश व अनंत तथा एक पुत्री ईशा हैं। डिनर वे दो बार लेती हैं। एक शाम 7.30 बजे बच्चों के साथ और दूसरा 10.30 बजे पति के साथ। मुकेश की कमजोरी है फिल्म। वे देर रात तक फिल्म देखते हैं तो इन दोनों की कमजोरी है वाइल्ड लाइफ। पति-पत्नी दुनिया के सारे जंगल इतनी बार देख चुके हैं कि अब तो उनके बच्चे उनकी मजाक बनाते हैं कि जंगल के जानवर भी कहते होंगे-देखो, मुकेश व नीता फिर आ गए।

अनिल-टीना अंबानी

माँ-पिता अमीर हों या गरीब, चाहते हैं कि उनके बच्चों को वह सब मिले, जो उन्हें नहीं मिला। धीरूभाई अंबानी ने भी इसलिए अपने बच्चों को महँगी उच्च शिक्षा दिलवाई। सन् 1959 में जन्मे अनिल अंबानी ने मुंबई यूनिवर्सिटी से साइंस स्नातक होने के बाद व्हार्टन स्कूल यूएसए से एमबीए की डिग्री हासिल की। सन् 1983 में वे पिता के सहयोगी बने। दूरंदेशी धीरूभाई ने बड़े पुत्र मुकेश को वर्ल्ड क्लास मैन्यूफैक्चरिंग प्लांट्स स्थापित करने की ट्रेनिंग दी तो अनिल को फाइनेंस तथा 'लॉबिंग-लायजनिग', के गुर सिखाए। रिलायंस ने ग्लोबल डिपाजटरी इश्यू, कन्वर्टिबल बांड्स की बिक्री या बांड इश्यू से जो पूँजी जुटाई, उनमें अनिल अंबानी ने अहम भूमिका निभाई है। धीरूभाई जिद्दी थे। वे जो चाहते थे, उसे प्राप्त करते ही थे। उनकी चाह पूरी होने में बाधा उन्हें स्वीकार नहीं थी और इसके लिए वे हरसंभव उपाय अपना लेते थे। पिता ने छोटे पुत्र को इस कला में ऐसा माहिर बनाया है कि रिलायंस समूह के विभाजन के बाद अनिल अंबानी ने अपने नियंत्रण/स्वामित्व के कारोबार को सुचारु नियंत्रण व तेजी से फैलाव में बहुत कम समय खर्च किया।

जुलाई, 2005 में रिलायंस समूह का विभाजन होते ही अनिल अंबानी ने अपने ग्रुप का नामकरण किया-रिलायंस-अनिल अंबानी धीरूभाई समूह (आर-एडी ग्रुप)। यह समूह आज कम्युनिकेशंस, वित्त, पावर ट्रांसमिशन और डिस्ट्रीब्यूशन, इन्फ्रास्ट्रक्चर व इंटरटेनमेंट सेक्टर का अग्रणी खिलाड़ी है। समूह की कंपनियाँ-रिलायंस कम्युनिकेशंस, रिलायंस कैपिटल, रिलायंस इन्फ्रास्ट्रक्चर, रिलायंस पावर, रिलायंस बिग इंटरटेनमेंट और रिलायंस हेल्थ का मार्केट पूँजीकरण चार सालों में कई गुना बढ़कर 3,25,000 करोड़, सम्पदा 1,15,000 करोड़ और नेटवर्थ 55 हजार करोड़ रुपए हो गई है। देश के 20 हजार शहरों, 45 लाख गाँव और दुनिया के पाँच महाद्वीपों में एक करोड़ से ज्यादा लोग आर-एडी ग्रुप के ग्राहक हैं। समूह की कंपनी मुद्रा कम्युनिकेशंस अपने सेक्टर की तीसरी सबसे बड़ी एड व इवेंट्स मैनेजमेंट कंपनी है। इसकी

एक इकाई एनआईएस स्पार्टा एशिया की सबसे बड़ी ट्रेनिंग तथा एजुकेशन लर्निंग सोल्यूशंस प्रदायकर्ता है।

बड़े सपने देखो पर आंखें खोलकर-पिता से मिले इस मंत्र के अनुरूप अनिल अंबानी ने अपने अंदाज में कारोबार विस्तार किया है। वे 24 हजार मेगावॉट ऊर्जा उत्पादन संयंत्र स्थापित करने जा रहे हैं। मध्य प्रदेश में 20 लाख टन क्षमता के चार सीमेंट उत्पादन संयंत्र स्थापित कर रहे हैं। देश की सबसे बड़ी सीडीएमए मोबाइल सेवा प्रदायकर्ता रिलायंस कम्युनिकेशंस ने 23 टेलीकॉम सर्किलों के जीएसएम लाइसेंस भी प्राप्त किए हैं। देश में आज रिलायंस के 10 करोड़ मोबाइल फोनधारक हैं। आर-एडी समूह की बिग इंटरटेनमेंट ने डीटीएच प्रसारण शुरू किया है तो हॉलीवुड के टॉम हैंक्स, ब्रैड पिट और जार्ज क्लुनी जैसे दिग्गजों के साथ फिल्म निर्माण करने जा रहा है। 45 शहरों में प्रसारण के साथ अनिल अंबानी का बिग 92.7 देश का सबसे बड़ा एफएम रेडियो चैनल है। बिग इंटरटेनमेंट ने फिल्म अभिनेता अमिताभ बच्चन की कंपनी एबीसीएल से भी एक करार किया है। 1500 करोड़ की इस डील के तहत फिल्म, टीवी सीरियल, रियलिटी शो बनाए जाएँगे। बच्चन परिवार इसमें रचनात्मक सहयोग प्रदान करेगा। 'पा' इसी अनुबंध के तहत बनी और रिलीज हुई है। 17.5 करोड़ डॉलर सम्पदा के तीसरे सबसे बड़े भारतीय धनी अनिल अंबानी मुम्बई व दिल्ली में मेट्रो रेल परियोजना पूरी कर रहे हैं, जिसमें वे 15 हजार करोड़ रुपए निवेश करेंगे तो आठ हजार करोड़ रुपए लागत की सात सौ कि.मी. सड़क भी वे बना रहे हैं। यही नहीं, एक लाख करोड़ रुपए के निवेश से 34 हजार मेगावॉट बिजली भी पैदा करना चाहते हैं। अनिल अंबानी देश के युवाओं के रोल मॉडल हैं। वे सन् 2004 में उत्तर प्रदेश से राज्यसभा सदस्य मनोनीत किए गए, पर उन्होंने इस कार्यकाल को पूरा नहीं किया और सक्रिय राजनीति से किनारा कर लिया।

अनिल अंबानी की धर्मपत्नी टीना अंबानी पूर्व सिने अभिनेत्री हैं, जिन्होंने विवाहोपरांत गृहिणी बनकर समाजसेवा में अपनी सक्रियता बढ़ाई। इंस्टीट्यूट ऑफ इंटीरियर डिजाइनर्स लास एंजिल्स प्रशिक्षित टीना अंबानी ने रिलायंस के प्रीमियम फैब्रिक ब्रांड हार्मोनी को पुनर्जीवित किया था। मुंबई के गैर-सरकारी समाजसेवा संगठन असीमा ने उनकी मदद से गली-कूचों के बच्चों का पुनर्वास किया। सेवा क्षेत्र में उनकी सबसे बड़ी उपलब्धि है मुंबई में कोकिलाबेन धीरूबाई अंबानी हॉस्पिटल की स्थापना। इस अस्पताल की सुप्रसिद्ध कार्डियक सर्जन नित्यानंद वी मांडके ने संकल्पना सँजोई थी। मई, 2003 में उनके निधन के बाद यह प्रोजेक्ट अधूरा रह गया था। उनकी पत्नी के आग्रह पर टीना अंबानी ने इसे नए नाम से पुनर्स्थापित किया और 750 बेड्स का एक मल्टी स्पेशलिटी अस्पताल बना दिया है। टीना अंबानी स्वयं इसकी देखरेख करती हैं और कहती हैं कि पापा (श्वसुर-पिता) से हम पति-पत्नी ने सीखा है कि जो कमाओ, उसका एक हिस्सा समाज को लौटाओ।

यह स्व. धीरूभाई और कोकिलाबेन का ही प्रारंभिक संघर्ष है कि मुकेश अंबानी और अनिल अंबानी आज देश के टॉप टेन धनी उद्यमियों में एक हैं, पर यक्ष प्रश्न यह है कि धीरूभाई अंबानी जैसा दूरन्देशी उद्यमी ऐसी चूक क्यों कर गया कि उनके पुत्र एकजुट नहीं रह पाए।

लोकल से ग्लोबल | **02**
इंडियन कॉरपोरेट्स

कुलीन उद्यमी

रतन टाटा

'देश का सबसे बड़ा लुहार टाटा व सबसे बड़ा मोची बाटा' जैसी किंवदंती प्रथमद्रष्टया अटपटी व असंगत लगती है, पर इस सम्बोधन में टाटा समूह के प्रति अपार सम्मान के साथ समाया हुआ है देश का औद्योगिक इतिहास। यह कथन याद दिलाता है कि भारतीय मूलतः उद्यमी है और हमारे देश में कुटीर उद्योगों की परम्परा सदियों पुरानी है। हजारों सालों से यहाँ गाँव-गाँव में दर्जी, जुलाहे, बुनकर, मोची या लुहार अपने सीमित साधनों व समझ से लोगों की घरेलू व कृषि उपकरणों की जरूरतें पूरी कर रहे हैं। 19वीं सदी में टाटा समूह के संस्थापक जमशेतजी नुसेरवान टाटा (1839-1904) ने इसी भारतीय परम्परा को बुनियाद बनाकर देश को आधुनिक औद्योगिक दर्शन दिया। गुलामी के दौर में गुम हुई उद्यमशीलता की इस वापसी के लिए भारतीय यदि आत्मीय अंदाज में टाटा को देश का सबसे बड़ा लुहार कहते हैं तो वे टाटा समूह के प्रति अपनी कृतज्ञता व्यक्त करते हैं। ऐसा समूह जिसने कुटीर उद्योगों की पुरातन परम्परा को विश्वस्तरीय विशाल कारखानों में बदला, जिनसे लाखों लोग आज सम्मानजनक रोजी-रोटी कमा रहे हैं।

भारतीय उद्योग जगत के पितामह

नवसारी गुजरात के एक पारसी पुरोहित परिवार में सन् 1839 में जन्मे जमशेतजी नुसेरवान टाटा 14 साल की कच्ची उम्र में बम्बई आ गए थे। यहाँ उन्होंने एलफिंस्टन कॉलेज से ग्रीन स्कॉलर की डिग्री प्राप्त की, जो तब ग्रेजुएशन के समकक्ष मानी जाती थी। सुदूर पूर्व और यूरोप में छोटे-मोटे व्यवसाय से जमशेतजी ने 21 हजार रुपए कमाए। 29 साल की उम्र में इस पूँजी से उन्होंने एक फर्म स्थापित की-टाटा संस।

अन्य भागीदारों के साथ इस फर्म ने सेना को जरूरी चीजें सप्लाई की। इस कारोबार से जमशेतजी के हिस्से में इतना मुनाफा आया कि उन्होंने टेक्सटाइल मिल स्थापित करने का निर्णय लिया। जमशेतजी मेनचेस्टर में कपड़ा मिलें देख चुके थे और उन्हें विश्वास था कि वे वैसा ही कपड़ा भारत में बना सकते हैं। कुछ मित्र-भागीदारों के साथ जमशेतजी ने बम्बई में एक पुरानी ऑइल मिल खरीदी और अपनी देखरेख में उसे कपड़ा मिल में तब्दील किया। दो साल में यह मिल मुनाफा अर्जन करने लगी तो जमशेतजी का मनोबल इतना बढ़ गया कि उन्होंने नई तकनीक की टेक्सटाइल मिल वहाँ स्थापित करने की योजना बनाई, जहाँ रूई भी पैदा होती हो।

1857 के प्रथम स्वतंत्रता संग्राम के दमन के बाद अंग्रेज सतर्क हो गए। उन्होंने ज्यादा से ज्यादा कच्चा माल भारत से इंग्लैंड भेजने के लिए रेल लाइन बिछानी शुरू की। देश का आधुनिकीकरण करने वाली इस परियोजना के पहले ही चरण में नागपुर में रेल पहुँची, क्योंकि विदर्भ में कपास की खेती होती थी, जो मेनचेस्टर की कपड़ा मिलों की जरूरत थी। 1874 में जमशेतजी ने मित्रों के साथ 1,50,000 की प्रारंभिक पूँजी (सीड कैपिटल) से स्पिनिंग मिल स्थापित करने के लिए नागपुर रेलवे स्टेशन के नजदीक औने-पौने दाम पर एक ऊजाड़-दलदली जमीन खरीदी और एम्प्रेस मिल स्थापित की। 1 जनवरी, 1877 को ब्रिटेन की महारानी रानी विक्टोरिया ने इसका उद्‌घाटन किया।

जमशेतजी टाटा ने बम्बई में एक ऐसी रुग्ण मिल खरीदी, जो कई लोगों को कंगाल करने के बाद बंद हो चुकी थी। इस मिल ने 47 वर्षीय जमशेतजी की ऐसी कड़ी परीक्षा ली कि एक बार तो इसे डूबने से बचाने के लिए उन्हें एम्प्रेस मिल के अपने शेयर दाँव पर लगाने पड़े। आठ साल बाद पुरुषार्थ को भाग्य की संगत मिली और टाटा समूह की टेक्सटाइल मिलों का कपड़ा ऊँचे दामों पर बिकने लगा। जमशेतजी ने अपनी कपड़ा मिलों में उस जमाने में ऐसी आधुनिकतम अमेरिकन मशीनें स्थापित की, जो लंकाशायर मिलों में भी नहीं पहुँची थीं।

भारतीय विज्ञान संस्थान

क्लासिकल- अंग्रेजी के एक शब्द 'वील' (कल्याण, खुशहाली) से बना है वेल्थ यानी सम्पदा। इसका व्यापक संदर्भ में मतलब है सबका कल्याण-सबकी भलाई। यही वह दूरदृष्टि है, जिसने जमशेतजी नुसेरवान टाटा को भारतीय उद्योग जगत का पितामह बनाया है। 150 साल पुराने कालखंड की कल्पना करें। देश की अर्थव्यवस्था ही नहीं शिक्षा सुविधाएँ भी फिरंगियों के नियंत्रणाधीन थीं, जिनका एकमात्र मकसद था-भारतीय निरीह, नादान और नासमझ बने रहें। उस जमाने में जमशेतजी टाटा का सोच था कि आत्मनिर्भरता के बिना राजनीतिक आजादी बेमानी है। उनका देश पश्चिम से आई तकनीकी क्रांति से तब ही लाभान्वित हो सकेगा, जब यहाँ तकनीकी शिक्षा उपलब्ध होगी और होंगे आधुनिकतम बुनियादी उद्योग। वे देश में ऐसी तकनीकी शिक्षा संस्थान चाहते थे, जो केवल अध्यापन ही नहीं करे, बल्कि उद्योगों के लिए शोध अनुसंधान भी करे। छात्रवृत्ति/कर्ज देकर वे भारतीय प्रतिभाओं को उच्च शिक्षा के लिए विदेश भेजने लगे। पूर्व राष्ट्रपति के.आर. नारायणन, सुप्रसिद्ध वैज्ञानिक डॉ. राजा रमन्ना व आर.

मसेलकर वे हस्तियाँ हैं, जिन्होंने टाटा एंड संस से प्राप्त आर्थिक सहायता से उच्च शिक्षा प्राप्त की है। युवाओं को तकनीकी शिक्षा प्राप्त रोजगार मिले इसलिए सन् 1898 में जमशेतजी ने अपने 14 मकान और 4 जमीनें बेच दीं और विज्ञान विश्वविद्यालय की स्थापना के लिए 30 लाख रुपए (आज करीब 15 करोड़ रुपए) का एक कोष बनाया। जमशेतजी ने वायसरॉय लॉर्ड कर्जन को एक प्रस्ताव भेजा कि वे भारत में एक साइंस इंस्टीट्यूट स्थापित करना चाहते हैं। इस कार्य में सरकार भी मदद करे। लॉर्ड कर्जन का सोच था कि यहाँ तकनीकी शिक्षा की पात्रता रखने वाले छात्र नहीं मिलेंगे और न ही उन्हें रोजगार मिलेगा, क्योंकि उद्योग नहीं हैं। जमशेतजी टाटा लॉर्ड कर्जन की अस्वीकृति से निराश नहीं हुए और सरकार पर दबाव बनाते रहे। सन् 1904 में जमशेतजी टाटा का निधन हुआ तो उनकी वसीयत पढ़ी गई। उन्होंने अपने दोनों पुत्रों–दोराबजी टाटा एवं सर रतन टाटा*–को हिदायत दी थी कि जिस भारतीय विज्ञान संस्थान के लिए उन्होंने कोष बनाया है, उसका कोई और इस्तेमाल न हो और जरूरत पड़े तो अपनी सम्पदा भी इस काम के लिए दान कर दें।

जमशेतजी के निधन के सात साल बाद उनका स्वप्न पूरा हुआ। मैसूर रियासत ने भी उदारता के साथ 371 एकड़ भूमि, एकमुश्त पाँच लाख रुपए तथा 50 हजार रुपए सालाना अनुदान देने की घोषणा की तो लॉर्ड कर्जन के विरोध के बावजूद ब्रिटिश सरकार ने भी स्वीकृति प्रदान कर दी। सन् 1911 में बैंगलोर में भारतीय विज्ञान संस्थान की स्थापना हुई, जो देश में तकनीकी शिक्षा का जनक है। 30 साल बाद सन् 1942 में भारत सरकार ने नई दिल्ली में इसकी तर्ज पर वैज्ञानिक और औद्योगिक अनुसंधान परिषद और प्रयोगशालाएँ स्थापित कीं। सन् 1950 में खड़गपुर में तो सन् 1961 में अन्यत्र आईटीआई जन्मे। मैसूर सोप और संदलवुड ऑइल भारतीय विज्ञान संस्थान के अनुसंधान से लाभान्वित होने वाले पहले कारखाने हैं। इस संस्थान ने सारी दुनिया में देश का नाम रोशन करने वाले अनेक वैज्ञानिक तैयार किए हैं। इनमें से उल्लेखनीय हैं नोबेल पुरस्कार विजेता सी.बी. रमण के अलावा सर एम. विश्वेसरैया, डॉ. होमी भामा, विक्रम साराभाई, डॉ. सतीश धवन...। इन सबसे भी बड़ी बात यह है कि जिस टेक्निकल शिक्षा–दीक्षा के बलबूते आज

*** टाटा परिवार में तीन रतन टाटा हुए हैं। एक जमशेतजी के छोटे पुत्र सर रतन टाटा, दूसरे जमशेतजी के ननिहाल में रतन दादाभोय टाटा और तीसरे नवल एच टाटा के पुत्र रतन टाटा, वर्तमान चेअरमैन टाटा समूह। नवल एच टाटा जमशेतजी की पत्नी हीरादाबू की बहन के नाती थे। बाल्यकाल में पिता का निधन होने से उन्होंने अनाथ आश्रम में शिक्षा प्राप्त की। जमशेतजी के दोनों पुत्र–दोराबजी और सर रतन टाटा– की संतान नहीं थी। सर रतन टाटा ने नवल एच टाटा को गोद ले लिया। बम्बई विद्यालय से अर्थशास्त्र ग्रेजुएट की डिग्री प्राप्त करने के बाद नवल एच टाटा ने इंग्लैंड में अकाउंटेंसी की शिक्षा प्राप्त की। टाटा समूह की कई कंपनियों में सिरमौर पद सँभाला और सन् 1939 में टाटा एंड संस के डायरेक्टर बनाए गए। वे 38 साल तक लगातार अंतरराष्ट्रीय श्रम संगठन के नियोक्ता प्रतिनिधि रहे तो इंटरनेशनल चैम्बर ऑफ कॉमर्स से भी जुड़े रहे। पं. जवाहरलाल नेहरू ने उन्हें खेल परिषद के पहले अध्यक्ष का दायित्व सौंपा। सन् 1946 से 1961 तक नवल एच टाटा भारतीय हॉकी संघ के अध्यक्ष भी रहे। उनके इस कार्यकाल में भारतीय हॉकी संघ ने तीन स्वर्ण पदक पाए। जेआरडी टाटा के प्रथम सहयोगी की हैसियत से टाटा समूह की ग्रोथ में नवल टाटा ने अहम भूमिका निभाई।**

करोड़ों प्रतिभाएँ सारी दुनिया में देश का परचम फहरा रही हैं, उसके 'ड्रीमर व डूअर' हैं जमशेतजी नुसेरवान टाटा। वह शख्स जिसने भारतीय विज्ञान संस्थान के साथ अपना नाम जोड़ने की इसलिए अनुमति नहीं दी कि लोग इस संस्थान को भारत की शान मानें, टाटा की सौगात नहीं।

टाटा स्टील

जमशेतजी टाटा भारतीय विज्ञान संस्थान की तरह न्यू टेक्नोलॉजी का स्टील संयंत्र स्थापित करने का अपना स्वप्न साकार होते नहीं देख पाए। सन् 1878 में पेरिस में आयोजित एक अंतरराष्ट्रीय प्रदर्शनी में जमशेतजी ने भारत के पुरातन शस्त्रों का प्रदर्शन देखा तो वे खुश नहीं हुए। उनकी निराशा का कारण था कि ये लौह शस्त्र इतिहास में गुम हो गए हैं और इनके अवशेष के रूप में गाँवों में बची हैं बुझी हुई भट्ठियाँ। कैसी विडंबना थी कि जिस देश में 300 ईसवी में स्थापित लौह स्तंभ (दिल्ली में कुतुबमीनार के नजदीक स्थित दुनिया का सबसे बड़ा लौह स्मारक) गढ़ा, जो आज भी खड़ा है। वहाँ एक टन भी इस्पात नहीं बन रहा था।

'टाटा भारत में स्टील बनाएँगे' इस संकल्प के साथ 1890 से 1902 तक जमशेतजी कई बार विदेश गए। वहाँ उन्होंने इस्पात बनाने की तकनीक का अध्ययन किया। वे न्यूयॉर्क में धातु विशेषज्ञ चार्ल्स पेज पेरिन से मिले और बोले–मेरे साथ भारत चलें और वहाँ भू-गर्भ में लौह अयस्क, कुकिंग कोयला और लाइम स्टोन खोजने में टाटा समूह की मदद करें। पेरिन ने अपने भागीदार सीएम वेल्ड को इस खोज के लिए भारत भेजा।

भू-गर्भ एक अंतहीन रहस्य है। इस्पात बनाने के कच्चे माल और उपयुक्त स्थान की खोज के लिए टाटा समूह की टेक्नोक्रेट टीम ने आठ साल तक देशव्यापी दौरा किया और अथक श्रम व सूझबूझ से साकची को स्टील संयंत्र के लिए चुना। इस ब्लाइंड डिस्कवरी पर टाटा समूह ने सौ साल पहले 25 लाख रुपए खर्च किए। यह वस्तुतः सरकारी कार्य था, पर देश में तब फिरंगियों का राज था। उन्हें तो यह विश्वास ही नहीं था कि कोई भारतीय उद्योगपति भारत में स्वदेशी संसाधन से स्टील बना सकता है। एक बानगी देखिए। भारतीय रेलवे के तत्कालीन चीफ कमिश्नर सर फ्रेडरिक अपकॉट से यह जानकर कि टाटा भारत में स्टील संयंत्र लगा रहे है, वे मजाकिया लहजे में बोले थे–'क्या मतलब? यदि टाटा ब्रितानी मानकों के अनुसार इस्पात की रेलें बना लेंगे तो उसका एक-एक कतरा बिना पानी निगल लूँगा।' और इसके विपरीत भारतीयों को टाटा पर इतना भरोसा था कि तीन सप्ताह में 8000 निवेशकों ने टाटा समूह को इस प्रोजेक्ट के लिए जननिर्गम के माध्यम से 3.82 करोड़ रुपए सौंप दिए। 4 लाख पाउंड के डिबेंचर ग्वालियर के महाराजा ने अकेले खरीद लिये।

2 सितंबर, 1911 को सीकची में नवस्थापित स्टील संयंत्र में पहली भट्ठी प्रज्वलित हुई और 16 फरवरी को सही आकार की पहली इस्पात सिल्ली भट्ठी से बाहर निकली। यूरोप पर तब युद्ध के बादल मँडरा रहे थे। ढाई साल बाद तोपें भी गरजने लगीं। इंग्लैंड की मित्र सेना के लिए टिस्को इस्पात आपूर्ति का विश्वसनीय स्रोत बन गया। टाटा की इस्पात रेलों से बनी 1500 मील की रेल लाइन ने मेसोपोर्टलिया में मित्र देशों को विजयी बनाया। युद्ध की समाप्ति के बाद वायसरॉय लॉर्ड

चेम्सफोर्ड टाटा समूह को धन्यवाद देने स्वयं सीकची आए और एक समारोह को संबोधित करते हुए बोले–'मेरे लिए यह कल्पना करना कठिन है कि अगर टाटा स्टील ने हमें इस्पात रेल न दी होती तो हम यह युद्ध कैसे जीतते? यह भी कल्पनातीत ही है कि 10 साल पहले जहाँ केवल झाड़ियाँ और जंगल थे, वहाँ आज कारखाने हैं। यह महान उपक्रम स्व. जमशेतजी टाटा की दूरदर्शिता, साहस और विलक्षण प्रतिभा के कारण संभव हुआ है। आज के बाद सीकची जमशेदपुर के नाम से जाना जाएगा।' ब्रिटिश सरकार ने रेलवे स्टेशन का नाम भी कालीमाटी से बदलकर टाटानगर रख दिया।

जमशेतजी टाटा

टाटा समूह के तत्कालीन चेअरमैन दोराबजी टाटा ने सर फ्रेडरिक अपकॉट की व्यंग्योक्ति का अब जवाब दिया–वे टाटा की इस्पात रेलें निगलने की भूल न करें अन्यथा उनका हाजमा गड़बड़ा जाएगा।

दोराबजी टाटा

हाइड्रो इलेक्ट्रिक पावर

टाटा समूह के एक पूर्व वरिष्ठ एक्जीक्यूटिव टीआर डूँगाजी ने एक बार कहा था–भारतीय उद्योगों के बापू (महात्मा गाँधी) थे जमशेतजी। यह सच है, अतिशयोक्ति नहीं। इसका प्रमाण है देश की शान ताज होटल और बंबई में ऐसी अबाधित विद्युत आपूर्ति, जिसने इसे बनाया है- देश की वाणिज्यिक राजधानी। कपड़ा मिलों को चलाने के लिए भाप के विशालकाय इंजनों से बिजली उत्पादन जमशेतजी को कभी रास नहीं आया, क्योंकि ये काफी धुआँ छोड़ते थे, जो पर्यावरण प्रदूषित करता था। जमशेतजी ने विश्वप्रसिद्ध नियाग्रा फॉल देखा तो उन्हें लगा कि भारत में भी हाइड्रो इलेक्ट्रिक संयंत्र होना चाहिए। इसके बाद वे भारत में जहाँ भी जाते, ऐसे वाटर फॉल खोजते, जो जल-ऊर्जा से बिजली पैदा कर सके। इस खोज को दोहा नदी से आते बरसाती पानी की प्रचंड धारा को देखकर विराम मिला। मन में एक विचार आया कि पश्चिमी घाटों के किनारे एक जलाशय हो, वहाँ से पाइपों के जरिए पहुँचा पानी तलहटी में एक कृत्रिम झरना बनाएँ, जो टरबाइन घुमा दे तो बिजली पैदा हो सकती है। इस पूरी योजना का दूसरा कठिन चरण था 50 मील दूर तक विद्युत ट्रांसमिशन। दृढ़ इच्छाशक्ति के धनी जमशेतजी टाटा ने इस चुनौतीपूर्ण कार्य की शुरुआत तो कर दी, पर इसे भी वे साकार होते नहीं देख पाए। उनके उत्तराधिकारी पुत्रद्वय दोराबजी टाटा और सर रतन टाटा ने पिता के इस स्वप्न को पूरा किया। टाटा के कुशल इंजीनियरों ने ऊबड़-खाबड़ और चट्टानी पहाड़ियों की ढलानों पर भीमकाय पाइप लाइनें बिछाईं। लोणावल के बाहरी इलाके वेलवेन में जो कृत्रिम बाँध बनाया, वह विश्व के विशालतम आसवान बाँध से थोड़ा ही छोटा है। टाटा समूह ने टाटा हाइड्रो इलेक्ट्रिक पावर सप्लाई कंपनी, द

नवल एच. टाटा

जे.आर.डी. टाटा

आंध्रावेली पावर सप्लाई कंपनी और टाटा पावर कंपनी का गठन किया, जो पिछले सौ सालों से बम्बई महानगर को विद्युत आपूर्ति कर रही है। इसके बाद ही देश में इस तरह के पर्यावरण हितैषी विद्युत उत्पादन संयंत्रों की स्थापना हुई है।

ताज होटल

जमशेतजी नुसेरवान टाटा 65 साल ही जिए। उन्होंने टाटा एंड संस के बैनर तले कई कम्पनियाँ और ट्रस्ट स्थापित किए। इनमें से देश को प्रयोजनशील औद्योगिक दर्शन देने वाला एक ड्रीम प्रोजेक्ट है–ताजमहल होटल, जिसने देश के हॉस्पिटेलिटी उद्योग को नई दिशा प्रदान की है। किंवदंती है जमशेतजी टाटा ने सन् 1903 में इसकी स्थापना फिरंगी संस्थानों पर लगे उन बोर्ड्स से आहत होकर की थी, जिन पर लिखा होता था–Indians and dogs are not allowed. इस कथन के प्रमाण तो नहीं मिलते पर यह सच है कि जमशेतजी टाटा रंग व नस्ल के भेदभाव के बिना सबके लिए समान हक के कट्टर पक्षधर थे। उन्हें अपने शहर व शहर के हर वर्ग के बाशिंदे से प्यार था। जमशेतजी के इसी प्यार का रोमांटिक इजहार है ताज होटल। टाटा संस जब भी किसी प्रोजेक्ट पर काम शुरू करता है तो पहले उसका बजट बनाता है, पर ताज के निर्माण पर जमशेतजी टाटा ने अपने ही द्वारा स्थापित इस परम्परा का खुद ही पालन नहीं किया। किस मद पर कितना खर्च होगा, इस पर विचार किए बिना उन्होंने समुद्र पाटकर बनाई गई जमीन पर होटल बनवाया। एक बड़ा केंद्रीय गुम्बद, दोनों सिरों पर दो छोटे गुम्बद तथा लंबे और ऊँचे गलियारे इसे राजसी महल का लुक देते हैं तो समुद्र की तरफ से आने वाली ठंडी हवा पूरे भवन को शीतलता प्रदान करती है।

अपनी विदेश यात्राओं के दौरान जमशेतजी ने साजो–सामान के अलावा सिल्वर पॉलिश करने वाली मशीन, लांड्री, लिफ्ट आदि खरीदे। ऐसा महलनुमा भवन उन दिनों जिस राशि में बन सकता था, उससे कई गुना खर्च किया। परिणाम! 30 प्राइवेट सूट्स–अपार्टमेंट्स, 350 डबल/सिंगल रूम्स और पैसेंजर लिफ्ट के साथ शुरू होने वाला तब पहला भारतीय होटल था ताज, जो अपनी भव्यता से यूरोपियन होटल से भी ज्यादा बेहतरीन था। दूसरे विश्वयुद्ध, स्वतंत्रता संग्राम, आजादी की खुशी के साथ विभाजन की वेदना ताज ने सही है तो सन् 2008 में आतंकवादियों की बुलेट्स से अपना सीना छलनी भी करवाया, पर अतिथियों को हमेशा लुभाया। एक युग तो ऐसा था कि पर्यटक केवल ताज के कारण भारत आते थे। सन् 1980 में ग्रेगरी पैक 22 साल बाद ताज में विश्राम करने दोबारा भारत आए थे और बोले थे–मुमताज के ताज जैसी ही है मुम्बई में टाटा का ताज (होटल)। हॉस्पिटेलिटी उद्योग में अर्ली बर्ड्स होने का टाटा समूह को ऐसा सुफल मिला है कि समूह के इंडियन होटल्स एशिया में अपने सेक्टर की लीडर कंपनी है। इंडियन होटल की दुनिया के एक दर्जन से ज्यादा देशों में 80 से ज्यादा होटल प्रॉपर्टीज हैं, जिनकी अपने क्षेत्र में खास साख व पहचान है।

इस पृष्ठभूमि में यह सवाल स्वाभाविक है कि देश के सबसे पुराने व प्रतिष्ठित औद्योगिक समूह

पर यह आलेख उस पुस्तक में क्यों, जिसका शीर्षक है–शून्य से शिखर। टाटा समूह तो शिखर आरोही तब हो गया था, जब देश गुलाम था। इस सवाल का सहज जवाब है–इस आलेख के नायक रतन टाटा। यह सही है कि टाटा समूह ने देश में आधुनिक स्वदेशी उद्योगों की बुनियाद रखी व टाटा ब्रांड नेम को 24 कैरेट शुद्ध सोने जैसी विश्वसनीयता दिलवाई, पर जब रतन टाटा ने समूह की बागडोर सँभाली तब टाटा समूह बूढ़े हाथी जैसे हो गया था। सन् 91 में उदारीकरण व नियंत्रण मुक्ति के साथ तीव्र व तीखी प्रतिस्पर्धा ने कॉरपोरेट वर्ल्ड के दरवाजे पर दस्तक दी, पर टाटा समूह करीब सौ कम्पनियों का लचीला व लूज संगठन होने से बदलते दौर के लिए तैयार नहीं था।

रतन टाटा ने इस चुनौती के लिए समूह को कैसे तैयार किया, समूह का टर्नओवर कई गुना कैसे पहुँचाया, यह बिजनेस मैनेजमेंट के छात्रों के लिए एक केस स्टडी है। इसकी एक झलक पेश करने के पहले दोराबजी टाटा (जमशेतजी के बड़े पुत्र; टाटा समूह के चेअरमैन–1904 से 1932), सर नौरोजी साकलनवाला (जमशेतजी टाटा की बहन बीरबाई टाटा के पुत्र; चेअरमैन–1932 से 1938) और भारतरत्न जेआरडी टाटा (जमशेतजी टाटा के मामा दादाभोय टाटा के पौत्र; चेअरमैन–1938 से 1991) के व्यक्तित्व व कृतित्व की संक्षिप्त चर्चा प्रासंगिक है, जिन्होंने टाटा समूह को देश का सबसे प्रतिष्ठित औद्योगिक समूह बनाया है।

दोराबजी टाटा और नौरोजी साकलनवाला

जमशेतजी टाटा के प्रथम उत्तराधिकारी की हैसियत से दोराबजी टाटा ने सन् 1904 में टाटा समूह की बागडोर सँभाली। विरासत में उन्हें पिता के तीन अत्यंत महत्वाकांक्षी ड्रीम प्रोजेक्ट भी मिले, जो अंतिम चरण में थे। इस्पात उत्पादन के लिए कच्चे माल की खोज के सुपरिणामों की टाटा समूह बेसब्री से प्रतीक्षा कर रहा था। इसके बाद अपने किस्म का देश का पहला स्टील प्लांट स्थापित होना था। जल–ऊर्जा से विद्युत उत्पादन के लिए ऊबड़–खाबड़ पहाड़ियों पर पाइप लाइनें बिछाई जा रही थीं। लोणावाला में कृत्रिम बाँध का निर्माण–कार्य चल रहा था। इसके बाद उत्पादित बिजली को 50 मील दूर कल–कारखानों और घर–घर तक पहुँचाना था। जमशेतजी के तीसरे स्वप्न भारतीय विज्ञान संस्थान के साकार होने में लॉर्ड कर्जन बाधा बने हुए थे। यही नहीं तब देश में भी भारी हलचल थी। महात्मा गाँधी के नेतृत्व में देश आजादी के लिए एकजुट हो रहा था। ब्रिटिश सरकार ऊहापोह में थी। ऐसे असमंजसपूर्ण व चुनौतीपूर्ण माहौल में दोराबजी टाटा का राज्याभिषेक हुआ था। उनके लिए सांत्वना की बात थी कि प्रथम सहयोगी के रूप में उन्हें अनुज सर रतन टाटा और आर.डी. टाटा (जमशेतजी के मामा के पुत्र थे, जिनका उन्होंने अपने पुत्रों के साथ लालन–पालन किया था) मिले। इन तीनों की उद्यमशीलता व जीवटता की ज्यादा चर्चा नहीं हुई है, जबकि इन्होंने और इनके बाद सर नौरोजी साकलनवाला ने सही मायने में टाटा एंड संस को ऐसा सामर्थ्यवान बनाया कि जेआरडी टाटा टाटा समूह को देश का सबसे प्रतिष्ठित औद्योगिक समूह बना पाए।

दोराबजी टाटा और नौरोजी साकलनवाला के कालखंड में टाटा समूह ने सीमेंट उद्योग में प्रवेश किया। सन् 1912 में टाटा समूह ने इंडिया सीमेंट की स्थापना की। सन् 1936 में इंडिया सीमेंट और शाहाबाद सीमेंट के विलयन से एसोसिएटेड सीमेंट कंपनी (एसीसी) जन्मी। 15 अक्टूबर, 1932 को टाटा समूह ने जब हवाई डाक सेवा के साथ टाटा एयरलाइंस की स्थापना की, तब देश में एयरपोर्ट भी नहीं थे। टाटा एविएशन सर्विस (बाद में टाटा एयरलाइंस और 1952-53 में हवाई सेवा के राष्ट्रीयकरण के बाद इंडियन एयरलाइंस) की कराची से बम्बई की पहली उड़ान के पायलेट थे स्वयं जेआरडी टाटा। उन्होंने जब फ्यूल लेने के लिए अहमदाबाद के तत्कालीन एयरपोर्ट पर प्लेन लैंड किया तो बर्मा शेल ने बैलगाड़ी पर केन लोड करके पेट्रोल रन-वे तक पहुँचाया।

जे.आर.डी. टाटा (जहाँगीर रतनजी दादाभोय टाटा–'जेह')

सन् 1938 में हृदयाघात से सर नौरोजी साकलनवाला का निधन हो गया तो टाटा समूह को जेआरडी टाटा जैसा दूरन्देशी व साहसी नेतृत्व मिला। उन्होंने देश का सर्वोच्च सम्मान भारतरत्न पाया। यही नहीं, जे.आर.डी. टाटा (जहाँगीर रतनजी दादाभोय टाटा) ने टाटा समूह की स्थापित परम्पराओं को ऐसी सावधानी व सलीके से तराशा ताकि जमशेतजी टाटा द्वारा स्थापित मूल्य न केवल यथावत् बने रहें, बल्कि पुख्ता हों।

फ्रांसीसी माँ और पारसी पिता की संतान जे.आर.डी. टाटा अपने मित्र-परिजनों के बीच 'जेह' के स्नेहिल संबोधन से पुकारे जाते थे। जमशेतजी टाटा के निधन वर्ष (सन् 1904) में जन्मे जेह ने पेरिस, बम्बई, योकोहामा और इंग्लैंड में पढ़ाई की और 22 वर्ष की उम्र में भारत आ गए। उनके पिता टाटा एंड संस के डायरेक्टर थे। पिता ने पुत्र को कारोबारी गुर सिखाने के लिए टिस्को के मैनेजिंग डायरेक्टर जॉन पीटरसन के सुपुर्द कर दिया। सन् 1938 में जेआरडी टाटा देश के सबसे बड़े औद्योगिक समूह के सिरमौर बन गए और 64 साल तक टिस्को के चेअरमैन रहे। जे.आर.डी. टाटा ने जमशेदपुर को मॉडल इंडस्ट्रियल टाउन बनाया तो सन् 1984 में देश के इस पहले स्टील संयंत्र का नवीनीकरण किया।

इंडियन होटल की प्रॉपर्टीज को सँवारने व होटल शृंखला का विस्तार भी जे.आर.डी. टाटा के कार्यकाल में हुआ तो सन् 1945 में उन्होंने ही टाटा इंजीनियरिंग एंड लोकोमोटिव (टेल्को; अब टाटा मोटर्स) की स्थापना की। जमशेदपुर में ईस्ट इंडियन रेलवे की एक वर्कशॉप में टाटा इंजीनियरिंग एंड लोकोमोटिव जन्मी थी। इंजन-बायलर और अन्य इंजीनियरिंग प्रोडक्ट्स बनाने के लिए स्थापित डेसलर बेंज के साथ समझौते के बाद इसने पेट्रोल चालित वाहन बनाना शुरू किया। 60 के दशक में टेल्को का पुणे में दूसरा संयंत्र स्थापित हुआ, जिसने स्वदेशी कलपुर्जों के साथ ट्रक बनाना शुरू किया। सन् 1969 मे डेसलर बेंज के साथ जब साझेदारी हुई, तब टाटा समूह भारी वाणिज्यिक वाहन बनाने में माहिर हो गया था। टेल्को के वाणिज्यिक वाहन जापानी वाहनों का मुकाबला करने लगे थे। सन् 1990 में टेल्को का तीसरा उत्पादन संयंत्र स्थापित हुआ। टेल्को का यात्री कार उद्योग में सफल प्रवेश का श्रेय रतन टाटा को है।

टाटा केमिकल्स और टाटा टी

जे.आर.डी. टाटा ने सौराष्ट्र के समुद्र तट पर मीठापुर में टाटा केमिकल्स की स्थापना की। भारत में भारी रसायन उद्योग की जननी टाटा केमिकल्स शुरुआती वर्षों में दुर्दिनों का सामना कर रही थी तो एक अंतरराष्ट्रीय रसायन विशेषज्ञ ने कहा कि टाटा गलत जगह पर गलत काम कर रहे हैं। जेआरडी टाटा ने तब कहा था–टाटा ऐसा पहली बार नहीं कर रहे हैं। हम जहाँ जाते हैं वहाँ के लोगों में पहले उम्मीद जगाते हैं। जमशेदपुर में हमने यही किया। मीठापुर में भी हम यही दोहराएँगे। यही हुआ। मीठापुर आज देश का सबसे बड़ा केमिकल सेंटर है। टाटा टी टाटा केमिकल्स कई सहायक कंपनियों के साथ टाटा समूह के मुनाफे में बड़ा योगदान प्रदान कर रही है। टाटा समूह को भारतीय टी उद्योग/मार्केट का सिरमौर भी जेआरडी टाटा ने बनाया तो टाटा टी को अंतरराष्ट्रीय क्षितिज पर रतन टाटा ने पहुँचाया। टाटा टी आज दुनिया की सबसे बड़ी चाय उत्पादक कम्पनी है।

टाटा कंसल्टेंसी सर्विस और टाइटन

जेआरडी टाटा कितने दूरन्देशी थे, इसकी मिसाल है टाटा कंसल्टेंसी सर्विस। सन् 1968 में जब देश में आईटी व सॉफ्टवेयर के बारे में कोई नहीं जानता था, तब उन्होंने टाटा कंसल्टेंसी सर्विस की स्थापना की, जो आज टाटा के ताज का कोहिनूर है। देश की सबसे बड़ी आईटी कंपनी टीसीएस ने अपने सेक्टर की पहली वन बिलियन डॉलर कम्पनी बनने का गौरव जुटाया। आज यह एशिया की सबसे बड़ी सॉफ्टवेयर निर्यातक कम्पनी है। आप और हम जो टाइटन घड़ियाँ पहने हुए हैं, उसके जनक भी जेआरडी टाटा हैं। सन् 1987 में टाइटन ने घड़ियाँ बनाईं और देखते–देखते मार्केट पर कब्जा कर लिया। टाइटन दुनिया की पाँचवीं सबसे बड़ी घड़ी निर्माता कम्पनी है। सन् 1995 में टाइटन ने ही तनिष्क ब्रांड नेम से ब्रांडेड ज्वैलरी लांच की, जिसने देश के अव्यवस्थित आभूषण उद्योग को नियगित व संगठित किया है।

सन् 1984 में राजीव गांधी प्रधानमंत्री बने। उनके पहले बजट ने संकेत दिया कि सरकार भारतीय उद्योग जगत को नियंत्रण मुक्त करेगी। दूरन्देशी जेआरडी टाटा तब समूह को एक प्रोफेशनली–ऑटो–रन ग्रुप बना चुके थे, पर जानते थे कि टाटा कंपनियाँ वैश्विक प्रतिस्पर्धा के लिए तैयार नहीं हैं। नि:संदेह जेआरडी टाटा में समूह के एक बार और कायाकल्प की क्षमता थी, पर उन्होंने अपने उत्तराधिकारी को तराशना शुरू किया। 80 वर्षीय (तब) जेआरडी टाटा ऐसे युवा को ग्रुप सौंपना चाहते थे, जो 20 से 25 साल 'लीड' कर सके।

रतन टाटा

29 नवंबर, 1993 को जेनेवा में जे.आर.डी. टाटा का 89 वर्ष की उम्र में निधन हुआ, पर सन् 1991 में ही वे टाटा समूह की बागडोर 54 वर्षीय रतन टाटा को सौंप चुके थे। उस समय समूह की 80 कम्पनियाँ सालाना 10,627 करोड़ रुपए का कारोबार कर रही थीं। इसमें समूह की प्रमुख कम्पनियों (टेल्को, टिस्को, वोल्टाज, टाटा पावर, रैलीज इंडिया, टाटा केमिकल्स, टाटा टी,

टीसीएस, टाइटन इंडस्ट्रीज) की हिस्सेदारी थी 7,504 करोड़ रुपए। युगपुरुष जे.आर.डी. टाटा ने रतन टाटा को इससे बड़ा दायित्व सौंपा था समूह का बदलते दौर में पुनर्गठन।

रतन टाटा का राज्याभिषेक हुआ ही था कि नियंत्रण-मुक्ति व आर्थिक सुधार कार्यक्रमों की शुरुआत हो गई। सारे मार्केट सबके लिए खुलने लगे। प्रतिस्पर्धा की वह प्रचंड आँधी आई, जिस पर प्रतिबंध का लाभ लेकर ही टाटा-बिड़ला देश के औद्योगिक जगत के सिरमौर बने थे। दूसरे शब्दों में, जो स्थिति जे.आर.डी. टाटा के समय अनुकूल थी, वो ही रतन टाटा को विरासत में पूरी तरह प्रतिकूल होकर मिली। जे.आर.डी. टाटा के युग में टाटा समूह की कंपनियों के सूत्रधारों को अपार आजादी मिली हुई थी। वे कम्पनियों का संचालन ऐसे करते थे, मानो मैनेजर नहीं, मालिक हों। रतन टाटा के ही शब्दों में कहें तो 'समूह की कंपनियाँ नए बिजनेस में खुद ही प्रवेश ले लेती थीं, जिसे वे उपयुक्त मानती थीं। वे समूह के पास तब आती थीं जब तकलीफ में हों, उन्हें बैंकर्स से नया कर्ज लेना हो या कोई गठबंधन करना हो। कई कम्पनियों के चीफ एक्जीक्यूटिव्स की उम्र तो 70 से ज्यादा थी। उनका बाजार से कोई सम्पर्क नहीं था और इसके कारण टाटा समूह धार खो रहा था।'

कई कम्पनियों के लचीले संघ को एक ग्रुप में बाँधने की रतन टाटा ने जब कोशिश शुरू की तो उनका टाटा के कई उन टॉप एक्जीक्यूटिव्स ने प्रबल विरोध किया, जिन्होंने अपनी-अपनी कम्पनियों को अपने-अपने क्षेत्र में अव्वल बनाया था। नवंबर, 1991 से 93 तक 15 माह टाटा संस के बोर्ड-रूम में रतन टाटा का इन दिग्गजों के साथ द्वंद्व युद्ध चला। रतन टाटा ने ग्रुप कम्पनियों के मैनेजिंग डायरेक्टरों की सेवानिवृत्ति उम्र 65 वर्ष की। टाटा संस के बोर्ड ने उनका साथ दिया तो उन्हें समूह के उन 'दिग्गज जमींदारों' का विरोध सहना पड़ा, जो नियंत्रण में काम करना ही भूल गए थे। सन् 1993 से 97 के बीच रतन टाटा ने रूसी मोदी (टिस्को), दरबारी सेठ (टाटा टी व टाटा केमिकल्स), अजय केरकर (इंडियन होटल-ताज) या ए.एच. टोबाकोवाला (वोल्टास) जैसे दिग्गजों से खुली जंग (टाटा समूह के सवा सौ साल के इतिहास में बोर्ड-रूम बहस पहली बार मीडिया तक पहुँची) लड़कर उन्हें सेवामुक्त किया। टाटा केमिकल्स व टाटा टी के दरबारी सेठ ने चतुराई दिखाई और दीवार पर अंकित सचाई को पढ़कर बिना अप्रिय स्थिति पैदा किए अपना पद छोड़ दिया। जे.आर.डी. टाटा युग के दिग्गज विकेट डाउन करने के बाद ही रतन टाटा का समूह में इस संकेत के साथ वास्तविक राज्याभिषेक हुआ कि चेअरमैन नरम नहीं हैं, वे लड़ सकते हैं और कड़े निर्णय भी ले सकते हैं।

रतन टाटा को एक और चुनौती मिली थी। समूह के नियंत्रक टाटा संस की ग्रुप की प्रमुख कम्पनियों में बहुत थोड़ी शेयर होल्डिंग। सन् 1972 में जे.आर.डी. टाटा ने इस ओर संकेत करते हुए कहा भी था-'दुनिया में संभवतः मैं अकेला ऐसा इंडस्ट्रियल एक्जीक्यूटिव हूँ, जिसके पास जितने ज्यादा दायित्व (काम) हैं, वास्तविक पावर्स उतने ही कम हैं।' रतन टाटा ने इसको यथावत् जारी रखने के बजाय जोखिम लेकर स्थिति को सुधारा। उनके निर्देश पर सन् 1995 में ग्रुप कम्पनियों ने टाटा संस के शेयर राइट इश्यू से खरीदे। समूह के कुछ सक्रिय शेयरधारकों ने

इसकी आलोचना की, पर रतन टाटा का प्रयोजन बड़ा था। वे कम्पनियों के संभावित टेकओवर्स से बचना चाहते थे। इसके लिए टाटा संस ने सन् 1996 के बाद समूह की प्रमुख कंपनियों में अपनी शेयरधारिता बढ़ाई।

ग्रुप कंपनियों को यह याद रहे कि वे टाटा समूह का हिस्सा हैं– इस मंशा से रतन टाटा ने सितम्बर, 1996 में 'ब्रांड अम्ब्रेला' नियम बनाया। इसके तहत ग्रुप कम्पनियों से 'टाटा' नाम उपयोग करने की रॉयल्टी टाटा संस को चुकाने को कहा गया। एसीसी के नाना पालकीवाला व इंडियन होटल्स के अजीत केरकर ने इसका विरोध किया। पालकीवाला की दलील थी कि एसीसी टाटा समूह की कम्पनी नहीं है और न ही उत्पाद या कॉरपोरेट पहचान के लिए टाटा ब्रांड नाम का उपयोग करती है। रतन टाटा ने 18 लाख शेयरधारकों को 15 पेज की बुकलेट भेजकर समझाया कि 90 टाटा कम्पनियों द्वारा बिना फ्रेमवर्क टाटा नाम उपयोग करने से ब्रांड वैल्यू घटती है। ब्रांड अम्ब्रेला नियमावली से ग्रुप कम्पनियों में समूह के प्रति लॉयल्टी बढ़ेगी और शेयरधारक भी लाभान्वित होंगे।

'ब्रांड पर ध्यान दो, प्रणाली को सुधारो व सेवाएँ बढ़ाओ...' के साथ रतन टाटा ने अपने एक दशक के कार्यकाल में हर उस बिजनेस से हाथ खींचा, जहाँ मुनाफा कम था और टाटा समूह के मार्केट में अव्वल या अग्रणी होने की सम्भावना नहीं थी। रतन टाटा ने करीब 16 कम्पनियाँ बंद की और 32 नई कम्पनियाँ बनाकर नए व्यापार क्षेत्रों में प्रवेश किया और समूह को बाजार व उपभोक्ता केंद्रित बनाने के लिए भारी निवेश किया व लम्बी अवधि की जोखिम उठाई। रतन टाटा ने इस प्रयोजन के लिए समूह की उन एक दर्जन ग्रुप कम्पनियों को चिह्नित किया, जिनकी कुल टर्नओवर में 85 फीसदी व मुनाफे में 90 फीसदी हिस्सेदारी थी। टाटा स्टाफ को नववर्ष (2004) शुभकामना संदेश भेजते हुए रतन टाटा ने कहा था–'हमें अपने उत्पादों की गुणवत्ता व सेवा के स्तर को और बेहतर बनाना चाहिए। हमें ज्यादा आक्रामक और प्रोएक्टिव हो जाना चाहिए।' रतन टाटा ने अपनी कोर टीम को पहले प्रोफेशनल व प्रोडक्टिव बनाया, ताकि बॉटम लाइन पर संदेश पहुँचे कि अब सरकारी विभागों की तरह टाटा समूह में पुरानी परम्परा 'चलता है...' क्षम्य नहीं है।

श्रीफल हैं रतन टाटा

किसी भी अंतरमुखी व्यक्तित्व को समझना टेढ़ी खीर है। ऐसे व्यक्ति यदि एकांतजीवी और लो-प्रोफाइल (सामान्यत: प्रचार-प्रसार से दूर) भी हों तो यह काम और भी कठिन हो जाता है। यही नहीं, वह व्यक्ति यदि देश के सबसे प्रतिष्ठित औद्योगिक घराने टाटा समूह का सीईओ हो, यानी उसके प्रभामंडल को खास कॉरपोरेट कल्चर का अभेद्य-सा सुरक्षा कवच भी मिल जाए तो उसके 'व्यक्तित्व' व 'कृतित्व' को दोहराना अत्यंत कठिन काम है।

दिलचस्प बात यह है कि रतन टाटा जैसे दिखते हैं, वैसे हैं नहीं। वे वस्तुत: श्रीफल (नारियल) की तरह हैं, जो बाहर से इतना सख्त व मजबूत होता है कि सीधे भिड़ जाओ तो सिर फोड़ दे, पर

सलीके से खोल लो तो मिलता है सॉफ्ट फल व कोकोनट जैसा बहूपयोगी ऑयल। इस फल को प्राप्त कर चुके रतन टाटा के नजदीकी इसीलिए कहते हैं कि वे आश्चर्यजनक रूप से सहज हैं। वे जानते हैं कि उनकी मौजूदगी से लोग भयाक्रांत होते हैं, इसलिए वे उनके मन का डर भी निकालते हैं।

सन् 1937 में जन्मे रतन टाटा का बाल्यकाल साधारण बच्चों की तरह नहीं गुजरा। 40 के दशक में माँ-पिता का तलाक हुआ, तब उनकी उम्र थी सात वर्ष और छोटी बहन जिम्मी की उम्र थी पाँच साल। दादी (सर रतन टाटा की पत्नी नवजबाई लेडी रतन टाटा के संबोधन से मशहूर) ने भाई-बहनों का लालन-पालन किया। दादी की यादों में गोता लगाते हुए रतन टाटा ने एक बार कहा था कि वे वंडरफूल महिला थीं। इंग्लैंड और भारत में वे रही थीं। अनुभवों का वे अकूत खजाना थीं। मैंने उनसे ही ससम्मान जीने, वादे निभाने और विश्वसनीय बनने का सबक सीखा। तलाक के दस साल बाद नवल टाटा ने सिमोन से शादी की। इस दम्पति की संतान है नियोल टाटा। रतन टाटा की सगी माँ ने भी सर जमशेतजी जीजीभोय से पुनर्विवाह कर लिया। दादी की तरह माँ से भी रतन टाटा खूब प्यार करते थे। रतन टाटा ने कहा है कि वे मेरी माँ से ज्यादा मित्र थीं। यही कारण है कि माँ को कैंसर हुआ तो रतन टाटा ने न्यूयॉर्क में उनके उपचार के समय उनकी खूब सेवा की।

रतन टाटा ने प्रारंभिक शिक्षा मुम्बई के केलवियन स्कूल में प्राप्त की। कोरनेल यूनिवर्सिटी यूएसए से आर्किटेक्चर ग्रेजुएट होने के बाद अमेरिका में ही जॉन्स एंड इमोन्स में थोड़े दिन प्रशिक्षणनुमा जॉब किया। सन् 1962 में वे स्वदेश लौटे। यहाँ टाटा समूह की विभिन्न कम्पनियों के शॉप फ्लोर पर 'ग्रो' होने के बाद सन् 1971 में जेआरडी टाटा ने उन्हें नेल्को सौंपी, जो तब दुर्दिनों (चालीस लाख रुपए आय और इतना ही घाटा) का सामना कर रही थी। रतन टाटा ने नेल्को रेडियो का मार्केट शेयर अल्पावधि में दो से बीस फीसदी पहुँचाकर कम्पनी के दिन बदल दिए। इस बीच, तालाबंदी के कारण एक बार नेल्को में श्रमिक अशांति भी हुई, पर रतन टाटा ने धैर्य नहीं खोया और स्थिति को ऐसे सँभाला कि ताले खुलते ही नेल्को का उत्पादन तीन गुना बढ़ गया।

भारतीय उद्योग जगत के पितामह जे.आर.डी. टाटा के सान्निध्य में काम करते हुए सन् 1983 में रतन टाटा ने आकलन कर लिया था कि टाटा समूह 'लूज' व 'लचीला' औद्योगिक संगठन हो गया है। इसमें कम्पनियों की अहमियत समूह से भी बड़ी हो गई है। टाटा संस की कम्पनियों में इक्विटी होल्डिंग बहुत कम है और कम्पनियों का संचालन करने वाले सीईओ 'मैनेजर' के बजाय 'मालिकों' जैसा व्यवहार करने लगे हैं। तत्कालीन दौर (प्रतिबंध/लाइसेंस राज) में इस रणनीति के कारण समूह का बिजनेस तो बढ़ा, पर दीर्घावधि में यह प्रणाली उपयुक्त नहीं है।

'रतन बुद्धिमान युवा हैं, मुझसे ज्यादा शिक्षित व मॉडर्न हैं, अत: वे बेहतर नियंत्रक भी साबित होंगे।' इस आशय की टिप्पणी के साथ जे.आर.डी. टाटा ने सन् 1991 में टाटा समूह की बागडोर रतन टाटा को सौंपी तो उन्होंने सौ कम्पनियों, करीब सवा दो लाख कर्मचारियों व 25 लाख निवेशकों (शेयरधारकों) वाले टाटा समूह के लिए नई रणनीति बनाई और अपनी टीम को लक्ष्य

दिया–'इन क्षेत्रों में हर चौथे साल बिक्री दोगुना व हर तीसरे साल मुनाफा दोगुना करो।' सुप्रसिद्ध कॉरपोरेट इतिहासकार डॉ. गीता पीरामल ने (स्मार्ट मैनेजर जनवरी–फरवरी 09) अपने आलेख 'इंडियाज डिजाइन लीडर' में लिखा है–रतन टाटा की स्पष्ट रणनीति व पारदर्शी कार्यप्रणाली का सुफल टाटा समूह को मिला है, जो आज न केवल शिखर से शून्य वाली दुर्गति से बचा, वरन् सॉफ्टवेयर (टाटा कंसल्टेंसी सर्विसेस), आतिथ्य सत्कार सेवा उद्योग (इंडियन होटल–ताज) व चाय (टाटा टी), स्टील (टिस्को), ऑटो मोबाइल (टाटा मोटर्स पूर्ववर्ती टेल्को), घड़ियाँ व ज्वेलरी (टाइटन व तनिष्क) में अव्वल है तो कई अन्य क्षेत्रों में अग्रणी।

रतन टाटा की एक और खूबी है–मुश्किलों से उबरने के लिए सतत कोशिश और असीम धैर्य। उनके स्वभाव का यह पहलू सन् 2008–09 में उजागर हुआ, जब उन्होंने ब्रिटेन की दो रुग्ण कम्पनियों–स्टील मेकर कोरस और ऑटोमोबाइल मेकर जगुआर लैंड रोवर–को खरीदा। इस अधिग्रहण के लिए उन्होंने भारी पूँजी उधार ली थी और इसके तत्काल बाद विश्व अर्थव्यवस्था मंदी की गिरफ्त में फँस गई थी। ऐसा लगा कि गलत समय रतन टाटा ने ये अधिग्रहण किए और इसका खामियाजा टाटा समूह को लम्बे समय तक भुगतना पड़ेगा। उनके निकटवर्ती कार्यालयीन लोग कहते हैं कि उन दिनों उनसे मिलना मुश्किल हो गया था। वे अकसर अमेरिका या इंग्लैंड में होते थे। महीनों की मशक्कत के बाद व ब्रिटिश सरकार के बिजनेस सेक्रेटरी पीर मेंडलसन को सहमत कर पाए। इंग्लैंड की बैंकों से टाटा मोटर्स के लिए सस्ता कर्ज उन्होंने प्राप्त किया और जगुआर की खरीद के लिए जुटाया 3 बिलियन डॉलर का महँगा कर्ज चुकता कर दिया। मुसीबत से उबरने की भारी व्यस्तता के बावजूद रतन टाटा ने नैनो और जापानी फर्म डीओसीओएमओ के साथ नई टेलीकॉम सेवा लांच की तो गरीबों को शुद्ध पानी देने वाला कम लागत का वाटर प्यूरीफायर के लोकार्पण समारोह में भी शामिल हुए।

65 वर्षीय अविवाहित रतन टाटा मूलत: एकांतजीवी हैं, जो 15 घंटे प्रतिदिन काम करने के बाद कोलाबा स्थित अपने अपार्टमेंट में लौटते हैं तो सबसे पहले उनकी थकान मिटाता है जर्मन शेफर्ड डॉग टेंगो। सप्ताहांत में वे यदि मुम्बई में होते हैं तो उनकी पसंदीदा जगह हैं–मरीना स्थित उनका बीच हाउस–जिसे उन्होंने खुद सजाया है, यू.एस. क्लब में चहलकदमी एवं ताज में लंच, जिसके शेफ को यह शिकायत है कि उनका यह अतिथि–ऑनर कभी अपनी पसंद नहीं बताता। उसे केवल इतना पता है कि रतन टाटा को तीखा भोजन नापसंद है। कॉरपोरेट पार्टी से सामान्यत: बचने वाले रतन टाटा यदि किसी आयोजन में पहुँच जाते हैं तो मेजबान विशेष के लिए उनका आगमन एक यादगार घटना बन जाता है।

जे.आर.डी. की तरह विमान उड़ाने के शौकीन रतन टाटा ने फ्लाइंग क्लब बॉम्बे में हवाई जहाज उड़ाना सीखते समय विमानों की खुद धुलाई भी की है। एमडी–902 हेलिकॉप्टर व दो फाल्कन जेट्स के मालिक रतन टाटा ने फ्रांस में सिमूलेटरों पर अभ्यास करने के बाद ही फाल्कन को उड़ाया। फाल्कन–2000 पायलट लाइसेंसधारी रतन टाटा आज औसतन सालाना 50 घंटे मुक्त आकाश में उड़ानें भरते हैं। सड़क पर उनकी पसंद है मर्सिडीज बैंज या नीली इंडिका, जो गड़बड़

करे या ड्राइविंग का मूड न हो तो रतन टाटा मुम्बई की काली-पीली टैक्सी में भी बैठ जाते हैं। कहते हैं कि ऐसी ही एक हरकत (पढ़ें- मूड में) करते हुए एक बार वे बुरे फँसे थे। यात्रा समाप्त होने पर टैक्सी ड्राइवर को देने के लिए उनकी जेब में पैसे नहीं थे। ड्राइवर ने उन्हें पहचान लिया। वह मुस्कराया और यह कहते हुए चल दिया-'सर, इसे लिफ्ट मान लें।'

रतन टाटा के शौक हैं-संगीत सुनना। संगीतकार जुबीन मेहता और गायक अमर बोस उनके नजदीकी मित्र हैं। वे अच्छे स्कैच बनाते हैं और मिमिक्री (नकल करने) में भी माहिर हैं। यानी, दिलचस्प व्यक्तित्व के धनी हैं रतन टाटा, पर सामान्यत: किसी को अपनी जिंदगी में झाँकने नहीं देते। उनके अनुसार-'मेरे पिता नवल टाटा ने चुनाव लड़ा था, पर मैं राजनीति में कभी नहीं आऊँगा, क्योंकि मैं जोड़तोड़ नहीं कर सकता और निजी जिंदगी एक खुली किताब हो जाती है, जीवन में मजा नहीं बचता।' भारती समूह के चेअरमैन सुनील भारती मित्तल सही कहते हैं-'रतन टाटा में जो गंभीरता व निष्ठा है, वह उनके शब्दों और कर्मों में झलकती है। वे सुझाव मानते हैं, पर समझौते नहीं करते।' टेल्को में श्रमिकों ने काम बंद किया, टाटा समूह पर उल्फा उग्रवादियों को मदद देने का आरोप लगा, टाटा-सिंगापुर एयरलाइंस के करार पर सरकार ने अड़ंगा लगाया अथवा बीएसएनएल में निवेश पर सवाल उठे, पर रतन टाटा अपनी बात पर अड़े रहे। इंडियन होटल्स को एक होटल (ताज मुंबई) से देश की सबसे बड़ी होटल शृंखला का मालिक बना देने वाले अजीत केरकर का दस मिनट में रतन टाटा ने हिसाब कर दिया। जॉब व ग्रुप के प्रति प्रतिबद्धता के कट्टर पक्षधर रतन टाटा ने अपने मित्र दिलीप पेंडसे के विरुद्ध वित्तीय अनियमितता के आरोप लगने पर समूह से उन्हें निष्कासित करने व उनके विरुद्ध मुकदमा दायर करने में भी विलम्ब नहीं किया था। महिन्द्रा एंड महिन्द्रा के वाइस चेअरमैन आनंद महिन्द्रा ने शायद इसीलिए कहा है-'रतन भीषण प्रतिद्वंद्वी हैं, पर उनकी आक्रामकता में भी एक सौम्यता है।' एचडीएफसी के चेअरमैन दीपक पारीख के अनुसार-'रतन टाटा ने जेआरडी की उम्मीदों को पूरा किया है। हालाँकि उनके आदर्शों पर चलना आसान नहीं था।'

टाटा ग्रुप के चेअरमैन बनने के बाद सन् 2003 में इंडिया टुडे के प्रभु चावला व शंकर अय्यर से बातचीत करते हुए रतन टाटा ने पहली बार अपना अंतर्मन खोला था और बोले थे-'टाटा मैदान छोड़कर भागते नहीं हैं...। मुझे इस बात का पछतावा है कि समूह में बदलाव का विरोध हुआ और मुझे बाधाओं को पार करना पड़ा..। मैं भारत को इस क्षेत्र की एक महाशक्ति के रूप में देखना चाहता हूँ, लेकिन ऐसा इसलिए नहीं हुआ क्योंकि हम खुद को पंजाबी या पारसी के रूप में देखते हैं, एक भारतीय के रूप में नहीं। अमेरिकियों की तरह एकीकृत राष्ट्रीय भावना को विकसित करके ही हम महाशक्ति बन सकेंगे।'

टाटा समूह बहुराष्ट्रीय नागरिक

'टाटा पहले भारतीय हैं फिर पारसी'-इस भावना के साथ ही टाटा समूह को बहुराष्ट्रीय बनाने के लिए रतन टाटा ने सबसे पहले समूह की आंतरिक कार्यप्रणाली को दुरुस्त किया। सन् 2000 के उनके आक्रामक कारोबारी व्यक्तित्व ने सारी दुनिया को चौंकाया, जिसे सुप्रसिद्ध कॉरपोरेट

इतिहासकार डॉ. गीता पीरामल ने अपनी मैगजीन स्मार्ट मैनेजर (जनवरी-फरवरी 09) में कुछ यूँ परिभाषित किया है-रतन टाटा रचनात्मक तोड़फोड़ (संहार) से नहीं डरते, क्योंकि वे ऐसे प्रशिक्षित आर्किटेक्ट, स्वयंभू इंजीनियर और परिस्थितिजन्य लीडर हैं, जिनके अपने शौक, अपनी शैली हैं।*

इस पृष्ठभूमि को आइए संक्षेप में जानें कि सवा सौ साल से ज्यादा पुराने टाटा समूह को कैसे रतन टाटा ने अंतरराष्ट्रीय (बहुराष्ट्रीय) नागरिक बनाया। रतन टाटा ने इसकी शुरुआत सौ साल पहले स्थापित टाटा स्टील (टिस्को) से की जो दुनिया की सबसे कम लागत की स्टील उत्पादक है। यह हैसियत बनाए रखने और इसे ग्लोबल टॉप टेन स्टील उत्पादक बनाने के लिए उन्होंने सिंगापुर की नैट स्टील और थाईलैंड की मिलेनियम स्टील को खरीदा पर इनसे भी वे संतुष्ट नहीं हुए तो टाटा स्टील से तीन गुना बड़ी इंग्लैंड की कोरस को खरीद लिया। रतन टाटा ने कोरस का जो मूल्य (60 हजार करोड़ रुपए) चुकाया, वह टाटा स्टील के तब के सालाना मुनाफे से कई गुना था, पर इसके साथ टाटा समूह दुनिया का सातवाँ बड़ा स्टील उत्पादक बन गया। इस महँगे सौदे का दिलचस्प पहलू यह है कि अंग्रेजों की इस सबसे बड़ी स्टील कम्पनी को खरीदकर रतन टाटा ने अपने पुरखों पर सौ साल पहले की गई अंग्रेजों की व्यंग्योक्ति का एक बार फिर करारा जवाब दिया। रतन टाटा ने यूके की ही टेटले की भी ऐसी ही आक्रामक खरीद की है, जिससे टाटा समूह को दुनिया की सबसे बड़ी टी कम्पनी का ताज मिला है। टाटा टी के लिए टेटले के अलावा रतन टाटा ने अमेरिका की गुडअर्थ कॉरपोरेशन और चेक गणराज्य की जेमका को खरीदा है।

टाटा समूह के ताज (होटल) ने सन् 2008 में अपने जीवन का सबसे बड़ा घाव सहा। ताज होटल पर 59 घंटे पाक आतंकियों का कब्जा रहा, पर ताज के स्टाफ ने अपनी जान दाँव पर लगाकर भी कई अतिथियों को बचा लिया। इस आतंकी हमले में 31 लोग मारे गए, जिनमें 15 ताजकर्मी थे। ताज के संस्थापक जमशेतजी टाटा की आत्मा ने ताज के गुम्बद को गिराने की आतंकी कोशिश को नाकाम किया। रतन टाटा की टीम ने अपने बहादुर साथियों के जज्बे को सलाम करते हुए मात्र 25 दिनों में ताज को फिर से सजा-सँवार दिया। सन् 1903 में अपनी स्थापना के शुरुआती 70 वर्षों तक इंडियन होटल्स (टाटा समूह की आतिथ्य-सत्कार कम्पनी) केवल एक होटल प्रॉपर्टी (ताज मुंबई) की मालिक थी। इसे जेआरडी टाटा के कार्यकाल में अजीत केरकर ने और इसके बाद रतन टाटा के नवनियुक्त सिपहसालारों ने ऐसा दौड़ाया कि वित्तवर्ष 2008-09 की समाप्ति पर इंडियन होटल्स की 94 होटल प्रॉपर्टीज में 11590 कमरे थे तो 47 नई होटल प्रॉपर्टीज को अतिथियों के आतिथ्य सत्कार के लिए तैयार किया जा रहा था। इसके अलावा इंडियन होटल्स ने जिंगर ब्रांड नाम से इकोनॉमी होटल शृंखला लांच की है। इनकी क्षमता भी जोड़ लें तो टाटा समूह 23 हजार कमरों की 193 होटल प्रॉपर्टीज का मालिक है। इकोनॉमी होटल सेगमेंट में प्रवेश करते समय रतन टाटा ने एक साक्षात्कार में कहा था-टाटा समूह अपने हर कारोबारी क्षेत्र में अब

---

*Ratan Tata is unfraid of Creative destruction because he is a trained architect, a self-taught engineer, a leader by default and at heart a hobbyist.

पिरामिड के सबसे निचले हिस्से को छूना चाहता है। लक्जरी व स्टार होटलों के साथ इकोनॉमी होटल और ऐसी कार जो मध्यमवर्गीय परिवार खरीद सके–हमारी इस महत्वाकांक्षा की मिसाल है। इस शृंखला में रतन टाटा ने रिटेल निवेशकों को भी समूह की केशकाउ कम्पनी टाटा कंसल्टेंसी सर्विसेस (टीसीएस) में भागीदार बनाया। टीसीएस देश की पहली कम्पनी है, जो पहले वन बिलियन डॉलर कंपनी बनी, फिर सूचीबद्ध हुई। 37 साल से इसके शेयरों की प्रतीक्षा कर रहे निवेशकों ने भी सन् 2005 में टीसीएस के 5000 करोड़ रुपए के आईपीओ (पहले जननिर्गम) को सात गुना समर्थन प्रदान किया। इस मार्केट कैपिटेलाइजेशन के साथ टीसीएस शेयर मार्केट में भी इन्फोसिस विप्रो से आगे निकल गई।

चार दशक पहले कुल चार इंजीनियरों के साथ शुरू हुई टीसीएस में आज 40 हजार से ज्यादा इंजीनियर कार्यरत हैं। 125 कार्यालयों (डेवलपमेंट सेंटर सहित) के साथ दुनिया के आईटी उद्योग में टीसीएस का क्रम 12वाँ है। रतन टाटा टीसीएस को टॉप टेन में शामिल करवाना चाहते हैं। टीसीएस ने भी सन् 2000 के बाद कई अधिग्रहण किए हैं तो टाटा केमिकल्स और टाटा पावर भी पीछे नहीं रहे हैं। दूरसंचार के अलावा फाइनेंस, ऑइल फील्ड सर्विस, प्रोसेस कंट्रोल मैनेजमेंट, इंश्यूरेंस सेक्टर में टाटा समूह ने प्रवेश किया, पर टेल्को को दुर्दिनों से उबारकर मोटरकार सेगमेंट में स्थापित करना रतन टाटा का ऐसा करिश्मा है, जो मध्यमवर्गीय परिवारों को भी खूब रास आया है।

याद करें, सन् 1993 में रतन टाटा ने जब घोषणा की थी कि टेल्को ऐसी कार बनाएगी, जिसका मूल्य मारुति 800 के आसपास होगा और जिसकी यात्री क्षमता एम्बेसेडर जैसी होगी–तब किसी ने उनको गम्भीरता से नहीं लिया था। यह संदेह स्वाभाविक था कि रफ–टफ ट्रक (वाणिज्यिक वाहन) बनाने वाली टाटा मोटर्स नाजुक कार बना सकती है? और उसे दुनिया के सबसे प्रतिस्पर्धी मार्केट (कार) में बेच सकती है? इसके विपरीत रतन टाटा के पास थे आत्मविश्वास और टाटा टेक्नोक्रेट्स की कुशलता। पाँच साल बाद दिसम्बर 98 में टाटा मोटर्स ने इंडिका लांच की। मारुति जेन जैसा लुक, एम्बेसेडर जैसी स्पेस व मारुति 800 जैसे मूल्य के कारण ग्राहकों ने इंडिका का भव्य स्वागत (सात दिन में 1.15 लाख यानी हर पाँचवें सेकंड में एक इंडिका की बुकिंग) किया। इसके बाद इंडिका के कई वर्जन लांच हुए, जिन्होंने दुनिया के ऑटो उद्योग को दिखा दिया कि 'भारतीय' भी किसी से कम नहीं। भारत से कारें तो पहले भी निर्यात हो रही थीं, पर उन्हें यहाँ विदेशी बहुराष्ट्रीय कम्पनियाँ बनाती थीं। इंडिका पहली कार है, जिसे एक भारतीय बहुराष्ट्रीय कम्पनी ने बनाया और निर्यात किया है।

इंडिका से ज्यादा रोमांचक है रतन टाटा की नन्ही नैनो। कार मार्केट में इंडिका की सफलता के बाद रतन टाटा ने जब कहा कि वे मध्यमवर्गीय परिवारों के लिए एक लाख रुपए मूल्य की कार बनाएँगे, जो उन्हें स्कूटर से उतारकर चार पहिया वाहन की सवारी करवाएगी तो ऑटोमोबाइल उद्योग के लोगों ने कहा था–यह शेखचिल्ली का स्वप्न है। इसे गंभीरता से न लें। आलोचनाओं और आशंकाओं की अवहेलना करने वाले रतन टाटा ने अपने टेक्नोक्रेट्स को एक लक्ष्य दिया।

इस दौरान सिंगूर (पश्चिम बंगाल) में नैनो के लिए मूल्य आवंटन को लेकर राष्ट्रीय स्तर की राजनीति हुई, पर रतन टाटा अपना लक्ष्य, अपना वादा नहीं भूले। वे जानते थे कि उनकी जुबान पर भारतीय इंजीनियरिंग और भारतीय उद्यमशीलता दाँव पर लगी हुई है। मार्च 2009 में मुम्बई के पारसी जिमखाना मैदान में रतन टाटा ने नैनो की लांचिंग की। अप्रैल 09 से एडवांस बुकिंग शुरू की तो टेल्को ने 300 रुपए मूल्य के छह लाख से ज्यादा आवेदन पत्र बेचे और दो लाख से ज्यादा लोगों ने नैनो की बुकिंग की। टेल्को ने कार बेचे बिना ही 2500 करोड़ रुपए जुटा लिये। जुलाई 09 से नैनो भारतीय सड़कों पर दौड़ने लगी है और अब रतन टाटा के आलोचक यह कहकर सांत्वना जुटा रहे हैं कि भारत की ऊबड़-खाबड़ सड़कों पर नैनो की परीक्षा तो हो जाने दो। टेल्को को बहुराष्ट्रीय ऑटोमोबाइल कम्पनी बनाने के लिए रतन टाटा ने इंडिका व नैनो के साथ ही देवू कॉमर्शियल कोरिया को खरीदा और इस सिलसिले को आगे बढ़ाते हुए जगुआर और लेंड रोवर को भी अधिगृहीत किया। इसके साथ भारी वाणिज्यिक वाहनों से शुरू हुई टेल्को की यात्रा चार पहिया वाहन उद्योग के हर सेगमेंट तक पहुँच गई है।

टाटा समूह आज 86 देशों में कारोबार कर रहा है, जिसका सालाना टर्नओवर पाँच अरब डॉलर (वित्तवर्ष 2009-10) होने जा रहा है, जिसमें निर्यात आय की हिस्सेदारी 60 फीसदी है। टाटा समूह साढ़े तीन करोड़ लोगों को रोजगार भी उपलब्ध करवा रहा है।

टाटा समूह को ग्लोबल इंडस्ट्रियल ग्रुप बनाने वाले रतन टाटा को अब ऐसे उत्तराधिकारी की खोज है, जो टाटा परिवार के मूल्यों पर चलते हुए 3000 अरब रुपए के औद्योगिक साम्राज्य को नई ऊँचाइयों पर पहुँचाए। मशहूर पत्रिका फोर्ब्स के अनुसार-रतन टाटा भारतीय ओबामा हैं, क्योंकि वे भी अमेरिकन ओबामा की तरह अपने देश की शान व पहचान तथा देशवासियों की उम्मीद बन गए हैं।

टाटा समूह देश का सबसे बड़ा समाजसेवी कॉरपोरेट

स्व. जे.आर.डी. ने एक बार कहा था-'टाटा समूह की सारी सम्पदा के मालिक कई ट्रस्ट हैं जो जनसाधारण के हितार्थ कार्यरत हैं। टाटा समूह लोगों से प्राप्त सम्पदा लोगों को वापस लौटाता है, वह भी कई गुना बढ़ाकर।' तदनुसार टाटा समूह के जनहितैषी क्रियाकलापों को कुछ शब्दों में नहीं दोहराया जा सकता है। संक्षेप में कहें तो समूह की कुल सम्पदा का 63 फीसदी स्वामित्व टाटा संस (पैरेंट फर्म) के पास है। टाटा संस की 65.88 फीसदी होल्डिंग टाटा ट्रस्टों के पास में है। टाटा परिवार के पास 3.01 एवं टाटा कम्पनियों के पास 17.74 फीसदी होल्डिंग है। टाटा संस में 18.5 शेयरधारिता के साथ अकेले निजी शेयरधारक हैं पेलोनजी मिस्त्री। विडम्बना ही है कि टाटा समूह के अधिकांश सिरमौर संतान सुख से वंचित रहे हैं। रतन टाटा तो अविवाहित ही हैं। प्रेरणास्पद यह है कि उनमें से किसी ने कभी इस कमी के लिए अपने भाग्य को नहीं कोसा, बल्कि इसे परोपकार का जरिया बना लिया और अपनी निजी सम्पदा से समाजसेवी ट्रस्ट बनाए तो टाटा संस द्वारा संचालित ट्रस्टों की भी बिना निजी लालच-लालसा के देखरेख की। स्व. जमशेतजी टाटा के पुत्रों दोराबजीदास व सर रतन टाटा द्वारा संचालित प्रमुख 6 परोपकारी संस्थान

हैं–टाटा मेमोरियल सेंटर फॉर कैंसर रिसर्च एंड ट्रीटमेंट (1945), टाटा इंस्टीट्यूट ऑफ फंडामेंटल आर्ट्स (1966), द नेशनल इंस्टीट्यूट ऑफ एडवांस्ड स्टडीज (1989) एवं सर दोराबजी टाटा सेंटर फॉर रिसर्च इन ट्रापिकल डिसिजेस (1999)। इनके अलावा स्व. रतन ट्रस्ट नवसारी (गुजरात) में जे.एन. टाटा मेमोरियल सेंटर का संचालन कर रहा है। ऐसे ही कई अन्य टाटा ट्रस्टों में उल्लेखनीय है जेआरडी और थेलमा जे. टाटा ट्रस्ट जो निर्धन महिलाओं व बच्चों का मददगार है। इस ट्रस्ट को जेआरडी टाटा व उनकी पत्नी थेलमा टाटा की सम्पदा से गठन किया गया है।

लोकल से ग्लोबल
इंडियन कॉरपोरेट्स

03

ध्वजारोहक

कुमारमंगलम बिड़ला

संयुक्त परिवार में व्यक्तियों का समूह बेहद कच्ची डोर से बँधा होता है। इस डोर का धागा टूटते ही सारा ताना-बाना बिखर जाता है। परिवार के मुखिया को इस बिखराव की पीड़ा का सबसे ज्यादा अहसास होता है। देश के बहुप्रतिष्ठित बिड़ला औद्योगिक घराने को अस्सी के दशक में ऐसे ही दुर्दिनों का सामना करना पड़ा था। बिड़ला समूह के संस्थापक-सूत्रधार घनश्यामदास बिड़ला (1894-1983) को जीवन के अंतिम वर्षों में न केवल परिवार के टूटने की पीड़ा वरन् परिवार की सम्पदा (उद्योग/व्यापार) के पक्षपातपूर्ण विभाजन का आरोप भी सहना पड़ा था। उनके पुत्र बसंतकुमार बिड़ला (जन्म-1921) ने तो वृद्धावस्था में अपने पिता से भी ज्यादा घाव सहे। संयुक्त बिड़ला परिवार की वाणिज्यिक सफलता व सम्पन्नता में अपने यशस्वी पिता के प्रमुख सहयोगी रहे 'बसंत बाबू' अस्सी के दशक में पारिवारिक एकजुटता के छिन्न-भिन्न होने के मूक साक्षी बने तो नब्बे के दशक में उन्होंने अपने प्रतिभावान पुत्र आदित्य विक्रम बिड़ला (1943-1995) की अर्थी का बोझ ढोया। यह वज्रपात भी तब हुआ, जब आदित्य विक्रम बिड़ला बँटवारे में मिले औद्योगिक साम्राज्य को पुनः स्थापित कर चुके थे और लम्बी उड़ान की तैयारी कर रहे थे।

'कुबेर भी कर्म बंधन से मुक्त नहीं हैं'–इस तथ्य को चरितार्थ करते हुए 80 वर्ष की उम्र में अपनी सेवानिवृत्ति को 'ब्रेक' देकर बसंत बाबू ने बी.के. बिड़ला समूह की बागडोर पुनः सँभाली, पर इससे बड़ा तनाव था आदित्य विक्रम बिड़ला का सारी दुनिया में फैला औद्योगिक साम्राज्य (आदित्य बिड़ला समूह)। बिड़ला परिवार का पुण्य-प्रताप ही है कि आदित्य विक्रम बिड़ला के एकमात्र पुत्र कुमारमंगलम बिड़ला (जन्म-

1967) ने 28 साल की उम्र में अपने अनुभवहीन बाजुओं को अल्पावधि में ऐसा 'वेट-लिफ्टर' बना लिया कि बिड़ला परिवार* 'शिखर से शून्य' वाली दुर्गति से बच गया। बसंत बाबू के धैर्य व कुमारमंगलम की युवा ऊर्जा के कारण बिड़ला घराने का आज यदि कोई वास्तविक नामलेवा (पूर्व प्रतिष्ठा अनुरूप) बचा है तो वह है 'आदित्य विक्रम बिड़ला समूह' जिसने साबित किया है कि सूर्य इसलिए अस्त होता है कि हम हर सुबह सूर्योदय का स्वागत करें। नई उम्मीद, नई उमंग, नई आशा-आकांक्षा के साथ नया जीवन शुरू करें।

शिवनारायण/ बलदेवदास बिड़ला

बिड़ला औद्योगिक घराने के पितृपुरुष हैं शिवनारायण बिड़ला जो 20 वर्ष की उम्र में चाँदी, सोना, सूती कपड़े और अफीम का व्यापार करने लगे थे। रामनिवास जाजू ने अपनी पुस्तक 'मरुभूमि का वह मेघ' में लिखा है-सन् 1863 में 23 वर्षीय शिवनारायण काफिलों में ऊँटों पर डाकुओं और ठगों (राहजनी) से बचते-बचाते 1000 मील की यात्रा करते हुए 20 दिन में पिलानी से खंडवा पहुँचे थे। यहाँ से उन्हें बम्बई के लिए भाप-गड्डी (रेलगाड़ी) मिली। उस जमाने में रेल के डिब्बे दोमंजिला होते थे। तल मंजिल पर अंग्रेज सफर करते थे। डिब्बे के ऊपरी हिस्से में ही भारतीय यात्रा कर सकते थे, जहाँ सीट, शौचालय और बत्ती नहीं होती थी। उस समय बम्बई बस रहा था। वहाँ व्यापार पर अंग्रेज, गुजराती, बोहरे और पारसियों का कब्जा था। कानूनी रूप से मान्य सट्टा (वायदा) व्यापार में मारवाड़ी वैश्य अपना स्थान बनाने लगे थे। अफीम के निर्यात व्यापार के साथ भाव पर एवरेज का सट्टा खूब होता था। अफीम के सट्टे में उस जमाने में शिवनारायण बिड़ला ने लाखों रुपए कमाए। नौ साल बाद वे सेठ बनकर पिलानी लौटे। धर्मपारायण-उदारमना शिवनारायण बिड़ला ने पिलानी में परिवार के लिए हवेली बनवाई तो जनसाधारण के लिए कुएँ खुदवाए, धर्मशालाएँ बनवाईं, मंदिर और प्याऊ बनवाए। शिवनारायण बिड़ला की दो संतान थी- एक पुत्र बलदेवदास और दूसरी पुत्री झिमी भुआजी।

1890 के दशक में बलदेवदास बिड़ला ने कलकत्ता में व्यवसाय शुरू किया। वे धर्मपारायण और मितव्ययी वैश्य थे। वे रेलगाड़ी के साधारण दर्जे या बस और ट्राम में यात्रा करते थे। व्यापार-व्यवहार में जुबान के धनी थे। बिड़लाज जिस मितव्ययिता और ईमानदारी के लिए जाने जाते हैं, वह उन्हें बलदेवदास बिड़ला से मिली है। राजा बलदेवदास बिड़ला तक बिड़ला घराने की

शेखावटी (राजस्थान) के शोभाराम बिड़ला के पुत्र थे शिवनारायण बिड़ला। शिवनारायण बिड़ला के एकमात्र पुत्र बलदेवदास बिड़ला के चार पुत्र हुए-जुगलकिशोर, रामेश्वरदास, घनश्यामदास और ब्रजमोहनदास बिड़ला। घनश्यामदास बिड़ला के भी चार पुत्र हुए-माधवप्रसाद, लक्ष्मीनिवास, कृष्णकुमार और बसंतकुमार बिड़ला। आदित्य विक्रम बिड़ला बसंतकुमार के एकमात्र पुत्र थे, जिनकी संतान है कुमारमंगलम बिड़ला और वासवदत्ता जिनका शिशिर बजाज के पुत्र कुशाग्र बजाज (इस पुस्तक में अलग आलेख) से विवाह हुआ है। कुमारमंगलम देश के प्रतिष्ठित बिड़ला परिवार के आज ध्वजारोहक हैं तो कृष्णकुमार बिड़ला की पुत्री शोभना भरतिया बिड़ला परिवार की दूसरी और पहली महिला उद्यमी हैं, जो एचटी प्रकाशनों के जरिए परिवार की पहचान बचाए हुए हैं। शेष सब बिड़लाज हाशिए में चले गए हैं। शोभना भरतिया पर इस पुस्तक में अलग आलेख पढ़ें।

वाणिज्यिक गतिविधियाँ केवल ट्रेडिंग तक ही सीमित रहीं।

घनश्यामदास/ बसंतकुमार बिड़ला

टाटा के साथ बिड़ला समूह के बैनर तले देश में स्वदेशी उद्योगों की बुनियाद रखने का श्रेय राजा बलदेवदास बिड़ला के पुत्र घनश्यामदास बिड़ला (जी.डी. बिड़ला) और उनके भाइयों–जुगलकिशोर बिड़ला, रामेश्वरदास बिड़ला व ब्रजमोहनदास बिड़ला को है। इन बिड़ला बंधुओं में कुशाग्र वाणिज्यिक बौद्धिकता के धनी जी.डी. बिड़ला 12 वर्ष की उम्र में ही परिवार के कारोबार से जुड़ गए थे। बीस वर्ष की उम्र में उन्होंने अपनी सम्पदा बीस लाख रुपए कर ली थी। प्रथम विश्वयुद्ध के दौरान हैसियन क्लाथ व अन्य वस्तुओं की ट्रेडिंग से उन्होंने खूब धन कमाया। सन् 1918 में एक जूट मिल एवं कॉटन मिल की स्थापना करके उन्होंने मैन्यूफैक्चरिंग सेक्टर में प्रवेश किया। उनके द्वारा स्थापित बिड़ला ब्रदर्स लिमिटेड इसके साथ 'बिड़ला औद्योगिक समूह' बना। अंग्रेजों का मुख्यालय कलकत्ता बिड़ला समूह की भी कर्मभूमि रहा है। समझौता–परस्त मारवाड़ी प्रवृत्ति के कारण बिड़ला समूह ने द्रुत गति से प्रगति की। चालीस के दशक में देश के आजाद होने के संकेत दिखने लगे तो अंग्रेज उद्योगपति/व्यापारी बोरिया–बिस्तर समेटने लगे। जिन स्वदेशी उद्योगपतियों ने उनके कल–कारखाने, कोठी–दफ्तर औने–पौने दामों में खरीदे, उनमें बिड़ला घराना सबसे आगे था। 77 साल के बेहद यशस्वी बिजनेस कैरियर के साथ 82 वर्ष की उम्र में जब जी.डी. बिड़ला का निधन हुआ, तब बिड़ला समूह की सम्पदा का मूल्य था–दो हजार करोड़ रुपए।

अस्सी के दशक में संयुक्त परिवार की डोर ढीली होने लगी थी। अस्सी वर्षीय जी.डी. बिड़ला की पीड़ा का अनुमान लगाएँ। तिनके–तिनके से जो औद्योगिक साम्राज्य उन्होंने बनाया था, उसे खुद ही तिनके–तिनके में बिखेरा। सन् 1983 में बिड़ला कंपनियों का बँटवारा हुआ। जी.डी. बिड़ला पर यह आरोप लगा कि उन्होंने समूह की स्टार कम्पनियाँ अपने सबसे प्रिय पुत्र बसंतकुमार बिड़ला व पोते आदित्य विक्रम बिड़ला को दी हैं, मसलन–ग्रेसिम, इंडियन रेयान, केशोराम, हिंडाल्को या सेंचुरी इंका आदि। अपने निजी व वाणिज्यिक जीवन के बीच हमेशा एक मोटी दीवार रखना बिड़लाज की परम्परा रही है। 'घर की बात घर से बाहर न पहुँचे' इसका बिड़ला परिवार ने हमेशा ध्यान रखा है। तदनुसार बिड़लाज के विभाजन से जुड़ी कई अप्रिय बातों का कभी विधिवत् खुलासा नहीं हुआ है। पारिवारिक सम्पदा के असमान विभाजन के

जी.डी. बिड़ला

बसंतकुमार बिड़ला

सरलादेवी बिड़ला

आदित्य विक्रम बिड़ला

राजश्री बिड़ला

नीरजा बिड़ला

संदर्भ में कहा गया कि जी.डी. बिड़ला को आदित्य विक्रम बिड़ला की प्रतिभा पर बहुत भरोसा था। शायद दादा ने पोते में अपनी युवावस्था देख ली थी। सही भी था। आदित्य को अपने दादा व पिता से उद्यमशीलता, अनुशासित जीवन व मितव्ययिता मिली थी तो माँ सरलादेवी से मिली थी व्यवहार-कुशलता और कलात्मकता।

सरलादेवी बिड़ला परिवार की पहली बहू हैं, जिन्होंने विवाह पूर्व कॉलेज (फर्ग्यूसन, पुणे) में पढ़ाई की है। जी.डी. ने जब उन्हें बहू के रूप में पसंद किया और वे महात्मा गाँधी के पास पहुँचे तो बापू से उन्होंने विनती की कि वे ब्रजलाल बियाणी* को इस रिश्ते के लिए तैयार करें। पिता ने पुत्री से पूछा तो सरला बियाणी स्वयं सेवाग्राम पहुँच गईं और बापू से बोलीं-मैं उनको देखे बिना उनसे विवाह नहीं करूँगी और तब तक तो बिलकुल नहीं, जब तक कि ग्रेजुएट नहीं हो जाती। बिड़ला परिवार ने ये शर्तें मानीं, तब ही यह रिश्ता हुआ। बा (कस्तूरबा गाँधी) ने स्वयं बसंत बाबू क टीका किया और शगुन गुड़-नारियल झिलवाए। सरलादेवी 85 वर्ष की उम्र में भी रोज ब्राह्ममुहूर्त में भजन गायन करती हैं तो बसंत बाबू हारमोनियम से उनकी संगत करते हैं। यह वयोवृद्ध दम्पति आदर्श गृहस्थ की जीवंत मिसाल है। दोनों ने अपने पुत्र आदित्य व पुत्रियों-जयश्री (मोहता) और मंजूश्री (खेतान) को ऐसे ही संस्कारित किया है। आदित्य बाल्यकाल में सुर व ताल के साथ गुनगुनाने लगे थे। पाँच वर्ष की उम्र में वे चित्रकारी करने लगे थे। स्कूल पहुँचे तो आसानी से उन्होंने मित्र बनाए, पर पढ़ाई के साथ खेलकूद में भी अव्वल रहे। बसंत बाबू व सरलादेवी ने अपने पुत्र की मदुराई के मारवाड़ी परिवार की राजकुमारी (विवाहोपरांत राजश्री) से सगाई की, तब आदित्य की उम्र थी 14 साल और उनकी भावी पत्नी की उम्र थी दस वर्ष। सगाई के उपरांत सात वर्षों तक राजश्री ने मदुराई के सेंट जोसेफ कॉन्वेंट में स्कूली पढ़ाई की। सन् 1965 में आदित्य व राजकुमारी का विवाह हुआ। विवाहोपरांत नववधू ने कलकत्ता के लोरेरो कॉलेज को ज्वॉइन किया। कॉलेज की डिग्री लेने वाली परिवार की पहली पुत्रवधू हैं राजश्री।

आदित्य विक्रम

किशोर उम्र में आदित्य ने अपने पिता को स्वतंत्र रूप से नई कम्पनियाँ (भारती एयरवेज, जयश्री टी, केशोराम इंडस्ट्रीज आदि) स्थापित करते हुए देखा था। 1958 से 1962 तक सेंट जेवियर्स में पढ़ाई करते हुए वे रोज पिता के दफ्तर जाने लगे थे। यहाँ वे बहीखाते और कैशबुक लिखते थे। दादा ने पोते का सलीके से 'ग्रो' होते देखा तो वे खुद उन्हें तराशने लगे। जी.डी. बिड़ला आदित्य के घर लौटने की प्रतीक्षा करते और उम्र का अंतर भूलकर उनके साथ घंटों व्यापार, राजनीति और जीवनदर्शन पर चर्चा करते थे। 1960 के दशक में परिवार की परंपरा के विपरीत बसंत बाबू ने पुत्र को उच्च शिक्षा के लिए विदेश भेजने का निर्णय लिया तो जी.डी. ने उनके बोस्टन स्थित

***महात्मा गांधी के निकटस्थ वरिष्ठ स्वतंत्रता संग्राम सेनानी, विदर्भ में भाईजी व विदर्भ केसरी के नाम से मशहूर।**

मैसाचुसेट्स इंस्टीट्यूट ऑफ टेक्नोलॉजी (एमआईटी) में प्रवेश के लिए अपने मित्र डॉ. किलियन से सम्पर्क किया, जो तब एमआईटी के चेअरमैन थे। माँ-पिता व बहनें आदित्य को विदा करने एयरपोर्ट पहुँचे तो सरलादेवी ने पुत्र से कहा-सिगरेट पीने, नाच-गाने पर हमारे परिवार में रोक है। तुम्हारा एक ही लक्ष्य है पढ़ो और अपनी मातृभूमि, अपने घर वापस आओ। हमसे कुछ नहीं छुपाना, अच्छा या बुरा सब बता देना।

एमआईटी ग्रेज्युएट आदित्य विक्रम बिड़ला ने साठ के दशक में कारोबारी कैरियर शुरू किया था। एक बार फिर दो दशक से ज्यादा उन्हें जी.डी. बिड़ला का सान्निध्य मिला। वामपंथी सरकार के प्रश्रय से पश्चिम बंगाल में सत्तर के दशक में श्रमिक अशांति बढ़ने लगी तो आदित्य विक्रम बिड़ला ने परिवार के बुजुर्गों को बिड़ला समूह का मुख्यालय कलकत्ता से मुम्बई शिफ्ट करने की सलाह दी। उनके अनुसार, पश्चिम बंगाल में तब हालात ऐसे हो गए थे कि उद्योगपति का सारा समय, सारी ऊर्जा, उत्पादन के बजाय श्रमिक-शांति व सामंजस्य पर खर्च होने लगी थी। अस्सी के दशक में पारिवारिक सम्पदा के विभाजन के बाद अपने पिता व अपने हिस्से के उद्योग स्वतंत्र रूप से सँभालने का मौका मिला तो आदित्य विक्रम बिड़ला खुलकर वही खेल उसी अंदाज में खेलने लगे, जिसमें 'जी.डी.' माहिर थे।

बिड़ला समूह का संचालन 'बाबू' (समूह में मालिकों का परम्परागत सम्बोधन) करते थे, जिनका फैसला बिना बहस/पूछताछ सर्वमान्य होता था। हर 'बिड़ला बाबू' ने शायद इसीलिए अपने लेफ्टिनेंट्स की एक ऐसी फौज बनाई थी, जो उनके लिए दैनंदिनी कामकाज की देख-रेख करे। कारोबारी सूझ-बूझ के बजाय इस फौज का चयन व लम्बी पारी खेलने का मापदंड था-'बाबू-विशेष' के प्रति प्रतिबद्धता व समूह के प्रति वफादारी व ईमानदारी। मूल बिड़ला समूह में पारिवारिक प्रतिबद्धता की परम्परा इतनी प्रबल थी कि कई बिड़ला संतानों को जीवनपर्यंत उन लोगों के अधीन काम करना पड़ा, जो उनके दादा-पिता या काका के विश्वस्त सिपहसालार थे, पर शिक्षा-दीक्षा में उनसे बहुत पीछे, बहुत कम। मसलन, जी.डी. के सबसे विश्वस्त फौजी थे दुर्गाप्रसाद मंडेला, जो कई वरिष्ठ बिड़लाज के 'कारोबारी गुरु' रहे और बिड़ला परिवार के मुँहबोले 'चाचोजी' (अंकल)। चाचोजी का दबदबा कैसा था, इसका उदाहरण है बसंत बाबू का यह कथन है-'थोड़ी-बहुत पूँजी भी मार्केट से उठाना हो तो मुझे भी पहले चाचोजी से अनुमति लेना पड़ती थी।

प्रतिबंधों के जमाने में अफसरशाही व राजनेता तय करते थे कि कौन कहाँ कारखाना लगाएगा, वहाँ क्या बनेगा, कितना बनेगा और किस मूल्य पर बिकेगा? आदित्य विक्रम बिड़ला उत्पादकता व प्रतिस्पर्धा विरोधी सरकारी रीति-नीति के विरोधी थे, पर जन्म से मारवाड़ी थे यानी स्वभाव से समझौता-परस्त। तदनुसार जब जिस चीज को बनाने के उन्हें लाइसेंस मिले, वे उसी क्षेत्र में प्रवेश करते गए। मसलन, एल्यूमिनियम, कार्बन ब्लैक, कास्टिक सोडा, सीमेंट, केमिकल्स, खाद, फाइबर्स, फाइल्स, इंडस्ट्रियल गैसेस, एचडीपीई बैग्स, इंसुलेटर्स, माइनिंग, पल्स, रिफाइनिंग, सी-वाटर मेग्नेसिया, स्पोंज आयरन, स्टील, कॉपर, टेक्सटाइल्स, थर्मल पॉवर, टेलीकॉम या खाद्य तेल-सबमें उनका दखल हो गया। दिलचस्प बात यह है कि प्रतिबंधों

ने आदित्य विक्रम बिड़ला को देश में मल्टी-प्रोडक्ट उद्योगपति बनाया तो प्रतिबंधों के कारण ही वे बहुराष्ट्रीय उद्योगपति बने। बसंत बाबू के अनुसार-उनके जीवन के अच्छे फैसलों में एक यह था कि उन्होंने अपने पुत्र को अपना बिजनेस कलकत्ता से मुंबई शिफ्ट करने की अनुमति दी।

लाइसेंस प्रणाली से खिन्न आदित्य विक्रम (रिफाइनरी परियोजना को अफसरशाही से 11 वर्षों बाद अनुमति जैसी घटना) ने विदेशों में कम्पनियाँ स्थापित की और खूब नाम व नामा (प्रतिष्ठा व पैसा) कमाया। सन् 1974 में आदित्य विक्रम बिड़ला ने पहला भारतीय संयंत्र थाईलैंड में लगाकर पहले ग्लोबल उद्योगपति होने का गौरव जुटाया था। उनके ग्लोबल फूट प्रिंट (हिंदी में इसके लिए मुहावरा है-'दुनिया रौंद देना' और पुराणों में एक प्रसंग है-'वामन अवतार द्वारा दुनिया माप देना') थाईलैंड, फिलीपींस, इंडोनेशिया, मलेशिया, इजिप्ट, कनाडा, यू.ए.ई., चीन, ऑस्ट्रेलिया में अंकित हो गए, जहाँ उन्होंने उत्पादन संयंत्र स्थापित किए। इनमें से चीन में उत्पादन (कार्बन ब्लैक) करने वाले पहले भारतीय उद्योगपति थे आदित्य विक्रम बिड़ला। ऑस्ट्रेलिया के कॉपर सेगमेंट में भी उन्होंने अच्छी प्रतिष्ठा सँजोई।

1980 से 1990 के वर्षों में आदित्य विक्रम बिड़ला ने जिस द्रुत गति से देश-विदेश में कारोबार/कारखाने स्थापित किए, वह यह कहने को बाध्य (पढ़ें-प्रेरित) करते हैं कि उन्हें शायद आभास हो गया था कि विधाता से उन्हें कम समय (उम्र) मिला है। सन् 1995 में प्रोस्टेट कैंसर से निधन के समय वे 14 देशों में 61 कम्पनियों/कारखानों का संचालन कर रहे थे, जिनसे करीब 1,40,000 परिवारों को प्रत्यक्ष रोजगार मिला हुआ था।

मीडिया से दूरी बनाए रखने की नीति के कारण दुनिया को पता नहीं चला कि भारत के पहले बहुराष्ट्रीय उद्योगपति आदित्य विक्रम बिड़ला कब से जानलेवा रोग कैंसर का सामना कर रहे थे। अक्टूबर, 95 में जब इस यशस्वी उद्योगपति का निधन हुआ तो आशंका व्यक्त की गई कि आदित्य विक्रम के बाद बिड़ला समूह के आदित्य (भास्कर) का अस्त हो जाएगा। उनका लो प्रोफाइल और शर्मीला पुत्र ग्लोबल इंडस्ट्रियल एम्पायर को नहीं सँभाल पाएगा। कुमारमंगलम बिड़ला की अनुभवहीनता व अपरिपक्वता के मद्देनजर प्रथम-दृष्टया यह शंका पूरी तरह निराधार भी नहीं थी। बिड़ला परिवार के केवल नजदीकी ही जानते थे कि आदित्य विक्रम बिड़ला ने कुमारमंगलम को अनहोनी का सामना करने के लिए पूरी तरह तैयार कर रखा है।

आदित्य विक्रम बिड़ला सत्तर के दशक में जब बम्बई शिफ्ट हुए थे, तब कुमारमंगलम की उम्र थी छह वर्ष। बचपन में उन्हें जी.डी. बिड़ला का सान्निध्य मिला (सन् 1983 में जी.डी. के निधन के समय उम्र 16 वर्ष)। उन दिनों को याद करते हुए कुमारमंगलम ने कहा है-अपने ग्रेट ग्रांड फादर (परदादा) से मुझे लाड़-दुलार के साथ मिले हैं संयमित जीवनशैली के संस्कार। वे कहते थे कि छोटी-छोटी बातों का ध्यान रखोगे तो लोगों से मान-सम्मान व प्यार मिलेगा। कार्डियक अटैक से उनके अचानक निधन के बाद कई दिन मैं अनमना रहा। वे चुस्त-दुरुस्त और बिना वार्निंग हमें अनायास ही छोड़ गए।

मुम्बई के कैम्पियन स्कूल में पढ़ते समय आदित्य विक्रम बिड़ला और राजश्री बिड़ला ने पुत्र को

तराशा और बिजनेस के गुर सिखाने शुरू कर दिए थे। पिता की सलाह पर ही उन्होंने चार्टर्ड अकाउंटेंसी की शिक्षा ली। पुरानी व प्रतिष्ठित मारवाड़ी अकाउंटेंसी फर्म लोढा एंड कम्पनी में आर्टिकलशिप पूरी की। सी.ए. व एम.बी.ए. का कॉम्बिनेशन कारोबार में उपयोगी होगा, यह सोचकर आदित्य विक्रम बिड़ला ने उन्हें लंदन बिजनेस स्कूल में एम.बी.ए. की पढ़ाई के लिए इंग्लैंड भेज दिया, पर वे हर तीसरे माह मुम्बई आते थे और कारोबार संचालन में आदित्य विक्रम बिड़ला की मदद करते थे। सन् 1990 में एमबीए की डिग्री लेकर कुमारमंगलम स्वदेश लौटे तो उन्हें ग्रेसिम की सीमेंट डिवीजन इंडो-गल्फ फर्टिलाइजर्स और इजिप्ट स्थित कार्बन ब्लैक प्लांट की जवाबदारी सौंपी गई। पिता के साथ काम करते हुए कुमारमंगलम ने सन् 90 से 95 (पाँच साल) तक विभिन्न कारोबारी परिस्थितियों को बेहद नजदीक से देखा।

अक्टूबर, 95 में आदित्य विक्रम बिड़ला के निधन पर समूह का सारा भार 28 वर्षीय कुमारमंगलम पर आया तो जो चार शख्स पूरी तरह आश्वस्त थे, वे हैं-उनके दादा बसंतकुमार बिड़ला, दादी सरलादेवी बिड़ला, माँ राजश्री बिड़ला व स्वयं कुमारमंगलम बिड़ला। कुमारमंगलम ने तब कहा भी था-'सब कुछ इतना हड़बड़ी में हुआ कि मुझे स्थितियों को समझने का मौका ही नहीं मिला। शोकाकुल अवस्था में पिता की अंत्येष्टि के दूसरे दिन मैं दफ्तर में था। बचपन से ही मुझे बिजनेस सँभालने के लिए तैयार किया गया था, अतः मैं मानसिक रूप से इसके लिए तैयार भी था, पर सारा माहौल उन दिनों इतना इमोशनल था कि कारोबारी बैठकों में ग्रुप के अनुभवी व वरिष्ठ अधिकारी पिताजी का जिक्र करते हुए सुबकने लगते थे। मैं भी विचलित हो जाता था। ऐसी परिस्थिति में मैं 80 प्रतिशत पुरुषार्थ और 20 प्रतिशत भाग्य के सहारे आगे बढ़ा।'

एकमात्र पौत्र होने से कुमारमंगलम अपने दादा बसंत बाबू के बहुत नजदीक हैं। बसंत बाबू के अनुसार-'हम दादा-पोते अकसर कई बातें शेयर किया करते हैं। यह स्पेशल ट्यूनिंग हम दोनों के बीच आज तक कायम है। कुमारमंगलम मेरे लिए पोता कम और दोस्त ज्यादा है। दृढ़ इच्छाशक्ति के धनी कुमारमंगलम एक विनम्र युवा हैं, जो सत्ता और सफलता पाकर बौराए नहीं हैं। वे बड़ों के प्रति विनम्र हैं तो अपने संगी-साथियों के लिए सहृदय। उनकी स्टाइल है दूसरों को अधिकार दो और समूह में काम करो।'

और क्या सोचती हैं कुमारमंगलम की दादी सरलादेवी। वयोवृद्ध सरलादेवी ने अपने जीवनकाल में आदित्य बिड़ला ग्रुप के स्टाफ को सर्कुलर पत्र भेजा है, उसमें लिखा है कि मैंने अपने पौत्र का सोच-समझकर नामकरण किया है कुमारमंगलम। जब हम इस नाम से मंगलम हटा देते हैं तो बचता है 'कुमार' यानी युवा पर उनके पूरे नाम का मतलब है ऐसा युवा जो वैभवशाली हो, शांतचित्त हो, खुशहाली बाँटे और सबका भला सोचे, अतः कृपया हमेशा उन्हें पूरे नाम से ही संबोधित करें।

सच कह रहे हैं दादा-दादी। दुर्लभ हैं वे सफल व्यक्ति जिनके पुत्र-पौत्र भी उनके जैसी सफलता जुटाएँ। इस संदर्भ में नीरजा बिड़ला (कुमारमंगलम बिड़ला की पत्नी नीरजा बिड़ला एस. कुमार्स के कासलीवाल परिवार की पुत्री हैं) का कहना है कि बड़ा मुश्किल दौर था। पहले वे

कुछ कंपनियाँ ही देख रहे थे, अब उन्हें पूरा ग्रुप देख रहा था। काम कई गुना बढ़ गया था तो उन्हें अपने उम्र से दो-तीन गुना बड़े लोगों से काम करवाना था। तनाव में वे अकसर बिफर जाते थे, पर अब नहीं। शांतचित्त सबकी बात सुनते हैं और सोचते हैं। जो जैसा है, उसे वैसा ही स्वीकार करने लगे हैं।

गौर करें तो पाएँगे कि कुमारमंगलम बिड़ला के जीवन के ये प्रारंभिक 28 वर्ष पूरी तरह परिस्थितिजन्य हैं। एक बेहद संपन्न परिवार के युवक के साथ इन वर्षों में सामान्यत: यही तो होता है–सुरक्षित बचपन, अच्छी उच्च शिक्षा व विरासत में स्थापित उद्योग/ व्यापार, संस्कारित परिवार में विवाह।

जैसा कि पहले भी कहा गया–'कुबेर भी कर्मबंधन से मुक्त नहीं हैं'–ऐसी परिस्थिति से रूबरू होने पर ही तो ऐसे भाग्यशाली पुत्रों की वास्तविक परीक्षा होती है। इस परिप्रेक्ष्य में आदित्य विक्रम बिड़ला समूह के स्वतंत्र सिरमौर बनने के बाद उनके क्रियाकलापों का आकलन करें तो उन्हें बेहिचक इस देश का ऐसा सर्वश्रेष्ठ युवा उद्योगपति कह सकते हैं, जिन्होंने एक बेहद अनुशासित परिवार की अस्सी साल की कालातीत वाणिज्यिक प्रणालियों को पूरी तरह बदल डाला, पर अपने जन्मजात संस्कारों पर आँच नहीं आने दी। लिखने या पढ़ने में यह बात बेहद आसान लगती है, पर कोई भुक्तभोगी ही ऐसी चुनौतियों से जूझने की व्याकुलता, व्यथा व व्यस्तता बयान कर सकता है। आइए, इस करिश्मे की एक झलक दोहराने की कोशिश करें।

बचपन से ही बड़े बिजनेस को सँभालने की तैयारी के कारण कुमारमंगलम बिड़ला बिना बाधा 'सिंहासनारूढ़' (आदित्य विक्रम बिड़ला समूह के चेयरमैन) तो हो गए, पर चुनौतियाँ कम नहीं थीं। विधाता से आदित्य विक्रम बिड़ला को 53 वर्ष की अल्पायु मिली, पर इस अल्पावधि में उन्होंने समूह का अंतरराष्ट्रीय विस्तार करके बिड़ला परिवार खासकर अपने दादा जी.डी. बिड़ला व पिता बसंतकुमार बिड़ला का 'सुयश' बचा डलया। इसके ठीक विपरीत प्रोस्टेट कैंसर की पीड़ा का सामना करते हुए आदित्य विक्रम बिड़ला के हौसले कितने बुलंद थे, उनके कारोबारी स्वप्न कितने युवा थे, इसकी मिसाल है थाईलैंड में बिड़लाज की कारोबारी-यात्रा का रजत जयंती समारोह। आदित्य विक्रम बिड़ला की जीवनी के रचनाकार मिन्हाज मर्चेंट ने लिखा है कि आदित्य ने परिवार व चिकित्सकों की सलाह को नकारते हुए जब इस समारोह में जाने का निर्णय लिया तो बेमन से राजश्री, कुमारमंगलम, पुत्रवधू नीरजा और पुत्री वासवदत्ता उनके साथ बम्बई से बैंकॉक के लिए रवाना हुए। बसंतकुमार, सरलादेवी बिड़ला भी दोनों पुत्रियों मंजुश्री व जयश्री के साथ कलकत्ता से थाईलैंड पहुँचे। समारोह की पूर्व संध्या (20 नवंबर) को ज्वरग्रस्त आदित्य खुश थे, क्योंकि अगला दिवस उनके कारोबारी कैरियर का विजय दिवस था। 21 नवंबर की शाम थाईलैंड के प्रधानमंत्री कुन चुआन लीकपाई, उपप्रधानमंत्री कुन सुपाचाई पेनिश पाक्डी, वित्तमंत्री कुन तेरिन नियामहिमंडा, भारत के राजदूत रंजीत गुप्ता, कई अन्य देशों के राजदूत सहित 2000 स्थानीय हस्तियों को बैंकॉक के लुम्पिनी बालरूम में देखकर आदित्य कैंसर पीड़ा भूल गए। 55 मिनट के अपने सम्बोधन में उन्होंने जो कहा, उसका सार-संक्षेप है–

'मैं थाईलैंड की जनता और सरकार का आभारी हूँ, जिन्होंने यहाँ बिड़ला समूह का गर्मजोशी से स्वागत किया। आपके दृढ़ समर्थन और असीम स्नेह से ही आज हम असाधारण सफलता करते हुए इस गौरवशाली मुकाम पर पहुँचे हैं।' इसके बाद करतल ध्वनि के बीच वे बिना थके, बिना थमे बोले–'अपने विदेश स्थित उद्यमों के साथ आदित्य विक्रम बिड़ला समूह आज भारत का सबसे बड़ा औद्योगिक समूह है। यूरो मैगजीन के अनुसार–यह एक बहुराष्ट्रीय समूह है। भारत में हम रेयान फिलामेंट धागे, फ्लैक्स–रेयान, कास्टिक सोडा, रेयान–ग्रेड पल्प व एल्यूमिनियम के निजी क्षेत्र के सबसे बड़े उत्पादक हैं। विश्व में विस्कोस स्टेपल फाइबर और पाम तेल के सबसे बड़े तो कार्बन ब्लैक के छठे सबसे बड़े उत्पादक हैं। विद्युतरोधकों के क्षेत्र में तीसरे सबसे बड़े निर्माता हैं। भारत के बाहर थाईलैंड, मलेशिया, इंडोनेशिया, फिलीपींस, इंग्लैंड, कनाडा, कीनिया और मिस्र में बिड़ला समूह के सौ से अधिक संयंत्र हैं तो दुनिया के कई देशों में कार्यालय हैं।'

अतिथियों ने फिर तालियों की गड़गड़ाहट से कक्ष को गुँजा दिया। आदित्य ने बोलना जारी रखा– 'थाईलैंड में हमारी परियोजनाओं से मुझे विशेष लगाव है। मैं गर्व महसूस कर रहा हूँ कि यहाँ हमने एक छोटे से सिंथेटिक वस्त्र संयंत्र से शुरुआत करके उच्च प्रौद्योगिकी वाले क्षेत्रों में तेजी से अपना वर्चस्व कायम किया है। पच्चीस वर्षों में यहाँ हमने सिंथेटिक वस्त्र, रेयान फाइबर, इपाक्सी रेजिन, कार्बन ब्लैक, सोडियम ट्राई–पॉलीफास्फेट, हाइड्रोजन पैराक्साइड, एक्रेलिक फाइबर और सोडियम मैटाबाई सल्फेट बनाने के संयंत्र लगाए। ये सब थाईलैंड में अपनी तरह के पहले संयंत्र थे। इनसे पहले यहाँ इन उत्पादों का निर्माण नहीं हो रहा था। ये आयात किए जाते थे। हमने विदेशी मुद्रा बचाते हुए घरेलू माँग को पूरा किया तो इन्हें निर्यात करके थाईलैंड को क्षमतावान निर्यातक देश भी बनाया। हमारी इस पहल से थाईलैंड विश्व के औद्योगिक मानचित्र पर स्थापित हुआ। थाईलैंड के 4500 कार्मिकों के समर्पित प्रयासों से बिरला समूह का कुल टर्नओवर 10 बिलियन बाहट (थाईलैंड की मुद्रा) पहुँच गया है, जिसमें निर्यात व्यापार की हिस्सेदारी 40 फीसदी है। थाईलैंड के प्रति हमारी प्रतिबद्धता की मिसाल है कि वियतनाम में जब प्रचंड युद्ध हो रहा था, अनेक कम्पनियाँ यहाँ से पलायन कर रही थीं, तब हमने यहाँ अधिकतम निवेश किया। आपके समर्थन व विश्वास से जन्मी हमारी यह प्रतिबद्धता दर्शाती है कि हम यहाँ यूँ ही कारोबार करते रहेंगे।'

इसके बाद अपने धीर–गंभीर व्यवसायी चोले में छुपी बालसुलभ चंचलता (चाहें तो भारत सरकार के प्रति खिन्नता पढ़ें) को उजागर करते हुए आदित्य ने ठिठौली की–'मेरी पत्नी अकसर कहती है कि मैं भारत छोड़कर थाईलैंड में बस जाऊँ। जब मैं भारत सरकार के सामने थाई सरकार की उदार नीतियों की चर्चा करता हूँ तो वे मजाक में कहती हैं कि क्या मैंने थाईलैंड के राजदूत का काम सँभाल लिया है। सच यह है कि इस देश के प्रति मेरे मन में असीम निष्ठा और अपार सद्भावना है। थाई सरकार की दूरदर्शी आर्थिक नीतियों से ही मैंने सफलता प्राप्त की है। अब मेरे देश में भी सुधारों का दौर शुरू हुआ है और आपकी कई युक्तियों को वहाँ भी लागू किया जा रहा है। इसके बाद आदित्य ने थाई प्रधानमंत्री को सम्बोधित करते हुए कहा कि सर, मुझे

उम्मीद है कि आपकी आर्थिक नीतियों का कोई मुद्दा उठा लें तो आप हम पर बौद्धिक सम्पदा अधिकारों के उल्लंघन का मुकदमा नहीं चलाएँगे।'

इस दिलचस्प सम्बोधन के एक सप्ताह पूर्व 14 नवम्बर, 1994 को आदित्य विक्रम बिड़ला ने भारत में अपना 51वाँ जन्मदिवस मनाया था। इस संबोधन के बाद कैंसर से उनकी लड़ाई में हार शुरू हो गई, जिसका आदित्य को आभास था। जिंदगी के सबसे कठिन परीक्षा के दिन याद करते हुए राजश्री बिड़ला ने कहा है–'अंतिम दो वर्ष में वे कुमारमंगलम और मुझे कारोबार के बारे में बताने लगे थे। एक बार मेरा ध्यान भटक गया। उन्होंने पकड़ लिया। आवेश में बोल उठे–क्या तुम नहीं जानती कि मेरे पास समय कम बचा है और तुम्हें हर जरूरी बात जल्दी से जल्दी समझ लेना चाहिए।' (संदर्भ स्रोत पुस्तक–नॉट अलॉउड टू क्राय– बिड़ला बैटल विद कैंसर)। अंततः मई 1995 में चिकित्सकों ने भी कह दिया कि कैंसर अंतिम अवस्था में पहुँच गया है, पर राजश्री, कुमारमंगलम, नीरजा और वासवदत्ता निकटवर्ती चार-पाँच मित्र और चिकित्सकों के साथ पहले उन्हें उपचार के लिए लंदन और फिर वाशिंगटन ले गए। बिड़ला समूह की कम्पनियों के शेयरधारकों में हड़बड़ी न मचे, इस मंशा से आदित्य का गुपचुप इलाज होता रहा। मीडिया को औपचारिक रूप से बताया गया कि आदित्य विक्रम बिड़ला का स्लिप डिस्क का अमेरिका में उपचार हो रहा है।

1 अक्टूबर, 1995 को अमेरिका में भारतीय समय के अनुसार प्रातः 9.30 बजे आदित्य विक्रम बिड़ला का निधन हो गया। विधि का विधान.... दीर्घायु के लिए मशहूर बिड़ला परिवार के अल्पायु में काया त्यागने वाले शख्स हैं आदित्य विक्रम बिड़ला। उनके परदादा जी.डी. बिड़ला 89 वर्ष जीए। ताऊजी कृष्णकुमार बिड़ला का निधन 90 वर्ष की उम्र में हुआ। पिता बसंतकुमार 89 व माँ सरलादेवी 85 वर्ष में भी चुस्त-दुरुस्त हैं। कैसी विडम्बना है कि इस वयोवृद्ध दम्पति के सपूत को विधाता से मिले मात्र 52 वर्ष, पर तनिक ठिठककर उनके धैर्य को देखें और सीखें कि जो सुख में बौराते नहीं, दु:ख में घबराते नहीं, वे ही शिखर आरोही होते हैं।

आदित्य विक्रम बिड़ला समूह

आदित्य विक्रम बिड़ला के निधन के समय एवी बिड़ला समूह की भारत में 16 कम्पनी व संयुक्त वेंचर तथा 22 अंतरराष्ट्रीय कम्पनियाँ 16 हजार करोड़ रुपए का सालाना कारोबार कर रही थीं। इस कारोबार में विदेशी आय का हिस्सा था करीब 7000 करोड़ रुपए। ऐसे सम्पन्न व सफलतम औद्योगिक साम्राज्य के साथ आदित्य विक्रम बिड़ला अपने इकलौते पुत्र कुमारमंगलम के लिए जाने-अनजाने एक लम्बा एजेंडा (कार्यसूची) भी छोड़ गए थे।

परिवार नियंत्रित समूह की अलग-अलग कम्पनियाँ अपने-अपने स्तर पर समान कारोबार कर रही थीं, पर उनका परस्पर व्यवहार ऐसा था मानो मालिक भी अलग-अलग हैं, मसलन–इंडियन रेयान, ग्रेसिम व ईस्टर्न स्पिनिंग मिल्स टेक्सटाइल्स क्षेत्र में सक्रिय थीं। ग्रेसिम व बिहार कास्टिक एंड केमिकल्स दोनों ही कास्टिक सोडा बनाती थीं। इंडोगल्फ व हिंडाल्को कॉपर बिजनेस करती थी। समान उत्पाद के लिए अलग-अलग मार्केटिंग नेटवर्क, वित्तीय

व्यवस्था व मूल्य नीति को बदलने के लिए कुमारमंगलम को समूह के बिजनेस का एकीकरण करना पड़ा। ग्रुप कम्पनियों में क्रॉस-होल्डिंग्स को भी कुमारमंगलम ने प्रखर बौद्धिकता से हल किया है। उन्होंने चिह्नित किया कि समूह ऐसे किन क्षेत्रों में सक्रिय है, जिनमें निवेश के अनुरूप रिटर्न नहीं मिल रहा है। इसके साथ उन्होंने तय किया कि हम वही बिजनेस पूरी ताकत से करें, जिसमें अव्वल या अग्रणी हों या भविष्य में हो सकें। परिणाम! कुमारमंगलम ने इंडियन रेयान की विशाखापत्तनम स्थित सी-वाटर मेग्नेशिया रिफ्रेक्टरी बेच दी, जिसकी लागत थी 360 करोड़ रुपए, पर जो अपेक्षित और वाजिब धनोपार्जन नहीं कर रही थी। इसी तरह 'आदित्य विक्रम बिड़ला समूह स्टील सेक्टर में फिट नहीं है'-इस निष्कर्ष के साथ उन्होंने ग्रेसिम के विक्रम इस्पात स्पोंज आयरन प्रोजेक्ट से मुक्ति पाई। आदित्य विक्रम बिड़ला के महत्वाकांक्षी रिफ़ाइनरी प्रोजेक्ट (मेंगलोर रिफ़ाइनरी एंड पेट्रोकेमिकल्स लिमिटेड) की इक्विटी ओएनजीसी को न्यूनतम मूल्य पर बेचते समय वे भावना में नहीं बहे। ऐसे मामलों में कुमारमंगलम ने रोजमर्रा की मरहम-पट्टी के बजाय एक बार के बड़े घाव (भारी घाटे) को पसंद किया तो कई उन क्षेत्रों में प्रवेश किया, जहाँ आदित्य बिड़ला समूह ज्यादा मजबूत था या हो सकता है। इन क्षेत्रों में अधिग्रहण और विलयन किए। अधिग्रहण के लिए तो उनके पास पूँजी की कमी थी ही नहीं। समूह की हिंडाल्को, इंडियन रेयांस, ग्रेसिम 'कैश-काऊ' थी। यही कारण है कि आदित्य बिड़ला समूह ने पिछले 10 वर्षों में शेयर मार्केट में दस्तक दिए बिना अरबों रुपए निवेश किए। ऐसी तब बारह बड़ी खरीद (अधिग्रहण) को देखकर कॉमर्स मीडिया ने शीर्षक बनाए थे-माँ-बेटा (राजश्री व कुमारमंगलम) भारी पर्स के साथ हर रोज कॉरपोरेट हाट बाजार में....

यह हेडलाइंस जितनी दिलचस्प है, उतने ही फलदायी अधिग्रहण और विलयन किए हैं आदित्य बिड़ला ग्रुप ने। मसलन समूह की सिरमौर कंपनी हिंडाल्को को एल्यूमिनियम व कॉपर उद्योग का लीडर बनाने के लिए इंडाल का अधिग्रहण जिसमें कुमारमंगलम के प्रतिद्वंद्वी थे वेदांता रिसोर्सेज के अनिल अग्रवाल*। इसके अलावा समूह की ही कंपनी इंडोगल्फ के बैनर तले कॉपर स्मेल्टर की स्थापना की और फिर इसका कॉपर बिजनेस हिंडाल्को को सौंप दिया। इस सेक्टर में एक और खरीद की अन्नपूर्णा फाइल्स। हिंडाल्को को अधिक उत्पादन के लिए कच्चे माल की पर्याप्त आपूर्ति के लिए आदित्य बिड़ला समूह ने ऑस्ट्रेलिया में कॉपर खदानें (गार्डोन और निफ्टी) के खनन अधिकार प्राप्त किए। समूह की एक अनलिस्टेड कंपनी एस्सेल मार्केटिंग ने इंडोनेशिया में खदानें अधिगृहीत की। समूह ने झारखंड व उड़ीसा में वर्ल्ड क्लास एल्यूमिनियम प्रोजेक्ट स्थापित किए और एल्यूमिनियम और कॉपर उद्योग पर वर्चस्व कायम किया।

सीमेंट उद्योग में यही हैसियत जुटाने के लिए कुमारमंगलम बिड़ला को भारी मशक्कत करना पड़ी। इस सेक्टर में सबसे पहले उन्होंने समूह की विभिन्न सीमेंट उत्पादक कंपनियों और

*** लंदन मेटल एक्सचेंज में सूचीबद्ध वेदांता रिसोर्सेज के प्रमोटर अनिल अग्रवाल नाल्को, बाल्को व हिंदुस्तान जिंक के अधिग्रहण व उन्हें मुनाफादेय बनाने के लिए मशहूर हैं। इस पुस्तक में उन पर अलग आलेख पढ़ें।**

इकाइयों को एकजुट किया। इंडियन रेयांस और ग्रेसिम दोनों सीमेंट कारोबार करती थीं। यह जवाबदारी केवल ग्रेसिम को सौंपी और ग्रेसिम को मजबूत करने के लिए तमिलनाडु में धाराणी सीमेंट व गुजरात में दिग्विजय सीमेंट को खरीदा। धाराणी की डील ने कुमारमंगलम की सौदेबाजी की क्षमता को परखा। बांगड़ इसके लिए एक अरब रुपए माँग रहे थे, पर आदित्य बिड़ला समूह ने 45 करोड़ रुपए में इसे अधिगृहीत किया। एल एंड टी के सीईओ ए.एम. नाइक ने भी कुमारमंगलम को खूब तपाया। अरबों रुपए चुकाने के बाद ही आदित्य बिड़ला समूह को संपूर्ण एल एंड टी नहीं, एलएंडटी का केवल सीमेंट बिजनेस मिला। अल्ट्राटेक ब्रांड नेम के साथ आदित्य बिड़ला समूह आज दुनिया का दसवाँ सबसे बड़ा सीमेंट उत्पादक है।

एपेरल मार्केट में इंडियन रेयांस को मजबूत करने के लिए कुमारमंगलम बिड़ला ने कई अंतरराष्ट्रीय ब्रांड्स–लुइस फिलिप्स, वेन हसन, एलेन सोली, बाईफोर्ड, सेन फ्रिस्को और पीटर इंग्लैंड के वर्ल्ड राइट खरीदे। बिड़लाज की बुनियाद टेक्सटाइल है, पर इसके रिटेल मार्केट खासकर ब्रांडेड मेंसवियर मार्केट में इनकी दखलंदाजी नहीं थी। इस लक्जरी पर मुनाफादेय मार्केट में ब्रांड नेम को स्थापित करना खर्चीला और समयसाध्य काम है। कुमारमंगलम ने विश्वस्तर पर स्थापित ब्रांड्स को खरीदकर मदुरा गारमेंट्स के हालात बदले। लंबे समय से इस कंपनी की ग्रोथ को विराम लगा हुआ था। इंटरनेशनल ब्रांड्स ने इसकी आय 14.4 फीसदी बढ़ा दी। मदुरा गारमेंट्स अब इंडियन रेयांस का हिस्सा है।

फाइनेंस पेचीदा कार्यक्षेत्र है, जिसमें वैश्य होने से बिड़लाज माहिर हैं तो कुमारमंगलम ने तो फाइनेंस फैकल्टी की ही उच्च शिक्षा प्राप्त की है। रिटेल निवेशकों का भरोसा जुटाकर इस जटिल कारोबार में लंबी पारी खेलने के लिए कुमारमंगलम ने अपनी इस दक्षता से जो अच्छी सफलता संजोई है, जिसके लिए निश्चित ही अपने दादा बसंतकुमार बिड़ला से उन्हें शाबाशी भी मिली होगी। इंडोगल्फ फर्टिलाइजर्स, इंडियन रेयांस और बिड़ला ग्लोबल फाइनेंस का नया अवतार है–आदित्य बिड़ला नूवो जिसका व्यवसाय अब गारमेंट्स, विस्फोस फिलामेंट यार्न, स्पून यार्न और कार्बन ब्लैक के साथ फर्टिलाइजर्स और फाइनेंस तक फैल गया है। 1.75 लाख से ज्यादा शेयरधारकों की आदित्य बिड़ला नूवो पेंशन फंड के प्रबंधन व्यवसाय में निजी क्षेत्र को सरकारी अनुमति की प्रतीक्षा कर रही है। कुमारमंगलम बैंकिंग सेक्टर में भी प्रवेश करना चाहते हैं और चाहते हैं कि भारतीय रिजर्व बैंक निजी क्षेत्र को बैंक खोलने की अनुमति दे। केंद्रीय बजट (2010–11) ने यह संभावना पैदा कर दी है। इस बीच कनाडा की सनलाइफ के साथ बिड़ला सनलाइफ ने जीवन बीमा क्षेत्र और म्यूचुअल फंड मैनेजमेंट कारोबार में रिटेल निवेशकों को अच्छा व सुरक्षित मुनाफा दिलवाकर कुमारमंगलम के महत्वाकांक्षी इरादों की पूर्ति के लिए पिच तैयार कर लिया है।

दूरसंचार क्षेत्र में प्रवेश की तैयारी आदित्य विक्रम बिड़ला ने सन् 1994 में की थी। निधन के एक वर्ष पूर्व उन्होंने अमेरिका की एटी एंड टी के साथ सहमति–पत्र पर हस्ताक्षर किए थे। बिड़ला एटी एंड टी कम्युनिकेशंस का जनवरी 1995 में आयोजित सार्वजनिक समारोह आदित्य बिड़ला का अंतिम सार्वजनिक समारोह था। सन् 2009 में आइडिया सेल्यूलर के छह करोड़ ग्राहक हो

चुके थे। इस कारोबार का फैलाव कुमारमंगलम ने किया तो अब वे रिटेल क्षेत्र में आदित्य बिड़ला समूह को स्थापित करने जा रहे हैं। इस मंशा से उन्होंने दक्षिण भारतीय त्रिनेत्रा के 170 रिटेल आउटलेट्स खरीदे। मार्च 2008 तक मोर ब्रांड नाम से आदित्य बिड़ला समूह के 275 त्रिनेत्रा आउटलेट्स के साथ 500 सुपर मार्केट और मैसूर तथा बड़ौदा में दो हायपर मार्केट्स रिटेल मार्केट में कारोबार करने लगे थे।

1970 के दशक में उच्च प्रौद्योगिकी उद्योग क्षेत्र में प्रवेश करके और इनके संयंत्र दक्षिण-पूर्वी एशियाई देशों में पहली बार स्थापित करके आदित्य विक्रम बिड़ला देश के पहले बहुराष्ट्रीय उद्योगपति बने थे। कुमारमंगलम ने समूह की इस बुनियाद को भी पुख्ता किया है। टेल्बेक कनाडा के साथ बीएसएफ ऑपरेशंस के लिए पल्प आपूर्ति के लिए संयुक्त वेंचर स्थापित किया। चीन में भारतीय कार्बन ब्लैक संयंत्र लगाया। इंसुलेटर्स बनाने के लिए जापान के इंसुलेटर्स के साथ गठबंधन किया। चीन में ही केमिकल फाइबर व स्पेशलिटी फाइबर बनाने के लिए स्थानीय भागीदार के साथ कंपनी स्थापित की। ज्ञान आधारित उद्योग क्षेत्र में प्रवेश के लिए लार्सन सॉफ्टवेयर के साथ ई-कॉमर्स की शुरुआत की। बीपीओ कंपनी ट्रांसवर्क्स को खरीदा। आदित्य बिड़ला समूह की विदेश स्थित कंपनियों के कुल टर्नओवर में हिस्सेदारी को बढ़ाने के लिए कुमारमंगलम ने प्रत्येक कंपनी की जरूरत अनुसार 50 से 150 करोड़ रुपए इन कंपनियों में अलग-अलग निवेश किए हैं। परिणाम! समूह की कंपनियाँ जापान, कोरिया व अन्य देशों में प्रतिस्पर्धा में अव्वल हैं। दक्षिण-पूर्वी एशिया व अफ्रीका में स्थापित होने के बाद कुमारमंगलम अब चीन, कनाडा व ऑस्ट्रेलिया में कारोबार फैला रहे हैं।

अधिग्रहण, विलयन और नए वेंचर स्थापित करके समूह का कारोबार कई गुना बढ़ाने वाले कुमारमंगलम ने बिड़ला घराने की एक और स्थापित परंपरा को तोड़ा है। बिड़लाज ने हमेशा स्क्रैच से शुरू करके नए उद्योग स्थापित किए। वे कभी आक्रामक नहीं हुए। इसके विपरीत कुमारमंगलम ने युवा जोश के साथ कमजोर कंपनियों को अपना शिकार बनाया और उन्हें मुनाफादेय बनाया।

1970 के दशक में बसंतकुमार बिड़ला ने अपने युवा पुत्र आदित्य बिड़ला को कलकत्ता से अपना मुख्यालय शिफ्ट करने की अनुमति दी। इसे वे अपनी जिंदगी का सबसे अच्छा निर्णय मानते हैं। आदित्य कलकत्ता से वाया मुंबई सारी दुनिया में पहुँचे थे। उन्होंने पहले बहुराष्ट्रीय भारतीय उद्योगपति होने का गौरव जुटाया तो सारी दुनिया में बिड़ला घराने का परचम फहराकर अपने पुरखों की साख को भी बचा लिया।

अंग्रेजी में कहावत है कि जो अपना अतीत भूल जाते हैं, इतिहास उन्हें उसे दोहराने की सजा देता है। बसंत बाबू निश्चित ही उम्र के हिसाब से ओल्ड टाइमर मारवाड़ी-वैश्य उद्योगपति हैं, जिन्हें विधाता से संभावनाओं को सूँघने की अद्‌भुत क्षमता मिली है। अपने इकलौते प्रतिभावान पुत्र आदित्य बिड़ला के असमय निधन की वेदना को बसंत बाबू और सरलादेवी ने विधाता का विधान मानकर अपने सीने में छुपा लिया और फिर अपने पौत्र पर वैसा ही भरोसा किया, जैसा उन्हें अपने पुत्र पर था। निश्चित ही आदित्य विक्रम बिड़ला के निधन के बाद बिड़ला परिवार की

अत्यंत क्लोज मीटिंग में कुमारमंगलम की उन सब चुनौतियों पर मनन-चिंतन हुआ होगा। इस विचार-विमर्श का क्या निष्कर्ष निकला, यह तो वे ही जानें, पर जो देश के उद्योग जगत ने देखा, वह यह है कि कुमारमंगलम के पीछे उनका सारा परिवार खड़ा हो गया और जोखिम उठाते हुए उन्हें खुली छूट दी कि वे अपने सोच के अनुसार आदित्य विक्रम समूह का कायाकल्प करें। पहली बार बिड़ला परिवार की बहू राजश्री बिड़ला अपनी अपूर्व व्यक्तिगत क्षति और पीड़ा को भूलकर आदित्य बिड़ला समूह की राजमाता बनीं और बोर्ड रूम में सक्रिय होकर पुत्र का मजबूत संबल बन गईं।

हर बुराई में भलाई छुपी होती है जो दिखाई नहीं देती। कुमारमंगलम बिड़ला 16 हजार करोड़ रुपए के टर्नओवर करने वाले औद्योगिक समूह के सूत्रधार बने, तब नियंत्रण मुक्ति और आर्थिक सुधार कार्यक्रम की प्रक्रिया शुरू हुई थी। इसके साथ आने वाली ग्लोबल प्रतिस्पर्धा के लिए तब देश का कोई औद्योगिक घराना सबसे ज्यादा तैयार और सक्षम था तो आदित्य बिड़ला समूह, जिसकी एक दर्जन से ज्यादा कंपनियाँ पहले ही देश के बाहर प्रतिस्पर्धा कर रही थीं। दूसरे, कुमारमंगलम की उम्र मात्र 28 वर्ष थी अर्थात वे देश के सबसे युवा उद्योगपति थे। उम्र के हिसाब से उनके लिए लंबी पारी खेलने का मौका भी था।

यही नहीं, उनकी संभावनाओं को उनके दिवंगत पिता ने बड़े सलीके से सँवार भी दिया था। परिवार का संबल मिला तो कुमारमंगलम ने चरणबद्ध तरीके से रणनीति बनाकर आदित्य बिड़ला समूह का कायाकल्प किया और सबसे पहले अपने बैक ऑफिस को सँवारा जो सबसे कठिन काम था। ध्यान दें कि बिड़लाज की मानव संसाधन नीति की परंपरागत बुनियाद थी। मालिक का कथन (उपस्थिति व निर्णय) ब्रह्म-वाक्य है। 'बाबू सर्वोपरि है' बिड़ला समूह की इस परंपरा को कुमारमंगलम ने सबसे पहले छिन्न-भिन्न (अपने अधिकार घटाए) किया। सुझाव व सलाह के चैनल नीचे से ऊपर तक खोले। जुलाई, 99 में समूह के प्रबंधक उनका एक लंबा पत्र प्राप्त करके चौंके थे, जिसमें उनसे अपने रोल का आकलन करने व सुधार के लिए सुझाव देने के साथ कहा गया था कि वे उनके बारे में अपनी राय भेजें। 360 डिग्री फीडबैक प्रोग्राम के तहत समूह के मैनेजर्स को छूट मिली कि वे उनकी लीडरशिप स्टाइल पर भी सवाल पूछ सकें। कुमारमंगलम ने अपने जूनियर साथियों के अच्छे परफॉरमेंस की प्रशंसा करने में भी उदारता दर्शाई। इसके साथ कुमारमंगलम की प्रारंभिक सॉफ्ट इमेज बदलकर बन गई 'चेंज-एजेंट'।

कुमारमंगलम की दूसरी बड़ी पहल थी बिड़ला समूह में सेवानिवृत्ति नीति लागू करना, जिससे 62 से 65 वर्ष की उम्र के 325 सीनियर एक्जीक्यूटिव्स (इनमें अधिकतर बिड़ला बाबुओं के लेफ्टिनेंट थे) सेवामुक्त हुए और उनकी जगह कुमारमंगलम के हम-उम्र एक्जीक्यूटिव्स ने ली। कई वरिष्ठ पदों पर बाहरी विशेषज्ञों की विशेष पैकेज पर विशेष जॉब के लिए नियुक्त किया गया। पहली बार कोई बिड़ला स्वयं बिजनेस स्कूलों के कैम्पस में पहुँचा।

आईआईटी और आईआईएम कैम्पस इंटरव्यू में स्वयं कुमारमंगलम की उपस्थिति से दो स्तरों पर संदेश पहुँचा। एक, नए युवा प्रोफेशनल्स के साथ पुराने एक्जीक्यूटिव्स को आभास हुआ कि

आदित्य विक्रम बिड़ला ग्रुप अब परंपराओं का बोझ नहीं ढोएगा, दूसरे परफॉरमेंस व प्रतिस्पर्धा को प्राथमिकता देगा। कुमारमंगलम बिड़ला ने आठ साल के कार्यकाल में समूह की अस्सी साल पुरानी एक और व्यवस्था समाप्त की। उन्होंने मीडिया के लिए दरवाजे खोले। गौर करें कि विगत 15 सालों में आदित्य विक्रम बिड़ला समूह के बारे में पत्र-पत्रिकाओं में जितनी सामग्री छपी है, वह सन् 1912 (मूल समूह की स्थापना) से आज तक प्रकाशित कुल सामग्री से ज्यादा है। पारदर्शिता का परिणाम यह हुआ कि समूह के शेयरधारकों का विश्वास बढ़ा और सूचनाओं के अभाव में अनुमान लगाने यानी 'छोटी खबर से बड़ी खबर निकालने (बनाने)' की मीडिया की सामान्य प्रवृत्ति से कुमारमंगलम बच गए।

इस दौरान बसंतकुमार बिड़ला ने भी अपने पौत्र कुमारमंगलम की राह के कंटक बीने। घनश्यामदास बिड़ला ने अपने जीवन का सबसे कटु निर्णय लेते हुए संयुक्त परिवार को छिन्न-भिन्न किया और कंपनियों का बँटवारा किया था, पर पिलानी इन्वेस्टमेंट का संयुक्त बिड़ला परिवार की सारी कंपनियों में मेजर इन्वेस्टमेंट था। इसका बड़ा हिस्सा (30 फीसदी) बसंतबाबू के पास था तो शेष होर्डिंग परिवार की पाँच विभाजित इकाइयों में बँटा हुआ था। पिलानी इन्वेस्टमेंट की 25 प्रतिशत होर्डिंग एमपी बिड़ला ग्रुप के पास थी। इसे प्रियम्वदा बिड़ला अपनी वसीयत में कलकत्ता के एम.पी. लोढ़ा चार्टर्ड अकाउंटेट के नाम कर गई हैं, जो अदालती विवाद का मुद्दा बना हुआ है। इस होर्डिंग को छोड़कर जीपी-सीके बिड़ला की 16 फीसदी, के.के. बिड़ला की 8 फीसदी, एस.के. बिड़ला की भी 8 फीसदी होर्डिंग बसंत बाबू ने खरीद ली है। कहते हैं कि बड़े भाई कृष्णकुमार बिड़ला अपनी होर्डिंग्स उन्हें गिफ्ट करना चाहते थे। बसंत बाबू ने बड़े भाई के इस भावनाप्रधान फैसले को विनम्रतापूर्वक नकार दिया और सबकी होर्डिंग खरीदकर कुमारमंगलम को संभावित वित्तीय झंझट से पूरी तरह मुक्त कर दिया है। यही नहीं, बी.के. बिड़ला तो अपने समूह (बी.के. बिड़ला समूह) की कंपनियाँ भी पौत्र व पुत्रियों को सौंपकर सेवानिवृत्त होना चाहते थे पर कुमारमंगल ने कहा कि उनकी प्लेट पूरी तरह लबालब भरी हुई है और आप भी चुस्त-दुरुस्त हैं। बसंत बाबू पौत्र की यह बात टाल नहीं सके।

89 वर्ष की उम्र में बसंतकुमार बिड़ला सुबह साढ़े तीन बजे उठते हैं, मार्निंग वॉक व पूजा, उपासना, स्वाध्याय के बाद सुबह नौ बजे दफ्तर पहुँच जाते हैं। जून, 2009 में उन्होंने अपनी वसीयत की घोषणा की है, तदनुसार 10 हजार करोड़ रुपए के बी.के. बिड़ला समूह की सिरमौर कंपनी- केसोराम इंडस्ट्रीज और सेंचुरी इंका कुमारमंगलम को मिलेगी और शेष कंपनियाँ, जैसे-मंजुश्री प्लांटेशन, जयश्री टी, मंगल सीमेंट का स्वामित्व बसंत बाबू की दोनों पुत्रियों (जयश्री मोहता और मंजुश्री खेतान) को प्राप्त होगा। बसंत बाबू और सरलादेवी बिड़ला घराने के समाजसेवी ट्रस्टों की देखरेख करते हैं। वे दोनों कलकत्ता में ही रहते हैं। बसंत बाबू कहते हैं-हमें इस शहर से प्यार है, कलकत्ता बिड़लाज की कर्मभूमि है। हम यहीं पनपे हैं, हम यहीं रहेंगे। आदित्य के असमय निधन को हरि इच्छा मानने वाले बिड़ला परिवार के इन बुजुर्गों का कहना है कि हमें भगवान से इतना मिला है कि अब हम कुछ नहीं चाहते। बस ईश-कृपा बनी रहे।

दादा (जी.डी. बिड़ला) ने अपने पोते आदित्य विक्रम बिड़ला में संभावना देखी थी। पोते ने दादा को निराश भी नहीं किया। विधाता से अल्पायु मिली, पर उसमें भी उन्होंने बिड़ला घराने का सुयश बचा लिया। यही नहीं, अपने पुत्र में अपने दादा-पिता व अपने वाणिज्यिक गुणधर्म इतनी सुघड़ता से हस्तांतरित किए कि उन्होंने एक दशक से भी कम समय में एक शताब्दी पुराने परिवार नियंत्रित परंपरागत समूह को प्रोफेशनल व प्रतिस्पर्धी बना दिया और मात्र 15 वर्षों में सालाना टर्नओवर कई गुना (29.2 अरब डॉलर, वित्तवर्ष 2009-10) कर दिया। बिजनेस इंडिया के 'बिजनेसमैन ऑफ द ईयर अवार्ड-2003' से नवाजे गए, कुमारमंगलम बिड़ला आज कॉरपोरेट वर्ल्ड में कॉरपोरेट गवर्नेंस का युवा रोल मॉडल हैं। देश के 100 सबसे धनी फोर्ब्स इंडिया क्लब (2009) में 7.8 बिलियन डॉलर (एक बिलियन-100 करोड़) नेटवर्क के साथ कुमारमंगलम का क्रम नौवाँ है। निजी संपदा के आधार पर देश के इस 'युवा कुबेर' ने अपने स्वर्गीय पिता के प्रति आदरांजलि अर्पित करते हुए आदित्य विक्रम बिड़ला समूह का नया लोगो 'आदित्य' को ही समर्पित किया है।

सामाजिक जवाबदारी का निर्वहन

वैश्य का कर्म है-धनोपार्जन और धर्म है-परोपकार। तदनुसार बिड़ला परिवार के पितृ-पुरुष शिवनारायण बिड़ला ने धनोपार्जन किया तो अपने गृहनगर पिलानी में कुएँ, धर्मशाला, मंदिर और प्याऊ बनवाए। उनके बाद उनकी संतानों ने अपने सामाजिक सरोकार और अपनी-अपनी आस्था के अनुसार धर्म व समाजसेवा की इस परंपरा को आगे बढ़ाया। बलदेवदास बिड़ला वृद्धावस्था में काशी में रहने लगे थे, जहाँ मदनमोहन मालवीय से उनकी मित्रता थी, जिनकी प्रेरणा से वे समाजसेवा के लिए उदारता से पैसा खर्च करते थे। उन्होंने हिंदू तीर्थ स्थलों पर भी कई निर्माण कार्य करवाए। घनश्यामदासजी बिड़ला महात्मा गांधी व सरदार वल्लभभाई पटेल के नजदीक थे। वे स्वतंत्रता संग्राम में बापू और अंग्रेजों के बीच कड़ी थे तो इस आंदोलन में पैसा खर्च करने के लिए ब्रिटिश सरकार के कोपभाजन भी हुए। सन् 1920 में दिल्ली में निर्मित बिड़ला हाउस स्वाधीनता संग्राम का केंद्र था। यहाँ महात्मा गांधी का निधन हुआ। सन् 1971 में बिड़ला परिवार ने बिड़ला हाउस राष्ट्र को समर्पित कर दिया। बृजमोहन बिड़ला शिक्षा और अनुसंधान के पक्षधर थे। उन्होंने संग्रहालय व प्लेनेटोरियम्स बनवाने की शुरुआत की। जुगलकिशोर बिड़ला ने सारे देश में मंदिर बनवाए। इसकी शुरुआत नई दिल्ली स्थित लक्ष्मीनारायण मंदिर से हुई, जिसका सन् 1939 में महात्मा गांधी ने लोकार्पण किया था। सारे देश में आज 40 से ज्यादा भव्य देवालय हैं, जो बिड़ला टेम्पल के नाम से मशहूर हैं। सन् 1929 में बिड़ला शिक्षा ट्रस्ट का गठन हुआ, जो कई प्राइमरी, इंटर व डिग्री कॉलेज संचालित कर रहा है।

बसंतकुमार बिड़ला व सरलादेवी बिड़ला ने कलकत्ता में महावीर बिड़ला शिशु विहार की स्थापना तब की थी, जब आदित्य बिड़ला ने स्कूल में प्रवेश लिया। उन दिनों कलकत्ता में कई नर्सरी स्कूल थे, पर सरलादेवी अपने पुत्र को भारतीय संस्कारों के नर्सरी स्कूल में पढ़ाना चाहती थीं। यही कारण है कि आदित्य विक्रम बिड़ला ने अपने उत्पादन संयंत्रों के नजदीक स्थापित टाउनशिपों में स्कूल बनवाने की शुरुआत की। बिड़ला इंस्टीट्यूट ऑफ टेक्नोलॉजी, बिड़ला

इंस्टीट्यूट ऑफ साइंटिफिक रिसर्च, मेडिकल रिसर्च इंस्टीट्यूट, रानी बिड़ला गर्ल्स कॉलेज मशहूर शैक्षणिक संस्थान हैं। इनकी देखरेख करने के साथ बसंतकुमार बिड़ला व सरलादेवी बिड़ला कला व आर्ट्स प्रेमी हैं। संगीत कला अकादमी बैंगलोर, बिड़ला अकादमी कलकत्ता उनके पसंदीदा कार्यक्षेत्र हैं।

आज इस परंपरा के ध्वजारोहक हैं राजश्री, कुमारमंगलम और नीरजा बिड़ला। आदित्य बिड़ला सेंटर फॉर अकादमी ग्रामीण उत्थान में रुचि लेती है, जिसका संचालन राजश्री बिड़ला करती हैं। एक लाख गाँवों के लिए वे हर साल मेडिकल कैम्प आयोजित करवाती हैं। आदित्य बिड़ला समूह सामाजिक जवाबदारी का निर्वहन करते हुए देश के 3700 गाँवों के 70 लाख से ज्यादा लोगों का जीवनस्तर सँवार रहा है। कुमारमंगलम और नीरजा बिड़ला दो पुत्री व एक पुत्र के माँ-पिता हैं, जिन्हें बच्चों से बहुत लगाव है। नीरजा एनजीओ आकांक्षा से जुड़ी हुई हैं तो बिड़ला एकेडमी ऑफ आर्ट एंड कल्चर, मुंबई की देखरेख करते हैं। इस युवा दम्पती ने बैंगलोर में 67 एकड़ भूखंड पर एक इंटरनेशनल स्कूल भी बनवाया है। नीरजा बिड़ला कहती हैं कि भारी व्यस्तता के बावजूद कुमारमंगलम बिड़ला प्लांट्स के नजदीक संचालित तीन दर्जन स्कूलों के प्राचार्यों से साल में एक बार अवश्य मिलते हैं।

लोकल से ग्लोबल
इंडियन कॉरपोरेट्स

04

लौह-पुरुष

ओमप्रकाश जिंदल

सम्पन्नता और शिक्षा सफल उद्योगपति बनने की यात्रा में मददगार हो सकती है, पर असली उद्यमी वे हैं, जो इनके बिना भी अपना औद्योगिक साम्राज्य स्थापित करते हैं। जिंदल समूह के संस्थापक स्व. ओमप्रकाश जिंदल ऐसे ही वैश्य उद्यमी थे, जो उद्योग क्षेत्र में शून्य से शिखर पर पहुँचे। राजनीति में प्रवेश किया तो लोकसभा सदस्य बने, पर जिन्होंने सामाजिक सरोकार से नाता नहीं तोड़ा।

हरियाणा के हिसार नगर के एक सुस्त व पिछड़े (तब) गाँव नलवा में 7 अगस्त, 1930 को जन्मे थे ओमप्रकाश जिंदल। एक वैश्य किसान नेतराम जिंदल के पाँच पुत्र और पाँच पुत्रियों में एक ओमप्रकाश ने बाल्यकाल में ही संयुक्त परिवार के संस्कार आत्मसात् कर लिये। नलवा और हाँसी गाँव में उन्होंने प्राथमिक शिक्षा प्राप्त की। खेतों में हल चलाए और पशुपालन किया। बालक ओमप्रकाश को स्कूली किताबों से ज्यादा मशीनों में दिलचस्पी थी। गाँव में कोई भी वाहन आता तो वे उसके कलपुर्जों को देखते और सोचते थे कि क्या वे इन्हें बना सकते हैं? पुश्तैनी कृषि भूमि के भरोसे उनके पाँच पुत्र अच्छा जीवन व्यतीत नहीं कर पाएँगे, इस सोच के साथ पिता नेतराम अपने पुत्रों को किशोर उम्र में ही उकसाने लगे कि घर छोड़ोगे तो दुनिया देखोगे। अपने बलबूते पर पैसा कमाओगे तो जीवन के सारे सुख पाओगे। यही कारण है कि ओमप्रकाश के दो बड़े भाई सन् 1947 में कलकत्ता (अब कोलकाता) चले गए, जहाँ उन्होंने कपड़े का व्यापार किया। बीस वर्ष की उम्र में ओमप्रकाश ने भी घर छोड़ा और उड़ीसा के काटमांजी कस्बे में तारपीन का तेल बेचा और हाट में परचूनी का सामान। कुछ महीनों में ही उन्हें लगने लगा कि तोल-मोल वाला बनिया बनना उनकी नियति नहीं है। बड़े

व्यापारी बनने की महत्वाकांक्षा सँजोए ओमप्रकाश अपने भाइयों के पास कलकत्ता पहुँच गए।

आत्मविश्वास का आभास

कच्ची उम्र में पिता के साथ खेती, किशोर उम्र में विवाह और हाट में परचूनी की दुकान, जवानी की दहलीज पर कदम रखते ही कलकत्ता में कपड़े का व्यापार और 21 वर्ष की उम्र (सन् 1961) में पुत्र पृथ्वीराज के जन्म ने ओमप्रकाश की बहुत जल्दी 'मैच्योर' बना दिया। कलकत्ता की सड़कों पर भटकते हुए वे अपनी नजरों से दुनिया देखने लगे। एक दिन उन्होंने स्टील पाइप का ढेर देखा जिस पर 'मेड इन इंग्लैंड' अंकित था।

देश आजाद हुए 4-5 साल ही हुए थे। युवाओं में देशप्रेम व देश के नवनिर्माण की ललक उमड़ रही थी। वे हर चीज को स्वदेशी नजरिए से देखते थे। ओमप्रकाश के मन-मानस में भी सवाल उठा कि क्या हम अपने देश में स्टील पाइप नहीं बना सकते जो इंग्लैंड से मँगवाते हैं। इसके साथ मशीनों के प्रति उनका रुझान भी उभरने लगा। स्टील पाइप बनाने की इच्छा के साथ उन्होंने इस उद्योग-मार्केट को नजदीक से देखने के लिए कलकत्ता में पाइप का व्यापार शुरू किया पर ओमप्रकाश तो उद्योगपति बनने के लिए जन्मे थे, ट्रेडिंग उनकी नियति नहीं थी।

लम्बी यात्रा का पहला नन्हा कदम

चीनी कहावत है कि हर लम्बी यात्रा एक नन्हे कदम से शुरू होती है। द्वितीय विश्वयुद्ध की समाप्ति (सन् 1945) के बाद उसकी अशुभ छाया से दुनिया एक दशक के बाद मुक्त हुई। युद्धोपरांत मानवीय क्रूरता के निशान दस वर्षों तक दुनिया में फैले रहे। युद्ध के समय विदेशी फौजों का बड़ा गढ़ था असम व कलकत्ता। फौजें वहाँ जो कबाड़ छोड़ गईं, उसमें लोहे और इस्पात का बड़ा भंडारण था। ओमप्रकाश ने इस कबाड़ का कुछ माह व्यापार किया। इसे वे आसाम से नीलामी में खरीदते थे, कलकत्ता में बेचते थे। इस धंधे से थोड़ा पैसा कमाया तो सन् 1952 में कलकत्ता के नजदीक लिलुआ में पाइप बैंड और सॉकेट बनाने का एक लघु उद्योग स्थापित किया-जिंदल (इंडिया) लिमिटेड। यह इकाई ही उस औद्योगिक साम्राज्य की जननी है, जिसकी तीन दर्जन कम्पनियों के आज सूत्रधार हैं स्व. ओमप्रकाश जिंदल के चार पुत्र-पृथ्वीराज (जन्म सन् 1951), सज्जन (1959), रतन (1691) और नवीन जिंदल (1970)।

उन दिनों देश में टाटा समूह की इंडियन ट्यूब्स दुर्गापुर (पश्चिमी बंगाल) और बीजू पटनायक की कलिंग ट्यूब्स कटक (उड़ीसा) में स्टील बना रहे थे। ओमप्रकाश जिंदल की दिली चाह थी कि वे भी इनकी तरह बड़े पैमाने पर स्टील बनाएँ, पर संसाधनों की कमी बेड़ी थी। दृढ़ निश्चयी उद्यमी हर बाधा पार करते हैं और लक्ष्य-भेद करते हैं। युवा ओमप्रकाश जिंदल ने कलकत्ता में स्टील उद्योग का 'ककहरा' सीखा और फिर निश्चय किया कि वे हिसार लौटेंगे और स्टील का उत्पादन शुरू करेंगे।

देश वापसी

1960 के दशक में हरियाणा एक पिछड़ा इलाका था। तदनुसार हिसार भी एक सुस्त कस्बा था पर वैश्य (अग्रवाल) समाज की जन्मभूमि होने के कारण इसकी माटी में उद्यमशीलता समाई हुई

थी। हिसार के कई उद्यमियों ने राष्ट्रीय–अंतरराष्ट्रीय कारोबारी जगत में ख्याति जुटाई है, जैसे–जी टीवी के सुभाष चंद्रा, पर इसकी शुरुआत करने वाले शख्स हैं ओमप्रकाश जिंदल।

अपने कारोबारी मित्रों के बीच 'ओपी' और अधीनस्थ सहयोगियों के बीच 'बाऊजी' के आत्मीय संबोधन से मशहूर ओमप्रकाश जिंदल ने सन् 1960 में कलकत्ता के मित्रों से कहा कि वे अपने देश लौटेंगे और वहाँ स्टील फैक्टरी लगाएँगे तो मित्रों ने कहा कि लोग वहाँ से यहाँ (कलकत्ता) आते हैं। यहाँ पैसा कमाने के बाद सम्पन्नता प्रदर्शन के लिए 'टूरिस्ट' की तरह अपने देश आते–जाते हैं और तुम जमा–जमाया व्यापार छोड़ हिसार लौटोगे, तुम्हारी मति भ्रष्ट हो गई है। परामर्श देने वाले ये मित्र नहीं जानते थे कि ओपी अपने पुरुषार्थ से इतिहास रचेंगे।

बाल्टी उत्पादन से बने स्टील उत्पादक

सन् 1960 में ओमप्रकाश जिंदल ने हिसार में जिंदल इंडिया लिमिटेट के नाम से एक फैक्टरी स्थापित की और वे यहाँ स्टील की बाल्टियाँ बनाने लगे। दो साल बाद इस फैक्टरी में उन्होंने एमएसईएसआरडब्ल्यू पाइप बनाना शुरू किया। इस संयंत्र को स्थापित करते समय ओमप्रकाश जिंदल ने साबित किया कि उनके पास कोई डिग्री नहीं है, पर वे जन्मजात टेक्नोक्रेट हैं–'इंजीनियरों के इंजीनियर'। उन्होंने केवल एक वेल्डिंग मशीन आयात की। पूरे संयंत्र को खुद डिजाइन किया और उसे विकसित करवाया।

उन दिनों औद्योगिक संयंत्रों की स्थापना के लिए मशीनें आयात करना पड़ती थीं। ओमप्रकाश जिंदल सामान्य ज्ञान के आधार पर स्वदेशी तकनीक से निर्मित मशीनों के कट्टर पक्षधर थे। जिंदल स्टेनलेस स्टील (हिसार) के डिप्टी मैनेजिंग डायरेक्टर आर.जी. गर्ग ने एक साक्षात्कार में कहा है–बाऊजी मशीनों पर परीक्षण करने व प्रयोग करने पर जुआरी की तरह दाँव लगाते थे। मशीन के किसी पुर्जे की जरूरत हो तो वे एक नग मँगवाते थे। उसके बाद आवश्यकतानुसार शेष नग अपनी देखरेख गें बनवा लेते थे। उन्हें मशीन के कलपुर्जों की अच्छी समझ थी। वे मशीन मरम्मत करने में भी माहिर थे। जिंदल ग्रुप के एक अन्य रिटायर्ड इंजीनियर जे.आर. आरगाडे के अनुसार–बाऊजी ने एक स्टील रोलिंग मिल को विदेश में देखा और अपने इंजीनियरों के सामने उसकी डिजाइन देसी अंदाज में बनाकर रख दी। उनकी इंजीनियरिंग कुशलता टेक्नोक्रेट्स को भी चौंकाती थी। गौरतलब है कि जिंदल समूह 'लो कास्ट' मैन्यूफैक्चरर्स है तो इसका श्रेय ओमप्रकाश जिंदल को है, जिन्होंने न्यूनतम लागत पर संयंत्र स्थापित किए और न्यूनतम लागत पर उत्पादन करने के गुर अपने पुत्रों और सहयोगियों को सिखाए। बाऊजी मितव्ययी थे, पर कंजूस नहीं।

सन् 1971 के बाद ओमप्रकाश जिंदल ने पलटकर नहीं देखा। जिंदल पाइप्स की माँग इतनी बढ़ी कि उत्पादन के लिए कच्चा माल जुटाना मुश्किल हो गया। ओमप्रकाश जिंदल ने इस समस्या से उबरने के लिए 'बेकवर्ड इंटीग्रेशन' की योजना बनाई और जिंदल इंडिया प्रा.लि. के संयंत्र से दो किलोमीटर दूर एक हॉट रोल्ड स्टील प्लांट– 'जिंदल स्ट्रिप्स लिमिटेड' स्थापित किया।

और बने स्टेनलेस स्टील उत्पादक

सन् 1977 में ओमप्रकाश जिंदल ने मार्केट के रुख को दूसरों से पहले भाँप लिया। सन् 1975 के पहले भारतीय परिवारों में आर्थिक हैसियत के अनुसार पीतल या एल्यूमिनियम के बर्तनों का चलन था। स्टेनलेस स्टील के बर्तन आए तो अपनी चमक-दमक और साफ-सफाई के कारण भारतीय गृहिणियों को खूब रास आए। ओमप्रकाश जिंदल द्वारा स्थापित जिंदल स्टेनलेस स्टील से बने बर्तन मार्केट में ऐसे लोकप्रिय हुए कि आज भी स्टील बर्तन विक्रेता अपने ग्राहकों से कहते हैं-जिंदल स्टील से बने बर्तन हैं, आँख बंद करके ले लो।

पत्नी का निधन और पुनर्विवाह

सन् 1947 में 17 वर्ष की किशोर उम्र में ओमप्रकाश का चरखी दादरी (जि. भिवानी) के निकट रासीगाँव की विद्यादेवी से विवाह हो गया था। सत्तर के दशक में कारोबारी विस्तार के दौरान बाऊजी के पारिवारिक जीवन में भी भारी उथल-पुथल हुई। तीन पुत्र-पृथ्वीराज, सज्जन और रतन तथा चार पुत्रियों के जन्म के बाद विद्यादेवी का सन् 1964 में असमय निधन हो गया। एक माह बाद ही बाऊजी की माँ चंद्रवाली का निधन हुआ। इस घटना के पाँच माह बाद विद्यादेवी की छोटी बहन सावित्रीदेवी से बाऊजी का दूसरा विवाह हुआ। सन् 1968 में बाऊजी के पिता नेतराम जिंदल का निधन हो गया। इस दौरान सन् 1970 में बड़े बेटे पृथ्वी, सन् 1979 में रतन तथा सन् 1984 में सज्जन पिता के कारोबारी सहयोगी बने। सावित्रीदेवी ने सन् 1970 में नवीन को जन्म दिया। सावित्रीदेवी से बाऊजी को दो पुत्रियों की सौगात भी मिली। सन् 1993 में नवीन पिता के कारोबार से जुड़े। जीवन की पाठशाला में महारत प्राप्त एक साधारण शिक्षा प्राप्त गुरु-पिता को क्रमशः स्नातक (पृथ्वी), इंजीनियर (सज्जन) और अमेरिका से एमबीए शिक्षा प्राप्त (रतन और नवीन), आज्ञाकारी चार पुत्र शिष्य के रूप में प्राप्त हुए तो जिंदल समूह के कारोबार को पंख लग गए।

शुरू हुआ देशव्यापी विस्तार

ओमप्रकाश जिंदल और उनके उद्यमी चार पुत्रों को हिसार का कारोबारी मैदान छोटा पड़ने लगा तो बाऊजी ने देश के विभिन्न हिस्सों में स्टील प्लांट्स लगाए। इनमें से प्रमुख हैं-नफजगढ़ रोड नई दिल्ली में फोल्ड रोलिंग यूनिट, तारापुर और वासिंद (महाराष्ट्र) में जिंदल आयरन एंड स्टील की दो इकाइयों, कोसीकलाँ (मथुरा) में जिंदल सॉ लिमिटेड, विजयनगरम (विशाखापट्टनम) में जिंदल फैरो अलॉयज और रायगढ़ (छत्तीसगढ़) में जिंदल स्टील एंड पावर लिमिटेड सहित कई अन्य।

उद्योग समूह के विस्तारीकरण के इस दौर में बाऊजी ने कई देशों के स्टील और पावर प्लांट्स देखे और उनकी नई तकनीक का भारतीयकरण करके जिंदल समूह के संयंत्रों को अपग्रेड व अपडेड किया। चारों पुत्र जिंदल समूह का कारोबार सँभालने में माहिर और आत्मनिर्भर हो गए तो उद्यमी-वैश्य ओमप्रकाश जिंदल का मनमानस कारोबार से विमुख होने लगा। शेष जीवन समाजसेवा करेंगे, इस मंशा से बाऊजी ने राजनीति में प्रवेश का निर्णय लिया।

राजनेता बाऊजी

सन् 1991 में ओमप्रकाश जिंदल ने हिसार से विधानसभा चुनाव लड़ने का निर्णय लिया तो उनके अनुज सीताराम जिंदल ने कहा–'राजनीति एक गंदा खेल है, जिसे गंदे लोग गंदी नीयत से खेलते हैं।' हरियाणा के एक राजनेता और बाऊजी के मित्र प्रो. सम्पतसिंह ने समझाया–'आप आसानी से राज्यसभा सदस्य बन सकते हैं तो चुनाव लड़ने में अपना समय, श्रम और पैसा क्यों खर्च कर रहे हो?' जिंदल परिवार के अन्य सदस्य भी नहीं चाहते थे कि बाऊजी राजनीति में सक्रिय हों, पर वे यह भी जानते थे कि उन्हें उनके निर्णय से लौटाना असंभव है। इन सबके विपरीत ओमप्रकाश जिंदल का सोच था कि निःस्वार्थ जनसेवा के लिए राजनीति में सक्रिय होंगे। राज्यसभा में मनोनयन का सुझाव उन्हें इसलिए रास नहीं आया, क्योंकि वे एक उद्यमी–वैश्य थे, जिन्होंने जीवनपर्यंत कुआँ खोदकर प्यास बुझाई थी। किसी का 'फेवर' और पतली गली (शॉर्टकट) उन्हें कभी रास नहीं आई थी।

बाऊजी ने 15 वर्ष के राजनीतिक जीवन में छह चुनाव लड़े। तीन बार (सन् 1991, 2000 व 2005) वे हिसार से विधायक चुने गए। तीन बार ही (सन् 1996, 1998 व 1999) उन्होंने कुरुक्षेत्र से लोकसभा के चुनाव लड़े, पर वे एक बार ही (1996 में 11वीं लोकसभा) सांसद बने। हरियाणा विकास पार्टी की स्थापना में उन्होंने अहम भूमिका निभाई और इसके बैनर तले अपना राजनीतिक कैरियर शुरू किया, जिसका समापन कांग्रेस में हुआ। पहली बार विधायक बनते ही उनका भजनलाल से ऐसा राजनीतिक बैर हुआ कि मुख्यमंत्री बनने के बाद भजनलाल ने जिंदल समूह के लिए कई परेशानियाँ पैदा कीं, पर हार न मानने वाले बाऊजी ने पूरी दृढ़ता से सामना किया और सन् 1996 में भजनलाल की पार्टी को विधानसभा चुनाव में हरवाकर ही चैन की साँस ली। बंसीलाल से बाऊजी की अच्छी राजनीतिक ट्यूनिंग रही। कांग्रेस आलाकमान ने भूपेंद्रसिंह हुड्डा को चुना तो पार्टी के विश्वस्त सिपहसालार की तरह बाऊजी ने इस फैसले को शिरोधार्य किया और श्री हुड्डा को मुख्यमंत्री बनवाने में अहम भूमिका निभाई। बाऊजी हुड्डा सरकार में बिजली मंत्री बनाए गए, पर वे मात्र 21 दिन ही यह जवाबदारी सँभाल पाए।

जैसा जीवन वैसा निधन

10 मार्च, 2005 को बाऊजी हरियाणा सरकार में मंत्री बने। 1 अप्रैल, 2005 को मुख्यमंत्री भूपेंद्रसिंह हुड्डा का दिल्ली में अभिनंदन होना था। 31 मार्च, 2005 को बाऊजी हरियाणा के एक और मंत्री सुरेंद्रसिंह (बंसीलाल के पुत्र), अपने मित्र वेद गोयल और सुरक्षा अधिकारी विनोद यादव के साथ अपने निजी हेलिकॉप्टर से दिल्ली के लिए रवाना हुए। हेलिकॉप्टर के पायलट थे रिटायर्ड कर्नल टी.एस. चौहान। हेलिकॉप्टर ने 11.50 पर उड़ान भरी और 12.30 बजे सहारनपुर से 45 कि.मी. दूर महँगी नामक गाँव के नजदीक दुर्घटनाग्रस्त हो गया। इस हवाई दुर्घटना में बाऊजी, सुरेंद्रसिंह और पायलट टी.एस. चौहान का निधन हो गया। एक दृढ़ निश्चयी और दूरन्देशी वैश्य उद्यमी के इस अनायास निधन से हिसार में मातम छा गया।

बाऊजी के निधन के समय जिंदल समूह की विभिन्न कम्पनियाँ 12 हजार करोड़ रुपए का

सालाना टर्नओवर कर रही थीं और स्टील व पावर सेक्टर में समूह का अग्रणी स्थान था। जिंदल समूह के संस्थापक के अनायास निधन से ग्रुप कम्पनियों का कारोबार कतई प्रभावित नहीं हुआ और शेयर मार्केट में भी शेयर मूल्य अप्रभावित ही रहे, क्योंकि स्व. ओमप्रकाश जिंदल 'बाऊजी' औद्योगिक साम्राज्य के रणनीतिकार मुखिया थे तो संयुक्त परिवार के संवेदनशील सूत्रधार।

संयुक्त परिवार के मुखिया

स्व. ओमप्रकाश जिंदल दूरन्देशी वैश्य थे। उन्हें आभास था कि उनके चार पुत्र हैं। उनके बाद उनके वारिसों में समूह की सम्पदा व नियंत्रण के लिए कटु-विभाजन हुआ तो उनकी सारी तपस्या छिन्न-भिन्न हो जाएगी। राजनीति के जरिए शेष जीवन समाज सेवा करने का उन्होंने निर्णय लिया तो कारोबार की विभिन्न कम्पनियों को स्वतंत्र संचालन के लिए अपने पुत्रों को सौंपा पर गुरु व गाइड की हैसियत से ग्रुप की बागडोर नहीं छोड़ी। जिंदल सॉ और जिंदल विजयनगर अपवाद है, जिसके चेअरमैन का पद बाऊजी ने अपने जीवनकाल में अपने बड़े पुत्र पृथ्वीराज जिंदल को सॉ बिजनेस और उसकी सिरमौर कम्पनी जिंदल सॉ के अलावा दक्षिण भारत की अन्य छोटी-बड़ी कम्पनियाँ व सज्जन जिंदल को पावर बिजनेस के साथ जिस्को, जेवीएसएल, जिंदल थर्मल पावर, रतन जिंदल को स्टेनलेस स्टील, सीआर कॉइल्स-शीट्स, हाई कार्बो फेरो कारोबार और जिंदल स्टेनलेस स्टील कम्पनी तथा सबसे छोटे पुत्र नवीन जिंदल को स्ट्रांग आयरन, पावर, माइल्ड स्टील, फैरोक्रोम रेल्स व यूनिवर्सल बीम्स की सिरमौर कम्पनी जिंदल स्टील एंड पावर लिमिटेड (रायगढ़) संचालन हेतु सौंप दी थी।

संयुक्त जिंदल परिवार के औद्योगिक साम्राज्य और कारोबार का यह खुला और स्पष्ट आवंटन (चाहें तो बँटवारा कहें) करते समय बाऊजी का सोच था कि कुछ करोड़ इधर या उधर, क्या फर्क पड़ता है। पैसा तो परिवार में ही है। हमउम्र भाई साथ बड़े होते हैं, बचपन में वे एक-दूसरे का ध्यान रखते हैं, लड़ते-झगड़ते हैं, सुलह-समझौता होता है-यह सिलसिला जीवन भर चलना चाहिए। बाऊजी की इस दूरन्देशी का सुफल है कि जिंदल बंधु अँधेरे गलियारे में नहीं उलझे और उनके बीच परस्पर कारोबारी प्रतिस्पर्धा नहीं हुई। अपने बिजनेस के स्वतंत्र प्रबंधकीय और वित्तीय निर्णय लेने की उन्हें छूट मिल गई, जबकि पारिवारिक स्तर पर सब एकजुट रहे। पिता के बाद माँ को समूह का सिरमौर स्वीकार करने में कोई नहीं झिझका, कोई नहीं ठिठका, कोई नहीं अटका।

हमारे पास माँ है

पिता के निधन के बाद चारों पुत्रों ने अपनी माँ सावित्रीदेवी को ग्रुप चेअरमैन चुन लिया। इस संदर्भ में तब एक साक्षात्कार में नवीन जिंदल ने कहा था-'हम भाई एकजुट हैं। माँ हमारी ऊर्जा है और है प्रेरणास्रोत। पिता के बाद वे उनकी कमी पूरी करेंगी और वही ग्रुप की सिरमौर होंगी। जिंदल एक सुगठित संयुक्त परिवार है।' सावित्रीदेवी जिंदल हरियाणा की विधायक और राज्यमंत्री भी हैं। सावित्रीदेवी और उनकी अन्य दोनों बड़ी बहनें-रम्भादेवी जिंदल और

विद्यादेवी जिंदल परिवार में ही ब्याही गई हैं। ओमप्रकाश जिंदल के बड़े भाई देवीसहाय जिंदल से रम्भादेवी का तो ओमप्रकाश जिंदल से विद्यादेवी का और उनके निधन के उपरांत सावित्रीदेवी का विवाह हुआ।

सावित्रीदेवी जिंदल

गौरतलब है कि निजी क्षेत्र के देश के सबसे बड़े और सबसे प्रभावी उद्योगपति धीरूभाई अंबानी ने अपने जीवनकाल में अपने दो पुत्र–मुकेश व अनिल के बीच कारोबार का लूज–विभाजन किया, फलतः उनके निधन के बाद उनकी पत्नी कोकिलाबेन अंबानी की मध्यस्थता के बावजूद दोनों भाइयों के बीच व्यक्तिगत और कारोबारी रिश्तों में मधुरता नहीं है। ओमप्रकाश जिंदल ने यह भूल नहीं की, फलतः चारों पुत्र ग्रुप कम्पनियों को स्वतंत्र सँभाले हुए हैं और उनके बीच रिश्तों की मधुर कड़ी बनी हुई है–माँ। सम्पदा से पहले और सम्पदा के साथ जरूरी है कि साथ में हो पिता या माँ। दीवार फिल्म का संवाद याद करें–'मेरे पास माँ है।'

पृथ्वीराज जिंदल

सख्त पर संवेदनशील मुखिया

जमीन से जुड़े उद्यमी ओमप्रकाश जिंदल सख्त प्रबंधक थे तो कारोबारी परिवार के ऐसे संवेदनशील मुखिया जो अपने अधीनस्थों के सुख–दु:ख में शामिल होते थे। बाऊजी को हड़ताल और अनुशासनहीनता से ऐसी नफरत थी कि वे लापरवाह श्रमिकों को ऑन स्पॉट थप्पड़ भी मार देते थे। इसके साथ ही सबसे छोटे पुत्र नवीन को सख्त हिदायत थी कि रक्षाबंधन के दिन वे श्रमिकों की बेटियों से राखी बँधवाने के बाद ही सगी बहनों से रक्षा–सूत्र बँधवाएँ। मुख्यमंत्री भजनलाल ने राजनीतिक बैर के कारण जिंदल समूह के श्रमिकों को उकसाया और कारखाने में हड़ताल करवा दी। इस वाकये का जिक्र करते हुए अनिल भास्कर ने अपनी पुस्तक 'द मैन हू टॉक्ड टू मशीनंस' में लिखा है–

सज्जन जिंदल

रतन जिंदल

'जिंदल परिवार पहली बार छुट्टियाँ मनाने लंदन गया था। कारखाने में हड़ताल की खबर मिली तो ओपी वापस आए और सीधे हिसार स्थित फैक्टरी के मेनगेट पर पहुँच गए। हड़ताली श्रमिकों ने उन्हें देखा तो वे चुप हो गए। ओपी बोले–आप लोगों ने मेरी जिंदगी की पहली छुट्टी बरबाद कर दी, अब खूब नारे लगाओ। दूसरे दिन ओपी ने प्लांट को सुपरपाइजरी स्टाफ की सहायता से पूरी क्षमता पर चलाया। चौथे दिन श्रमिक चुपचाप काम पर वापस आ गए।'

नवीन जिंदल

श्रमिकों के व्यवहार यानी समूह की एचआर पॉलिसी के बारे में ओमप्रकाश जिंदल का यह विरोधाभासी आचरण आधा सच है। वस्तुतः बाऊजी समाज को अपनी कमाई का एक हिस्सा

लौटाते थे। उनका सोच था कि हमारे आसपास अशिक्षा, बीमारी और भुखमरी होगी तो हम भी सुखी व सुरक्षित नहीं रहेंगे। इस सोच से प्रेरित होकर उन्होंने एनसी चेरिटेबल ट्रस्ट (पिता की स्मृति में) की स्थापना की, जो हिसार में 500 बेड्स का अस्पताल चला रहा है। हिसार में ही लड़कियों के लिए रेसीडेंशियल स्कूल विद्यादेवी जिंदल स्कूल (अपनी पहली पत्नी की स्मृति में) स्थापित किया तो दिल्ली में एनसी जिंदल पब्लिक स्कूल में 4000 बच्चे शिक्षा प्राप्त करते हैं। वे महाराजा अग्रसेन मेडिकल एज्युकेशन एंड साइंटिफिक रिसर्च सोसाइटी के चेअरमैन थे तो अग्रोहा विकास ट्रस्ट के कस्टोडियन। बाऊजी ने जरूरतमंदों को करोड़ों रुपयों की आर्थिक सहायता दी, पर वे पात्र व्यक्ति को खोजने में पूरी सावधानी बरतते थे। विश्व के धनी लोगों की फोर्ब्स सूची में स्थान पाने वाले ओमप्रकाश जिंदल को बंगाल की कम्युनिस्ट सरकार के मुख्यमंत्री बुद्धदेव भट्टाचार्य ने 'लाइफटाइम अचीवमेंट अवार्ड' से नवाजा था। ओमप्रकाश जिंदल के चार पुत्रों में सबसे छोटे पुत्र नवीन जिंदल सबसे ज्यादा भाग्यशाली हैं, जिन्हें पिता से बड़े भाइयों की तरह विरासत में उद्योग तो मिले पर अकेले वे ही पिता के राजनीतिक उत्तराधिकारी भी हैं। पिता से उन्हें देशप्रेम के संस्कार मिले हैं।

रायगढ़ (छत्तीसगढ़) स्थित जिंदल स्टील एंड पावर को सन् 1991 में स्थापना के साथ क्षेत्र के औद्योगिक विकास का इतिहास शुरू हुआ। कंपनी स्पोंज आयरन, पिग आयरन, स्टील स्लेब्स और पावर (बिजली) उत्पादन करती है। दुनिया की यह सबसे बड़ी कोयला आधारित स्पोंज आयरन प्रोड्यूसर है। इसकी स्थापित उत्पादन क्षमता है 6.50 लाख टन। इस कंपनी के एक्जीक्यूटिव वाइस चेअरमैन और मैनेजिंग डायरेक्टर नवीन जिंदल के नेतृत्व में कंपनी ने हमेशा बेहतर कारोबारी परिणाम दर्शाए हैं।

जेएसपीएल की अपनी कोयला और लौह अयस्क खदानें होने से इसे कम लागत पर उत्पादन का फायदा मिल रहा है। इसके अलावा कैप्टिव पावर यूनिट भी इसके रॉ मैटेरियल की लागत घटाता है। दुनिया में जो केवल तीन कम्पनियाँ लांग रेल्स बना रही हैं, उनमें जेएसपीएल एक है। इंडिया इन्फोलाइन के रिसर्च एनालिस्ट तरंग भानुशाली के अनुसार–जेएसपीएल देश की अकेली ऐसी कंपनी है जो स्टील और पावर बिजनेस में एक साथ सक्रिय है। इसके पास बेहतरीन टेक्नोलॉजी क्षमता है जो इसके परफार्मेंस को शानदार बना देते हैं। तरंग का आकलन सही है, इसका प्रमाण है वित्तवर्ष 2007–08 में जेएसपीएल द्वारा 5410.76 करोड़ रुपए के टर्नओवर पर 1237.96 करोड़ रुपए नेट प्रॉफिट। जेएसपीएल के वाइस चेअरमैन और सीईओ विक्रम गुजराल के अनुसार– इन्फ्रास्ट्रक्चर डेवलपमेंट पर केंद्र और राज्य सरकारें जोर दे रही हैं, इसलिए सड़क, पुल और हाउसिंग निर्माण क्षेत्र में स्टील की माँग सतत बढ़ेगी और इसी अनुपात में जेएसपीएल का टर्नओवर और मुनाफा भी बढ़ेगा।

जेएसपीएल के सूत्रधार नवीन जिंदल ने जून, 2006 में बोलिविया लौह अयस्क खदानों में से 20 अरब टन के खनन अधिकार प्राप्त किए हैं। इस प्रोजेक्ट्स के तहत नवीन जिंदल का लक्ष्य है–8 वर्षों में 2.3 अरब डॉलर के निवेश में 1.7 एमटीपीए स्टील उत्पादों का निर्माण, 6 एमटीपीए क्षमता के डीआरआई, स्पंज आयरन प्लांट तथा 10 एमटीपीए क्षमता का पैलेट प्लांट

लगाना। युवा नवीन जिंदल (उम्र 38 वर्ष सन् 2009) ने बोलिविया में खनन अधिकार प्राप्त करने के लिए विश्व के स्टील किंग लक्ष्मी मित्तल सहित कई ग्लोबल उद्योगपतियों से मुकाबला किया तो उन्हें सोशलिस्ट लोकल गवर्नमेंट (स्पेनिश) की कड़ी शर्तों से भी जूझना पड़ा। ओमप्रकाश जिंदल के अन्य तीन पुत्रों के नियंत्रणाधीन कंपनियाँ भी इसी तरह आगे बढ़ी हैं। यही कारण है कि 12 बिलियन डॉलर (फोर्ब्स इंडिया सर्वे 2009) निजी सम्पदा के साथ चारों भाइयों की मां सावित्री जिंदल का देश के सौ कुबेरों में सातवाँ क्रम है।

छात्र जीवन में नवीन जिंदल दक्ष शूटर और पोलो खिलाड़ी रहे तो कारोबारी कैरियर में वे कुशल रणनीतिकार साबित हुए। पिता की तरह उन्होंने राष्ट्रीय व सामाजिक सरोकार से भी गहरा रिश्ता बनाया। सितम्बर, 1994 का प्रसंग है। बिलासपुर के कमिश्नर ने जेएसपीएल के परिसर में तिरंगा लहराने पर प्रतिबंध लगा दिया। नवीन जिंदल ने 8 साल तक मुकदमा लड़ा और हर भारतीय को यह आजादी दिलवाई कि वे अपने घर, दुकान, दफ्तर या कारखाने पर निर्धारित मान–सम्मान के साथ कभी भी तिरंगा फहरा सकें। नवीन जिंदल कुरुक्षेत्र से लोकसभा में कांग्रेस के सांसद भी हैं और कहते हैं कि–

कभी मैं अपने हाथों की लकीरों से नहीं उलझा।

मुझे मालूम है किस्मत का लिक्खा भी बदलता है।

लोकल से ग्लोबल
इंडियन कॉरपोरेट्स

05

द टू प्रोफेशनल

केशुब महिन्द्रा/आनंद महिन्द्रा

'भारतीय बड़े विचित्र हैं। इनके उत्पादों को सारी दुनिया मान्यता देने लगी है, पर इन्हें आज भी अपने उद्योगों की निपुणता पर भरोसा नहीं है...'

ड्यूज बैंक के इस निष्कर्ष का जिक्र करते हुए देश के यशस्वी युवा उद्योगपति आनंद महिन्द्रा ने अपने एक आलेख (बिजनेस टुडे–अगस्त, 2003) में अपने दो ऐसे अनुभव दोहराए हैं, जो भारतीय निपुणता के दो दौर की दिलचस्प बानगी पेश करते हैं। वे बताते हैं–'करीब तीन दशक पहले इंडियन स्कूल सर्टिफिकेट परीक्षा के उनके टेस्ट पेपर्स इंग्लैंड से आए थे। उनकी उत्तर पुस्तिकाएँ भी जाँचने के लिए वहीं भेजी गई थीं।' तब यह माना जाता था कि भारतीय अपना खुद का भी सही–सही व निष्पक्ष आकलन नहीं कर सकते।

आनंद महिन्द्रा का दूसरा अनुभव इतना पुराना नहीं है। वे कहते हैं–एक सुप्रसिद्ध अमेरिकन बिजनेस स्कूल की बोर्ड बैठक में मैं भी आमंत्रित था। वहाँ स्कूल के डीन ने हमें बताया कि स्कूल के बीस फीसदी शिक्षक भारतीय हैं। यह सुनकर एक अमेरिकन सीईओ ने मुझसे सवाल किया–How come you Indians are so smart?'

आनंद महिन्द्रा ने इन प्रसंगों के माध्यम से भारतीयों की प्रगति व बढ़ती निपुणता को दोहराया है, जो संयोग से उनके समूह महिन्द्रा एंड महिन्द्रा एम एंड एम पर भी अक्षरश: लागू होते हैं। अक्टूबर, 1947 में महिन्द्रा एंड महिन्द्रा विलीस जीप सीकेडी अवस्था में आयात करती थी और भारत में असेम्बल कर उन्हें बेचती थी यानी तब कंपनी के पास केवल असेम्बली निपुणता थी। यही महिन्द्रा एंड महिन्द्रा आज जीप व जीप के न्यू जनरेशन वर्सन एमयूवी और एसयूवी के अलावा ट्रैक्टर, बस, पैसेंजर से

लेकर दोपहिया वाहन बनाती व बेचती है। यही नहीं, इनके नाजुक व जटिल कम्पोनेंट्स भी डिजाइनिंग करती है। ट्रैक्टर का देश का सबसे बड़ा निर्माता व निर्यातक एम एंड एम सत्यम कम्प्यूटर के अधिग्रहण के बाद आईटी सेक्टर में भी चौथे क्रम पर (प्रथम टीसीएस, द्वितीय इन्फोसिस व तृतीय विप्रो टेक्नोलॉजिस) पहुँच गया है। इनके अलावा महिन्द्रा एंड महिन्द्रा ऐसा भारतीय बहुराष्ट्रीय उद्योग समूह है, जिसका कारोबार मुख्यत: छह सेक्टरों (ऑटोमोटिव, फार्म-उपकरण, ऑटो कम्पोनेंट्स, ट्रेड व फाइनेंस इन्फ्रास्ट्रक्चर व आईटी) में फैला हुआ है। महिन्द्रा एंड महिन्द्रा की कार्य संस्कृति में प्रोफेशनलिज्म केवल लिप सर्विस (जबानी कथोपकथन) नहीं बल्कि हकीकत है।

आइए, इसकी एक बानगी देखें... महिन्द्रा एंड महिन्द्रा एवं महाराष्ट्र सरकार को नासिक में छोटी कार प्रोजेक्ट के लिए सहमति-पत्र पर हस्ताक्षर करने थे। समारोह में महाराष्ट्र के पूर्व मुख्यमंत्री विलासराव देखमुश व महिन्द्रा एंड महिन्द्रा के वाइस चेअरमैन आनंद महिन्द्रा अपनी टीम के साथ उपस्थित थे। मुख्यमंत्री ने हस्ताक्षर कर दिए, आनंद महिन्द्रा की बारी थी। उन्होंने इस प्रोजेक्ट के इंचार्ज एलन दुरांटे से कहा–आप हस्ताक्षर करो। यह आपका प्रोजेक्ट है। ऐसे सीईओ कितने हैं, जो मीडिया की हेडलाइंस बनने के ऐसे मौकों पर खुद हाशिए पर चले जाएँ और अपने एक्जीक्यूटिव को आगे कर दें। ऐसा वही कर सकता है, जो सही अर्थों में प्रोफेशनल हो और प्रोफेशनलिज्म का वास्तविक पक्षधर हो।

महिन्द्रा व मोहम्मद

महिन्द्रा एंड महिन्द्रा (एम एंड एम) की यशोगाथा जितनी प्रेरक है, उतनी ही रोचक भी। आइए, सबसे पहले जानें इसका दिलचस्प इतिहास। आजादी व विभाजन के पूर्व 'एम एंड एम' से आशय था महिन्द्रा व मोहम्मद। सन् 1945 में जगदीशचंद्र व कैलाशचंद्र महिन्द्रा ने मोहम्मद ब्रदर्स के साथ एक प्राइवेट लिमिटेड कंपनी के रूप में 'एम एंड एम' का गठन किया था। मोहम्मद ब्रदर्स के गुलाम मोहम्मद (पाकिस्तान के 1951 से 1955 तक गवर्नर जनरल) देश विभाजन के बाद मोहम्मद अली जिन्ना के बुलावे पर पाकिस्तान चले गए तो महिन्द्रा बंधुओं ने कंपनी का नया नामकरण किया–'महिन्द्रा एंड महिन्द्रा।' कंपनी ने सबसे पहले सन् 1947 में अमेरिका से 75 जीपें सीकेडी अवस्था में आयात कीं, जिन्हें भारतीय मार्केट में अच्छा समर्थन मिला। जून, 1947 में कंपनी ने मझगाँव, मुंबई में लीज पर प्राप्त 11 हजार वर्गफीट के भूखंड पर जीप असेम्बलिंग संयंत्र लगाया और मैन्यूफैक्चरिंग सेक्टर में प्रवेश किया।

महिन्द्रा परिवार मूलत: कलकत्ता का बाशिंदा है, जो अमेरिका चला गया था। वहाँ इन्होंने पैसा तो नहीं कमाया, पर अच्छे संपर्क बनाए और अच्छे अनुभव जुटाए। 1940 के दशक में देश के आजाद होने की स्थितियाँ बनने लगीं तो आजाद भारत में अच्छे कारोबारी अवसरों की संभावना का पूर्वाभास करके कैलाशचंद्र महिन्द्रा व जगदीशचंद्र महिन्द्रा भारत आए। पर, इस बार अपने गृहनगर के बजाय उन्होंने मुंबई को अपनी कर्मभूमि बनाया। यहाँ महिन्द्रा बंधुओं ने मुस्लिम मित्र

गुलाम मोहम्मद के साथ नेपाल के राणा परिवार की मदद से कारोबार शुरू किया। 1940 के दशक में ही जगदीशचंद्र महिन्द्रा के पुत्र हरीश महिन्द्रा हार्वर्ड से व कैलाशचंद्र महिन्द्रा के पुत्र केशुब महिन्द्रा वार्टन से उच्च शिक्षा प्राप्त करके भारत लौटे। महिन्द्रा एंड महिन्द्रा के वर्तमान चेअरमैन केशुब महिन्द्रा (जन्म–1923) पिट्सबर्ग इंजीनियरिंग कंपनी में ट्रेनिंग प्राप्त करने के बाद सन् 1947 में महिन्द्रा एंड महिन्द्रा से जुड़े। जगदीशचंद्र महिन्द्रा का सन् 1950 में 59 वर्ष की उम्र में निधन हो गया।

केशुब महिन्द्रा

सन् 1964 में केशुब महिन्द्रा ने महिन्द्रा एंड महिन्द्रा के सूत्र सँभाले और कंपनी को पारिवारिक नियंत्रण के साथ प्रोफेशनली संचालित समूह बनाना शुरू किया। महिन्द्रा एंड महिन्द्रा सन् 1955 में जीप बनाने लगी थी, जिसका पूर्णत: स्वदेशीकरण सन् 1974 में हुआ। इसके लिए केशुब महिन्द्रा ने कैसर जीप कॉरपोरेशन से अनुबंध किया था, जो सन् 1978 तक जारी रहा। बहुत जल्दी महिन्द्रा एंड महिन्द्रा भारत में जीप का पर्याय बन गया। सन् 1978 में महिन्द्रा एंड महिन्द्रा में इंटरनेशनल ट्रैक्टर्स का विलयन हुआ। पाँच साल में ही महिन्द्रा ट्रैक्टर भी देश के ट्रैक्टर मार्केट में लीडर हो गए। सन् 1985 में यूटिलिटी व्हीकल एमएम 540 कंपनी ने लांच की। सन् 1991 में केशुब महिन्द्रा को एक कटु अनुभव भी हुआ। उनकी एक पुत्री (तीन पुत्रियाँ–उमा, लीना व युचिता) के ससुर सतीश मल्होत्रा ने महिन्द्रा एंड महिन्द्रा को अधिगृहीत करने की असफल कोशिश की, जिसने केशुब महिन्द्रा को सतर्क व सचेत कर दिया। इसके साथ ही कॉरपोरेट वर्ल्ड में चर्चा होने लगी कि केशुब महिन्द्रा का उत्तराधिकारी कौन होगा?

भारतीय कॉरपोरेट वर्ल्ड में केशुब महिन्द्रा का कद जे.आर.डी. टाटा के समकक्ष है। महिन्द्रा एंड महिन्द्रा का उन्होंने जे.आर.डी. टाटा की तरह ही न्यूनतम हस्तक्षेप के साथ संचालन किया है। अपनी बेटियों व रिश्तेदारों को भी कंपनी के बोर्ड रूम से दूर रखा है। बेहद मृदुभाषी पर बेबाक वक्ता केशुब महिन्द्रा प्राय: महिन्द्रा एंड महिन्द्रा को परिवार के स्वामित्व की प्रोफेशनल्स द्वारा संचालित कंपनी कहते हैं। यह रूप–स्वरूप उन्होंने सप्रयास कंपनी को प्रदान किया है। वे कहते हैं–(साक्षात्कार द हिंदू बिजनेस लाइन–15 अगस्त, 1997) 'युवा पीढ़ी जब आगे आती है तो नए आइडिया लाती है, पर एक नियम स्थायी है कि कंपनी कोई भी हो उसका एक नैतिक आधार होता है। इससे छेड़छाड़ किए बिना नई पीढ़ी पूरी कंपनी की सारी दिशा बदल दे तो भी मैं चिंतित नहीं होऊँगा। पर, यदि उनके पास ताजगी (नए आइडिया) नहीं है तो उन्हें स्वयं पीछे हट जाना चाहिए।'

एक दर्जन राष्ट्रीय अवाड्र्स से सम्मानित केशुब महिन्द्रा सिद्धांतप्रिय उद्यमी हैं, जिन्होंने पद्मभूषण अवार्ड लेने से विनम्रतापूर्वक इनकार कर दिया, क्योंकि सन् 1984 में भोपाल में जब गैस त्रासदी हुई, तब वे यूनियन कार्बाइड के मनोनीत चेअरमैन थे। सचाई यह है कि यह एक 'आनर्मिंटल' पद था और केशुब महिन्द्रा का कंपनी के दैनंदिन कामकाज में कोई हस्तक्षेप नहीं था। तथापि उन्होंने गैस त्रासदी की नैतिक जवाबदारी स्वीकार की और कहा–मैं देश के

महामहिम राष्ट्रपति से अवार्ड लेने का हकदार नहीं हूँ।

देश की बहुप्रतिष्ठित कॉरपोरेट पत्रिका बिजनेस इंडिया के 'बिजनेस मैन ऑफ द ईयर अवार्ड 1989' से सम्मानित देश के यशस्वी उद्योगपति केशुब महिन्द्रा ने करीब 50 साल के बेहद सफल कार्यकाल में महिन्द्रा एंड महिन्द्रा को देश व दुनिया का प्रतिष्ठित उद्योग समूह बनाने के बाद सन् 1997 में अपनी सक्रिय औद्योगिक पारी को विराम दिया, पर इसके पूर्व हार्वर्ड बिजनेस स्कूल में शिक्षित अपने भतीजे आनंद महिन्द्रा (पिता हरीश महिन्द्रा) को अपने उत्तराधिकारी के रूप में तैयार किया। सन् 2009 में 930 मिलियन डॉलर निजी सम्पदा के धनी केशुब महिन्द्रा आज भी महिन्द्रा एंड महिन्द्रा के अल्टीमेट अथॉरिटी हैं। हालाँकि स्वेच्छा से उन्होंने अपनी भूमिका 'गुरु व गाइड' तक सीमित कर ली है।

आनंद महिन्द्रा

हार्वर्ड में बिल गेट्स के सहपाठी रहे आनंद महिन्द्रा के अनुसार–उनकी बौद्धिक सम्पदा का डेस्टिनेशन हार्वर्ड है तो भौतिक सम्पदा है महिन्द्रा एंड महिन्द्रा। हार्वर्ड में ग्रेज्युएशन व एमबीए के अपने शिक्षाकाल को याद करते हुए कहते हैं कि वहाँ मेरे बैच में जो 90 छात्र थे, उनमें से अधिकांश आज दुनिया के बिजनेस वर्ल्ड के 'ब्रिलियंट ब्रेन' हैं। विदेश से शिक्षा प्राप्त करने के बाद देश में उनका पहला बड़ा कारोबारी अनुभव अच्छा नहीं है। उसे याद करते हुए वे कहते हैं– बिजनेस स्कूल बोस्टोन से वापसी के बाद सन् 1984 में महिन्द्रा यूजीन स्टील (एमयूजी) में मुझे तीन साल हो गए थे। मैं एक बड़े सरकारी ऑर्डर की तैयारी कर रही टीम का सदस्य था। इस कांट्रेक्ट को प्राप्त करने के लिए हमने खूब मेहनत की थी, पर सरकारी तंत्र से गठजोड़ करके हमारे प्रतिद्वंद्वी ने यह ठेका प्राप्त कर लिया तो मैं विचलित हो उठा। उसी शाम मैंने अपने फादर इन–लॉ प्रेमनाथजी खंडेलवाल से कहा था –मैं भारत में कारोबार नहीं कर पाऊँगा। अमेरिका लौट रहा हूँ। महिन्द्रा ग्रुप नैतिकता के जिन मापदंडों से कारोबार कर रहा है, उनसे यहाँ बड़ी सफलता नहीं मिल सकती, क्योंकि यहाँ की कार्यप्रणाली अलग है। (निहितार्थ, साफ–सुथरी नहीं है।) मेरे फादर इन–लॉ ने पूरी शांति से मेरी बात सुनी और जब मेरा गुस्सा रिलीज हो गया तो वे बोले–आनंद, अपने देश से यूँ पलायन भूल होगी। तुम्हारे परिवार की कार्यप्रणाली में दोष नहीं है, क्योंकि मूल्यों पर आधारित सफलता ही दीर्घावधि होती है। थोड़ा धैर्य रखो तो पाओगे कि भारत अकेला ऐसा देश है, जहाँ कम से कम लागत में बड़ा से बड़ा व्यापार किया जा सकता है। आनंद महिन्द्रा कहते हैं कि इसके बाद मैंने अपने ग्रुप की कार्यप्रणाली पर कभी कोई संदेह नहीं किया।

आनंद महिन्द्रा ने सन् 1981 में एमयूजी के फाइनेंस डायरेक्टर के एक्जीक्यूटिव असिस्टेंट की हैसियत से अपना कैरियर शुरू किया था। सन् 1989 में वे एमयूजी के प्रेसीडेंट व मैनेजिंग डायरेक्टर बनाए गए। केशुब महिन्द्रा ने ग्रुप की कार्यसंस्कृति आत्मसात् करने के लिए आनंद महिन्द्रा को दस साल जूनियर की हैसियत से विभिन्न जवाबदारियाँ सौंपीं। इसके बाद तत्कालीन मैनेजिंग डायरेक्टर पी.के. पीतांबरी के अधीन अप्रैल, 1997 में उन्हें डिप्टी मैनजिंग डायरेक्टर

बनाया गया। यह पदभार सँभालने के पूर्व आनंद महिन्द्रा ने देश के ग्रामीण अंचल का सघन दौरा किया। उनका प्रयोजन था–अपने देश को जानना। कंपनी के वितरक-विक्रेताओं से उन्होंने बिजनेस पार्टनर की तरह मुलाकात की। किसानों से जाना कि क्या महिन्द्रा एंड महिन्द्रा के उत्पाद उनके पैसों का पूरा मूल्य लौटाते हैं।

आनंद महिन्द्रा का जब विधिवत् राज्याभिषेक हुआ, तब ग्रुप के हालात अच्छे नहीं थे। इन्हें सुधारने के लिए उन्हें अथक श्रम करना पड़ा है, जूझना और झगड़ना पड़ा है। अत्यधिक स्टाफ और वह भी अनुत्पादक महिन्द्रा एंड महिन्द्रा की सबसे बड़ी समस्या थी। समूह की उत्पादक गतिविधियाँ श्रमिक यूनियनों के नियंत्रणाधीन थीं। यहाँ तक कि परचेज विभाग भी भ्रष्टाचार में डूबा हुआ था। आनंद महिन्द्रा ने तब कहा था–Heart of the company is bleeding. दीपावली के दिन बोनस के लिए घेराव और बिजनेस प्रोसेसिंग रीइंजीनियरिंग प्रोग्राम (श्रमिकों से कई मशीनों पर अलग-अलग काम) के क्रियान्वयन को लेकर कंपनी में पाँच माह की हड़ताल के दौरान आनंद महिन्द्रा ने अपने विश्वस्त साथियों के साथ उत्पादन जारी रखा। 100 सदस्यों की इस टीम ने प्रतिदिन 35 इंजन बनाए, जबकि आंदोलनरत 1200 कर्मचारी मात्र 70 इंजन बना रहे थे। कर्मचारी और यूनियनों ने जब यह देखा तो उन्हें समझ में आया कि उत्पादकता का कोई विकल्प नहीं है। कंपनी रहेगी तो ही हम रहेंगे।

महिन्द्रा एंड महिन्द्रा

आनंद महिन्द्रा ने कंपनी को न केवल दुर्दिनों से उबारा वरन् ऐसी पुख्ता कार्यप्रणाली भी लागू की कि दोबारा ऐसा ना हो। तदनुसार उन्होंने समूह के बिखरे व्यापार को विभिन्न पोर्टफोलियो में बाँटा और उनकी दैनंदिन जवाबदारी प्रोफेशनल्स को सौंपी और अपने लिए 'वेंचर कैपिटलिस्ट' की भूमिका चुन ली। महिन्द्रा एंड महिन्द्रा के पोर्टफोलियो में करीब 20 कंपनियाँ हैं। इनमें सिरमौर हैं– महिन्द्रा एंड महिन्द्रा, महिन्द्रा ऑटोमोटिव स्टील्स, महिन्द्रा गेस्को, महिन्द्रा फाइनेंशियल सर्विसेस, महिन्द्रा टेलीकॉम, टेक महिन्द्रा, महिन्द्रा हॉलिडे एंड रिसोर्ट्स इंडिया। एक दर्जन सहयोगी कंपनियाँ हैं तो चार ज्वॉइंट वेंचर्स के अलावा सन् 2009–10 में अधिग्रहित सत्यम कम्प्यूटर।

संक्षेप में कहें तो कैलाशचंद्र एवं जगदीशचंद्र महिन्द्रा ने जीप असेम्बलिंग से शुरुआत की थी। केशुब महिन्द्रा ने जीप मैन्यूफैक्चरिंग तो की पर ट्रैक्टर बनाना भी शुरू किए। आनंद महिन्द्रा ने महिन्द्रा एंड महिन्द्रा को देश के ट्रैक्टर मार्केट का लीडर और दुनिया की चौथी बड़ी ट्रैक्टर निर्माता कंपनी बनाया और एक दर्जन देशों में कंपनी के ट्रैक्टर पहुँचा दिए। ऑटोमोटिव उद्योग के सभी सेगमेंट (एमयूपी, एसयूवी) पैसेंजर कार, हलके भारवाहक वाहन, तिपहिया व दोपहिया वाहन) में सघन घुसपैठ की। देश व दुनिया में इसके लिए जो अधिग्रहण किए या संयुक्त वेंचर स्थापित किए, उनमें उल्लेखनीय है–चीन की जिंगलिंग मोटर कंपनी का ट्रैक्टर संयंत्र व कारोबार एवं रोमानिया की एक ट्रैक्टर कंपनी का अधिग्रहण। यूएस, यूरोप व एशिया महाद्वीप में सप्लाई चेन प्रोवाइडर और इंटरप्राइज कंसल्टिंग कंपनी ब्रिस्लकोन की नियंत्रक

होल्डिंग। काइनेटिक के दोपहिया संयंत्र तथा कारोबार का अधिग्रहण। राजकोट की गियर कम्पोनेंट कंपनी एसएआर ट्रांसमिशन एवं ऑटो एसेसरी कंपनी एमफोर्ज का नियंत्रण। पंजाब ट्रैक्टर्स का अधिग्रहण। फ्रांस के रेनाल्ट ग्रुप के साथ भारत में पैसेंजर कार (लोगन) एवं यूएस की इंटरनेशनल ट्रैक कंपनी के साथ ट्रक व बस बनाने के लिए संयुक्त वेंचर्स। आर्थिक घोटाले से कलंकित सत्यम कम्प्यूटर का अधिग्रहण और पुनरुद्धार।

ऑटोमोटिव और ऑटो कम्पोनेंट्स

यूटिलिटी व्हीकल (लोकप्रिय नाम जीप मार्केट) मार्केट में अपने सूत्रधार संचालकों के इस कथन को महिन्द्रा एंड महिन्द्रा ने चरितार्थ किया है कि भारतीय इंजीनियर्स वर्ल्ड क्लास मशीनें बना सकते हैं। सन् 1947 में महिन्द्रा एंड महिन्द्रा ने विलीस की असेम्बल जीपों से कारोबार शुरू किया था, पर आज महिन्द्रा एंड महिन्द्रा जीपें दुनिया के कई देशों में बन रही हैं। जीप मार्केट के हर सेक्टर में महिन्द्रा जीपें लोकप्रियता में अव्वल हैं। भारतीय जीप मार्केट में 35 फीसदी मार्केट हिस्सेदारी के साथ महिन्द्रा की हाई टॉप्स, सॉफ्ट टॉप्स, यापिक अप्स–बोलेरो, मार्शल, मैक्स, एम.एम. सवारी, कमांडर, अर्मडा ग्रेड आदि ने टाटा की सूमो, सफारी व मारुति की जिप्सी को अच्छी टक्कर दी है। सन् 2002 में पेश स्कॉर्पियो ने महिन्द्रा एंड महिन्द्रा की वर्षों पुरानी इस छवि को बदल डाला है कि कंपनी ऐसे ग्रामीण वाहन बनाती है, जो वाणिज्यिक प्रयोजन के लिए उपयुक्त हैं या कभी–कभी शहरी लोग मजबूरन इन्हें व्यक्तिगत वाहन के रूप में उपयोग कर लेते हैं। स्कॉर्पियो शहरी परिवारों का पहला स्पोर्टी यूटिलिटी व्हीकल है, जिसे दुनिया के कई मार्केट्स में अच्छा समर्थन मिला। बड़ी दिलचस्प है स्कॉर्पियो की डिजाइनिंग व लांचिंग...

महिन्द्रा स्कॉर्पियो

टाटा मोटर्स की इंडिका ने इक्कीसवीं सदी की शुरुआत में तो 21वीं सदी में महिन्द्रा एंड महिन्द्रा की स्कॉर्पियो ने दुनिया के ऑटोमोबाइल महारथियों को चौंकाया। रतन टाटा की टीम ने स्वदेशी तकनीक से इंडिका विकसित की थी। यही कमाल आनंद महिन्द्रा के टेक्नोक्रेट्स ने स्कॉर्पियो विकसित करके दोहराया। दोनों वाहन आज दुनिया के ऑटोमोबाइल मार्केट में भारत के ऑटो उद्योग का परचम फहरा रहे हैं। कहते हैं कि आनंद महिन्द्रा ने सन् 1996 में एमयूवी के मॉडर्न मॉडल की संकल्पना सँजोई थी। कंपनी ने इसके लिए टेक्नोक्रेट्स की टीम को 600 करोड़ रुपए खर्च करने की अनुमति दी थी। महिन्द्रा ऑटोमोटिव के सीओओ व तत्कालीन प्रोजेक्ट हेड पवन गोयनका की एक टीम ने मार्केट सर्वे किया तो निष्कर्ष निकला कि महिन्द्रा एंड महिन्द्रा से उपभोक्ता ऐसा आरामदेह वाहन चाहते हैं, जो इंटरनेशनल लुक के साथ वाहन मालिक की शान बढ़ाए। लंबे समय तक उनका साथ निभाए। गोयनका की टीम ने लोगों की इस चाह को डिजिटल चित्रों में बदला और सन् 1997 में आनंद महिन्द्रा को संभावित मॉडल का ग्राफिक बताया तो उनकी प्रतिक्रिया थी– 'मैं तो कमांडर के नए लुक की अपेक्षा कर रहा था, पर यह तो अल्ट्रा–मॉडर्न एसयूवी है–This is our future, go ahead.'

आनंद महिन्द्रा के इस प्रोत्साहन के बाद 120 भारतीय टेक्नोक्रेट्स जुट गए। छह साल के अथक श्रम के बाद उन्होंने जो एसयूवी बनाई, उसे देखकर फोर्ड मोटर कंपनी अमेरिका के चेअरमैन इतने प्रभावित हुए कि उन्होंने अपने सीनियर इंजीनियरों की टीम भारत भेजी। स्कॉर्पियो मार्केट में आई तो उसने टोयोटा-किर्लोस्कर की क्वालिस द्वारा विकसित एसयूवी मार्केट में नई हलचल पैदा की। इसके साथ महिन्द्रा एंड महिन्द्रा की यूटिलिटी व्हीकल सेगमेंट में मार्केट हिस्सेदारी करीब दोगुना हो गई। स्वदेशी मार्केट से मिले समर्थन से उत्साहित आनंद महिन्द्रा ने स्कॉर्पियो को विश्व मार्केट में पहुँचाने की रणनीति बनाई। यूरोपियन मार्केट के लिए कंपनी ने इटली के यूरासिया मोटर्स से अनुबंध किया है। इसके तहत भारत से महिन्द्रा एंड महिन्द्रा स्कॉर्पियो व बोलेरो के एसकेडी किड्स भेजती है, जिनकी वहाँ असेम्बलिंग होती है। जिओर्जिया में बोलेरो रेंज वाहनों के लिए कंपनी की मैन्यूफैक्चरिंग इकाई है। आनंद महिन्द्रा ने अमेरिका, इटली, स्पेन, फ्रांस में भी स्कॉर्पियो पहुँचाई दी है। इन देशों में एसयूवी बेहद लोकप्रिय है, जबकि हमारे यहाँ इसे परिवार की सेकंड कार का दर्जा हासिल है। केशुब महिन्द्रा के अनुसार-इन-हाउस विकसित स्कॉर्पियो ने हमारा मनोबल बढ़ाया है। टाटा की 'इंडिका' व महिन्द्रा की 'स्कॉर्पियो' विश्व को संकेत है कि वर्ल्ड क्लास इंजीनियरिंग कुशलता भारत में भी मौजूद है। जो उद्योगपति भारतीय टेक्नोक्रेट्स पर दाँव लगाते हैं, वे पैसा व प्रतिष्ठा दोनों पाते हैं। स्कॉर्पियो की सफलता से उत्साहित महिन्द्रा एंड महिन्द्रा ने बिलकुल नए प्लेटफॉर्म पर एक और स्पोर्ट्स यूटिलिटी व्हीकल (एसयूवी) डिजाइन की है। 43 नए फीचर्स की नई स्कॉर्पियो एसयूवी मार्केट में नई उत्तेजना पैदा कर रही है। स्कॉर्पियो को रूस, चीन, दक्षिण अफ्रीका व ब्राजील भेजने की घोषणा करते हुए आनंद महिन्द्रा ने कहा है कि दुनिया के एसयूवी मार्केट में प्रतिष्ठाजनक स्थान जुटाना हमारा लक्ष्य है। हम आगामी दो-तीन सालों में कुल उत्पादन का 20 फीसदी विदेशी मार्केट में बेचने लगेंगे।

ट्रैक्टर उद्योग में महिन्द्रा एंड महिन्द्रा

ट्रैक्टर मार्केट के लीडर की हैसियत से महिन्द्रा एंड महिन्द्रा ग्रामीण अंचल की खुशहाली के लिए विगत बीस सालों से जो कार्य कर रहा था, वह अब समूह का विश्वव्यापी कारोबार बन चुका है। इस उद्योग में महिन्द्रा एंड महिन्द्रा ने सबसे पहले इंटरनेशनल ट्रैक्टर्स को अधिगृहीत किया और फिर पंजाब ट्रैक्टर्स। चीन में ट्रैक्टर संयंत्र पर कब्जा करने का साहस दर्शाया। महिन्द्रा एंड महिन्द्रा के स्टेट-ऑफ-द-आर्ट ट्रैक्टर्स संयंत्र आज औसतन 70 से 80 फीसदी उत्पादकता (ट्रैक्टर उद्योग का औसत 60 फीसदी) का दोहन कर रहे हैं। समूह के तीन लोकप्रिय ट्रैक्टर्स ब्रांड-भूमिपुत्र (किफायती), सरपंच (सामान्य मूल्य रेंज) व अर्जुन (प्रीमियम) 35 से 40 फीसदी मार्केट शेयर के साथ मार्केट लीडर हैं। आनंद महिन्द्रा की इससे बड़ी उपलब्धि है-महिन्द्रा एंड महिन्द्रा को दुनिया की अग्रणी ट्रैक्टर निर्माता कंपनी बनाना। यही नहीं, सन् 2003 में जापान का डेमिंग एप्लिकेशन प्राइज (दुनिया के मैन्यूफैक्चरिंग क्षेत्र में गुणवत्ता के लिए नोबेल प्राइज के समकक्ष) जुटाकर आनंद महिन्द्रा ने विश्व स्तर पर महिन्द्रा ट्रैक्टर्स की साख नई ऊँचाई पर पहुँचाई है। ट्रैक्टर के लिए यह अवार्ड पाने वाली दुनिया की पहली कंपनी है महिन्द्रा एंड

महिन्द्रा। महिन्द्रा एंड महिन्द्रा सन् 1989 से अमेरिका जैसे विकसित देश में असेम्बल ट्रैक्टर्स भी बेच रहा है तो वहाँ और यूरोप में समूह ने भी अधिग्रहण किए और मार्केटिंग नेटवर्क स्थापित किया है। सन् 1994 में समूह ने इस कारोबार को बढ़ाने के लिए एक सहायक कंपनी 'महिन्द्रा यूएसए' का गठन किया था। अमेरिका में समूह के दो ट्रैक्टर्स असेम्बलिंग प्लांट हैं। स्पेन में समूह एक स्थानीय वितरक के जरिये कम हॉर्सपॉवर के ट्रैक्टर्स बेच रहा है। दक्षिण अफ्रीका, श्रीलंका, बांग्लादेश, नेपाल, जिम्बाब्वे व कई यूरोपीय देशों में भी महिन्द्रा ट्रैक्टर्स लोकप्रिय हैं। अमेरिका में महिन्द्रा के ट्रैक्टर्स बिना फ्रिल्स यूटिलिटी व्हीकल के रूप में प्रतिस्पर्धी मूल्य के कारण बेहद लोकप्रिय हैं। आनंद महिन्द्रा की तदनुसार सबसे बड़ी उपलब्धि है–'मेड इन इंडिया' टेग ब्रांड को सारी दुनिया में स्थापित करना, वह भी ऑटोमोटिव उद्योग के कठिन मार्केट में।

मॉस मार्केट में

महिन्द्रा एंड महिन्द्रा ने फोर्ड कंपनी के साथ भारत में कार बनाना चाहा था, पर ऐसा नहीं हुआ। सन् 2005 में आनंद महिन्द्रा ने फ्रांस की रेनाल्ट के साथ नासिक में कार मैन्यूफैक्चरिंग संयंत्र स्थापित किया और भारतीय मार्केट में लोगन लांच की तो ट्रक व बस बनाने के लिए इंटरनेशनल ट्रक के साथ संयुक्त वेंचर स्थापित किया है।

जीप, ट्रक, एसयूपी, एमयूवी, पैसेंजर कार, ट्रक व बस उत्पादन के बाद ऑटोमोटिव सेक्टर का मॉस मार्केट है दोपहिया वाहन। इसके लिए आनंद महिन्द्रा ने फिरोदियाज के काइनेटिक ब्रांड के साथ मैन्यूफैक्चरिंग प्लांट और डिस्ट्रिब्यूशन नेटवर्क को अधिगृहीत किया है। इस सौदे के बाद काइनेटिक मोटर कंपनी की सुलज्जा फिरोदिया मोटवानी ने कहा है कि आज देश में पूरी निष्ठा व गंभीरता के साथ कोई दोपहिया वाहन बनाकर स्थापित कंपनियों का मुकाबला कर सकता है तो वह है महिन्द्रा एंड महिन्द्रा। यह समूह ऑटोमोटिव सेक्टर का अनुभवी खिलाड़ी है।

आईटी सेक्टर

इन्फोसिस के नारायण मूर्ति और विप्रो के अजीम प्रेमजी की तरह 1980 के दशक में केशुब महिन्द्रा ने भी समझ लिया था कि भारतीय टेक्नोक्रेट्स दुनिया के आईटी उद्योग में देश का परचम फहरा सकते हैं। उन्हें चाहिए बस मंच और नेतृत्व। सन् 1988–89 में इसलिए उन्होंने आईटी सेक्टर में प्रवेश कर लिया था। ब्रिटिश टेलीकॉम तब भारत में सॉफ्टवेयर आउटसोर्सिंग प्रोवाइडर खोज रही थी और भारत में संयुक्त वेंचर लगाना चाहती थी। केशुब महिन्द्रा ने यह जानते हुए भी कि आईटी में महिन्द्रा एंड महिन्द्रा की दखल नहीं है, ब्रिटिश टेलीकॉम के साथ महिन्द्रा बीटी का गठन किया। सन् 1989 में इस कंपनी ने बॉडी शॉपिंग से कारोबार शुरू किया और पहले साल मात्र तीन करोड़ रुपए का कारोबार जुटाया। महिन्द्रा बीटी ने टेलीकॉम एप्लिकेशंस पर फोकस किया जो तब देश में तेजी से बढ़ता उद्योग क्षेत्र था। केशुब महिन्द्रा के कार्यकाल में आईटी उद्योग में महिन्द्रा एंड महिन्द्रा धीमी गति से आगे बढ़ा, जिसे आनंद महिन्द्रा ने गति प्रदान की। इस दिशा में उनकी पहली बड़ी पहल थी कैलिफोर्निया की टेक्नोलॉजी कंसल्टेंसी व सर्विसेस कंपनी

ब्रिस्टलान का अधिग्रहण जो अमेरिका में परिधान, फुटवेयर्स, सेमी कंडक्टर, कंज्यूमर गुड्स के सॉफ्टवेयर के लिए मशहूर है। देश के आईटी उद्योग में महिन्द्रा का पिछड़ना आनंद महिन्द्रा को खलता था, पर वे जानते थे कि नई आईटी कंपनी का गठन समय-साध्य है तो ऐसे वेंचर को स्थापित करने के लिए चाहिए ऐसी टीम जो ग्लोबल क्लाइंट्स के साथ उनके अंदाज में व्यापार-व्यवहार कर सके। आनंद महिन्द्रा को यह मौका मिला, पर जोखिमयुक्त।

प्रमोटर्स के आर्थिक घोटाले के बाद भारत सरकार ने सत्यम की नियंत्रक होल्डिंग्स बेचने का निर्णय लिया। दावेदार तो कई थे। सत्यम के अकाउंट्स की जाँच-पड़ताल हो रही थी। विदेशी ग्राहक ऊहापोह में थे कि वे सत्यम कम्प्यूटर के साथ आगे व्यापार-व्यवहार जारी रखें या नहीं। सत्यम कम्प्यूटर को खरीदने के इच्छुक उद्योग समूह को भी पता नहीं था कि वे जब कंपनी के बोर्ड रूम में पहुँचेंगे तो उन्हें वहाँ किस-किसका सामना करना पड़ेगा। सत्यम की दुर्दशा की मिसाल है पाँच सौ रुपए मूल्य रेंज के शेयर मूल्य का घोटाला उजागर होने के बाद मात्र छह रुपए हो जाना।

आनंद महिन्द्रा ने ऐसे हालात में जब घोषणा की कि महिन्द्रा टेक सत्यम कम्प्यूटर की नियंत्रक होल्डिंग्स की प्रतिस्पर्धी बोली लगाएगी तो उद्योग जगत चौंक उठा। टैक महिन्द्रा के आकार से कई गुना बड़ी थी सत्यम कम्प्यूटर्स पर आनंद महिन्द्रा को विश्वास था कि उनके पास ऐसी टीम है, जो सत्यम के जूनियर एक्जीक्यूटिव्स की मदद से कंपनी को सही ट्रैक पर लौटा लाएगी। आनंद महिन्द्रा ने टैक महिन्द्रा के वाइस चेअरमैन व सीईओ विनीत नय्यर को मोर्चा सँभालने को कहा। टैक महिन्द्रा ने 2900 करोड़ रुपए निवेश करके सत्यम को अधिगृहीत किया और लहूलुहान कंपनी की मरहम-पट्टी शुरू की। सत्यम कम्प्यूटर के हालात सुधरने लगे हैं। इसके साथ टेलीकॉम सेक्टर में सक्रिय टेक महिन्द्रा देश की चौथी सबसे पहली आईटी कंपनी हो गई, जिसकी अब ऑटोमोबाइल्स, एयर सर्विसेस, हेल्थ केयर व आईटी सेक्टर में दखलअंदाजी है। टैक महिन्द्रा को इस अधिग्रहण के साथ 500 से ज्यादा देशी-विदेशी क्लाइंट्स व कई सॉफ्टवेयर डेवलपमेंट सेंटर्स भी मिले हैं। इस दौरान आनंद महिन्द्रा स्वयं सत्यम कम्प्यूटर के ग्लोबल क्लाइंट्स से मिले और उन्हें समझाया कि प्रमोटर्स के कुकर्मों के लिए वे कंपनी को दंडित न करें। उन्होंने सरकार को भी विश्वास दिलाया कि सत्यम कम्प्यूटर्स के 40 हजार टेक्नोक्रेट्स के साथ भी न्याय होगा। यह ऐसा साहसी अधिग्रहण है जो ऐसे उद्यमी के ही बूते की बात है, जो दुर्दिनों में धैर्य नहीं छोड़े और अच्छे दिनों में बौराए नहीं।

इन्फ्रास्ट्रक्चर व एग्रीकल्चर सेक्टर में

महिन्द्रा एंड महिन्द्रा की इन्फ्रास्ट्रक्चर की कंपनी है महिन्द्रा गेस्को, जो उद्योगों के लिए कई बुनियादी सुविधाएँ विकसित कर रही है। इनमें उल्लेखनीय है चेन्नई में 1200 एकड़ भूखंड पर एसईजेड एवं जयपुर व पुणे में बायो एसईजेड प्रोजेक्ट्स के अलावा तमिलनाडु औद्योगिक विकास निगम के साथ बिजनेस पार्क महिन्द्रा सिटी। महिन्द्रा एंड महिन्द्रा का अचल सम्पदा व रिसोर्ट्स (महिन्द्रा हॉलिडेज एंड रिसोर्ट्स) सेवा क्षेत्र में भी दखल है। एडवेंचर्स के शौकीन

आनंद महिन्द्रा ने लक्जरी बोट मार्केट में भी प्रवेश किया है। समूह की महिन्द्रा ओडिसी ने सन् 2008 में मुंबई इंटरनेशनल बोट शो में दो फायबर ग्लास पावर बोट्स (33 व 22 फीट) समुद्र में उतारे और इसके साथ पहली बार देश के किसी अग्रणी औद्योगिक समूह ने लीजर बोटिंग इंडस्ट्री में इंट्री ली। महिन्द्रा एंड महिन्द्रा फाइनेंस लिमिटेड ऐसी ग्रुप कंपनी है, जिसकी ताकत दिखाई नहीं देती। इसका प्रमुख कार्यक्षेत्र ग्रामीण अंचल है। इसकी तीन सौ से ज्यादा शाखाओं ने ग्रामीणों खासकर ट्रैक्टर खरीदने वाले किसानों को करोड़ों रुपए का ऋण वितरित किया है। कंपनी महिन्द्रा एंड महिन्द्रा के अन्य वाहनों के लिए भी कर्ज प्रदान करती है। श्रीलंका, नेपाल, बांग्लादेश, भूटान तक इस कंपनी का कारोबार फैला हुआ है। महिन्द्रा शुभ-लाभ के बैनर तले समूह पंजाब के कांट्रेक्ट फार्मिंग अभियान में भागीदार है। महिन्द्रा एंड महिन्द्रा के चेअरमैन केशुब महिन्द्रा का मानना है कि कृषि पर आधारित देश की अर्थव्यवस्था तब तक मजबूत नहीं होगी, जब तक किसानों की आय नहीं बढ़ेगी, वे खुशहाल नहीं होंगे।

आनंद महिन्द्रा की एक और उपलब्धि है- आरएनडी सेंटर, जिसे उन्होंने ड्रेट्राइट में क्रिसलर्स की आरएनडी सुविधा को प्रत्यक्ष देखने-समझने के बाद स्थापित करवाया है। महिन्द्रा सिस्टम एंड ऑटोमोटिव टेक्नोलॉजी ने मैन्यूफैक्चरिंग सेंटर को कई सौगातें दी हैं, जैसे-इलेक्ट्रिक चलित तिपहिया वाहन, दस सीटर कमांडर जीप, बोलेरो और स्कॉर्पियो। महिन्द्रा एंड महिन्द्रा की आर. एंड डी. टीम का कमाल है-सन् 1980 में ट्रैक्टरों के लिए डायरेक्ट इंजेक्शन इंजन, जो मशीन को ठंड में भी आसानी से स्टार्ट कर देते हैं। ऐसी ही देशी तकनीकों (चाहे तो कहें जुगाड़) ने महिन्द्रा एंड महिन्द्रा को कई क्षेत्रों का लीडर बनाया है। यही नहीं, जे-एयरो स्टाफ ऑस्ट्रेलिया और गिप्सलैंड एयरोनॉटिक्स को अधिगृहीत करके महिन्द्रा एंड महिन्द्रा समूह विमान बनाने की तैयारी कर रहा है। 118 कम्पनियों का यह विशाल समूह प्रतिरक्षा उपकरणों से लेकर डिजाइन स्टूडियो पहले ही बना रहा है। वस्तुत: आनन्द महिन्द्रा का लक्ष्य है-63 वर्ष पुराने महिन्द्रा एंड महिन्द्रा को मल्टी प्रोडेक्ट्स संगठन व औद्योगिक समूह बनाना। आटोमोटिव सेक्टर में एम एंड एम को धरती आकाश व समुद्र में चढ़ने वाले वालों वाहन निर्माता बनाना चाहते है।

महिन्द्रा एंड महिन्द्रा के वाइस चेअरमैन व मैनेजिंग डायरेक्टर आनंद महिन्द्रा के अनुसार-भारत उन ऐसे गिने-चुने देशों में एक है, जहाँ देशी उद्योग उपभोक्ताओं में गर्व का अहसास करवाने के बजाय संदेह का भाव जगाते हैं। वे कहते हैं-'आजादी के बाद कई वर्षों तक भारतीय उद्योगपतियों पर विदेशी कंपनियों के स्वामित्व पर प्रतिबंध था। आर्थिक सुधार की प्रक्रिया शुरू नहीं हुई थी, क्योंकि उसे आर्थिक साम्राज्यवाद की वापसी माना गया था। संसाधनों के संरक्षण के नाम पर देश में प्रतिस्पर्धा पर रोक लगी रही। ऐसे कुतर्कों के कारण भारतीय उपभोक्ता ऐसी अर्थव्यवस्था में जीने को विवश थे, जहाँ उत्पादों की तंगी थी या उपलब्ध उत्पाद घटिया किस्म के थे। इस तरह भारतीय उपभोक्ताओं का वर्षों तक शोषण हुआ है। अब मार्केट में हर उत्पाद के इतने विकल्प उपलब्ध हैं कि उपभोक्ता यह सोचने की जहमत नहीं उठाता कि उत्पाद देशी कंपनी ने बनाया है या किसी और ने...। अब वही असली भारतीय कंपनी है, जो उपभोक्ताओं की

आकांक्षाएँ पूरी करे, देश के लिए दौलत कमाए व रोजगार पैदा करे।' इस लक्ष्य प्राप्ति के लिए आनन्द महिन्द्रा ने सन् 1998 में ग्रुप प्रबंधन हेतु 'वार-रूम' संकल्पना लागू की। तदनुसार समूह की सारी कंपनियों के उच्चपदेन कार्यकारी प्रबंधन माह में एक बार इकट्ठा होते हैं। आनंद महिन्द्रा के अनुसार-'It is a sort of confessional.' इसका परिणाम है कि माह में एक दिन सब लोग अपनी समस्या के साथ मुझसे मिलते हैं ताकि शेष 29 दिन उन्हें मेरे पास नहीं आना पड़े।

सीआईआई के पूर्व अध्यक्ष आनंद महिन्द्रा के ऐसे बेबाक विचार ही उन्हें न्यू जनरेशन युवा उद्यमियों का प्रतिनिधि बनाते हैं। प्रगतिशील और कार्यप्रणाली के लिए आनंद महिन्द्रा कई राष्ट्रीय-अंतरराष्ट्रीय अवाड्र्स से नवाजे गए हैं, जैसे-फ्रेंच रिपब्लिक का नाइट ऑफ द मेरिट और अमेरिकन इंडिया फाउंडेशन का लीडरशिप अवार्ड (2005)। वे हार्वर्ड यूनिवर्सिटी के एशिया सेंटर के सलाहकार हैं तो हार्वर्ड बिजनेस स्कूल की कॉरपोरेट गवर्नेंस काउंसिल के मनोनीत सदस्य भी। इंटरनेशनल काउंसिल ऑफ एशिया सोसाइटी न्यूयॉर्क और यूरो इंडिया सेंटर के सह-अध्यक्ष आनंद महिन्द्रा मुंबई फेस्टिवल के भी संस्थापक चेअरमैन हैं। इन सबमें उल्लेखनीय है हार्वर्ड बिजनेस स्कूल एल्युमिनी अचीवमेंट अवार्ड ऑफ लीडरशिप (2008)। अपने गुरुजन से सम्मान प्राप्त करते समय इस समारोह में उन्हें बधाई देने पहुँचे थे ग्लोबल बिजनेस ब्रेन-बिल गेट्स, रोनाल्ड कोहेन (चेअरमैन पोर्टलैंड कैपिटल एंड ट्रस्ट) के अलावा हार्वर्ड बिजनेस स्कूल के डीन जे. लाइट और पूर्व अमेरिकन ट्रेजरी सेक्रेटरी लेरी समर्स। यह गौरवशाली सम्मान प्राप्त करते समय भी आनंद महिन्द्रा अपने देश को नहीं भूले। उन्होंने कहा-सन् 2009 के वैश्विक वित्तीय संकट का बॉय प्रोडक्ट है-'भारत जैसे तेजी से आगे बढ़ते देशों में बढ़ता आत्मविश्वास।' अभी तक वैश्विक उद्योग जगत में भारत की पहचान थे लक्ष्मी मित्तल और नारायण मूर्ति पर अब कई नए चेहरे आगे आए हैं, जो इस बात की मिसाल है कि अपने दमखम पर ग्लोबल इकोनॉमी में मजबूती से खड़े हो सकते हैं।

महिन्द्रा एंड महिन्द्रा के पूर्व प्रबंध निदेशक आर.के. पीताम्बर सही कहते हैं-

Anand is not one to demand attention. He commands it.

बड़े दिलचस्प व्यक्तित्व के धनी हैं आनंद महिन्द्रा। युवावस्था में जे.जे. स्कूल ऑफ आर्किटेक्चर से वे आर्किटेक्ट की डिग्री लेना चाहते थे, पर हार्वर्ड बिजनेस स्कूल पहुँच गए और एमबीए की डिग्री लेकर लौटे। संगीत व आर्ट्स उनके शौक हैं तो वे खूब लिखते-पढ़ते भी हैं। समुद्र की लंबी सैर के ऐसे शौकीन हैं कि सन् 2005 में फूकैत से वे एक लंबी व लक्जरी नौका खरीद लाए। उनकी पत्नी अनु महिन्द्रा भी क्रिएटिव हैं। इस दम्पत्ति की दो संतानें हैं और दोनों ही पुत्रियाँ हैं-दिव्या व अलीका। आनंद महिन्द्रा की पत्नी अनु महिन्द्रा महिलाओं की पत्रिका 'वर्वे' की प्रकाशक-संपादक हैं, जिसने सन् 2006 में दसवीं वर्षगाँठ मनाई है। विदेशों में भी लोकप्रिय इस पत्रिका के 80 हजार पाठक हैं। अनु महिन्द्रा के अनुसार-डिजाइनर्स व फोटोग्राफ्स की शोकेस है-वर्वे, जिसने देशी-विदेशी ब्रांड के बीच की दूरी घटाई है। अनु महिन्द्रा दो अन्य प्रकाशनों 'इंटेरियर्स एंड लाइफ स्टाइल इंडिया' और 'मेन्स वर्ल्ड' की भी देखरेख करती हैं।

निर्धन परिवारों की लड़कियों को शिक्षित व स्वावलंबी बनाने में उनकी विशेष रुचि है।

पूना में महिन्द्रा एंड महिन्द्रा ने महिन्द्रा यूनाइटेड वर्ल्ड कॉलेज ऑफ इंडिया स्थापित किया है।68 एकड़ के भूखंड पर निर्मित इस स्कूल के लिए आनंद महिन्द्रा ने 33 करोड़ रुपए खर्च किए हैं। वे इसे स्कॉलरशिप आधारित स्वावलंबी शैक्षणिक संस्था बनाना चाहते हैं। शिक्षा, स्वावलंबन व आत्मविश्वास केशुब महिन्द्रा व आनंद महिन्द्रा के वे गुण-धर्म हैं, जो उन्होंने ग्रुप को भी आत्मसात् करवा दिए हैं। यही कारण है कि 90 के दशक के दुर्दिनों से उबरकर महिन्द्रा एंड महिन्द्रा आज भी युवा है। इसका श्रेय आकर्षक व्यक्तित्व के धनी आनंद महिन्द्रा को है, जिनसे एक शेयरधारक ने एक बार मजाकिया अंदाज में कहा था–'सर, जब आप हमारे पास हैं तो हम मॉडलिंग के लिए शाहरुख या ऋतिक पर पैसा क्यों खर्च करते हैं।'

लोकल से ग्लोबल
इंडियन कॉरपोरेट्स

06

हमारा बजाज

राहुल व संजीव बजाज

रोटी, कपड़ा, मकान, शिक्षा और स्वास्थ्य के बाद हमारे देश के मध्यमवर्गीय परिवार की पहली चाहत होती है अपना वाहन। आज तो आसान फाइनेंस के कारण मोटरकार भी दुर्लभ नहीं है, पर दोपहिया वाहन मिल जाए तो अधिकांश भारतीय यह संतोष जुटा लेते हैं कि परिवार का अपना वाहन है। देश की बहुसंख्यक आबादी को पेट्रोल चलित वाहन का यह सुख देने का श्रेय बजाज ऑटो को है। बजाज ऑटो के कारण ही हमें दुनिया में कभी एक नया नाम मिला था–'स्कूटरवाला'। दुनिया में कम से कम लागत में स्कूटर बनाने व बेचने का करिश्मा भी किया है बजाज ऑटो ने। यही नहीं, बजाज स्कूटर तीन दशक तक दुनिया का अकेला ऐसा उत्पाद रहा है, जिसकी लोगों ने 15 से 20 साल तक प्रतीक्षा की है। अपने विवाह के समय 'बुक' किया स्कूटर बेटी को दहेज में दिया। कई लोगों ने तो बजाज स्कूटर्स के केवल बुकिंग नंबर्स बेचकर लाखों रुपए मूल्य के घर बना लिये। उस दौर में बजाज ऑटो भी खूब फली–फूली। कम्पनी की नेटवर्थ (हैसियत) पाँच लाख रुपए (प्रारंभिक वर्ष में) से बढ़कर 50 बिलियन रुपए (वित्त वर्ष - 2003) हो गई। अरबों रुपए की रिजर्व नकद पूँजी के साथ बजाज समूह कॉरपोरेट–वर्ल्ड का बड़ा साहूकार बन गया।

स्व. जमनालाल बजाज

आजादी के बाद देश की अर्थव्यवस्था के साथ कदमताल करते हुए बजाज समूह ने ये गौरव जुटाए हैं। इसका श्रेय समूह के संस्थापक स्व. जमनालाल बजाज के पौत्र राहुल बजाज को है। जमनालाल बजाज (1889–1942) अपने युग के ऐसे यशस्वी उद्योगपति थे, जिन्होंने अपने कालखंड में देश की अर्थनीति ही नहीं, राजनीति को भी

प्रभावित किया। आजादी की लड़ाई के दौरान वे महात्मा गाँधी के 'भामाशाह' थे। बापू उन्हें अपना दत्तक-पुत्र कहते थे। अपने दादा की तर्ज पर आजादी के बाद बदले परिवेश में 'पद्मभूषण' से सम्मानित राहुल बजाज (जन्म-1938) ने भी अपने युग की अर्थव्यवस्था को प्रभावित किया है। विगत दो दशक से वे भारतीय उद्योग जगत के अघोषित, पर ऐसे सर्वमान्य प्रवक्ता हैं कि दुनिया उन्हें भारतीय उद्योग जगत का 'मैदानी प्रतिनिधि' मानती है।

इसका आशय यह नहीं है कि राहुल बजाज के लिए सब दिन समान रहे हैं। बचपन में क्लास से निकाले जाने पर अपने टीचर को 'You just can`t bit a Bajaj' कहने वाले राहुल बजाज को न्यू-मिलेनियम में दोपहिया वाहन मार्केट का ताज उतारना पड़ा। इसके अलावा परिवार के विभाजन (अपने अनुज शिशिर बजाज के साथ विभाजन) जैसे अप्रिय प्रसंग की चर्चा हो तो राहुल बजाज बेबस व असहज दिखाई पड़ते हैं। ऐसे दबंग शख्स जिसने साठ के दशक में फिरोदिया परिवार (बजाज टेम्पो) से लंबी लड़ाई लड़कर बजाज ऑटो का नियंत्रण पाया तो 90 के दशक में विश्व के ऑटो महारथी पिआज्यो को उसके अपने देश अमेरिका की अदालत में नाको चने चबवाए। मितव्ययी पर जिद्दी राहुल बजाज ने इस विदेशी मुकदमेबाजी पर उस जमाने में दस लाख डॉलर खर्च किए थे और पिआज्यो को अदालत के बाहर घुटने टेकने (समझौता) को विवश कर दिया था।

स्व. जमनालाल बजाज से राहुल बजाज तक बजाज परिवार की वाणिज्यिक यात्रा सन् 1926 में शुरू हुई थी। जमनालाल बजाज ने ट्रेडिंग करने हेतु उन्हें गोद लेने वाले सेठ बछराज के नाम से एक फर्म 'बछराज एंड कंपनी' का गठन किया था। जमनालाल बजाज सन् 1931 में ट्रेडर्स से उद्योगपति भी बन गए, पर बाद में महात्मा गाँधी के शिष्य बनकर देश की आजादी के संघर्ष में ऐसे कूदे कि उनके लिए सार्वजनिक व सामाजिक सक्रियता सर्वोपरि हो गई और उद्योग-व्यापार गौण। सन् 1942 में 53 वर्ष की अल्पायु में आजादी का स्वप्न सँजोए देश के समाजसेवी उद्योगपति जमनालाल बजाज का निधन हो गया। जमनालाल बजाज के दामाद रामेश्वर नेवटिया (पुत्री कमला के पति) तथा दो पुत्र-कमलनयन बजाज (सन् 1915-1972) तथा रामकृष्ण बजाज (1923-1994) ने आजादी के बाद नई पीढ़ी के सक्रिय होने तक बजाज परिवार का कारोबार सँभाला। कमलनयन बजाज के पुत्र हैं-राहुल और शिशिर। राजीव व संजीव राहुल बजाज के पुत्र हैं। कुशाग्र बजाज (हिंदुस्तान बजाज) शिशिर बजाज के पुत्र हैं। शेखर, मधुर और नीरज रामकृष्ण बजाज के पुत्र हैं। बजाज परिवार की इस पीढ़ी को क्रॉस-हाल्डिंग के साथ विरासत में 27 कम्पनियाँ मिलीं, जिनमें सिरमौर हैं-बजाज ऑटो, बजाज इलेक्ट्रिकल्स और बजाज हिंदुस्तान।

राहुल बजाज

सन् 1945 में बछराज एंड कंपनी ने ही बछराज ट्रेडिंग कॉरपोरेशन की स्थापना की थी, जिसने सन् 1948 में आयातित कम्पोनेंट्स (पार्ट्स) से असेम्बल्ड दोपहिया व तिपहिया वाहन लांच किए। पहला बजाज वेस्पा गुड़गाँव के एक गैरेज शेड में जन्मा था। इसके बाद कुर्ला में कंपनी ने

मैन्यूफैक्चरिंग प्लांट लगाया, जो बाद में अकुर्डी शिफ्ट किया गया। यहाँ दोपहिया वाहन व तिपहिया वाहन बनाने के लिए बजाज ऑटो व बजाज टेम्पो के अलग-अलग प्लांट्स स्थापित किए गए हैं। सन् 1960 में कम्पनी का नया नामकरण हुआ 'बजाज ऑटो'। कम मूल्य व कम रखरखाव के साथ छोटे परिवार व छोटे ट्रेडर्स के लिए बेहद उपयुक्त होने से बजाज के वेस्पा स्कूटर अल्पावधि में ही घर-घर में लोकप्रिय हो गए। हार्वर्ड बिजनेस स्कूल के मैनेजमेंट ग्रेज्युएट राहुल बजाज सन् 1964-65 में बजाज ऑटो से जुड़े तो कम्पनी को युवा जोश व नई ऊर्जा के साथ एक साहसी नेतृत्व भी मिला। उन दिनों वे नवल के. फिरोदिया को रिपोर्ट करते थे, जो बजाज ऑटो के सीईओ एवं बजाज टेम्पो के मैनेजिंग डायरेक्टर थे। फिरोदिया बंधु-नवल के. फिरोदिया व एच.के. फिरोदिया ने स्कूटर तकनीक के लिए पिआज्यो के साथ गठबंधन करवाने और तिपहिया वाहन बनाने के लिए जर्मन तकनीक प्राप्त करने में अहम भूमिका निभाई थी। मैनेजमेंट में उनके योगदान को राहुल बजाज आज भी सराहते हैं, पर किसी के अधीन काम करना राहुल बजाज का स्वभाव नहीं है। परिणाम! सितम्बर 1968 में बजाज व फिरोदिया परिवार में कारोबार का विभाजन हुआ तो राहुल बजाज ने कंपनी-नियंत्रण के लिए लम्बी लड़ाई लड़ी। फिरोदिया को बेमन से बजाज टेम्पो से संतोष करना पड़ा। इसके बाद बजाज परिवार की तत्कालीन वरिष्ठ पीढ़ी ने राहुल बजाज को बजाज ऑटो की स्वतंत्र बागडोर सौंप दी। बजाज ऑटो के चेअरमैन व मैनेजिंग डायरेक्टर की हैसियत से राहुल बजाज का नब्बे के दशक तक दोपहिया व तिपहिया वाहन मार्केट पर लगभग एकाधिकार रहा। हालाँकि, कहने के लिए उनके प्रतिस्पर्धी थे- एस्कॉर्ट, एनफील्ड, एपीआई, एलएमएल व काइनेटिक। करीब आधा दर्जन प्रतिस्पर्धियों को तब दोपहिया वाहन मार्केट के अधिकतम 25 फीसदी व तिपहिया मार्केट के 10 फीसदी हिस्से से गुजर-बसर करना पड़ा था, शेष 'हमारा बजाज' ने लॉक कर रखा था।

जमनालाल बजाज

राहुल बजाज

एकाधिकार के इस दौर में राहुल बजाज को दो मोर्चे पर जूझना पड़ा। सन् 1979 में बजाज ऑटो के अकुर्डी प्लांट्स पर श्रमिकों ने हड़ताल की जो हिंसक हो गई। तीन श्रमिक मारे गए। चालीस पुलिसकर्मी घायल हुए। राहुल बजाज का आवास प्लांट्स परिसर में ही है। रूपा बजाज (राहुल बजाज की धर्मपत्नी, जो विवाह पूर्व महाराष्ट्रीयन ब्यूटी क्वीन रूपा गोलप थीं) ने श्रमिक अशांति के दौर में पति का हौसला बढ़ाया। वे अपने पुत्र-पुत्री-राजीव, संजीव व सुनयना (केजरीवाले) के साथ प्लांट परिसर में ही डटी रहीं। मुंबई शिफ्ट होने की मित्र-परिजनों की सलाह पति-पत्नी ने यह कहकर नकार दी कि यह पलायन होगा।

दूसरा मोर्चा था-सरकार का उत्पादन पर नियंत्रण। इन दिनों एक साक्षात्कार में राहुल बजाज ने कहा था कि मेरे पूर्वज आजादी के लिए जेल गए थे। मैं क्षमता व माँग के बावजूद उत्पादन न करने देने की सरकारी नीति के विरुद्ध जेल जाने को तैयार था। मजेदार बात यह है कि जनता

पार्टी के शासनकाल में तत्कालीन उद्योग मंत्री जॉर्ज फर्नांडीस ने छूट दी तो सन् 1977–79 में बजाज ऑटो ने 1.60 लाख स्कूटर बनाए। सन् 1982 में दूसरी बार राजीव गाँधी के कारण राहुल बजाज को ज्यादा स्कूटर बनाने की अनुमति मिली। वे कहते हैं कि संजय गाँधी के निधन के बाद इंदिराजी राजीव गाँधी से सलाह लेने लगी थीं। राजीव गाँधी औद्योगिक लाइसेंस सिस्टम तो बंद नहीं कर पाए, पर उन्होंने उदारता से कई उद्योगपतियों को कई लाइसेंस दिए। हमें 3 लाख क्षमता का प्लांट लगाने की अनुमति मिली। बजाज ऑटो के बलूज स्थित नए संयंत्र का तत्कालीन राष्ट्रपति ज्ञानी जैलसिंह ने नवम्बर, 1985 में शुभारम्भ किया। राजीव गाँधी प्रधानमंत्री बने तो बजाज ऑटो को 10 लाख स्कूटर बनाने की अनुमति मिली। राहुल बजाज की प्रबंधकीय कुशलता व मितव्ययिता का सुफल है कि बजाज वेस्पा अपने प्रतिस्पर्धियों से 20 फीसदी सस्ते होने के बावजूद 20 फीसदी मुनाफा अर्जन करते थे। स्कूटर मार्केट में बजाज ऑटो ने ऐसा वर्चस्व स्थापित किया कि ग्राहक डिलीवरी के लिए लम्बी प्रतीक्षा करते थे या पुराना बजाज वेस्पा दूसरी कंपनी के नए स्कूटर से ज्यादा मूल्य देकर खरीदना पसंद करते थे।

सन् 1993 के बाद स्थितियाँ बदलने लगीं। उन दिनों दुनिया के तीन देश–भारत, इटली व ताइवान में ही स्कूटर मार्केट था। अन्य देशों में दोपहिया वाहन के रूप में बाइक का चलन था। भारत में भी स्कूटर के बजाय लोगों का रुझान मोटरसाइकिल की ओर बढ़ने लगा। इसके तीन प्रमुख कारण थे। एक, पेट्रोल के मूल्य आसमान छूने लगे थे। दूसरे, होंडा जापान के सहयोग से हीरो समूह ने ऐसी मोटरसाइकिल लांच की, जो एक लीटर में 80–90 किलोमीटर (स्कूटर से दोगुना) दौड़े और तीसरे, 16 प्रतिशत ड्यूटी के युक्तिसंगत किए जाने से स्कूटर व मोटरसाइकिल का मूल्य अंतर 15 हजार से घटकर 7 हजार रुपए रह गया। हीरो होंडा का विज्ञापन 'Fill it, shut it, forget it' (पेट्रोल भरो, बंद करो व भूल जाओ) ने बजाज ऑटो को चेतावनी दी, पर राहुल बजाज जैसे साहसी व दूरन्देशी उद्योगपति से भी चूक हो गई। ग्राहक मोटरसाइकिल चाहते थे, पर बजाज ऑटो के डीलर्स के पास उन्हें देने के लिए इसका केवल एक मॉडल केजी 100 उपलब्ध था। स्कूटरों के लुक व टेक्नोलॉजी को उन्नयन न करने व मोटरसाइकिल सेगमेंट में विलंब से प्रवेश का खामियाजा बजाज ऑटो को भुगतना पड़ा। कड़ी प्रतिस्पर्धा के संकेत के साथ बजाज ऑटो ने नई सहस्राब्दी में प्रवेश किया। सन् 2001 में दोपहिया वाहन मार्केट में हीरो होंडा की ताजपोशी हो गई। राहुल बजाज के लिए सांत्वना की बात यह है कि इस बीच उनके पुत्रद्वय राजीव बजाज (जन्म- 1966) व संजीव बजाज (जन्म- 1969) उनके दाएँ-बाएँ खड़े हुए। बजाज ऑटो को पाँच करोड़ रुपए से पाँच हजार करोड़ रुपए (टर्नओवर वित्तवर्ष - 2003) की कम्पनी बना देने वाले राहुल बजाज ने भी यह कहते हुए (चाहें तो पढ़ें, अपने अंदाज में पुत्रों को उकसाते हुए) अपने दोनों पुत्रों को कारोबार सौंपना शुरू किया कि 'मैं हमेशा नम्बर वन रहा, तुम आज नम्बर दो हो, पर मुझे विश्वास है कि तुम भी नम्बर वन ही रहोगे...।'

राहुल बजाज का यह आत्मविश्वास हवाई नहीं है। उन्होंने इसका पहले पुख्ता आधार बनाया है। मुकेश–अनिल अंबानी, कुमारमंगलम बिड़ला, पवनकांत व पंकज मुंजाल जैसे उद्यमी पुत्रों के समकालीन हैं राजीव व संजीव बजाज। देश के इन न्यू जनरेशन युवा उद्योगपतियों में कई बातें

समान हैं। इन सबने विदेश के बड़े बिजनेस स्कूलों में प्रोफेशनल शिक्षा प्राप्त की है। इन्हें दूरन्देशी पिता (अंबानी-बंधुओं को धीरूभाई, कुमारमंगलम बिड़ला को आदित्य विक्रम बिड़ला या राजीव व संजय बजाज को राहुल बजाज) और उनके द्वारा स्थापित औद्योगिक साम्राज्य मिले हैं। कई साल फैक्टरी कॉम्प्लेक्स में ही रहे राहुल बजाज ने तो अपने पुत्रों को ऐसे ढाला है जैसे कुम्हार कलश को। विदेश से शिक्षा पूरी करने के बाद वे सीधे कम्पनी के कॉरपोरेट दफ्तर के एयर कंडीशंड कैबिन में नहीं पहुँचे हैं, वरन् पहले उन्हें मैदान (शॉप फ्लोर) में तपना पड़ा है और इसके बाद ही नीति बनाने व निर्णय लेने के अधिकार मिले हैं। राजीव बजाज विदेश से इंजीनियरिंग की शिक्षा प्राप्त करके सन् 1990 में लौटे तो बजाज ऑटो में जनरल मैनेजर बनाए गए। संजीव बजाज ने सन् 1991 में बजाज ऑटो को ज्वॉइन किया। एक दिन के अंतराल से दिसंबर, 94 में राहुल बजाज ने दोनों पुत्रों का विवाह किया। राजीव बजाज की पत्नी दीपा (रमेश जगतियानी-सेंडविक एशिया के पूर्व एक्जीक्यूटिव) व संजीव बजाज का विवाह शैफाली (अशोक गरवारे, उद्योगपति की पुत्री) से हुआ है।

यहाँ एक बात और दोहराना प्रासंगिक होगा कि युवा बजाज-बंधुओं को मार्केट पर एकाधिकार के गुण-दोष दोनों प्राप्त हुए हैं। मसलन, एकाधिकार के कारण बजाज ऑटो वित्तीय स्तर पर देश की सबसे सुगठित कम्पनी है। कर्जमुक्त ही नहीं, पर्याप्त रिजर्व निधि के कारण बजाज ऑटो मजबूत व ठोस है पर एकाधिकार के कारण ही कम्पनी ने नब्बे के दशक तक उत्पादों के उन्नयन व नए उत्पादों के विकास पर ध्यान नहीं दिया। सालों तक बजाज ऑटो को मार्केटिंग नहीं करनी पड़ी है। उत्पाद बनने के पहले ही बिके होते थे और डिस्पैच विभाग ही मार्केटिंग की औपचारिकता पूरी कर लेता था। इसका आशय यह नहीं है कि राहुल बजाज सम्भावित बदलाव का आकलन नहीं कर पाए थे। उन्होंने अनुमान लगा लिया था कि अब फैमिली-रन-बिजनेस लम्बी पारी नहीं खेलेंगे। परिवार की युवा पीढ़ी प्रोफेशनल होगी तो एक आदर्श स्थिति बनेगी-'प्रोफेशनल प्रमोटर्स द्वारा संचालित उद्योग।' तदनुसार, अपने पुत्रों को उन्होंने तैयार किया है, जिनका आज पहला लक्ष्य है- 'बजाज के ताज की वापसी' यानी दोपहिया मार्केट का पुनः लीडर बनना। चार दशक तक केवल स्कूटर के भरोसे अव्वल रहने वाले बजाज ऑटो के लिए मोटरसाइकिल की प्रचंड लोकप्रियता के दौर में वही दर्जा जुटाना आसान नहीं है, पर असम्भव भी नहीं। आँकड़ों से आकलन करें तो नम्बर वन कंपनी हीरो होंडा 50 हजार ज्यादा वाहन बिक्री के साथ मार्केट लीडर है। बजाज ऑटो घरेलू मार्केट में उससे पीछे है, पर विदेशी मार्केट में आज भी आगे है। जहाँ होंडा जापान से गठबंधन के कारण हीरो होंडा कारोबार नहीं कर सकती।

राजीव व संजीव बजाज ने कैसे घरेलू मार्केट में बजाज ऑटो का वर्चस्व पुनः स्थापित किया है, इसे दोहराने के पहले राहुल बजाज के एक और लाइफ अचीवमेंट का जिक्र प्रासंगिक होगा, जिसकी बुनियाद में छुपी हुई है परिवार के विभाजन की पीड़ा। राहुल बजाज कहाँ चूके यह तो कभी वे ही बताएँगे पर सन् 2003 में छोटे भाई शिशिर ने यह कहते हुए अपने दबंग बड़े भाई के विरुद्ध बिगुल बजा दिया कि कारोबार में उनकी उपेक्षा हुई है। उन्हें मुनाफे में तो हिस्सा मिला, पर पावर नहीं मिले हैं। उनका कहना था कि मैंने तो यह उपेक्षा सह ली पर विदेश में प्रोफेशनल

शिक्षा प्राप्त मेरा पुत्र कुशाग्र नारायण बजाज (स्व. आदित्य विक्रम बिड़ला की पुत्री वासवदत्ता से विवाहित) महत्वाकांक्षी है, जो 'स्लीपिंग पार्टनर' बना नहीं रहेगा। उसे कारोबार में वरीयता क्रम से सक्रिय हिस्सेदारी मिलनी चाहिए। बजाज परिवार की 27 कम्पनियों की इक्विटी होल्डिंग्स राहुल व शिशिर तथा शेखर, मधुर व नीरज बजाज के बीच गुत्थमगुत्था होने एवं कुछ कम्पनियों जैसे बजाज ऑटो के बेहतर परफॉर्मेंस के कारण विभाजन की प्रक्रिया 5-6 साल खिंची। इस दौरान राहुल बजाज ने मुकेश व अनिल अंबानी के बीच रिलायंस समूह के विभाजन का द्वंद्व देखा तो बजाज ऑटो में दोनों पुत्रों के बीच जवाबदारी की लक्ष्मण रेखा खींच दी। तदनुसार, मैन्यूफैक्चरिंग व रिसर्च की जवाबदारी संजीव बजाज को सौंपी गई तो फाइनेंस व ऑटोमेटिव पार्ट्स बिजनेस का नियंत्रण राजीव बजाज को सौंपा गया।

राहुल बजाज ने एक साक्षात्कार में इसके बाद कहा था कि अपने जीवनकाल में ही पुत्रों के बीच जवाबदारी व कर्तव्य का बँटवारा मेरी सबसे बड़ी सफलता है। इसके बाद मजाकिया अंदाज में तीखी बात कहने में माहिर राहुल बजाज ने कहा कि मेरे पुत्रों ने मुझे बाहर निकाल दिया है, पर मैं खुश हूँ कि न्यू जनरेशन का कारोबारी तौर-तरीका मेरे से भी बेहतर है।

राजीव बजाज

बजाज ऑटो के कर्मचारियों के साथ स्कूली शिक्षा प्राप्त करने वाले राजीव बजाज ने वार्विक से मैन्यूफैक्चरिंग सिस्टम्स में इंजीनियरिंग में एमएस की डिग्री प्राप्त की है। सन् 1990 में उन्होंने बजाज ऑटो को ज्वॉइन किया। इसके बाद वे जनरल मैनेजर, वाइस प्रेसीडेंट एवं मैनेजिंग डायरेक्टर बनाए गए। सन् 2005 में राहुल बजाज ने अपने बड़े पुत्र राजीव को बजाज ऑटो का सीईओ नियुक्त करते हुए घोषणा कर दी कि मेरी कारोबारी पारी पूरी हुई। अब दैनंदिन कामकाज के दो पोर्टफोलियो होंगे। राजीव की सीधी जवाबदारी होगी मैन्यूफैक्चरिंग एवं आर एंड डी तो संजीव कास्टिंग, फाइनेंस एवं ओवरसीज बिजनेस की देखरेख करेंगे।

राजीव बजाज ने बजाज ऑटो की तत्कालीन स्थिति और मार्केट के हालात का विश्लेषण करते हुए कहा था कि कुछ भूलें हमने कीं, पर कई काम अच्छे भी हुए। सबसे बड़ी भूल थी जब ग्राहकों का रुझान बाइक की तरफ मुड़ने लगा था, तब हमने स्कूटर मार्केट को बचाने की कोशिश की, जबकि हमें बाइक मार्केट में नए उत्पादों के साथ प्रवेश (आज जैसा) करके इस मार्केट के साथ 'ग्रो' करना चाहिए था। अच्छी बात यह हुई कि हमने दोपहिया वाहन मार्केट नहीं छोड़ा और 'वैल्यू फॉर मनी' (ग्राहकों को उनके पैसे का पूरा मूल्य लौटाना) की नीति पर दृढ़ रहे। आज हमारा यही सूत्र दूसरे अपना रहे हैं। यही नहीं, बजाज ने एक अच्छा स्कूटर चेतक बनाया, अच्छे तिपहिया वाहन बनाए व अच्छे कारखाने स्थापित किए।

सन् 2001 में दोपहिया वाहन मार्केट की लीडरशिप छोड़ने वाली और मोटरसाइकिल मार्केट में चौथे क्रम वाली बजाज ऑटो मात्र पाँच-छह साल में दूसरे क्रम पर कैसे आ गई? इस सवाल का जवाब है- 'कम्पनी ने अपनी भूलों से सबक सीखे हैं।' राजीव बजाज के अनुसार- 'हमने व्यूह रचना को जिन सूत्रों में बाँधा, वे हैं-एक, जो कर सकते हैं वह सबसे पहले करो, दूसरा, वह करो

जिसकी दूसरे उम्मीद न करें तथा तीसरे, प्रतिस्पर्धा में उतरो।'

'Do what's doable'–रणनीति के तहत बजाज ऑटो ने कावासाकी से अपनी 16 साल पुरानी भागीदारी को पुख्ता किया। सन् 1997 में 100 सीसी बाइक बॉक्सर लांच की। हीरो होंडा की सीडी 100 से करीब 8 हजार रु. सस्ती बॉक्सर ने बाइक मार्केट के एंट्री सेगमेंट में बजाज ऑटो को स्थापित किया, जहाँ इसके पहले कंपनी के पास एक ही बाइक थी–केबी 100।

'Do what is not expected'–नीति के तहत बजाज ने इन-हाउस बाइक विकसित पल्सर लांच की, जो इस आरोप का जवाब था कि बजाज ऑटो अपने बलबूते पर कोई टॉप लाइन उत्पाद नहीं बना सकता। इसी शृंखला में कावासाकी के साथ प्रीमियम बाइक एलिमिनेटर आई।

'Do the obvious'–वह तीसरी रणनीति है, जिसके जरिए बजाज ऑटो ने प्रतिस्पर्धी बनने के लिए मार्केट में नई बाइकों की धूम मचा दी। 1977 से 1999 के बीच डेढ़ दर्जन नए उत्पाद पेश करके बाइक प्रेमियों के लिए बजाज ऑटो ने विकल्पों का ढेर लगाया। कैलिबर, कैलिबर क्रोमा, 100 सीसी बाइक (Byke–सबसे कम मूल्य की बाइक पर सबसे ज्यादा एवरेज) इनमें खूब लोकप्रिय भी हुईं। मोटरसाइकिल मार्केट का 25 फीसदी हिस्सा इंट्री लेवल बाइक (पहली बार बाइक खरीदने वाले ग्राहक) का है और इस मार्केट में बजाज बॉक्सर ने अच्छी सेंध लगाई। हाई एंड (महँगी) बाइक के मुख्य ग्राहक हैं युवा एक्जीक्यूटिव। इस सेगमेंट में 50 फीसदी से ज्यादा शेयर के साथ बजाज की 'पल्सर' लीडर है। बजाज ऑटो की कैलिबर का इसमें हिस्सा नाममात्र का था, जो हुड़ीबाबा व न्यू कावासाकी-125 की लांचिंग के बाद तेजी से बढ़ा।

तिपहिया वाहन मार्केट में बजाज ऑटो का वर्चस्व (एकाधिकार) यथावत् बना हुआ है। इस मार्केट में इसके प्रतिद्वंद्वी हैं–पिआज्यो, महिन्द्रा एंड महिन्द्रा और टीवीएस। तीन-चार साल के दुर्दिनों में भी तिपहिया वाहनों की बिक्री बजाज ऑटो का मजबूत सम्बल बनी रही है। सचाई तो यह है कि इस 'ब्रेड-बटर' बिजनेस से कम्पनी 30-35 फीसदी मार्जिन कमाती है। तिपहिया वाहनों के पैसेंजर सेगमेंट में बजाज ऑटो नंबर वन बनी रही। बजाज ऑटो अकेली ऐसी कम्पनी है, जो एलपीजी व सीएनजी चलित तिपहिया वाहन भी बनाती है। राजीव बजाज ने इस मार्केट में भी अच्छे लुक, अच्छे परफॉर्मेंस व चालक के लिए ज्यादा आरामदेह थ्री व्हीलर विकसित करवाए तो चार पहिया गुड्स-पैसेंजर लाइट सिटी व्हीकल 'एक्सेस' लांच किया और इनके लिए विदेशों में भी मार्केट खोजे।

बजाज ऑटो के तीन उत्पादन संयंत्र हैं। स्कूटर व तिपहिया वाहन अभी भी अकुर्डी में बन रहे हैं। वलूज स्थित संयंत्र में कावासाकी बाइक व बिना गियर के स्कूटर बनते हैं तथा चकन संयंत्र में नए उत्पादों पर आर एंड डी होती है और बनते भी हैं। सन् 1999 में 270 करोड़ रुपए की लागत से स्थापित चकन संयंत्र वस्तुत: बजाज ऑटो की लैब भी है। राजीव बजाज की कोर टीम के एक एक्जीक्यूटिव प्रदीप श्रीवास्तव व चकन प्लांट के इंचार्ज हैं। वे कहते हैं कि अकुर्डी व वलूज संयंत्र अपनी कार्यप्रणाली के इतने अभ्यस्त हो गए थे कि वहाँ कार्य संस्कृति बदलना संभव नहीं था, पर उत्साही टीम असम्भव को भी सम्भव बना सकती है। इस सोच के साथ राजीवजी ने

चकन प्लांट की संकल्पना संजोई थी। यह आज बजाज ऑटो का मॉडल संयंत्र है। यहाँ 800 लोग कार्यरत हैं, इनमें से तीन-चौथाई फायर फाइटर इंजीनियर (संकट के समय लड़ाकू टेक्नोक्रेट्स) हैं। चकन संयंत्र में आज एक दिन में 2400 दोपहिया वाहन बनते हैं। तदनुसार एक कर्मचारी औसतन जब तीन वाहन असेम्बल करता है, वहीं अकुर्डी में यह एवरेज प्रतिदिन एक वाहन से भी कम था। बजाज ऑटो का लक्ष्य है चकन के एवरेज को प्रतिदिन चार वाहन पहुँचा देना। चकन में पल्सर, एडवेंचर, डिस्कवर्स जैसी न्यू टेक्नोलॉजी बाइक बनती हैं। वस्तुत: चकन संयंत्र को हाई एवं न्यू जनरेशन बाइक बनाने के लिए ही विकसित किया गया है। यहीं बजाज ऑटो की सिरमौर बाइक पल्सर की डिजाइनिंग व ट्रायल हुई। राजीव का लक्ष्य है जापानी क्वालिटी के दोपहिया वाहन वहाँ की लागत से कम में भारत में बनाना। पल्सर इसकी मिसाल है, जो बजाज ऑटो के लिए कैश-काऊ (दुधारू गाय) बन गई।

स्पष्ट है कि बजाज ऑटो ऐसी पहली भारतीय दोपहिया वाहन कम्पनी बनने की ओर अग्रसर है, जिसकी ग्लोबल पहचान व साख हो। 'मैं नम्बर वन था, तुम भी नम्बर वन बनो'-पिता की यह चुनौती राजीव व संजीव बजाज के लिए 'दिल्लगी' नहीं, 'दिल की लगी' बन गई है और वे देश में छोड़े मैदान को विदेश में कवर करने में जुटे हुए हैं। 60 साल पुराना बजाज ऑटो युवा होकर बहुराष्ट्रीय समूह बनने की ओर अग्रसर है। राजीव बजाज ने जनवरी, 04 में अपना लोगो (प्रतीक चिह्न) बदला है। इस नए ब्लू व व्हाइट लोगो के पीछे भी राजीव बजाज की मंशा है-'बजाज ऑटो की मॉडर्न व डायनॉमिक छवि।'

बजाज ऑटो ने बाइक मार्केट में पिछड़ने के बाद 'यू-टर्न' ले लिया है, पर कम्पनी 'नम्बर वन' कब होगी, यह समय बताएगा, पर जो भी नम्बर वन होगा, उसके लिए बजाज पहली व बड़ी चुनौती तो बन गया है। वस्तुत: दोपहिया वाहन निर्माताओं से प्रतिस्पर्धा में सबसे बड़े प्रोडक्ट पोर्टफोलियो के कारण बजाज ऑटो बेहतर स्थिति में लौटा है।

राजीव व संजीव बजाज ने बजाज ऑटो के आंतरिक परिचालन में भी भारी फेरबदल किया है। कम्पनी का वलूज संयंत्र, जो कभी अपने काम से ज्यादा श्रमिक असंतोष के लिए मशहूर था, वहाँ 1996 के बाद एक भी मानव दिन बर्बाद नहीं हुआ है, जबकि 6000 कर्मचारी हटाए गए हैं। सन् 1998 में यहाँ 18 हजार 559 कर्मचारी कार्यरत थे। आज बजाज ऑटो के कार्मिकों की कुल संख्या करीब 11 हजार है। प्रति कर्मचारी उत्पादकता सन् 1997 में 67.7 वाहन थी, जो अब 100.6 हो गई है। बजाज ने कर्मचारी कटौती के बाद जो 6 से 7 करोड़ रुपए सालाना बचाए हैं, उन्हें शेष कर्मचारियों को प्रोत्साहन के रूप में बाँटकर उनकी सद्भावना कमाई है।

राहुल बजाज के अनुसार-'राजीव कहते हैं कि बीस लाख वाहन बनाने के लिए हमें 10 हजार कर्मचारी चाहिए, जबकि अभी हम 15 हजार लोगों की मदद से 15 लाख वाहन ही बना रहे हैं।' पुत्रों ने पिता से कहा है कि इस मामले में वे उनकी मदद करें। बाह्य मामलों से बचाएँ और आंतरिक मामलों में कम से कम हस्तक्षेप करें। अपनी प्रबंधन नीति का खुलासा करते हुए राहुल बजाज कहते हैं- 'मैं सबकी राय सुनता हूँ, पर फैसला वही लेता हूँ जो मुझे उपयुक्त लगे। मैं शांत नहीं बैठ सकता और जो फैसला लिया है, उसे लागू करने में अकारण देरी सहन नहीं होती। मुझे

गुस्सा भी आता है। मैं चिल्लाता भी हूँ, पर लोग जानते हैं कि यह मेरा बाहरी स्वभाव है। वे बुरा नहीं मानते।'

सन् 2006 में नेशनल कांग्रेस पार्टी के समर्थन से राज्यसभा में पहुँचने वाले राहुल बजाज के इस व्यवहार व स्वभाव को सारा देश जानता है। टीवी पर जब वे बोलते हैं तो एंकर सहित अनेक वक्ता अकसर अपनी बात कहने को तरस जाते हैं। यही इस उद्यमी की विशेषता है, जिसके बलबूते पर उन्होंने चार दशक से ज्यादा देश के दोपहिया वाहन मार्केट में अपनी लीडरशिप हैसियत बनाए रखी। वे खुश हैं कि उनके पुत्रों ने मात्र एक दशक में खुद को योग्य पिता की सुयोग्य संतान साबित किया है।

संजीव बजाज

राजीव बजाज ने न्यू जनरेशन टेक्नोलॉजी की बाइक्स बनाकर बजाज ऑटो को दोपहिया वाहन मार्केट में पुनः स्थापित (चौथे क्रम से दूसरा क्रम) किया तो उनके छोटे भाई संजीव बजाज को बजाज ऑटो के 5000 करोड़ रुपए से ज्यादा कैश रिजर्व के साथ पिता से निर्देश मिले थे कि वे कास्टिंग, अकाउंटिंग, कॉरपोरेट फाइनेंस के साथ इंटरनेशनल मार्केटिंग सँभालें। पुणे विश्वविद्यालय के मेकैनिकल इंजीनियर एवं हार्वर्ड के एमबीए राजीव बजाज को पता था कि घरेलू मार्केट में बजाज ऑटो का निकटतम प्रतिद्वंद्वी हीरो होंडा है, जिसने कम्पनी के दोपहिया वाहन उद्योग में चार दशक पुरानी बुनियाद हिला दी है, पर उनका असली प्रतिस्पर्धी हीरो समूह नहीं, होंडा जापान है। तदनुसार, उन्होंने इंटरनेशनल मार्केट में तब तक बाइक्स लांच नहीं की, जब तक कि बड़े भाई राजीव ने होंडा व टोयोटा की गुणवत्ता जैसी हाई-पॉवर्ड बाइक्स डेवलप नहीं कर लीं। इस दौरान उन्होंने समूह को फाइनेंस मार्केट में स्थापित किया।

सबसे पहले वे कंज्यूमर्स फाइनेंस मार्केट में पहुँचे। इसके बाद बीमा उद्योग में एंट्री लेने के लिए उन्होंने जर्मन इंश्योरेंस कंपनी अलायंज से गठबंधन किया। बीमा नियंत्रक प्राधिकरण (इरडा) से अनुमति मिलने के बाद जीवनबीमा कारोबार के लिए बजाज अलायंज और गैर-जीवन बीमा कारोबार के लिए अलायंज बजाज सन् 2005 में जन्मी। चार सालों में ये कम्पनियाँ अपने-अपने मार्केट की निजी सेक्टर की सभी बीमा कम्पनियों से आगे निकल गई हैं। करीब 900 कार्यालय, 60 हजार कंसल्टेंट्स के देशव्यापी नेटवर्क से ये कम्पनियाँ 50 लाख से ज्यादा ग्राहकों को बीमा सेवा प्रदान कर रही हैं।

इसी दौरान राजीव बजाज ने बजाज ऑटो की इंटरनेशनल टीम का नेतृत्व करते हुए दुनिया के बाइक मार्केट्स का गहन अध्ययन किया और अलग-अलग देशों के मार्केट के लिए अलग कारोबारी रणनीति बनाई। सबसे पहले राजीव ने इंडोनेशिया, नाइजीरिया, अर्जेंटीना, ईरान, फिलीपींस, वियतनाम और चीन को चिह्नित किया। इंडोनेशिया दुनिया का तीसरा सबसे बड़ा (प्रथम चीन, द्वितीय भारत) बाइक मार्केट है। इसलिए वहाँ केवल डिस्ट्रिब्यूशन चैनल स्थापित करने के साथ स्थानीय भागीदार के साथ मैन्यूफैक्चरिंग सुविधा भी जुटाई। अर्जेंटीना में भी यही किया, पर नाइजीरिया में केवल डिस्ट्रिब्यूशन चैनल स्थापित किया। ईरान में सारा मोटर्स के साथ

भागीदारी की। चीन में संयुक्त वेंचर स्थापित किया। इन सारे मार्केट्स में बजाज की पल्सर ने बजाज ऑटो की अच्छी मदद की है। राजीव बजाज की नजर अब यूरोपियन व अमेरिकन मार्केट पर है, जहाँ हाई एंड पावरफुल बाइक्स का चलन है। संजीव बजाज ने छोटे भाई को विश्वास दिलाया है कि वे होंडा व टोयोटा की क्वालिटी से मुकाबला करने वाली 250 सीसी बाइक्स उन्हें इन मार्केट्स के लिए उपलब्ध करवाएँगे। बजाज ऑटो में 2000 सीसी तक की बाइक बनाने की कुशलता है। महँगी होने से बेहद सीमित बिक्री के कारण ऐसी बाइक से मुनाफा अर्जन नहीं होता है, पर ये ब्रांड एम्बेसेडर बनकर कंपनी की इमेज को अतिरिक्त ताकत प्रदान करती है। राजीव बजाज को विश्वास है कि ब्रांड नेम, कैश रिजर्व, कम लागत, वर्ल्ड क्लास मैन्यूफैक्चरिंग सुविधाएँ और देशव्यापी डीलर्स व सर्विस सेंटर्स नेटवर्क आदि सारी दुनिया में संयुक्त वेंचर स्थापित करने, इंटरनेशनल डिस्ट्रिब्यूशन चैनल बनाने, तकनीक खोजने व विकसित करने की बजाज ऑटो को अद्‌भुत क्षमता प्रदान करते हैं। सचाई यह है कि सालाना 50-60 लाख बाइक के भारतीय मार्केट से कई गुना बड़े ग्लोबल मार्केट में सेंध लगाने के लिए संजीव व राजीव बजाज तैयार हैं। इसका निहितार्थ है दोनों भाई पिता की चुनौती–'मैं नम्बर वन था'–का शायद इन शब्दों में जवाब देना चाहते हैं– 'पापा, आपने देश जीतने को भेजा था, हम विश्व विजेता बनकर लौटे हैं।'

बिजनेस स्कूल के छात्र बजाज ऑटो के इस कायाकल्प का एक केस-स्टडी की तरह अध्ययन करें तो उन्हें जो बुनियादी सवाल सबसे पहले हल करना चाहिए कि एक कंजरवेटिव (रूढ़िवादी) कम्पनी कैसे न्यू जनरेशन ऑटो मोबाइल कम्पनी बनी। ध्यान दें कि बजाज बंधुओं ने इसके लिए अपने प्रतिद्वंद्वी की सही-सही पहचान की। तदनुसार उन्होंने हीरो को नहीं होंडा को बल्कि होंडा को भी नहीं, होंडा की तकनीक को अपना प्रतिद्वंद्वी माना और भारत से भारतीय टेक्नोक्रेट्स से वैसी ही एडवांस तकनीक की खोज करवाई। इसके लिए बजाज ऑटो ने कावासाकी से हाथ मिलाया और कावासाकी की तकनीक पर बाइक लांच की, पर कावासाकी की ड्राइंग व डिजाइन पर वे पूरी तरह निर्भर नहीं हुए। चकन में संजीव बजाज ने जो नया मैन्यूफैक्चरिंग प्लांट स्थापित किया और उसे टेक्नोलॉजी लैब बना दिया, यहाँ उन्होंने इन हाउस टेक्नोलॉजी डेवलप करवाई। इस रिसर्च में उनकी टेक्नोक्रेट टीम ने इतनी कुशलता हासिल कर ली है कि बजाज ऑटो ने डिजिटल ट्विन स्पार्क (टीडीएस) इंजन लांच किया तो कावासाकी को भी कहना पड़ा कि बजाज ऑटो की बाइक्स गुणवत्ता व उत्पादकता के मामले में हमसे भी बेहतर है। यही नहीं, बजाज ऑटो छोटी कार बनाने जा रहा है तो पुत्रों ने पिता को नाराज करते हुए कह दिया है कि हम स्कूटर उत्पादन बंद कर रहे हैं।

बाइक उद्योग के इस टेक्नोलॉजी ट्रांसफॉर्मेशन के साथ बजाज बंधुओं ने मार्केट के प्रति भी कम्पनी का परम्परागत नजरिया बदला। राहुल बजाज के कार्यकाल तक बजाज ऑटो के लिए भारत एकमात्र मार्केट था तो उनके पुत्रों के लिए भारत एक मार्केट मात्र रह गया है। भारत विश्व मार्केट का एक हिस्सा बनकर रह गया है। तदनुसार बजाज ऑटो ने अपने प्रतिद्वंद्वियों को लोकल मार्केट में दौड़ने दिया और खुद विश्व मार्केट में पहुँच गए। परिणाम! आज बजाज ऑटो

की हीरो होंडा या टीवीएस से लोकल मार्केट में प्रतिस्पर्धा है तो विश्व मार्केट में उसके प्रतिद्वंद्वी हैं–होंडा व टोयोटा जैसे दिग्गज। दिलचस्प बात यह है कि बजाज ऑटो के लोकल से ग्लोबल बनने को होंडा व टोयोटा भी स्वीकार करने लगे हैं। हम पीछे नहीं हटेंगे–इस संकेत के साथ राजीव बजाज कहते हैं कि जापान में 125 सीसी बाइक का जो मूल्य है, उस मूल्य पर हम वहाँ 150 सीसी बाइक बेचेंगे। दुनिया का सबसे बड़ा बाइक मार्केट चीन संदेहास्पद गुणवत्ता के सस्ते वाहन अवश्य बनाता है, इसलिए बजाज ऑटो चीन को अपनी वेंडर कंट्री मानता है, प्रतिस्पर्धी नहीं।

राहुल बजाज बधाई के हकदार हैं जिनके पुत्रों ने दस साल में वह करिश्मा किया, जो वे 45 साल में नहीं कर पाए। 25 साल में राहुल बजाज ने केवल एक नया प्रोडक्ट (चेतक स्कूटर) लांच किया था, जबकि संजीव व राजीव बजाज ने दस सालों में 25 से ज्यादा न्यू जनरेशन बाइक और स्कूटर लांच करके सबसे बड़ी प्रोडक्ट्स रेंज बना ली है, जो हर आय व आयुवर्ग के ग्राहकों की चाह पूरी करते हैं।

लोकल से ग्लोबल
इंडियन कॉरपोरेट्स

07

दिल से हिंदुस्तानी

हेनिंग हॉक लार्सन

हेनिंग हॉक लार्सन ने भारत को वह दिया जो कोई अन्य विदेशी नहीं दे पाया। वे एक बार भारत आए तो यहीं के होकर रह गए। 'ज्यों की त्यों धर दीनी चदरिया...' की तर्ज पर भारतीय सम्पदा व संसाधन से स्थापित लार्सन एंड टुब्रो (एल एंड टी) उन्होंने भारतीय शेयरधारकों को लौटा दी। उनकी इच्छानुसार उनका अंतिम संस्कार भी हिंदू परम्परा से हुआ। उनकी विरासत एल एंड टी आज किसी पब्लिक सेक्टर या प्राइवेट सेक्टर की कम्पनी नहीं है। डॉ. मनमोहन सिंह के अनुसार–यह 'नेशनल सेक्टर' की एकमात्र ऐसी कम्पनी है, जो राष्ट्र बनाती व सँवारती है।

इस पुस्तक में हेनिंग हॉक लार्सन की यशोगाथा शायद कुछ लोगों को चौंकाए, पर भारतीय कॉरपोरेट्स पर केंद्रित कोई भी कृति तब तक अधूरी है, जब तक स्व. लार्सन का जिक्र न हो, जिन्होंने लार्सन एंड टुब्रो (एल एंड टी) की स्थापना की। ऐसी कम्पनी जिसने बेसिक उद्योगों के लिए जटिल कंस्ट्रक्शन एवं प्लांट व मशीनरी बनाकर तथा बुनियादी सुविधाएँ सड़क, जल परियोजना व ऊर्जा संयंत्र स्थापित करके देश के औद्योगिकीकरण में अहम भूमिका निभाई है। जन्मभूमि को ही अपनी कर्मभूमि बनाकर यशोपार्जन करने वाले अनगिनत लोग हैं, पर स्व. लार्सन अपवाद थे। विदेश में जन्मा यह भारतीय उद्योगपति कई मामलों में असाधारण व्यक्तित्व का धनी था। यहाँ उन्होंने जो कमाया, उसे यहीं निवेश किया। उसके उपभोग के लिए यहाँ अपने किसी रिश्तेदार को नहीं बुलाया। सन् 1977 में 70 वर्ष की उम्र में स्वेच्छा से सेवानिवृत्ति ले ली, पर भारत नहीं छोड़ा। 'ज्यों की त्यों धर दीनी चदरिया...' के कबीरी अंदाज में, भारतीय सम्पदा से स्थापित कम्पनी का दैनंदिनी कामकाज भारतीय प्रोफेशनल को

सौंप दिया। 27 जुलाई, 2003 को 96 वर्ष की परिपक्व उम्र में यहीं काया त्यागी। लंदन निवासी उनकी एकमात्र पुत्री की अनुपस्थिति में उनकी इच्छानुसार उनके मानस-पुत्रों-लार्सन एंड टुब्रो-के कर्मचारियों ने हिंदू रीति से चंदनवाड़ी, मुम्बई में उनका दाह-संस्कार किया। उनके साथियों ने उनकी दूसरी इच्छा भी पूरी की। उनके अंतिम संस्कार के दिन भी लार्सन एंड टुब्रो में पूरे दिन काम हुआ। ऐसे कर्मयोगी महामना को श्रद्धांजलि देते हुए तत्कालीन रक्षामंत्री जॉर्ज फर्नांडीस ने तब सही कहा था-'लार्सन ने भारत को वह दिया, जो कोई अन्य यूरोपियन नहीं दे पाया। यहाँ मैं उनके द्वारा स्थापित लार्सन एंड टुब्रो की बात नहीं कर रहा हूँ। मेरा आशय इस देश के प्रति उनके असीम लगाव से है। भारतीय उद्यमियों के लिए 'रोल मॉडल' बनकर वे हमेशा अमर रहेंगे।'

हम भारतीय पुनर्जन्म में विश्वास करते हैं। हम यह भी मानते हैं कि कर्मों का लेखा-जोखा जन्म-जन्मान्तर तक जारी रहता है। स्व. लार्सन निश्चित ही पूर्व जन्म के ऐसे किसी लेनदेन के निपटान हेतु सन् 1935 में भारत आए थे और हमें लार्सन एंड टुब्रो सौंप गए। 4 जुलाई, 1907 को डेनमार्क में जन्मे थे हेनिंग हॉक लार्सन। कोपेनहेगन यूनिवर्सिटी से केमिकल इंजीनियरिंग में मास्टर डिग्री लेने के बाद उन्होंने डेनमार्क स्थित एक ब्रिटिश फर्म एफ.सी. स्मिथ में नौकरी की। सन् 1935 में भारतीय सीमेंट उद्योग पर एक अध्ययन/रिपोर्ट बनाने के लिए उन्हें भारत भेजा गया था। उनकी इस रिपोर्ट के आधार पर ही एसोसिएटेड सीमेंट कंपनी (एससी) का जन्म हुआ। सन् 1937 में डेनमार्क की वॉरेन स्पेयर के साथ उनका विवाह हुआ। विवाहोपरांत अप्रैल, 1938 में वे फिर भारत आ गए। उनके सहपाठी सोरन के. टुब्रो पहले से ही भारत में थे। दोनों मित्रों ने नौकरी छोड़कर 1 मई, 1938 को एक फर्म बनाई-लार्सन एंड टुब्रो (एल एंड टी)। वेस्टर्न इंडिया मैच कम्पनी (विमको) से निकोल रोड, मुम्बई में एक कमरा लेकर एल एंड टी के बैनर तले वे आयात-व्यापार करने लगे, पर द्वितीय विश्वयुद्ध ने यह कारोबार बंद करवा दिया। 'भारत में ही रहना है'-इस दृढ़ इरादे के साथ उन्होंने दूसरा कारोबार खोजा। कालीकट स्ट्रीट पर दोनों भागीदारों ने डेरी उद्योग की एक वर्कशॉप स्थापित की, पर वे मूलतः इंजीनियर थे। इस शिक्षा का उपयोग करते हुए उन्होंने मुम्बई बंदरगाह पर आने वाले समुद्री जहाजों का रिपेयरिंग जॉब लेना शुरू किया।

सन् 1947 में देश आजाद हुआ। विदेशी यहाँ से लौटने लगे। एल एंड टी के लिए अंग्रेजों का देश छोड़ना शुभ साबित हुआ। उनके शासनकाल में सारे ठेके अंग्रेज कम्पनियों को मिलते थे। आजाद भारत में बड़े कंस्ट्रक्शन कार्य शुरू हुए तो एल एंड टी का कारोबार खूब तेजी से बढ़ा। फरवरी, 1946 में यह प्राइवेट लिमिटेड कंपनी हो गई। दिसंबर, 1950 में पब्लिक लिमिटेड होकर बॉम्बे स्टॉक एक्सचेंज में सूचीबद्ध हुई। लार्सन एंड टुब्रो के संस्थापकद्वय सन् 1963 तक क्रम से चेअरमैन का दायित्व सँभालते रहे। सन् 1963 में सोरन के. टुब्रो स्थायी रूप से डेनमार्क लौट गए पर लार्सन भारत में ही रहे और सन् 1977 तक कम्पनी के चेअरमैन के रूप में दैनंदिन कामकाज सँभालते रहे। उनका लक्ष्य था एल एंड टी को हैवी इंजीनियरिंग, हाई टेक्नोलॉजी फैब्रिकेशन, पोर्ट्स कंस्ट्रक्शन, एयर पोर्ट्स, टेक्नोलॉजी पार्क, पावर प्लांट, आईटी, स्विच गियर

व सीमेंट क्षेत्र में स्थापित करना। अपने जीवनकाल में इसकी शुरुआत करने के बाद लार्सन ने शेष जीवन सेवानिवृत्त चेअरमैन के रूप में व्यतीत किया और कंपनी के सीईओ व मैनेजिंग डायरेक्टर नियंत्रक मंडल ने नियुक्त किए। इस तरह एल एंड टी देश की अकेली ऐसी प्रोफेशनली मैनेज्ड कम्पनी है, जिसके प्रमोटरों ने सन् 1977 के बाद कम्पनी के कामकाज में हस्तक्षेप नहीं किया है। इसका आशय यह नहीं है कि लार्सन ने एल एंड टी की गतिविधियों में सहयोग बंद कर दिया था। नियंत्रक मंडल की हर बैठक में वे उपस्थित रहते थे। सन् 1993 में धीरूभाई अंबानी ने जब एल एंड टी को अधिगृहीत करना चाहा था, तब ऐसा न होने देने में लार्सन ने प्रभावी व निर्णायक भूमिका निभाई थी। जुलाई, 2003 में जब एल एंड टी ने सीमेंट डिवीजन आदित्य विक्रम बिड़ला ग्रुप को सौंपने का निर्णय लिया तो अनिल मणिभाई नाईक (कम्पनी के सीईओ व एमडी) लार्सन से मिलने अस्पताल (उन दिनों वे रुग्ण थे) गए। उन्हें लार्सन को समझाना पड़ा था कि सीमेंट कारोबार छोड़ना ही एल एंड टी के हित में है। नाईक ने उन्हें एल एंड टी फाउंडेशन के बारे में बताया और कहा कि इससे कम्पनी के कर्मचारियों को यह अधिकार मिलेगा कि कम्पनी प्रोफेशनली मैनेज्ड रहे। लार्सन पहले शख्स हैं, जिन्होंने इस फाउंडेशन की सदस्यता ली। लार्सन के साथ लम्बे समय कार्य कर चुके एल एंड टी के फाइनेंस व एचआर चीफ वाई.एम. देवस्थली के अनुसार–सर लार्सन बेहद मृदुभाषी व हँसमुख थे। वे लोगों से बहुत प्यार करते थे, मजाक करते थे। उनके आसपास तनाव कभी नहीं होता था।

ऐसी ही एक और घटना है। सन् 1970 में एल एंड टी की दो यूनियनों में द्वंद्व हुआ और एक श्रमिक की हत्या हो गई। लार्सन खुद कर्मचारियों की भीड़ में पहुँचे और हिंदी में अपने भावुक सम्बोधन से श्रमिकों को समझाया और काम पर लौटा लाए। लार्सन भारतीय इंजीनियरों के बड़े प्रशंसक थे। उनके अनुसार–यूरोप में लोग दफ्तर की समस्या दफ्तर में छोड़ जाते हैं, पर भारतीय उन्हें साथ ले जाते हैं। दूसरे दिन वे उनके समाधान के साथ दफ्तर लौटते हैं। आज 30 हजार से ज्यादा इंजीनियरों को प्रत्यक्ष रोजगार देने वाली एल एंड टी के संस्थापक स्व. लार्सन अपने जीवनकाल में कई राष्ट्रीय-अंतरराष्ट्रीय पुरस्कारों से नवाजे गए, इनमें उल्लेखनीय हैं–रेमन मैगसेसे अवार्ड फॉर इंटरनेशनल अंडरस्टैंडिंग (1976), डेनमार्क का नाइटहुड अवार्ड (1977), सर जेंगीर गांडी मेडल फॉर इंडस्ट्रियल पीस (1980), केमटेक फाउंडेशन केमिकल इंडस्ट्री स्टालवर्ट अवार्ड (2000), बॉम्बे मैनेजमेंट एसोसिएशन लाइफ टाइम अचीवमेंट अवार्ड (2001) आदि। सन् 2002 में जब तत्कालीन राष्ट्रपति–के.आर. नारायणन ने उन्हें पद्‌मभूषण अवार्ड से नवाजा तो वे भावुक होकर बोले थे– 'भारत को मैंने स्वेच्छा से अपना घर बनाया। मेरे दिल में इसके लिए बहुत इज्जत व प्यार है। पद्‌मभूषण पाकर मेरा यह अहसास पुख्ता हुआ है कि मेरा होमलैंड भी मुझे बहुत प्यार करता है।'

अपने जीवनकाल में ही एल एंड टी के संस्थापकद्वय ने देश की सबसे बड़ी इंजीनियरिंग, कंस्ट्रक्शन और इन्फ्रास्ट्रक्चर कम्पनी के आंतरिक ढाँचे को संघीय संगठन (फेडरल ऑर्गेनाइजेशन) बना दिया था। इसका ही सुफल है कि कोंकण रेलवे पर दुनिया का सबसे ऊँचा

ब्रिज, कई हाईटेक सिटी, मुम्बई-पुणे हाईवे, नर्मदा नदी पर पुल, भूटान में हाइड्रो पावर प्रोजेक्ट, कोयम्बटूर में बाइपास, कई वाटर सप्लाई प्रोजेक्ट्स, दिल्ली मेट्रो के लिए कॉरिडोर ब्रिज, रिलायंस के रिफाइनरी प्लांट्स, आधा दर्जन से ज्यादा खाड़ी देशों में कई ऑइल फील्ड प्लेटफॉर्म्स, बहरीन, दुबई व आबूधाबी में कई बहुमंजिला सर्विस अपार्टमेंट्स और कॉमर्शियल कॉम्प्लेक्स, अमेरिका, कनाडा, इंग्लैंड व जापान सहित 30 देशों की कई बहुराष्ट्रीय कम्पनियों के लिए सोफिस्टीकेटेड प्लांट्स व मशीनरी, हैदराबाद, बेंगलुरु व मुम्बई के नए एयरपोर्ट्स, वेस्टइंडीज व चेन्नई में स्टेडियम, नई दिल्ली में लोटस टैम्पल, देश में सैकड़ों फर्टिलाइजर्स प्लांट्स, पावर प्लांट्स व कार कारखानों के अलावा इंडियन स्पेस रिसर्च ऑर्गेनाइजेशन के लिए राकेट्स व सेटेलाइट फैब्रिकेशंस, न्यूक्लियर प्लांट्स के रिएक्टर्स, पृथ्वी, अग्नि, आकाश, त्रिशूल और नाग जैसी मिसाइलों के लिए मिसाइल सिस्टम डेवलपमेंट की जटिल, जोखिमभरे नाजुक सैकड़ों इंजीनियरिंग, हैवी इंजीनियरिंग, फैब्रिकेशन व कंस्ट्रक्शन प्रोजेक्ट्स बखूबी पूरी करने वाली एल एंड टी के जन्मदाता हैं हेनिंग हॉक लार्सन। उन्होंने कई वरिष्ठ दावेदारों के बावजूद अनिल मणिभाई नाईक की कर्मठता और कंपनी के प्रति वचनबद्धता को परखा और उन्हें कंपनी का सीएमडी चुना। नाईक ऐसे टेक्नोक्रेट हैं, जिन्होंने एक जूनियर इंजीनियर की हैसियत से अपना कैरियर शुरू किया था।

अनिल मणिभाई नाईक

मैं अपने पति की सेकंड वाइफ हूँ। उनकी पहली व प्रिय पत्नी है उनका जॉब। यह कहना है लार्सन एंड टुब्रो के सीईएमडी अनिल मणिभाई नाईक की पत्नी गीता नाईक का। वे बताती हैं कि नौकरी ज्वॉइन करने के 22 साल बाद उन्होंने पहली छुट्टी उस दिन ली थी, जिस दिन हमारी पोती का जन्म हुआ था। अपने काम व लक्ष्य के प्रति ऐसी कट्टर प्रतिबद्धता का उचित पुरस्कार भी मिला है नाईक को। एक साधारण परिवार में जन्मे नाईक आज देश की सबसे बड़ी इंजीनियरिंग इन्फ्रास्ट्रक्चर एवं कंस्ट्रक्शन कंपनी के मालिक-तुल्य सर्वेसर्वा हैं। नाईक सन् 2012 में सेवानिवृत्त होने वाले हैं, पर एल एंड टी का नियंत्रक मंडल अभी से चिंतित है कि ऐसा दूसरा नाईक कैसे मिले, जो बिना अवकाश सालोसाल 14 से 16 घंटे केवल काम करे और अपनी जवाबदारी को सर्वोपरि माने।

एक सिद्धांतप्रिय, गांधीवादी शिक्षक के यहाँ 9 जून, 1942 को सूरत में जन्मे नाईक ने मुम्बई में प्रारंभिक शिक्षा प्राप्त की है। इसके बाद वे तब खरेल (दक्षिण गुजरात के एक गाँव) आ गए, जब पिता ने वहाँ अपना स्कूल खोला। बचपन से ही बड़ी-बड़ी मशीनों के प्रति रुचि के कारण नाईक ने उच्च शिक्षा के लिए मैकेनिकल इंजीनियरिंग को चुना। वल्लभ विद्यानगर, आणंद (गुजरात) से इंजीनियर बनने के बाद उन्होंने 18 माह एक पारसी परिवार की नेस्टलर बॉयलर में नौकरी की। नाईक में युवावस्था में भी आज जैसा ही आत्मविश्वास था, जिसने उनके एल एंड टी में साक्षात्कार को एक यादगार प्रसंग बना दिया है। बिजनेस स्टैंडर्ड के तमल बंधोपाध्याय को दिए एक पुराने साक्षात्कार में इस प्रसंग को नाईक ने इन शब्दों में दोहराया है-सन् 1964 में एल एंड टी

के तत्कालीन वर्क्स मैनेजर ई.टी. बेकर मेरे युवा जोश से इतने प्रभावित हुए कि उन्होंने 760 रुपए मासिक वेतन का सुपरवाइजरी जॉब मेरे लिए रिकमेंड कर दिया पर जब मैं एल एंड टी के जनरल मैनेजर गुनार हेनसेन से रूबरू हुआ तो उन्होंने मेरे आत्मविश्वास को अक्खड़ता समझ लिया और बोले–नेस्टलर बॉयलर में तुम्हारे अधीन कितने श्रमिक हैं। मैंने कहा- 360, तो वे बोले–जानते हो कि कई वर्षों के बाद एल एंड टी में तुम्हें इतने श्रमिक की सुपरवाइजरी मिलेगी। मेरे मुँह से सहसा निकल पड़ा–कौन जानता है? समय सिद्ध करेगा। मित्रो, यही वह आत्मविश्वास है कि एल एंड टी के पोवई इंजीनियरिंग वर्कशॉप में ट्रेनी इंजीनियर के रूप में कैरियर शुरू करने वाले नाईक कम्पनी के जिस विभाग में भी पदस्थ किए गए, कुछ ही दिनों में उसके हेड बन गए। सर्वोच्च पद सीएमडी की प्राप्ति भी ऐसे ही हुई। सन् 1999 में एल एंड टी के तत्कालीन चीफ एस.डी. कुलकर्णी सेवानिवृत्त हो रहे थे। इस पद के तब तीन दावेदार थे–ए. रामाकृष्णन, एम.एच. फेरवानी व नाईक। धीरूभाई अंबानी ने नाईक के पक्ष में स्वयं लॉबिंग की, जिनके पास एल एंड टी की तब दस फीसदी इक्विटी थी। धीरूभाई अंबानी द्वारा नाईक की यह पैरवी अकारण नहीं थी। उन्होंने स्वयं देखा था कि नाईक के नेतृत्व में एल एंड टी ने रिलायंस का पातालगंगा प्लांट रिकॉर्ड समय में स्थापित किया था।

एल एंड टी के लिए कई सुयश कमाने वाले नाईक की दो और उपलब्धियाँ हैं–एल एंड टी का हजीरा व पोवई संयंत्र। कहते हैं, बाढ़ग्रस्त क्षेत्र में हजीरा प्लांट को मूर्त रूप देने के लिए नाईक स्वयं घंटों घुटने–घुटने पानी में खड़े रहते थे। यही संयंत्र एल एंड टी के लिए बाद में स्थायी रूप से दुधारू गाय (कैश–काऊ) साबित हुआ। वस्तुतः एल एंड टी को दुर्दिनों से उबारने के लिए नाईक ने जो संघर्ष किया, वह कॉरपोरेट वर्ल्ड के लिए एक केस–स्टडी है। लगातार बीस–बीस घंटे काम करना या एक सप्ताह में दो दर्जन देशों की यात्रा उनकी उद्यमशीलता के जीवंत उदाहरण हैं। यही नाईक का स्थायी स्वभाव है, जिससे उन्होंने अपने कार्यक्षेत्र में जितना नाम कमाया है उतनी ही बदनामी (अलोकप्रियता) भी पाई है। एल एंड टी में ऐसा स्टाफ समूह भी है, जो उन्हें 'निरंकुश तानाशाह' व ईगोइस्ट (अभिमानी) मानता है तो उनके ऐसे प्रशंसक भी हैं, जो उनके साथ नरक यात्रा को तैयार हैं।

ऐसी लोकप्रियता व अलोकप्रियता नाईक को प्रभावित नहीं करती है। 23 साल की उम्र में जब वे पोवई संयंत्र पहुँचे थे, तब वहाँ अनुशासन का अभाव था। श्रमिक या तो ताश खेलते थे या झील में मछली पकड़ते थे। उन्होंने नाईक को भी खूब हैरान किया। कई बार उनके स्कूटर को ग्रीस से नहलाया। अंततः इस युवा इंजीनियर ने उनका विश्वास व उनसे मान–सम्मान जुटा ही लिया। सन् 1985 की एक घटना है–यूनियनबाजी (द्वंद्व) के दौरान एक श्रमिक की हत्या हो गई थी। आक्रोशित हड़ताली मजदूरों को समझाने के लिए लार्सन से प्रेरणा लेते हुए नाईक अकेले ही फैक्टरी गेट पर पहुँच गए। उन्होंने बिगड़े हालात सँभाल लिये। उच्चाधिकारियों ने इसके बाद उन्हें एल एंड टी के हैवी इंजीनियरिंग डिवीजन का जनरल मैनेजर बना दिया। हजीरा प्लांट की स्थापना के बाद नाईक वाइस प्रेसीडेंट के पद पर पदोन्नत हुए और कम्पनी के नियंत्रक मंडल में

पहुँच गए। नाईक 'ना' नहीं सुनते हैं। वे जोखिम उठाने में भी देर नहीं करते हैं। एल एंड टी का सीमेंट बिजनेस आदित्य विक्रम बिड़ला ग्रुप को उन्होंने अपनी शर्त पर बेचा और इसके लिए जो संघर्ष किया, वह कुमारमंगलम बिड़ला शायद ही भूल पाएँ।

एल एंड टी के संस्थापक स्व. हेनिंग हॉक लार्सन नाईक की कंपनी के प्रति लगाव से बेहद प्रभावित थे। वे प्राय: उनकी पत्नी को कहते थे कि नाईक के स्वास्थ्य का ध्यान रखें। वे एल एंड टी के लिए उतने ही महत्वपूर्ण हैं, जितने अपने परिवार के लिए। अपने बॉस से ऐसे कॉम्प्लीमेंट बिरलों को ही मिलते हैं।

मालिक न होते हुए भी कम्पनी की मालिक से ज्यादा चिंता करने वाले नाईक के व्यक्तित्व का एक और पहलू है। वे बिना शोर मचाए अपने स्व. पिता की समाजसेवा को आगे बढ़ा रहे हैं। स्वतंत्रता संग्राम सेनानी, शिक्षक पिता (सन् 1997 में निधन) खरेल के जिस स्कूल के हेडमास्टर थे, नाईक आज उसके मैनेजिंग ट्रस्टी हैं। खरेल में नाईक ने एक आधुनिक शिक्षा संस्थान विकसित किया है। उनके पिता महिलाओं की शिक्षा व स्वावलम्बन के पक्षधर थे, अत: नाईक ने एक वुमेन हॉस्टल भी बनवाया है। एक अस्पताल का नवीनीकरण व विस्तारीकरण करवाया है। नाईक यदा-कदा खार जिमखाना में बैडमिंटन खेलने पहुँच जाते हैं। साल में एक बार पूरे परिवार के साथ पर्यटन यात्रा पसंद करते हैं और कहते हैं कि इसके लिए सबको एक साथ अवकाश नहीं मिलता, अत: अब यह भी मुश्किल हो गया है। एकांत के उनके साथी हैं पाँच डागी-जिनमें से एक शेफर्ड है, जिसके साथ उनके चार पॉमेरियंस जब छेड़खानी करते हैं तो नाईक शेफर्ड का नहीं नन्हे-मुन्नों का हौसला बढ़ाते हैं।

भारत सरकार द्वारा पद्मभूषण से सम्मानित नाईक कहते हैं कि मैं बेहद सौभाग्यशाली हूँ कि मेरी जरूरतें बेहद कम हैं। संयोग से मुझे ऐसी ही पत्नी मिली है।

एल एंड टी का कायाकल्प–एक केस-स्टडी

सन् 2003 में निधन के पूर्व हेनिंग हॉक लार्सन ने नाईक को स्वयं पुरस्कृत किया। उस समय लार्सन के पास दो विकल्प थे-एक नाईक और दूसरे ए. रामाकृष्णन। एल एंड टी के संस्थापक निवेशकों (साहूकार वित्तीय संस्थान) की धारणा थी कि नाईक के धीरूभाई से नजदीकी रिश्ते हैं। वे यदि एल एंड टी के सूत्रधार बने तो बिना आधिपत्य ही रिलायंस को एल एंड टी मिल जाएगी, पर लार्सन अकेले ऐसे शख्स थे, जिन्हें नाईक की लॉयल्टी पर पूरा भरोसा था। सबके विरोध के बावजूद वीटो पावर (अपनी लार्ज होल्डिंग्स) से उन्होंने नाईक को एल एंड टी का चेअरमैन-मैनेजिंग डायरेक्टर बनवा दिया। नाईक ने भी अपने बारे में व्याप्त सारी धारणाओं को ध्वस्त करते हुए एल एंड टी का कायाकल्प शुरू किया। सबसे पहले उन्होंने ऐसे सब कारोबारी क्षेत्रों से एल एंड टी को दूर किया जो मुनाफादेय नहीं थे या कहें कि एल एंड टी जिनमें दक्ष नहीं था। कारोबार छोड़ने या उसे आगे बढ़ाने का उनका मापदंड है-जिस व्यवसाय की कंपनी के टर्नओवर में 1000 करोड़ रुपए से कम की हिस्सेदारी है या कि जो 15 फीसदी से कम मुनाफा

अर्जन करते हैं, वे एल एंड टी वे नहीं करेगा। नाईक ने लार्सन के लक्ष्य को ही अपनी मंजिल बनाया–इंजीनियरिंग, हैवी इंजीनियरिंग और कंस्ट्रक्शन उद्योग की लीडरशीप। उन्होंने इस लक्ष्य प्राप्ति के लिए पावर, डिफेंस, इन्फ्रास्ट्रक्चर, न्यूक्लियर एनर्जी को प्राथमिकता दी।

अनिल नाईक

लक्ष्य स्पष्ट था, आत्मविश्वास की भी कमी नहीं थी, पर एल एंड टी वर्षों पुरानी कार्यप्रणाली को बदलने के लिए तैयार नहीं था। यह तब ऐसा बूढ़ा हाथी हो गया था, जो डांस करना भूल गया था। 35 सालों से एल एंड टी में विभिन्न पद सँभालते हुए नाईक ने कंपनी की ताकत व कमजोरी दोनों नजदीक से देखी व समझी थी। मानव संसाधनों की बहुलता ने कंपनी को श्रमिकों के लिए सरकारी दफ्तर जैसी सैरगाह बना दिया था, अतः इस मोर्चे को खोलने का मतलब था श्रमिकों से रूबरू मुकाबला। नाईक पीछे नहीं हटे, उन्हें भरोसा था कि एल एंड टी में ऐसे लोग ज्यादा हैं जो कम्पनी से प्यार करते हैं। उसके प्रति लॉयल हैं। नाईक ने श्रमिकों के विरोध के बावजूद स्वैच्छिक सेवानिवृत्ति योजना लागू की और कम्पनी छोड़ने वाले श्रमिकों को अच्छी क्षतिपूर्ति प्रदान की। कम्पनी के प्रति वफादार पर सक्षम लोगों को पुरस्कृत करने के लिए वेरीएबल पे–सिस्टम (एक ही काम, एक ही ग्रेड के वेतन में अंतर) लागू किया।

नाईक इस चुनौतीपूर्ण मोर्चे से मुक्त हुए ही थे कि एल एंड टी पर बाहरी आक्रमण हो गया। नाईक को भारतीय उद्योग जगत के एक महारथी से भिड़ना पड़ा। 1980 के दशक में धीरूभाई ने एल एंड टी का आधिपत्य करना चाहा था, पर कम्पनी के तत्कालीन सीनियर्स ने ऐसा नहीं होने दिया। नाईक ने यह पूरा घटनाक्रम देखा था, पर तब उन्हें इस बोर्ड रूम द्वंद्व में पराक्रम प्रदर्शन का मौका नहीं मिला था। धीरूभाई ने अपनी होल्डिंग्स आदित्य विक्रम बिड़ला को बेच दी थी। युवा कुमारमंगलम ने नाईक का बराबर मूल्यांकन किया। उन्हें पता था कि उनके परदादा जी.डी. बिड़ला और पिता आदित्य विक्रम बिड़ला ने अपने कार्यकाल में प्रयास किया था कि नाईक एल एंड टी छोड़कर बिड़ला समूह ज्वॉइन कर लें। उन प्रसंगों को याद करके ही शायद उन्होंने नाईक से अमेरिका में मुलाकात की और एल एंड टी के आधिपत्य की अपनी मंशा जाहिर करते हुए कहा कि आप तो हमारे पास नहीं आए, अब हम ही आपके पास आना चाहते हैं। नाईक का जवाब था–हम सब अपने सोच व अपने लक्ष्य के अनुसार अपना–अपना काम करते हैं। कारोबारी जगत में पर्सनल कुछ नहीं होता, सब प्रोफेशनल होता है।

उद्योग जगत गवाह है कि नाईक की कोर टीम ने युवा कुमारमंगलम की ऐसी घेराबंदी की कि उन्हें भी एल एंड टी के केवल सीमेंट व्यवसाय से संतोष करना पड़ा। इस घटनाक्रम ने इंजीनियर नाईक को कॉरपोरेट वर्ल्ड के जटिल कार्यक्षेत्र फाइनेंस में भी पारंगत कर दिया। एल एंड टी को इस आक्रमण से बचाते हुए उन्होंने जाना और समझा कि उनकी कम्पनी रिटेल निवेशकों की डार्लिंग कम्पनी नहीं है, हालाँकि वे मानते हैं–यह एक वेल मैनेज्ड कम्पनी है, जो मुनाफा कमाती है और आगे भी बढ़ रही है, पर अपनी सफलता व सम्पन्नता में निवेशकों को भागीदार नहीं

बनाती है। यही कारण है कि छह दशक से एल एंड टी के शेयर एक सीमित व साधारण मूल्य रेंज में मूव कर रहे हैं। 2003 से 2008 में एल एंड टी का टर्नओवर पाँच गुना बढ़कर 30 हजार करोड़ व मुनाफा 2175 करोड़ रुपए हुआ तो नाईक ने इस खुशी को निवेशकों के साथ शेयर किया। 24 साल बाद सन् 2007 में एल एंड टी के शेयरधारकों को बोनस शेयर मिले। एक दशक में पहली बार इसके शेयर मूल्य ने अपने ही बैरियर तोड़े और 20 गुना (175 से 3500 मूल्य रेंज, फरवरी, 2010 में 1500-प्लस) बढ़े। कम्पनी का मार्केट कैपिटलाइजेशन कई गुना हो गया। एल एंड टी के शेयरधारक और स्टॉक आप्शन प्राप्त करने वाले कर्मचारी आज खुश हैं, पर नाईक उनसे कहते हैं कि पैसा कमाने के कई तरीके हैं, पर एल एंड टी ने राष्ट्रनिर्माण के साथ पैसा कमाने का रास्ता स्वेच्छा से चुना है।

नाईक का यह कथन बड़बोलापन नहीं है, इसका प्रमाण है एक प्रसंग। पूर्व वित्तमंत्री पी. चिदंबरम उद्योग जगत से सामान्यतः दूरी बनाए रखते हैं। इस सचाई को जानते हुए भी नाईक उनसे मिले और बोले कि एल एंड टी दक्षिण भारत में शिपयार्ड और पोर्ट बनाना चाहती है, वे अपने प्रभाव का उपयोग करें। पी. चिदंबरम उन्हें साथ लेकर तमिलनाडु के मुख्यमंत्री के पास पहुँचे और बोले-मैं इन्हें आंध्र प्रदेश भी ले जा सकता था, पर तमिलनाडु मेरा गृहराज्य है, इसलिए चाहता हूँ कि एल एंड टी यहाँ अपना पोर्ट प्रोजेक्ट स्थापित करे। इसके बाद पी. चिदंबरम बोले-एल एंड टी देश की अकेली ऐसी नेशनल कम्पनी है, जो बड़े स्वप्न देखती है और उन्हें पूरा भी करती है। नाईक बताते हैं कि तमिलनाडु सरकार ने एक सप्ताह में एल एंड टी को सारे क्लियरेंस दे दिए। यही नहीं, अगस्त, 2007 में मायनर पोर्ट-पॉलिसी घोषित करके हमारा हौसला बढ़ाया। वस्तुतः एल एंड टी को 'बिल्डर टू ए नेशन' से 'नेशंस बिल्डर' बनाने या कहें कि दुनिया की टॉप टेन में से एक इंजीनियरिंग व कंस्ट्रक्शन कम्पनी बनाने के लिए नाईक अथक मेहनत की हैं।

एल एंड टी का कारोबार आज 12 पोर्टफोलियो में बँटा हुआ है। हर पोर्टफोलियो का एक सीईओ है, जिसे वही अधिकार मिले हुए हैं, जो एक स्वतंत्र कंपनी के सीईओ को मिलते हैं। वे फाइनेंस, अकाउंटिंग व एचआर निर्णय अपने विवेक से लेते हैं और एक स्वतंत्र नियंत्रक मंडल के प्रति जवाबदेह हैं। एल एंड टी का प्रमुख नियंत्रक मंडल इन्वेस्टमेंट, मीडिया व गवर्नमेंट रिलेशनशिप के साथ केवल नीति निर्देश जारी करता है। इसका सुफल है कि एल एंड टी अपने कोर बिजनेस-कंस्ट्रक्शन, इन्फ्रास्ट्रक्चर, प्लांट्स व मशीनरी डेवलपमेंट व मैन्यूफैक्चरिंग, वाटर व एनर्जी प्रोजेक्ट्स, हैवी इंजीनियरिंग, मेटल मटेरियल हैंडलिंग से कुल टर्नओवर का तीन-चौथाई हिस्सा कमा रही है और एक 'फोक्स्ड इंडस्ट्रियल हाउस' है। इसका नियंत्रण किसी 'टाटा-बिड़ला-अंबानी' (परिवार विशेष) के पास नहीं है, बल्कि प्रोफेशनल-टेक्नोक्रेट्स ही इसके नौकर और इसके मालिक हैं। यही हेनिंग हॉक लार्सन का स्वप्न था, जिनका नाईक अक्षरशः अनुसरण कर रहे हैं। लार्सन बोर्ड मीटिंग में आते थे, सबकी सुनते थे, अपनी बात कहते थे, पर निर्णय मनवाने के लिए दबाव नहीं डालते थे। नाईक भी यही कर रहे हैं। एल एंड डी को

इंटरनेशनल कॉरपोरेट सिटीजन बनाने वाले नाईक को हम विदेशी लार्सन का देशी संस्करण कहें तो शायद वे बुरा नहीं मानेंगे। नाईक कहते हैं कि मैं गाँव में जन्मा, ग्रामीण स्कूल में पड़ा। अंग्रेजी में कमजोर हूँ, पर हजारों आईआईटीयन मेरे अधीन काम करते हैं। मैं अपने साथियों के कहता हूँ कि वे मेरे जैसे हो सकते हैं। मुझे पता है कि एल एंड टी का नया सीएमडी यदि मेरे से ज्यादा स्मार्ट नहीं होगा तो नहीं चलेगा, नाईक के इस कथन का निहितार्थ है–ग्लोबल विलेज बन चुकी दुनिया में देश हो या कम्पनी उसे ऐसा लीडर चाहिए, जो सतत नया सोचे, बड़ा सोचे और दृढ़ संकल्प के साथ अपने सोच को लागू करे।

ऐसे लॉयल, ऐसे ईमानदार, ऐसे दूरन्देशी, ऐसे दृढ़निश्चयी और ऐसे विश्वसनीय एक्जीक्यूटिव आज देश ही नहीं, दुनिया में दुर्लभ हो गए हैं। स्व. हेनिंग हॉक लार्सन आज जहाँ भी होंगे, उन्हें संतोष होगा कि उन्होंने अपने जीवनकाल में अपनी कृति (एल एंड टी) ऐसे शख्स को सौंपी जिसने उनके द्वारा रोपित पौधे को वटवृक्ष बना दिया। वे नाईक से कहते होंगे–मेरा पुत्र भी होता तो यह सब नहीं कर पाता, जो तुमने किया। वेल डन मॉय सन। आई सैल्यूट यू...।

लोकल से ग्लोबल
इंडियन कॉरपोरेट्स
08

फाइनेंस विजार्ड

दीपक पारीख

आज तो कर्ज लेकर अपना घर बनाना बेहद सस्ता व सहज हो गया है, पर वे दिन ज्यादा पुराने नहीं हुए हैं जब देश के अधिकांश मध्यमवर्गीय परिवारों में के.एल. सहगल का यह गाना खूब लोकप्रिय था–'एक बँगला बने न्यारा...' इस गीत के निहितार्थ में छुपी है अपनी छत न होने की वेदना और अपने घर की मनोकामना। उन दिनों हाउसिंग डेवलपमेंट फाइनेंस कॉरपोरेशन (एचडीएफसी) देश में एकमात्र कम्पनी थी, जो अकेले अपने संसाधन व अपनी सीमा में मध्यमवर्गीय परिवारों के 'अपने नीड़' का स्वप्न पूरा कर रही थी। इसका श्रेय एचडीएफसी के संस्थापक चेअरमैन हँसमुख टी. पारीख और वर्तमान चेअरमैन दीपक पारीख को है, जिन्होंने सबसे पहले समझा कि यदि कर्जदार का सावधानी से चयन करें, दस्तावेजों की सही प्रोसेसिंग करें तो सबसे सुरक्षित है–'होम लोन्स बिजनेस।' वे जानते थे कि कर्ज पेटे रेहन रखी सम्पदा के दस्तावेज जब तक साहूकार के कब्जे में हैं, सम्पदा आसानी से बिक नहीं सकती। यही नहीं, अचल अवस्था में होने से इसे कर्जदार किसी ट्रक या ट्रेन में लादकर भाग भी नहीं सकते। विलक्षण बात यह है कि यह छोटी-सी बात देश के बैंकिंग उद्योग को बहुत विलम्ब से समझ में आई और बहुसंख्यक आबादी वर्षों तक 'अपनी छत-अपने आँगन' के सुख से वंचित रही। अब ये ही बैंकर्स सड़कों पर दुकानें (हाउसिंग लोन मेला/रोड शो) लगाकर अपनी चार दशक पुरानी भूल सुधार कर रहे हैं। पर 'जो सोया उसने खोया' की तर्ज पर आज भी वे एचडीएफसी से बहुत पीछे हैं। वस्तुतः एचडीएफसी ने मध्यमवर्गीय भारतीयों को सबसे पहले आसान शर्तों पर होम लोन्स देकर इस मार्केट में ऐसा एकाधिकार स्थापित किया है कि ताजा घमासान में भी इस मार्केट का आधा हिस्सा उसके कब्जे में है। यही नहीं, इस उपलब्धि से दीपक

पारीख ने जो 'रसूख' अर्जित किया है, उसे इंडिया टुडे जैसी बहुपठित पत्रिका के शब्दों में दोहराएँ तो वे हैं– 'ऐसे नीड़ निर्माता, जो देश के गृह–ऋण क्षेत्र में क्रांति लाए और अब जब वे बोलते हैं तो सारा वित्त मंत्रालय बगलें झाँकता है।' दीपक पारीख एचडीएफसी के वॉकी–टॉकी ब्रांड हैं।

दीपक पारीख ने एचडीएफसी को जनरल मैनेजर की हैसियत से ज्वॉइन किया था। वे सन् 1993 में इसके चेअरमैन बने। एचडीएफसी के संस्थापक चेअरमैन हँसमुख टी. पारीख दीपक पारिख के काका थे। एक बैंकर के पुत्र हँसमुख पारिख ने लंदन स्कूल ऑफ इकोनॉमिक्स में पढ़ाई करते समय देखा था कि इंग्लैंड की हाउसिंग बैंक (ब्रिटिश बिल्डिंग सोसाइटी) की मदद से युवावस्था में ही अंग्रेज अपने घर के मालिक हो जाते हैं, जबकि उनके अपने देश में अधिकांश लोगों का यह स्वप्न या तो कभी पूरा ही नहीं होता और यदि प्रौढ़ावस्था में वे किसी तरह अपना मकान बनाते भी हैं तो उसका पूरा सुख–संतोष नहीं जुटा पाते। इस निष्कर्ष के साथ मन में एक संकल्प सँजोए हँसमुख टी. पारीख स्वदेश लौटे। यहाँ सबसे पहले एक स्टॉक ब्रोकिंग फर्म में उन्होंने नौकरी की और फिर सन् 1956 में जन्मी आईसीआईसीआई को ज्वॉइन किया। दो दशक के कार्यकाल में आईसीआईसीआई को देश का प्रमुख डेवलपमेंट फाइनेंसिंग इंस्टीट्यूट बनाने का गौरव हँसमुख पारिख ने जुटाया। सन् 1977 में जब उन्होंने आईसीआईसीआई को छोड़ा तो वे इसके चेअरमैन थे। इस बीच, वे अपना संकल्प नहीं भूले। देश के वित्तीय क्षेत्र में काम करते हुए उनका यह विश्वास और भी पुख्ता हुआ था कि केवल गृह निर्माण ऋण पर केंद्रित करके कोई वित्तीय संस्था स्थापित की जाए तो वह अच्छा कारोबार करेगी, मुनाफा भी कमाएगी और देश के कंस्ट्रक्शन व बेसिक उद्योग (सीमेंट, स्टील, ट्रांसपोर्ट आदि) को भी बढ़ावा मिलेगा।

हँसमुख पारिख ने स्टॉक ब्रोकिंग, मनी मार्केट व आईसीआईसीआई के अपने कार्यानुभव व सम्पर्कों का दोहन करके अंततः अक्टूबर, 1977 में एचडीएफसी की स्थापना की, जिसने 1978 में कारोबार शुरू किया। अपने भतीजे दीपक पारीख को डिप्टी जनरल मैनेजर की हैसियत से यहाँ नौकरी दी तो एचडीएफसी के अन्य मैनेजर्स ने इसे भाई–भतीजावाद कहा, पर हँसमुख पारीख का लक्ष्य बड़ा था। वे जानते थे कि वे जो कर रहे हैं वह संस्था के हित में है।

यही नहीं, स्वयं दीपक पारीख अपने लिए दुनिया के वित्त मार्केट में प्रचुर सम्भावनाएँ छोड़कर अपने काका के सहयोगी बने थे। इंग्लैंड से चार्टर्ड अकाउंटेंट दीपक पारीख ने अपना कैरियर अर्नेस्ट एंड यंग, न्यूयॉर्क से शुरू किया था। ग्रिंडलेज बैंक के बैंकिंग डिवीजन के बाद उन्होंने चेज मेनहट्टन बैंक में भी नौकरी की। दीपक पारीख ने एक साक्षात्कार में कहा है–1970 के दशक में मैं अमेरिकन कंपनी चेज मेनहट्टन में नौकरी कर रहा था। चेज के साउथ एशिया (मुंबई, सिंगापुर व हांगकांग) कारोबार का मैं सहप्रतिनिधि था। उन दिनों मुझे अर्नेस्ट एंड यंग एवं ग्रीनलेज बैंक से व्यापार–व्यवहार करना पड़ता था और इसके लिए मैं बार–बार न्यूयॉर्क, हांगकांग और सिंगापुर आता–जाता था। पेट्रो–डालर बूम (1970 का दशक) के दौरान मुझे सऊदी अरब स्थित चेज कार्यालय के इंचार्ज होने का ऑफर मिला और उसी समय काका सा. (हँसमुख पारीख) का बुलावा आ गया। आईसीआईसीआई के चेअरमैन का पद छोड़कर वे

मार्टगेज कंपनी (एचडीएफसी) स्थापित कर रहे थे। एक तरफ इंटरनेशनल फाइनेंस मार्केट में बड़ी सम्भावनाएँ प्रतीक्षा कर रही थीं तो दूसरी तरफ काका सा. चाहते थे कि मैं देश लौट आऊँ। मेरी उम्र 34 वर्ष थी। मैं दो संतानों का पिता था। चेज से मिलने वाले वेतन से आधी राशि पर एचडीएफसी को ज्वॉइन करना जोखिम थी। बड़ी चुनौती थी। मैं ऊहापोह में था कि काका सा. के इस कथन ने मुझे झकझोर दिया कि तुम्हारी क्षमता, तुम्हारी प्रतिभा की तुम्हारे देश को जरूरत है। एचडीएफसी को मैंने विदेश में मिल रहे वेतन से आधे में ज्वॉइन कर लिया। मुझे इस फैसले के लिए कभी दु:खी नहीं होना पड़ा है।

यहाँ एक और तथ्य उल्लेखनीय है कि दीपक पारीख के दादा और पिता बैंकर्स थे। उनके दादा सेंट्रल बैंक के शुरुआती स्टाफ में से एक थे, जिन्हें सेंट्रल बैंक के संस्थापक सर पोकनवाला ने 50 रुपए मासिक के वेतन पर स्वयं नौकरी दी थी। चालीस साल यह नौकरी करते हुए वे डिप्टी मैनेजिंग डायरेक्टर के पद से सेवानिवृत्त हुए। बैंकर्स परिवार में जन्म लेने और लालन-पालन के कारण दीपक पारीख ने बैंकिंग खासकर कर्जदारों को चुनने और कर्ज देने की प्रक्रिया को बचपन से देखा व समझा था।

दीपक पारीख के बैंकिंग गुरु हैं उनके पिता और काका हँसमुख ठाकोरदास पारीख। पिता के निधन के बाद तो दीपक पारीख की अपने काका से नजदीकी और बढ़ गई थी, क्योंकि उनकी कोई संतान नहीं थी। उनसे ही दीपक पारीख को एचडीएफसी का नियंत्रण मिला और विरासत में मिले 100 रु. मूल्य के एचडीएफसी के 2000 शेयर। दीपक पारीख कहते हैं-'मैं एचडीएफसी की 0.1 फीसदी इक्विटी होल्डिंग के साथ एचडीएफसी का सूत्रधार बना हुआ हूँ। वास्तविकता यह है कि मैं अपने अन्य साथियों की तरह वेतनभोगी हूँ। मेरी अपनी कोई अन्य निजी कंपनी नहीं है। मेरी आय के स्रोत हैं वेतन और डिविडेंड के अलावा विभिन्न कम्पनियों के डायरेक्टर होने की फीस, कमीशन और परामर्श शुल्क। काका सा. के बुलावे पर स्वदेश लौटकर एचडीएफसी ज्वॉइन करने के निर्णय को मैंने इंजॉय किया है तो मेरी जिंदगी में खुश होने का दूसरा बड़ा मौका तब आया, जब मेरे दोनों पुत्रों (एक ने इकोनॉमिक्स व दूसरे ने मैनेजमेंट) ने अच्छी शिक्षा पाई और अच्छी नौकरियाँ प्राप्त कीं। लोग कहते हैं कि वे मेरे बाद एचडीएफसी ज्वॉइन करेंगे। मैं पूछता हूँ क्यों? क्या एचडीएफसी मेरी सम्पदा है? नहीं। मैं खुद यहाँ नौकर हूँ, मालिक नहीं।'

दीपक पारीख अपने काका की उम्मीद पर भी खरे साबित हुए। एचडीएफसी में जिस वेतन से उन्होंने शुरुआत की, वह उनके पूर्ववर्ती जॉब (चेज मेनहट्टन) से बहुत कम था। हालाँकि, उन्हें अथक श्रम करना पड़ा है, क्योंकि हमारे देश में तब आज जैसा 'ऋण कृत्वा घृतम् पीवते' वाला माहौल नहीं रहा था। कर्ज लेकर तब घरेलू सामान खरीदना अपमानजनक माना जाता था। साधारण लोगों का बैंकों से नाता-रिश्ता भी सीमित था। वे बैंकों में केवल बचत जमा करते थे और जरूरत पड़ने पर निकालते थे। बैंक भी निजी जरूरत के लिए कर्ज देने से परहेज करते थे। गृह निर्माण हेतु कर्ज लेने के लिए तब बैंक स्टाफ को भी पापड़ बेलने पड़ते थे तो ग्राहकों के लिए तो यह दिवा-स्वप्न ही था। इसका एक कारण यह भी था कि गृह निर्माण के लिए कर्ज देने

वाले साहूकारों को आज जैसा वित्तीय समर्थन (आज साहूकार संस्था को दिए गए कर्ज पर पुनर्वित्त सुविधा) या कानूनी समर्थन (दस्तावेजों का सरकारी विभागों में पंजीकरण, मासिक किस्तों के अग्रिम चेक, चेक बाउंस होने पर आपराधिक मुकदमे जैसे वसूली अधिकार) भी उपलब्ध नहीं था। दूसरे शब्दों में, एचडीएफसी तत्कालीन प्रणाली व परम्परा के प्रतिकूल न केवल गृह निर्माण के लिए कर्ज देती थी, वरन् यह कर्ज भी उन मध्यमवर्गीय परिवार को देना चाहती थी, जो कर्जदार होने के सोच से भी डरते थे। इससे भी बड़ी बाधा थी कर्ज की लागत यानी ब्याज की दर तब बहुत ज्यादा थी।

चौंकें नहीं, पर यह सच है कि दीपक पारिख की टीम को उन दिनों कर्ज लेने वाले ग्राहक खोजने पड़े थे। कर्ज लेने के लिए उन्हें समझाना पड़ता था। कर्जदार का उनका चयन आधार एक ही था–'जो कर्ज पटा सकें।' इन्फोसिस के संस्थापक एन.आर. नारायण मूर्ति आज स्वयं 'कुबेर' हैं, पर उन्होंने अपना पहला घर (फ्लैट) एचडीएफसी के कर्ज (रु. 1.70 लाख) से खरीदा था। वे तब पाटनी कम्प्यूटर्स में नौकरी करते थे और उनकी पत्नी सुधा मूर्ति टिस्को की सीनियर वूमेन मैनेजर थीं। एचडीएफसी के लिए यह दम्पति कर्ज का आदर्श पात्र था। मूर्ति ने एक साक्षात्कार में कहा भी है–'जब हम एचडीएफसी के दफ्तर पहुँचे तो दीपक पारीख की टीम की ग्राहक सेवा ने हमें चौंकाया। हमें न केवल आसान शर्तों पर कर्ज मिला, वरन् कर्ज की प्रक्रिया पूरी करने में भी मदद मिली।' दीपक पारीख ने एक बार नारायण मूर्ति से पूछा–आप यह बात क्यों नहीं भूले? आज तो आपके पास इतनी सम्पदा है कि आप एचडीएफसी को खरीद लें। वे बोले–मैं कर्ज को नहीं, उस प्यार को याद करता हूँ, जो तब मुझे एचडीएफसी से मिला था। एचडीएफसी की सफलता का मंत्र यही है–Affection in lending.

यह वह पहला सूत्र है जिसे पकड़कर दीपक पारीख ने गृह निर्माण कर्ज को न केवल लोकप्रिय बनाया, वरन् इस मार्केट को इतना 'बड़ा' बना दिया कि आज देश के सारे वित्तीय संस्थान रिटेल कारोबार के लिए इस पर निर्भर हैं। गृह निर्माण कर्ज के प्रत्यक्ष कर्जदार व अप्रत्यक्ष रूप से साहूकार पैदा करने के लिए दीपक पारीख की टीम ने जो नवोन्मेषी कदम उठाए, जो कार्य-संस्कृति विकसित की, वह अपने आपमें एक 'केस-स्टडी' है। बिजनेस टुडे (कलेक्टर्स एडिशन-2002) ने लिखा है–'दीपक पारीख की सफलता के मंत्र बेहद सरल हैं। मसलन, वे इस बेसिक सिद्धांत पर चले हैं कि मौखिक प्रचार सबसे प्रभावी है। एक संतुष्ट ग्राहक कई नए ग्राहक लाता है। दूसरे, एचडीएफसी की कार्यप्रणाली उन्होंने स्थायी रूप से ग्राहकोन्मुखी बनाई और इसके लिए ऐसे प्रॉडक्ट्स (योजनाएँ) डिजाइन किए, जो ग्राहकों की जरूरतें पूरी करें, यानी जो ग्राहक माँगे वह उन्हें मिले। यहाँ तक कि एचडीएफसी ने पुनर्भुगतान प्रोग्राम ग्राहकों की भुगतान क्षमता अनुसार बदलने तक की पहल की।' स्पष्ट है कि 'इस मामले में जन्मजात गुणों (गुजराती वणिक का धैर्य व लाभदायक व्यापार करने की प्रवृत्ति) ने दीपक पारिख की अच्छी मदद की। उन्हें पता था कि वे एक नया मार्केट बना रहे हैं, अत: एचडीएफसी में उन्होंने कर्मठ व विनम्र लोगों को ही नियुक्ति दी और ऐसा वर्क-कल्चर ढाला कि वे एचडीएफसी परिवार के स्थायी व समर्पित सदस्य बन जाएँ। एक साक्षात्कार में दीपक पारीख ने इस रणनीति

का खुलासा करते हुए कहा है–'मेरी पसंद है साधारण बिजनेस स्कूल के प्रतिभावान मैनेजमेंट ग्रेजुएट्स, क्योंकि वे कथित नम्बर वन बी-स्कूलों के छात्रों की तुलना में ज्यादा विनम्र व लचीले होते हैं। जैसा वर्क-कल्चर मिले उसे बिना बहस तत्काल आत्मसात् कर लेते हैं।' दीपक पारीख की इस समझौता-परस्त सूझबूझ से एचडीएफसी को एक और फायदा हुआ। विगत एक दशक में देश में रिटेल फाइनेंसिंग का जोर बढ़ा और इस काम में माहिर स्टाफ की माँग बढ़ी, पर सबसे कम सीनियर एक्जीक्यूटिव्स यदि किसी संस्था को छोड़कर गए तो वह है एचडीएफसी। इसका श्रेय उस 'केअर व कंसर्न' को है जो एचडीएफसी की टॉप टीम अपने अधीनस्थों को प्रदान करती है।

आदित्य पुरी

'मैंने एचडीएफसी का संचालन ऐसे किया है, जैसे मैं इसका मालिक हूँ। दीपक पारीख एक अन्य साक्षात्कार (बिजनेस लाइन) में यह दोहराते हुए कहते हैं–'मैं भी एचडीएफसी का अन्य स्टाफ की तरह एक वेतनभोगी कर्मचारी हूँ, पर इसका संचालन करते समय मेरा व्यवहार ऐसा होता है, जैसे मैं मालिक-उद्यमी (ऑनर) हूँ। मैंने अपने साथियों के साथ रिश्ते चतुराई से बुने हैं। हमेशा खुली व लचीली नीति अपनाई है।' उनके अनुसार–'मैं ही क्यों, एचडीएफसी में सब उद्यमी व लीडर पहले हैं, कर्मचारी या प्रबंधक बाद में। हम सबका एजेंडा भी कॉमन है–ग्राहक हितैषी व्यवहार व कार्यप्रणाली। नौकरशाही की बुराइयों से बचने का सुफल है कि हम कागजी कार्रवाई घटा सके, ऋण प्रक्रिया व पुनर्भुगतान आसान कर सके, हमने तत्काल फैसले लिये, एडवांस टेक्नोलॉजी अपनाकर एक्यूरेट व फास्ट सर्विस दी। हम सबने कोशिश की है कि ग्राहक को बार-बार हमारे दफ्तर न आना पड़े।' स्पष्ट, सहज, पारदर्शी व ग्राहकोन्मुखी कार्यप्रणाली के कारण ही एचडीएफसी सामान्यत: एक सप्ताह में कर्ज स्वीकृत व वितरित कर देता है। हालाँकि, विशेष स्थिति में एक दिन में भी कर्ज वितरण का रिकॉर्ड बना है। सालों बाद एचडीएफसी की नकल करने वाले (झंझटमुक्त ऋण स्वीकृति के दावेदार) यदि आज भी अपने गिरेबान में झाँकेंगे तो उसे 'फटा' हुआ ही पाएँगे।

स्पष्ट है कि मध्यमवर्गीय कर्जदारों पर फोकस करते हुए प्रतिकूल परिस्थितियों में भी जटिल कारोबार (गृह निर्माण कर्ज वितरण व वसूली) को सुरक्षित न मुनाफादेह बना देने वाले दीपक पारीख दस सालों (सन् 1993-2003) में एचडीएफसी को ऐसे मुकाम पर ले आए हैं कि उनकी नकल करना भी चुनौती बन गया है, जबकि सारी स्थितियाँ अनुकूल हैं। परिणाम...! होम लोन्स मार्केट में एचडीएफसी आज भी निर्विवाद लीडर है। चाहे अब तक का कारोबार हो या उसकी ग्रोथ। इसका प्रमाण है एचडीएफसी का सम्पदा आधार (सम्पदा आधार का मतलब है बैंक विशेष द्वारा प्रदत्त कुल कर्ज) जो 20 बिलियन डॉलर (करीब एक लाख करोड़ रुपए वित्त वर्ष 2008-09) हो गया है। इस मार्केट में एचडीएफसी की हिस्सेदारी आज भी 45 से 50 फीसदी है। इन सबसे बड़ी उपलब्धि है–'एक संस्था-एचडीएफसी व एक व्यक्ति-दीपक पारीख (व उनकी टीम) द्वारा 25 लाख से ज्यादा लोगों के घर का स्वप्न पूरा करना।'

देश के बहुपठित वाणिज्यिक समाचार-पत्र इकोनॉमिक टाइम्स के बहुप्रतिष्ठित 'लाइफ टाइम अचीवमेंट अवार्ड-2003' से नवाजे गए दीपक पारीख की वित्तीय सूझबूझ व प्रबंधन शैली का वित्त मंत्रालय ऐसा कायल है कि वे एक दर्जन से ज्यादा उच्चस्तरीय कमेटियों/संस्थानों के मनोनीत सदस्य हैं। यही नहीं, सन् 1998 में जब यूटीआई की सिरमौर योजना यूएस-64 संकटग्रस्त हुई थी तो वित्तमंत्री ने जो संकट-मोचक कमेटी बनाई, उसकी बागडोर दीपक पारिख को सौंपी। इस कमेटी ने जो संजीवनी (फॉर्मूला) दी, उससे यूटीआई 'कोमा' (मूर्च्छावस्था) से मुक्त हुई तथा केंद्र सरकार व वित्त मंत्रालय की साख बची। और हाल ही में देश की चौथी बड़ी आईटी कम्पनी सत्यम कम्प्यूटर अपने ही प्रमोटर के आर्थिक घोटाले की शिकार हुई और सारी दुनिया में भारत की साख दाँव पर लग गई तो भारत सरकार को दीपक पारीख ही याद आए। सत्यम को महिन्द्रा एंड महिन्द्रा के नियंत्रण में सौंपकर दीपक पारीख ने 40 हजार आईटी प्रोफेशनल्स को तो राहत प्रदान की ही, बल्कि भारतीय आईटी उद्योग को भी कलंकित होने से बचा लिया। बीएसएनएल की वित्तीय हालत सुधारने के लिए भी भारत सरकार ने उन पर ही भरोसा किया था। दीपक पारीख ने इनके अलावा जो अन्य परामर्शी दायित्व सँभाले हैं, उनमें उल्लेखनीय है-

- हाउसिंग फाइनेंस कंपनियों को नियंत्रित करने वाली नेशनल हाउसिंग बैंक की स्थापना (1987) के लिए गठित कमेटी।
- बीमा उद्योग में निजी क्षेत्र के प्रवेश के लिए स्थापित कमेटी।
- सेबी द्वारा फारवर्ड ट्रेडिंग के लिए गठित कमेटी।
- इंडियन एयरलाइंस और एयर इंडिया को घाटे से उबारने के लिए गठित कमेटी।
- सार्वजनिक क्षेत्र की कम्पनियों के सीईओ को देय प्राप्तियों के निर्धारण के लिए गठित कमेटी।
- पावर फाइनेंस कॉरपोरेशन के वित्तीय सिस्टम के लिए गठित कमेटी।
- बैंकिंग सेक्टर में सुधार के लिए गठित कमेटी।
- दीपक पारीख को भारत सरकार ने निवेश आयोग का सदस्य बनाया और रतन टाटा के नेतृत्व में दायित्व सौंपा कि वे देश के लिए विदेशी निवेश जुटाएँ।

वस्तुतः दीपक पारीख ऐसे फाइनेंस विजार्ड हैं, जिनका लोहा सारी दुनिया मानती है। इसकी मिसाल है कई इंटरनेशनल कमेटियों में उनका मनोनयन। इनमें उल्लेखनीय है कामनवेल्थ इक्विटी फंड के वे भारतीय सलाहकार हैं, अलायंस कैपिटल मैनेजमेंट न्यूयॉर्क के इंडियन लिबरेलाइजेशन फंड के नियंत्रक मंडल के सदस्य हैं, बैंकर्स ट्रस्ट न्यूयॉर्क के एशियन सलाहकार मंडल में उनको शामिल किया गया है। इनके अलावा इंटरनेशनल फाइनेंस कॉरपोरेशन वाशिंगटन, कैपिटल इंटरनेशनल ग्रुप न्यूयॉर्क और बोस्टोन कंसल्टिंग ग्रुप, भारतीय शाखा के वे परामर्शदाता हैं। दीपक पारीख कई कंपनियों के स्वतंत्र डायरेक्टर भी हैं, जैसे- हिंदुस्तान लीवर, आईसीआईसीआई और महिन्द्रा एंड महिन्द्रा। केशुब महिन्द्रा (महिन्द्रा एंड

महिन्द्रा के चेअरमैन) को दीपक पारीख अपना गाइड व गुरु मानते हैं तो देश के इस यशस्वी वयोवृद्ध उद्योगपति का कहना है कि दीपक दूसरों से बहुत पहले समस्या को समझ लेते हैं। सम्भावनाओं को पहचान लेते हैं। मुद्दों पर सम्पूर्ण ध्यान केंद्रित करके लक्ष्यभेद की उनमें अद्भुत क्षमता है।

दिलचस्प बात यह है कि वित्त जैसे उबाऊ व जटिल विषय के विशेषज्ञ दीपक पारीख अपने साथियों के बीच 'केज्युअल अप्रोच' के लिए तो देश के कॉरपोरेट वर्ल्ड में निजी मित्रता के लिए मशहूर हैं। उम्र के हिसाब से (अन्यथा पूरी तरह फिट व स्वस्थ) रिटायरमेंट के बेहद नजदीक पारीख आज भी सोलह घंटे काम करते हैं, पर सप्ताहांत पर ब्रिज खेलना नहीं भूलते। देश के इस यशस्वी फाइनेंस-फाइनेलिस्ट को विभिन्न अवार्ड, जैसे-बिजनेस इंडिया द्वारा 'बिजनेस मैन ऑफ द ईयर-1996' या इकोनॉमिक टाइम्स का 'अल्टीमेट लाइफ टाइम अचीवमेंट' अवार्ड देकर मीडिया ने भी साबित कर दिया है कि जो देश की बहुसंख्यक आबादी का हितैषी है, वह हमारे सम्मान का भी हकदार है।

एचडीएफसी एक फाइनेंशियल सुपर मार्केट

एचडीएफसी का न्यू मिलेनियम लक्ष्य है-'देश का सबसे बड़ा फाइनेंशियल सुपर मार्केट बनना' यानी हर किस्म की वित्तीय सेवा/सुविधा एक ही ब्रांड के बैनर तले सारे देश में एक साथ सबको उपलब्ध करवाना। दीपक पारिख ने इसकी शुरुआत बैंक से की है। एचडीएफसी ने सबसे पहले भारतीय रिजर्व बैंक से निजी क्षेत्र की बैंक स्थापित करने की अनुमति माँगी थी। सन् 1994 में जन्मी एचडीएफसी बैंक की इक्विटी में इंग्लैंड की नेशनल वेस्ट मिनेस्टर बैंक भागीदार है। दीपक पारिख ने ग्रुप का पब्लिक फेस एचडीएफसी बैंक को बना दिया और इसका दायित्व आदित्य पुरी को सौंपा, जो पूर्व में सिटी बैंक के देशी-विदेशी कारोबार का संचालन कर चुके हैं। स्क्रेच से शुरुआत करके एचडीएफसी बैंक को आदित्य पुरी देश के निजी क्षेत्र की बैंकों में सबसे अव्वल ले भी आए हैं। यूरोमनी एंड फाइनेंस एशिया व जेडी पॉवर एशिया एचडीएफसी बैंक को भारत की सर्वश्रेष्ठ बैंक के साथ सर्वोच्च ग्राहक संतुष्टि के लिए सम्मानित कर चुकी है। ब्लूचिप कॉरपोरेट क्लाइंट्स, मजबूत ट्रेजरी बिजनेस व पर्याप्त फॉरेन एक्सचेंज बिजनेस आदित्य पुरी की ऐसी उपलब्धियाँ हैं, जो दीपक पारिख के चयन की पुष्टि करती हैं।

इसके अलावा दीपक पारिख ने इंग्लैंड की स्टैंडर्ड लाइफ इंश्योरेंस कंपनी के साथ जीवन बीमा (एचडीएफसी स्टैंडर्ड लाइफ) व साधारण बीमा क्षेत्र में भी प्रवेश किया है। साधारण बीमा क्षेत्र में नवागंतुक होने के बावजूद एचडीएफसी ग्रुप ने जबरदस्त उपस्थिति दर्ज करवा ली है। समूह की एसेट मैनेजमेंट कंपनी भी निजी क्षेत्र की देश की दूसरी सबसे बड़ी फंड मैनेजर बन गई है। समूह की वित्तीय ब्रोकरेज फर्म भी है। दीपक पारीख ने ट्रांसयूनियन व भारतीय स्टेट बैंक के साथ इन्फ्रास्ट्रक्चर डेवलपमेंट फाइनेंस कंपनी की स्थापना भी की है। इसके अलावा महिन्द्रा के साथ रीयल एस्टेट सर्विसेस ऑनलाइन स्थापित की है। एचडीएफसी ने कई प्रॉपर्टी अधिगृहीत की है और किराए की आमदनी जुटाई है। इनमें उल्लेखनीय है आईटी पार्क बैंगलोर और हाईटैक सिटी हैदराबाद। सुभाष चंद्रा के 200 सिनेप्लेक्स प्रोजेक्ट में भी एचडीएफसी भागीदार

है। होटल लीली पैलेस की इक्विटी में भी हिस्सेदार है। दूसरे शब्दों में, दीपक पारिख ने एचडीएफसी को फाइनेंशियल सुपर मार्केट बनाने के सारे बुनियादी साधन/संस्थान जुटा लिये हैं।इसके सुफल भी उन्हें मिलने लगे हैं।

दिलचस्प व्यक्तित्व के धनी दीपक पारिख कहते हैं कि मैंने बैंकर होते हुए उद्योगपति जैसी शानदार जिंदगी जी है। परिवार व मित्रों का भरपूर प्यार, स्नेह और विश्वास पाया है। मैं अपनी जिंदगी से इतना खुश हूँ कि यदि पुनर्जन्म हो तो ये ही मित्र-परिजन, ये ही संगी-साथी चाहता हूँ।

लोकल से ग्लोबल
इंडियन कॉरपोरेट्स

09

लम्बी पारी

ब्रजमोहनलाल मुंजाल

विगत सौ सालों में देश की सबसे बड़ी त्रासदी की चर्चा करें तो पड़ोसी देशों से युद्ध, भूकंप, आतंकवाद, बाढ़ या अकाल से भी पहले याद आता है देश का विभाजन...। आजादी के उपहार के साथ एक बड़ी आबादी को दो देशों के बीच बँटने का अभिशाप। लाखों परिवार रातोरात इधर से उधर शिफ्ट हुए थे। इस अफरा-तफरी को हिंदू-मुस्लिम दंगों ने पूरी तरह व बुरी तरह अमानवीय व क्रूर बना दिया था। सम्पदा या कारोबार लुट जाने की पीड़ा तो सहनीय है, पर अपने प्रियजन के बिना अपराध कटने-मरने की पीड़ा कोई भुक्तभोगी ही बयान कर सकता है। उस दौरान महिलाओं के साथ हुई जबरदस्ती व अत्याचार की व्यथा-कथा तो कोई दोहरा भी नहीं सकता।

'ग्रेट यह मैकेनिक' है विधाता, जिसने हमारे मन-मस्तिष्क में भूलने की क्षमता 'इनबिल्ट' की अन्यथा हमारा जीवन ही नरक हो जाता। यही नहीं, बुरे समय व बुरे अनुभव से 'मैच्योर' होने का वरदान दिया। इसका जीवंत उदाहरण अधिकांश विस्थापित परिवार हैं, जो आज सफल व सम्पन्न हैं। कई ने तो तिनका-तिनका जोड़कर फिर ऐसा नाम व नामा (Prestige and Prosperity) कमाया है, जो बिरलों को ही मिलता है। इनमें से ही एक हैं हीरो समूह के मुंजाल बंधु। देश विभाजन के समय उन्हें भी पाकिस्तान में खेती-बाड़ी, घर-मकान व कारोबार छोड़कर भागना पड़ा था। चार भाइयों दयानंद, सत्यानंद, ब्रजमोहनलाल व ओमप्रकाश मुंजाल को अपने 67 वर्षीय (तब) पिता बहादुरचंद मुंजाल के साथ आजाद भारत में नए सिरे से शुरुआत करना पड़ी थी। आज ब्रजमोहनलाल मुंजाल (जन्म-1923) हीरो ग्रुप ऑफ

कंपनीज के चेअरमैन हैं, जो दुनिया की सबसे बड़ी बाइक निर्माता कंपनी है। उम्र के हिसाब से उनके समकक्ष हैं केवल केशुब महिंद्रा (महिंद्रा एंड महिंद्रा के चेअरमैन)। मुंजाल बंधुओं में सबसे छोटे ओमप्रकाश मुंजाल (जन्म–1928) हीरो साइकिल्स के को-चेअरमैन हैं। परिवार की दूसरी व तीसरी पीढ़ी के दो दर्जन युवा सदस्य भी समूह की विभिन्न कंपनियों में दायित्व सँभाले हुए हैं। हीरो समूह के संस्थापक 'मुंजाल्स' की सफलता व संपन्नता के कई दिलचस्प पहलू हैं। एक, बड़े भाई दुनिया के सबसे बड़े बाइक निर्माता हैं तो छोटे भाई साइकिल के सबसे बड़े उत्पादक हैं। दूसरे, होंडा जापान के साथ दो दशक से ज्यादा चली भागीदारी। इससे भी बड़ी उपलब्धि है–एक बड़ा संयुक्त परिवार, जो आज भी कारोबारी मंच पर एकजुट है। इसका सारा श्रेय ब्रजमोहनलाल (वे अपने नाम के बाद गोत्र पसंद नहीं करते हैं) व मुंजाल परिवार के वरिष्ठ सदस्यों को है, जिन्होंने परिवार खासकर युवा पीढ़ी को एक सूत्र में बाँधे रखा है।

इस पृष्ठभूमि में आइए यह पहेली बूझने की कोशिश करें कि हीरो समूह ने दोपहिया वाहन मार्केट में बजाज के पाँच दशक पुराने एकाधिकार को कैसे तोड़ा या हीरो साइकिल्स चार दशक से साइकिल मार्केट के लीडर कैसे बने हुए हैं। पर, इसके पहले एक बार फिर उस त्रासदी को याद करें, जिसने मुंजाल परिवार को जुझारू पर धैर्यवान बनाया।

पाकिस्तान के लायलपुर जिले के एक छोटे-से गाँव कामलिया के बहादुरचंद मुंजाल के पुत्रों की प्रारंभिक पढ़ाई गाँव के सरकारी स्कूल में हुई। स्कूली शिक्षा के तत्काल बाद मुंजाल-बंधु फिरंगियों की फौज के ऑर्डिनेंस डिपार्टमेंट के लिए काम करने लगे थे। दूसरों, खासकर अंग्रेजों के लिए काम करना इन्हें ज्यादा दिन रास नहीं आया। 'अपना खुद का कोई काम हो' –इस चाह के साथ मुंजाल बंधुओं ने सन् 1942 में लाहौर और अमृतसर में साइकिल पाट्‌र्स की ट्रेडिंग की। ओमप्रकाश मुंजाल ने एक साक्षात्कार (फाइनेंशियल एक्सप्रेस–नवंबर, 2000) में मजाकिया अंदाज में कहा है–'तब हम सारे भाई कुँआरे थे। सबने कारोबार में अपनी पूरी ऊर्जा लगा दी थी। पाँच साल में हम नंबर वन साइकिल पाट्‌र्स सप्लायर बन गए।'

मार्च, 1947 में देश की आजादी व देश के बँटवारे की खबरों के साथ सारे देश, खासकर सीमावर्ती (पाकिस्तान से लगे) इलाकों में गड़बड़ी होने लगी। मुंजाल परिवार ने सोचा कि शहरों में यह 'आफत' ज्यादा फैलेगी, अत: वे पुश्तैनी गाँव लौट गए। जब विभाजन शुरू हुआ तो दंगे गाँव-गाँव में भड़क उठे। मुंजाल परिवार के एक दर्जन से ज्यादा सदस्य किसी तरह अंतिम ट्रेन में सवार होकर अमृतसर पहुँचे। पाकिस्तान में कृषि भूमि, मकान, कारोबार छूट गए। यहाँ आकर देखा कि अमृतसर स्थित पुश्तैनी मकान भी दंगे की चपेट में स्वाहा हो गया है। नए सिरे से सब कुछ बुनने के दृढ़ इरादे के साथ वरिष्ठ मुंजाल बंधुओं ने स्वाधीन भारत में भी अपने पुराने कारोबार साइकिल ट्रेडिंग को ही रोजी-रोटी का आधार बनाया। सन् 1949 से 1951 तक पुरानी दिल्ली में 14 बाय 18 वर्गफीट की दुकान से साइकिल्स बेची। इसके साथ ही उन्होंने बेहद साधारण जीवन जीने का संकल्प लिया।

हीरो समूह की आज सिरमौर कंपनी है 'हीरो होंडा'। साइकिल हीरो समूह की बुनियाद है। इस

कारोबार व उद्योग से प्राप्त सफलता व संपन्नता को बैसाखी बनाकर ही मुंजाल परिवार ने अन्य कारोबार किए हैं। हमारे देश के बहुसंख्य निर्धन परिवारों के लिए साइकिल केवल एक सस्ता वाहन नहीं है, वरन् करोड़ों लोग इससे ही पूरे परिवार के लिए रोटी, कपड़ा और मकान जैसी जरूरी जरूरतें जुटाते हैं। गौरतलब है कि पेट्रोल चलित दोपहिया वाहन निर्माता पैडल चलित साइकिल्स को टू-व्हीलर्स इंडस्ट्रीज का हिस्सा नहीं मानते। अन्यथा हीरो समूह देश ही नहीं, दुनिया के दोपहिया उद्योग मार्केट का ऐसा शहंशाह कहलाता, जिसकी बादशाहत पाँच दशक पुरानी होकर भी युवा रही। हीरो साइकिल्स के संस्थापक एवं हीरो समूह के पूर्व चेअरमैन सत्यानंद मुंजाल ने एक बार कहा भी था-'साधारण भारतीयों की तरह हमारे परिवार में भी सम्पन्नता साइकिल के कैरियर पर सवार होकर आई है।'

हीरो साइकिल्स

सन् 1953 में मुंजाल बंधु साइकिल पाट्‌र्स ट्रेडिंग के साथ उनका उत्पादन भी करने लगे थे। सन् 1956 में तत्कालीन उद्योग मंत्री मनुभाई शाह ने साइकिल बनाने के लाइसेंस जारी करने की घोषणा की। तत्कालीन मुख्यमंत्री प्रतापसिंह केरो ने मुंजाल बंधुओं को सलाह दी थी कि वे पाट्‌र्स ट्रेडिंग छोड़कर साइकिल बनाएँ। करीब 150 लोगों को लाइसेंस मिले थे। सन् 1956 में हीरो साइकिल्स की स्थापना हुई और हीरो ब्रांड नाम से साइकिल मार्केट में पहुँची। ब्रजमोहनलाल ने एक साक्षात्कार (बिजनेस इंडिया, अगस्त, 1997) में कहा है-'मैं शुरू में यह सोचकर हिचकिचाया था कि साइकिल पाट्‌र्स बनाना, बेचना और पूरी साइकिल बनाना अलग काम है। जो हमें नहीं करना चाहिए, पर भाइयों की जिद पर इस शर्त के साथ तैयार हुआ कि हम लघु उद्योग को मिलने वाली छूट के लालच में छोटी इकाई नहीं लगाएँगे। यदि साइकिल बनाएँगे तो पूरी ताकत से बड़े पैमाने पर।' ब्रजमोहनलाल को अपनी लाइजनिंग क्षमता व बड़े-बड़े सौदे सेटल करने की सूझबूझ के साथ अपने भाइयों की अलग-अलग कारोबारी क्षमता पर पूरा भरोसा था। उनके ही शब्दों में कहें तो-'बड़े भाई दयानंदजी मुंजाल मैन्यूफैक्चरिंग में माहिर थे, सत्यानंदजी कारोबारी रणनीति बनाने व विस्तार में, तो छोटा भाई ओमप्रकाश मास्टर सेल्समैन है।' वे यह भी कहते हैं-'पचास के दशक में हमारे हालात अच्छे नहीं थे। देश से पलायन कर रहे अंग्रेजों की कोठी-कार-कारखाने बड़े भारतीय घराने खरीद रहे थे, पर हम खाली हाथ थे। साइकिल बनाने का लाइसेंस मिला, पर बैंकों ने हमें कर्ज नहीं दिया। स्टेट फाइनेंशियल कॉरपोरेशन ने हमारी मदद की।' हीरो साइकिल्स को 7500 साइकिल बनाने की अनुमति मिली थी। लुधियाना में मुंजाल बंधुओं ने सन् 1956 में जो कारखाना लगाया था, उसकी तब उत्पादन क्षमता थी 25 साइकिल्स प्रतिदिन। फिर वह दौर आया जब उत्पादन मात्रा से प्रतिबंध हट गया। समय के साथ कदमताल करते हुए हीरो साइकिल्स सारे देश में लोकप्रिय होती गई। 'मिल रहा है तो ले लो'-जैसे अगंभीर लाइसेंस प्राप्तकर्ता भी धीरे-धीरे मैदान से हटते गए। हीरो साइकिल्स का साइकिल उद्योग में ऐसा वर्चस्व स्थापित हुआ कि कंपनी ने कीर्तिमानों का कीर्तिमान रच दिया। इनमें से कुछ हैं-

सर्वाधिक साइकिल बनाने के लिए सन् 1986 में गिनीज बुक ऑफ रिकॉर्ड में नाम दर्ज होना, जो आज तक इसके ही खाते में अंकित है। हीरो होंडा के आज लुधियाना व साहिबाबाद में दो अत्याधुनिक साइकिल कारखाने हैं, जहाँ हर रोज 19,500 साइकिलें बनती हैं। उच्चस्तरीय मैटेरियल की खरीद से लेकर यहाँ रोबोट की मदद से वेल्डिंग, ब्रजिंग, इलेक्ट्रोप्लेटिंग, शॉट ब्लास्टिंग और इलेक्ट्रोस्टेटिक पेंटिंग की जाती है। कंपनी इन-हाउस पैडल्स, हैंडिल बार, चेन व्हील्स व चैन जैसे नाजुक पार्ट बनाती है। अपने स्तर के ये देश के सबसे बड़े व सबसे उन्नत साइकिल उत्पादन संयंत्र हैं।

हीरो समूह की सालाना उत्पादन क्षमता 62 लाख साइकिल्स है। कंपनी ने एक साल में 56 लाख साइकिल बेचने का कीर्तिमान बनाया है। हीरो साइकिल्स ने सन् 2006 में अपनी स्वर्ण जयंती 10 करोड़ साइकिल बेचकर सेलिब्रेट की है।

इंजीनियरिंग निर्यात संवर्द्धन परिषद् हीरो साइकिल्स को लगातार तीन दशक से देश के सबसे बड़े साइकिल निर्यातक अवार्ड से नवाज रही है। सन् 1968 में पहली बार विदेश पहुँचीं हीरो साइकिलें आज दुनिया के 88 देशों में दौड़ रही हैं, जिनमें अमेरिका, जर्मनी, फ्रांस, इंग्लैंड व ब्राजील जैसे देश भी शामिल हैं।

हीरो साइकिल्स करीब 50 फीसदी हिस्सेदारी के साथ चार दशक से भारतीय साइकिल मार्केट का निर्विवाद लीडर है और निकट भविष्य में भी इसके लिए कोई चुनौती नहीं है।

विश्व बैंक के वेंडर डेवलपमेंट (पार्ट्स सप्लायर) आधारित एक अंतरराष्ट्रीय अध्ययन का निष्कर्ष है कि हीरो साइकिल एक आदर्श कंपनी है, जिसने अपने कारखाने के आसपास साइकिल पार्ट्स बनाने वाली इकाइयों का एक नेटवर्क बुना है। उन्हें गुणवत्तायुक्त पार्ट्स बनाने की ट्रेनिंग दी है। यह जापानी पद्धति है, जिसे अपनाकर कंपनी कम लागत में गुणवत्तायुक्त पार्ट्स प्राप्त करती है।

उत्पादों की गुणवत्ता व तकनीक के प्रति सदैव सतर्क हीरो साइकिल्स को अंतरराष्ट्रीय प्रमाणन आईएसओ-9001 व 9002 के अलावा पर्यावरण हितैषी आईएसओ-14001 प्रमाण-पत्र भी मिला हुआ है। इन्सीव (फ्रांस) ने भी हीरो समूह के प्रबंधन को विश्वस्तरीय मानते हुए सराहा है।

हीरो साइकिल्स सवा सौ से ज्यादा किस्म की परंपरागत व फैशनेबल (न्यू-एज) साइकिलें बनाती है। महिलाओं व बच्चों के लिए ही करीब तीन दर्जन वेरायटी हैं।

हीरो साइकिल्स में स्थापना से आज तक एक भी दिन उत्पादन नहीं रुका है। श्रमिकों के साथ ऐसे गहरे तालमेल का कारण है स्वयं मुंजाल बंधुओं द्वारा उनकी 'केअर व कंसर्न।' अगस्त, 1951 की एक घटना है। शिफ्ट खत्म करके कंपनी का एक श्रमिक साइकिल से घर जाते समय कारखाने से चार किलोमीटर दूर एक तेज भागती कार की चपेट में आ गया। ब्रजमोहनलाल को जैसे ही खबर मिली, उन्होंने अपने भतीजे को घटनास्थल पर दौड़ाया। वे घायल श्रमिक को लेकर हॉस्पिटल पहुँचे। वहाँ ब्रजमोहनलाल स्वयं मौजूद थे। श्रमिक की जान बचाने के लिए

ओमप्रकाश मुंजाल

सबसे पहले उन्होंने रक्तदान किया। वह श्रमिक आज कहता है–'मेरे लिए तो भगवान हैं मुंजाल।'

हीरो साइकिल्स के को-चेअरमैन ओमप्रकाश मुंजाल भी श्रमिकों के अलावा अपने 4050 से ज्यादा देशव्यापी डीलरों से मजबूत व मधुर रिश्ते बनाए हुए हैं। वे इतने विनम्र व व्यावहारिक हैं कि कई बार अपने डीलर्स को लेने स्वयं स्टेशन पहुँच जाते हैं। हीरो साइकिल्स के कई डीलर्स चार दशक पुराने हैं। 4050 में से केवल दो ने इन सालों में कंपनी का साथ छोड़ा है। हीरो साइकिल का अपना रिसर्च व डेवलपमेंट सेंटर है, जिसे भारत सरकार ने मान्यता दी है।

हीरो साइकिल्स के को-चेअरमैन ओमप्रकाश मुंजाल कई पुरस्कारों से नवाजे गए हैं, जैसे–'वर्ष के उद्योगपति' (2001), अर्नेस्ट एंड यंग इंटरप्रिनर ऑफ द ईयर अवार्ड–2001, बेस्ट मैनेजमेंट बिजनेस हाउस (बिजनेस टुडे) आदि।

सन् 2003 में हीरो साइकिल ने मत्सुसिता जापान (नेशनल पैनासॉनिक) की सबसे बड़ी साइकिल उत्पादक कंपनी नेशनल बाइसिकल इंडस्ट्रीज के साथ गठबंधन किया है। ओमप्रकाश मुंजाल के अनुसार–लागत-नियंत्रण में हम माहिर हैं और टेक्नोलॉजी में वे अव्वल। दोनों की रणनीतिक दोस्ती से साइकिल के निर्यात कारोबार में हीरो साइकिल्स अब नए अध्याय जोड़ेगा।

लुधियाना आज पंजाब का सबसे बड़ा औद्योगिक शहर और दुनिया का सबसे बड़ा साइकिल मैन्यूफैक्चरिंग सेंटर है तो इसका श्रेय हीरो साइकिल्स को है, जिसके संयंत्र में आज हर चार सेकंड में एक साइकिल बन रही है। इस संयंत्र से हजारों लोगों को प्रत्यक्ष व अप्रत्यक्ष रोजगार मिला हुआ है तो सैकड़ों लघु व मंझोले उद्योग साइकिल पार्ट्स बना रहे हैं और हीरो साइकिल्स पर निर्भर हैं। यह इस बात की मिसाल है कि एक उद्योग कैसे एक शहर व वहाँ के लोगों की जिंदगी बदल सकता है।

हीरो होंडा

हमारे देश की बड़ी आबादी कमाई बढ़ने और जीवन स्तर सुधरने के साथ पैडल चलित वाहन साइकिल से पेट्रोल चलित वाहन मोपेड, स्कूटर या बाइक पर शिफ्ट होती है। साधारण भारतीयों का अनुसरण करते हुए हीरो समूह ने भी साइकिल, मोपेड व बाइक मार्केट में क्रमबद्ध तरीके से प्रवेश किया है। समूह ने 60 के दशक में साइकिलें बनाना शुरू किया तो 1978 में मोपेड बनाने के लिए 'मैजेस्टिक ऑटो' का गठन किया, जो हीरो पुक के लिए जानी जाती थी। हालाँकि, पर्यटन के शौकीन ब्रजमोहनलाल मुंजाल इसके दो दशक पहले होंडा जापान के साथ भारत में बाइक लांच करने की एक कोशिश कर चुके थे। कहते हैं कि ब्रजमोहनलाल 60 के दशक के अंत में होंडा के ऑनर होंडा से मिलने जापान गए थे। वे चाहते थे कि होंडा व हीरो संयुक्त उद्योग लगाकर भारत में दोपहिया वाहन बनाएँ। होंडा ने उनकी बात तो पूरे मनोयोग से सुनी थी, पर जवाब दिया था कि अभी भारत में ऐसा औद्योगिक माहौल नहीं है कि वहाँ विदेशी कंपनी

कारोबार करे। बड़ी डील को सफाई से 'डील' करने में माहिर ब्रजमोहनलाल ने धैर्य नहीं खोया और प्रतीक्षा अवधि में मोपेड बनाई। अंततः 1983-84 में वह दिन आ गया जब होंडा जापान ने भारत में संयुक्त उद्यम लगाने का निर्णय लिया। होंडा ने स्कूटर के लिए काइनेटिक को और बाइक के लिए हीरो समूह को भागीदार बनाने का निर्णय लिया।

80 के दशक में स्कूटरों का 'क्रेज' था। दोपहिया वाहन के पुराने व प्रतिष्ठित खिलाड़ी बजाज ऑटो के राहुल बजाज ने एक साक्षात्कार (फाइनेंशियल एक्सप्रेस, अक्टूबर, 2003) में कहा है- 'होंडा जब भारत आए और काइनेटिक को स्कूटर और हीरो को मोटरसाइकिल के लिए भागीदार बनाया तो हीरो समूह खुश नहीं था, क्योंकि तब उन्हें भी अनुमान नहीं था कि मोटरसाइकिल की प्रचंड आँधी आने वाली है।' श्री बजाज सही कहते हैं-पर एक पुरातन सच यह भी है कि भाग्य व पुरुषार्थ का मेल ज्यादा दिन नहीं टलता। मुंजाल परिवार के लिए 80 के दशक में यह योग शुरू हुआ।

हीरो भारत व होंडा जापान के बीच सन् 1983 में बाइक बनाने का अनुबंध हुआ। दोनों भागीदारों ने समान इक्विटी (26-26 प्रतिशत) के साथ हीरो होंडा की स्थापना की। परिवार की परंपरानुसार ब्रजमोहनलाल मुंजाल नई कंपनी के चेअरमैन बने और प्रबंध निदेशक का दायित्व उनके पुत्र रमणकांत मुंजाल को सौंपा गया। नए उद्योग की प्रारंभिक उलझनों (प्लांट स्थापना, उत्पादन शुरू करना, मार्केटिंग नेटवर्क बनाना, ब्रांड नाम स्थापित करना) को रमणकांत मुंजाल ने सुलझाया, जो मुंजाल परिवार की नई पीढ़ी के सबसे ऊर्जावान युवा थे। दुर्भाग्य से सन् 1991 में उनका 42 वर्ष की उम्र में हृदयाघात से निधन हो गया। उनकी जवाबदारी ब्रजमोहनलाल के दूसरे पुत्र पवनकांत मुंजाल ने सँभाली।

90 के दशक में पेट्रोल के भाव आसमान छूने लगे। ड्यूटी घटने से मोटरसाइकिल व स्कूटर के मूल्य में भी अंतर घटकर आधा (15000 से 7000 रुपए) रह गया। हीरो होंडा ने 100 सीसी बाइक लांच की और ग्राहकों से वादा किया-'पेट्रोल भरो, बंद करो व भूल जाओ (विज्ञापन-Fill it, shut it, forget it)। दिल से निकली बात लाखों दिलों तक पहुँची, जिसे हीरो होंडा की अगली पेशकश स्प्लेंडर ने तो 'दिल की लगी' ही बना दिया। 1985-86 में हीरो होंडा ने मात्र 43226 बाइक बेची थीं, पर सन् 2001 में हीरो होंडा दुनिया की सबसे बड़ी बाइक कंपनी बन गई। कंपनी ने 14 लाख 25 हजार 302 बाइक (वर्ष-2002) बेचने का कीर्तिमान बनाया, जिनमें 8 लाख स्प्लेंडर थीं। इसके साथ स्प्लेंडर ने भी दुनिया की सबसे लोकप्रिय बाइक का खिताब हासिल किया। भारतीय नजरिए से देखें तो हीरो होंडा ने ही देश में 'न्यू जनरेशन बाइक' का क्रेज पैदा किया है। दोपहिया वाहन मार्केट में आजादी के बाद से स्थापित बजाज ऑटो के लंबे एकाधिकार को छिन्न-भिन्न करके सबके लिए वाहन उपलब्धि आसान बनाई है। निःसंदेह इसमें होंडा जापान की टेक्नोलॉजी का बड़ा योगदान है, पर इस करिश्मे के पीछे छुपा हुआ है हीरो समूह का पचास साल तक आम आदमी को साइकिल बेचने का अनुभव, रिटेलर्स से मजबूत व मधुर रिश्ते बनाने की परंपरा एवं बिक्री व बिक्री बाद बेहतर सेवा देने की गहरी सोच व उसका वैसा ही क्रियान्वयन। मुंजाल परिवार ने जमीन से अपने जुड़ाव को कभी कमजोर नहीं होने दिया

है। वे जानते हैं कि भारतीय वाजिब मूल्य पर ऐसा वाहन चाहते हैं, जो लुक में आकर्षक, परफॉरमेंस में बेहतर, पर ईंधन (पेट्रोल) खपत में कंजूस हो। ग्राहकों से संवाद स्थापित करने में भी वे माहिर हैं। अपने शहरी, अर्द्धशहरी व ग्रामीण ग्राहकों तक पहुँचने के लिए हीरो होंडा ने क्षेत्रीय भाषाओं में विज्ञापन जारी किए और क्षेत्रीय समाचार-पत्रों को प्राथमिकता दी। हीरो बाइक को 'देश की धड़कन' बना देने वाला हीरो समूह प्राइस-वार से भी पीछे नहीं हटा है, पर इसे भी उन्होंने गरिमामय बनाया है। मसलन, मूल्य कटौती की है, पर बहाना दर्शाया है कि हम दुनिया के सबसे बड़े वाहन निर्माता बने हैं, इसका उपहार है यह। ग्राहकोन्मुखी व पारदर्शी कार्यप्रणाली व रणनीति का हीरो होंडा को सुफल मिला है। कंपनी के मैनेजिंग डायरेक्टर पवनकांत मुंजाल ने वित्त वर्ष-2003 में कहा था कि हीरो होंडा का टर्नओवर पाँच हजार करोड़ रुपए हो जाएगा। वे हवा में तीर नहीं चला रहे थे। यह वास्तव में 5,107.70 करोड़ हुआ और कंपनी ने 580.76 करोड़ रुपए मुनाफा कमाया तो वित्तवर्ष 2008-09 में 12,500 करोड़ रुपए टर्नओवर किया।

पवनकांत मुंजाल

हीरो समूह में 15 कंपनियाँ 300 पार्ट्स सप्लायर और 5000 आउटलेट्स हैं। समूह में 23 हजार श्रमिक/कर्मचारी हैं। युवा मुंजाल का अब लक्ष्य है-'भारत के दोपहिया वाहन उद्योग के सिरमौर बने रहना, जिसे पुनः प्राप्त करने के लिए बजाज ऑटो भरसक प्रयास कर रहा है। इन दोनों कंपनियों की इस तीव्र व तीखी प्रतिस्पर्धा के कारण ही आज देश के युवाओं को हर साल न्यूजनरेशन बाइक मिल रही है। इसकी मिसाल है बजाज ऑटो ने डिजिटल ट्विन स्पार्क इग्निशन बाइक लांच की तो हीरो होंडा ने फ्यूल इंजेक्शन बाइक बनाई।

हीरो समूह के गुड़गाँव व देहरादून संयंत्रों की उत्पादन क्षमता है 39 लाख बाइक सालाना। इस क्षमता को बढ़ाने के लिए कंपनी ने हरिद्वार में तीसरा संयंत्र स्थापित किया है। पवनकांत मुंजाल का लक्ष्य है हीरो समूह की उत्पादन क्षमता रह रोज 2000 बाइक पहुँचा देना। ब्रजमोहनलाल मुंजाल के मित्र व प्रशंसक प्रधानमंत्री डॉ. मनमोहनसिंह ने जिसका शिलान्यास करते हुए कहा- देश को मुंजाल्स पर गर्व है, जिन्होंने आतंकवाद के भीषण दौर में भी पंजाब से पलायन नहीं किया। दिलचस्प बात यह है कि बिजनेस इंडिया द्वारा वर्ष 1994 में 'बिजनेसमैन ऑफ द ईयर' अवार्ड से सम्मानित ब्रजमोहनलाल मुंजाल आम भारतीयों की तरह विनम्र हैं और कहते हैं- 'हीरो समूह को रिलायंस या एस्सार नहीं बनना है। न तो हम उनके जैसे सम्पन्न हैं और न ही हमारे पास उनके जैसे संसाधन। हमारी चाह तो है कि हमारा समाज अपने 'हीरो' को सम्मान की नजर से देखे।'

हीरो ग्रुप की धुरी हैं ब्रजमोहनलाल। प्रारंभिक औपचारिक शिक्षा प्राप्त ब्रजमोहनलाल में उद्यमशीलता व नेतृत्व क्षमता के साथ पारदर्शी व्यवहार कुशलता कूट-कूट कर भरी है। इसके बलबूते ही हीरो समूह ने बहुराष्ट्रीय कंपनी होंडा जापान के साथ संयुक्त उद्योग संचालन का दो दशक का अनुकरणीय उदाहरण पेश किया। यह भागीदारी इतनी पुख्ता हो चुकी थी कि होंडा

जापान ने अपने तीन अन्य भारतीय संयुक्त उद्योगों का नियंत्रण (काइनेटिक होंडा, श्रीराम होंडा व होंडा-सिएल) में फेरबदल किया। भागीदारी खत्म की या संयुक्त कंपनी का नियंत्रण सँभाल लिया, पर हीरो होंडा के साथ कोई छेड़खानी नहीं की। यही नहीं, होंडा जापान ने अपने संपूर्ण स्वामित्व की कंपनी होंडा मोटरसाइकिल एंड स्कूटर्स इंडिया (एचएमएसआई) भारत में स्थापित की तो सबसे पहले ब्रजमोहनलाल मुंजाल से पूछा कि क्या वे भागीदार बनेंगे? हीरो समूह ने इनकार कर दिया तो होंडा जापान ने विधिवत् घोषणा की कि उसकी कंपनी सन् 2004 तक केवल स्कूटर्स बनाएगी। यह भागीदारी सन् 2010 तक चली, इसका समापन भी सामंजस्य के साथ हुआ।

मुंजाल परिवार की एकजुटता

मुंजाल परिवार के मुखिया ब्रजमोहनलाल की सबसे बड़ी व्यक्तिगत उपलब्धि है–संयुक्त परिवार को एकजुट रखना। आम धारणा है कि एक पीढ़ी उद्योग/कारोबार शुरू करती है, दूसरी उसे स्थापित करती है और तीसरी पीढ़ी उपभोग करते हुए विभाजन की शुरुआत करती है। मुंजाल परिवार की पहली से तीसरी पीढ़ी के करीब दो दर्जन सदस्य आज हीरो ग्रुप की विभिन्न कंपनियों में काम कर रहे हैं, पर अभी तक विवाद या विभाजन की नौबत नहीं आई है तो इसका श्रेय ब्रजमोहनलाल की सूझबूझ को है। वरिष्ठ मुंजाल भाइयों ने जो इक्विटी प्लानिंग की है उसके अनुसार चारों भाइयों के परिवार की ग्रुप कंपनियों में 25-25 फीसदी की समान शेयर होल्डिंग है। ब्रजमोहनलाल मुंजाल के अनुसार–इस बेसिक व्यवस्था के बाद हमने ध्यान रखा है कि जो भी नया पारिवारिक सदस्य वयस्क होकर कारोबार से जुड़े, वह ग्रुप की ग्रोथ में सार्थक योगदान दे। तदनुसार सबसे बड़े दयानंद मुंजाल के पुत्र विजय, आशीष, अशोक व उनके पोते नवीन, सत्यानंद मुंजाल के पुत्र योगेश, सुरेश, उमेश, महेश, सुधीर व पोते नीरज व समीर, ब्रजमोहनलाल के पुत्र (एक पुत्र रमनकांत का 1991 में निधन), सुमनकांत, पवनकांत, सुनीलकांत, पौत्र राहुल तथा ओमप्रकाश मुंजाल के पुत्र पंकज मुंजाल और सुरेश मुंजाल एक दर्जन से ज्यादा ग्रुप कंपनियों में अपनी उम्र, शिक्षा व अनुभव के आधार पर अलग-अलग दायित्व सँभाले हुए हैं। परिवार बढ़ने के साथ हीरो समूह ने कई क्षेत्रों में प्रवेश किया है। हीरो समूह ने जो सम्पन्नता व सुयश कमाया है, उसका मूलाधार मुंजाल बंधुओं द्वारा बुना गया रिश्तों का मजबूत व मधुर ताना-बाना है।

लोकल से ग्लोबल
इंडियन कॉरपोरेट्स

10

इंशा अल्लाह

यूसुफ के. हमीद

दवा और दुआ एक-दूसरे की पूरक हैं। चिकित्सक भी जब हार जाते हैं तो कहते हैं-दवा हम दे देंगे पर दुआ तुम करो। तदनुसार जो उद्यमी इस सोच के साथ जीवनरक्षक दवा बनाते और बेचते हैं कि मुनाफे से ज्यादा महत्वपूर्ण है लोगों को कम से कम मूल्य पर दवाएँ मिले-वे हम सबकी दुआ के हकदार हैं। देश की अग्रणी फार्मास्युटिकल्स कम्पनी सिप्ला के संस्थापक स्व. डॉ. ख्वाजा अब्दुल हमीद और वर्तमान चेअरमैन डॉ. यूसुफ के. हमीद ऐसे ही उद्यमी हैं। डॉ. ख्वाजा अब्दुल हमीद ने गुलामी के दौर में 75 साल पहले जब रिसर्च आधारित फार्मास्युटिकल्स कम्पनी सिप्ला की स्थापना की थी, तब रेनबेक्सी या डॉ. रेड्डीज लेबोरेटरीज जन्मी भी नहीं थी। भारतीय फार्मास्युटिकल्स उद्योगपति शोध-अनुसंधान के बारे में सोचते भी नहीं थे।

डॉ. यूसुफ के. हमीद ने स्व. पिता के स्वप्न-'सबको मिलें जीवनरक्षक औषधियाँ' को साकार करने के लिए दुनिया की महारथी दवा कम्पनियों से लड़ाइयाँ लड़ीं। खुले मंच से उनकी अंतरआत्मा को ललकारा और उन्हें विवश कर दिया या कहें कि बेबस कर दिया कि वे अपने मुनाफे से पहले गरीबों की चिंता करे। परिणाम! गरीब देश के लोगों ने डॉ. यूसुफ के. हमीद को करिश्माई व साहसी उद्यमी तथा Generic Drugs Marvics कहा तो सम्पन्न देशों की प्रतिद्वंद्वी कम्पनियों ने कानून-कायदों का उल्लंघन करने वाले उद्यमी - Pushy Drug Dealer या नकलखोर व्यापारी (Copycat businessman)। इन सबके जवाब में डॉ. यूसुफ के. हमीद कहते हैं-मैं वैज्ञानिक हूँ, इसलिए बौद्धिक सम्पदा अधिकार (Intellectual Property

Rights)को मान्य करता हूँ, पर इसे हथियार बनाकर एकाधिकार प्राप्त करने की कोशिश को नकारता हूँ। डॉ. यूसुफ के. हमीद के इस कथन का निहितार्थ है–खोजकर्ता अपने श्रम, समय व पूँजी के बदले में वाजिब मुनाफे के हकदार हैं, पर मुनाफाखोरी पाप है। मानवधर्म के अनुसार फार्मा उद्योग के लिए तो जघन्य अपराध है।

स्व. डॉ. ख्वाजा अब्दुल हमीद–सिप्ला के संस्थापक

31 अक्टूबर, 1898 को एक मुस्लिम परिवार में जन्मे ख्वाजा अब्दुल हमीद 15 साल की उम्र में फिरंगी सरकार के दमन के साक्षी बने थे, जिसने उनके किशोर मन में राष्ट्रीयता की भावना पैदा कर दी थी। सन् 1924 में परिवार ने रसायन शास्त्र की उच्च शिक्षा के लिए उन्हें इंग्लैंड के लिए समुद्री जहाज में बैठाया, पर ख्वाजा अब्दुल हमीद तो अलग ही माटी के बने थे। वे जहाज बदलकर जर्मन पहुँच गए, जो तब 'केमिकल किंग' था। वहाँ ख्वाजा अब्दुल हमीद ने बेरियम कम्पाउंड्स पर रिसर्च करके डॉक्टरेट (पीएचडी) प्राप्त की। तीन वर्ष के बर्लिन प्रवास में उनकी लुथियाना की एक क्रांतिकारी यहूदी युवती से मुलाकात हुई। यह मित्रता इतनी गहरी हो गई कि दोनों ने प्रेम-विवाह कर लिया। जर्मन पर नाजियों की गिरफ्त बढ़ रही थी। दूसरे विश्वयुद्ध का बीजारोपण हो रहा था। इस प्रेमी युगल को इस उथल-पुथल के दौरान जर्मन से रातोरात पलायन करना पड़ा। यूरोप या इंग्लैंड में डॉ. ख्वाजा अब्दुल हमीद को उच्च शिक्षा के कारण अच्छी नौकरी मिल सकती थी, पर वे पत्नी के साथ सन् 1927 में स्वदेश लौट आए।

यूरोप प्रवास के दौरान ख्वाजा अब्दुल हमीद ने तकनीक व शोध-अनुसंधान के औद्योगिक परिणाम देखे थे। उनका निष्कर्ष था कि रिसर्च व टेक्नोलॉजी आधारित उद्योगों की स्थापना से ही देश प्रगति करेगा। उनके इस सोच को सराहना तो खूब मिली, पर पूँजी नहीं मिली। डॉ. ख्वाजा अब्दुल हमीद अपने संकल्प से नहीं डिगे और सन् 1935 में उन्होंने अहमदाबाद में 6 लाख रुपए की 'सीड कैपिटल' से एक पब्लिक लिमिटेड कम्पनी द केमिकल इंडस्ट्रियल एंड फार्मास्युटिकल्स लेबोरेटरीज (सिप्ला) की स्थापना की। अपने सभी पेटेंटेड फॉर्मूले उन्होंने 'बिना रॉयल्टी-बिना फी' सिप्ला को हस्तांतरित कर दिए।

सिप्ला के लिए डॉ. ख्वाजा अब्दुल हमीद ने बेलासिस रोड (सिप्ला का आज कॉरपोरेट कार्यालय) पर किराए के बँगले में अपनी रिसर्च लैब स्थापित की। सन् 1937 में सिप्ला का पहला उत्पाद मार्केट में पहुँचा तो मीडिया ने लिखा–'बॉम्बे (अब मुम्बई) के उद्योग जगत में यह एक क्रांति की शुरुआत है। इस बात का संकेत है कि भारतीय उद्योगपति भी शोध-अनुसंधान व तकनीक पर दाँव लगाने लगे हैं।' सन् 1941 में द्वितीय विश्वयुद्ध के दौरान सिप्ला ने लोगों को जीवनरक्षक दवाएँ उपलब्ध करवाने के साथ फाइन केमिकल्स भी बनाना शुरू किए। सन् 1944 में सिप्ला ने बॉम्बे सेंट्रल में फार्मा मैन्यूफैक्चरिंग सुविधा जुटाई और हायपर टेंशन के उपचार के लिए सेफिनाइड लांच की। युद्धोपरांत अमेरिका में लोगों को तनाव तोड़ने लगा था। रोलैंड कॉरपोरेशन अमेरिका ने सिप्ला से यह ड्रग्स बड़ी मात्रा में खरीदी। सिप्ला ने एक स्विस फर्म के लिए फोरोमाइसिन भी बनाई। इस विदेशी कारोबार से डॉ. ख्वाजा अब्दुल हमीद

ने बॉम्बे में कई एकड़ भूमि और भवन खरीदे। विकरोली में ऐसे ही एक भूखंड पर सिप्ला ने नेचुरल उत्पादों के रसायन बनाने के लिए आधुनिक मैन्यूफैक्चरिंग प्लांट स्थापित किया। सन् 1968 में सिप्ला ने देश में पहली बार एम्पीसिलिन लांच करके घरेलू मार्केट में धमाका किया।

सन् 1972 में टेक्नाप्रिनर डॉ. ख्वाजा अब्दुल हमीद का निधन हुआ, पर इसके पहले उन्होंने अपने देश को एक और सौगात दी। सिप्ला ने वैज्ञानिक खेती के लिए मेडिको प्लांट्स विकसित करने के लिए बैंगलोर में एग्रीकल्चर रिसर्च डिवीजन स्थापित किया। इसके पहले सन् 1937 में डॉ. ख्वाजा अब्दुल हमीद के ब्लू प्रिंट पर ही भारत सरकार ने काउंसिल ऑफ साइंटिफिक एंड इंडस्ट्रियल रिसर्च लैब स्थापित की थी। सन् 1937 में ही महात्मा गाँधी सिप्ला की रिसर्च लैब और मैन्यूफैक्चरिंग सुविधा देखने पहुँचे थे। वहाँ बापू ने विजिटर्स बुक में लिखा कि मैं इस शोध-अनुसंधान आधारित भारतीय उद्योग को देखकर खुश हूँ। डॉ. ख्वाजा अब्दुल हमीद के निधन के बाद उन्हें याद करते हुए मीडिया ने लिखा था-'उन्हें सच्ची श्रद्धांजलि होगी भारत में रिसर्च आधारित फार्मास्युटिकल्स कम्पनियाँ जन्में जो लोगों को जीवनरक्षक दवाइयाँ उपलब्ध करवाएँ।'

डॉ. यूसुफ के. हमीद : सिप्ला के चेअरमैन

डॉ. ख्वाजा अब्दुल हमीद के निधन के बाद उनके बड़े पुत्र डॉ. यूसुफ के. हमीद सिप्ला के चेअरमैन, उनके छोटे भाई हमीद ने मार्केटिंग तथा कजन ब्रदर आमिर उल्ला ने फाइनेंस पोर्टफोलियो (अब ज्वॉइंट मैनेजिंग डायरेक्टर) सँभाला। 25 जुलाई, 1936 को जन्मे मुस्लिम पिता व यहूदी माँ की संतान यूसुफ के. हमीद को भी माँ-पिता ने वैज्ञानिक शिक्षा दिलवाई। कैम्ब्रिज यूनिवर्सिटी से ऑर्गेनिक केमिस्ट्री में डॉक्टरेट (पीएचडी) प्राप्त करने वाले डॉ. यूसुफ के. हमीद सन् 1960 में रिसर्च अधिकारी की हैसियत से पिता के सहयोगी बने थे। सन् 1976 में सिप्ला का मैनेजिंग डायरेक्टर बनने के बाद ही पिता की तरह उनका भी मिशन हो गया-गरीबों को जीवनरक्षक दवाएँ कम से कम मूल्य पर उपलब्ध करवाना। अपने इस मिशन को यूसुफ के. हमीद ने बड़ी चतुराई से बिजनेस में बदला है। उन्होंने सिप्ला की जो कारोबारी रणनीति बनाई, उसका आधार है-मानवीयता और मुनाफे के बीच संयमित संतुलन के साथ सिप्ला की सामर्थ्य बढ़ाना। इसके लिए उन्होंने कम्पनी के प्रोडक्ट पोर्टफोलियो को बड़ा किया। सिप्ला के आर एंड डी विभाग ने डॉ. यूसुफ के. हमीद के नेतृत्व में इन वर्षों में स्वदेशी संसाधनों और तकनीक से इतनी जेनेरिक ड्रग्स विकसित की है कि आज सिप्ला के प्रोडक्ट्स पोर्टफोलियो में 800 से ज्यादा उत्पाद हैं। सिप्ला अस्थमा, टीबी, एचआईवी, एड्स, कैंसर, रिट्रोवायरल, डायबिटीज, आर्थराइटिस जैसे रोगों की किफायती दवाएँ बनाती है। देश की बड़ी बल्क ड्रग्स निर्माता कम्पनी होने के साथ पशुओं की दवाएँ, फ्लैवर्स व फ्रेगरेंसेस भी बनाती है-सिप्ला। 1977 में बैंगलोर में स्थापित सिप्ला की एक यूनिट ने औषधीय खेती के लिए भी कई प्लांट्स विकसित किए हैं। ये सारे उत्पाद दुनिया के 180 देशों में पहुँच रहे हैं। कम्पनी के वन बिलियन डॉलर टर्नओवर में निर्यात आय का हिस्सा घरेलू मार्केट से ज्यादा है, हालाँकि लोकल मार्केट में भी सिप्ला फार्मा लीडर है। सिप्ला के आधा दर्जन से ज्यादा (महाराष्ट्र में विकरोली-मुंबई, पातालगंगा व

कुरुकुम्ब, बड्डी-हिमाचल प्रदेश, गोवा व सिक्किम) स्टेट ऑफ द आर्ट मैन्यूफैक्चरिंग प्लांट्स को यूनाइटेड स्टेट्स फूड एंड एडमिनिस्ट्रेशन (यूएसएफडीए) से मान्यता मिली हुई है।

इन सबसे ज्यादा उल्लेखनीय हैं सिप्ला के उत्पाद जिन्होंने गरीब देश के रोगियों को राहत पहुँचाई। सिप्ला के इन क्रांतिकारी उत्पादों की उपलब्धियों की सूची बहुत लम्बी है, जिनमें से कुछ हैं–

Ampicillin–सिप्ला ने सन् 1968 में देश में पहली बार एम्पीसिलिन बनाई।

Aerosols–अस्थमा रोगियों को राहत देने वाली यह औषधि सिप्ला ने सन् 1976 में लांच की, तब अस्थमा एक अत्यंत कष्टप्रद रोग माना जाता था।

Vinblastine and Vincristine–नेशनल केमिकल लैब, पुणे के साथ सन् 1984 में सिप्ला ने यह कैंसर प्रतिरोधी औषधि लांच की। इसी वर्ष सिप्ला को अपने बलबूते पर बेसिक ड्रग्स बनाने के लिए सर पी.सी. राय अवार्ड से नवाजा गया।

Zidovudive–इंडियन इंस्टिट्यूट ऑफ केमिकल टेक्नोलॉजी, हैदराबाद के साथ सन् 1991 में सिप्ला ने यह एंटीरिट्रोवायरल ड्रग बनाई।

Etoposide–सन् 1991 में ही इंडियन इंस्टीट्यूट ऑफ केमिकल टेक्नोलॉजी के साथ कैंसर केमोथेरैपी के लिए यह ड्रग लांच की।

Rotahaler–दुनिया का पहला ड्राई पाउडर इन्हेलर डिवाइस बनाया और इसके देश-विदेश में पेटेंट अधिकार भी प्राप्त किए। सन् 1997 में ही सिप्ला फाउंडेशन ने पुणे के नजदीक वर्जे में कैंसर रोगियों के लिए एक कैंसर केअर सेंटर क्लीनिक विकसित किया, जो कैंसर मरीजों की नि:शुल्क देखरेख करता है।

Lamivudive–सन् 1998 में इस ड्रग की लांचिंग के साथ सिप्ला दुनिया की उन गिनी-चुनी कम्पनियों में शामिल हो गई, जो रिट्रोवायरल कॉम्बिनेशन थैरेपी की तीनों कम्पोनेंट ड्रग्स (अन्य दो Zidovudine और Stavudine) बनाती हो।

Nevirapine–सन् 1999 में सिप्ला द्वारा लांच की गई यह ऐसी एंटीरिट्रोवायरल ड्रग है जो माँ से बच्चों में एड्स का हस्तांतरण रोकती है।

CFC Free Inhalers–सन् 2000 में अमेरिका व यूरोप के बाहर सिप्ला दुनिया की एकमात्र कम्पनी है, जिसने सीएफसी मुक्त इन्हेलर लांच किया है।

Tiova–यह सिप्ला को ऐसा अभिनव इन्हेलर है, जिसे दिन में एक बार इन्हेल करके फेफड़े के रोगी (Chronic pulmonary diseased) पूरे दिन राहत महसूस करते हैं।

Antiflue and Zanamivir–एंटी फ्लू की रोक व ग्लैक्सो स्मिथक्लिन की ड्रग्स के ये जेनेरिक वर्सन स्वाइन फ्लू के विश्वव्यापी प्रकोप के दौरान जीवनरक्षक साबित हुए हैं।

डॉ. यूसुफ के हमीद को सिप्ला के उत्पादों की मार्केटिंग के लिए बहुराष्ट्रीय कम्पनियों का उनके पिच पर उनके रेफरीज (अदालतों) के सामने सामना करना पड़ा है। ऐसा ही एक प्रसंग है सन्

2001 में एड्स काकटेल की सिप्ला द्वारा लांचिंग। यूरोपियन कमीशन की मेडिको मीटिंग में डॉ. यूसुफ के. हमीद ने बहुराष्ट्रीय कम्पनियों को खुले मंच से ललकारते हुए कहा था–अंतरराष्ट्रीय पेटेंट एंड ट्रेड सिस्टम पेटेंट अधिकार प्राप्त कम्पनी के अलावा किसी अन्य कम्पनी को पेटेंटेड ड्रग्स बनाने या बेचने की अनुमति नहीं देता है। हम रॉयल्टी चुकाकर भी ये ड्रग्स नहीं बना सकते, जबकि एकाधिकार प्राप्त कम्पनियाँ केवल अपने मुनाफे व शेयरधारकों की चिंता करती हैं। उनके लिए गरीब आदमी की जिंदगी का कोई महत्व नहीं है। एड्स कॉकटेल ये कम्पनियाँ 12 हजार डॉलर (प्रतिवर्ष/प्रतिरोगी दवा खर्च) में बेच रही हैं। सिप्ला इस मूल्य से एक–चौथाई पर यह काकटेल बेचेगी। डॉ. यूसुफ के. हमीद की इस घोषणा के बाद वहाँ हड़कंप मच गया। सिप्ला ने विभिन्न देशों की सरकारों को एड्स कॉकटेल मात्र 600 डॉलर में बेचना शुरू किया। गरीब देशों के एड्स रोगियों के कल्याणार्थ कार्यरत एक विदेशी एनजीओ को तो सिप्ला ने यह कॉकटेल 300 डॉलर में उपलब्ध करवाया। दुनिया के कई फार्मा उद्योगपतियों खासकर अमेरिकन कम्पनियों ने जवाबी हमला बोल दिया। अमेरिकन अदालतों में डॉ. यूसुफ के. हमीद की दलील थी कि जो कम्पनियाँ एड्स दवाएँ बना रही हैं, वे भी इसकी खोजकर्ता नहीं हैं। वे केवल लाइसेंस प्राप्त उत्पादक हैं। डॉ. यूसुफ की दलील को गरीबों की दुआएँ मिलीं और वे विजयी हुए। दिलचस्प बात यह है कि सन् 2004 में अमेरिका के पूर्व राष्ट्रपति बिल क्लिंटन ने चार अमेरिकी कम्पनियों के लिए सिप्ला का एड्स काकटेल खरीदने के लिए मध्यस्थता की और ब्रोकरेज कमाई।

ध्यान दें कि हमारे देश के राजनेता ऐसे नाजुक मसलों पर भी साहसी भारतीय उद्योगपतियों को कैसा और कितना सम्बल प्रदान करते हैं? डॉ. यूसुफ के. हमीद ने एक साक्षात्कार में कहा है–सारी दुनिया में सिप्ला माँ से बच्चे को एड्स संक्रमण रोकने वाली दवा निःशुल्क वितरित कर रही है। मैंने यह योजना एक भारतीय राजनेता को बताई। उन्होंने पूछा–क्या सिप्ला यह दवा गरीबों को वितरण हेतु सरकार को निःशुल्क देगी। मैंने हामी भरी तो वे बोले–निश्चित ही आपका इसके पीछे कोई छुपा प्रयोजन होगा। आप दवा निःशुल्क क्यों दे रहे हैं? यह बात सुनकर मैं आपा खो बैठा पर मैंने खुद को सँभाला और बोला–मैं मरने के पहले कुछ अच्छा काम करना चाहता हूँ और इसके लिए आपसे मदद माँगने आया था, खैर।

डॉ. यूसुफ के. हमीद ने इसी साक्षात्कार में आगे कहा है–हमारे यहाँ जटिल व जानलेवा रोगों के मरीजों की संख्या बढ़ती जा रही है, पर हेल्थ केयर को लेकर सरकार असमंजस में है। देश में करीब 8 करोड़ कार्डियक, 8 करोड़ मानसिक, 6 करोड़ डायबिटिक, 5 करोड़ अस्थमा, 5 करोड़ हेपेटाइ पीड़ित लोगों में से अधिकांश गरीब हैं। विश्व बैंक के अनुसार–2015 में भारत की 3.5 करोड़ आबादी एचआईवी संक्रमित होगी। सरकार की कोशिश होना चाहिए कि देश के हर नागरिक को उपचार व सस्ती दवा मिले। यह तब ही सम्भव है जब खोजकर्ता को रॉयल्टी चुकाने की शर्त पर अन्य दवा निर्माताओं को भी दवा बनाने व बेचने की अनुमति प्रदान करे। कनाडा जैसे सम्पन्न देशों में 1969 से 1992 तक यह प्रावधान था।

गौरतलब है कि 1970 के दशक तक हमारे देश में दवाइयाँ दुनिया में महँगी थीं। आज स्थिति इसके विपरीत है। इसका श्रेय डॉ. यूसुफ के. हमीद को है, जिन्होंने 1970 के दशक में जमकर लॉबिंग की। वे तत्कालीन प्रधानमंत्री इंदिरा गांधी से मिले। उन्हें समझाया कि भारतीय दवा उद्योग पर जब तक विदेशी दवा कम्पनियों का कब्जा रहेगा, तब तक आम आदमी को अंतरराष्ट्रीय मूल्य पर ही दवाएँ मिलेंगी। इसके बाद सरकार ने पेटेंट कानून में संशोधन किया और सिप्ला, रेनबैक्सी, रेड्डीज लेबोरेटरीज जैसी कम्पनियों ने जेनेरिक ड्रग्स बनाकर हमें ही नहीं दुनिया के सभी विकासशील देशों के गरीबों को कम मूल्य पर दवाएँ उपलब्ध करवाई हैं।

सन् 2005 में भारत सरकार द्वारा पद्मभूषण से सम्मानित डॉ. यूसुफ के. हमीद मूलतः मेडिको साइंटिस्ट हैं। उन्हें व सिप्ला को कई ड्रग्स के पेटेंट अधिकार प्राप्त हैं, पर अपनी इस बौद्धिक सम्पदा को वे सार्वजनिक सम्पदा मानते हैं। भारत सहित सभी विकासशील देशों की सरकारों से इसलिए वे कहते हैं कि सिप्ला के पास जीवनरक्षक दवाओं (करीब 300) को बनाने की जो जानकारी उपलब्ध है, उसे वे सार्वजनिक क्षेत्र की कम्पनियों को निःशुल्क सौंपने को तैयार हैं। वे ये दवाएँ बनाएँ और बिना मुनाफा बेचें। यह ऐसी पेशकश है जो सिप्ला का मुनाफा घटाएगी, पर डॉ. यूसुफ के. हमीद का सोच है कि उनके मुनाफे से ज्यादा जरूरी है गरीबों की जिंदगी। उनके ही शब्दों में कहें तो–जब आप एक जिंदगी बचाते हैं तो आप एक दुनिया बचाते हैं। महत्वपूर्ण यह है कि दूसरों के जीवन को अच्छा बनाने में आपका क्या योगदान है।*

वस्तुतः यूसुफ के. हमीद ऐसे साइंसमैन हैं, जो पेटेंट को बौद्धिक सम्पदा नहीं मानते हैं और चाहते हैं कि भारत जैसे देश विश्व व्यापार संगठन से नाता तोड़कर थर्ड वर्ल्ड ट्रेड ऑर्गेनाइजेशन (टीडब्ल्यूओ) का गठन करे। पेटेंट अधिकारों के साथ अविकसित देशों की निर्धन आबादी को महँगी दवाइयाँ खरीदने के लिए विवश करने वाली दुनिया की बड़ी दवा कम्पनियों से उन्होंने अकेले लम्बी लड़ाई लड़ी है। उनके अनुसार 3000 करोड़ आबादी एकाधिकार का शिकार हुई है। 1972 में भारत की दवा कम्पनियों को अनुमति दी गई थी कि वे पेटेंट्स दवाओं की नकल करके लोगों को सस्ती दवा उपलब्ध करवाएँ। विश्व स्वास्थ्य संगठन के निर्देशानुसार कानून-कायदे बदल दिए गए। इससे सन् 2013 के बाद भारत की निर्धन आबादी को भी पेटेंटेड दवाएँ महँगे मूल्य पर खरीदना पड़ेगी। यूसुफ के. हमीद इसलिए सरकार से बार-बार आग्रह कर रहे हैं कि भारतीय दवा कम्पनियों को जरूरत पड़ने पर ड्रग्स की नकल करने दें, ताकि लोगों को जीवनरक्षक दवाएँ 30 से 80 फीसदी कम मूल्य पर मिलती रहें। भारत सरकार यह पहल करेगी तो अन्य विकासशील देश भी ऐसा करने की हिम्मत जुटाएँगे।

बड़े दिलचस्प व्यक्तित्व के धनी हैं डॉ. यूसुफ के हमीद। उनकी तुलना जिस अन्य भारतीय उद्योगपति से की जा सकती है, वे हैं विप्रो के अजीम प्रेमजी। दोनों ही लो-प्रोफाइल उद्यमी हैं। दोनों ही वर्कोहलिक हैं। दोनों ही मितव्ययी हैं। यही कारण है कि सिप्ला का मुम्बई कार्यालय

*** If you can save one life, you have saved the world. What really matters is the contribution to world making life better for every one.**

आज भी वर्षों पुरानी बिल्डिंग के एक हिस्से में है। डॉ. यूसुफ के. हमीद के अनुसार–जो लोग ग्रेनाइट रूम या मार्बल फ्लोर्स चाहते हैं, उनके लिए सिप्ला नहीं है। लुधियाना में जन्मे, मुम्बई में बड़े हुए और कैम्ब्रिज में पढ़े डॉ. यूसुफ के. हमीद के आज इंग्लैंड, अमेरिका व मॉरीशस में घर है। सन् 2009 में कैम्ब्रिज के किस्ट कॉलेज के परिसर में उन्होंने यूसुफ हमीद सेंटर बनवाया है, जहाँ थिएटर है, जिम है और है संगीत साधना कक्ष। वेस्टर्न क्लासिकल म्यूजिक के शौकीन डॉ. यूसुफ के. हमीद अंतरराष्ट्रीय ख्यातिप्राप्त संगीतज्ञ जुबीन मेहता के दीवाने हैं और बालसखा भी। उनकी अपनी कोई संतान नहीं है। अपने छोटे भाई एम.के. हमीद के पुत्र कामिल हमीद को डॉ. यूसुफ के. हमीद अपने वारिस के रूप में तैयार कर रहे हैं। अपनी रुचि के बारे में सवाल करने पर वे कहते हैं–व्यक्ति को वही काम करना चाहिए, जो वह दूसरों से बेहतर कर सके। सिप्ला कम से कम मूल्य पर दवा बनाने में समर्थ है, अतः हम यही कर रहे हैं। दूसरों की दूसरे जानें...।

द पायोनियर

रायबहादुर मोहनसिंह ओबेराय

कई लोग खूब मेहनत करते हैं पर जीवनपर्यंत अभावों में जीते हैं क्योंकि उन्हें अपनी रुचि का काम नहीं मिलता। नापसंद काम के कारण वे आधे-अधूरे मन से मेहनत करते हैं और वैसा ही पुरस्कार और पारिश्रमिक प्राप्त करते हैं। ऐसे लोग अपने भाग्य को कोसते हैं कि सबको अपनी पसंद का काम नहीं मिलता। प्रथमद्रष्टया उनका यह बचाव सही प्रतीत होता है पर सच तो यह है कि अकसर लोग अपनी पसंद का काम चुनने की जोखिम उठाने से डरते हैं। वे बस प्रतीक्षा करते हैं कि छप्पर फटेगा और धन बरसेगा। वे नहीं जानते कि सफलता कोई किसी को तश्तरी में भेंट नहीं करता। सम्पन्नता मानवाधिकार अवश्य है पर इसे कमाना पड़ता है और इसके लिए जरूरी है होश, होशियारी और हौसला।

इन मानवोचित गुणों का जीवंत उदाहरण थे स्व. रायबहादुर मोहनसिंह ओबेराय। 6 माह की उम्र में उनके पिता का निधन हो गया। विधवा माँ ने रिश्तेदारों के भरोसे उनका लालन-पालन किया। 50 रुपए मासिक वेतन से उन्होंने कैरियर शुरू किया पर वे अपने पुरुषार्थ से हॉस्पिटेलिटी उद्योग के पितामह बन गए। मोहनसिंह ओबेराय ने सफल व सम्पन्न शानदार जिंदगी जी और 103 वर्ष की दीर्घायु में काया त्यागी। वे इतने दिलचस्प व्यक्तित्व के धनी थे कि उन्होंने हमेशा अपनी जन्मतिथि 15 अगस्त, 1900 बताई जबकि वे सन् 1898 में जन्मे थे। वे नहीं चाहते थे कि लोग उन्हें 18वीं सदी का व्यक्ति कहें।

देश के विभाजन से 50 वर्ष पूर्व झेलम जिले (अब चकवाल, पाकिस्तान) के एक छोटे से गाँव भान में जन्मे थे मोहनसिंह। उनके ठेकेदार पिता अत्तरसिंह अहलुवालिया का महामारी (प्लेग/मलेरिया के प्रकोप को तब महामारी कहते थे) के कारण मात्र 20 वर्ष

की उम्र में निधन हो गया। 18 वर्ष की उम्र की उनकी विधवा पत्नी भागवती 6 माह के शिशु को गोद में लेकर पीहर आ गई। मोहनसिंह के नाना एक सम्पन्न ग्रामीण साहूकार थे। ननिहाल में उन्हें खूब लाड़-दुलार मिला। ग्रामीण स्कूल में उपलब्ध 8वीं कक्षा तक की पढ़ाई के बाद उन्हें रावलपिंडी के दयानंद एंग्लो वैदिक स्कूल में दाखिला दिलवाया गया। 15 वर्ष की कच्ची उम्र में मोहनसिंह ने पहली बार रावलपिंडी में भव्य भवन, जगमगाती सड़कें और ऐसे बाजार देखे जहाँ खूब चहल-पहल रहती थी। रावलपिंडी के फ्लेशमेंट होटल ने मोहनसिंह को ऐसा रिझाया कि वे अकसर होटल का भव्य द्वार देखते पर होटल में घुसने का साहस नहीं जुटा पाए। मोहनसिंह को तब यह पता नहीं था कि एक दिन वे इस होटल के मालिक होंगे।

10वीं कक्षा उत्तीर्ण करने के बाद मोहनसिंह ने लाहौर में इंटरमीडिएट की पढ़ाई करते हुए शॉर्टहैंड और टाइपिंग सीखी पर एक दिन पढ़ाई छोड़कर उन्होंने नौकरी करने का निर्णय ले लिया। माँ निराश हुई पर मोहनसिंह तो किताबी ज्ञान के बिना इतिहास रचने के लिए जन्मे थे। उनके काका ने उन्हें लाहौर शू फैक्ट्री में नौकरी दिलवा दी। सन् 1919 में वित्तीय संकट के कारण यह फैक्ट्री बंद हो गई। मोहनसिंह गाँव लौट आए। माँ ने गाँव की एक युवती इशरन से उनका विवाह करवा दिया। गाँव में प्लेग फैला तो माँ ने पुत्र व पुत्रवधू को महामारी से बचाने के लिए उनके ससुराल सरगोधा भेज दिया। मोहनसिंह ने वहाँ सरकारी दफ्तर में जूनियर क्लर्क की नौकरी का विज्ञापन देखा। माँ से 25 रुपए लेकर वे इस नौकरी के साक्षात्कार के लिए शिमला पहुँच गए। नौकरी तो नहीं मिली पर मोहनसिंह शिमला में ही रुक गए। वहाँ चहलकदमी करते हुए एक दिन वे होटल सेसिल में घुस गए। होटल मैनेजर डी.डब्ल्यू. ग्रोव से बोले-सर, मुझे नौकरी चाहिए। मोहनसिंह के आत्मविश्वास को देखकर ग्रोव ने उन्हें बिलिंग क्लर्क की नौकरी दे दी। 40 रुपए मासिक वेतन और रहने के लिए क्वार्टर मिला तो मोहनसिंह ने गाँव में जन्मी अपनी बड़ी बेटी राजरानी और पत्नी को शिमला बुलवा लिया।

सन् 1924 में बड़ा बेटा तिलकराज (टिक्की) जन्मा, तब मोहनसिंह का वेतन था 60 रुपए। होटल के नए मैनेजर क्लार्क उनकी सूझबूझ व कर्मठता से इतने प्रभावित हुए कि उन्हें कैशियर व स्टेनोग्राफर बना दिया पर मोहनसिंह स्वेच्छा से बेलबॉय की ड्यूटी भी करते ताकि अतिथियों से टिप्स मिले। एक बार पं. मोतीलाल नेहरू शिमला आए-उन्होंने होटल स्टाफ को टाइपिंग करवाने के लिए कुछ कागजात दिए। मोहनसिंह ने बिना चूक यह टाइपिंग स्वयं कर दी तो मोतीलाल नेहरू ने खुश होकर उन्हें पुरस्कारस्वरूप 100 रुपए दिए। यह रकम तब इतनी बड़ी थी कि मोहनसिंह ने अपने लिए घड़ी व रेनकोट तथा पत्नी-बच्चों के लिए कपड़े खरीदे। सन् 1962 में रायबहादुर मोहनसिंह ओबेराय जब राज्यसभा सदस्य बने तब यह वाकया सुनाते हुए उन्होंने कहा था-मुझे गर्व है कि मैं जिस सदन का सदस्य हूँ उसके नेता पं. जवाहरलाल नेहरू हैं। उनके पिता से प्राप्त इनाम से ही मैंने अपनी पहली घड़ी खरीदी थी।

सन् 1924 में सेसिल होटल के मैनेजर क्लार्क ने अपना बिजनेस शुरू करने की मंशा से नौकरी छोड़कर शिमला के दिल्ली क्लब की केटरिंग का ठेका प्राप्त कर लिया। उन्होंने मोहनसिंह को 100 रुपए वेतन पर जॉब ऑफर की। एक स्थापित होटल श्रृंखला (एसोसिएटेड होटल्स ऑफ

इंडिया) को छोड़कर नए और छोटे केटरिंग कारोबार से जुड़ने की मोहनसिंह ने जोखिम उठाई। यही वह 'टर्निंग पाइंट' है जिसने मोहनसिंह ओबेराय की जिंदगी को बदल डाला। एक साल बाद क्लार्क ने 50 कमरों की शिमला की कार्लटन होटल को लीज पर प्राप्त किया। मोहनसिंह ने उन्हें सलाह दी कि वे होटल खरीद लें और नई साज-सज्जा के साथ इसका संचालन करें। क्लार्क ने उन्हें पार्टनर बनने को कहा। 1.40 लाख रुपए में इस होटल प्रॉपर्टी का सौदा हुआ और होटल क्लार्क जन्मा। मोहनसिंह ने मित्र-परिजनों की मदद से अपने हिस्से की पूँजी जुटाई।

सन् 1929 में दूसरे पुत्र पृथ्वीराजसिंह (विक्की) का जन्म हुआ। 5 साल बाद क्लार्क ने रिटायरमेंट लिया तो मोहनसिंह ने अपनी पत्नी के जेवर गिरवी रखकर उन्हें उनका हिस्सा लौटा दिया। मोहनसिंह शिमला व दिल्ली स्थित क्लार्क होटल के मालिक बने तो उन्होंने राजरानी से कहा-बिट्टी, जब तुम बड़ी हो जाओगी तो जहाँ भी जाओगी, ओबेराय होटल में रहोगी। मोहनसिंह जानते थे कि पुरुषार्थ से भाग्य का मेल होता ही है। इस भरोसे ने ही मोहनसिंह ओबेराय को वर्ल्ड क्लास होटल शृंखला का मालिक बनाया है।

विधाता का कोई कृत्य अकारण नहीं होता। बिना प्रयोजन सृष्टि में पत्ता भी नहीं हिलता। हर बुराई में एक अच्छाई छुपी होती है। ना दिखने वाला एक अवसर होता है। महामारी ने मोहनसिंह की जिंदगी में बार-बार उथल-पुथल मचाई। सन् 1899 में उन्होंने पिता को खोया। 1922-23 में प्लेग से जान बचाने के लिए वे शिमला पहुँचे और होटल उद्योग से जुड़े। महामारी ने ही उन्हें महानगर का होटेलियर बनाया। सन् 1933 में कलकत्ता (अब कोलकाता) में प्लेग के कारण सैकड़ों लोग मरे, जिनमें ग्रांड होटल के 100 से ज्यादा विदेशी अतिथि भी थे। लोग कलकत्ता आने से डरने लगे। होटल बंद हो गया। मर्केंटाइल बैंक ने अपने कर्ज की वसूली के लिए होटल को लीज पर देने का निर्णय लिया। होटल के अमेरिकन मालिक की शर्त थी कि होटल का मैनेजमेंट कोई यूरोपियन ही सँभाले। मोहनसिंह ओबेराय ने ग्रांड होटल को लीज पर लिया और स्टेफन की शर्त पूरी करने के लिए सेसिल होटल, शिमला के पूर्व मैनेजर डी.डब्ल्यू. ग्रोव को 1500 रुपए वेतन पर मैनेजर नियुक्त किया। कभी ग्रोव ने उन्हें नौकरी दी थी, अब उनकी बारी थी।

सन् 1939 में विश्वयुद्ध के दौरान ब्रिटिश फौज के जवान बड़ी संख्या में कलकत्ता में आए। ग्रांड होटल ने उन्हें अत्यंत रियायती शुल्क (10 रुपए प्रति व्यक्ति/प्रतिदिन लॉजिंग-बोर्डिंग) पर होटल में बेड उपलब्ध करवाए। होटल में चहल-पहल हो गई। मोहनसिंह ने जहाँ पैसा कमाया वहीं ब्रिटिश सरकार से ऐसी 'गुडविल' पाई कि अंग्रेज सरकार ने उन्हें 'रायबहादुर' के खिताब से नवाजा। पिता ने पुत्री से किया वादा भी पूरा किया। सन् 1940 में ग्रांड होटल में ही मोहनसिंह ओबेराय की बड़ी बिटिया राजरानी का कर्नल जे.सी. कपूर से विवाह हुआ।

रायबहादुर मोहनसिंह ओबेराय अब बड़े स्वप्न देखने लगे। सन् 1943 में उन्होंने दिल्ली की इम्पीरियल होटल का नियंत्रण सँभाला और ग्रांड होटल को भी 89 लाख रुपए में खरीद लिया। इससे ज्यादा दिलचस्प है एसोसिएटेड होटल्स लिमिटेड का अधिग्रहण। रायबहादुर मोहनसिंह ने बिना शोर मचाए इस कंपनी के शेयर खरीदे। सन् 1944 में वे कम्पनी के शेयरधारकों की सालाना

बैठक में बिना आमंत्रण पहुँचे तब उनके हाथ में एक बैग था जिसमें इतने शेयर थे कि वे कम्पनी का नियंत्रण हथिया लें। यही हुआ। रायबहादुर मोहनसिंह को रावलपिंडी, पेशावर, लाहौर, मुर्री (पाकिस्तान) और दिल्ली में स्थापित होटल्स शृंखला का नियंत्रण मिल गया। उनका अगला कदम था अपनी खुद की होटल प्रॉपर्टीज बनाना जिसकी शुरुआत उन्होंने उड़ीसा के समुद्र तट (गोपालपुर) से की। सन् 1947 में देश आजाद हुआ। सन् 1948 में ओबेराय पॉम बीच का शुभारम्भ हुआ। सन् 1949 में रायबहादुर मोहनसिंह ओबेराय ने ईस्ट इंडिया होटल्स लिमिटेड (ई.आई.एच.सी.) का गठन किया और उसमें एसोसिएटेड होटल्स ऑफ इंडिया का विलयन कर दिया। सन् 1950 में दूसरी बेटी स्वराज का गौतम खन्ना से विवाह हुआ।

रायबहादुर मोहनसिंह ओबेराय ने इसके बाद खूब चौके–छक्के लगाए और लम्बी कारोबारी पारी खेली। कमजोर मैनेजमेंट की कई होटलों का उन्होंने नियंत्रण लपका तो नए होटलों का भी शुभारम्भ किया। इनमें उल्लेखनीय हैं दार्जिलिंग के होटल आर्थून एवं एवरेस्ट होटल तथा कश्मीर के महाराजा हरिसिंह के महल का हेरिटेज होटल में रूपांतरण। कई वर्षों से खाली पड़े इस महल के बिलियड्र्स रूम्स, गन रूम्स, बड़े–बड़े बेड रूम्स, ड्राइंग रूम्स और भव्य हॉल (मूलतः दरबार) ने मोहनसिंह को लुभाया था। इसी शृंखला में उन्होंने लॉर्ड कर्जन के कलकत्ता स्थित आवास को स्वीस होटल में तब्दील किया।

सन् 1956 में बड़े बेटे तिलकराज का लीला नायडू से, सन् 1957 में छोटी बेटी प्रेम का कैप्टन के.के. मेहरा से और 2 साल बाद सन् 1959 में छोटे पुत्र पृथ्वीराज सिंह का एक पंजाबी लैंड ओनर की पुत्री से विवाह हुआ। सन् 1965 में होटल इंटर कांटिनेंटल का शुभारम्भ हुआ। जो रायबहादुर मोहनसिंह ओबेराय का ड्रीम प्रोजेक्ट था। एक साल बाद उन्होंने मुंबई में भव्य होटल बनाने के लिए स्थान चुना जहाँ 18 करोड़ रुपए लागत की सबसे ऊँची बिल्डिंग में ओबेराय शेरेटोन का शुभारम्भ हुआ। सन् 1966 में होटल मैनेजमेंट स्कूल की स्थापना की जिसने पिछले चार दशक में होटल उद्योग को हजारों प्रोफेशनल्स उपलब्ध करवाए हैं। इनके साथ ही मोहनसिंह ओबेराय ने नेपाल के राजपरिवार के होटल काठमांडू सोल्टी और सिंगापुर के इम्पीरियल होटल का मैनेजमेंट भी सँभाला। सन् 1971 में इजिप्ट में मैना हाउस को अधिगृहीत किया। सन् 1973 में देश के बाहर श्रीलंका में पहली होटल प्रॉपर्टी का कंस्ट्रक्शन शुरू हुआ जहाँ दो साल बाद जन्मी श्रीलंका ओबेराय।

रायबहादुर मोहनसिंह ओबेराय ने होश, होशियारी और हौसले के बलबूते अपने कारोबारी साम्राज्य को किस तरह विश्वव्यापी बनाया है इसका प्रमाण है ऑस्ट्रेलिया में विंडसोर का अधिग्रहण। सन् 1976 में रायबहादुर मोहनसिंह ने विंडसोर को लीज पर प्राप्त कर लिया था पर इसका नियंत्रण उन्हें 4 साल बाद मिला। यूरोपियन समुदाय को यह स्वीकार्य नहीं था कि कोई भारतीय उनके देश की होटल प्रॉपर्टी का मालिक बने। 80 साल की उम्र में भारी जद्दोजहद के बाद ओबेराय समूह को विंडसोर, मेलबोर्न का नियंत्रण मिला। रायबहादुर मोहनसिंह ने अपनी कारोबारी पारी को भी विराम देने की मानसिकता बनानी शुरू की। सन् 1982 में उन्होंने अपने छोटे पुत्र पृथ्वीराज सिंह को समूह की दैनंदिनी जवाबदारी सौंप दी और वे स्वयं दिल्ली के

आउटस्कर्ट में स्थित परिवार के स्टार फार्म हाउस में रहने लगे।

सन् 1984 में बड़े पुत्र तिलकराज का लीवर रोग से असामयिक निधन हो गया। 4 साल बाद इशरन देवी भी पति का साथ छोड़ गईं। अब रायबहादुर मोहनसिंह पूरी तरह सार्वजनिक जीवन जीने लगे, जिसकी शुरुआत उन्होंने 60 के दशक में कर दी थी। सन् 1962 और 1972 में वे राज्यसभा के लिए मनोनीत हुए थे तो सन् 1968 में चुनाव जीतकर लोकसभा पहुँचे। 2 मई, 2002 को 103 वर्ष की दीर्घायु में रायबहादुर मोहनसिंह ओबेराय का निधन हुआ तो तत्कालीन प्रधानमंत्री अटलबिहारी वाजपेयी ने कहा–उनके द्वारा स्थापित होटलों ने भारतीय होटल उद्योग में उत्कृष्टता के नए मापदंड स्थापित किए हैं। मोहनसिंह ओबेराय ने दुनिया के दूसरे देशों में भी भारत की पताका फहराई है।

कई अंतरराष्ट्रीय पुरस्कारों सहित सन् 2001 में भारत सरकार द्वारा पद्मभूषण से सम्मानित रायबहादुर मोहनसिंह ओबेराय ने भारतीय होटल उद्योग को विश्वस्तरीय बनाया है तो इसके लिए उन्होंने दुनिया की महँगे से महँगे स्टार होटलों को केवल देखा ही नहीं पर वे वहाँ कई–कई दिन सपरिवार रहे। सन् 1955 में वे अपने पूरे परिवार को वर्ल्ड टूर पर ले गए थे, जो वस्तुत: एक 'फेक्ट फाइंडिंग बिजनेस टूर' था। इसका मकसद था ओबेराय होटलों को ग्राहकोन्मुखी बनाना। तदनुसार ऐसी कई सुविधाएँ हैं जिनकी ओबेराय होटलों से ही शुरुआत हुई। होटल उद्योग में महिला स्टाफ की एंट्री के लिए रायबहादुर मोहनसिंह ने महिलाओं के अभिभावकों को ओबेराय होटल में रुकवाया और उन्हें विश्वास दिलाया कि उनकी बेटी–बहन यहाँ अन्य 'वर्किंग प्लेसेस' की तरह पूरी तरह सुरक्षित हैं। ऐसा ही एक और उदाहरण है 24 घंटे रूम सर्विस। 50 के दशक तक सम्पन्न लोग होटलों में ठहरते थे तो अपने साथ अपने अर्दली भी लाते थे। अर्दली होटल के कमरे के बाहर बैठे रहते थे। इसके जवाब में ओबेराय होटल ने कॉलबेल के जरिए 24 ऑवर्स रूम सर्विस की शुरुआत की जो बाद में टेलीफोनिक सर्विस सिस्टम में बदली। बेकअप कॉल ऐसी ही एक और गेस्ट सर्विस है। ओबेराय होटलों में ही पहली बार हेल्थ क्लब और स्विमिंग पूल बने। पर रायबहादुर मोहनसिंह ने हमेशा इस बात का ध्यान रखा कि स्टार होटलों के रईस अतिथि प्राइवेसी चाहते हैं। उन्हें शोर–शराबा रास नहीं आता। यही कारण है कि ओबेराय होटलों में मैरिज पार्टी नहीं होती।

होटल के प्रवेश द्वार पर लम्बे–तगड़े और चुस्त–दुरुस्त डोअरमैन की शुरुआत दिल्ली की इम्पीरियल होटल से हुई। यहीं पहली बार मोहनसिंह ओबेराय ने विदेशी शेफ नियुक्त किए और होटल रेस्त्राँ के मैन्यू को आमूल बदला। रायबहादुर की सूक्ष्म दृष्टि और सूझबूझ का सुफल है कि ओबेराय समूह के होटल आज दुनिया के होटल उद्योग में 'बेटर देन बेस्ट गेस्ट सर्विसेस' के लिए जाने जाते हैं। ओबेराय होटल के वर्तमान चेअरमैन व सीईओ पृथ्वीराजसिंह ओबेराय ने बिजनेस इंडिया के बिजनेसमैन ऑफ दी ईयर (2008) अवार्ड लेते समय कहा है कि हमारे स्टाफ ने समूह के संस्थापक के 'अतिथि देवो भव:' के मंत्र को जिन शब्दों में आत्मसात् किया है वह है 'वी आर लेडीज एंड जेंटलमैन सर्विंग लेडीज एंड जेंटलमैन' (We are ladies and gentlemen serving ladies and gentlemen)।

पी.आर.एस. ओबेराय (पृथ्वीराजसिंह ओबेराय 'विक्की')

अमीर हो या गरीब, माँ-बाप चाहते हैं कि उनके बच्चों को वह सब मिले जिससे वे बचपन में वंचित रहे। वे अभिभावक भाग्यशाली होते हैं जिनकी यह चाह पूरी होती है। रायबहादुर मोहनसिंह ओबेराय ऐसे ही भाग्यशाली शख्स थे जिन्होंने अपनी संतानों का शानदार लालन-पालन किया। पाँच भाई-बहनों में विक्की के निकनेम से पुकारे जाने वाले पृथ्वीराजसिंह ओबेराय को तो वह सब लक्ज़री बचपन में भी मिली जिसके लिए आज ओबेराय होटल समूह सारी दुनिया में जाना जाता है। ओबेराय परिवार कलकत्ता से दिल्ली शिफ्ट हुआ तो पृथ्वीराजसिंह ने अपने लिए ओबेराय होटल का एक प्राइवेट सूइट चुना। यह उन्हें इतना रास आया कि वे 30 साल होटल में ही रहे। सन् 1959 में विवाहोपरांत पृथ्वीराजसिंह जब परिवार के फॉर्म हाउस में शिफ्ट हुए तो इसका कारण उन्होंने बताया कि होटल में शोर नहीं मचा सकते। बच्चों को वहाँ बाल सुलभ आजादी भी नहीं मिलती, अत: विवाह के बाद मैं घर लौट आया हूँ।

रायबहादुर मोहनसिंह ओबेराय ने स्कूली शिक्षा के बाद पृथ्वीराजसिंह को इस मंशा से लंदन भेजा था कि वे वहाँ चार्टर्ड अकाउंटेंसी की पढ़ाई करें पर उन्हें यह पढ़ाई रास नहीं आई। उन्होंने हॉस्पिटेलिटी एज्युकेशन में रुचि दिखाई तो पिता ने पुत्र को स्विट्ज़रलैंड में दाखिला दिला दिया। विदेश में पढ़ाई पूरी करने के बाद रायबहादुर मोहनसिंह ने उन्हें इस हिदायत के साथ वर्ल्ड टूर पर भेजा कि वे दुनिया की महँगे से महँगे होटलों में रहें और यह देखें कि वहाँ अतिथियों को कैसे ट्रीट किया जाता है। पुत्र ने इस वर्ल्ड टूर में जो देखा उसे पिता ने मैदान में तराशा। तीन दशक तक पृथ्वीराजसिंह ने अपने पिता से होटल संचालन के गुर सीखे। इस दौरान रायबहादुर मोहनसिंह ने पुत्र से कहा, 'तुम स्मार्ट हो, इंटेलीजेंट भी हो पर यह कभी मत भूलना कि दुनिया में लोग तुमसे भी ज्यादा होशियार हैं और केवल स्मार्ट होने से कोई किसी का दिल नहीं जीत सकता। इसके लिए तो चाहिए सलीका और विनम्रता।'

पृथ्वीराजसिंह ने ओबेराय होटल की पाकिस्तान स्थित चार होटलों से अपना कारोबारी कैरियर शुरू किया। विभाजन के बाद पाकिस्तान सरकार ने रावलपिंडी, पेशावर, लाहौर और मुर्री स्थित होटलों की कमाई भारत भेजने पर बंदिश लगा दी। रायबहादुर मोहनसिंह ने पुत्र को सलाह दी पाकिस्तान स्थित होटल प्रॉपर्टीज पर वहाँ की सारी कमाई खर्च कर दें और उन्हें पाकिस्तान का बेहतरीन स्टार होटल बनाएँ। सन् 1965 में भारत-पाक युद्ध के बाद पाकिस्तान सरकार ने ओबेराय समूह की होटल प्रॉपर्टीज को जब्त कर लिया तो पृथ्वीराजसिंह भारत लौट आए।

रायबहादुर मोहनसिंह ओबेराय के कार्यकाल में ओबेराय होटल समूह की विस्तार की गति कभी नहीं थमी थी तो पृथ्वीराजसिंह ओबेराय ने इस विकास-यात्रा को नई दिशा प्रदान की। इसका प्रमाण है मुम्बई स्थित ट्राइडेंट और जयपुर, उदयपुर, आगरा और रणथम्बौर में राज विला, उदय विला, अमर विला और वन विला।

रायबहादुर मोहनसिंह ओबेराय ने सन् 1973 में मुंबई की सबसे ऊँची बिल्डिंग में ओबेराय होटल की स्थापना की थी। इसके नजदीक बाद में एयर इंडिया की बिल्डिंग बनी जो इससे भी ऊँची

थी। पृथ्वीराजसिंह ओबेराय को यह आभास था कि उनके पिता के मन में यह बात खटकती है। उन्होंने ओबेराय होटल प्रॉपर्टीज के नजदीक ओबेराय टॉवर के नाम से 35 मंजिला होटल प्रॉपर्टी बनाई। 65 करोड़ रुपए की इस प्रॉपर्टी पर आज होटल ट्राइडेंट है। इसकी स्थापना के बाद कॉमर्स मीडिया ने लिखा था कि पिता ने भारतीय होटल उद्योग को मॉडर्न बनाया तो पुत्र ने उसे रोमांटिक बना दिया है। ट्राइडेंट वही होटल है जहाँ नवंबर, 2008 में 59 घंटे तक पाकिस्तानी आतंकवादियों ने कहर ढाया। ट्राइडेंट के स्टाफ ने अपनी जान दाँव पर लगाकर होटल अतिथियों की सार-सँभाल की। यही नहीं, हालात सुधरने के बाद ओबेराय समूह ने जिस अल्पावधि में ट्राइडेंट को पुनः सजाया-सँवारा है, उसे देखकर महिन्द्रा एंड महिन्द्रा के वाइस चेअरमैन आनंद महिन्द्रा ने कहा है, 'बम विस्फोट व गोलीबारी के दौरान ट्राइडेंट के स्टाफ ने जो असाधारण धैर्य दर्शाया, वह एक मिसाल है। ओबेराय समूह ने जिस तत्परता से ट्राइडेंट को नई साज-सज्जा के साथ लांच किया है, वह इस बात का प्रमाण है कि हम भारतीय हार नहीं मानते।'

पृथ्वीराजसिंह ओबेराय

पृथ्वीराजसिंह ने पिता द्वारा स्थापित होटल साम्राज्य के विस्तार में अहम भूमिका निभाई है तो उनकी अपनी महत्वाकांक्षी पहल है विलाज प्रॉपर्टीज। इनकी शुरुआत जयपुर में राज विलाज से हुई। कहते हैं कि जयपुर के नजदीक 32 एकड़ भूखंड पर जब यह होटल प्रॉपर्टी बन रही थी तब होटल उद्योग से जुड़े लोगों ने कहा था कि पृथ्वीराजसिंह का शेखचिल्ली का यह सपना ओबेराय समूह के लिए सफेद हाथी साबित होगा। 100 करोड़ रुपए लागत के यहाँ 71 कमरे जब बनकर तैयार हुए और 10 साल पहले ओबेराय समूह ने एक कमरे का एक रात का किराया 10 हजार रुपए घोषित किया तो लगा कि पृथ्वीराजसिंह ने भूल की है। दिलचस्प बात यह है कि आज राज विलाज जयपुर के स्टैंडर्ड कमरे का किराया 24 से 26 हजार रुपए है और राज विलाज को दुनिया में बेस्ट लक्जरी होटल का दर्जा हासिल है। दुनिया के होटल उद्योग ने इसे कई बार अंतरराष्ट्रीय अवार्ड से नवाजा है। इसके बाद पृथ्वीराजसिंह ने आगरा, उदयपुर और रणथम्बौर में ऐसी ही होटल प्रॉपर्टीज बनाई। ये सब दुनिया के लक्जरी होटल्स में अपनी बेहतरीन गेस्ट सर्विसेस के लिए जानी जाती हैं। आनंद महिन्द्रा कहते हैं कई साल पहले मैं राज विलाज, जयपुर में ठहरा था। सुबह फिटनेस सेंटर में मैं एक्सरसाइज कर रहा था, वहाँ मैंने एक युवा अटेंडेंट को देखा जो कोल्ड टॉवेल्स बदल रहा था। मैंने एक टॉवेल माँगा और कोल्ड ड्रिंक सर्व करने को कहा। इसके बाद मैंने उसे कई काम बताए। शाम को एक बिजनेस डिनर के दौरान मैंने उसी युवक को अपने पास की टेबल पर बैठे देखा तो जिज्ञासावश बात की। मुझे पता चला कि वे पृथ्वीराजसिंह ओबेराय के पुत्र विक्रम हैं और राज विलाज, जयपुर के सीईओ।

'अतिथि देवो भव:' की इस परम्परा ने ही ओबेराय होटलों को सारी दुनिया में स्थापित किया है। विक्रम ओबेराय के अनुसार-हम बड़े नहीं बनना चाहते, हम सबसे अच्छे बने रहना चाहते हैं। कई होटल समूह हमसे बड़े हैं पर हमारे लिए तो महत्वपूर्ण यह है कि हमारे अतिथि हमारे बारे में क्या सोचते हैं, क्या कहते हैं? दूसरे शब्दों में, ओबेरायस की तीसरी पीढ़ी भी पूरे दम-खम के

साथ समूह के कारोबार की देखरेख कर रही है। पृथ्वीराजसिंह के भतीजे अर्जुन विस्तारीकरण के इंचार्ज हैं। वे दुबई, मालदीव, अबुधाबी, ओमान और भूटान में ओबेराय होटल्स खोलने की तैयारी कर रहे हैं। वे और विक्रम ओबेराय समूह के ज्वॉइंट मैनेजिंग डायरेक्टर्स हैं। विक्रम ने कैलिफोर्निया से इकॉनोमिक्स की डिग्री हासिल की है। ऑस्ट्रेलिया में ए.एन.जेड. मेक्काहान में नौकरी करते हुए वे स्टॉक ब्रोकिंग कर चुके हैं। वे सन् 1991 में पुश्तैनी कारोबार से जुड़े थे। दैनन्दिन कारोबार की देखरेख उनकी जवाबदारी है। दिलचस्प बात यह है कि रायबहादुर मोहनसिंह ने अपने पुत्र को दुनिया के महँगे स्टार होटलों को 'फील' करवाकर ट्रेनिंग दी थी तो पुत्र ने अपने पुत्र और भतीजे को बड़ी जवाबदारी सौंपने के पहले हाउस कीपिंग, रिसेप्शन और ट्रेवल डेस्क पर काम करवाया है। ओबेराय होटल समूह का स्टाफ इसीलिए कहता है कि वे कभी हमें वह काम नहीं बताते, जो वे खुद नहीं कर सकते।

ओबेराय समूह भारत सहित मॉरीशस, इजिप्ट, इंडोनेशिया, सऊदी अरब में अनेक होटल, प्रॉपर्टीज का संचालन कर रहा है। पृथ्वीराज ओबेराय 79 वर्ष की उम्र में भी गेस्ट सर्विसेस से जुड़ी छोटी-छोटी बातों का सूक्ष्म ध्यान रखते हैं। ओबेराय नई दिल्ली के जनरल मैनेजर जय राठौर एक वाकया बताते हैं कि एक बार देर रात को 'पी.आर.एस.' का मुझे फोन आया। आदतन सबसे पहले उन्होंने मेरे परिवार की कुशलता जानी और फिर पूछा कि अंतिम बार मैं होटल के बार में जब बैठा था तो मैंने क्या नोटिस किया। मैं उन्हें तत्काल कोई जवाब नहीं दे पाया तो वे बोले-कल सुबह बताना। मैं सारी रात सोचता रहा, सुबह बार में पहुँचा पर मुझे वहाँ कुछ भी अटपटा नहीं दिखा। मैंने पी.आर.एस. से माफी माँगी तो वे बोले-कुर्सी से कुशन हटाकर बैठो। मैंने ऐसा किया, मुझे ज्यादा आरामदेह लगा। उनकी निगाहों से परफेक्शन मिस नहीं होता।

रायबहादुर मोहनसिंह ओबेराय ने अपने पुत्र और पौत्रों को एक और सबक सिखाया है कि यदि होटल स्टाफ अच्छी जिंदगी जिएँगे, तो ही वे होटल गेस्ट को बेस्ट सर्विस दे सकेंगे। यही कारण है कि ओबेराय होटल के विलाज का स्टाफ जहाँ रहता है वहाँ रिक्रिएशन और फिटनेस सेंटर, क्रिकेट मैदान, हर्ब गार्डन बने हुए हैं। ओबेराय होटलों के किचन में कूलिंग सिस्टम लगे हुए हैं। ओबेराय समूह में ऑनर-सर्वेंट रिश्ते नहीं हैं। ओबेराय की तीनों पीढ़ी के साथ काम कर चुके टी.के. सिबल बताते हैं कि सन् 1984 में अमेरिका में मेरी बाइपास सर्जरी होनी थी। मैंने कर्ज के लिए अर्जी दी तो पाँच मिनट में स्वीकृत हो गई। फाइनेंस डायरेक्टर ने मुझे यह भी कहा कि खर्च की नहीं, इलाज की चिंता करना। यही नहीं, पी.आर.एस. ओबेराय ने मेरी पत्नी से खुद बात की और उन्हें आश्वस्त किया। ऑपरेशन के बाद में मैं सपत्नीक उन्हें धन्यवाद देने गया तो उन्होंने अपने निजी डॉक्टर को बुलवाकर मेरा फालोअप चेकअप करवाया।

जम्मू-कश्मीर के युवा मुख्यमंत्री उमर अब्दुल्ला कहते हैं कि पहली बार मैं पी.आर.एस. से लंदन में और दूसरी बार दिल्ली में मिला था। उन्होंने ही मेरा इंटरव्यू लिया था। मैंने ओबेराय समूह में काम करते हुए सीखा है कि जिंदगी में 'चलता है... नहीं चलता।' पी.आर.एस. ओबेराय और ओबेराय होटल समूह से मुझे मंत्र मिला है-क्वांटिटी से ज्यादा अहम है क्वालिटी।

लोकल से ग्लोबल | 12

इंडियन कॉरपोरेट्स

क्रिस्टल क्लियर

अजीम प्रेमजी

लोकप्रिय टीवी धारावाहिक 'महाभारत' के पटकथा लेखक स्व. राही मासूम रजा की अद्‍भुत कल्पना थी 'समय' को सूत्रधार बनाना। इस सूत्रधार की मदद से ही वे सागर (महाभारत कथा) को गागर (टीवी के छोटे परदे) में भर पाए थे। यही नहीं, समय को माध्यम बनाकर उन्होंने कई सामयिक संदेश भी दिए। मसलन, दूरन्देशी, साहसी व सतर्क लोग ही समय के साथ कदमताल कर पाते हैं। महाभारत का समय सूत्रधार बार-बार कहता है–मैं थकता नहीं हूँ, मैं रुकता नहीं हूँ। मेरे अगले कदम का पूर्वानुमान लगाने वाले दूरन्देशी ही केवल मेरे हमकदम हो सकते हैं। समय यह चेतावनी भी देता है कि मेरे साथ चलोगे तो राह में आएँगी आपदाएँ-बाधाएँ। रास्ता रोकेंगे लालच-लालसाएँ। इन सबसे जूझने का साहस हो और इनसे बचने की सतर्कता हो तो ही आओ मेरे साथ।

गौर करें तो पाएँगे कि समय अपने हमराह के जो गुण गिना रहा है, वे ही एक साधारण आदमी को बना देते हैं–'असाधारण उद्यमी।' जरा और गौर करेंगे तो पाएँगे कि हमारे आसपास ऐसे लोग हैं, जिन्होंने समय के साथ कदमताल करके अपने लिए अपार यश व अकूत धन-सम्पदा कमाई है तो हजारों-लाखों लोगों को रोजगार दिया है। ऐसे ही एक शख्स हैं–अजीम प्रेमजी, हमारे इस आलेख के नायक व भारतीय कॉरपोरेट जगत के महानायक।

बहुआयामी व्यक्तित्व के धनी हैं विप्रो समूह के सूत्रधार अजीम प्रेमजी। उनकी कई भुजाएँ (कारोबार) हैं। हर भुजा दूसरी भुजा से अलग काम (कारोबार) करती है। यह कुबेरपति दिन के एक प्रहर में दुनिया के कठिनतम मार्केट्स में कम्प्यूटर, सॉफ्टवेअर व आईटी सॉल्यूशंस जैसे हाईटेक उत्पाद बेचता है तो दूसरे प्रहर में साबुन

(संतूर, चंद्रिका ब्रांड), खाद्य तेल, बेबी डायपर्स, ग्लूकोविटा या लाइटिंग उपकरण–बल्ब, फ्लोरोसेंट ट्यूबलाइट जैसे एफएमसीजी और तीसरे प्रहर में नाजुक व महँगे मॉडर्न मेडिको इक्यूपमेंट्स। विप्रो की इस विचित्र व विविध वाणिज्यिक गतिविधियों में प्रेमजी की समान रुचि व गहरी दखल, उनके संगी–साथियों को भी चौंकाती है। वे लोगों को तब और अचंभित करते हैं, जब अनायास किसी क्लाइंट के दफ्तर पहुँच जाते हैं।

डदलचस्प बात यह है कि प्रेमजी के लिए ग्राहक सेवा से जुड़ी ऐसी रणनीति बेहद सामान्य बात है। करीब सौ इकाइयों का 'बिलियन डॉलर समूह विप्रो अब केवल इन्फोटेक (अन्य कारोबार छोड़कर) पर फोकस करे'–यह सलाह (परामर्शदाता सी.के. प्रह्लाद) इस भावनात्मक दलील के साथ वे बहुत पहले रिजेक्ट कर चुके हैं कि जड़ों (विप्रो की शुरुआत खाद्य तेल व साबुन) से हमेशा जुड़े रहने में ही भलाई है। जड़ से जुड़े रहने की यह सीख प्रेमजी को अपने स्व. पिता मोहम्मद हासम प्रेमजी से मिली है। इस राष्ट्रभक्त उद्यमी ने देश के विभाजन के समय पाकिस्तान चलने, मनचाहा मंत्रिपद सँभालने और एक मजबूत मुस्लिम राष्ट्र बनाने का मोहम्मद अली जिन्ना का आग्रह यह कहकर ठुकरा दिया था कि 'सर, इंडिया इज माय होम।'

जिन्ना साहब सीनियर प्रेमजी को अपने साथ पाकिस्तान तो नहीं ले जा सके, पर उनके इस चयन में कोई चूक नहीं थी। चालीस के दशक में सीनियर प्रेमजी उन गिने–चुने मुस्लिम उद्यमियों में से एक थे, जिनके पास अपना इंडस्ट्रियल व कॉमर्शियल विजन था। यही कारण है कि सीनियर प्रेमजी बॉम्बे स्टेट इलेक्ट्रिसिटी के चेअरमैन बनाए गए तो आजादी के बाद उन्हें देश के तीन महारथी वित्तीय संस्थानों–भारतीय रिजर्व बैंक, भारतीय स्टेट बैंक व भारतीय जीवन बीमा निगम के नियंत्रक मंडल में ससम्मान मनोनीत किया गया। सीनियर प्रेमजी का निजी जीवन भी बेहद पाक–साफ व प्रगतिशील था। उन्हें चावल का निर्यात व्यापार विरासत में मिला था, जो चालीस के दशक में राष्ट्रीयकरण के बाद निजी क्षेत्र के लिए बंद हो गया।

सन् 1945 में सीनियर प्रेमजी ने जलगाँव जिले के एक गाँव अमलनेर में सौ रुपए मूल्य के कुल 17500 शेयर बेचकर वेस्टर्न इंडिया वेजिटेबल प्रोडक्ट्स (संक्षिप्त नाम विप्रो) की अमलनेर में स्थापना की थी। अमलनेर तब बेहद पिछड़ा व सुस्त कस्बा था। वहाँ के कुछ व्यापारियों व नागरिकों ने विप्रो ऑइल मिल में मुनाफे की उम्मीद किए बिना केवल दो कारणों से पैसा निवेश किया। एक कारण था, सीनियर प्रेमजी की प्रतिष्ठा और यह सांत्वना कि उनके पिछड़े क्षेत्र में भी कोई उद्योग तो आ रहा है। पैसा देकर वे विप्रो के शेयरों को लगभग भूल ही गए। विप्रो ऑइल मिल ने 'सनफ्लॉवर व केमल' ब्रांड नाम से वनस्पति तेल लांच किया। सीनियर प्रेमजी आदतन सार्वजनिक गतिविधियों में ही व्यस्त रहे। ऑइल मिल और कारोबार उनके विश्वस्त साथियों ने अपनी समझ व क्षमता से सँभाला। इसका परिणाम यह हुआ कि सीनियर प्रेमजी के कार्यकाल में विप्रो का व्यापार औसत स्तर पर ही बना रहा।

सीनियर प्रेमजी चालीस के दशक में भी इतने दूरन्देशी व प्रगतिशील थे कि मुस्लिम होते हुए भी उन्होंने एक ही संतान (अजीम प्रेमजी : जन्म 1945) पैदा की। उसे भी तब विदेश तक उच्च

शिक्षा दिलवाई, जब ज्यादा पढ़ाई-लिखाई को समय और पैसे की बर्बादी माना जाता था।

सन् 1966 में एक दिन हृदयाघात से मोहम्मद हासम प्रेमजी का निधन हो गया तो उनके पुत्र अजीमजी को स्टेनफोर्ड यूनिवर्सिटी में इंजीनियरिंग की अंतिम वर्ष की पढ़ाई अधूरी छोड़ स्वदेश लौटना पड़ा और पिता की विरासत विप्रो को सँभालना पड़ी। उस समय की अपनी मन:स्थिति का जिक्र करते हुए अजीमजी ने एक बार कहा था कि मैं जब एक साल का था, तब विप्रो जन्मा था। मैं जब 21 साल का हुआ तो अनायास उसका दायित्व मेरे अनुभवहीन कन्धों पर आ पड़ा। विप्रो का तब सालाना कारोबार था तीन करोड़ रुपए। कंपनी की मेरी पहली साधारण सभा में एक शेयरधारक ने सलाह दी कि मेरी उम्र और मेरे जैसे नौसिखिए के लिए कम्पनी का संचालन संभव नहीं है। मुझे अपने शेयर बेचकर विप्रो किसी अनुभवी प्रबंधन को सौंप देना चाहिए। यह बात मेरे दिल को छू गई और मैंने संकल्प लिया कि विप्रो को एक सफल औद्योगिक समूह बनाऊँगा।

अजीम प्रेमजी अपनी माँ गुलबानो को याद करते हुए कहते हैं कि उन्होंने तब कहा था-हरेक की सुनो, पर मन की करो। ध्यान रखना कि अकसर सबसे छोटा सहयोगी सबसे बेहतरीन सलाह देता है। यह सलाह मानते हुए ही अजीम प्रेमजी विप्रो समूह की करीब सौ इकाइयों का प्रोफेशनल्स के भरोसे संचालन कर रहे हैं। विप्रो की ये इकाइयाँ एक स्वतंत्र कम्पनी की तरह कारोबार करती हैं। उद्योग व्यापार के शून्य अनुभव व पारिवारिक स्तर पर बिलकुल अकेलेपन के साथ अजीम प्रेमजी ने अपनी वाणिज्यिक-यात्रा शुरू की थी। सन् 1967 के बाद विप्रो समूह अपने सूत्रधार अजीम प्रेमजी के साथ ही 'ग्रो' हुआ है। शायद यही कारण है कि प्रेमजी इसके छोटे से छोटे व्यापार और अपने छोटे से छोटे बिजनेस पार्टनर से ऐसे जुड़े हुए हैं कि कस्बों के उन किराना व्यापारियों से बतियाने का कोई मौका नहीं छोड़ते, जो विप्रो के साबुन, पाउडर, बल्ब आदि बेचते हैं। विप्रो और अजीम प्रेमजी का अनुभव, दायरा, यश, सम्पदा और परिवार साथ-साथ आगे बढ़े हैं। यास्मीनजी से प्रेमजी का विवाह हुआ और सन् 1977 में उनके पहले पुत्र रशद अजीम का और सन् 1978 में दूसरे पुत्र तारिक अजीम का जन्म हुआ। इसके ठीक एक साल बाद सन् 1979 में विप्रो ने कम्प्यूटर हार्डवेयर बिजनेस शुरू किया, जो विप्रो के वर्तमान यश की बुनियाद है।

सनफ्लावर वनस्पति, संतूर साबुन के अलावा इलेक्ट्रिकल उपकरण बनाने के लिए इसी दौर में अजीमजी ने विदेशी कम्पनियों से तकनीक, मार्केटिंग और ब्रांड को लेकर कई समझौते किए। इनमें से अधिकांश आज तक जारी हैं। विप्रो समूह ने शोध और अनुसंधान पर भी अपनी कमाई का बड़ा हिस्सा खर्च किया है। ज्ञान को विकास का आधार बनाकर ही विप्रो ने कम्प्यूटर सॉफ्टवेयर और हार्डवेयर, पेरिफेरल्स, सिस्टम्स इंटीग्रेशन, नेटवर्किंग, सॉफ्टवेयर निर्यात, वीएसटीएस सर्विसेस, फ्लूड पॉवर सिस्टम के साथ नाजुक व महँगे मॉडर्न मेडिको उपकरण (सीटी स्कैनर, एक्स-रे, एमआरआई मशीनें) बनाए और बेचे।

सन् 1990 में अजीम प्रेमजी ने 10 करोड़ रुपए लागत का एएस-4000 आईबीएम मेनफ्रेम

आयात किया। इसके साथ लोकल मार्केट में कम्प्यूटर हार्डवेयर उत्पादों के लिए मशहूर विप्रो की ग्लोबल मार्केट में सॉफ्टवेयर विकासकर्ता, निर्माता व विक्रेता की पहचान बनी। टेलीकॉम व नेटवर्किंग के ग्लोबल मार्केट में विप्रो के सॉफ्टवेयर बेहद लोकप्रिय हैं। विप्रो ने यू.ए.ई. के सेंटर ऑफ एक्सीलेंस फॉर एप्लाइड रिसर्च एंड ट्रेनिंग के साथ समझौता किया। इसके तहत दोनों भागीदार ने संयुक्त रूप से यू.ए.ई. में आईटी कंसल्टेंसी, सॉल्यूशंस व सर्विसेस की मार्केटिंग की। विप्रो ने 2001 में दुबई इंटरनेट सिटी से पश्चिमी एशिया में कारोबार शुरू किया था, जो फैलकर अब खाड़ी देश–सऊदी अरेबिया, कतर, ओमान व कुवैत के अलावा दुनिया के कई देशों में पहुँच गया है। यू.ए.ई. में विप्रो के आज भी कई प्रमुख ग्राहक हैं, जिनमें उल्लेखनीय हैं–दुबई सरकार, दुबई ड्रायडाक्स व दुबई म्युनिसिपल कॉरपोरेशन। विप्रो समूह के कुल टर्नओवर में विप्रो टेक्नोलॉजी की हिस्सेदारी दो-तिहाई से ज्यादा है और मुनाफे में 90 फीसदी। चेन्नई, हैदराबाद व बैंगलोर में विप्रो के वर्ल्ड क्लास टेक्नोलॉजी सेंटर हैं। बैंगलोर में विप्रो ने लीडरशिप डेवलपमेंट सेंटर और वाशिंगटन में पहला भारतीय लॉबी हाउस स्थापित किया है।

दुनिया के सबसे प्रतिष्ठित व सबसे प्रतिस्पर्धी हाईटेक आईटी व सॉफ्टवेयर उद्योग व मार्केट में स्थापित हो जाने के बावजूद विप्रो समूह पहले की तरह इलेक्ट्रिकल उपकरण, विप्रो बल्ब व फ्लोरोसेंट ट्यूब आदि बनाता है, पर अब ये स्टेट-ऑफ-द-आर्ट संयंत्रों में बनते हैं। सर्कुलर फ्लोरोसेंट लैम्प देश में पहली बार बनाने का गौरव विप्रो को हासिल है। विप्रो शिकाकाई, संतूर, स्प्रिंग, चंद्रिका, मिल्क एंड रोजेस साबुन, विप्रो संतूर व एक्टिव टेलकम पाउडर, विप्रो बेबी सॉफ्ट डायपर्स, ग्लूकोविटा अपने मार्केट में लीडर हैं। विश्वविख्यात औद्योगिक मार्केटिंग रणनीतिकार सी.के. प्रह्लाद ने सन् 1996-97 में अजीम प्रेमजी को यह सलाह दी थी कि विप्रो का विविधीकरण बेहद विचित्र है। समूह को सारे छोटे कारोबार से मुक्त होकर केवल अपने 'ब्रेड बटर' व्यापार यानी सॉफ्टवेयर व आईटी पर फोकस करना चाहिए। यह व्यापार ही विप्रो को ग्लोबल कॉरपोरेट बनाएगा। प्रेमजी का जवाब था–'ऐसा नहीं हो सकता। ये ब्रांड व उत्पाद विप्रो की बुनियाद हैं।

सही भी है। कंज्यूमर एंड लाइटिंग का टर्नओवर विप्रो के आईटी बिजनेस की तुलना में नगण्य है, पर इस कारोबार ने ही अजीम प्रेमजी को यह सामर्थ्य प्रदान की है कि वे विप्रो को ज्ञान आधारित उद्योग में स्थापित कर सके। उनकी मंशा है कि विप्रो एफएमसीज मार्केट में भी आईटी की तरह (तीसरा क्रम, प्रथम टीसीएस व द्वितीय इन्फोसिस) टॉप टेन में पहुँचे। कंज्यूमर केयर मार्केट में विप्रो के सिरमौर ब्रांड हैं सनफ्लॉवर वनस्पति और संतूर जिसे बनाए रखने के लिए विप्रो ने संतूर को स्कीन सॉफ्टनर व खुशबूदार साबुन के साथ फेयरनेस क्रीम और फेस वॉश प्रोडक्ट में बदला है। इस सेगमेंट में विप्रो ने देश के पहले आयुर्वेदिक साबुन चंद्रिका के सन् 2003 में मार्केटिंग व वितरण अधिकार प्राप्त किए हैं। विप्रो ने सोप वॉश लिक्विड सन् 2003 में लांच किया तो सम्पूर्ण उत्तर भारत में विप्रो मिल्क एंड रोज सोप पेश किया, जो इसके पहले केवल पंजाब तक सीमित था। वेलनेस सेगमेंट में विप्रो ने हिंदुस्तान लीवर के ग्लूकोविटा को अधिगृहीत करके दो नए वेरिएंट्स में पेश किया है। वेलनेस पोर्टफोलियो में ही विप्रो ने

लेक्जेटिव ईसबगोल लांच किया है। बेबी केयर मार्केट पर जॉनसन एंड जॉनसन का कब्जा है, जिसमें सेंध लगाने के लिए विप्रो ने बेबी सॉफ्ट को किराना दुकानों पर पहुँचा दिया जो इसके पहले केवल दवा दुकानों पर ही बिकते थे। लाइटिंग बिजनेस में विप्रो की पेशकश है–कॉम्पेक्ट फ्लोरेसेंट बल्ब जो बिजली की खपत घटाते हैं।

विप्रो ने आउटडोर लाइटिंग मार्केट में भी इंट्री ली है। इस मार्केट के लीडर फिलिप्स की रणनीति रही है बिजली के सामान की दुकानों से बिक्री, तो विप्रो ने लाइटिंग प्रोडक्ट अपने तीन हजार से ज्यादा वितरकों और 16 लाख से ज्यादा रिटेल आउटलेट्स पर पहुँचाए। विप्रो कंज्यूमर केअर का एक बड़ा अधिग्रहण है सिंगापुर की उन्जा। अजीम प्रेमजी कहते हैं कि यदि जनरल इलेक्ट्रिकल्स बल्ब से एयरक्राफ्ट इंजन तक बेच सकती है तो विप्रो क्यों नहीं। हमें ऐसे किसी छोटे प्रोडक्ट को बनाने व बेचने से परहेज नहीं है, जो मुनाफा कमाए।

सन् 1979 में आईबीएम ने जब भारत छोड़ा तब अजीम प्रेमजी ने कम्प्यूटर मार्केट में प्रवेश किया था, पर उनका पहला डायवर्सिफिकेशन था हैवी मशीनरी उद्योग में इंट्री। पुश्तैनी कारोबार से बिलकुल अलग सबसे पहले उन्होंने हायड्रोलिक कम्पानेंट्स बनाने के लिए विप्रो फ्लूड पावर की स्थापना की थी। इसका नया अवतार विप्रो इन्फ्रास्ट्रक्चर इंजीनियरिंग आज प्रीसिसन इंजीनियरिंग और डिजाइन क्षेत्र में भी सक्रिय है। इस कारोबार के लिए इंजीनियरिंग ज्ञान के साथ सही मशीनों का सही कॉम्बिनेशन चाहिए, जिसके लिए विप्रो के पास आज टेक्नोक्रेट्स की बेहद कार्यकुशल टीम है।

एक छोटी–सी एफएमसीजी कम्पनी को ठोस ग्लोबल कम्पनी बना चुके अजीम प्रेमजी उत्पादों की गुणवत्ता के साथ कोई समझौता नहीं करते हैं। गुणवत्ता, तकनीक व प्रबंधन में श्रेष्ठता की खोज के लिए प्रेमजी सारी दुनिया में भटके हैं और जहाँ जो सिस्टम उन्हें उपयोगी व अच्छा लगा, उसका उन्होंने भारतीयकरण करवाकर विप्रो में उसे लागू किया है। प्रेमजी की मैनेजमेंट शैली अमेरिकन फुटबॉल टेक्नोलॉजी जैसी है। यदि बॉल पकड़ लो तो दौड़ते रहो। वे अपने स्टाफ को काम करने, अपनी शैली चुनने की पूरी आजादी देते हैं।

विप्रो के चेअरमैन तक कोई भी कर्मचारी पहुँच सकता है और वह कह सकता है कि मैं आपसे सहमत नहीं हूँ। शर्त एक ही है कि वह अपनी बात व अपने काम के प्रति ईमानदार हो, क्योंकि प्रेमजी की नजर में ईमानदारी का कोई विकल्प नहीं है और बेईमानी अक्षम्य अपराध है। तदनुसार विप्रो के स्टाफ के लिए जो अलिखित पर सर्वमान्य आचार संहिता है, उसके सूत्र हैं–'ईमानदारी, कर्मठता व नैतिकता।' रिश्वत न देने की परम्परा के कारण विप्रो ने कई बड़े प्रोजेक्ट छोड़े हैं या घाटा उठाकर अधूरे ही छोड़ दिए हैं। विप्रो के कॉरपोरेट कार्यालय में एक बार स्टाफ ने पाँच माह तक हड़ताल की। प्रेमजी ने एक कर्मचारी नेता को नौकरी से निकाल दिया था, क्योंकि उसने फर्जी यात्रा बिल पेश किया था। अंततः कर्मचारियों को ही झुकना पड़ा और दोषी कर्मचारी को नौकरी से हाथ धोना पड़ा था।

विप्रो समूह अपनी मानव सम्पदा के विकास पर सालाना भारी धन खर्च करता है। समूह सन् 1960 से देश के प्रतिष्ठित बिजनेस स्कूलों में इंटरव्यू के लिए जा रहा है, जबकि तब कैम्पस इंटरव्यू का आज जैसा प्रचलन नहीं था। सन् 1990 के बाद जिन टेक्नोक्रेट्स ने अपने खुद के आईटी उद्योग स्थापित किए, उनमें से अधिकांश विप्रो में काम कर चुके हैं। प्रेमजी के मित्र व उनकी प्रतिस्पर्धी आईटी कम्पनी इन्फोसिस के संस्थापक एन.आर. नारायणमूर्ति भी सन् 1979 में विप्रो हार्डवेयर के हेड चुने गए थे। हालाँकि, उनकी नियति भी अलग थी और लक्ष्य भी अलग।

दुनिया के धनी व्यक्तियों की फोर्ब्स की सूची में शामिल अजीम प्रेमजी कहते हैं कि जब कोई मुझे अमीर कहता है तो मैं खुद को चिड़ियाघर के जानवर की तरह महसूस करता हूँ। मेरी सम्पदा का आकलन शेयर मूल्यों से किया जाता है, जबकि मैं यह ध्यान नहीं देता कि शेयर मार्केट में क्या हो रहा है। मेरे लिए दौलत का मतलब है ढेर सारी जवाबदारी तथा आपके कामकाज व व्यवहार पर लोगों की सतत निगरानी।

बड़े ही दिलचस्प व्यक्तित्व के धनी हैं 65 प्लस अजीम प्रेमजी (जन्म-1945)। वे स्टार होटलों में ठहरना पसंद नहीं करते हैं। इकोनॉमी क्लास में ही हवाई यात्रा करते हैं। इंडिया मेड घड़ी, कपड़े व कार ही इस्तेमाल करते हैं। उनके अनुसार-लक्जरी लाइफ का सफलता से कोई लेना-देना नहीं है। सफलता के लिए जरूरी है सतत काम और ऐसी टीम जो काम को अंजाम दे।

विप्रो के पूर्व और वर्तमान एक्जीक्यूटिव्स कहते हैं कि अजीम प्रेमजी अपने साथियों को धैर्य के साथ परखते हैं, पर एक बार वे किसी को चुन लेते हैं तो पूरी आजादी देते हैं। उनके सहयोगी कड़े शब्दों में उनसे असहमति व्यक्त कर सकते हैं। दूसरों की उत्तेजना और विरोध ही नहीं उद्दंडता का भी सहने की अजीम प्रेमजी में अद्भुत क्षमता है।

आइए, एक बार अमलनेर लौटें। मुंबई से 300 कि.मी. दूर स्थित अमलनेर में एयरपोर्ट नहीं है। प्रथम दृष्टया यह सम्पन्न टाउन भी नहीं दिखाई देता, पर यहाँ शेयर मार्केट के ऐसे हजारों निवेशक हैं, जो आईटी कम्पनियों में ही निवेश करते हैं, क्योंकि इनमें से कुछ लोगों ने मोहम्मद हासम प्रेमजी से सन् 1949 में विप्रो के जो शेयर खरीदे थे, जिसने उनकी जिंदगी बदल दी है। ऐसे ही एक शख्स हैं मोहम्मद शेख। उन्होंने 100 रुपए मूल्य के विप्रो के कुल 5 शेयर खरीदे थे। 500 रुपए का यह निवेश सन् 2005 में 15 करोड़ रुपए हो गया था। मोहम्मद शेख के एक पुत्र विप्रो कंज्यूमर केयर के संयंत्र में 9000 रुपए माह की नौकरी करते हैं। उन्हें वित्तवर्ष 2005-06 में 10 लाख रुपए डिविडेंड आय हुई थी। अमलनेर में किंवदंती है कि जब बच्चा जन्मे तब विप्रो के दस शेयर खरीद लो, बच्चे की शिक्षा और शादी की चिंता नहीं करना पड़ेगी। अमलनेर के एक शेयर ब्रोकर के अनुसार-इस साधारण टाउन में 5000 से ज्यादा डिमेट अकाउंट हैं। ये खाताधारक शेयर मार्केट के विचित्र निवेशक हैं। ये कॉमर्स समाचार-पत्र नहीं पढ़ते हैं, अतः शेयर मार्केट के उतार-चढ़ाव का उन्हें पता नहीं होता पर वे अच्छी कम्पनियों में दीर्घावधि निवेश करते हैं। विप्रो से निवेश ने उन्हें प्रतीक्षा करना सिखाया है। वे निवेश करके भूल जाते हैं।

अजीम प्रेमजी के लिए इन सबसे ज्यादा महत्वपूर्ण व मूल्यवान हैं–'विप्रो समूह, इसके उत्पाद और सारी दुनिया में फैला इसका ग्राहक समुदाय।' वास्तविकता यह है कि श्री प्रेमजी सहज व सादे रहन-सहन, शांत व्यवहार के लिए देश के कॉरपोरेट जगत में जाने जाते हैं। सन् 2003 में फॉर्चून ने अमेरिका के बाहर सर्वाधिक प्रभावी 25 बिजनेसमैन की सूची में अजीमजी को शामिल करते हुए लिखा था कि 'उन्होंने भारतीय अर्थव्यवस्था में टेक्नोलॉजी सेक्टर को नई दिशा दी है। अजीम प्रेमजी के नेतृत्व में सन् 1940 में कुकिंग ऑइल बनाने वाला विप्रो समूह आज भारत का अग्रणी सॉफ्टवेयर, इंजीनियरिंग व आईटी ग्रुप बन गया है।'

एक और दिलचस्प बात यह है कि सन् 2000 में (तब 55 वर्ष) उन्होंने सन् 1966 में अधूरी छोड़ी पढ़ाई पूरी की है। इस सुप्रसिद्ध कुबेरपति को विश्व का कोई भी विश्वविद्यालय मानद डिग्री देकर सम्मानित होता, पर प्रेमजी ने छह माह के अध्ययन के बाद दो टर्म पेपर्स पूरे किए, बाकायदा परीक्षा दी और 22 क्रेडिट्स के साथ डिग्री ली है। उनके अनुसार–'कम्पनी की लीडरशिप अपरिपक्व व अयोग्य हाथों में सौंपने का मतलब है उस कम्पनी की बर्बादी व उसके निवेशकों के साथ धोखाधड़ी। यदि मेरे पुत्र योग्य नहीं हैं तो उन्हें विप्रो जैसी ग्लोबल कम्पनी सौंपने के बजाय मैं करोड़ों डॉलर दे देना सस्ता सौदा मानूँगा।'

यही कारण है कि हार्वर्ड बिजनेस स्कूल के ग्रेजुएट पुत्र रिशाद अजीम को जनरल इलेक्ट्रिकल्स व बेन एंड कम्पनी में कार्यानुभव के बावजूद कम्पनी के सीनियर एक्जीक्यूटिव के अधीन ट्रेनर के बतौर विप्रो में इंट्री मिली, हालाँकि वे अजीम प्रेमजी के उत्तराधिकारी हैं। पिता-पुत्र इस मामले में अभी कुछ नहीं कहते। इस तारतम्य में एक और उल्लेखनीय प्रसंग है सन् 2005 में रिशाद अजीम का विवाह। मीडिया को इसकी कोई जानकारी नहीं मिली थी। विप्रो के मुख्यालय से पूछताछ करने पर जवाब मिला था–यह अजीम प्रेमजी के परिवार का निजी मामला है, हम कुछ नहीं जानते। अजीमजी के छोटे पुत्र तारिक निजी इक्विटी विभाग में प्रशिक्षणार्थी की हैसियत से अनुभव प्राप्त कर रहे हैं। बैंगलोर के द पार्क ट्रिनिटी कॉम्प्लेक्स की 10वीं मंजिल पर प्रेमजी का दफ्तर सादगी व सौंदर्य का नमूना है।

27 जुलाई, 2001 को आईआईटी के दीक्षांत समारोह में अजीम प्रेमजी ने कहा था–स्वप्न देखने का साहस करें। लोग सोचते हैं असंभव स्वप्न देखना मूर्खता है। मेरा मानना है कि स्वप्न यथार्थवादी व सुरक्षित हो ही नहीं सकते। अगर ऐसा है तो वे स्वप्न नहीं हैं। हाँ, लेकिन व्यक्ति के पास सपनों को साकार करने की ठोस योजना होना चाहिए और योजना को मूर्तरूप देने के लिए श्रम व संकल्प शक्ति।

अजीम प्रेमजी फाउंडेशन

यह कैसा देश है और हम कैसे देशभक्त हैं कि अपने ही युग के उस शख्स को हमने आज भुला दिया, जिन्होंने अपने ही मजहब के मोहम्मद अली जिन्ना जैसे जिद्दी नेता को दो-टूक जवाब दे दिया था कि नहीं चाहिए मुझे तुम्हारे पाकिस्तान में मनचाहा मंत्री पद। मेरा मनचाहा देश तो भारत है। क्या आपको हमारी स्कूली किताबों में कमी नजर नहीं आती, जिनमें उद्यमशीलता के

विकल्प अजीम प्रेमजी जैसी हस्तियों के लिए जगह नहीं है। ये तो वे महामना हैं, जिन्होंने व्यक्तिगत व वाणिज्यिक स्तर पर नैतिकता के उच्चस्तरीय मापदंड स्थापित किए हैं, जिनका आज सबसे ज्यादा अभाव है।

रिशाद अजीम प्रेमजी

हमारा चरित्र हमारे कामकाज व हमारे फैसले तय करता है। चरित्र कैसे बनता है। मैंने जब भी इस बारे में सोचा तो मुझे स्कूली जीवन के अध्यापक याद आए। मैं मुम्बई के साधारण स्कूल का छात्र रहा हूँ। हमारे अध्यापक तब क्लास के बाहर हमारे साथ काफी समय गुजारते थे। उन्होंने जैसा मुझे बनाया, मैं वैसा बन गया हूँ।

यह कहना है अजीम प्रेमजी का जो चाहते हैं कि देश के बच्चों को गुणवत्तायुक्त प्रारंभिक शिक्षा मिले। जो वे कहते हैं, जो वे सोचते हैं वह करना भी चाहते हैं। यही कारण है कि अपनी निजी सम्पदा से बिना शोर मचाए (अजीम प्रेमजी फाउंडेशन ने स्थापना के बाद से आज तक कोई प्रेस विज्ञप्ति जारी नहीं की) अरबों रुपए का एक ट्रस्ट बनाया है–विप्रो फाउंडेशन। ग्राम बनाया है। सन् 2001 में अजीम प्रेमजी फाउंडेशन की स्थापना के लिए अपनी निजी सम्पदा दान देने के बाद हाल ही में अजीमजी ने अपने स्वामित्व की 8.9 प्रतिशत इक्विटी (9 हजार करोड़ रु.) फाउंडेशन को सौंप दिए। फाउंडेशन नौ राज्यों के 25 स्कूलों में शिक्षा का स्तर सुधार रहा है, जिससे 27 लाख छात्र–छात्रों का भविष्य सँवर रहा है। विप्रो के हर कर्मचारी को अजीम प्रेमजी इस बात के लिए प्रेरित करते हैं कि वे इस साक्षरता अभियान में अपनी बौद्धिक सामर्थ्य के अनुसार सहयोग प्रदान करें। प्रेमजी का कहना है कि धन की कमी नहीं है, अत: जो भी राज्य चाहते हैं, हम वहाँ यह अभियान शुरू कर देते हैं। हमारा लक्ष्य है देश को नॉलेज पॉवर हाउस बनाना। इसके तहत ट्रस्ट की ऑडिट टीम स्कूलों का परीक्षण करती है, छात्रों की उपस्थिति, उनकी पढ़ाई के स्तर का आकलन करती है और पात्र स्कूल, छात्रों व अध्यापकों को अनुदान देती है।

अजीम प्रेमजी का सोच सरल व स्पष्ट है। वे कहते हैं–पैसा कमाना जरूरी है, लेकिन समाज की बेहतरी के लिए इसका उपयोग करना इससे भी ज्यादा जरूरी है।

लोकल से ग्लोबल
इंडियन कॉरपोरेट्स

13

रेडी टू टेक ऑफ

गौतम अदाणी

उद्यमशीलता की बात हो तो सबसे पहले कभी याद आते थे मारवाड़ी उद्यमी। धीरूभाई अम्बानी, करसनभाई पटेल और उत्तमभाई मेहता ने इस परंपरागत सोच में सेंध लगाई तो गौतम अदाणी जैसे गुजराती उद्यमी ने इस धारणा को पूरी तरह ध्वस्त कर दिया कि केवल मारवाड़ी ही दांव लगाते हैं, जोखिम उठाते हैं। गौतम अदाणी अपनी कारोबारी यात्रा में आई हर बाधा को जड़ों से समाप्त करते हुए इतने तेज दौड़े हैं कि मात्र दो दशक में बन गए हैं गुजरात के न्यू जनरेशन इंटरप्रिन्योर पोस्टर बॉय...

गौतम अदाणी की कारोबारी यात्रा उद्यमियों के लिए केस-स्टडी है तो उनका व्यक्तित्व भी उतना ही दिलचस्प है। वे कहते हैं कि मैंने धीरूभाई अम्बानी से सीखा कि प्रतिकूल परिस्थितियों में बड़ा सोचो, करो, सीखो और आगे बढ़ो। गौतम अदाणी के इस कथन को उनकी विनम्रता बताते हुए उनके नजदीकी कहते हैं कि जमशेतजी टाटा, जेआरडी टाटा, कस्तूरभाई लालभाई, विक्रम साराभाई, आदित्य विक्रम बिड़ला की तरह ही धीरूभाई एक और उद्यमी हैं जिनसे गौतम अदाणी ने सीखा, पर उन्हें इनमें से किसी की भी प्रतिकृति कहना उपयुक्त नहीं होगा। गौतम अदाणी का अपना अलग व्यक्तित्व है। वे ऐसे गुजराती उद्यमी हैं, जिन्होंने अपनी जन्मभूमि को अपनी कर्मभूमि बनाया और मात्र दो दशक में बन गए अपने गृहप्रदेश के सबसे धनी रेसीडेंट उद्योगपति।

शांतिलाल और शांताबेन अदाणी की आठ संतानों (पांच पुत्र, तीन पुत्री) में एक गौतम का जन्म 24 जून, 1962 को अहमदाबाद (गुजरात) में हुआ। शांतिलाल अदाणी टेक्सटाइल-ट्रेडिंग करते थे। गौतम ने सी.एन. विद्यालय में पढ़ाई की और 16-17

साल की उम्र में मुंबई पहुंच गए। यहां वे एक डायमंड निर्यातक फर्म महेंद्र ब्रदर्स में डायमंड शॉर्टर की ट्रेनिंग लेने लगे। 17 वर्ष की उम्र में गौतम ने स्वतंत्र रूप से एक डायमंड पैकेट की ट्रेडिंग की। इस डील में उन्होंने कुछ कमाया नहीं, पर पाया यह आत्मविश्वास कि वे भी कुछ कर सकते हैं। डायमंड ट्रेडर बनना उनकी नियति नहीं थी। सन् 1981 में बड़े भाई महासुख अदाणी का बुलावा आ गया। उन्होंने अहमदाबाद में एक छोटी प्लास्टिक पैकेजिंग इकाई खरीदी थी और वे चाहते थे कि गौतम इसे संभालने में उनकी मदद करे।

श्रीराम केमिकल्स, आईपीसीएल, नोसिल जैसी गिनी-चुनी कंपनियां तब पॉलिमर्स बनाती थीं, जो प्लास्टिक पैकेजिंग बनाने का कच्चा माल है। पॉलिमर्स की देश में कमी थी। अतः सरकार प्लास्टिक बनाने वालों को पॉलिमर्स आयात करने के लाइसेंस जारी करती थी। गौतम अदाणी ने पॉलिमर्स आयात करते हुए इंटरनेशनल मार्केट को देखा और समझा। संयोग से सन् 1985 में राजीव गांधी की सरकार ने आयात पर से प्रतिबंध हटाए, जो गौतम अदाणी के कारोबारी कैरियर का 'टर्निंग पॉइंट' है। प्लास्टिक निर्माताओं में पॉलिमर आयात करने की होड़ होने लगी, पर इनमें केवल गौतम अदाणी ही इंटरनेशनल ट्रेडर्स का तौर-तरीका जानते थे। उन्होंने इंटरनेशनल मार्केट से टाईअप करके बल्क मात्रा में पॉलिमर आयात किए और लोकल मार्केट में सप्लाई करने लगे। गौतम अदाणी ने इसके लिए सन् 1988 में कंपनी बनाई—अदाणी एक्सपोर्ट्स।

सन् 1988-89 में भारत सरकार ने निर्यात आय को कर-मुक्त किया तो गौतम अदाणी को पंख लग गए। निर्यात आय पर शत-प्रतिशत कर छूट का लाभ लेते हुए गौतम अदाणी ने अच्छा पैसा कमाया तो सन् 1991 में रशिया से निर्यात व्यापार में हाथ भी जलाए; पर वे गुजराती उद्यमी हैं, जो दुर्दिनों में ज्यादा साहसी हो जाते हैं। गौतम मैदान में डटे रहे। अदाणी एक्सपोर्ट्स को उन्होंने निर्यात व्यापार का गोल्डन सुपर स्टार ट्रेडिंग हाउस बना दिया। सन् 1994 में अदाणी एक्सपोर्ट्स ने कैपिटल मार्केट में दस्तक दी। अदाणी एक्सपोर्ट्स का सन् 2001-02 का टर्नओवर सन् 2005 में करीब पांच गुना (2,825 करोड़ से 13,519 करोड़ रुपए) हो गया। यह वह 'टर्निंग पॉइंट' है, जिससे गुजरात को मिला न्यू जनरेशन इंटरप्रिन्योर।

1990 के दशक में अदाणी एक्सपोर्ट्स का निर्यात व्यापार इतना फैल गया था कि कंडाला व मुंबई बंदरगाह गौतम अदाणी को छोटे पड़ने लगे। उदारीकरण व नियंत्रणमुक्ति के साथ देश ग्लोबल मार्केट का हिस्सा बन गया था। इंटरनेशनल ट्रेडिंग बढ़ने लगी थी, जिसे संभालना दोनों बंदरगाहों के लिए मुश्किल हो गया था। हैवी डेमरेज, हैवी स्टोरेज व हैंडलिंग चार्जेस के कारण आयातक-निर्यातक परेशान थे। गौतम अदाणी फेरस व नॉन फेरस मेटल्स, फैब्रिक्स, शकर, अरंडी व अन्य गुड्स के बड़े-बड़े कन्साइनमेंट की इंटरनेशनल ट्रेडिंग करते थे। ऐसे 'हाई वॉल्यूम-लो मार्जिन' गुड्स की इंटरनेशनल ट्रेडिंग तब ही संभव है, जब लाजिस्टिक खर्च कम से कम हो। विदेशों से व्यापार की दूसरी शर्त है पेमेंट व डिलीवरी में 'नो एक्सक्यूज' और अनुबंध का अक्षरशः अनुपालन। अदाणी एक्सपोर्ट्स उन दिनों औसतन सालाना 1 करोड़ टन कार्गो की शिपिंग कर रहा था। धीमे हैंडलिंग, हैवी डेमरेज व स्टोरेज चार्जेस अदाणी एक्सपोर्ट्स की लो-मार्जिन में सेंध लगाने लगे थे। इसके साथ ही हुई एक कारोबारी दुर्घटना, जो गौतम

अदाणी को इन्फ्रास्ट्रक्चर सेक्टर में ले आई।

अमेरिकन कृषि उद्योग जगत की दिग्गज कंपनी कारगिल ने कच्छ को बड़े साल्ट उत्पादन संयंत्र के लिए चिह्नित किया। तत्कालीन मुंद्रा पोर्ट को वे शिपिंग हब बनाना चाहते थे। गुजरात सरकार को तब विदेशी कंपनी को भारत में उत्पादन संयंत्र स्थापित करने के लिए भारतीय भागीदार जुटाना पड़ता था। गौतम अदाणी कारगिल के भागीदार बने। उन्हें अनुबंध के अनुसार प्लांट के लिए 10 हजार एकड़ भूमि जुटाना था। सन् 1993 में गौतम अदाणी ने हजारों एकड़ भूमि अधिगृहीत की, पर यह कारगिल की मांग से कम थी। कारगिल ने यह कहते हुए प्रोजेक्ट छोड़ दिया कि वह छोटा संयंत्र स्थापित नहीं करेंगे। 31 वर्ष की उम्र में गौतम अदाणी के गले 1800 हेक्टेयर दलदली वेस्टलैंड पड़ गया।

ध्यान दें कि गौतम अदाणी ने प्रोफेशनल मैनेजमेंट शिक्षा प्राप्त नहीं की है। दुनिया के दिग्गज उद्योगपति बिल गेट्स व धीरूभाई अम्बानी को भी विधिवत् उच्च शिक्षा नहीं मिली थी। विधिवत् शिक्षा प्राप्त शख्स कोई भी प्रोजेक्ट शुरू करते हैं तो पहले खूब होमवर्क करते हैं और कागज पर विस्तृत प्रोजेक्ट रिपोर्ट बनाते हैं। इसके विपरीत अंडर ग्रेजुएट गौतम अदाणी ने जब भी अवसर देखा तो बिना ठिठके, बिना थमे उसे लपक लिया और साबित किया कि प्रोफेशनल शिक्षा प्राप्त लोग अक्सर अच्छे एक्जीक्यूटिव बनते हैं, पर करके सीखने और जोखिम उठाने वाले लोग इंटरप्रिन्योर।

गौतम अदाणी ने कारगिल के साल्ट उत्पादन संयंत्र के लिए मुंद्रा में खरीदी भूमि पर चार बर्थ की मल्टीपरपज ऐसी जेट्टी विकसित की, जो बल्क कार्गो हैंडल कर सके। यह जेट्टी ही मुंद्रा पोर्ट की जननी और गौतम अदाणी के कारोबारी विस्तार की बुनियाद है। जेट्टी बनाते हुए गौतम अदाणी ने यह भी जाना कि देश के सभी बंदरगाही तटों से ज्यादा गहरा है मुंद्रा तट। यहां सर्वसुविधा युक्त अत्याधुनिक बंदरगाह का उन्होंने स्वप्न देखा जो एक 'ट्रेडर-टेंडेंसी' से पूरी तरह विपरीत था। ट्रेडिंग का बिजनेस मंत्र है–कम समय में अधिक मुनाफा, वह भी नकद जबकि पोर्ट बनाने जैसे इन्फ्रास्ट्रक्चर प्रोजेक्ट में भारी निवेश करने के बाद मुनाफा अर्जन के लिए लंबी प्रतीक्षा करनी पड़ती है।

गौतम अदाणी अपना अस्तित्व दांव पर लगाकर बड़ी जोखिम उठाते हैं और उसे साकार करने में जुट जाते हैं। सन् 1995 में गुजरात के तत्कालीन मुख्यमंत्री केशुभाई पटेल की सरकार ने प्राइवेट पोर्ट पॉलिसी घोषित की तो इंटरनेशनल ट्रेडिंग में माहिर गौतम अदाणी ने सन् 1998 में सबसे पहले प्राइवेट पोर्ट विकसित करने की अनुमति प्राप्त की और राज्य सरकार के साथ एक कंपनी गठित की–गुजरात अदाणी पोर्ट्स लिमिटेड। सत्ता में कोई भी हो, सयाने बिजनेसमैन सबसे प्रयोजनशील कारोबारी रिश्ते बनाने में दक्ष होते हैं। गौतम अदाणी कहते हैं कि कारोबारी जगत में तेजी से दौड़ने की कोशिश में सिस्टम रुकावटें खड़ी करता है। इन बाधाओं को पार करने के लिए राजनेताओं व ब्यूरोक्रेट्स से तालमेल जरूरी है। ध्यान दें कि मुंद्रा पोर्ट के गौतम अदाणी के प्रोजेक्ट में राज्य सरकार इक्विटी के साथ भागीदार बनी थी, जिसे अदाणी समूह ने वापस खरीदा और मुंद्रा पोर्ट को 2007 में शेयर मार्केट में सूचीबद्ध करवाया।

गौतम अदाणी ने मात्र तीन साल में मुंद्रा पोर्ट को फोर-बर्थ मल्टी कमोडिटी टर्मिनल्स और टू-बर्थ कंटेनर टर्मिनल्स के साथ बड़े जहाजों की लोडिंग-अनलोडिंग के लिए तैयार कर दिया। फ्रेट टैरिफ न्यूनतम होने के कारण अदाणी ग्रुप ने इस प्रोजेक्ट से नकद मुद्रा की कमी का सामना किया तो गौतम अदाणी के आलोचक मुखर हो उठे। कहा गया कि यह प्रोजेक्ट उनके लिए घाटे का सौदा साबित होगा। उनका सोच था कि भारतीय रेलवे का मुंबई-दिल्ली फ्रेट कॉरिडोर उत्तर भारत के लिए नवी मुंबई के बंदरगाहों से इंटरनेशनल ट्रेडिंग ज्यादा सुविधाजनक बना देगा और नवविकसित मुंद्रा पोर्ट इससे बुरी तरह प्रभावित होगा। इसके विपरीत गौतम अदाणी का सोच था कि हर बंदरगाह की अलग विशेषता होती है। मुंद्रा देश का सबसे गहरा समुद्री तट है, अतः यहां बड़े जहाजों और ऑयल टैंकर वेसल्स की हैंडलिंग आसान है। इस आकलन के साथ गौतम अदाणी ने अपेक्षित मुनाफे की प्रतीक्षा किए बिना अपने आलोचकों को अपने अंदाज में जवाब देते हुए मुंद्रा बंदरगाहों पर नए मल्टी कमोडिटी और कंटेनर कार्गो टर्मिनल बनवाए। यही नहीं, गौतम अदाणी ने कनेक्विटी के लिए आदिपुर-मुंद्रा 64 किलोमीटर की प्राइवेट रेल लाइन स्थापित की। आज मुंद्रा पोर्ट पर 8 बल्क कार्गो, 4 कंटेनर टैरिफ बर्थ के अलावा दुनिया का सबसे बड़ा कोल इम्पोर्ट टर्मिनल है। यहां क्रूड ऑयल के आयात के लिए दो एसपीएम भी हैं। मुंद्रा पोर्ट देश का सबसे बड़ा प्राइवेट बंदरगाह है, जिसकी क्षमता है 150 मिलियन टन कार्गो सालाना। अदाणी समूह का लक्ष्य है कि मुंद्रा पोर्ट को देश का सबसे बड़ा व सबसे व्यस्त बंदरगाह बनाना। वह यहां एक दर्जन बर्थ बना रहा है। उम्मीद है कि यह विस्तारीकरण प्रोजेक्ट सन् 2013 तक पूरा हो जाएगा। ध्यान दें कि हर साल 5000 से ज्यादा जहाज कच्छ की खाड़ी से गुजरते हैं, जो सुविधा मिली तो मुंद्रा से शिपिंग करना पसंद करेंगे।

इन्फ्रास्ट्रक्चर सेक्टर के एक और जटिल सेगमेंट में भी गौतम अदाणी अपने प्रतिद्वंद्वियों से आगे दौड़ रहे हैं। उन्होंने मुंद्रा में अपने समूह को आवंटित स्पेशल इकोनॉमिक जोन (सेज) का पहला चरण सबसे पहले पूरा किया है। यह सेज एक और मामले में भी अन्य सभी सेज से अलग है। सरकारी नीति के अनुसार सेज का न्यूनतम आकार एक हजार हेक्टेयर होना चाहिए, जबकि मुंद्रा सेज का क्षेत्र 17 हजार एकड़ है, जिसके सन् 2015 तक 32 हजार एकड़ हो जाने की संभावना है। गौतम अदाणी तदनुसार ही मुंद्रा सेज को बड़े औद्योगिक प्रोजेक्ट्स के लिए विकसित कर रहे हैं। इस सेज में स्थापित होने वाले उद्योगों की ऊर्जा जरूरत पूरी करने के लिए मुंद्रा में 4620 मेगावॉट के थर्मल पॉवर संयंत्र भी स्थापित कर रहे हैं।

वस्तुतः गौतम अदाणी मुंद्रा को गुजरात का एक प्रमुख औद्योगिक केंद्र व वर्ल्ड क्लास बंदरगाह बना रहे हैं। वे चाहते हैं, यहां पांच लाख लोगों की टाउनशिप हो जहां हो स्कूल, अस्पताल, मल्टीप्लैक्स, मॉल्स व सुपर मार्केट्स। अदाणी ग्रुप ने अपने स्टाफ के लिए सैकड़ों आवास बनाकर इस संकल्पना को साकार करना शुरू कर दिया है।

कितने साहसी उद्यमी हैं गौतम अदाणी, इसकी एक और रीयल लाइफ मिसाल है—अदाणी पॉवर। ऊर्जा सेगमेंट में भी पहले भारी पूंजी निवेश करनी पड़ती है और ट्रांसमिशन के बाद शुरू होती है आय। पोर्ट और सेज की तरह गौतम अदाणी ने ऊर्जा क्षेत्र में भी अप्रतिम साहस दर्शाया

है। निजी क्षेत्र के सबसे बड़े ऊर्जा उत्पादक बनने की महत्त्वाकांक्षा के साथ उन्होंने मुंद्रा में थर्मल पावर प्लांट्स स्थापित किए हैं। अदाणी समूह के पावर प्लांट्स की कहानी भी मुंद्रा पोर्ट की तरह ही दिलचस्प है। कहते हैं कि पावर प्लांट बनाने वाली भारतीय कंपनियों के पास तब इतने लंबित ऑर्डर थे कि उन्होंने तत्काल संयंत्र उपकरण (टर्बाइन आदि) उपलब्ध करवाने में असमर्थता व्यक्त की तो गौतम अदाणी ने चायनीज कंपनी सेपको से संपर्क किया। तीस भारतीय इंजीनियर बीजिंग भेजे और वहां से 250 टेक्नोक्रेट्स भारत बुलवाए। इसके बाद अदाणी पावर का देश भर में 18,500 मेगावॉट पावर उत्पादन प्रोजेक्ट तेजी से दौड़ पड़ा। मुंद्रा पोर्ट पर आज दो थर्मल पावर प्रोजेक्ट हैं, इनमें से एक देश का सबसे बड़ा ऊर्जा प्लांट है। यहां 2000 मेगावॉट पावर उत्पादन शुरू हो गया है और 2620 मेगावाट पावर का अतिरिक्त उत्पादन सन् 2012 से शुरू हो जाएगा। विजनरी गौतम अदाणी ने इस बीच चार राज्यों (गुजरात, राजस्थान, महाराष्ट्र और हरियाणा) से बिजली आपूर्ति के दीर्घावधि अनुबंध कर लिये हैं। यही नहीं, कोयले पर निर्भर पावर संयंत्रों को नियमित कच्चा माल मिले, इसलिए इंडोनेशिया और ऑस्ट्रेलिया से 25 साल तक कोयला सप्लाई के अनुबंध किए हैं। ईगल-आई (पैनी निगाहों वाला ईगल पक्षी दो किलोमीटर की दूरी तक देख लेता है) यानी दूरंदेशी गौतम अदाणी जानते हैं कि 18,500 मेगावॉट पावर उत्पादन के लिए उन्हें 15 करोड़ टन कोयला जुटाना पड़ेगा। इसकी सतत व नियमित आपूर्ति के लिए वे हरसंभव स्रोत पर निगाहें टिकाए हुए हैं। इसके परिवहन के लिए उन्होंने दो समुद्री जहाज भी खरीद लिये हैं। गौतम अदाणी आयात-निर्यात व्यापार कर चुके हैं, अत: ग्लोबल मार्केट की उन्हें अच्छी समझ है। चीन से बिजली संयंत्र, टेक्नोक्रेट्स और इंडोनेशिया व ऑस्ट्रेलिया से कोयला आपूर्ति के साथ दहेज, हजीरा, मारमोगांव, ऑस्ट्रेलिया और इंडोनेशिया में प्राइवेट पोर्ट, रेल और समुद्री जहाज की खरीद इसकी मिसाल है।

ऊर्जा सेक्टर से जुड़े लोगों को उम्मीद है कि आगामी सालों में अदाणी समूह ऊर्जा वितरण से 15,000 करोड़ रुपए सालाना इकट्ठा करेगा। अदाणी समूह 30 हजार करोड़ रुपए (2009-10) का टर्नओवर कर रहा है, जिसमें अदाणी एक्सपोर्ट्स की अभी हिस्सेदारी 60 फीसदी है, पर आगामी दस सालों में समूह का टर्नओवर 80 हजार करोड़ रुपए हो जाएगा, जिसमें पोर्ट, एसईजेड व पावर की हिस्सेदारी आयात-निर्यात व्यापार से ज्यादा होगी।

गौतम अदाणी तेज दौड़े हैं, पर अपनी जड़ों से जुड़े हुए हैं। अदाणी समूह आज भी दो दर्जन से ज्यादा कमोडिटी की इंटरनेशनल ट्रेडिंग करता है। कोयले की सबसे बड़ी आयातक कंपनी है अदाणी इंटरप्राइजेस। अदाणी समूह हर साल करीब 10 लाख टन अनाज की इंटरनेशनल ट्रेडिंग भी करता है, तो सोया-मील्स का भी अव्वल निर्यातक है। दुनिया की तीसरी सबसे बड़ी पैकेजिंग कंपनी विलमार के साथ गठित अदाणी-विलमार मुंद्रा में ही 600 टन दैनिक क्षमता का सॉल्वेंट एक्सट्रेशन प्लांट व एक पैकेजिंग इकाई का संचालन कर रही है। पैक्ड खाद्य तेल मार्केट का लीडर है अदाणी-विलमार का फार्च्यून ब्रांड, जिसने सनड्राप और धारा का कड़ा मुकाबला किया है। अदाणी विलमार लिमिटेड सिंगापुर स्थित विलमार होल्डिंग्स प्रा.लि. में भी भागीदार है, जो दुनिया के खाद्य तेल व्यापार की दूसरी सबसे बड़ी कंपनी है।

संक्षेप में दोहराएं तो गौतम अदाणी की कारोबारी रणनीति है–'बैकवर्ड इंट्रीग्रेशन और डायवर्सिफिकेशन'। वे आधिपत्य करने के बजाय जोखिम उठाकर ऐसे उद्योग में प्रवेश करते हैं, जिसका वे ककहरा भी नहीं जानते। प्लास्टिक का कच्चा माल पॉलिमर्स आयात करते हुए वे इंटरनेशनल ट्रेडिंग करने लगे। इस व्यापार के सुचारु संचालन में बंदरगाह बाधा बने तो उन्होंने मुंद्रा में ऐसा पोर्ट विकसित किया, जो फिफ्थ जनरेशन जहाज हैंडल कर सके। बंदरगाह के नजदीक उद्योग होना चाहिए, यह सोचकर उन्होंने स्पेशल इकोनॉमिक जोन (सेज) बनाने का कांट्रेक्ट लिया। सेज में उद्योग आएंगे तो उन्हें ऊर्जा की जरूरत पड़ेगी अत: वे ऊर्जा सेक्टर में आ गए। दूसरे शब्दों में कारोबारी अड़चनों से घबराकर पलायन करने के बजाय गौतम अदाणी ने हमेशा जोखिम उठाई और बाधा को जड़ से ही मिटा दिया। वस्तुत: वे हारना नहीं जानते तो जीत को दूसरों के साथ 'शेयर' भी करते हैं और 'सेलिब्रेट' करते हैं। सन् 2005 व 2008 में उन्होंने दो प्राइवेट जेट खरीदे हैं। गौतम अदाणी के सारे बड़े इन्फ्रास्ट्रक्चर प्रोजेक्ट्स अभी पाइप लाइन में हैं, जिन्हें दीर्घावधि निवेशक वाच कर रहे हैं। गौतम अदाणी आज देश के टॉप–टेन उद्योगपतियों में एक हैं।

एक साधारण व्यापारी से देश व गुजरात के अग्रणी उद्योगपति बने गौतम अदाणी दो बार मौत का भी सामना कर चुके हैं। सन् 1997 में अपहरणकर्ताओं ने उन्हें 18 घंटे बंदी बनाए रखा तो 26.11. 2008 को मुंबई में आतंकवादी हमले के समय गौतम अदाणी ताज होटल में अतिथि ग्राहकों के साथ डिनर ले रहे थे। ताज का स्टाफ होटल गेस्ट्स को आतंकवादियों से बचाते हुए सर्विस एरिया डायनिंग हॉल से होटल के बिजनेस क्लब में ले आया। रात भर गोलीबारी होती रही। गौतम अदाणी ने मित्र–परिजनों को एसएमएस से खबर भेजी और कहा–'प्रार्थना करें।' तीन दिवसीय इस आतंकवादी हमले में 31 लोग मारे गए। दूसरे दिन भारतीय कमांडो ने होटल से जिन लोगों को पहली खेप में बाहर निकाला, संयोग से उसमें गौतम अदाणी भी थे। गौतम अदाणी कहते हैं कि भगवान मुझ पर कृपालु हैं। सच यह है कि वे जमीं से जुड़े ऐसे शख्स हैं, जिन्हें जमीन पर सोने से परहेज नहीं है। वे मध्यवर्गीय जीवन नहीं भूले हैं। वे मूलत: गुजराती जैन हैं। वे सुबह दफ्तर आते ही जूते खोलकर पहले प्रार्थना करते हैं, फिर शुरू होती है उनकी दिनचर्या।

अदाणी समूह की इस अप्रतिम कारोबारी सफलता का रहस्य गौतम अदाणी की उद्यमशीलता है तो उनकी ऊर्जा है परिवार की एकजुटता। सबसे बड़े भाई महासुखभाई अदाणी परिवार के सामाजिक रिश्तों के सूत्रधार हैं। परिवार और समाज का मसला हो तो उनका कथन पूरे परिवार के लिए ब्रह्मवाक्य होता है। विनोदभाई अदाणी दुबई में शिपिंग कारोबार संभालते हैं तो वसंतभाई गुजरात के रीयल एस्टेट क्षेत्र की जानी–मानी हस्ती हैं। सबसे छोटे भाई राजेश अदाणी, अदाणी इंटरप्राइजेस के रोजमर्रा के कारोबार की देखरेख करते हैं। गौतम अदाणी, दूर की सोचते हैं। पांचों भाइयों के पोर्टफोलियो बंटे हुए हैं। वे लोग एक बार जो फैसला ले लेते हैं, उस पर फिर बहस नहीं करते।

देश के नवोदित धनी गौतम अदाणी और उनकी डेंटिस्ट पत्नी प्रीति अदाणी दो पुत्र–करण व जीत अदाणी–के मां-पिता हैं। डॉ. प्रीति अदाणी, अदाणी समूह के अदाणी फाउंडेशन की सूत्रधार हैं। यह ट्रस्ट शिक्षा व स्वास्थ्य सेवा के अलावा ग्रामीण अंचलों के उन्नयन में सक्रिय है।

अदाणी समूह ने अदाणी इंस्टिट्यूट ऑफ इन्फ्रास्ट्रक्चर स्थापित किया है और इसका संचालन आईआईएम के पूर्व डायरेक्टर डॉ. बकुल धोळकिया को सौंपा है। भुज में मेडिकल कॉलेज स्थापित किया, जिसके सूत्रधार हैं डॉ. सिद्धार्थ मुखर्जी । अदाणी विद्या मंदिर अहमदाबाद समूह द्वारा स्थापित ऐसा स्कूल है, जो निर्धन परिवारों के प्रतिभावान छात्रों को निःशुल्क सुविधाओं के साथ स्कूली शिक्षा प्रदान करता है। गुजरात के जाने-माने शिक्षाविद् और गुजरात यूनिवर्सिटी के पूर्व वाइस चांसलर डॉ. नवनीत वसाणी तथा डॉ. प्रीति अदाणी इस स्कूल का संचालन करते हैं। इस स्कूल में उन्हीं छात्रों को प्रवेश दिया जाता है, जिनके परिवार की सालाना आय एक लाख रुपए से कम हो। स्कूल के छात्रों को मध्याह्न भोजन, किताबें, स्टेशनरी, यूनिफार्म व बस सुविधा निःशुल्क उपलब्ध है। स्कूल सीबीएसई मान्यता प्राप्त है, ताकि अदाणी विद्या मंदिर के छात्र भविष्य में इंजीनियरिंग, टेक्नोलॉजी, मैनेजमेंट व मेडिको एजुकेशन इंस्टिट्यूट्स की प्रवेश परीक्षाओं (Entrance test) में अच्छा प्रदर्शन करें। धनी हो या गरीब, सब छात्रों से समान व्यवहार के कारण यह स्कूल हर धर्म व समुदाय के छात्रों का पसंदीदा विद्या मंदिर है।

स्पष्ट है कि गौतम अदाणी कॉरपोरेट वर्ल्ड में गहरी सेंध लगा रहे हैं तो उनकी चिकित्सक पत्नी अदाणी समूह के सामाजिक सरोकार (सीएसआर : कॉरपोरेट सोशल रिस्पांसबिलिटी) का बखूबी निर्वहन कर रही हैं।

14

अभिनंदनीय

एन.आर. नारायण मूर्ति

एन.आर. नारायण मूर्ति का व्यक्तित्व इतना विराट व व्यापक है कि उसे कुछ पृष्ठों के लेख में सहेजना मानो गागर में सागर भरना है। हमारे युग के इस वामन अवतार (नाटा कद 5.4'') ने मात्र एक दशक में देश के औद्योगिक जगत की दिशा बदल दी है। यही नहीं, अपने कृतित्व से सदियों पुरानी कई धारणाओं को उन्होंने ध्वस्त किया है। मसलन, उन्होंने साबित किया है कि भारत में भी ईमानदारी, पारदर्शिता व नैतिक मूल्यों के साथ व्यापार-व्यवहार किया जा सकता है या कि निर्धन युवक भी ज्ञान को पूँजी बनाकर इन्फोसिस टेक्नोलॉजिस जैसा न्यू जनरेशन हाईटेक उद्योग स्थापित कर सकते हैं और उसे विश्वस्तरीय मान-सम्मान भी दिला सकते हैं या यहाँ भरपूर धन-सम्पदा कमाकर भी मध्यमवर्गीय मूल्यों के साथ यशस्वी जीवन जिया जा सकता है। गहरे सामाजिक सरोकार के साथ नारायण मूर्ति व उनकी धर्मपत्नी सुधा मूर्ति ने अपने आसपास के माहौल के प्रति संवेदना व सम्पन्नता उदारमना बाँटकर हमारे इस विश्वास को पुख्ता किया है कि 'नर ही नारायण है।'

20 अगस्त, 1946 को कर्नाटक के एक शिक्षक स्व. एन. नागाराव के यहाँ जन्मे हैं नागाराव रामाराव नारायण मूर्ति। अरबों रुपए की निजी नेटवर्थ (देश के 100 कुबेरों के फोर्ब्स इंडिया क्लब में शामिल) के स्वामी नारायण मूर्ति की परवरिश कैसी गरीबी में हुई है, इसका अनुमान इस बात से लगाया जा सकता है कि स्व. नागाराव 250 रुपए मासिक वेतन से 8 बच्चों (नारायण मूर्ति का क्रम पाँचवाँ) का लालन-पालन करते थे। परिवार की आर्थिक तंगी का आलम यह था कि स्कूल के टॉपर नारायण मूर्ति ने आईआईटी प्रवेश परीक्षा उत्तीर्ण कर ली व छात्रवृत्ति भी प्राप्त कर ली, पर वे आईआईटी

ग्रेज्युएट नहीं हो पाए। छात्रवृत्ति शिक्षा-सत्र समाप्त होने पर मिलना थी और पिता की ऐसी हैसियत नहीं थी कि वे एक साल तक एक पुत्र पर हर माह 100 रुपए शिक्षा व्यय कर सकें। शिक्षक पिता ने अपने दर्द को सीने में छुपाते हुए पुत्र को सलाह दी कि प्रतिभा होगी तो स्थानीय कॉलेज में पढ़कर भी अपनी राह बना लोगे। यही हुआ। मैसूर कॉलेज से नारायण मूर्ति ने सर्वोच्च अंकों के साथ इंजीनियरिंग स्नातक की डिग्री प्राप्त की और इस बार कमाई 'बिना शर्त वाली छात्रवृत्ति'। आईआईटी कानपुर में एम.टेक. के अंतिम वर्ष में एयर इंडिया, एचएमटी, टाटा समूह की टिस्को व टेल्को जैसी बहुप्रतिष्ठित कम्पनियों ने कैम्पस इंटरव्यू में उनका चयन किया, पर श्री मूर्ति ने अपने सहपाठियों से बिल्कुल अलग राह चुनी।

सन् 1969 में एम.टेक. करने के बाद उन्होंने आईआईएम अहमदाबाद में मात्र 800 रु. मासिक वेतन की नौकरी पसंद की। उनकी नजर वहाँ की टेक्नोलॉजी लैब पर थी, जहाँ वे अपने किताबी ज्ञान को ज्यादा धारदार बनाना चाहते थे। एक और लालच था-आईआईएम में उन दिनों ह्यूलेट पैकार्ड मिनी कम्प्यूटर लैब स्थापित की जा रही थी। स्टेनफोर्ड के बाद यही ऐसा अकेला संस्थान था, जहाँ टाइम शेयरिंग ऑपरेटिंग सिस्टम लागू किया गया था, यानी मन चाहे जितनी देर काम करने की छूट। यहीं नारायण मूर्ति को आईआईएम के प्रोफेसर (इन्फॉर्मेशन सिस्टम) जे.जी. कृष्णैया का सान्निध्य मिला, जिसे वे अपना परम सौभाग्य मानते हैं। इस पहली नौकरी में मूर्ति कितनी बार रतजगा कर सुबह 3 बजे घर लौटे, आज यह उन्हें भी याद नहीं है, पर कृष्णैया के साथ उन्होंने देश का पहला बेसिक इंटरप्रेटर स्थापित किया।

गुरु अपने शिष्य से इतने प्रभावित हुए कि उन्होंने उनका नाम एक फ्रेंच सॉफ्टवेयर कम्पनी 'सैसा' को अनुशंसित किया। 'सैसा' एक विशेष प्रोजेक्ट के लिए मेहनती व प्रतिभावान प्रोग्रामर्स खोज रही थी। यह कम्पनी पेरिस के चार्ल्स डी गेऊले एयरपोर्ट पर एयर कार्गो के ऑपरेटिंग व हैण्डलिंग सिस्टम को स्थापित करने वाले समूह का हिस्सा थी। 'सोफिया' नामक इस सिस्टम को बनाने के लिए 18 सदस्यों की टीम के एक सदस्य बनकर मूर्ति पेरिस पहुँचे, वहाँ उन्होंने जी-तोड़ काम किया। फ्रेंच भाषा सीखी।

बचपन से जवानी तक अभावों की जिंदगी ने मूर्ति को कम्युनिस्ट बना दिया था। धन के असंतुलित वितरण का निदान वे कार्ल मार्क्स के विचारों में खोजते थे। पेरिस में रहने और इंटरनेशनल टेक्नोक्रेट्स के साथ काम करते हुए उनका सोच बदल डाला। उन्होंने महसूस किया कि पूँजी के समान वितरण के लिए पूँजी होना चाहिए। साम्यवादी देश भी सम्पन्नता से परहेज नहीं करते हैं। साम्यवाद से तो बेहतर है पूँजीवाद। वे जानते थे कि भारत एक गरीब देश है। हम एक सीमा से आगे देश के बहुसंख्यक गरीबों का जीवनस्तर नहीं उठा सकते। अत: हमारे यहाँ अमीरों को भी सादा जीवन जीना चाहिए। इससे पैसे के प्रति लालसा खत्म होगी और पूँजीपति भी अपनी कमाई का एक हिस्सा समाज को लौटाने लगेंगे। पूँजीवाद के समर्थक बनकर मूर्ति स्वदेश लौटे पर...मूर्ति की जन्मकुंडली में जेल-यात्रा का योग भी था।

पेरिस छोड़ते समय उन्होंने सारी बचत दान कर दी और 450 डॉलर के साथ सोफिया एक्सप्रेस

से वापस यात्रा शुरू की। इस यात्रा के दौरान वे एक ऑस्ट्रेलियन युवती से फ्रेंच में राजनीतिक मुद्दों पर बतिया रहे थे। दोनों की बातें सुनकर एक जर्मन यात्री ने उन्हें देशद्रोही समझ लिया और पुलिस को रिपोर्ट कर दी। सीमावर्ती देश बुल्गारिया में पुलिस ने नारायण मूर्ति को तीन दिन जेल में रखा। गहन पूछताछ के बाद यह कहते हुए मुक्त किया कि मित्र देश के नागरिक होने से रिहा किए जा रहे हो, पर हमारा देश तत्काल छोड़ दो।

सुधा मूर्ति

नए सोच व खट्टे-मीठे अनुभवों के साथ सन् 1975 में मूर्ति स्वदेश लौटे। उनके गुरु कृष्णैया उन दिनों पूना में बिना लाभ आधार पर सिस्टम रिसर्च इंस्टीट्यूट (एसआरआई) का संचालन कर रहे थे। मूर्ति एक बार फिर उनके सहयोगी बन गए। यहाँ बहुत जल्दी उन्हें सरकारी विभागों की कार्यप्रणाली ने उबा दिया। एसआरआई ने सार्वजनिक वितरण प्रणाली में सुधार के लिए जो सिस्टम सुझाए थे, उन्हें विभिन्न मंत्रालयों में धूल खाते देख मूर्ति निराश हो गए। इस बार पूना प्रवास में उनकी सुश्री सुधा कुलकर्णी से मुलाकात हुई, जो तब टेल्को की गिनी-चुनी महिला प्रबन्धकों में एक थीं। यहाँ से शुरू हुआ दो युवा टेक्नोक्रेट्स का प्रेम-प्रसंग, जो तीन साल चला। सन् 1978 में दोनों विवाह-सूत्र में बँध गए। इस प्रेम-प्रसंग और इसकी परिणति वस्तुतः इन्फोसिस टेक्नोलॉजिस की एक बुनियाद है। अतः आइए जानें कैसे मिले थे नारायण मूर्ति और सुधा कुलकर्णी और कैसे कन्नड़ युवक से अपनी पुत्री के विवाह के लिए महाराष्ट्रीय माँ-पिता तैयार हुए थे, पर इसके पहले जानें सुधा कुलकर्णी की पृष्ठभूमि।

सुधा नारायण मूर्ति

उत्तरी कर्नाटक के एक गाँव में 19 अगस्त, 1950 को एक मध्यमवर्गीय कुलकर्णी परिवार में जन्मी हैं सुधा कुलकर्णी। वे बचपन से ही धीर-गम्भीर, परिश्रमी, प्रतिभाशाली और साहसी थीं। एक ब्रिलियंट छात्रा के रूप में स्कूली पढ़ाई पूरी करने के बाद सोलह वर्ष की उम्र में उन्होंने गर्ल्स इंग्लिश स्कूल हुबली में टॉपर की हैसियत से एसएससी परीक्षा उत्तीर्ण की और बीवीवी कॉलेज में इलेक्ट्रिकल इंजीनियरिंग डिग्री कोर्स के लिए प्रवेश प्राप्त किया। सन् 1972 में सभी विषयों में सर्वाधिक अंक प्राप्त करने पर उन्हें स्वर्ण पदक मिला तो बैंगलोर के टाटा विज्ञान मंदिर में एमई के डिग्री कोर्स में उन्हें आसानी से प्रवेश मिल गया। यह डिग्री भी उन्होंने टॉपर की हैसियत से प्राप्त की। विश्वविद्यालयीन शिक्षा के दौरान वे कई पुरस्कार से नवाजी गईं। 1960 व 1970 के दशक में छात्राएँ सामान्यतः इंजीनियरिंग की पढ़ाई नहीं करती थीं, पर सुधा कुलकर्णी तो महिलाओं के लिए रोल मॉडल बनने के लिए ही जन्मी हैं। साहसी वे इतनी हैं कि कॉलेज के सूचना पट्ट पर उन्होंने टाटा समूह की टेल्को (अब टाटा मोटर्स) का एक रिक्रूटमेंट एड देखा, जिसमें इंजीनियरिंग छात्रों से नौकरी के लिए आवेदन मँगवाए गए थे, पर उसमें एक टिप्पणी अंकित थी-छात्राएँ आवेदन न करें। सुधा कुलकर्णी ने सीधे जेआरडी टाटा को पोस्टकार्ड भेजा कि क्या वे टाटा समूह जैसे प्रतिष्ठित औद्योगिक समूह की इस महिला विरोधी रीति-नीति से सहमत हैं? जेआरडी टाटा एक युवती की दलीलों से हतप्रभ रह गए। उन्होंने सुधा को जवाब

दिया और टेल्को को निर्देश दिए कि उन्हें साक्षात्कार के लिए बुलाए। सुधा कुलकर्णी ने चयनकर्ताओं को ऐसा प्रभावित किया कि वे टेल्को के फ्लोअर पर काम करने वाली पहली लेडी टेक्नोक्रेट बन गईं।

टेल्को के एक ट्रेनिंग कार्यक्रम में हिस्सा लेने नारायण मूर्ति और उनके मित्र प्रसन्ना पुणे आए थे। प्रसन्ना सुधा कुलकर्णी के भी मित्र थे। उनके बीच पुस्तकों का आदान-प्रदान होता था। सुधा कुलकर्णी ने हर पुस्तक पर नारायण मूर्ति का नाम देखा तो प्रसन्ना से पूछताछ की। दोनों की मुलाकात हुई। नारायण मूर्ति उन दिनों मोटा चश्मा लगाते थे। वे मितभाषी और स्पष्ट वक्ता थे। सुधा कुलकर्णी ने एक साक्षात्कार में कहा है कि पहली मुलाकात में ही जब नारायण मूर्ति ने मुझे अगले दिन डिनर का न्योता दिया तो मुझे लगा कि वे जैसे दिखते हैं, वैसे हैं नहीं। डिनर के बाद हमारे बीच ऐसी मित्रता हो गई कि हम अकसर मिलने लगे। मेरे मित्रों ने मुझे आगाह किया कि वे मुझे इम्प्रेस करने की कोशिश कर रहे हैं, पर मुझे वे अत्यंत सहज लगे। एक दिन उन्होंने कह ही दिया—मैं एक निम्न मध्यमवर्गीय परिवार से हूँ। मेरा कद भी 5 फीट 4 इंच है। मैं 'लुक' में भी साधारण हूँ। जीवन में कभी अमीर नहीं बन पाऊँगा। तुम सुंदर हो, बुद्धिमान हो, तुम्हारा भविष्य उज्ज्वल है। तुम्हें बेहतर जीवनसाथी मिल सकता है, पर मैं तुमसे शादी करना चाहता हूँ। मैंने उनके इस प्रस्ताव पर विचार करने का समय माँगा और बात आई-गई हो गई।

सुधा कुलकर्णी कुछ दिन बाद हुबली गईं तो उन्होंने अपने माँ-पिता को नारायण मूर्ति का प्रस्ताव बताया। नारायण मूर्ति कर्नाटक के ही हैं, यह जानकर माँ तो तैयार हो गई, पर पिता ने पूछा—करते क्या हैं, कितने पढ़े हैं, कितना कमाते हैं। सुधा ने बताया—रिसर्च असिस्टेंट हैं। पिता यह जानकर खुश नहीं हुए कि नारायण मूर्ति का वेतन सुधा से कम है, पर उन्होंने उनसे मिलने की हामी भर दी। मुलाकात के दिन मूर्ति को मुंबई से पुणे पहुँचना था। वे जिस टैक्सी से आ रहे थे, वह ट्रैफिक जाम में फँस गई। मूर्ति निर्धारित समय पर नहीं पहुँचे तो सुधा से पिता ने कहा—जो समय का पाबंद नहीं है, वह तुम्हारा ख्याल कैसे करेगा। यही नहीं, नारायण मूर्ति से मिलकर भी वे इम्प्रेस नहीं हुए। करेला और नीम चढ़ा...नारायण मूर्ति के एक जवाब को सुनकर तो उन्हें रिजेक्ट ही कर दिया गया। पूछा गया था—क्या बनना चाहते हो? मूर्ति के मुँह से निकल गया—कम्युनिस्ट लीडर। पिता ने एक नेता से बेटी का विवाह करने से साफ इनकार कर दिया।

दो टेक्नोक्रेट्स का यह प्रेम-प्रसंग उनके कार्यकाल के फिल्मी नायक-नायिकाओं जैसा है, जो माँ-पिता की अनुमति के बिना विवाह नहीं करते थे, पर अपने वादे पर भी अडिग रहते थे। नारायण मूर्ति से सुधाजी बेहद प्रभावित थीं, क्योंकि उन्होंने अपने जीवन की किताब उनके सामने खोलकर रख दी थी। सुधा को वे ईमानदार लगते थे। बेटी ने पिता से कह दिया—आपकी सहमति के बिना विवाह नहीं होगा, पर मैं किसी और से भी विवाह नहीं करूँगी। तीन साल तक यह गतिरोध बना रहा, पर दोनों की मित्रता भी बनी रही। वे सिनेमा हॉल और रेस्टोरेंट में अकसर मिलते। सुधाजी ने एक पुराने साक्षात्कार में कहा है कि नारायण मूर्ति के पास उन दिनों पैसे नहीं होते थे। वे मुझसे रुपए उधार लेते और हर बार कहते थे कि वे हिसाब लिख रहे हैं कि उन्हें

कितने रुपए देना है। यह राशि बढ़ते-बढ़ते 4 हजार रुपए हो गई। सुधा मूर्ति हँसते हुए कहती हैं कि यह कर्ज उन्होंने आज तक नहीं चुकाया है। मित्र-परिजनों ने सुधा कुलकर्णी के पिता को समझाया और 10 फरवरी, 1978 को दोनों परिवारों के गिने-चुने लोगों की उपस्थिति में शादी हुई। शादी में 800 रुपए खर्च हुए। इसमें से 400 रुपए मूर्ति ने दिए, शेष राशि सुधाजी ने खर्च की।

सिस्टम रिसर्च इंस्टीट्यूट की नौकरी के दौरान सरकारी कार्यप्रणाली से उकताए मूर्ति ने विवाह के दो वर्ष पूर्व पुणे में एक आईटी कंसल्टेंसी फर्म साफ्ट्रोनिक्स स्थापित की थी, पर कुछ ही दिनों में उन्हें आभास हो गया कि अभी भारत में आईटी को लेकर इतनी समझ नहीं है कि यहाँ केवल घरेलू कम्पनियों के भरोसे आईटी कंसल्टेंसी की जा सके। परिणाम! सन् 1977 में उन्होंने पूना में पाटनी कम्प्यूटर सिस्टम ज्वॉइन कर लिया। यहीं श्री मूर्ति को वे छह अन्य टेक्नोक्रेट प्रोफेशनल्स मिले, जिनके साथ उन्होंने सन् 1981 में इन्फोसिस टेक्नोलॉजिस की स्थापना की। इन्फोसिस के उनके सह-संस्थापक हैं-एन. राघवन, इलेक्ट्रिकल इंजीयिनर, नंदन नीलेकणी इलेक्ट्रिकल इंजीनियर, गोपाल कृष्णन एम.टेक. कम्प्यूटर साइंस, के. दिनेश एम.एससी. (गणित), शिबूलाल एम.एससी. कम्प्यूटर व अशोक अरोरा, जो सन् 1989 में इन्फोसिस से अलग होकर विदेश में बस गए हैं।

इन्फोसिस टेक्नोलॉजिस का जन्म

इन्फोसिस की स्थापना के लिए सन् 1981 में प्रत्येक संस्थापक-भागीदार को 10-10 हजार रुपए की पूँजी जुटाना थी, जो इनके लिए आसान नहीं था। उन दिनों कम्प्यूटर व सॉफ्टवेयर क्षेत्र में रोजगार के आज जैसे अवसर नहीं थे। वेतन भी बहुत साधारण मिलता था। इन्फोसिस के इन संस्थापकों में से कुछ ने अपनी बचत से पैसे जुटाए तो नारायण मूर्ति ने तो यह पैसे भी अपनी पत्नी से ही उधार लिये जो तब बालचंद ग्रुप ऑफ इंडस्ट्रीज में सीनियर सिस्टम एनालिस्ट के पद पर नौकरी कर रही थीं। एचडीएफसी से मिले कर्ज से खरीदे गए मूर्ति दम्पती के 770 वर्गफीट के एक फ्लैट के एक कोने में मात्र 120 वर्गफीट में इन्फोसिस का जन्म हुआ। इसके साथ मूर्ति दम्पती ने एक 'आइडियल वर्किंग कपल' की तरह फैसला लिया कि मूर्ति तीन साल घर की सारी चिंता छोड़कर इन्फोसिस को स्थापित करेंगे और सुधा मूर्ति घर सँभालेंगी और घर खर्च भी। बैंगलोर की माइको से इन्फोसिस को पहला ऑर्डर मिला, तब नारायण मूर्ति पिता बनने वाले थे। वे पत्नी को अकेला छोड़ना नहीं चाहते थे। बेमन से वे बैंगलोर गए और सुधा मूर्ति माँ-पिता के पास हुबली। पहली संतान रोहन का ननिहाल में जब जन्म हुआ तब एक अमेरिकन प्रोजेक्ट को पूरा करने के लिए मूर्ति अमेरिका में थे। रोहन जब एक साल का हुआ, तब उन्हें पिता का लाड़-प्यार मिला। अमेरिका से जब मूर्ति लौटे थे, तब उनके पास अपना वाहन भी नहीं था। उन्हें अपना पहला दोपहिया वाहन अपने श्वसुर पिता से भेंट में मिला।

इन्फोसिस जैसी हाईटेक कंपनी के लिए बुनियादी सुविधाएँ जुटाना मूर्ति की टीम के लिए अति कठिन व उबाऊ काम था, क्योंकि अस्सी के दशक में टेलीफोन कनेक्शन भी काफी मशक्कत के

बाद मिलता था। इंटरनेट या सैटेलाइट को तो भूल जाइए, कम्प्यूटर आयात करने पर भी दोतरफा प्रतिबन्ध था। भारत सरकार से अनुमति मिल जाए तो अमेरिकी नियम आड़े आ जाते थे। कम्प्यूटर आयात की स्वीकृति प्राप्त करने के लिए मूर्ति को स्वयं न्यूयॉर्क जाना पड़ा था। दिन भर वे सरकारी दफ्तरों एवं सम्भावित क्लाइंट्स के यहाँ चक्कर लगाते और शाम को बोरियत मिटाने के लिए ऐसी जगह पहुँच जाते, जहाँ ऑर्केस्ट्रा रिहर्सल में प्रवेश निःशुल्क था। वेस्टर्न क्लासिकल म्यूजिक के बेहद शौकीन मूर्ति को यहाँ बहुत राहत और सुकून मिलता था।

इन्फोसिस को रीबोक से और अमेरिकन कम्पनी डाटा बेसिक से सॉफ्टवेयर बनाने का पहला कॉन्ट्रेक्ट मिला, जो भारत में तब अपना सॉफ्टवेयर ग्रुप स्थापित करना चाहती थी। शुरुआती सालों में मूर्ति के भागीदारों ने साधनों की कमी के कारण अमेरिकन ग्राहकों के लिए ऑनसाइट पर प्रोजेक्ट पूरे किए। संघर्ष के उन दस सालों में ऐसा भी मौका आया कि मूर्ति को पत्नी के जेवर बेचकर अपने स्टाफ को वेतन देना पड़ा। उन दिनों इन्फोसिस जैसी कम्पनी को बैंक भी आसानी से कर्ज नहीं देते थे। सन् 1989 में इन्फोसिस ने एक विदेशी बैंक से 40 लाख का कर्ज माँगा, जिसने 80 हजार रुपए प्रोजेक्ट प्रोसेसिंग की फीस वसूल करने के बाद यह कहते हुए कर्ज देने से मना कर दिया कि इन्फोसिस के संस्थापक-संचालक नौसिखिए हैं। उन्हें कर्ज देने का मतलब अपना पैसा डुबोना है। सन् 1990 में इन मित्रों ने एक बार इन्फोसिस को बेचने पर भी विचार किया। मूर्ति उनकी हिस्सेदारी खरीदने को तैयार थे, पर उन्होंने मित्रों को समझाया-'सुरंग के दूसरे छोर पर हमेशा रोशनी होती है।'

परस्पर प्रतिबद्धता

अपने क्लाइंट्स और जॉब के प्रति संघर्ष के दौर में भी यह टीम कितनी प्रतिबद्ध थी, इसे इन्फोसिस के सह-संस्थापक शिबूलाल के शब्दों में पढ़ें-'हमें माइको से एक मशीन का ऑर्डर मिला था, जो दस दिन में स्थापित होना थी। अनुबंध के अनुसार ट्रायल के बाद ही हमें माइको से भुगतान मिलना था। मशीन हमने कर्ज लेकर खरीदी थी। चौबीसों घंटे कड़ी मेहनत के बाद यह प्रोजेक्ट पूरा किया, पर नौवीं रात मूर्ति को संदेह हुआ कि मशीन में छोटी-सी त्रुटि रह गई है। देर रात को हम माइको की फैक्टरी पहुँचे। हमने कम्पनी के एमआईएस मैनेजर को नींद से उठाकर आग्रह किया कि वह एक बार मशीन की जाँच करें। बहुत समझाने के बाद उन्होंने हमारी बात मान ली। हमने स्वयं उन्हें त्रुटि बताई तो वे बोले-यह सुविधा तो माँगी ही नहीं थी, आप चिंता न करें। हमें आश्वस्त करते हुए भी वह मैनेजर गुस्से में था कि एक छोटी व गैरजरूरी बात के लिए हमने उन्हें आधी रात को परेशान किया। दूसरे दिन जब हम माइको के दफ्तर पहुँचे तो उन साहब के तेवर बदले हुए थे। उन्होंने ट्रायल की शर्त यह कहते हुए स्वयं हटा दी कि 'मैं आपके काम और प्रतिबद्धता का कायल हो गया हूँ।'

इन्फोसिस की संस्थापक टीम एक-दूसरे के प्रति भी इतनी ही प्रतिबद्ध है। सन् 1980 में श्री नारायण मूर्ति व शिबूलाल पाटनी कम्प्यूटर सिस्टम में एक प्रोजेक्ट पर साथ-साथ काम कर रहे थे। प्रोजेक्ट में हो रही एक त्रुटि के कारण दोनों परेशान थे। मूर्ति ने शिबू से कहा-'घर मत जाना,

मैं आता हूँ, हम यह काम आज ही खत्म करेंगे।' मूर्ति काम करते-करते यह भूल गए और स्वयं घर चले गए। चार दिन बाद दौरे से लौटने पर एक शाम मित्रों के साथ डिनर पर जाते हुए रास्ते में वे दफ्तर में रुके तो उन्होंने पाया कि शिबू लुंगी पहनकर काम में जुटे हुए हैं। पूछा तो सहज जवाब मिला-'आप ही ने तो कहा था कि काम खत्म करके ही घर जाएँगे।'

इन दोस्तों के बीच परस्पर विश्वास भी बहुत गहरा है। कहते हैं कि शुरुआती दिनों में नंदन नीलकेणी ने एक सुझाव दिया था कि सुधा मूर्ति इन्फोसिस की प्रेरणा हैं, उन्हें बोर्ड ऑफ डायरेक्टर्स में शामिल कर लेना चाहिए। मूर्ति ने तत्काल जवाब दिया-नहीं, मैं इन्फोसिस को पारिवारिक कम्पनी नहीं बनाना चाहता। यही नहीं, मूर्ति ने सुधाजी को स्वयं यह बात बताई और बोले-तुम डायरेक्टर बनती हो तो मैं यह पद छोड़ दूँगा। मैं चाहता हूँ कि हम में से कोई एक पूरा समय परिवार को दे। हमारे बच्चे छोटे हैं, उन्हें अच्छी परवरिश मिलना चाहिए।

उद्योग जगत के पोप

नारायण मूर्ति भारत के उद्योग जगत में हर हाल में अपने सिद्धांतों पर टिके रहने के लिए मशहूर हैं। मित्र तो नारायण मूर्ति को भारतीय उद्योग जगत का 'पोप' कहते हैं। उनके बारे में कहा जाता है कि वे ऐसे लीडर हैं, जो किसी को भी वह काम करने को नहीं कहते, जो वे नहीं कर सकते। जो कहा वह करना-उनका स्वभाव है, यही कारण है कि इन्फोसिस की स्थापना के आठ माह बाद वे अपनी कम्पनी से विधिवत् जुड़े थे। इस दौरान उन्होंने पाटनी कम्प्यूटर्स के अशोक पाटनी से किया वादा पूरा किया और वे दो प्रोजेक्ट्स पूरे किए, जिन पर वे कार्य कर रहे थे।

मूर्ति आत्मविश्वास के धनी हैं। सन् 1992 में आईबीएम ने भारत में कारोबार शुरू किया तो आईटी उद्योग से जुड़े लोगों ने कहा कि इन्फोसिस, विप्रो ही नहीं देश की सबसे पुरानी आईटी कंपनी टीसीएस भी इस महारथी का मुकाबला नहीं कर पाएगी और बंद हो जाएगी। मूर्ति के सामने तीन विकल्प थे-एक वे मैदान छोड़ दें, दूसरा बहुराष्ट्रीय कम्पनी से भारत की आईटी कंपनियों को बचाने की गुहार करें और तीसरा विकल्प था-हो जाए मुकाबला। उन्होंने यही किया और आईटी टैलेंट्स को इन्फोसिस से पलायन से रोकने के लिए स्टाफ के लिए वर्ल्ड क्लास वर्किंग प्लेस व वर्क-कल्चर स्थापित किया। सन् 1999 में तो उन्होंने स्टाफ को स्टॉक ऑप्शन देकर मुनाफे में भी भागीदार बना लिया। नारायण मूर्ति इन्फोसिस के काम का मूल्यांकन करने व वसूल करने में भी माहिर हैं। सन् 1994 में जनरल इलेक्ट्रिकल्स ने भारत की आईटी कम्पनियों पर दबाव बनाया कि वे एक-तिहाई शुल्क पर काम करें। मूर्ति ने अन्य कम्पनियों के सीईओ से मुलाकात की और कहा कि हम सबको एकजुट हो जाना चाहिए। एक कम्पनी के सीईओ सहमत नहीं हुए तो मूर्ति अकेले पड़ गए, पर उन्होंने समझौता नहीं किया। इन्फोसिस को जीई के कई बड़े ऑर्डर छोड़ना पड़े।

प्रोफेशनल्स द्वारा प्रोफेशनल्स के लिए प्रोफेशनली संचालित इन्फोसिस

इन्फोसिस के संस्थापकों के बीच गहरी ट्यूनिंग की एक और मिसाल है मूर्ति द्वारा वरीयता क्रम में पिछड़ने के बावजूद नंदन नीलकेणी को इन्फोसिस का चेअरमैन बना देना। 20 अगस्त, 2006

को मूर्ति 60 वर्ष के हुए। उन्होंने स्वेच्छा से इन्फोसिस की चेअरमैनशिप छोड़ी। यह निर्णय इस बात की एक मिसाल है कि मूर्ति ने इन्फोसिस को प्रोफेशनल्स द्वारा स्थापित, प्रोफेशनल्स के लिए प्रोफेशनल्स द्वारा संचालित बनाया है। परिणाम! इन्फोसिस आज बुद्धिमत्ता से कारोबार करने वाली प्रोसेस-ऑपरेटेड (निर्धारित प्रक्रिया से संचालित) आईटी कंपनी है। मूर्ति जैसे प्रतिष्ठित सीईओ आज दुर्लभ हैं। ऐसा शख्स यदि पद छोड़े तो कंपनी के शेयर मूल्य धराशायी हो जाते हैं, पर इन्फोसिस के साथ ऐसा नहीं हुआ। मूर्ति को सक्रिय जवाबदारी से मुक्ति के दिन (20 अगस्त, 2006) इन्फोसिस के शेयर 1798 रुपए पर क्लोज हुए, जिनका पिछले कार्यकारी दिवस पर मूल्य था 1761 रुपए। यही नहीं, उम्र व अनुभव के आधार पर इस पद के हकदार थे राघवन जिन्होंने अपना दावा नीलकेणी के लिए छोड़ते हुए कहा कि इन्फोसिस के संचालन हेतु हमें युवा जोश व ऊर्जा चाहिए, वह नीलकेणी के पास है। इन्फोसिस के संस्थापक स्वविकसित पदानुक्रम (हैरारकी) में विश्वास करते हैं, इसकी दूसरी मिसाल है सन् 2009 में नीलकेणी को भारत सरकार ने भारतीय विशिष्ट पहचान प्राधिकरण (यूआईएआई) की कमान सौंपी तो उन्होंने पहले इन्फोसिस की जवाबदारी छोड़ी और ए. गोपालकृष्णन कंपनी के मैनेजिंग डायरेक्टर/सीईओ ऐसे बना दिए गए, जैसे कुछ नहीं हुआ है।

टीमवर्क की मिसाल

इन्फोसिस के अपने साथियों के बारे में श्री मूर्ति ने एक बार कहा था कि मुझे फिर से सब शुरू करना पड़े तो भी मैं यही टीम बनाऊँगा। हम सब में अलग-अलग प्रतिभा है, जो एकजुट होकर कभी न खत्म होने वाली ऊर्जा बन जाती है। श्री मूर्ति के इस कथन के साथ याद आता है उनके बचपन का एक प्रसंग। 60 के दशक में बालक मूर्ति को उनके पिता ऑल इंडिया रेडियो के एक संगीत कार्यक्रम में ले गए। आज तो श्री मूर्ति वेस्टर्न क्लासिक म्यूजिक रसिया हैं, पर पहली बार इसे सुनने पर वे ऊब गए थे। उन्होंने पिता से कहा-'इस असंगत विदेशी संगीत को सुनने का क्या तुक है?' जवाब मिला-'देखो, इस संगत में सौ लोग हैं। सब अपने-अपने वाद्य यंत्रों के मास्टर हैं। जब ये अपने साज अलग-अलग बजाते हैं तो बेसुरे होते हैं, पर जब एकजुट हो जाते हैं तो सुरीले।' पिता को तब पता नहीं था कि पुत्र के अंतर्मन में यह बात इतनी गहरी बैठ जाएगी कि तीस साल बाद वे इसे वास्तविक जीवन में अपनाकर दुनिया का एक बहुप्रतिष्ठित संस्थान खड़ा कर देंगे।

मूर्ति के व्यक्तित्व व कृतित्व का गहराई से अध्ययन करें तो कहा जा सकता है कि उनकी बाह्य ऊर्जा उनका ज्ञान व अनुभव है तो उनकी आंतरिक शक्ति है उनकी पत्नी सुधा मूर्ति। मशहूर कॉमर्स पत्रिका बिजनेस इंडिया द्वारा 'बिजनेसमैन ऑफ द ईयर-1999' अवार्ड से नवाजे जाने के बाद अपने उद्बोधन में मूर्ति ने कहा भी था-'मेरे को-ब्रदर गुरुराज देशपांडे (सिकेमोर नेटवर्क के संस्थापक-संचालक एवं भारतवंशी अमेरिकन कुबेर) के अनुसार हमारे ससुर देश के सर्वश्रेष्ठ फादर इन-लॉ थे। मैं इससे आगे बढ़कर उन्हें देश का सर्वश्रेष्ठ पिता मानता हूँ। उन्होंने अपनी तीनों पुत्रियों व एक पुत्र (श्री श्रीनिवास कुलकर्णी, बिगबेंग-2 और ब्राउन डॉट के खोजकर्ता मशहूर अमेरिकी अंतरिक्ष विज्ञानी) का इतने सलीके से लालन-पालन किया कि हर

एक ने पढ़ाई में गोल्ड मेडल पाए और अब पारिवारिक जीवन में नैतिक मूल्यों का निर्वहन कर रहे हैं। इनमें से एक मेरी पत्नी सुधाजी हैं, जिनका मैं तहेदिल से शुक्रगुजार हूँ जो मेरे हर संघर्ष में कभी न मंद पड़ने वाली ताकत बनीं।'

लीडरशिप के अद्‌भुत गुणों से सराबोर मूर्ति कहते हैं–'सच्चा लीडर वही है, जो अपनी टीम का आत्मविश्वास बढ़ाए और उनके लिए उदाहरण बने।' उनके अनुसार भगवान है, पर दिखता नहीं है। वह हमसे बार-बार मौके के रूप में रूबरू होता है। जिंदगी में सफल वे होते हैं, जो मौकों को छोड़ते नहीं हैं, उनका पूरा दोहन करते हैं। इन्फोसिस ने भी यही किया है। अब यह भविष्य तय करेगा कि कल हम इन्फोसिस के प्रणेता नारायण मूर्ति को उत्कृष्ट बिजनेसमैन के रूप में याद करेंगे या ऐसे असाधारण शख्स के रूप में, जो शून्य से यात्रा शुरू करके बिना शॉर्ट-कट शिखर को छू लेता है और शिखर को ऐसे छोड़ भी जाता है मानो कुछ न पाया हो या कुछ न छोड़ा हो।

इन्फोसिस टेक्नोलॉजिस

दुनिया के आईटी व सॉफ्टवेयर उद्योग में भारत का परचम फहराने वाली इन्फोसिस टेक्नोलॉजिस शेयर मार्केट की 'डार्लिंग' कंपनी है। विश्वस्तरीय लेखा प्रणाली व पारदर्शिता के साथ नेस्डेक में सूचीबद्ध होने वाली पहली भारतीय आईटी कम्पनी भी है इन्फोसिस। सन् 1981 में एन.आर. नारायण मूर्ति व उनके मित्रों ने 250 डॉलर की पूँजी से इन्फोसिस की नींव रखी गई थी। पहले साल (वित्त वर्ष-1982) कंपनी ने 11.63 लाख रुपए का कारोबार किया। फरवरी, 1993 में इन्फोसिस 85 रुपए प्रति शेयर प्रीमियम (अंकित मूल्य 10 रुपए) के साथ पूँजी बाजार में आई। वित्त वर्ष-1992 में कम्पनी का टर्नओवर था 9.46 करोड़ रुपए। इन्फोसिस ने 217 अरब रुपए (वित्त वर्ष-2009) का कारोबार किया है। 95 रु. मूल्य में आवंटित इन्फोसिस के शेयर तेजी के दौर में 10 हजार की सीमा पार कर चुके हैं, जबकि शुरू में निवेशकों ने इन्फोसिस के इश्यू को अच्छा समर्थन नहीं दिया था। अंतिम दिन इनाम फाइनेंशियल के वल्लभ भंसाली एवं एसबीआई कैपिटल मार्केट्स (इश्यू के लीड मैनेजर) को अंडर राइटर्स व वित्तीय संस्थानों को कम्पनी की साख बचाने के लिए मदद लेना पड़ी था। दिलचस्प बात यह है कि जिन निवेशकों ने दस साल पहले इन्फोसिस के प्रमोटरों पर भरोसा किया था, वे कुछ हजार रुपए निवेश करके लखपति/करोड़पति बन गए हैं।

ज्ञान को पूँजी बनाकर अपने निवेशकों व स्टाफ को मात्र दस सालों में कुबेरपति बनाने की अपूर्व मिसाल कायम की है इन्फोसिस ने। ढाई हजार से ज्यादा इन्फोसियन मिलेनियर हैं। मूर्ति के ड्राइवर को भी स्टॉक ऑप्शन के तहत इन्फोसिस के 2000 शेयर मिले थे यानी वे भी करोड़पति हैं। इन्फोसिस देश की पहली कम्पनी है, जो मानव सम्पदा का भौतिक सम्पदा की तरह मूल्यांकन करती है और उसे अपनी बैलेंस-शीट में भी दर्शाती है। श्री मूर्ति के अनुसार-हमारी यह सम्पदा रोज शाम को मानसिक व शारीरिक श्रम से थककर लौटती है। हम चाहते हैं कि दूसरे दिन जब वे काम पर आएँ तो उनमें नई ताजगी व जोश हो। मूर्ति कहते हैं कि शाम पाँच बजे के बाद इन्फोसिस के शेयर का मूल्य रोज शून्य हो जाता है, क्योंकि हमारी सम्पदा (मानव) काम बंद कर देती है।

मानव सम्पदा को अपनी सबसे बड़ी ताकत मानने व बनाने वाले मूर्ति ने उनके लिए विशिष्ट माहौल व कार्य-संस्कृति विकसित की है। इन्फोसिस ने अपने स्टाफ को प्रत्यक्ष लाभ देने के साथ अपने परिसर को भी वर्ल्ड क्लास बनाया है। इन्फोसिस के आज सारी दुनिया में करीब दो दर्जन डेवलपमेंट सेंटर हैं। बैंगलोर स्थित मुख्यालय 50 एकड़ क्षेत्रफल में फैला हुआ है। यहाँ कई भवन हैं, जो नम्बरों के नाम से जाने जाते हैं। ग्रीन कैम्पस में बनी इन ग्लास बिल्डिंगों के प्रवेश और निर्गम द्वार पर ब्राइट कलर अम्ब्रेला बने हैं। यहाँ फूड वर्ल्ड स्टोर, कैफे-कॉफी डे, इंडिगो नेशन गिफ्ट शॉप, आधुनिक जिम व फूड कोर्ट्स बनाए गए हैं। लॉबी में एक एक्सपीरियंस थियेटर है। बेहद सम्पन्न लाइब्रेरी है। गोल्फ मैदान भी है। नोबेल पुरस्कार विजेता थॉमस फ्रीडमेन कहते हैं-इन्फोसिस युवा रचनाकारों का यूनिवर्सिटी कैम्पस लगता है। पूर्व प्रधानमंत्री अटलबिहारी वाजपेयी इसे आधुनिक भारत का नया 'ताजमहल' कहते हैं। देश की तीन सबसे बड़ी सॉफ्टवेयर कंपनियों (टाटा कंसल्टेंसी, इन्फोसिस व विप्रो) में इन्फोसिस का क्रम दूसरा है पर मुनाफा अर्जन (वृद्धि दर) में पहला। सन् 1999 में इसे तब देश की सर्वाधिक मुनाफा अर्जक कंपनी का दर्जा मिला जब टर्नओवर 10 करोड़ डॉलर हुआ। दो साल बाद ही यह टर्नओवर चार गुना हो गया।

नारायण मूर्ति कहते हैं कि बिलियन डॉलर से बेहतर है एक रात की सुकूनभरी नींद। याद करें कि इन्फोसिस के फनिश मूर्ति के विरुद्ध बुल्गारिया में जन्मी अमेरिकन रैका मैक्सीविच ने कैलिफोर्निया की अदालत में यौन प्रताड़ना का मुकदमा दायर किया था। फनिश मूर्ति मुकदमा लड़ना चाहते थे, पर इन्फोसिस के प्रमोटरों ने चैन से जीने व काम करने के लिए अदालत के बाहर सुश्री रैका को 30 लाख डॉलर (करीब 14 करोड़ रुपए) चुका कर समझौता कर लिया और फनिश मूर्ति को अलविदा कह दिया।

सॉफ्टवेयर पॉवर हाउस इन्फोसिस की धुरी हैं मूर्ति व उनके मित्र। इन लोगों ने साधारण परिवारों के उच्च शिक्षित युवाओं की ऐसी फौज बनाई है जो अपना व देश का भविष्य सँवार रही है।

इन्फोसिस फाउंडेशन

इन्फोसिस ने सन् 1996 में इन्फोसिस फाउंडेशन की स्थापना की और इसका संचालन सुधा नारायण मूर्ति को संस्थापक ट्रस्टी की हैसियत से सौंपा। इन्फोसिस के मुनाफे का एक प्रतिशत हिस्सा इस ट्रस्ट को समाजसेवा के लिए मिलता है। सुधा मूर्ति ने ट्रस्ट के माध्यम से अपने राज्य के प्रमुख अस्पतालों में उच्च तकनीकी सर्जिकल उपकरण, कुष्ठ रोगियों के पुनर्वास, वातानुकूलित बर्न यूनिट्स और कैंसर उपचार केंद्रों की स्थापना करवाई है। कई पशु चिकित्सालय स्थापित किए हैं। अस्पतालों में फ्री स्केनिंग अल्ट्रासाउंड सिस्टम, एम्बुलेंस आदि सुविधाएँ भी उपलब्ध करवाई हैं।

कर्नाटक के सभी शासकीय स्कूलों को कम्प्यूटर व ग्रंथालयों से सुसज्जित किया है। 10 हजार से अधिक ग्रंथालय वाचनालय खोले हैं। शाला सुधार, भवन निर्माण, फर्नीचर, उपकरण, प्रयोगशाला की सुविधाएँ, मेधावी छात्रों को शैक्षणिक पुरस्कार की योजनाएँ भी वे चला रही हैं।

उनके द्वारा प्रतिपादित मध्याह्न भोजन योजना में दस हजार से अधिक छात्र प्रतिदिन लाभान्वित हो रहे हैं। 'इस्कान' के अक्षय पात्र में निःशुल्क भोजन के लिए एक करोड़ रुपए का उन्होंने दान दिया है।

सुधा मूर्ति ने निराश्रित, परित्यक्ता, देवदासी जैसी महिलाओं के पुनर्वास तथा स्वरोजगार हेतु सिलाई मशीनें देने के साथ रोजगार प्रशिक्षण की व्यवस्था की है। फुटपाथी बच्चों और मानसिक रोगियों की उचित देखभाल जैसे कार्यों में भी सुधा मूर्ति अग्रणी हैं। उन्होंने विलुप्त हो रही लोककलाएँ कठपुतली, गमक, लोकोत्सव को संरक्षण दिया है। इन समाजपयोगी कार्यों के लिए सुधा नारायण मूर्ति को राष्ट्रीय व अंतरराष्ट्रीय सम्मान मिले हैं।

कुबेर दम्पती का मध्यमवर्गीय जीवन

नारायण मूर्ति जो सोचते हैं, जो कहते हैं, वही करते हैं। अमीर भी मध्यमवर्गीय जीवन जिए, क्योंकि इस देश की बहुसंख्यक आबादी निर्धन है–अपने इस सोच को नारायण मूर्ति और सुधा मूर्ति ने अपने जीवन में आत्मसात् भी किया है। इंडियन इंस्टीट्यूट ऑफ बैंगलोर की टॉपर सुधा नारायण मूर्ति विवाह पूर्व टाटा समूह की टेल्को की गिनी-चुनी महिला प्रबन्धकों में एक थीं। इन्फोसिस की स्थापना के बाद उन्होंने गृहस्थी व समाजसेवा का मोर्चा सँभाला। यह करोड़पति दम्पती आज भी बैंगलोर की एक मध्यमवर्गीय कॉलोनी जयानगर में तीन कमरों के अपार्टमेंट में रह रही है। घर के दैनंदिन कार्य सुधा मूर्ति स्वयं करती हैं, पर यह उनके व्यक्तित्व का एक पहलू है। कन्नड़ की वे जानी-मानी लेखिका हैं। उनके तीन यात्रा संस्करण, आठ उपन्यास, छह लघुकथा संग्रह तथा 8 कम्प्यूटर साइंस की पुस्तकें प्रकाशित हो चुकी हैं। मूलतः कन्नड़ में लिखी इन किताबों का कई भाषाओं में अनुवाद हुआ है। उनके एक उपन्यास डोलार बहू पर टीवी सीरियल भी बना है। दिलचस्प बात यह है कि इन सबके साथ वे कई विश्वविद्यालयों में विजिटिंग प्रोफेसर की हैसियत से अध्यापन भी करती हैं। मूर्ति दम्पती सहज जीवन के ऐसे पक्षधर हैं कि घर के छोटे-मोटे सामान के लिए वे दोनों स्वयं मार्केट पहुँच जाते हैं। ऐसे समय सुरक्षा स्टाफ इस कुबेर-दम्पती की केवल दूर से ही निगरानी कर पाता है।

मूर्ति दम्पती की दो संतानें हैं पुत्री आकांक्षा व पुत्र रोहन। इन्फोसिस की स्थापना के एक वर्ष पूर्व जन्मी आकांक्षा का सन् 2009 में विवाह हुआ है। स्टेनफोर्ड की ग्रेज्युएट आकांक्षा ने सिलिकॉन वेली कैपिटल फंड में कार्यानुभव प्राप्त किया है। इन दिनों वे ईस्टर्न आर्ट फॉर्मेट का एक वुमंस फैशन लेबल बना रही हैं और कहती हैं कि मूर्ति दम्पति की पुत्री होना कठिन है। लोग अपेक्षा करते हैं कि मैं भी डैडी की तरह कुछ ही सालों में बिलियन डॉलर का फैशन लेबल बना दूँगी।

इन्फोसिस फाउंडेशन ट्रस्ट सुधा नारायण मूर्ति का दूसरा पसंदीदा संसार है। 10 गुणा 8 फीट के कमरे में एक सहायक और एक चपरासी के साथ संचालित इस ट्रस्ट के जरिए यह 59 वर्षीय महिला मदर टेरेसा की राह पर चल पड़ी हैं। सुधा मूर्ति ने अपनी बचत से बैंगलोर नगर निगम को सार्वजनिक विश्रामगृह बनाने के लिए आठ करोड़ रुपए दान किए हैं। नारायण मूर्ति भी हर साल विभिन्न शैक्षणिक संस्थानों को करोड़ों रुपए दे रहे हैं। इन्फोसिस के अन्य संस्थापक भी

अपने निजी खातों से उदारता के साथ दान देते हैं। हजारों विकलांग बच्चे उनके संरक्षण में शिक्षा व स्वावलम्बन की ओर अग्रसर हैं। नंदन नीलकेणी व उनकी पत्नी रोहिनी नीलकेणी ने एक एनजीओ संघमित्र का गठन किया है, जो शहरी गरीबों को न्यूनतम ब्याज दर पर रोजगार शुरू करने के लिए ऋण प्रदान करता है। उनकी माइको फाइनेशिंग योजना ने हजारों शहरी गरीबों का जीवन स्तर सुधारा है। नंदन नीलकेणी ने बैंगलोर एजेंटा टास्क फोर्स को भी 5 करोड़ रुपए दिए हैं, जो बैंगलोर में बुनियादी सेवाओं में सुधार के लिए प्रतिबद्ध है।

जमशेतजी नुसेरवानजी टाटा व जेआरडी टाटा को अपना आदर्श मानने वाली सुधा मूर्ति कहती हैं–'कई लोगों के लिए यह सब उदारता की बातें हैं, पर मेरे लिए यह सामाजिक घावों पर महरम–पट्टी मात्र है। हमारे पास जो पैसा है, हम उसके ट्रस्टी हैं, मालिक नहीं।' बचपन से ही कम्प्यूटर से खेलने वाले रोहन के बारे में नारायण मूर्ति का कहना है–'केवल मेरा पुत्र होने से उसे इन्फोसिस में ऊँचा ओहदा नहीं मिल जाएगा। इसके लिए प्रवेश परीक्षा व साक्षात्कार का सामना करना होगा।' अब आप भी सहमत होंगे कि 'नर ही नारायण है।'

लोकल से ग्लोबल 15

इंडियन कॉरपोरेट्स

हम साथ-साथ

वेणुगोपाल धूत राजकुमार धूत व प्रदीप धूत

परिवार के बुजुर्गों से विरासत में मिले मान-सम्मान व धन-सम्पदा को बढ़ाने वाले दुनिया में सुयश कमाते हैं। वीडियोकॉन समूह के धूत बंधु वेणुगोपाल धूत, राजकुमार धूत व प्रदीप धूत योग्य पिता की ऐसी ही सुयोग्य संतानें हैं। इन्होंने साबित किया है कि एक..., एक और एक, एक साथ खड़े हों तो 111 हो जाते हैं, यानी साधारण तीन से कई गुना ज्यादा शक्तिशाली। तीनों भाइयों की एकजुटता का ही सुफल है कि वीडियोकॉन समूह जब भी दुर्दिनों में घिरा तो तपकर कुंदन ही बना है। यही नहीं, इसी एकजुटता को अपने हथियार व कवच बनाकर धूत बंधुओं ने बड़ी-बड़ी जोखिमें उठाई हैं, अवसरों का दोहन किया है और भारी प्रतिस्पर्धा के बीच भी वीडियोकॉन को नई ऊँचाइयों पर पहुँचाया है।

धूत बंधुओं को ये वाणिज्यिक व पारिवारिक गुणधर्म उनके दादा स्व. माधवलाल धूत व पिता स्व. नंदलाल धूत से विरासत में मिले हैं। माधवलाल धूत व उनके अनुज रामकिशन धूत के पास अथाह कृषि भूमि थी। पर, वे इसकी देखभाल करने के बजाय स्वतंत्रता संग्राम में कूद पड़े। वे बार-बार जेल जाने लगे तो किशोरावस्था में नंदलाल धूत को पुश्तैनी खेती-बाड़ी सँभालनी पड़ी। अहमदनगर व पूना में शिक्षित नंदलाल धूत युवा होते-होते मराठवाड़ा के बड़े गन्ना व कपास उत्पादक उन्नत कृषक बन गए थे। उनका उद्यमी व उर्वरक मन-मस्तिष्क इससे संतुष्ट नहीं हुआ। गाँव में बिजली न होने के बावजूद सन् 1955 में उन्होंने यूरोप से मशीनें मँगवाईं और औरंगाबाद में गंगापुर शकर कारखाना

नंदलाल धूत

स्थापित किया। आजादी के बाद सारे देश में सहकारिता की आँधी आई। महाराष्ट्र में इससे सबसे ज्यादा शकर उद्योग प्रभावित हुआ। नंदलाल धूत को भी सन् 1964 में गंगापुर शकर कारखाना एक सहकारी संस्था को सौंपना पड़ा। उन्हें इसका पूर्वाभास हो गया था, अत: वैकल्पिक व्यवसाय के रूप में सन् 1963 में ही उन्होंने बजाज ऑटो की डीलरशिप ले ली थी, जिसका उन दिनों दो-पहिया वाहन मार्केट में एकाधिकार था। 60 के दशक में धूत परिवार महाराष्ट्र में बजाज ऑटो का स्टार डीलर हो गया। पर, एक उद्यमी शख्स को साधारण ट्रेडिंग (दूसरे के उत्पाद बेचना) कितने दिन रास आता। सन् 1970 में उन्होंने अपना उद्योग लगाया और लाइटिंग डीमर्स व इलेक्ट्रॉनिक गैजेट्स बनाने लगे। बहुत जल्दी मराठवाड़ा के इलेक्ट्रॉनिक्स उद्योग में धूत एक स्थापित नाम हो गया। इसी दिशा में एक और कदम बढ़ाते हुए सन् 1983 में नंदलाल धूत ने 60 लाख रुपए की पारिवारिक पूँजी व तीन करोड़ रुपए के बैंक कर्ज से वीडियोकॉन इंटरनेशनल की स्थापना की। तोशीबा कॉरपोरेशन जापान के तकनीकी सहयोग से वीडियोकॉन ने देश में सबसे पहले रंगीन टीवी बनाने का गौरव जुटाया। 61 वर्ष की उम्र में एक हवाई दुर्घटना में अपने युग के यशस्वी उद्योगपति नंदलाल धूत का निधन हो गया। अपने तीन पुत्रों को जो औद्योगिक साम्राज्य उन्होंने सौंपा, उसका तब सालाना टर्नओवर था 934 करोड़ रुपए (वित्त वर्ष 1993)।

धूत बंधुओं ने अपने पितृपुरुषों की विरासत, कारोबार, उद्योग व मान-सम्मान को कैसे व कितना आगे बढ़ाया, इसकी चर्चा के पूर्व नंदलाल धूत के व्यक्तित्व के एक अनछुए पहलू को वेणुगोपाल धूत के शब्दों में दोहराना प्रासंगिक होगा-'पिताजी की इच्छानुसार उनके अंतिम संस्कार के लिए उनकी निर्जीव काया को लेकर जब हम गोदावरी के तट पर पहुँचे तो यह देखकर हतप्रभ रह गए कि जनसमूह हमारी प्रतीक्षा कर रहा है। उनके शोक व रुदन के बीच हमने पिताजी का अग्नि-संस्कार किया। बाद में पता चला कि आसपास की निर्धन बस्तियों में हमारे पिता की एक और पहचान थी- 'दयालु सेठ।' वे प्राय: यहाँ आते थे। इस क्षेत्र के अधिकांश लोगों को वे व्यक्तिगत रूप से जानते थे। कई परिवारों की उन्होंने मदद की थी। हजारों लोगों को रोजगार दिलवाया था। गंगापुर में एक गर्ल्स स्कूल व औरंगाबाद में एक अस्पताल बनवाया था। सांत्वना देने वाले अनजान लोग हमें बोले कि 'आपने पिता खोया है, पर हमारा तो मसीहा चला गया है।'

सुयोग्य संतान वह, जो पूर्वजों के कर्म व कीर्ति को नई ऊँचाइयाँ दे। धूत बंधु भी ऐसे ही सुपुत्र हैं, जिन्होंने करोड़ों की लागत से औरंगाबाद में अपने पिता की स्मृति में एक वर्ल्ड क्लास चिकित्सालय बनवाया है। यहाँ मराठवाड़ा के लोगों का नाममात्र के शुल्क पर उपचार होता है। वीडियोकॉन समूह द्वारा स्थापित कई अन्य संस्थानों की विभिन्न समाजसेवी गतिविधियों ने समूह के पितृपुरुषों को मराठवाड़ा में अमर कर दिया है।

तीनों धूत बंधुओं में सबसे बड़े वेणुगोपाल धूत (जन्म-सन् 1952, शिक्षा-इलेक्ट्रिकल इंजीनियर) संयुक्त परिवार व संयुक्त कारोबार के मुखिया हैं। दूरन्देशी पिता के सान्निध्य में उन्होंने उद्योग-व्यापार संचालन के गुर तो सीखे ही, पर परिवार के हर सदस्य को कच्ची डोर से पक्की तौर पर

एकजुट रखने का संयुक्त परिवार का गूढ़ मंत्र भी आत्मसात् किया है। सामाजिक सरोकार व परोपकार तथा धर्म व अध्यात्म के प्रति अनुराग धूत बंधुओं को अपने दादा व पिता (स्व. माधवलाल व स्व. नंदलाल धूत) से मिले हैं। तीनों भाइयों में वेणुगोपाल धूत तो इतने धर्मपारायण हैं कि उन्होंने गीता को पढ़ने व समझने के लिए संस्कृत का अध्ययन किया। अब तो वे मित्र-परिवारों में गीता पर प्रवचन के लिए आमंत्रित किए जाते हैं। डोंगरे महाराज के शिष्य वेणुगोपाल धूत नियमित दो घंटे पूजा-उपासना करते हैं तो हर साल तिरुपति बालाजी व पंढरपुर देवदर्शन के लिए पहुँचते हैं। राजकुमार धूत (जन्म - सन् 1955) उद्योगपति होने के साथ महाराष्ट्र से राज्यसभा सदस्य भी रहे हैं। मूलत: वे सरकारी व गैर-सरकारी स्तरों पर समूह के सम्पर्क सूत्र हैं। सबसे छोटे प्रदीप धूत (जन्म-सन् 1960) पुणे विश्वविद्यालय से एम.बी.ए. हैं। 23 साल की उम्र में परिवार ने उन्हें तोशीबा जापान ट्रेनिंग के लिए भेज दिया था। वे आज वीडियोकॉन समूह के इंटरनेशनल बिजनेस के प्रभारी हैं। वेणुगोपालजी के पुत्र अनिरुद्ध धूत एवं प्रदीप धूत के पुत्र सौरभ भी कारोबारी कैरियर शुरू कर चुके हैं। अब राजकुमार धूत के पुत्र अक्षय की बारी है।

राजकुमार धूत

प्रदीप धूत

अनिरुद्ध धूत

धूत परिवार की इस युवा पीढ़ी को अभी खुद को साबित करना है, पर वेणुगोपाल धूत के नेतृत्व में राजकुमार व प्रदीप धूत अपने पिता द्वारा रोपे पौधे को वट-वृक्ष बना चुके हैं। वीडियोकॉन समूह पूरे एक दशक (सन् 1984 से 1994) तक रंगीन टीवी मार्केट का निर्विवाद लीडर रहा है। रेफ्रिजरेटर, वाशिंग मशीन, घरेलू उपकरण व म्यूजिक सिस्टम्स मार्केट में वीडियोकॉन कई सालों तक टॉप-फाइव ब्रांड बना रहा। अकाई, सेंसुई, केनस्टार, तोशीबा, केनवुड के उत्पादों की मैन्यूफैक्चरिंग व मार्केटिंग करके इन ब्रांड्स को भी अग्रणी व अव्वल बनाने का गौरव जुटाया है धूत बंधुओं ने।

बहुराष्ट्रीय कम्पनियों के भारतीय मार्केट में आने से पहले वीडियोकॉन समूह ने आइवा, अकाई, क्राउन आदि से घमासान मूल्य-युद्ध भी लड़ा और कम लागत की अपनी उत्पादन क्षमता से वीडियोकॉन समूह ने इस पूरे गैंग को खूब छकाया है। उन दिनों मीडिया ने वीडियोकॉन समूह को 'स्ट्रीट स्मार्ट बिजनेस ग्रुप' जैसे विशेषणों से नवाजा था। सन् 1995 में जब देश में बहुराष्ट्रीय कम्पनियों-सोनी, इलेक्ट्रोलक्स, व्हर्लपूल, एलजी, सैमसंग आदि के भारतीय मार्केट में आने के संकेत मिलने लगे तो मार्केटिंग पंडितों ने शंका जाहिर की थी कि अब वीडियोकॉन का मल्टी ब्रांड्स व 'लो प्राइस गेम प्लान' फ्लॉप हो जाएगा। उन सालों में ऐसे हालात हो गए थे कि वीडियोकॉन समूह ने विश्वस्तरीय मैन्यूफैक्चरिंग सुविधा जुटाने के लिए बैंकों से कर्ज माँगा तो जवाब मिला था कि ग्लोबल ब्रांड्स भारत में आने के बाद इलेक्ट्रॉनिक्स गुड्स मार्केट से स्वदेशी उद्योगपति गुम हो जाएँगे। हम डूबते उद्योग को कर्ज नहीं देते। उन्हीं दिनों दुर्भाग्य से धूत बंधुओं

ने वित्तीय अचल सम्पदा सेगमेंट में भी हाथ जलाए थे। ऐसे दुर्दिनों में देश के छह राज्यों में दस कारखानों को सँभालना व चलाते रहना धूत बंधुओं के लिए परीक्षा की घड़ी थी। तीनों भाइयों की प्रबंधकीय कुशलता ही है कि 15 हजार से ज्यादा कर्मचारियों की फौज ने वीडियोकॉन के इतिहास में एक दिन भी काम बंद नहीं किया है, यानी वीडियोकॉन समूह ने दुर्दिनों में भी 'नॉट ए सिंगल डे मेन पॉवर लॉस' का अपूर्व कीर्तिमान बनाया है। 'ऐसा कैसे हुआ है...?'–जैसे सवालों के जवाब में पश्चिम बंगाल के कट्टर यूनियनपंथी नेताओं का कथन है– 'धूत बंधुओं को हमने श्रमिकों के बीच शांति से बतियाते और अपने हाथ से उन्हें चाय सर्व करते देखा है।' वे प्राय: दुर्दिनों में औरंगाबाद के शॉप फ्लोर पर पहुँच जाते थे और फैक्टरी की कैंटीन में ही श्रमिकों के साथ लंच ले लेते थे। धूत बंधुओं की ऐसी मानवीय पहल ने ही बुरे दिनों में श्रमिकों के मन से छँटनी का डर निकाल दिया।

दुर्दिनों में समूह को जिस वाणिज्यिक रणनीति ने बचाया, उनमें एक और है–अपने उत्पादों के बेसिक कम्पोनेंट्स खुद बनाना। सन् 1998 में धूत-बंधु जिस ग्लास मैन्यूफैक्चरिंग इकाई (वीडियोकॉन नर्मदा- वडोदरा) को घाटे के कारण बेचने पर विचार करने लगे थे, वह समूह के लिए दुधारू गाय साबित हुई है। इस इकाई ने वीडियोकॉन व सहयोगी ब्रांड्स के टीवी के लिए किफायती ग्लास शेल्स तो उपलब्ध करवाए ही, पर देश में जितने भी टीवी बनते हैं, उनमें वीडियोकॉन निर्मित ग्लास शेल्स ही प्रयोग होने लगे।

धूत बंधु आज रंगीन टीवी शेल्स के देश के सबसे बड़े ही नहीं अकेले निर्माता हैं। सारी दुनिया में एक ही स्थान (भड़ूच) पर सर्वाधिक व सबसे कम लागत में ग्लास शेल्स बनाने का गौरव भी वीडियोकॉन को हासिल है। फ्रेंच कंपनी थामसन के चीन, पोलैंड व मैक्सिको स्थित कलर पिक्चर ट्यूब्स (सीपीटी) उत्पादन संयंत्रों एवं विश्वव्यापी सीपीटी कारोबार के अधिग्रहण के बाद तो वीडियोकॉन इलेक्ट्रॉनिक्स उद्योग का अग्रणी ओरिजनल इक्यूपमेंट्स मैन्यूफैक्चरिंग (OEM) बन गया है। इलेक्ट्रॉनिक उद्योग में वीडियोकॉन ने सारी दुनिया में कई अधिग्रहण किए हैं, जिनमें थामसन के सीपीटी कारोबार के अलावा दक्षिण कोरिया की देवू इलेक्ट्रिकल्स और स्वीडन की एजी इलेक्ट्रोलक्स की इलेक्ट्रोलक्स केल्विनेटर के अधिग्रहण ने वीडियोकॉन को बहुराष्ट्रीय इलेक्ट्रॉनिक उद्योग समूह बना दिया है।

स्टील किंग लक्ष्मी मित्तल के शब्दों में कहें तो उदारीकरण के बाद जो भारतीय उद्योगपति सारी दुनिया में पहुँचे हैं, उनमें अव्वल हैं वीडियोकॉन के धूत बंधु।

वास्तविकता यह है कि वीडियोकॉन अकेला ऐसा इलेक्ट्रॉनिक गुड्स, घरेलू उपकरण निर्माता व ऑफिस ऑटोमेशन उत्पाद निर्माता है, जो उत्पाद ही नहीं उनके अधिकतम व नाजुक कम्पोनेंट्स अपने साथ अपने प्रतिद्वंद्वियों के लिए भी बनाता है। रंगीन टीवी के लिए इलेक्ट्रिक गन, मेटल पार्ट्स वाशिंग मशीन, फ्रिज व एसी जैसे घरेलू उपकरणों के लिए मोटर, गियर, कम्प्रेसर, प्लास्टिक कम्पोनेंट्स, असेम्बली यूनिट्स, थर्मोस्टेट्स टाइमर्स ही नहीं, चिप्स, चिप्स की प्रोग्रामिंग (सॉफ्टवेयर) तो कलर पिक्चर ट्यूब्स व इनके लिए ग्लास पेनक्स व फ्यूनल्स

बनाने वाले वीडियोकॉन के एक दर्जन मैन्यूफैक्चरिंग संयंत्र हैं। यहीं नहीं इटली, चीन, मैक्सिको, ओमन, दक्षिण अफ्रीका, सूडान, जोर्डन में भी मैन्यूफैक्चरिंग संयंत्र व मार्केटिंग नेटवर्क वीडियोकॉन ने स्थापित किया है या अधिगृहीत किया है कि वहाँ धूत बंधुओं को स्थानीय उद्योगपति माना जाता है। इस संदर्भ में एक दिलचस्प घटना दोहराना प्रासंगिक होगा। पूर्व राष्ट्रपति डॉ. एपीजे अब्दुल कलाम जब इटली गए तो वहाँ स्थानीय उद्योगपतियों की हैसियत से वेणुगोपाल धूत ने जब उनका स्वागत किया तो वे बोले–आप यहाँ...। धूत ने उन्हें विनम्रता से बताया कि इटली की निक्की काम प्रेशनरी के वे मालिक हैं।

कारोबार विस्तार, अधिग्रहण व विविधीकरण के लिए धूत बंधुओं के पास पूँजी की कमी नहीं है। संयोग से तेल खनन उद्योग में उनकी लॉटरी निकली है। वीडियोकॉन से सन् 1992 में यह जोखिम उठाई थी। नेशनल एक्सप्लोरेशन एंड लाइसेंसिंग प्रणाली की घोषणा के पूर्व उन्होंने 150 करोड़ रुपए निवेश करके कृष्णा–गोदावरी बेसिन में रेवा में ऑयल व गैस खनन के लिए ब्लाक्स प्राप्त कर लिये थे। आज यहाँ से हर रोज 50 हजार बैरल तेल मिल रहा है, जो देश के कुल ऑइल उत्पादन का आठ फीसदी हिस्सा है। यही नहीं, यहाँ खनन की लागत भी दुनिया में सबसे कम है। सन् 2001 में जब प्रति बैरल क्रूड ऑइल के अंतरराष्ट्रीय मूल्य 20 डॉलर से ज्यादा हुए, तब धूत बंधु सही मायने में इस सेक्टर में सक्रिय हुए। उन्होंने भारत के अलावा सूडान, जार्डन, यमन, यूक्रेन जैसे देशों में अलग–अलग भागीदारों के साथ ऑइल व गैस खनन ब्लाक्स अधिगृहीत किए। वे ओमन, कनाडा, ऑस्ट्रेलिया में भी ऑइल व गैस खनन कर रहे हैं। वित्त विशेषज्ञ कहते हैं कि प्रति बैरल क्रूड ऑयल का अंतरराष्ट्रीय मूल्य एक डॉलर बढ़ता है तो वीडियोकॉन समूह का मुनाफा बढ़ जाता है। क्रूड ऑइल का प्रति बैरल मूल्य जब 20 डॉलर था, तब वीडियोकॉन समूह इस सेक्टर में सक्रिय हुआ था। पिछले वर्षों में क्रूड ऑइल का मूल्य चार गुना तक बढ़ा है। दूसरे शब्दों में वीडियोकॉन के कब्जे में सोने की खदान आ गई है। धूत बंधु भी समझ गए हैं कि अनिश्चितता के बावजूद इलेक्ट्रॉनिक्स उद्योग के बजाय ऑइल एंड गैस सेक्टर में मुनाफा ज्यादा है। यही सेक्टर उनका स्वप्न पूरा करेगा और वीडियोकॉन को 10 बिलियन डॉलर का वैश्विक औद्योगिक समूह बनाएगा।

अनिरुद्ध धूत इलेक्ट्रॉनिक्स केल्विनेटर की मैनेजिंग डायरेक्टर बनाए गए हैं। वेणुगोपाल धूत कहते हैं कि जिस तरह हमने वीडियोकॉन ब्रांड को स्थापित किया है, वैसे ही अनिरुद्ध के लिए चुनौती है इलेक्ट्रोलक्स केल्विनेटर। इनके अलावा अनिरुद्ध धूत को नौ स्पेशल इकोनॉमिक जोन (एसईजेड) के विकास की जवाबदारी भी सौंपी गई है। वीडियोकॉन समूह ने टेलीकॉम सेक्टर में भी प्रवेश किया है। धूत बंधु प्राइस वॉर में पीछे नहीं हटते। देखना है कि इस तीखे व तीव्र प्रतिस्पर्धी कारोबार में वे सुनील मित्तल भारती जैसे उद्यमी का मुकाबला कैसे करते हैं, जो उनकी ही तरह प्राइस वॉर में दक्ष हैं।

वेणुगोपाल धूत आज भी समूह में सर्वोपरि हैं। हालाँकि, उनकी भूमिका 'गुरु' व 'गाइड' तक सीमित रह गई है। समूह में नीतिगत मुद्दों पर खुली बहस होती है, पर अनिर्णय की स्थिति बने तो वेणुगोपाल का फैसला 'ब्रह्मास्त्र' बन जाता है, यानी मतभेद भूलकर सामूहिक निर्णय को सब

मानते हैं। वीडियोकॉन समूह का मौलिक व आंतरिक स्वरूप आज भी पारिवारिक (संयुक्त परिवार द्वारा संचालन) है। पर, धूत-बंधुओं ने इसका दैनंदिन परिचालन पूरी तरह प्रोफेशनल कर दिया है। वेणुगोपाल धूत यह बात जिन शब्दों में दोहराते हैं, वह है–'प्रोफेशनल होकर भी हम जमीन से जुड़े रहना चाहते हैं, क्योंकि आप तब ही बेहतर हैं, जब तक मैदानी सिपाही हैं।' हम नहीं, वीडियोकॉन समूह के असली संचालक हैं हमारे संगी-साथी।

वीडियोकॉन समूह के सूत्रधार वेणुगोपाल धूत, राजकुमार धूत व प्रदीपकुमार धूत ऐसे दूरन्देशी उद्योगपति हैं, जिन्होंने देश के इलेक्ट्रॉनिक उपभोक्ता सामान मार्केट में तब अपना वर्चस्व बनाया, जब बहुराष्ट्रीय कम्पनियाँ यहाँ नहीं थीं। अब वे अपने और अन्य इलेक्ट्रॉनिक्स उपकरणों के निर्माताओं के लिए बेसिक उपकरण (कम्पोनेंट्स) बना रहे हैं। उनका लक्ष्य है कि जो भी इलेक्ट्रॉनिक्स उत्पाद बनें, उन पर अंकित हो 'वीडियोकॉन इनसाइट' (इंटेल इनसाइट की तर्ज पर)। समूह ने विविधीकरण कार्यक्रम के तहत तेल व नेचुरल गैस के खनन क्षेत्र में भी प्रवेश किया है। यहाँ प्राप्त नैसर्गिक खजाने का अभी वास्तविक मूल्यांकन होना है। नब्बे के दशक के मध्य में दुर्दिनों का सामना कर चुके धूत-बंधुओं ने जो नई करवट ली है, वह कॉरपोरेट वर्ल्ड खासकर फैमिली-रन प्रोफेशनली मैनेज्ड समूहों के लिए एक मिसाल है। इसका सारा श्रेय धूत-बंधुओं की एकजुटता को है, जिसकी मजबूत कड़ी है वेणुगोपाल धूत। उम्मीद करें कि धूत-बंधुओं की नई पीढ़ी अपने बुजुर्गों से एकजुटता का यह सबक सीखेगी और अपने दादाजी स्व. नंदलालजी धूत के यश को नई ऊँचाई पर पहुँचाएगी।

दुर्गपाल

बर्मन परिवार

अंग्रेजों की गुलामी के लंबे दौर में देश ने केवल सम्पन्नता ही नहीं खोई, पर इससे बड़ी क्षति यह हुई कि हमने खोया आत्मसम्मान। अपनी संस्कृति, संस्कारों, उपलब्धियों व अपने गौरव पर गर्व करना भूल गए हम। ...और विदेशी वस्तुओं, विधा व विद्या का गुणगान करने लगे। भारत की पुरातन चिकित्सा विधा 'आयुर्वेद' भी हमारे ऐसे ही भ्रम व उपेक्षा का शिकार हुई। आधुनिक चिकित्सा विज्ञानी तो आज तक इसे दोयम दर्जा देते ही हैं, पर विलक्षण बात यह है कि भारतीय कॉरपोरेट जगत ने भी आयुर्वेदिक कम्पनियों को अपने समकक्ष मानना अपना अपमान समझा है। ऐसे हालात में डाबर, वैद्यनाथ, झंडू, धूतपापेश्वर, हिमालया ड्रग्स जैसी कम्पनियों का साहस सराहना होगा कि प्रतिकूल परिस्थितियों में भी इन्होंने न केवल आयुर्वेद का अस्तित्व बचाए रखा, वरन् भारत की इस पुरातन व प्रमाणित चिकित्सा विधा का परचम भी फहराया। सौ साल से ज्यादा पुराना डाबर समूह इन सबमें अव्वल है। संयुक्त बर्मन परिवार ने समय के साथ कदमताल करते हुए 'फैमिली रन डाबर समूह' को प्रोफेशनली मैनेज्ड बना दिया है।

अपने मूलाधार आयुर्वेद के साथ अपनी वाणिज्यिक गतिविधियों को डाबर समूह ने प्रोफेशनली मैनेज्ड बनाने के अलावा ऐसा बहुआयामी व विश्वव्यापी भी बनाया कि बहुराष्ट्रीय कंपनी यूनिलीवर तक को आज डाबर की नकल करना पड़ रही है। हिंदुस्तान लीवर का आयुर्वेदिक औषधि व हर्बल कॉस्मेटिक मार्केट में प्रवेश शायद उन लोगों का भ्रम दूर करे, जो आयुर्वेद को आज भी चूर्ण व चटनी उद्योग मानते हैं।

आजादी के चार-पाँच दशक पहले (सन् 1890-1900 में) फिरंगियों के मुख्यालय

कलकत्ता की कल्पना करें। तत्कालीन बंगाली संस्कृति को उस काल के साहित्यकारों शरतचंद्र, रवींद्रनाथ टैगोर, बंकिमचंद्र चट्टोपाध्याय ने अपनी कलम से बखूबी कुरेदा है। वैश्य मारवाड़ी रोजगार की तलाश में वहाँ पहुँच चुके थे। समझौतापरस्त वाणिज्यिक सूझबूझ के साथ वे अंग्रेजों के कारोबारी एजेंट भी बन गए थे। स्थानीय बंगाली अंग्रेजों या मारवाड़ियों के कारिंदे बनने लगे और देश में 'बाबू कल्चर' ने जन्म लिया। इसके साथ भारतीय उद्यमशीलता गुम होने लगी। अंग्रेज अपने साथ एलोपैथी चिकित्सा विधा भी लाए थे, पर चिकित्सकों की कमी के कारण यह उपचार केवल सम्पन्न परिवारों को उपलब्ध था। बहुसंख्यक आबादी उन वैद्यों पर निर्भर थी, जो पूर्वजों की जड़ी-बूटियों से उपचार करते थे। घर में ही वे दवा बनाते, पुड़िया देते पर प्राप्त जानकारी/ज्ञान छुपा लेते थे।

ऐसे दौर में सन् 1884 में डॉ. एस.के. बर्मन ने कलकत्ता में आयुर्वेदिक औषधियों की एक छोटी-सी दुकान खोली। यहाँ से वे दादी-नानी यानी पूर्वजों के नुस्खे गाँव-गाँव तक पहुँचाने लगे और 'डाबर' ब्रांड नाम जन्मा। कलकत्ता में 'दा' (जैसे-बर्मन-'दा', किशोर- 'दा') सम्मानजनक संबोधन है। पंजाबी खत्री होने के बावजूद आयुर्वेदिक ज्ञान के कारण डॉ. एस.के. बर्मन को बंगाल में यह सम्मान मिला हुआ था। 'दा' (डीए-'डा') व बर्मन सरनेम के 'बर' का योग 'डाबर' है।

उन दिनों विज्ञापन उद्योग आज जैसा व्यापक व बहुआयामी नहीं था। गाँव-गाँव तक अपने उत्पादों की जानकारी पहुँचाने के लिए डाबर के जनक डॉ. एस.के. बर्मन ने वॉल पेंटिंग्स की शुरुआत की। दीवालों पर बड़े-बड़े अक्षरों में डाबर उत्पादों का प्रचार किया। डाबर की औषधियों की माँग बढ़ने लगी तो डॉ. बर्मन ने सन् 1896 में कलकत्ता के नजदीक गुरहिया में दवा बनाने का कुटीर उद्योग लगाया। इसके साथ डाबर का पहला उत्पादन संयंत्र जन्मा।

डॉ. बर्मन (जन्म-1856, निधन-1907) केवल 51 साल ही जीए पर वे आयुर्वेद के पुरोधा-संरक्षक बनकर डाबर के रूप में अमर हो गए। उनके द्वारा रोपित नन्हा पौधा 'डाबर' आज विशाल वटवृक्ष बन गया है। इसका श्रेय उनके वंशजों को है, जो 120 साल से न केवल एकजुट हैं, वरन् उन्होंने समय के साथ डाबर ब्रांड नाम व उत्पादों को देश ही नहीं, विदेशों तक पहुँचाया है।

डॉ. एस.के. बर्मन के बाद उनके इकलौते पुत्र चुन्नीलाल बर्मन व उनके पौत्रद्वय पी.सी. बर्मन व आर.सी. बर्मन ने बर्मन समूह को सँभाला। डाबर समूह का नवीनीकरण बर्मन परिवार की चौथी पीढ़ी के ए.सी. बर्मन व वी.सी. बर्मन (पिता पी.सी. बर्मन) के कार्यकाल में हुआ। आर.सी. बर्मन के पुत्र हैं-जी.सी.बर्मन, पी. बर्मन और एस. बर्मन। कारोबार से जुड़ने वाली बर्मन परिवार की पाँचवीं पीढ़ी है-डाबर इंडिया के वर्तमान चेअरमैन आनंद बर्मन (पिता ए.सी. बर्मन) एवं वाइस चेअरमैन अमित बर्मन (पिता जी.सी. बर्मन)। बर्मन परिवार की नई पीढ़ी के कारोबार में अन्य सक्रिय सदस्य हैं-आदित्य बर्मन, मोहित बर्मन, गौरव बर्मन, चेतन बर्मन और साकेत बर्मन। आनंद बर्मन के पुत्र आदित्य बर्मन परिवार की पाँचवीं पीढ़ी में सबसे बड़े हैं। अपने पिता

आनंद बर्मन की स्वतंत्र रूप से स्थापित ओंकक्वेस्ट लेबोरेटरीज को आदित्य बर्मन ने ट्रेनी की हैसियत से ज्वॉइन किया था। पिता डाबर इंडिया के चेअरमैन बने तो आदित्य ने भी स्वतंत्र रूप से ओंकक्वेस्ट को सँभाल लिया।

वी.सी. बर्मन ने एक साक्षात्कार (बिजनेस इंडिया, मई 2002) में कहा था–'डाबर ज्ञान आधारित कम्पनी है। आयुर्वेद व चिकित्सकीय जड़ी-बूटियाँ हमारा मूलाधार हैं। हमने खोजपरक कैंसर प्रतिरोधक व बायोटेक्नोलॉजी ड्रग्स भी लांच की हैं। डाबर आज प्रोफेशनली मैनेज्ड समूह है, जिसके सीईओ प्रमोटर परिवार के सदस्य नहीं हैं। बर्मन परिवार की नई पीढ़ी को हमने आजादी दी है कि वह अपनी रुचि के अनुरूप प्रोफेशन चुने। बर्मन परिवार डाबर ब्रांड नाम के प्रति प्रतिबद्ध व समर्पित है। हमें गर्व है कि डाबर के जन्म से आज तक बर्मन परिवार एकजुट है।' अपने किस्म का यह एक अनूठा उदाहरण है कि छह पीढ़ियाँ 120 साल से एक कंपनी को बिना विवाद/विभाजन संचालित करे और शायद यही कारण है कि डाबर इंडिया को ऑनर्स-मैनेज्ड से प्रोफेशनली मैनेज्ड कंपनी बनने में एक सदी लगी है। हालाँकि इस बीच बर्मन परिवार की नई पीढ़ी ने डाबर के प्रोडक्ट्स पोर्टफोलियो को व्यापक बनाने में कोई कसर नहीं छोड़ी।

1920 के दशक में बर्मन परिवार ने निजी क्षेत्र की पहली आयुर्वेदिक रिसर्च एंड डेवलपमेंट लेबोरेटरी की स्थापना से इसकी शुरुआत की थी। उन्होंने नरेंद्रपुर और बरूग्राम में औषधि उत्पादन सुविधाएँ जुटाईं। सन् 1936 में डाबर इंडिया (डॉ. एस.के. बर्मन) प्रा.लि. का गठन किया। सन् 1940 में डाबर आमला हेयर ऑइल के साथ पर्सनल केयर प्रोडक्ट्स मार्केट में प्रवेश किया। सन् 1949 में टीन पैक में पहली बार ब्रांडेड च्यवनप्राश लांच किया। 1970 के दशक में डाबर लाल दंतमंजन की लांचिंग के साथ डाबर के प्रोडक्ट्स पोर्टफोलियो में ओरल केयर उत्पाद जुड़े। इस दंतमंजन ने ग्रामीण मार्केट में अच्छी लोकप्रियता जुटाई, जहाँ डाबर पहले ही एक स्थापित ब्रांडनेम था। 1972 में बर्मन परिवार ने कम्पनी का मुख्यालय कलकत्ता से दिल्ली शिफ्ट किया और फरीदाबाद में मैन्यूफैक्चरिंग सुविधा जुटाई। 1978 में हाजमोला टेबलेट लांच की, जो तब अपने किस्म की पहली ब्रांडेड आयुर्वेदिक औषधि थी। 1979 में डाबर रिसर्च फाउंडेशन जन्मा। इसी साल डाबर ने साहिबाबाद में आयुर्वेदिक दवाओं के उत्पादन की अत्याधुनिक फैक्टरी स्थापित की। सन् 1986 में डाबर पब्लिक लिमिटेड कम्पनी बनी और इसका नाम हो गया डाबर इंडिया लिमिटेड।

1989 में डाबर इंडिया ने हाजमोला कैंडी लांच की, जिसने नन्हे-मुन्नों को लुभाया तो तीन साल बाद स्पेन की एग्रोलीमेन के साथ कन्फेक्शनरी उद्योग में बबलगम के साथ एंट्री ली। सन् 1993 में डाबर इंडिया ने बद्दी (हिमाचल प्रदेश) में ओंकोलॉजी (कैंसर प्रतिरोधक फार्मूलेशन) प्लांट स्थापित किया। सन् 1994 में डाबर इंडिया का पहला पब्लिक इश्यू आया, जिसे निवेशकों का खूब समर्थन मिला।

1990 के दशक में बर्मन परिवार को कम्पनी के स्वामित्व व संचालन के फर्क का आभास होने लगा था, पर वे दैनंदिन कामकाज पूरी तरह प्रोफेशनल्स को सौंपने की मानसिकता नहीं बना पाए

थे, पर इसका आंशिक क्रियान्वयन करने लगे थे। सन् 1985 में पहली बार उन्होंने एक वरिष्ठ पद व महती जवाबदारी रिचर्डसन हिंदुस्तान के पूर्व एक्जीक्यूटिव रामचंद्रन को सौंपी थी। वे मार्केटिंग व सेल्स हेड बनाए गए थे। सन् 1991 में विमको के पूर्व एक्जीक्यूटिव हरि गुप्ता और सन् 1994 में स्थिमल्सन बीचेम के कार्तिक राणा डाबर से जुड़े थे। सन् 1985 से 1995 के दस सालों में प्रोफेशनल्स ने बर्मन परिवार की देखरेख में डाबर का कारोबार 18 गुना कर दिया। डाबर को हर्बल उत्पाद के अलावा पर्सनल, हेल्थ व फार्मा उद्योग में स्थापित किया।

इन परिणामों से प्रेरित होकर बर्मन परिवार ने डाबर इंडिया को पूरी तरह प्रोफेशनली मैनेज्ड कम्पनी बनाने का फैसला लिया और मैकेंजी एंड कम्पनी के परामर्श पर डाबर इंडिया के सेल्स व मार्केटिंग क्रियाकलापों को अलग-अलग तीन हिस्सों में बाँट दिया। सन् 1994 में ही डाबर इंडिया ने कैंसर प्रतिरोधक औषधि इंटक्सेल लांच की और इस उत्पाद को बनाने वाली दुनिया की दूसरी कम्पनी बन गई। सन् 1995 में डाबर ने इजराइल के असोम के साथ गठबंधन करके चीज व अन्य डेरी उत्पाद बनाना शुरू किए। इसका एक साल बाद विस्तार हुआ और डाबर इंडिया रीयल फ्रूट ज्यूस के साथ प्रोसेस्ड फूड मार्केट में भी सक्रिय हो गया।

अपनी स्थापना के 115 साल बाद 2 नवंबर, 1998 को डाबर के तत्कालीन चेअरमैन ए.सी. बर्मन व वाइस चेअरमैन वी.सी. बर्मन ने साहस जुटाया और नीनू खन्ना को डाबर इंडिया का सीईओ नियुक्त करके बर्मन परिवार को सेंटर स्टेज से अलग किया। बाहरी प्रोफेशनल्स के आगमन के बाद ए.सी. बर्मन चेअरमैन (सेवामुक्त) व वी.सी. बर्मन नॉन-एक्जीक्यूटिव चेअरमैन हो गए। जी.सी. बर्मन ने मैनेजिंग डायरेक्टर का पद छोड़ा और वाइस चेअरमैन बनकर परिवार व प्रोफेशनल्स टीम के बीच सेतु बने। इसकी घोषणा करते हुए डाबर के चेअरमैन ए.सी. बर्मन ने कहा था–'बर्मन परिवार कंपनी के संचालन में पिछली सीट पर बैठ रहा है।' इसके साथ बर्मन परिवार के सदस्यों की फैमिली काउंसिल बनाई गई। इसके सदस्य डाबर समूह की कम्पनियों के बोर्ड में शामिल किए गए। संयुक्त परिवार में यह सहमति भी हुई कि बर्मन परिवार का जो भी युवा सदस्य नया कारोबार शुरू करेगा, वह डाबर फ्रेम-वर्क से बाहर होगा तथा अन्य सदस्य स्वेच्छा से निजी हैसियत के आधार पर उसमें निवेश कर सकेंगे। इस निर्णय का क्रियान्वयन भी हुआ।

जापान व चीन में काम कर चुके प्रोक्टर एंड गैम्बल के पूर्व डायरेक्टर व कोलगेट पॉमोलिव के पूर्व एक्जीक्यूटिव वाइस प्रेसीडेंट नीनू खन्ना ने सही मायने में डाबर को आयुर्वेद कंपनी से पर्सनल केयर, नेचुरल व हर्बल उत्पादों की कम्पनी बनाया। सौ साल से ज्यादा उम्र का डाबर ब्रांड इसके साथ युवा हुआ। इंग्लैंड में डाबर ऑनकोलॉजी (डाबर की सहयोगी कम्पनी) के तत्कालीन वाइस चेअरमैन आनंद बर्मन ने भी डाबर को ग्लोबल पहचान दिलवाई।

डाबर इंडिया के सीईओ सुनील दुग्गड़

सन् 2002 में नीनू खन्ना के डाबर छोड़ने के बाद बर्मन परिवार ने कम्पनी के डायरेक्टर सेल्स व मार्केटिंग सुनील दुग्गड़ को डाबर इंडिया का सीईओ बनाया। सन् 1995 में सुनील दुग्गड़ ने जब

जनलर मैनेजर सेल्स व मार्केटिंग की हैसियत से डाबर इंडिया को ज्वॉइन किया था, तब कम्पनी 600 करोड़ रुपए का सालाना कारोबार कर रही थी। सीईओ बनने के पहले डाबर इंडिया में सुनील दुग्गड़ वाटिका, अनमोल व रीयल फ्रूट ज्यूस ब्रांड्स को मार्केट में स्थापित करने के लिए जाने जाते थे।

बिड़ला इंस्टीट्यूट ऑफ टेक्नोलॉजी (बिट्स, पिलानी) एवं आईआईएम कोलकाता से शिक्षित सुनील दुग्गड़ ने डाबर इंडिया ज्वॉइन करने के पहले विमको व पेप्सी में काम किया है। प्रोफेशनल शिक्षा व बहुराष्ट्रीय कम्पनियों के कार्यानुभव से सुनील दुग्गड़ ने डाबर इंडिया को अपने मूल कारोबार के साथ एफएमसीजी मार्केट की देश की चौथी सबसे बड़ी कम्पनी बना दिया है। वी.सी. बर्मन के अनुसार–सुनील दुग्गड़ में कारोबारी रणनीति बनाने व लागू करने की अद्‌भुत क्षमता है तो सुनील दुग्गड़ के अनुसार–डाबर इंडिया की ग्रोथ का कारण है बर्मन्स का नजरिया जो मुनाफे से ज्यादा इस बात की चिंता करते हैं कि कंपनी 'ग्रो' करे।

सीईओ बनने के बाद सुनील दुग्गड़ की पहली पहल थी डाबर इंडिया के प्रोडक्ट्स पोर्टफोलियो और सेल्स व मार्केटिंग नेटवर्क का पुनर्गठन। फार्मा, एफएमसीजी, पर्सनल केयर फैमिली केयर, हेल्थ केयर प्रोडक्ट्स की सुनील दुग्गड़ ने अलग-अलग इकाइयाँ बनाईं और उनके स्वतंत्र हेड नियुक्त किए। इससे हर उत्पाद की मार्केटिंग सम्भावनाओं का सम्पूर्ण दोहन हुआ। हर सेगमेंट में कई नए उत्पाद व ब्रांड लांच हुए। हर ब्रांड की अपनी पहचान बनी। वाटिका, हाजमोला, रीयल फ्रूट जैसे ब्रांड्स ने तो मार्केट में ऐसी साख जुटाई कि अपने पैरेंट ब्रांड डाबर के बिना भी स्थापित हो गए। डाबर इंडिया के सौ साल पुराने प्रतीक चिह्न (लोगो) बरगद पेड़ को भी नया लुक व युवा कलर मिला। डाबर के उत्पादों व नए लोगो के प्रचार-प्रसार पर सुनील दुग्गड़ ने उदारता से पैसा खर्च किया।

इंटरनेशनल मार्केट में डाबर के उत्पाद खासकर एफएमसीजी प्रोडक्ट्स की बिक्री बढ़ाने के लिए सुनील दुग्गड़ ने कई नई पहल की। डाबर इंडिया सन् 1992 से मध्यपूर्व के देशों के अपने फ्रेंचाइजी रेडरोज लिमिटेड के जरिये कारोबार कर रही थी। सन् 2003 में सुनील दुग्गड़ ने फ्रेंचाइजी को अधिगृहीत करके डाबर के स्वामित्व की सहायक कम्पनी बना दिया। बांग्लादेश में डाबर इंडिया का आज संयुक्त वेंचर है।

नाइजीरिया में सहायक कम्पनी ने पश्चिमी अफ्रीकन मार्केट में कम्पनी के उत्पादों की बिक्री बढ़ाई है। डाबर इंटरनेशनल डाबर इंडिया के वैश्विक कारोबार को सम्भालती है। बांग्लादेश में एशियन कंज्यूमर केयर, नाइजीरिया में अफ्रीकन कंज्यूमर केयर और डाबर इजिप्ट डाबर इंटरनेशनल की तीन सहायक कम्पनियाँ हैं। डाबर इंडिया के बांग्लादेश, मध्यपूर्व, इजिप्ट, नाइजीरिया, नेपाल और पाकिस्तान में भी उत्पादन संयंत्र हैं।

सुनील दुग्गड़ ने दो बड़े अधिग्रहण भी किए, पर इनमें से एक ही फायदे का सौदा साबित हुआ। सन् 1996 में बलसारा हाइजिन एंड होम प्रोडक्ट्स के अधिग्रहण से डाबर इंडिया को बलसारा की तीन कम्पनियाँ और तीन उत्पादन संयंत्र मिले और इसके ओरल केयर प्रोडक्ट्स को बड़ा

मार्केट मिला। बबूल, मिसवॉक और प्रॉमिस की हर्बल टूथपेस्ट मार्केट में गहरी पहुँच बन गई।

डाबर इंडिया के अपने स्वामित्व के पहले पाँच उत्पादन संयंत्र थे। अब बद्दी (हिमाचल प्रदेश), साहिबाबाद और कल्याणी में कम्पनी बड़े पैमाने पर उत्पादन करती है। कम्पनी ने उत्तरांचल और जम्मू में नई उत्पादन सुविधाएँ जुटाई हैं और बद्दी स्थित मैन्यूफैक्चरिंग प्लांट की उत्पादकता बढ़ाई है, क्योंकि यहाँ उसे टैक्स हॉलिडेज का फायदा मिलता है। सुनील दुग्गड़ का लक्ष्य है डाबर इंडिया को कर्जमुक्त कम्पनी बनाना और एफएमसीजी मार्केट में और मजबूत करना। सुनील दुग्गड़ की कमजोरी है गोल्फ व गार्डनिंग (बागवानी)। उनकी पत्नी अंजलि आईएएस अधिकारी हैं। इस दम्पति की बेटी है देविका।

भारतीय ऋषि-मुनियों के शोध-अनुसंधान का सुफल है आयुर्वेद। यह इसके शोधकर्ताओं का ही पुण्य-प्रताप है कि जिन लोगों ने पाक-साफ नीति व नीयत के साथ इसे कारोबार बनाया व ईमानदारी से आयुर्वेद को लोकप्रिय बनाने का बीड़ा उठाया, उन्होंने पैसा व प्रसिद्धि दोनों ही पाए हैं। 125 साल पहले कुटीर उद्योग के रूप में डाबर को जन्म देने वाले स्व. एस.के. बर्मन जहाँ होंगे, खुश होंगे कि उनके वंशजों ने संयुक्त परिवार में सामंजस्य बनाए रखा। बिना विभाजन डाबर इंडिया को बहुराष्ट्रीय भारतीय कम्पनी बनाया।

बर्मन परिवार की छठी पीढ़ी के मोहित बर्मन द्वारा एक पुराने साक्षात्कार में कही गई बात यहाँ दोहराना प्रासंगिक होगा। वे कहते हैं–'परिवार में विचार-भिन्नता स्वाभाविक है। अलग-अलग पहचान, जीवनशैली और रुचि भी अपरिहार्य है, पर यदि परस्पर मान-सम्मान हो तो आमने-सामने बैठकर मतभेद दूर करना सरल व सहज हो जाता है। हमने अपने पितृ-पुरुषों से 'लर्निंग टू लिव' के साथ 'लेट लिव' का पाठ भी सीखा है।'

डाबर इंडिया के वर्तमान चेअरमैन हैं बर्मन परिवार की पाँचवीं पीढ़ी के आनंद बर्मन। कैंसर प्रतिरोधक दवा की खोज और उसे बनाने के लिए मशहूर आनंद बर्मन की डाबर पोर्टफोलियो से बाहर स्वतंत्र कम्पनी है-ऑनक्वेट जिसकी देखरेख करते हैं उनके पुत्र आदित्य बर्मन। आनंद बर्मन कहते हैं कि बर्मन परिवार की दो शाखाएँ हैं। एक में दो और दूसरे में तीन परिवार हैं। हम अलग-अलग रहते हैं, पर एक-दूसरे से जुड़े हुए हैं। हरेक बर्मन को अपने पिता से डाबर की इक्विटी में हिस्सेदारी मिली है। डाबर इंडिया के संचालन में कोई हस्तक्षेप नहीं करता। इसे प्रोफेशनल्स संचालित करते हैं। डाबर के नियंत्रक मंडल में बर्मन परिवार के दो सदस्य शामिल किए गए हैं। फैमिली काउंसिल तय करती है कि परिवार का कौन सदस्य नियंत्रक मंडल में अपने परिवार का प्रतिनिधित्व करेगा। हरेक बर्मन को स्वतंत्र व्यापार की छूट है, पर सशर्त। शर्त है कि वे चाहे आपस में प्रतिस्पर्धा करें, पर डाबर इंडिया से नहीं।

तीन सौ से ज्यादा उत्पादों के साथ डाबर समूह का मूलाधार आयुर्वेदिक व हर्बल औषधियाँ हैं, पर हेल्थ केयर, ओरल केयर, स्किन केयर, पर्सनल केयर, प्रोसेस्ड फूड्स, फार्मास्युटिकल्स या एफएमसीजी बल्क ड्रग्स मार्केट में इसके ब्रांड्स लोकप्रिय हैं। कई तो मार्केट लीडर हैं। डाबर च्यवनप्राश, लाल दंतमंजन, लाल तेल, पुदीन हरा, वाटिका शैम्पू, वाटिका हेयर ऑइल,

अनमोल कोकोनट ऑइल, अनमोल मस्टर्ड ऑइल, हाजमोला टेबलेट्स, हाजमोला कैंडी, हिंगोली, डाबर बाम, डाबर बेबी ओलिव ऑइल, डाबर ब्लो ग्लो (एंटीसेप्टिक क्रीम), डाबर बैक-एक (जेल बेस्ड), महानारायण तेल, होममेड (गार्लिक, जिंजर, ओनियन पेस्ट्स आदि), रीयल फ्रूट ज्यूस, इंटाक्सेल (एंटी कैंसर ड्रग), आशव अरिष्ठा आदि अपने नाम से बिकते हैं और गाँव-गाँव में जाने जाते हैं। डाबर फूड्स ने देश में पहली बार ओरेंज व कैरेट ज्यूस लांच किए हैं। प्रॉक्टर एंड गॅम्बल, हिंदुस्तान लीवर, रैकिट एंड कोलमेन, मेरिको, स्मिथ लाइन बिचेम, झंडू, वैद्यनाथ, इमामी जैसे दिग्गज डाबर के प्रमुख प्रतिद्वंद्वी हैं।

अमित बर्मन

सुनील दुग्गड़

आदित्य बर्मन

देश में आयुर्वेद की पहली रिसर्च व डेवलपमेंट लैब (सन् 1919) डाबर ने स्थापित की। डाबर दुनिया की दूसरी कम्पनी है, जिसने इंटाक्सेल कैंसर प्रतिरोधक दवा लांच की है, जिसका आधार है हिमालयीन यू-वृक्ष के घटक। समाज सेवा के क्षेत्र में डाबर का यह महती योगदान है। डाबर इंडिया के देश में कई जगह उत्पादन संयंत्र हैं। इन हाउस शोध व कच्चे माल के साथ उनके स्वयं संग्रहण उत्पादन के कारण डाबर समूह की उत्पाद-लागत न्यूनतम है। डाबर ने ऐसा देशव्यापी मार्केटिंग नेटवर्क स्थापित किया है कि इसके उत्पाद छोटे-छोटे गाँवों तक पहुँच जाते हैं। हालाँकि, जितने उत्पादों के साथ डाबर समूह कारोबार करता है, उन्हें राइट टाइम पर, राइट स्थान पर, राइट स्टॉक में पहुँचाना एक बड़ी चुनौती है। डाबर के संचालक इस चुनौती को इतना महत्व देते हैं कि कम्पनी ने सन् 1956 में पहला कम्प्यूटर खरीद लिया था। डाबर समूह विज्ञापनों पर व्यय करने में भी बेहद उदार है।

पंक्षेप में कहें तो एक सौ बीस साल पुराना डाबर समूह देश की अर्थव्यवस्था के हर बदलते दौर का भुक्तभोगी व साक्षी है। गुलाम भारत में डाबर समूह जन्मा, लाइसेंस-परमिट राज में प्रौढ़ हुआ और उम्र के हिसाब से नियंत्रण मुक्ति के समय (सन् 1991 में आयु 107 वर्ष) इसे वयोवृद्ध हो जाना चाहिए था, पर यह युवा-जोश के साथ मैदान में डटा हुआ है। दिलचस्प बात यह है कि इसकी आंतरिक संरचना भी बेहद नाजुक है। कई बड़े व प्रसिद्ध बिजनेस हाउस इस दौरान विभाजित हुए हैं, पर बर्मन परिवार आज भी संयुक्त है तो स्वतंत्र कारोबार भी कर रहा है। इन्होंने समय के साथ कदमताल करते हुए एक कुटीर उद्योग (1884 में जन्म के समय) को बहुराष्ट्रीय समूह बना दिया है।

लोकल से ग्लोबल
इंडियन कॉरपोरेट्स

17

दूसरों के लिए जीएँ

गोविंदभाई काकड़िया

हम भारतीय अत्यंत भावुक हैं। हम सकारात्मक सोचते हैं, पर कोई देश, समाज या व्यक्ति विवेकहीन भावुकता या सतही सकारात्मक सोच से प्रगति नहीं करता, क्योंकि ऐसा करने से हमें अपने प्रयासों के संपूर्ण परिणाम नहीं मिलते। मसलन, भावुकतावश हम जन्मजात रिश्तों को सर्वोपरि मानते हैं। अपात्र मित्र-परिजन को बार-बार मौका देते हैं और योग्य व्यक्ति को दुत्कार देते हैं। परिणाम, अक्षम सहयोगी हमें भी किंकर्त्तव्यविमूढ़ बना देते हैं। भावुकता और सकारात्मक सोच तब ही गुणधर्म है, जब वे संयमित हों यानी उन पर विवेक का अंकुश हो।

सकारात्मक सोच में भगवान

क्या आप विश्वास करेंगे कि भारतीय बिजनेस वर्ल्ड में एक उद्यमी ऐसा है, जिसने ऐसे सूक्ष्म जीवन मंत्र बॉलीवुड की फिल्मों से सीखे हैं और फिल्मी हीरो की तरह ही असल जिंदगी में वे डायमंड-किंग बन गए हैं। जी हाँ, ये शख्स हैं गुजरात के उद्यमी गोविंदभाई काकड़िया। जो कहते हैं कि मैंने सकारात्मक सोच में भगवान के दर्शन किए हैं। मेरे लिए सकारात्मक सोच और अपनी जवाबदारी का निर्वहन ही भगवान है। हमारे पुराणों के अनुसार-भगवान ने कई अवतार लिये हैं। हर अवतार ने मनुष्य रूप में भी अपनी जवाबदारी को सर्वोपरि माना है। मोरारी बापू एक प्रसंग सुनाते हैं-'गोविंद ब्रज से मथुरा आ गए। कंस वध हो गया, पर वे ब्रज नहीं लौटे। यशोदा ने नंद को भेजा। कन्हैया, बाबा से मुख चुराने लगे। एक दिन नंद ने कहा-कान्हा, मथुरा आने का प्रयोजन पूरा हुआ। अब घर चलें। गोविंद यही सुनने से तो डर रहे थे। उनके नयन बहने लगे। वे बोले-बाबा, मइया, ब्रज के मेरे सखाओं और गोप-गोपियों से क्षमा

माँगना। मैं अब ब्रज नहीं लौट पाऊँगा। मुझे अभी कई काम करना है।' अभिप्राय है खूब मौज-मजे करो, उधम मचाओ पर अपनी जवाबदारियों से मुँह मत मोड़ो। विवेकहीन भावुकता से बचो। आइए, इस पृष्ठभूमि में गोविंदभाई काकड़िया की शून्य से शिखर यात्रा का सार संक्षेप जानें।

गरीब किसान का 'हीरा' बेटा

विजयादशमी (सन् 1958) को भावनगर के एक पिछड़े व सुस्त (तब) गाँव पाटना के एक निर्धन किसान परिवार में जन्मे हैं गोविंदभाई। उनका जन्म परिवार में खुशी तो लाया, पर माँ-पिता सहमे हुए थे, क्योंकि इसके पहले चेचक के प्रकोप से उनके तीन शिशु बाल-मृत्यु के शिकार हुए थे। इसके बाद लालजीभाई और लक्ष्मीबेन काकड़िया दो और पुत्र (वल्लभभाई व रावजीभाई) के माँ-पिता बने। निर्धन माँ-पिता ने किसी तरह पुत्रों को गाँव के स्कूल में पढ़ने के लिए भेजा, पर गोविंद को किताबें रास नहीं आईं।

गोविंदभाई कहते हैं-'मेरे पिता एक मेहनती किसान थे। वे दिन उगने से पहले खेत चले जाते थे और साँझ होने पर लौटते थे। फसल कटने व पकने के समय दो-दो महीने घर नहीं लौटते, क्योंकि हाली (नौकर) रखने की हैसियत नहीं थी। माँ खेत पर ही उन्हें भोजन दे आती। पिता से सालोसाल मेरी सीधे बातचीत नहीं हुई। सन् 1994 में मेरे पैर में फ्रैक्चर हुआ, तब पहली बार मैं उनके साथ रहा। पिताजी में इतनी समझ ही नहीं थी कि वे हमारी पढ़ाई पर ध्यान दें। मुझे याद है मैं जब पहली मोटरकार (फिएट) लाया था तो पिताजी बोले थे-खेती की जमीन खरीदूँ जो कई पीढ़ियों का पेट भरती है। मुझे रंज है कि मैंने ऐसा नहीं किया। आज मैं पूरा गाँव खरीद सकता हूँ, पर शाबाशी देने के लिए पिताजी नहीं हैं। ग्रामीण गृहिणी होने के बावजूद मेरी माँ लोक व्यवहार में पारंगत हैं। उन्होंने ही हमें स्कूल में दाखिला दिलवाया। वे चाहती थीं कि मैं पढ़ूँ और परिवार को दरिद्रता से मुक्ति दिलवाऊँ। माँ धर्म के प्रति इतनी आस्थावान हैं कि मेरी सोच 'माधव सेवा ही मानव सेवा' को स्वीकार नहीं करतीं। वे अकसर शिकायत करती हैं कि मैं शिक्षा व स्वास्थ्य सुविधाओं के लिए दान देने में तो उदार हूँ, पर धार्मिक अनुष्ठान और मंदिर बनवाने में कृपण। हालाँकि माँ की संतुष्टि के लिए मैंने गाँव में देवालय भी बनवाया है।'

यशोदा जैसी माँ, कान्हा जैसे गोविंद

लक्ष्मीबेन कुछ दिन तक मारते-पीटते पुत्र को स्कूल छोड़ने गईं, पर फिर थक गईं। वे नहीं जानती थीं कि उनकी कोख से तो रत्नों का ऐसा व्यापारी जन्मा है, जिसका रत्न साम्राज्य एक दिन विश्वव्यापी होगा या उनका पुत्र परंपरागत स्कूल में नहीं पढ़ेगा, उसकी यूनिवर्सिटी तो सबसे अलग होगी। गोविंद किसी तरह मात्र सात माह स्कूल गए। पढ़ाई के प्रति उनकी अरुचि देखकर माँ ने सोचा कि बड़ा पुत्र पिता की तरह खेती करेगा। उन्होंने उसे खेत-खलिहान के छोटे-छोटे काम सौंपे पर ये भी गोविंद को रास नहीं आए। एक दिन माँ ने उन्हें घुटने तक की धोती पहनाई और लाठी थमाकर गाय चराने जंगल भेज दिया। गोविंद को यह काम पसंद आया, पर वे कान्हा जितने भोले-भाले तो नहीं हैं! 'गोविंद' नाम को चरितार्थ करते हुए वे गो-पालक

(गोविंद) बन गए, क्योंकि इस बहाने उन्हें मौका मिलने लगा कि वे दोस्तों के साथ कबड्डी व गुल्ली-डंडा खेलें। गोविंद गायों को चरागाह में छोड़ देते और हाई-वे किनारे बनी पुलिया पर बैठकर वहाँ से गुजरती कारों को देखते और स्वप्न देखते कि उनके पास भी एक दिन शर्ट-स्लीपर होंगे। वे भी गॉगल्स लगाएँगे, सिनेमा देखेंगे और अपनी मोटरकार में दौड़ेंगे।

सड़क बनी बिछौना

गोविंद ने कच्ची उम्र में अपनी हैसियत से ज्यादा बड़े स्वप्न देखे, पर खुली आँखों से। स्वप्न को साकार करने की बुनियाद उन्हें दस साल की उम्र में दिखाई दी। रिश्ते का भाई एक दिन घर आया। वह सलीके के कपड़े पहने हुआ था। उसने बताया कि वह भावनगर गया, जहाँ उसका जीवन बदल गया। अब डायमंड पॉलिश करके वह हर माह 70 रुपए कमाता है। अच्छा खाता, अच्छा पहनता और खूब फिल्में देखता है। गोविंद ने उससे कहा-मुझे भी ले चलो। वह बोला-पर डायमंड पॉलिश करना सीखने के लिए तुम्हें पहले 600 रुपए चुकाना पड़ेंगे।

पिता के पास आपातकाल के लिए बचाए तीन सौ रुपए थे। उन्होंने कहा-मैं 600 रुपए कहाँ से लाऊँ? इसके साथ ही पुत्र को सांत्वना देने के लिए वे बोले-अभी तुम छोटे हो। दो साल बाद भावनगर जाना। दरिद्रता से मौत भली, पुत्र की इस जिद ने माँ को विवश कर दिया। माँ ने अपने सारे जेवर गिरवी रख दिए। 10 साल की कच्ची उम्र में गोविंद भावनगर आ गए। वे डायमंड पॉलिश करना सीखने लगे और छह माह में ही बेहतरीन कारीगर बन गए। उनके पास तब दो चादर व एक तकिया था। कारखाना बंद होने के बाद वे ओटले पर ही सो जाते। उन दिनों कभी-कभी तो वे सड़कों पर भी सोए। दैनिक वेतनभोगी से स्थायी कर्मचारी हो गए तो गोविंद हर माह 70 रुपए कमाने लगे। इसमें से 40 रुपए वे माँ-पिता को गाँव भेजने लगे और 30 रुपए में जीवनयापन करने लगे।

गोविंद ने उन दिनों फिल्म देखने के लिए कई बार एक समय ही भोजन किया। 10 साल की उम्र में भावनगर के अलका टाकीज में लोअर क्लास में बैठकर पहली फिल्म 'नाइट इन लंदन' देखी। तीस पैसे के टिकट से फिल्म देखने के लिए पूरे समय 180 डिग्री पर गर्दन स्थिर रखी। थोड़ी देर तक तो फिल्म के पात्र थ्री डी फिल्म की तरह उन्हें अपने ऊपर कूदते नजर आए। इस फिल्म के हीरो के दमदार चरित्र (Strong character) ने गोविंद को ऐसा लुभाया कि फिल्में उनकी यूनिवर्सिटी व सिनेस्टार प्रोफेसर बन गए।

भाग्य से पुरुषार्थ का मिलन

सन् 1969 से 1975 तक गोविंदभाई ने डायमंड पॉलिश कारीगर की हैसियत से जमकर मेहनत की। वे हर माह 200 रुपए कमाने लगे, पर नौकरी उनकी नियति नहीं थी। गुजराती वैश्य प्रवृत्ति-अपना खुद का व्यापार हो, ने उन्हें उकसाया। एक भागीदार के साथ 240 रुपए माहवारी किराए पर दो मशीनें प्राप्त करके उन्होंने एक छोटा-सा डायमंड पॉलिश कारखाना खोला। अब वे 16 से 18 घंटे काम करते और कारीगरी के साथ डायमंड ट्रेडिंग भी करते। गोविंद इस व्यापार में नौसिखिए थे, अतः उन्हें सहयोगी नहीं मिले। उन्होंने अपने छोटे भाई को भी भावनगर बुला

लिया। 11 साल की उम्र में गोविंद की पाटना के ही नजदीक के एक गाँव रतनवाव की मुक्ता के साथ सगाई हो गई थी। तत्कालीन परंपरा के अनुसार गोविंदभाई और मुक्ताबेन ने आठ साल तक ना तो एक-दूसरे को देखा और ना ही पत्राचार किया। 19 वर्ष की उम्र में 15 फरवरी, 1978 को उनका विवाह हुआ तो सन् 1978 की मंदी के दौरान डायमंड ट्रेडिंग ने गोविंदभाई को 50 हजार रुपए के कर्ज में भी डुबो दिया। उन्होंने डायमंड ट्रेडिंग छोड़ी और फिर से कारीगरी करके दो साल में सारा कर्ज चुकाया।

मुक्ताबेन कहती हैं-'दस साल तक गोविंदजी हर दूसरे-तीसरे दिन रफ और फिनिश्ड डायमंड लाने-लौटाने के लिए मुम्बई आए-गए। वे मुम्बई जाते तो मैं पीहर पहुँच जाती। उनके घर लौटने की पहचान था उनका यलो ट्रेवल बैग। पीहर से लौटने पर बैग नहीं देखती तो निराश हो जाती। इन वर्षों में हमारे तीन बच्चे जन्मे। मैं अकसर कहती कि मुम्बई में खोली ही ले लो। हम साथ तो रहेंगे, पर ये टाल जाते। सन् 1984 में मुम्बई शिफ्ट होने का निर्णय भी तब लिया, जब भागदौड़ से काम का समय घटने लगा।'

मुम्बई में गोविंदभाई को बार-बार जगह बदलना पड़ी। उनके नजदीकी मित्र कहते हैं कि थकना, हारना, चिड़चिड़ाना उन्हें आता ही नहीं। बिजनेस में घाटा होने पर भी वे हँसते-मुस्कुराते रहते हैं। संघर्ष के दौर में वे अकसर सिनेमा हॉल पहुँच जाते थे या मेरीन ड्राइव की मुंडेर पर बैठकर बड़े-बड़े सपने देखते। हम छोटे-छोटे डायमंड ट्रेडर्स जब मुम्बई के मध्यमवर्गीय उपनगरों बोरीवली व घाटकोपर में अपना घर बनाना चाहते थे, तब वे कहते थे-'एक दिन मलाबार हिल पर मेरा बँगला होगा।'

स्वप्न हुए साकार

धीरूभाई की तरह 'थिंकिंग बिग टाकिंग बिग' स्वभाव के गोविंदभाई ने जमकर मेहनत की। सन् 1984 में मुम्बई में उन्होंने 30 डायमंड एसॉर्टर्स के साथ शीतल मैन्यूफैक्चरिंग की स्थापना की। इसके साथ सन् 1986 में एक बार फिर डायमंड ट्रेडर्स बनने का निर्णय लिया। वे नहीं जानते थे कि पुरुषार्थ से भाग्य का मेल हो चुका है और वे कुछ ही वर्षों में साबित कर देंगे कि बिलेनियर बनने के लिए ना तो पूँजी चाहिए और ना ही शिक्षा। इसके लिए तो चाहिए कड़ी मेहनत, ईमानदारी और हौसला। गोविंदभाई के पास सन् 1986 में ना पैसा था और ना ही किसी स्कूल-कॉलेज की डिग्री। उनके पास इससे बड़ी संपदा थी रिश्ते जो उन्होंने पूरी ईमानदारी से निभाए थे। सन् 1979 में कर्जदार हो गए तो मेहनत करके साहूकारों की पाई-पाई चुकाई। इससे गोविंदभाई ने ऐसी गुडविल कमाई कि मार्केट से उन्हें लाखों रुपए के डायमंड उधार मिलने लगे। रिश्तों को बैसाखी बनाकर 20 साल गोविंदभाई ने अथक श्रम किया और अंतरराष्ट्रीय डायमंड मार्केट में पहचान बनाई। सन् 1997 में शीतल मैन्यूफैक्चरिंग को डायमंड निर्यातक बिजनेस हाउस का दर्जा मिला। सन् 1998 में ग्लोबल डायमंड फर्म डी बियर्स की मार्केटिंग इकाई डायमंड ट्रेडिंग कॉरपोरेशन ने शीतल मैन्यूफैक्चरिंग को ऐसी तीन कंपनियों में चुन लिया, जिसे वे सीधे डायमंड सप्लाई करते हैं। इसी साल गोविंदभाई ने डायमंड ज्वैलरी डिजाइन व निर्यात करने के लिए चिराग डिजाइंस नाम से एक और कंपनी बनाई। सन् 2000 में शीतल

मैन्यूफैक्चरिंग 10 लाख कैरेट डायमंड प्रोसेस करने लगी। दोनों भाइयों के अलावा कजन ब्रदर हीराभाई काकड़िया उनके सहयोगी थे ही, अब पुत्र अजय के अलावा 100 से ज्यादा रिश्तेदार उनके कारोबारी सहयोगी बन गए। सन् 2004-05 में शीतल मैन्यूफैक्चरिंग ने 770 करोड़ रुपए का कारोबार किया तो पुत्र के कहने पर गोविंदभाई ने तय किया कि वे अब आभूषण मार्केट में भी सक्रिय होंगे। इसके साथ उन्होंने आठ मैन्यूफैक्चरिंग इकाइयाँ भी स्थापित कीं।

'किया' ने किया कमाल

आज गुजरात व मुम्बई में शीतल मैन्यूफैक्चरिंग के एक दर्जन से ज्यादा कारखाने हर साल 12 लाख कैरेट डायमंड प्रोसेस कर रहे हैं। शीतल मैन्यूफैक्चरिंग वॉल्यूम (मात्रा ; हीरा उद्योग में कैरेट की मात्रा) के आधार पर दुनिया की सबसे बड़ी डायमंड पॉलिशकर्ता कंपनी है। 3.10 लाख वर्गफीट में फैला सूरत स्थित कारखाना टेक्नोलॉजी में देश में सबसे अव्वल है। यहाँ प्रयुक्त लेजर तकनीक से डायमंड प्रोसेसिंग के कारण 'वेट-लॉस' घट गया है और उत्पादकता व गुणवत्ता बढ़ गई है। शीतल मैन्यूफैक्चरिंग की आय में निर्यात आय की हिस्सेदारी 95 फीसदी है। शीतल मैन्यूफैक्चरिंग जीजेईपीसी एक्सीलेंट अवार्ड से नवाजी गई है। सन् 2004 में ही गोविंदभाई ने घरेलू आभूषण मार्केट में पकड़ मजबूत करने के लिए महिला ब्रांड किया (Kiah; नए मौसम का स्वागत) व शैम्पेन डायमंड ब्रांड बुलेयर (Bulair; ब्राउन प्लस) लांच किया। सिने तारिका सुष्मिता सेन को 'किया' का ब्रांड एम्बेसडर बनाया और ब्रांड प्रमोशन पर 100 करोड़ रुपए खर्च किए। 'किया व बुलेयर' 100 शॉप-इन-शॉप आउटलेट्स के जरिये ग्राहकों तक पहुँचने लगे तो गोविंदभाई ने मुम्बई में दो एक्सक्लूसिव शोरूम्स भी स्थापित कर दिए। गोविंदभाई के आज देश के महानगरों में एक्सक्लूसिव रत्न-आभूषण के कई आउटलेट्स हैं, जो मध्यमवर्गीय परिवारों में डायमंड पहुँचा रहे हैं। गोविंदभाई नेशनल एक्सपोर्ट्स अवार्ड (1996-97), निर्यात अवार्ड (2002-03), एक्सपोर्ट्स एक्सीलेंस अवार्ड (2006-07) व कई बार कट एंड पॉलिश डायमंड अवार्ड तथा रिटेल ज्वैलर अवार्ड से नवाजे गए हैं।

ध्यान दें कि 15 बिलियन डॉलर (करीब 675 करोड़ अरब रुपए) के निर्यात और 60 हजार करोड़ रुपए के घरेलू रत्न और आभूषण उद्योग के आधे हिस्से पर आज काठियावाड़ी रत्न उद्योगपतियों का कब्जा है। इन उद्यमियों ने पिछले 30 वर्षों में गुजरात के ही पालनपुर का एकाधिकार समाप्त कर दिया है। यही नहीं, इन नए रत्न उद्योगपतियों ने इन वर्षों में दुनिया के डायमंड व्यापार में भारत की 65 फीसदी और डायमंड प्रोसेसिंग उद्योग में 95 फीसदी हिस्सेदारी पहुँचा दी है। भारतीय डायमंड उद्योग से आज 10 लाख लोगों को रोजगार मिला हुआ है, जिनमें आधे से ज्यादा काठियावाड़ी हैं। दिलचस्प बात यह है कि डायमंड कटिंग, पॉलिशिंग यानी मैन्यूफैक्चरिंग से मार्केटिंग व ब्रांडिंग के इन कुशल कारीगरों में से आधे अशिक्षित व ग्रामीण हैं। परस्पर स्वस्थ प्रतिस्पर्धा की इस बेमिसाल कारोबारी कहानी के सुपर स्टार गोविंदभाई काकड़िया ने मलाबार हिल्स पर सबसे खूबसूरत बँगला बनाकर ड्रीम हाउस का अपना स्वप्न साकार कर लिया है, पर यह डायमंड-किंग अपनी बाल्यकालीन दरिद्रता नहीं भूला है और अपने से कई गुना सम्पन्न लोगों से ज्यादा पैसा परोपकार पर खर्च करता है।

परोपकार में बदली पीड़ा

शिक्षा, स्वास्थ्य और महिला व बच्चों के कल्याण और गुजरात के पिछड़े ग्रामीण अंचलों के पुनरुद्धार से सुनामी पीड़ित परिवारों को शीतल ग्रुप ने राहत पहुँचाने के लिए करोड़ों रुपए खर्च किए हैं। गाँवों में सैकड़ों सार्वजनिक शौचालय बनवाए हैं। गोविंदभाई कहते हैं–'मैं कभी अखबार नहीं पढ़ पाता था, हस्ताक्षर नहीं कर पाता था। अजय को भावनगर के इंग्लिश मीडियम स्कूल में प्रवेश नहीं मिला था, क्योंकि वह अंग्रेजी में अपना नाम नहीं लिख पाया था। स्कूल प्रबंधन का कहना था कि हम पति–पत्नी बच्चे को होमवर्क नहीं करवा पाएँगे।' गोविंदभाई यह पीड़ा भूले नहीं हैं और भूलना भी नहीं चाहते। यह पीड़ा ही उनकी प्रेरणा है। यही कारण है कि उन्होंने कई स्कूल–कॉलेज बनवाए हैं तो 3500 से ज्यादा शाला भवनों में खेल के मैदान से लेकर कम्प्यूटर लैब व लाइब्रेरी की सुविधा जुटाई है। निर्धन प्रतिभावान सैकड़ों बच्चों को छात्रवृत्ति प्रदान कर रहे हैं। उन्होंने कई अस्पताल स्थापित किए हैं तो कई को सस्ती पर एडवांस चिकित्सा सुविधा गरीबों तक पहुँचाने के लिए संसाधन उपलब्ध करवाए हैं। इसकी मिसाल है लक्ष्मीबेन लालजीभाई काकड़िया अस्पताल, जिसकी स्थापना के लिए गोविंदभाई काकड़िया ने एक करोड़ ग्यारह लाख ग्यारह हजार रुपए सहयोग राशि प्रदान की है। जी हाँ, उनके लिए यह दान नहीं सामाजिक कर्ज को पटाने की एक विनम्र कोशिश मात्र है।

फिल्में बनीं पाठशाला

दिलचस्प बात यह है कि भारतीय कारोबारी जगत में गोविंदभाई अकेले ऐसे उद्यमी हैं, जो कहते हैं फिल्मों से मुझे अपनी निज़ी जिंदगी और कारोबारी कैरियर के सारे गुरु मंत्र मिले हैं। मैं सकारात्मक सोच के साथ फिल्में देखता हूँ और मुख्य पात्रों के अलावा चरित्र अभिनेता, खलनायक और बाल कलाकारों से भी सबक सीखता हूँ। गोविंदभाई जब फिल्मों की बात करते हैं तो वे बॉलीवुड के 'इनसाइक्लोपीडिया' नजर आते हैं...मानो कोई छात्र क्लास में बैठा हो और सबक सीख रहा हो।

उनके अनुसार 'वक्त' फिल्म में छुपा संदेश था–छोटे भाई बड़े भाई की जवाबदारी हैं। इस फिल्म में बड़े भाई की भूमिका में राजकुमार अपने छोटे भाइयों के लिए अपनी जान दाँव पर लगा देते हैं। ऐसी ही एक और फिल्म है 'यादों की बारात'। गोविंदभाई के भ्राताद्वय वल्लभभाई और रावजीभाई कहते हैं कि हमें भाई से ऐसा ही संरक्षण मिला है। हमारा अपना कोई अस्तित्व नहीं है। हम उनकी कृति हैं और उनके प्रति समर्पित हैं। गोविंदभाई के सबसे नजदीकी कजन ब्रदर हीराभाई काकड़िया के अनुसार–भगवान राम की तरह गोविंदभाई अपने भाइयों से स्नेह करते हैं और उन पर भरोसा करते हैं।

'मुगल–ए–आजम' गोविंदभाई ने 150 बार देखी, क्योंकि अकबर की भूमिका में पृथ्वीराज कपूर से उन्होंने सीखा कि पुत्र को सोने का निवाला खिलाओ पर सिंह की नजर से देखो। यही संदेश अपने स्टाफ तक पहुँचाने के लिए उन्होंने 'जोधा–अकबर' अपने सारे स्टाफ को दिखाई। गोविंदभाई के एकमात्र पुत्र अजय कहते हैं–'हम दोनों अलग–अलग पॉवर हाउस (अकबर व

सलीम की तरह) हैं। हमारे अपने विचार हैं, जिन पर हम ऐसी खुलकर बहस करते हैं कि हम साथ-साथ एक कार में यात्रा नहीं कर सकते। हम साथ-साथ चले हैं, पर समानांतर और ऐसा करके ही हमने अपने कारोबार को इस ऊँचाई पर पहुँचाया है।'

मुक्ताबेन काकड़िया

मनोजकुमार की 'उपकार' से गोविंदभाई ने देशभक्ति का सबक सीखा तो 'पूरब-पश्चिम' से देश पर गर्व करना। 'रोटी, कपड़ा और मकान' से उन्हें सामाजिक सरोकार की प्रेरणा मिली। गोविंदभाई के नजदीकी मित्र त्रिकमभाई के अनुसार-गाँव के स्कूल ने स्वतंत्रता दिवस पर उन्हें ध्वजारोहण के लिए आमंत्रित किया। समारोह के बाद गोविंदभाई ने स्कूल प्राचार्य से पूछा- 'स्कूल की कोई जरूरत?' जवाब मिला-'51 हजार रुपए दान कर दें तो एक क्लास रूम और बन जाए।' गोविंदभाई ने वहाँ कई कमरों की एक संपूर्ण विंग ही बनवा दी।

अजय काकड़िया

गोविंदभाई के द्रोणाचार्य (वह गुरु जो सीधे शिक्षा न दे) हैं दिलीपकुमार । गोविंदभाई कहते हैं-'दिलीप साहब ने बेदाग पारी खेली है। वे विवादों से हमेशा दूर रहे हैं। उनकी फिल्म 'राम और श्याम' से मैंने अन्याय के विरुद्ध लड़ने का हौसला जुटाया तो 'नया दौर' से सीखा-नई तकनीक अपनाओ पर अपने मूल्यों को बचाओ।' दिलीपकुमार के बाद अमिताभ बच्चन को गोविंदभाई अपना रोल मॉडल मानते हैं और कहते हैं-'जब वे सुपर स्टार थे, तब उन्होंने एबीसीएल की स्थापना की। वे कर्ज में डूब गए तो एक बार फिर संघर्ष किया। ढलती उम्र में सारी दुनिया में स्टेज शोज किए और साहूकारों का एक-एक पैसा लौटाया। अपनी रील लाइफ (फिल्म 'दीवार') का संवाद-'सेठ, मैं फेंके हुए पैसे नहीं उठाता' उन्होंने रीयल लाइफ में अक्षरशः दोहराया है। (पढ़ें, इसी पुस्तक में आलेख-शहंशाह की वापसी)। गोविंदभाई ने अमिताभ से सबक सीखा कि बिना कमाए, बिना हक किसी से कुछ नहीं लेना चाहिए। 'त्रिशूल' में अमिताभ ऐसे बिजनेसमैन थे जो फायदे का सौदा करते समय लागत पर विचार नहीं करते और मोल-भाव नहीं करते। गोविंदभाई ने अपने कारोबार कैरियर में कई बार ऐसा ही किया। न्याय, निष्ठा व कर्तव्यपरायणता के लिए गोविंदभाई अमिताभ की 'जंजीर' याद करते हैं तो 'कभी-कभी' से उन्होंने सीखा कि रिश्ते जटिल होते हैं जिन्हें निभाने के लिए असीम धैर्य चाहिए। 'मुकद्दर का सिकंदर' की कहानी गोविंदभाई को आपबीती लगती है। बिना गॉड फादर कुछ बनने की प्रेरणा उन्हें इस फिल्म से मिली तो 'बागबाँ' को भी उन्होंने कई बार देखा। उनके अनुसार-इस फिल्म में अमिताभ व हेमाजी ने बुजुर्गों को सिखाया कि बच्चे 'केयर' न करें तो भी हौसला नहीं छोड़ें। विवेकहीन भावुकता से बचें और ऐसे बच्चों को त्याग दें।

और मुक्ताबेन काकड़िया कहती हैं-'चार बच्चों के माँ-पिता बनने के बाद गोविंदजी और मैं कश्मीर ऐसे गए, जैसे नवविवाहित हों। वहाँ मैंने गोविंदजी को शम्मी कपूर, जॉय मुकर्जी और राजेश खन्ना की तरह रोमांटिक मूड में देखा। हम कश्मीर में जहाँ गए, वहाँ शूट किए गाने

गोविंदजी ने फिल्मी अंदाज में गाए और चाहा कि मैं उनका साथ दूँ। मैं चौंकी नहीं, मुझे पता है कि वे मोहम्मद रफी के फैन हैं, अच्छा गाते हैं और रोमांटिक भी हैं। मैं शर्मिंदा तो तब होती हूँ, जब बच्चों के सामने वे कभी मुझे मुमताज तो कभी मधुमती के संबोधन से पुकारते हैं।'

हिंदी फिल्मों के कारण ही गोविंदभाई को हिंदी से गुजराती जितना ही प्यार है। उनके अनुसार–देश की युवा पीढ़ी को यदि भारत में रहकर वैश्विक कारोबार करना है तो उन्हें अंग्रेजी के साथ हिंदी सीखना पड़ेगी। मैंने बचपन में यह मौका 'मिस' किया और मुझे युवा अवस्था में कामचलाऊ अंग्रेजी सीखना पड़ी।

अपने लिए जीए तो क्या जीए

जैसा कि मैंने कहा गोविंद कथा को एक निबंध में समेटना गागर में सागर है। संक्षेप में कहें तो फिल्मों से ही इस गुजराती उद्यमी ने अपने अस्तित्व का प्रयोजन, कर्तव्यपरायणता, कर्मठता, निर्भीकता, जिम्मेदारियों का निर्वहन, दूसरों के प्रति केयर कंसर्न, ईमानदारी व पारदर्शिता, सामाजिक सरोकार व संवेदना, सबको साथ लेकर चलना और चतुराई व चपलता जैसे गुणधर्म सीखे हैं। वे सही कहते हैं कि मेरी पहली और अंतिम पाठशाला है बॉलीवुड।

सकारात्मक सोच और विवेकपूर्ण भावुकता अपनाने की सलाह देने वाले देश के इस नवोदित कुबेर ने अपने रोल मॉडल दिलीपकुमार की तरह गरिमामय सेवानिवृत्ति की तैयारी शुरू कर दी है। दस साल पहले (सन् 2019 में साठ वर्ष के होंगे) से वे अपनी कारोबारी जवाबदारियाँ परिवार व मित्र–परिजन की नई पीढ़ी को सौंपने लगे हैं और कहते हैं–'इसके बाद मेरा और मुक्ता का जीवन ध्येय होगा– दूसरों के लिए जीएँ...। अपने लिए जीए तो क्या जीए...।'

लोकल से ग्लोबल
इंडियन कॉरपोरेट्स

18

सुरा सम्राट

विजय माल्या

इस पुस्तक की भूमिका में हमने लिखा है–'हम भारतीय विरोधाभासी जीवन जीते हैं। हम जो सोचते हैं वह बोलते नहीं। डरते हैं कि सुनने वालों को बुरा लगेगा। हम जो कहते हैं वह करते नहीं। सोचते हैं कि पहले किसी ने ऐसा नहीं किया। हम जोखिम क्यों उठाएँ? नाम व नामा (प्रतिष्ठा व पैसा) कमाते हैं, पर बताते नहीं। सोचते हैं कि लोग बड़बोला कहेंगे। हममें से कोई निर्धनता में जीना नहीं चाहता, पर हम अमीरों को कोसने से भी बाज नहीं आते। हम माँ सरस्वती व माँ लक्ष्मी की समान आदर भाव से पूजा-अर्चना करते हैं, पर मानते हैं कि ये दोनों साथ-साथ नहीं रहतीं। इन बहनों में तो दुश्मनी है।'

सच यह है कि हम दिखावे (पढ़ें, सज्जन दिखने) के इतने आदी हो गए हैं कि हमें वे लोग पसंद नहीं आते, जो जैसे हैं, वैसे ही जीते हैं। अपने मन की हर चाह पूरी करने वाले या अपने मन की बात बेबाकी से कहने वाले शख्स की हम इतनी चर्चा करते हैं कि लोग उस शख्स का असली चेहरा ही भूल जाते हैं। उन्हें उसका अंतर्मन व आंतरिक ऊर्जा दिखाई नहीं देती। उसकी एक अलग पहचान बन जाती है। भारतीय उद्योग जगत में यूबी ग्रुप व किंगफिशर एयरलाइंस के चेअरमैन विजय माल्या देश के ऐसे हाई-प्रोफाइल उद्योगपति हैं, जो हमारे ऐसे ही विरोधाभासी व्यवहार के शिकार हुए हैं। मीडिया ने उनकी पहचान बना दी है–स्पोर्ट्स व विंटेज कारों, रेसिंग हॉर्सेस, लक्जरी नौकाओं, फुटबॉल क्लब, क्रिकेट टीम, फॉर्मूला वन टीम व पॉश विलॉज का मालिक यानी ऐसा रईस जो अपने कस्टमाइज्ड एयरक्राफ्ट्स में अपने मित्रों के साथ दुनिया की सैर करता है। दुनिया की महँगे से महँगे होटलों में कॉकटेल डिनर पार्टी पर

लाखों रुपए खर्च कर देता है। जो न्यूयॉर्क में खुली नीलामी में महात्मा गाँधी का चश्मा-चप्पल 2.1 मिलियन डॉलर में और लंदन में टीपू सुल्तान की तलवार खरीद लेता है। विजय माल्या की इस हाई-फाई जीवनशैली की चर्चा करते हुए मीडिया भी भूलने लगा है कि उन्होंने 27 वर्ष की उम्र में अपने पिता के बहुआयामी कारोबार को नई ऊर्जा प्रदान की और देखते-देखते बन गए दुनिया के तीसरे सबसे बड़े सुरा-सुल्तान, जिनका 900 मिलियन डॉलर नेटवर्थ के साथ फोर्ब्स की भारतीय कुबेर सूची 2009 में 50वाँ क्रम है। दिलचस्प बात यह है कि हम जिसे सम्माननीय कारोबार नहीं कहते, उसमें किसी पहले भारतीय की शीर्ष तक पहुँचने की अपनी उपलब्धि पर विजय माल्या को इतना गर्व है कि वे खुद को अपने ब्रांड (किंगफिशर बीयर व एयरलाइंस) का 'अल्टीमेट' ब्रांड एंबेसेडर मानते हैं। वे कहते हैं-'मैं अपने ब्रांड को जीता हूँ।'* विजय माल्या का निहितार्थ समझें। वे कह रहे हैं कि मेरी लाइफ स्टाइल मेरे ब्रांड के अनुकूल है। यह मेरे ब्रांड की जरूरत है। मैं किसी की परवाह क्यों करूँ। वह जो मेरा ब्रांड है, मेरा क्रिएशन है या उनका, जिनका तो काम ही है दूसरों की निजी जिंदगी में दखलअंदाजी करना। मैं परवाह नहीं करता कि मीडिया मेरे बारे में क्या कहता है। मेरे पास कई काम हैं। मैं इन बातों का खंडन करने पर अपना समय व अपनी ऊर्जा क्यों खर्च करूँ? और फिर इससे क्या फर्क पड़ता है कि मेरे पास कितनी कारें, कितने घोड़े, कितने एयरक्राफ्ट्स या कितनी नौकाएँ हैं।

विट्ठल माल्या यूबी ग्रुप के संस्थापक

सन् 1924 में ढाका में जन्मे थे स्व. विट्ठल माल्या। उनके पिता लेफ्टिनेंट कर्नल बंटवाल गणपति माल्या सरकारी अस्पताल में चिकित्सक थे, जिन्होंने दूसरे विश्वयुद्ध में भी हिस्सा लिया था। उनकी तीन संतानों में सबसे छोटे बेटे थे विट्ठल माल्या, जिनका पिता की अनेक स्थानों पर पोस्टिंग के कारण विभिन्न शहरों में लालन-पालन हुआ। दून स्कूल और प्रेसीडेंसी कॉलेज कलकत्ता (अब कोलकाता) में उन्होंने पढ़ाई पूरी की तो 17 वर्षीय पुत्र को पिता ने अकेले ही विश्वभ्रमण के लिए भेज दिया। पिता की मंशा थी कि पुत्र दुनिया देखे, दुनियादारी सीखे। दो साल के विश्वभ्रमण के बाद विट्ठल माल्या स्वदेश लौटे और सन् 1944 में उन्होंने कोलकाता की एक स्टॉक ब्रोकिंग फर्म चुन्नीलाल टी. मेहता एंड कंपनी को ज्वॉइन कर लिया। मैथ्स व अकाउंटेंसी में विशेष रुचि होने से विट्ठल माल्या कम्पनियों की बैलेंस शीट के विश्लेषण एवं निवेश अवसरों के आकलन में बहुत जल्दी दक्ष हो गए। 1946-47 में इसी आधार पर उन्होंने चुपचाप यूनाइटेड ब्रेवरीज के शेयर खरीदना शुरू किए। शीघ्र ही उनके पास यूबी के इतने शेयर हो गए कि वे कम्पनी के चेअरमैन बन गए। एफ.डब्ल्यू.जे. पेन्न कम्पनी के मैनेजिंग डायरेक्टर से सन् 1960 तक विट्ठल माल्या को कम्पनी के परिचालन अधिकार नहीं मिलना थे, इसलिए

---

*Says, Vijay mallya : I live my brand. I am the best ambassador for my brand. I don't bother what media writes. Let it writes, what it wants to. I have better things to do than sit and contradict people. And whether, I have many houses, horses, cars, aircrafts or this and that, that is nobody's business.

वे बेंगलौर में सेटल हो गए। सन् 1965 में विट्ठल माल्या ने एक नई कम्पनी कल्याणी ब्रेवरीज स्थापित की और फर्टिलाइजर्स, इंजीनियरिंग व पेट्रो केमिकल्स, फार्मास्युटिकल्स, पॉलिमर्स, बैटरीज और फूड सेक्टर में भी प्रवेश किया। विजय माल्या ने एक साक्षात्कार में कहा है–'मेरे पिता कमाई और खर्च को लेकर इतने सतर्क थे कि कमजोर दृष्टि के बावजूद वे रोज खर्च का विवरण लिखते थे। मैं जब नौ वर्ष का था, मैंने एक पैसा खो दिया। पिताजी ने इसे मेरे जेब खर्च में जोड़ दिया।' विट्ठल माल्या रिमोट कंट्रोल से कारोबार संचालन में माहिर थे। वे लक्ष्य को चिह्नित करके अपनी रणनीति बनाते थे। उन्होंने जब यूबी और मेक्डोवेल्स को अधिगृहीत किया तब मोहन मेकिंस और जगतजीत्स मार्केट लीडर थे। गोल्डन ईगल सबसे ज्यादा बिकने वाली बीयर थी तो व्हिस्की और रम मार्केट के लीडर ब्रांड थे एरिस्टोक्रेट और ओल्ड मॉन्क। मैदान रपटीला था, पर विट्ठल माल्या ने पहले ही दिन अपना लक्ष्य तय कर लिया था–मार्केट लीडरशिप। इसके लिए उन्होंने लिकर से संबंधित सामाजिक धारणा और सरकार के ऊहापोह को समझा तथा अधिग्रहण के जरिये लक्ष्यभेद की स्पष्ट रणनीति बनाई।

गौरतलब है कि लिकर बनाना व बेचना एक जटिल व मायावी बिजनेस (Tricky business) है। भारतीय समाज मद्यपान को बुराई मानता है। सरकार मद्यपान को लेकर समाज से लोकलुभावन वादे व बातें करती है, पर यह सचाई भी जानती है कि मद्यपान को प्रचार-प्रसार से रोकना सम्भव नहीं है और लिकर उद्योग में तालाबंदी का मतलब है भारी राजस्व को खोना और मीडिया! मीडिया मद्यपान की बुराई तो करता है, पर लिकर उद्योग पर विज्ञापन को लेकर प्रतिबंध के बावजूद उसकी कमाई का एक हिस्सा चाहता है और खुद इसके लिए पतली गली (अप्रत्यक्ष विज्ञापन, इवेंट्स प्रायोजन में सुरा उद्योगपतियों का सहयोग) बनाता और बताता है। कैसी दिलचस्प विसंगति है कि शराब बनाने व बेचने वाले सबका खजाना भरते हैं, पर हम उन्हें हेयदृष्टि से देखते हैं। विरोधाभास की चरम सीमा ही है कि महिलाएँ जिन राजनेताओं के नेतृत्व में शराब बंद करवाने के लिए सड़कों पर आंदोलन करती हैं, उनकी ही सरकार हर साल शराब दुकानों की संख्या बढ़ा देती है।

लिकर उद्योगपति की हैसियत से इस हकीकत को सबसे पहले विट्ठल माल्या ने समझा कि दुनिया की कोई भी सरकार कहीं भी कानून के डर से मद्यपान बंद नहीं करवा पाई है, अतः लिकर उद्योग में कितने ही उतार-चढ़ाव आएँ, उन्हें अपनी कारोबारी रीति-नीति नहीं बदलना चाहिए। सन् 1977 में मोरारजी देसाई की सरकार बनी जो मद्यपान के कट्टर विरोधी थे। लिकर उद्योगपतियों ने इस आशंका के साथ कि अब मद्यपान पर बंदिश लग जाएगी, अपने व्यवसाय को समेटना शुरू कर दिया। वे अपने कारखाने बेचने या बंद करने लगे। विट्ठल माल्या ने उन्हें औने-पौने दामों पर खरीद लिया। इसके साथ यूबी ग्रुप का कारोबार व कारखाने सारे देश में फैलने लगे। यूबी ग्रुप को इससे एक और फायदा हुआ। परिवहन खर्च घट गया। एक राज्य से दूसरे राज्य में लिकर पहुँचाने पर देय कर भी बचने लगा। इसके बाद तो यूबी ग्रुप ने विभिन्न राज्यों में कई मैन्यूफैक्चरिंग सुविधाएँ जुटाईं या स्थानीय उत्पादकों को अपने ब्रांड नेम से उत्पादन करने के फ्रेंचाइजी अधिकार दिए।

विट्ठल माल्या लिकर किंग बनने की तैयारी कर रहे थे कि दुर्भाग्य से वे अस्वस्थ रहने लगे। अपने एकमात्र पुत्र विजय माल्या को 1980 के दशक में उन्होंने समूह का सिरमौर कारोबार (बीयर और स्प्रिट्स) सौंप दिया और वे किसान प्रोडक्ट्स, हिंदुस्तान पॉलिमर्स जैसी कम्पनियों की देखरेख करने लगे। 13 अक्टूबर को हार्टअटैक से 59 वर्ष की उम्र में विट्ठल माल्या का बॉम्बे में निधन हो गया। माल्या ग्रुप का बहुआयामी कारोबार जब विजय माल्या ने सँभाला तब उनकी उम्र थी मात्र 27 वर्ष। उनकी लक्जरी जीवनशैली देखकर लोगों ने आशंका व्यक्त की कि वे लिकर, फर्टिलाइजर्स, इंजीनियरिंग, मीडिया, फार्मा जैसे कई सेक्टरों में फैले पिता का औद्योगिक साम्राज्य सँभाल नहीं पाएँगे, पर विजय माल्या ने इस धारणा को ध्वस्त कर दिया।

यूबी ग्रुप (पूर्ववर्ती माल्या समूह) के प्रेसीडेंट व मैनेजिंग डायरेक्टर विजय रेखी* कहते हैं– 'विजय माल्या एक गंभीर उद्यमी हैं, जो अपने कारोबार की छोटी–छोटी बातों पर नजर रखते हैं। अपने पिता की तरह वे अपने सहयोगियों से बिजनेस प्लान पर मैराथन चर्चा करते हैं, पर एक बार कोई फैसले ले लेते हैं तो रेफरी की तरह तटस्थ हो जाते हैं। यही कारण है कि यूबी ग्रुप ऑनर ड्रिवन (मालिक संचालित) नहीं, ऑनर सुपरवाइज्ड (मालिक देखरेख) लिकर समूह है। मैं अकसर विजय माल्या से कहता हूँ कि आपकी कम्पनी रॉक स्टार है, जिसे आपने बड़ी चतुराई से वर्ल्ड क्लास बनाया है।' सही कह रहे हैं विजय रेखी जो यूबी ग्रुप की ग्रोथ के ना केवल साक्षी हैं, बल्कि जिन्होंने इस ग्रोथ को दिशा देने और सम्भव बनाने में भी अहम भूमिका निभाई है। आइए देखें कि विजय माल्या कैसे बने सुरा सुल्तान?

सन् 1983 में माल्या समूह की बागडोर सँभालने के बाद विजय माल्या ने अपने पिता के स्वप्न 'लिकर किंग बनने' को अपना सर्वोपरि लक्ष्य बनाया और इसके लिए पारदर्शी रणनीति बनाई– 'नो नॉनसेंस' यानी गैर–मुनाफादेय फुटकर व्यापार को बचाए व बनाए रखने पर ऊर्जा व समय खर्च नहीं करना और केवल कोर कारोबार पर ध्यान केंद्रित करना। इसके लिए सबसे पहले विजय माल्या ने हमउम्र लोगों की अपनी कोर टीम बनाई, जिनमें अधिकांश वे लोग थे, जिन्होंने कभी विट्ठल माल्या के अधीन काम किया था। नॉन–कोर बिजनेस में मुक्त होने के लिए शुरुआती वर्षों में विजय माल्या ने जब माल्या समूह की प्रोपीलिन, ग्लायकोन पोलीकोल, पॉलिमर, स्टोरेज बैटरी, इलेक्ट्रॉनिक्स और फार्मा बिजनेस को लगभग औने–पौने दामों पर बेचना शुरू किया और व्यक्तिगत भावनाओं पर अंकुश लगाते हुए माल्या समूह का नया नामकरण किया–यूनाइटेड ब्रेवरीज (यूबी ग्रुप) तो मीडिया ने कहा कि वे बौरा गए हैं। इस दौरान सन् 1995 में उन्हें उन्हीं हालात से जूझना पड़ा, जिससे सन् 1977 में विट्ठल माल्या रूबरू हुए थे। आंध्र प्रदेश सरकार ने राज्य में मद्यपान पर बंदिश लगा दी। विजय माल्या को भी हैदराबाद के नजदीक स्थित यूबी ग्रुप की ब्रेवरीज को रातोरात बंद करना पड़ा, पर उन्होंने उसे

*** 1984–85 में विजय रेखी विजय माल्या के एक्जीक्यूटिव असिस्टेंट थे। इसके बाद कुछ साल वे बर्जर पेंट्स के रीजनल डायरेक्टर रहे। सन् 1991 में विजय माल्या ने विजय रेखी को बेंगलूरु बुलवाया और डिप्टी प्रेसीडेंट की जवाबदारी सौंप दी। सन् 1996 में विजय रेखी ग्रुप प्रेसीडेंट बना दिए गए।**

सिद्धार्थ माल्या

बेचा नहीं और ना ही दूसरे राज्य में शिफ्ट किया। अपने स्व. पिता का यह कथन उन्हें याद था कि कानून के डर के कोई सरकार मद्यपान पर बंदिश नहीं लगा पाई है। विजय माल्या ने राज्य सरकार की वित्तीय स्थिति पर सतत नजर टिकाए रखी। उन्हें भरोसा था कि जब राजस्व की क्षति होगी तो सरकार अपने फैसले पर पुनर्विचार करने पर विवश हो जाएगी। यही हुआ। मद्यपान पर से बंदिश हटी। जिन लिकर उद्योगपतियों ने अपनी मैन्यूफैक्चरिंग सुविधाएँ शिफ्ट कर दी थीं या बेच दी थी, उन्हें उत्पादन शुरू करने में महीनों लग गए, जबकि यूबी ग्रुप ने तत्काल प्रोसेसिंग, पैकिंग व मार्केटिंग शुरू कर दी।

विजय माल्या ने अपने पिता से ही सीखा था कि लिकर एक रिस्की बिजनेस है। समाज इसे मान्यता नहीं देता, अतः मद्यपान को लेकर सरकार के ऊहापोह और बार-बार बदलती रीति-नीति पर हमेशा नजर रखना और तदनुसार अपनी कार्यप्रणाली बदलना। इस जोखिम का एक बीमा कवर है-देश के सभी हिस्सों में लिकर बेचो और कई जगह मैन्यूफैक्चरिंग करो ताकि अलग-अलग राज्यों के अलग-अलग करारोपण का फायदा मिले और औसत मुनाफा 'कम्फर्टेबल' बना रहे। विजय माल्या ने इसलिए कई राज्यों में लिकर कारखाने स्थापित किए और अपने बिजनेस के हर सेगमेंट (व्हिस्की, रम, वोदका, बीयर आदि) में यूबी ग्रुप की घुसपैठ बढ़ाई। यूबी ग्रुप की बुनियाद मजबूत करने के बाद ही विजय माल्या ने कई राज्यों की क्षेत्रीय कम्पनियों का क्रूरता से अधिग्रहण किया है। अपने सबसे नजदीकी प्रतिद्वंद्वी मधु छाबड़िया के लिकर बिजनेस शॉ वैलेस के अधिग्रहण के लिए उन्होंने 15 साल तक हर स्तर पर हर किस्म की लड़ाई लड़ी। सन् 2005 में 1545 करोड़ रुपए की लागत पर शॉ वैलेस का कब्जा मिला तो उन्होंने कहा-'यह कोई खिलौना नहीं है जो मैंने बालहठ से प्राप्त किया है। यह मेरे बिजनेस की जरूरत थी , जो मैंने समय, श्रम व पैसा खर्च करके हथियाई है।'

शॉ वैलेस के अधिग्रहण के बाद समूह के सारे ब्रांड्स व सारी कम्पनियों को अम्ब्रेला ब्रांड यूनाइटेड स्प्रिट्स के तहत एकजुट किया। पिपसन डिस्टलरी, यूनाइटेड स्प्रिट्स, हर्बर्ट संस, शॉ वैलेस डिस्टलरी, ट्रिट्स डिस्टलरी एंड विंटनर्स, मेक्डॉनल इंटरनेशनल, बारामती ग्रेप्स इंडस्ट्रीज, यूनाइटेड डिस्टलरी इंडिया के ब्रांड्स को मिलाकर यूबी ग्रुप सन् 2004 में दुनिया की चौथी सबसे बड़ी लिकर कम्पनी हो गई। उस साल यूबी ग्रुप के यूबी स्प्रिट्स डिवीजन ने 35.5 मिलियन करोड़ बॉक्स (एक बॉक्स में 72 बोतल) बेचे जो विजय माल्या के सिरमौर बनने वाले वर्ष (सन् 1983) की बिक्री 2.5 मिलियन बॉक्स से 18 गुना ज्यादा थे। इसके साथ यूबी ग्रुप के 140 ब्रांड्स में से कई मिलिनेयर ब्रांड्स हैं (जिनके हर साल कम से कम 10 लाख बॉक्स बिकते हों)। ये ब्रांड्स हैं-किंगफिशर बीयर, मेक्डॉवेल नंबर वन व्हिस्की, ब्रांडी व मेक्डॉवेल सेलिब्रेशन रम, बेगपायर व्हिस्की, केरल माल्ट व्हिस्की, विन व्हिस्की, सेलिब्रेशन रम, ओल्ड कॉस्क रम, हनी-बी ब्रांडी, मेजेस्टिक थ्री एक्स रम, ब्लू रिबिन जीन। विगत पाँच वर्षों में तो यूबी ग्रुप और भी तेजी से दौड़ा। मई, 2007 में दुनिया के चौथे सबसे बड़े स्कॉच व्हिस्की मेकर

व्हीट एंड मैके को करीब 5 हजार करोड़ (1.17 बिलियन डॉलर) निवेश करके अधिगृहीत किया। इससे यूबी ग्रुप को दुनिया के स्कॉच मार्केट की 10 फीसदी हिस्सेदारी मिली तो प्रोडक्ट्स पोर्टफोलियो की एक कमी (स्कॉच व्हिस्की) भी दूर हो गई है। यूबी ग्रुप ने एक फ्रेंच वायनरी (Bouvet-Ladubay) को भी खरीदा, जिससे इसके पोर्टफोलियो में हाई क्वालिटी फ्रेंच वाइन्स शामिल हुईं और इसे मिली विटी कल्चर टेक्नोलॉजी। यूबी ग्रुप ने इस तकनीक का पूरा फायदा लेने के लिए महाराष्ट्र के बारामती जिले में देश की सबसे बड़ी वायनरीन स्थापित की है और फोर सीजंस और जिंकी वाइन्स लांच की है। यूबी समूह के 74 से ज्यादा मैन्यूफैक्चरिंग सेटअप व डिस्ट्रिब्यूशन आउटलेट्स है। सालाना 90 मिलियन लिकर बॉक्स बेचकर दुनिया का तीसरा बड़ा लिकर उद्योग समूह है यूबी ग्रुप। विजय रेखी कहते हैं कि यह सफलता हमें अनायास नहीं मिली है। सोची-समझी रणनीति, उसके प्रतिबद्ध क्रियान्वयन, अथक मेहनत और संकल्पित नेतृत्व का यह सुफल है। विजय माल्या का बिजनेस मंत्र-'सबसे पहले, सबसे तेज, सबसे आगे' इस सफलता की बुनियाद है। विजय रेखी कहते हैं कि मैं सन् 2011 में सेवानिवृत्त होने जा रहा हूँ। मेरी इच्छा है कि तब तक 125 मिलियन लिकर बॉक्सेस की बिक्री के साथ यूबी समूह दुनिया का लिकर किंग हो जाए। विजय माल्या यह बात इन शब्दों में कहते हैं-'जो बीत गया, वह इतिहास है, जो होगा वह रहस्य (Past is history, future is mistry)। वह दिन हर भारतीय के लिए गौरवशाली होगा, जब यूबी ग्रुप दुनिया का सबसे बड़ा लिकर समूह बनेगा।'

किंगफिशर एयरलाइंस

विजय माल्या ने मार्च, 2004 में अपने पुत्र सिद्धार्थ (पुत्र के अलावा उनकी दो पुत्रियां हैं-लिएना व तान्या) को उसकी 18वीं वर्षगाँठ पर भेंट की है किंगफिशर एयरलाइंस, जो विजय माल्या के लिए नया कारोबार नहीं है। सन् 1990 में उन्होंने यूबी एयर लांच करके हवाई सेवा उद्योग में प्रवेश करना चाहा था, पर तब सरकार ने यूबी एयर को एयर टैक्सी की मान्यता दी थी, जिसे विजय माल्या ने नकार दिया था। तब यूबी एयर के चार एयरक्राफ्ट्स-एयर बस 320, बोइंग 327, गल्फ स्ट्रीम-3 और एचएस 125 थे, जिन्हें अपने कॉरपोरेट हवाई बेड़े में शामिल करके वे हवाई सेक्टर के प्रतिबंध मुक्ति और उपयुक्त समय की प्रतीक्षा करने लगे। पुत्र को एयरलाइंस की भेंट तो पिता का स्नेहासिक्त बहाना है। सिद्धार्थ माल्या ने यूनिवर्सिटी ऑफ लंदन से बीबीए की डिग्री प्राप्त की है। पिता ने उन्हें ब्रेवरेज, स्प्रिट व हवाई सेवा में से किसी एक को कार्यानुभव के लिए चुनने की सलाह दी तो सिद्धार्थ ने ब्रेवरेज को चुना है।

किंगफिशर एयरलाइंस ने एयरबस (ए 320-220) से 9 मई, 2005 को मुम्बई से दिल्ली की पहली उड़ान भरी थी। 20 सितम्बर, 2009 को किंगफिशर एयरलाइंस के हवाई बेड़े में थे 69 एयर क्राफ्ट्स (घरेलू उड़ान के लिए एटीआर-42, एयरबस ए-320 तथा अंतरराष्ट्रीय उड़ान के लिए एयरबस ए-330- 320) थे। जनवरी, 2009 में किंगफिशर के एयरक्राफ्ट्स की औसत उम्र थी 2-3 वर्ष। किंगफिशर प्रतिदिन औसतन 11 घंटे एयरक्राफ्ट का उपयोग कर रहा है।

सितम्बर, 2008 को किंगफिशर एयरलाइंस ने बैंगलोर से लंदन उड़ान भरकर अपनी पहली अंतरराष्ट्रीय हवाई सेवा लांच की थी। आज इसके एयरक्राफ्ट्स मुम्बई-लंदन, चेन्नई-कोलम्बो, बेंगलौर-कोलम्बो, ढाका-कलकत्ता के बीच भी उड़ान भरने लगे हैं।

विजय माल्या कहते हैं कि यूबी ग्रुप का बीयर व ब्रेवरीज कारोबार ऑटो पायलेट अवस्था में पहुँच गया है, जहाँ मेरा दैनंदिन हस्तक्षेप गैरजरूरी हो गया है, पर हवाई सेवा समूह का नया कारोबार है, जिसे मेरी जरूरत है, अतः इन दिनों मैं अपना पूरा ध्यान किंगफिशर एयरलाइंस पर केंद्रित किए हुए हूँ। वे यह भी मानते हैं कि भारत में हवाई सेवा सरकारी हो या निजी, अभी मैच्योर नहीं हुई है। देश की 3 फीसदी आबादी ही अभी हवाई यात्रा कर रही है यानी एक बड़ा मार्केट अदोहित है। चाहते हुए भी हवाई सेवा अधिकतम लोगों के लिए अफोर्डेबल नहीं कर सकते, क्योंकि फुल सर्विस एयरलाइंस हो या लो-कास्ट 'नो फ्रिल्स एयरलाइंस' दोनों का 60 से 70 फीसदी खर्च समान है। 15 फीसदी सर्विस संचालन के बाद बचता है मात्र 15 फीसदी। हमारे देश में सेकंडरी एयरपोर्ट्स नहीं है, जो लो-कास्ट एयरलाइंस को कम खर्च पर ग्राउंड सपोर्ट प्रदान करे। महँगा हवाई ईंधन सबको समान मूल्य पर मिलता है, अतः लंबे समय तक कम किराए की हवाई सेवा देना सम्भव ही नहीं है।

सही कह रहे हैं विजय माल्या। हमारे देश में हवाई सेवा को लेकर सरकार की रीति-नीति इतनी अस्पष्ट है कि कई प्रतिबंध व बाधाएँ हवाई सेवा संचालकों के पैरों की बेड़ी बनी हुई हैं। मसलन गैर-मुनाफादेय रूट्स पर भी हवाई सेवा देने की बाध्यता, दुनिया का सबसे महँगा एयर टर्बाइन फ्यूल (पेट्रोल), महँगे पायलेट्स, राज्य सरकारों द्वारा भारी करारोपण (सेल्सटैक्स) और इससे भी भारी लागत की लैंडिंग व पार्किंग सुविधा। देश में ऐसे सेकंडरी एयरपोर्ट हैं ही नहीं, जो कम खर्च पर यह अनिवार्य सुविधा प्रदान करें। इन सब बाधाओं के बावजूद विजय माल्या ने लो-कास्ट हवाई सेवा एयर डेक्कन को अधिगृहीत किया और किफायती हवाई सेवा किंगफिशर रेड लांच की है। वे इस बात से संतुष्ट होंगे कि किंगफिशर ने वित्त वर्ष 2008 में 10.7 मिलियन यात्रियों को हवाई सेवा प्रदान करके देश की सबसे ज्यादा मार्केट शेयर वाली कम्पनी होने का दर्जा जुटा लिया, पर उनकी संतुष्टि का प्रमुख कारण है किंगफिशर को स्काय ट्रैक्स के द्वारा फाइव स्टार हॉस्पिटेलेटी रेटिंग और एशिया महाद्वीप की सर्वश्रेष्ठ हवाई सेवा अवार्ड (By Tnson Asia Pacifics 1000 Brands for 2006)। यह किंगफिशर ने सिंगापुर एयर लाइंस से छीना है। किंगफिशर एयरलाइंस देश की पहली व अकेली हवाई सेवा है जो अपने अतिथि ग्राहकों को इनफ्लाइट इंटरटेनमेंट प्रदान करती है, जिसमें शामिल है वेलकम किट (एक पेन, फेशियल टिश्यू और आईएफई सिस्टम के लिए हेड फोन) डिश टीवी, इनफ्लाइट, लाइव टीवी प्रसारण करता है तो यात्री किंगफिशर रेडियो भी सुन सकते हैं।

किंगफिशर एयरलाइंस को हो रहे लगातार घाटे से विजय माल्या हैरान-परेशान नहीं हैं। वे कहते हैं कि नुकसान हो रहा है पर अभी भी यह उस राशि से कम है, जिसका हमने हवाई सेवा लांच करते समय प्रावधान किया था। उनके अनुसार-घाटे के बावजूद निजी क्षेत्र की हवाई सेवा का भारत में भविष्य उज्ज्वल है, क्योंकि अब भारतीय जनमानस के एक बड़े हिस्से की आय बढ़ने

लगी है और वे सुविधा व लक्जरी पर अपनी कमाई खर्च करने लगे हैं। दूसरे शब्दों में–विजय माल्या को भरोसा है कि किंगफिशर एयरलाइंस अपने ब्रांड नेम किंगफिशर (देश के पहले भारतीय ग्लोबल ब्रांड) का परचम जमीन से आसमाँ तक पहुँचाएगा।

बीयर व स्प्रिट्स तथा हवाई सेवा विजय माल्या के सिरमौर कारोबार हैं। इनसे जुड़ी यूबी ग्रुप की कम्पनियों और अन्य कंपनियों की पैरेंट कंपनी है यूनाइटेड ब्रेवरीज होल्डिंग्स लिमिटेड (यूबी एचएल) अन्य कम्पनियों में उल्लेखनीय है मेंगलोर केमिकल्स एंड फर्टिलाइजर्स लिमिटेड (एमसीएफ) जिसका प्रमुख कारोबार है वेजीटेबल्स व स्टेपल्स की किसानों से खरीद, प्रोसेसिंग व पैकिंग तथा बैंगलोर और मेंगलोर की रिटेल श्रृंखला, होटल्स व इंडस्ट्रियल कैंटिन को आपूर्ति। एमसीएफ किसानों को फार्मिंग, भूमि व जल प्रबंधन, फसल के पोषण संबंधित परामर्श भी देती है ताकि उनका उत्पादन बढ़े। ग्रुप की एक और कम्पनी यूबी सिटी ने बेंगलोर में 5.10 लाख वर्गफीट भूखंड व कंस्ट्रक्शन किया है, जिसके किराएदार हैं राष्ट्रीय व अंतरराष्ट्रीय कम्पनियाँ, रिटेलर्स और हाई इंकम ग्रुप परिवार। एशियन एज होल्डिंग्स के नियंत्रणाधीन है एशियन एज समाचार–पत्र के बेंगलोर व कोलकाता संस्करण। एशियन एज ने मेरिन स्कॉच ग्रुप के चार अमेरिकन समाचार–पत्रों का भी अधिग्रहण किया है। एवेंटिज (किंगफिशर रेडियो) यूटीवी यूरोप, बेंडिसिनो ब्रेविंग- यूएस, शॉ वैलेस डिस्टलरीज, एशियन एज होल्डिंग्स की पैरेंट कम्पनी भी है यूबीएचएल।'

मैं पाखंडी नहीं हूँ और न कभी बन पाऊँगा। मैं जो हूँ, वह हूँ। दुनिया मुझे उसी तरह देखने लगी है, यह अच्छी बात है..।' इंडिया टुडे के संपादक प्रभु चावला को एक साक्षात्कार में यह बात कहने वाले विजय माल्या अन्य सेलिब्रिटीज की तरह पत्रकारों से मुँह नहीं छुपाते हैं। सुबह 3 बजे तक सेवन स्टार होटल में काकटेल पार्टी के होस्ट होते हैं, पर सुबह लंच पर पत्रकारों से होश व जोश के साथ मिलते हैं और कोई यदि उनसे पूछ ले कि क्या निजी जिंदगी में आप अलग हैं तो मुस्कुराते हुए जवाब देते हैं–इससे आपका कोई लेना–देना नहीं है। दूसरे शब्दों में–विजय माल्या के कई चेहरे हैं, पर इनमें से कोई भी छुपा हुआ नहीं है। वे अवसर के अनुकूल दिखने और वैसा ही व्यवहार करने में माहिर हैं। वे कर्नाटक के राजनेता हैं जो राज्यसभा के सदस्य रहे तो वे सुरा–सुल्तान भी हैं और हवाई उद्योग के उद्योगपति भी। प्ले बॉय इमेज, स्टड फार्म, तेज रफ्तार कारें एवं अपने मित्रों के साथ अपने एयरक्राफ्ट से दुनिया की सैर उनका बहुचर्चित शौक है। 55 मीटर लंबी लक्जरी नौका के वे मालिक हैं, जिसमें बार, जुकुजी, हेलीपैड और जिम हैं। विजय माल्या अगर भारत में होते हैं तो वीकएंड पर नॉर्थ गोवा स्थित अपने किंगफिशर विला की ओर दौड़ पड़ते हैं। हर साल वे एक्सक्लूसिव और बहुआलोचित स्विम कैलेंडर जारी करते हैं जिसे लेकर बवाल खड़ा होने पर बेबाक जवाब देते हैं–'मैं किंगफिशर बीयर बेचता हूँ, इस ब्रांड का प्रतिनिधित्व 'घाघरा' नहीं, कास्ट्यूम ही कर सकता है।' इसका भी निहितार्थ वही है..। 'विजय माल्या अपने ब्रांड के अल्टीमेटम ब्रांड एंबेसडर हैं, जो जानते हैं कि उनकी लाइफ स्टाइल भी उनके ब्रांड के अनुरूप होना चाहिए।' कि देश का कोई हवाई यात्री हो या मद्यपानप्रेमी, वह जानता है कि किंगफिशर का क्रिएटर कौन है?

डिटरजेंट किंग

करसनभाई पटेल

हाथी जैसे महाकाय पशु के कान में जब नन्ही चींटी घुस जाती है तो वह सारे जंगल में दौड़ता है, चिंघाड़ता है, पर उसे राहत नहीं मिलती। वह अपनी पीड़ा दबा भी नहीं पाता, छुपा भी नहीं पाता। सन् 1969 में देश की सबसे बड़ी बहुराष्ट्रीय एफएमसीजी (बहुप्रचलित उपभोक्ता सामान) कंपनी हिंदुस्तान लीवर को भी पहली बार ऐसी ही वेदना व विवशता का सामना करना पड़ा था। अहमदाबाद की एक सरकारी लैब के असिस्टेंट करसनभाई पटेल घुसे थे, चींटी बनकर लीवर के कान में। उन्होंने 15 रुपए प्रति किलो बिकने वाले (तब) सर्फ के मुकाबले लांच किया था होम-मेड पीला डिटरजेंट पाउडर निरमा मात्र 3.60 रुपए किलो मूल्य में। निरमा ने इसके साथ दुनिया के दूसरे सबसे बड़े फैब्रिक वॉश प्रोडक्ट्स मार्केट में सर्फ के एकाधिकार में ऐसी सेंध लगाई थी कि हिंदुस्तान लीवर को कई दिन सूझ नहीं पड़ी थी। यह वाणिज्यिक घटना (निरमा की लांचिंग एक मार्केटिंग करिश्मा) दुनिया के प्रतिष्ठित बिजनेस स्कूल हार्वर्ड के छात्रों के लिए 'केस स्टडी' बन गई थी। दुनिया के मार्केटिंग गुरुओं ने 'करसन-करिश्मे' को उदाहरण बनाकर अपने छात्रों को मॉस-प्रोडक्ट व मॉस ब्रांड (साधारण लोगों का उत्पाद व उनका ब्रांड) लांच करने के गुर समझाए और उपभोक्ताओं की 'मूल्य मानसिकता' की अपने-अपने अंदाज में गूढ़ विवेचना की। मसलन, निरमा के डिटरजेंट की लांचिंग के पहले बहुराष्ट्रीय कंपनियाँ क्षेत्रीय ब्रांड की उपेक्षा करती थीं। उनके बोर्ड रूम में इनकी चर्चा समय की बर्बादी मानी जाती थी। अब कोई क्षेत्रीय ब्रांड लांच होता है तो खतरे की घंटी बजने लगती है। वह घंटी जिसे करसनभाई पटेल ने लीवर के गले में बाँधी।

हमारे देश में भी सालों तक इस करसन–करिश्मे की खुली चर्चा हुई और कहा गया–'बहुत विचित्र हैं भारतीय और इनसे ज्यादा विचित्र है भारतीय मार्केट।' यहाँ हर दस–बीस किलोमीटर के बाद बदल जाती है बोली (भाषा) और बोलने का लहजा। रहन–सहन (लाइफ स्टाइल) बदल जाता है और इस पर खर्च करने का तौर–तरीका। खान–पान बदलता है और उसे सर्व करने का अंदाज भी। अनेकता में एकता के सबसे बड़े संरक्षक बहुसंख्यक भारतीय उपभोक्ताओं की मानसिकता को इसीलिए समझना बड़ी टेढ़ी खीर है। अपने पैसे का पूरा मूल्य वसूलने में वे सब ऐसे माहिर हैं कि उन्हें उपहार, इनाम, 'एक' के बदले 'दो' और वह भी उधार –जैसे मार्केटिंग फंडे भी रिझाते नहीं हैं। वे ब्रांड नाम या विज्ञापन को देखते तो हैं, पर अपनी गाढ़ी कमाई को खर्च करते समय यह भूल जाते हैं कि कौन–सी चीज किसने बनाई और कहाँ बनी–कुटीर उद्योग में या किसी स्टेट–ऑफ द–आर्ट मॉडर्न कारखाने में। स्वदेशी–विदेशी गुड्स के मामले में भी उनका सोच साफ है।

स्वदेशी सामान के पक्ष में नारे लगाने से वे पीछे नहीं हटते तो इतने भोले व भावुक भी नहीं हैं कि 'देशप्रेम' के नाम पर कोई उन्हें ठग ले। दिलचस्प बात यह है कि मार्केटिंग के ये सारे गूढ़ सूत्र वे भारतीय ग्रामीण भी बेहतर जानते हैं, जिन्हें सामान्यत: निरक्षर, नादान, नासमझ व निरीह समझा जाता है। यही कारण है कि दुनिया के बड़े–बड़े मार्केटिंग गुरु हार गए हैं यहाँ। बहुसंख्यक मध्यमवर्गीय उपभोक्ताओं के बारे में उनके सारे अनुमान–आकलन यहाँ धराशायी हो गए हैं। उन्होंने सोचा था कि भारतीय सालोसाल उच्च तकनीक के नाजुक उत्पादों से वंचित रखे गए हैं, अत: वे जब यहाँ उपलब्ध होंगे तो बाजारों में 'क्यू' लग जाएगी। ऐसा हुआ भी। भारी संख्या में लोग इन उत्पादों के भव्य शोरूम में पहुँचे। उन्होंने वहाँ रखे नए–नए उत्पाद उठाए, उल्टा–पुल्टा, छुआ–देखा, पर यह कहते हुए यथास्थान रख दिया–'बहुत अच्छे हैं, पर यहीं अच्छे लगते हैं।' सारी बहस का निष्कर्ष है–'बड़ा कठिन है भारतीय उपभोक्ताओं की नब्ज पकड़ना और पकड़े रखना।' यह काम वही कर सकता है जो उनके बीच रहा हो, जिसने उनके जैसा जीवन जीया हो। करसनभाई पटेल ऐसे ही शख्स हैं।

पुरानी हिंदी फिल्मों के रसिया, चुस्त–दुरुस्त करसनभाई पटेल गुजरात सरकार (खनन व भू–विज्ञान विभाग) के पूर्व कारिंदे हैं। साठ के दशक में वे एक सरकारी लैब में असिस्टेंट थे, तब उन्हें सूझा कि महिलाओं के लिए कपड़े धोना बड़ी मेहनत का घरेलू काम है। इसका कारण है–हर कपड़े पर साबुन घिसना व मैल निकालने के लिए उनकी कुटाई करना। डिटरजेंट पाउडर इसका निदान है, पर साबुन की तुलना में करीब तीन गुना महँगा होने से निर्धन मध्यमवर्गीय परिवारों की पहुँच से बाहर है। किफायती व कारगर (क्वालिटी) डिटरजेंट पाउडर यदि बनाएँ तो उसे बहुसंख्यक निर्धन आबादी हाथोहाथ अपनाएगी। इसके बाद करसनभाई ने केमिकल लैब में कार्य करने के अनुभव का दोहन शुरू किया व कम से कम लागत में डिटरजेंट पाउडर बनाने में जुट गए। सामयिक सूझबूझ का सुफल मिला। एक पीला पाउडर बनकर तैयार हुआ। उन्होंने इसकी मार्केटिंग की भी ऐसी रणनीति बनाई, जो लागत न बढ़ाए। यानी, वे इसे कम मूल्य पर बेचकर भी थोड़ा–बहुत मुनाफा कमा लें। इसके लिए करसनभाई खुद बने 'वन–मैन–

आर्मी'। घर में ही बिना मशीन, हाथों से मिक्सिंग करके वे पीला डिटरजेंट पाउडर बनाते, हर रविवार को साइकिल पर झोले लटकाकर निर्धन मध्यमवर्गीय परिवारों में पहुँचते, परिवार की महिलाओं से सीधे बात करते, उनसे विनती करते कि साबुन के ही मूल्य के इस पीले पाउडर को एक बार आजमाएँ और परिणाम देखने पर ही रिजेक्ट करें, या अपनाएँ। सूझबूझ व मेहनत रंग लाई। एक ही उत्पाद व एक ही फॉर्मूले ('ग्राहक को लौटाओ उनके पैसे का मूल्य') को सूत्र बनाकर करसनभाई ने देश के फैब्रिक वॉश मार्केट में क्रांति कर दी। 'गरीबों के लिए साबुन व अमीरों के लिए डिटरजेंट' वाली धारणा को उन्होंने ध्वस्त कर दिया। करसनभाई का पीला पाउडर 'दूध-सी सफेदी' का विकल्प बन गया।

सन् 1969 में उन्होंने अपने इस उत्पाद को अपनी दिवंगत पुत्री निरमा के नाम से ब्रांडेड मार्केट में विधिवत् लांच किया तो बहुसंख्यक मध्यमवर्गीय परिवारों के साथ संपन्न लोगों ने भी पाया कि महँगा डिटरजेंट व निरमा पीला पाउडर समान काम करते हैं, पर दोनों के मूल्य में भारी अंतर है। निरमा के इस 'झाग के जादू' ने हिंदुस्तान लीवर की नींद उड़ा दी। लीवर के एक बड़े और कमाऊ कारोबार में निरमा ने ऐसी 'सेंध' लगाई थी कि मार्केटिंग में प्रशिक्षित कंपनी की देशव्यापी बड़ी सेल्स मार्केटिंग टीम ग्राहकों को 'महँगे-सस्ते' व कथित 'अच्छे-बुरे' का अंतर समझाने व 'करेक्शन' करते-करते थक गई, पर खोया मार्केट शेयर आज तक नहीं लौटा। दूसरी तरफ, करसनभाई एक के बाद एक पायदान चढ़ते गए और निरमा को उन्होंने देखते-देखते डिटरजेंट मार्केट का लीडर बना दिया। इसके बाद संगठित-असंगठित क्षेत्रों में कई लोग अपने-अपने ब्रांड नाम से डिटरजेंट पाउडर बनाने लगे। अहमदाबाद तो डिटरजेंट सिटी ही बन गया है, पर निरमा 25 फीसदी मार्केट शेयर के साथ डिटरजेंट किंग है। देश के आठ हजार करोड़ रुपए के साबुन व डिटरजेंट मार्केट में इसकी हिस्सेदारी 35 फीसदी है।

स्पष्ट है कि तीन दशक में कसरनभाई पटेल ने एफएमसीजी कारोबार की दशा व दिशा बदल दी है। वॉश मार्केट के दोनों सेगमेंट (नहाने का साबुन हो या कपड़े धोने के लिए साबुन व डिटरजेंट) की मूल्य नीति (प्राइजिंग-पॉलिसी) को उन्होंने आम-उपभोक्ताओं के हित में ऐसा नियंत्रित किया है कि इनके उत्पादक अपने उत्पादों का मूल्य इतना भी नहीं बढ़ा पाए, जितना रुपए का मूल्य (मुद्रास्फीति का प्रभाव या महँगाई बढ़ी) घटा। ये उत्पाद किफायती मूल्य पर भारतीय ग्राहकों को मिलें, यह सुनिश्चित करने के साथ निरमा ने 15 हजार से अधिक लोगों को रोजगार भी उपलब्ध करवाया है। निरमा के आज देश में कई स्थानों पर कारखाने हैं जिनमें प्रमुख हैं–अहमदाबाद, मेहसाना, वडोदरा, भावनगर, छत्राल व पोरबंदर। सन् 2008 में कैलिफोर्निया (यूएसए) में सर्ल्स वैली कॉरपोरेशन को अधिग्रहित करके कारोबार विस्तार किया। इस विस्तार के बाद निरमा दुनिया का सातवां सबसे बड़ा सोडा एश उत्पादक बन गया है।

25 फरवरी, 1980 को करसनभाई ने निरमा को प्राइवेट लिमिटेड कंपनी बनाया। नवंबर, 93 में वे इसका जननिर्गम लाए और निरमा हो गई–'निरमा लिमिटेड।' सन् 1990 में निरमा ने दूसरे बड़े प्रतिस्पर्धी मार्केट नहाने के साबुन में प्रवेश किया। यहाँ भी 65 फीसदी मार्केट शेयर के साथ हिंदुस्तान लीवर सबसे अव्वल था, जिसने 'सिंथाल' जैसे ब्रांड को पस्त किया था। निरमा ने भी

लीवर के लोकप्रिय ब्रांड्स पर सीधे हमला बोला। लक्स की निरमा ब्यूटी से, लिरिल की निरमा लाइम से, ब्रीज की निरमा रोज से जंग हुई। निरमा आज बॉथ शॉप के बेहद मुनाफे वाले मार्केट की भी दूसरी सबसे बड़ी कंपनी है। निरमा का दावा है कि हर दूसरा भारतीय निरमा के विभिन्न प्रोडक्ट्स हर रोज उपयोग कर रहा है। देशी मार्केट में निरमा ब्रांड को स्थापित करने के साथ करसनभाई ने इसे मध्य-पूर्व, चीन, रूस, अफ्रीका और कई अन्य देशों में भी पहुँचा दिया है।

एफएमसीजी जैसे प्रतिस्पर्धी व बेहद घमासान मार्केट में दिग्गज कंपनियों के मुकाबले निरमा को स्थापित करने की अपनी रणनीति करसनभाई ने कभी नहीं छुपाई। वस्तुत: इस रणनीति पर बार-बार खुली चर्चा भी उनकी एक अलग 'रणनीति' है। इस बहाने वे अपने ग्राहकों को बार-बार एक संकेत देते हैं कि निरमा बेहद सूझबूझ व सावधानी के साथ न्यूनतम लागत पर उत्पाद बनाता है। दूसरे, निरमा के मुनाफे का आधार मूल्य नहीं, अधिकतम उत्पादन व अधिकतम बिक्री है। तीसरे, उत्पादन संयंत्र के परिचालन व संचालन से लेकर सेल्स व मार्केटिंग पर निरमा समूह मितव्ययिता की भारतीय परंपरा का कड़ाई से निर्वहन करता है।

कितने चतुर हैं गुजराती उद्यमी करसनभाई? अपने से भी ज्यादा शातिर अपने ग्राहकों की नब्ज पर अपनी पकड़ को मजबूत करने का वे कोई मौका नहीं चूकते। वे अपनी वाणिज्यिक रणनीति को उजागर करते हैं, तब ग्राहकों को वास्तव में यह समझाते हैं कि 'महँगे का मतलब अच्छा' या...'सस्ते का मतलब घटिया' नहीं होता।

करसनभाई का यह दर्शन (दलील) आधारहीन भी नहीं है। उन्होंने तीन दशक में कई बार साबित किया है कि प्रतिस्पर्धियों की तरह ही गुणवत्तायुक्त हैं निरमा के उत्पाद। वे तुलनात्मक रूप से उनसे सस्ते इसलिए हैं कि कंपनी खर्च कम करती है। न्यूनतम मुनाफे पर कारोबार करती है और अपने थोड़े मुनाफे के लिए भी किसी एक ग्राहक विशेष पर नहीं, वरन् उनके जैसे करोड़ों ग्राहकों पर निर्भर है यानी कमाई का आधार है अधिकतम टर्नओवर। न्यूनतम मुनाफा व न्यूनतम खर्च को न्यायोचित करने वाला करसनभाई का एक कथन कितना दिलचस्प है-'क्या करूँ, मजबूर हूँ, यदि देश की सौ करोड़ से ज्यादा आबादी तक खुद पहुँच सकता तो विज्ञापन पर एक पैसा भी खर्च नहीं करता।' यह कहते हुए क्या कहते हैं करसनभाई...? उनका आशय कितना साफ (पढ़ें-भोलाभाला) है। जी हाँ, वे हम सबको समझाते हैं कि उत्पादों के मूल्य का एक हिस्सा यदि उन्हें विज्ञापन पर खर्च न करना पड़े तो वे हमें उत्पाद और भी कम मूल्य पर दे सकते हैं। इसके साथ ही वे यह भी कहते हैं कि जो लोग उत्पाद महँगे होने का कारण गुणवत्ता बताते हैं, वे ग्राहकों को मूर्ख समझते हैं। उन्हें भ्रमित करते हैं।

सचाई यह है कि उनके खर्च ज्यादा हैं, उन्हें ज्यादा मुनाफा कमाना है, ज्यादा लक्जरी जीवन जीना है, जबकि निरमा ऐसी बुराइयों से बचा हुआ है। करसनभाई ऐसे ही करिश्माई हैं। ग्राहकों के नजदीक पहुँचने और वहाँ लंबे समय तक बने रहने के ऐसे गुर व गूढ़ मंत्र कोई उनसे सीखे। मार्केटिंग में लफ्फाजी चल सकती है और खूब चलती है, पर सोच-समझकर कम लागत में अच्छे उत्पाद बनाना इतना आसान नहीं है। करसनभाई इस कला में भी माहिर हैं। निरमा के

उत्पादों की माँग बढ़ी, कंपनी बड़ी हो गई तो लागत व खर्च बढ़ने की आशंका/संभावना को जड़ से ही समाप्त करने के लिए वे अपने उत्पादों की जड़ (बिग ब्रदर धीरूभाई की तर्ज पर बैकवर्ड इंटीग्रेशन) तक पहुँच गए। सन् 1994-95 में सावली (बड़ौदा) में एलएवी (लाइनेयर एलेकिल बेंजेन) तो भावनगर में सोडा एश का संयंत्र लगाया। सौराष्ट्र केमिकल्स को अधिगृहीत किया और उत्पादन लागत घटाई। डिटरजेंट पाउडर का 70 फीसदी कच्चा माल सोडा एश व लाइनेयर एलेकिल बेंजेन (एलएवी) है, जो इन संयंत्रों की स्थापना के पूर्व निरमा को रिलायंस, तमिलनाडु पेट्रो केमिकल्स व इंडियन पेट्रोकेमिकल कॉरपोरेशन से खरीदने पड़ते थे। निरमा की मार्केटिंग सहायक कंपनी निरमा कंज्यूमर केयर लिमिटेड के चेअरमैन व मैनेजिंग डायरेक्टर तथा करसनभाई के पुत्र हीरेन पटेल के अनुसार–'निरमा आठ लाख टन डिटरजेंट पाउडर बनाता है। इतने अधिक उत्पादन के लिए समय पर, सही मूल्य पर, सही मात्रा में कच्चे माल की पर्याप्त आपूर्ति बेहद जरूरी थी। खुले मार्केट से इसे खरीदने से लागत पर नियंत्रण रखना कठिन था। अपने उत्पाद के कच्चे माल के उत्पादक बनने से ही निरमा के लिए गुणवत्तायुक्त उत्पाद न्यूनतम मूल्य पर बेचते रहना आसान हुआ है।

कल्पेश पटेल

राकेश पटेल

हिरेन पटेल

सोडा एश जैसा कच्चा माल बनाने से निरमा को एक नया कारोबार भी मिला है और मार्केट में आज उपलब्ध है निरमा सॉल्ट। निरमा का अपना प्रिंटिंग व पैकेजिंग कारखाना भी है। स्पष्ट है कि करसनभाई जहाँ लक्जरी मदों पर खर्च करने में सावधान हैं, वहीं उत्पादों की लागत नियंत्रित रखने एवं घटाने के साधन, सुविधा व स्रोत जुटाने में बेहद उदार। इस मद पर करीब 2000 करोड़ रुपए से ज्यादा के निवेश का उनका लक्ष्य सुस्पष्ट व पारदर्शी है कि न्यूनतम मूल्य पर अच्छे उत्पाद बेचने के बावजूद उनका मुनाफा न घटे और प्रतिद्वंद्वी भी ज्यादा मुनाफा कमाने का दु:साहस न कर पाएँ।

डनरमा के एक्जीक्यूटिव डायरेक्टर व करसनभाई के दामाद कल्पेश पटेल ने जनसाधारण के ब्रांड निरमा को प्रीमियम मार्केट में स्थापित किया हैं। इलेक्ट्रॉनिक मीडिया पर निरमा का विज्ञापन याद करें जिसमें–'महँगे वस्त्रों, मेकअप व आभूषणों से सज्जित महिला मॉडल्स एक-दूसरे के महँगे वस्त्र गन्दे करने के बाद निरमा का पैकेट प्रदर्शित करती हैं। इस विज्ञापन का जिंगल है–'सबकी पसंद निरमा...!' विज्ञापन दर्शाता है कि संपन्न परिवारों में भी निरमा के उत्पाद पहुंच गए हैं। करसनभाई पटेल व उनके दो पुत्र राकेश पटेल व हिरेन पटेल ने एफएमसीजी मार्केट में बहुराष्ट्रीय कंपनियों को छकाकर देश के बड़े दिग्गज कॉरपोरेट्स–टाटा, बिड़ला, धीरूभाई, नारायणमूर्ति या अजीम प्रेमजी की तरह यह साबित कर दिया है कि भारतीय उस क्षेत्र में भी किसी से कम नहीं हैं, जिसका परिदृश्य व जिसमें संभावनाएँ हर पल बदल जाती

हैं। करसनभाई पटेल ने अब कॉस्मेटिक्स और स्किन केयर उत्पाद मार्केट में भी एंट्री ले ली है। उनके अनुसार–निम्न व मध्यमवर्गीय भारतीय उपभोक्ता अब ऐसे हेल्थ केअर उत्पाद चाहते हैं, जिनका मूल्य कम हो, पर जो प्रभावी हो। निरमा ऐसे उत्पाद बनाने व बेचने में दक्ष है। करसनभाई पटेल इस सेगमेंट में 100 करोड़ रुपए निवेश करने जा रहे हैं।

निरमा की गैर-वाणिज्यिक गतिविधियाँ

अहमदाबाद को देश की डिटरजेंट राजधानी बना देने वाले करसनभाई पटेल जन्म व कर्म से जमीन से जुड़े उद्यमी हैं। मध्यमवर्गीय जीवन के वे भुक्तभोगी हैं, अतः संपन्नता के बावजूद उन्होंने सामाजिक जवाबदारियों से नजदीकी बना रखी है। इंडियन केमिकल मैन्यूफैक्चरर्स एसोसिएशन ने निरमा के भावनगर स्थित केमिकल कॉम्प्लेक्स को आईसीएमएस अवार्ड (रसायन उद्योग में जल संसाधनों का प्रबंधन) प्रदान किया है। निरमा का यह संयंत्र जल की कमी वाले क्षेत्र काला तालव में कार्यरत है। यहाँ वैक्यूम साल्ट, सोडा एश, टॉयलेट साबुन, डिटरजेंट पाउडर आदि बनते हैं। निरमा ने वहाँ वर्ल्ड क्लास टेक्नोलॉजी व कई नवोन्मेषी पहल से जल संसाधनों का जीरो डिस्चार्ज प्रबंधन किया है। बरसाती जल को रोकने व संगृहीत करने के लिए यहाँ बड़े पैमाने पर वाटर हार्वेस्टिंग की जाती है और भूमिगत तालाब है। सौर ऊर्जा से नमक बनाने की सुविधाएँ जुटाई हैं। पर्यावरण के पक्ष में निरमा की ये पहल अनुकरणीय है।

निरमा एजुकेशन एंड रिसर्च फाउंडेशन

'ड्रीमर विद डिफरेंस' (अलग ही किस्म के स्वप्नद्रष्टा) हैं करसनभाई पटेल। सन् 2010 में भारत सरकार द्वारा पद्मश्री से सम्मानित करसनभाई खोदीदास पटेल ने 25 वर्ष की उम्र में सुरक्षित सरकारी नौकरी छोड़कर रपटीले उद्योग में प्रवेश करने की जोखिम उठाई और वहाँ ऐसी सफलता जुटाई कि माइल स्टोन बन गए। पर वे यह नहीं भूले कि इंजीनियर बनने के बाद वे प्रोफेशनल शिक्षा प्राप्त करना चाहते थे, पर आर्थिक हालात अच्छे नहीं थे। वे यह भी नहीं भूले हैं कि अच्छा व सस्ता डिटरजेंट बनाने से बेचने तक वे अकेले थे। उनके नजदीकी मित्रों को भी भरोसा नहीं था कि वे एक दिन डिटरजेंट किंग बन जाएँगे।

करसनभाई ने जो भोगा उसे दूसरे लोग न भुगतें इस मंशा से सन् 1994 में उन्होंने गुजरात में वर्ल्ड क्लास प्रोफेशनल व टेक्निकल उच्च शिक्षा के लिए एक संस्थान स्थापित किया- निरमा एजुकेशन एंड रिसर्च फाउंडेशन (एनईआरएफ)। अहमदाबाद के नजदीक सरखेज-गांधीनगर में 110 एकड़ भूखंड पर स्थापित इस परिसर में करसनभाई पटेल ने स्थापित किए हैं–निरमा इंस्टीट्यूट ऑफ टेक्नोलॉजी (एआईटी), निरमा इंस्टीट्यूट ऑफ मैनेजमेंट (एनआईएम) और निरमा इंस्टीट्यूट ऑफ डिप्लोमा साइंस (एनआईडीएस) जो इंजीनियर व मैनेजमेंट स्टडीज कोर्सेस संचालित कर रहे हैं।

अप्रैल, 2003 में गुजरात सरकार ने एनईआरएफ को विश्वविद्यालय का दर्जा दे दिया है। एनईआरएफ का फ्लोरिडा अटलांटिक यूनिवर्सिटी, न्यू मैक्सिको सिटी स्टेट यूनिवर्सिटी, यूएस की इंडियाना यूनिवर्सिटी नॉर्थ वेस्ट, ऑस्ट्रेलिया की रॉयल मेलबोर्न इंस्टीट्यूट ऑफ टेक्नोलॉजी

और इंग्लैंड की यूनिवर्सिटी ऑफ वेस्ट मिनस्टेर जैसी इंटरनेशनल यूनिवर्सिटीज के साथ फैकल्टी व स्टूडेंट एक्सचेंज समझौता है।

इंडियन इंटरप्रिन्योरशिप को बढ़ावा देने के लिए करसनभाई पटेल की नई पहल है हाई टेक इन्क्यूबेटर जो टेक्नो-प्रिनर्स (टेक्नोक्रेट-इंटरप्रिन्योर) तैयार करेगी। करसनभाई पटेल के अनुसार 2 फीसदी आप्रवासी भारतीय विदेशों में इतनी सम्पदा कमा रहे हैं जितनी सम्पदा भारतीय अपने देश में नहीं कमाते हैं। इसका कारण केवल व्यक्तिगत प्रतिभा नहीं है, बल्कि वह अवसर है जो आप्रवासी भारतीयों को विदेश में मिलते हैं और वह माहौल है जो उन्हें स्वेच्छा से प्रतिस्पर्धी बना देता है। निरमा लैब धनोपार्जन (वेल्थ क्रिएटर्स) कर सकने वाले युवाओं को चुनेगी और तैयार करेगी कि वे अपना खुद ज्ञान आधारित वेंचर स्थापित करें। हाई टेक इन्क्यूबेटर टेक्नोक्रेट्स की टेक्नो-प्रिनर बनाएगी तो निरमा लिमिटेड उनके वेंचर के लिए सीड कैपिटल प्रदान करेगी और उनके उद्योग को स्थापित करने में उनकी मदद करेगी। निरमा लिमिटेड ने निरमा लैब्स के लिए प्रोफेशनल सीईओ और फैकल्टी चुनी है और उन्हें दायित्व सौंपा है कि हर साल वे कम से कम 15-20 ग्लोबल टेक्नोप्रिनर्स यानी करसनभाई तैयार करें, जो देश के लिए धनोपार्जन करें, जिनकी आज सबसे ज्यादा जरूरत है।

आदमी पहले प्यार या युद्ध में पहली विजय के लिए जाना जाता है। करसनभाई पटेल एफएमसीजी मार्केट में हिंदुस्तान लीवर से जूझने व जीतने के लिए मशहूर हैं। उनकी इससे बड़ी उपलब्धि है-जिस डिटरजेंट को कभी केवल संपन्न व उच्च मध्यमवर्गीय परिवारों में उपयोग किया जाता था, उसे उन्होंने घर-घर पहुँचाया है। निर्धन परिवारों की गृहिणियों को इससे जो सबसे बड़ी राहत मिली है, वह है कपड़े पर साबुन को रगड़ने व उन्हें कूटने की झंझट से मुक्ति। निरमा डिटरजेंट की सफलता के बाद ही डिटरजेंट कुटीर उद्योग का उत्पाद बना है। आज मार्केट में स्थानीय स्तर पर निर्मित कई सस्ते डिटरजेंट उपलब्ध हैं।

करसनभाई ने साबित किया है कि एक मध्यमवर्गीय व्यक्ति भी अपना खुद का उद्योग स्थापित कर सकता है और थोड़ी जोखिम उठाए तो महारथी प्रतिद्वंद्वी को भी थका सकता है। शर्त है कि प्रतिद्वंद्वी की दिखाई देने वाली ताकत से घबराओ मत, उसकी न दिखाई देने वाली कमजोरी को खोजो और तेज हमला बोल दो। प्रतिद्वंद्वी बचाव करने लगे तो जीत का जश्न मनाओ और पलटवार करे तो समझ लो कि जीत की शुरुआत हो गई है। संक्षेप में कहें तो करसनभाई ने अपने करिश्मे से हमें याद दिला दिया है कि हर ऊँट के लिए एक पहाड़ बना है, यह पहाड़ कोई भी हो सकता है जैसे लीवर के लिए करसनभाई...!

लोकल से ग्लोबल
इंडियन कॉरपोरेट्स

20

चाणक्य

समीर व विनीत जैन

विधाता की अद्‌भुत कृति है–सृष्टि का सजग प्रहरी–'समय'। समय की गति इतनी तेज है कि हम वर्तमान को देखें-समझें, इसके पहले ही यह भूतकाल हो जाता है। समय के साथ चलना मनुष्य के लिए दुनिया की सबसे बड़ी चुनौती है। द्रुत गति से दौड़ने वाले अर्थात समय के साथ कदमताल करने वाले संगठन या व्यक्ति ही इतिहास बनते व बनाते हैं। भारतीय समाचार-पत्र उद्योग के 'सरताज' टाइम्स ग्रुप ने यही गौरव जुटाया है। पिछले सात दशकों से यह भारतीय इतिहास का न केवल साक्षी बना हुआ है, वरन् सहभागी बनकर इसने भारतीय समाचार-पत्र उद्योग को बनाया, आगे बढ़ाया एवं समय के साथ बदलना व चलना सिखाया है। टाइम्स ग्रुप की कई उपलब्धियाँ (कई समाचार-पत्र, कई संस्करण, भव्य भवन, सुगठित कार्यप्रणाली, स्टेट ऑफ द आर्ट प्रिंटिंग प्लांट्स, बड़े-बड़े आयोजन, उनसे भी बड़े अवाड्र्स समारोह व इवेंट्स..) तो आसानी से दिखाई देती हैं, पर जो 'सच व सोच' सप्रयास देखना व समझना पड़ता है, वह है समाचार-पत्र उद्योग को आत्मनिर्भर बनाने की प्रेरणा, जो अन्यथा समाज व सरकार पर निर्भर रहा है।

नि:संदेह समाचार-पत्र उद्योग राजनीतिक व सामाजिक प्रहरी के रूप में हम सबकी अनिवार्य जरूरत है, पर इस सचाई का दूसरा पहलू सबसे पहले टाइम्स ने समझा कि समाचार-पत्र एक उत्पाद भी है, जिसे रोज बनाना व बेचना पड़ता है। यह सही है कि पाठक (उपभोक्ता) इसके प्राण हैं, पर इसके रक्त संचार (आर्थिक स्वावलम्बन) का स्रोत विज्ञापन है। जो समाचार-पत्र समूह अपने इन दोनों संरक्षकों के हितों की संतुलित पूर्ति करता है, उन्हें संतुष्ट रखता है वही लम्बी पारी खेलता है। टाइम्स ग्रुप ने

अपने 170 सालों के इतिहास में इस सोच व सचाई को केवल उपदेश के रूप में प्रसारित नहीं किया, वरन् पहले अपने स्तर पर इसे लागू किया। हालाँकि, इसके लिए कई बार 'टाइम्स' को भारी आलोचनाओं का भी सामना करना पड़ा है। टाइम्स ने पाठकों की नब्ज पकड़ने के लिए 'Readers need to know' (पाठकों को जो जानना चाहिए) के बजाय 'Readers want to know' (पाठक जो जानना चाहते हैं) वाली सम्पादकीय नीति अपनाई। टाइम्स को इसका सुफल भी मिला। हर आयु वर्ग के पाठकों की मानसिक क्षुधा की पूर्ति करने वाले टाइम्स के प्रकाशन पाठक-परिवारों के स्थायी सदस्य बन गए। विज्ञापनदाताओं को उनके पैसे का पूरा मूल्य (रिस्पांस) वापस मिला तो टाइम्स ने इसमें से अपना हिस्सा वसूल करके समाचार-पत्र उद्योग को स्वावलम्बन (आर्थिक आत्मनिर्भरता) का सबक सिखाया। टाइम्स ने यह साबित किया है कि पतली रस्सी पर पग-संचालन एक जोखिम-भरा कठिन काम है, पर उनके लिए असम्भव नहीं है, जिनकी निगाहें लक्ष्य पर टिकी हों।

टाइम्स ऑफ इंडिया टाइम्स ग्रुप के सिरमौर समाचार-पत्र 'टाइम्स ऑफ इंडिया' का सन् 1838 में बॉम्बे टाइम्स के रूप में जन्म हुआ था। ग्यारह फर्मों की एक ब्रिटिश सिंडीकेट, दो बैरिस्टरों व एक डॉक्टर ने बॉम्बे टाइम्स एंड जनरल ऑफ कॉमर्स की शुरुआत की थी। तीस रुपए सालाना शुल्क पर सप्ताह में दो बार पाठकों तक पहुँचने वाले इस एकपृष्ठीय अंग्रेजी समाचार-पत्र को तब फ्लेटबेड मशीनों पर छापा जाता था। इस मशीन में एक बार में एक कागज रखना पड़ता था, वह भी हाथ से। सारी छपाई प्रक्रिया बेहद धीमी व महँगी थी। सन् 1850 में इंग्लैंड से कम्पोजिटर्स व प्रेसमैन बुलवाए गए और 'टाइपोग्राफी' तकनीक से बॉम्बे टाइम्स दैनिक समाचार-पत्र बना। दिसम्बर, 1859 को दो स्थानीय समाचार-पत्र 'द बॉम्बे स्टैंडर्ड' व 'द टेलीग्राफ एंड कूरियर' को समाहित करके बॉम्बे टाइम्स का नामकरण हुआ 'द टाइम्स ऑफ इंडिया'।

बॉम्बे टाइम्स के पहले सम्पादक थे डॉ. जे.ई. बेन्नन, जो सन् 1834 में गठित चैम्बर ऑफ कॉमर्स, बॉम्बे के भी सेक्रेटरी थे। 'टाइम्स ऑफ इंडिया' (पूर्ववर्ती बॉम्बे टाइम्स) के पहले सम्पादक थे रॉबर्ट नाइट, जो ब्रिटिश सरकार की वित्तीय नीतियों/अनियमितता की कड़ी समीक्षा/आलोचना करने से भी परहेज नहीं करते थे। उनके बाद डब्लू. मार्टिन वुड ने यह दायित्व सँभाला और समाचार-पत्र की निष्पक्षता व निडरता को यथावत् बनाए रखा। सन् 1892 में टाइम्स ऑफ इंडिया के इतिहास में एक और अध्याय जुड़ा। थॉमस बैनेट ऑनर के साथ प्रोफेशनल एडिटर के रूप में समाचार-पत्र से जुड़े। उन्होंने न्यूज पेपर प्रोडक्शन के जानकार एफ.एम. कोलमेन को इंग्लैंड से बुलाया और पार्टनर बनाया। इसके साथ ही जन्मी 'बैनेट कोलमेन एंड कंपनी लिमिटेड' जो टाइम्स ग्रुप की नियंत्रक इकाई है।

डॉ. जे.ई. बेन्नन, रॉबर्ट नाइट, डब्लू. मार्टिन वुड, थॉमस बैनेट, लोवट फ्रासर के बाद स्टेनले रीड, फ्रांसिस लॉ और अवोर जेहु ने टाइम्स का सम्पादन सँभाला। सन् 1907 में टाइम्स ने अखबार का मूल्य 4 आना (आज 25 पैसे) से घटाकर एक आना किया। अखबार का सरकुलेशन पाँच गुना बढ़ गया। टाइम्स ने इसके साथ समाचार उद्योग में प्राइस-वॉर की परंपरा डाली। टाइम्स ने साप्ताहिक संस्करण की सन् 1880 में शुरुआत की थी, जिसका बाद में नामकरण हुआ-द

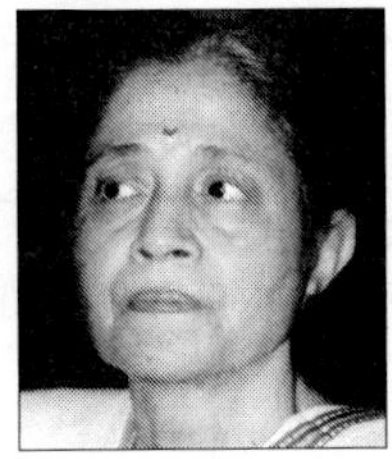

इंदु जैन

टाइम्स ऑफ इंडिया इलेस्ट्रेड वीकली। सन् 1923 में इसी नाम से अपने जमाने की प्रसिद्ध पत्रिका इलेस्ट्रेड वीकली लांच की।

सबसे अधिक अवधि तक टाइम्स का सम्पादकीय दायित्व सँभालने वाले स्टेनले रीड (सन् 1907 से 1923) से पहले सायं 5 बजे बाद की खबरें अगले दिन के लिए लंबित रखी जाती थीं। रीड ने इस समयावधि को देर रात तक बढ़ाने के आदेश जारी किए तो सम्पादकीय स्टाफ ने इसे तब असम्भव व अव्यावहारिक बताया। रीड का जवाब था–'मैं ऐसा करके दिखाऊँगा, क्योंकि पाठकों को सुबह देर रात तक की खबरें मिलना ही चाहिए।' टाइम्स ऑफ इंडिया द्वारा सौ साल पहले अपनाया यही सूत्र 'If it is not fresh, it is dead...' आज समाचार-पत्र उद्योग का ब्रह्मवाक्य व ब्रह्मास्त्र है। देश की आजादी के साथ अगस्त, 1947 में 'टाइम्स ऑफ इंडिया' का दिल्ली संस्करण व 'संडे टाइम्स' तथा हिंदी समाचार-पत्र नवभारत टाइम्स शुरू हुआ। सन् 1952 में फिल्म फेयर, 1959 में फेमिना, 1961 में इकोनॉमिक टाइम्स की शुरुआत हुई।

'टाइम्स' का 1950 के दशक में एक दिलचस्प घटना के साथ भारतीयकरण हुआ। जीवन बीमा उद्योग के राष्ट्रीयकरण (सन् 1955) के पहले देश में निजी क्षेत्र की कई बीमा कम्पनियाँ थीं। ऐसी ही एक भारत इंश्यूरेंस कंपनी के ऑनर थे रामकृष्ण डालमिया। छरहरी काया के डालमिया धोती-कुर्ता पहनते थे, अपने 'लुक' से साधारण मारवाड़ी दिखते थे, पर अपने युग के ऐसे दबंग और दु:साहसी व्यक्ति थे, जिन्होंने धीरूभाई अंबानी की तरह अपने कारोबारी लक्ष्य प्राप्त करने के लिए यश कमाया तो अपयश भी। जीवन बीमा उद्योग के राष्ट्रीयकरण का एक कारण रामकृष्ण डालमिया थे, जिन पर लोकसभा में स्व. फिरोज गाँधी ने आरोप लगाया था कि डालमिया ने भारत इंश्यूरेंस के शेयरधारकों की पूँजी से टाइम्स की बिल्डिंग खरीदी है। *

रामकृष्ण डालमिया के नियंत्रणाधीन भारत इंश्यूरेंस कम्पनी के इंचार्ज थे जे.सी. जैन जो एक बार टाइम्स के दफ्तर गए तो वहाँ से लौटकर डालमिया से उन्होंने कहा कि मेरी इच्छा है कि मैं टाइम्स ऑफ इंडिया को 'लीड' करूँ। दूसरे दिन डालमिया ने जे.सी. जैन से कहा–कल से टाइम्स को सँभालो। जे.सी. जैन यह सुनकर हतप्रभ रह गए और बोले–पर मैं समाचार-पत्र के कामकाज के बारे में कुछ नहीं जानता। टाइम्स जैसे समाचार-पत्र को कैसे मैनेज करूँगा। जवाब मिला–सीख जाओगे। डालमिया ने टाइम्स का कैसे अधिग्रहण किया था, इसका खुलासा उन्होंने अपनी आत्मकथा 'ए शॉर्ट स्केच ऑफ माई लाइफ' में किया है। वे लिखते हैं कि द

***इस आरोप के कारण 25 सितम्बर, 1955 को डालमिया गिरफ्तार कर लिये गए। रामकृष्ण डालमिया का कहना था कि उन्होंने भारत इंश्यूरेंस की पूँजी का व्यक्तिगत उपयोग नहीं किया, उसका लाभदायक निवेश किया है, पर उनकी यह दलील सुनी नहीं गई, क्योंकि उन्होंने कम्पनी के नियंत्रक मंडल से इस निवेश की पूर्वानुमति प्राप्त नहीं की थी। डालमिया ने भारत इंश्यूरेंस कम्पनी को 1.80 करोड़ रुपए लौटा दिया, पर आजाद भारत के इस पहले आर्थिक घोटाले पर ऐसी तब बहस हुई थी कि भारत सरकार ने अपनी साख बचाने के लिए भारत इंश्यूरेंस सहित कई जीवन बीमा कम्पनियों का विलयन करके नेशनल इंडिया इंश्यूरेंस कम्पनी का गठन किया।**

स्टेट्समैन के पूर्व सम्पादक आर्थर मूर के माध्यम से मैं टाइम्स ऑफ इंडिया के मैनेजिंग डायरेक्टर पीटरसन से मिला। अपनी मंशा बताई तो वे बोले–मैंने 40 साल जिस बेबी का लालन–पालन किया उसे आप दो करोड़ रुपए में खरीदना चाहते हैं। डालमिया आगे लिखते हैं कि यह सुनकर मैंने पीटरसन के सामने ब्लैंक चेक रखते हुए कहा–एक बेबी की दो बेबीसीटर (आया) भी हो सकती है।

रामकृष्ण डालमिया एवं उनके दामाद साहू शांतिप्रसाद जैन द्वारा अधिग्रहण के पूर्व टाइम्स का सरकुलेशन एक लाख से भी कम था। मुम्बई के अंग्रेज, पारसी या गिने–चुने सम्पन्न व शिक्षित मध्यमवर्गीय टाइम्स के पाठक थे। 1950 के दशक में जे.सी.जैन को टाइम्स का भारतीयकरण करने के लिए अंग्रेजों के साथ कूटनीतिक लड़ाई लड़ना पड़ी। उन दिनों बैनेट कोलमेन समूह पर अंग्रेजों का कब्जा था। कम्पनी के भारतीय कर्मचारियों को अधिकतम वेतन मिलता था 18 हजार रुपए सालाना जबकि अंग्रेजी स्टाफ प्राप्त करता था सालाना एक लाख रुपए। यही नहीं उन्हें ढाई साल में इंग्लैंड आने–जाने का हवाई किराया भी दिया जाता था। वे तीन साल के अनुबंध पर नौकरी कर रहे थे। जे.सी. जैन ने अनुबंध रिन्यू नहीं किए तो एक के बाद एक अंग्रेज इंग्लैंड लौटते गए।

जे.सी. जैन ने प्रतिभावान व निर्भीक भारतीयों को सम्पादकीय दायित्व सौंपा। टाइम्स को इन हस्तियों ने तब धर्मनिरपेक्ष अखबार बनाया जब विभाजन के कारण देश में सामाजिक वैमनस्यता फैली हुई थी। हिंदू–मुस्लिम कभी भी आमने–सामने खड़े हो जाते थे तो पारसी को पंजाबी, बंगाली को गुजराती तो गोवाइन को तमिलयन नापसंद करते थे। ऐसे कठिन दौर में टाइम्स के भारतीय सम्पादकों ने सारी दुनिया में टाइम्स को ऐसी पहचान दिलवाई कि विश्वप्रसिद्ध पुस्तकालय भारतीय संदर्भ के लिए 'टाइम्स ऑफ इंडिया' की फाइल सहेजने लगे। यह दुनिया का सर्वाधिक बिकने वाला ऐसा ब्रॉडशीट अंग्रेजी समाचार–पत्र बन गया, जिसे माध्यम बनाकर दुनिया की हर बड़ी हस्ती ने अपनी बात जन–जन तक पहुँचाई। महात्मा गांधी जैसे शख्स को टाइम्स को एक्सक्लूसिव साक्षात्कार देने के लिए पक्षपात का आरोप सहना पड़ा था। टाइम्स के पहले भारतीय सम्पादक थे फ्रेंक मॉरेस (1950 से 1957) जो 1942 में युद्ध के मैदान से रिपोर्टिंग कर चुके थे। उनके बाद एन.जे. नानपोरिया (1957 से 1967), शामलाल (1967 से 1978), गिरीलाल जैन (1978 से 1988), दिलीप पाडगाँवकर (1988 से 1993) तथा गौतम अधिकारी।

जे.सी. जैन की सबसे ज्यादा दिलचस्प पहल है आर.के. लक्ष्मण के कार्टून का मुखपृष्ठ पर प्रकाशन। आज तो लक्ष्मण कार्टून विधा के पितामह हैं, पर तब जैन ने उनसे टाइम्स मुखपृष्ठ के लिए कार्टून बनाने को कहा था तो उन्होंने कहा था–अखबार के पाठक मुखपृष्ठ पर कार्टून स्वीकार नहीं करेंगे। उन्हें जवाब मिला था–यह कार्टून कोना ही आपको एक दिन देश का महान कार्टूनिस्ट बना देगा। यही हुआ। आज आर.के. लक्ष्मण के मानस पुत्र 'कॉमन मैन' के संदर्भ में टाइम्स का कहना है कि हम सालाना लाखों माइल्स से ज्यादा न्यूजप्रिंट उपयोग कर रहे हैं, पर

लक्ष्मण का 5 से.मी. का कार्टून इस न्यूजप्रिंट के बोझ से कई गुना भारी है। समाचार-पत्र उद्योग को विज्ञापनी आचार संहिता भी जे.सी. जैन की देन है। यह बुकलेट कई वर्षों तक समाचार-पत्र और विज्ञापन उद्योग की बाइबिल बनी रही।

सन् 1952 में डालमिया-साहू समूह के विभाजन के बाद शांतिप्रसाद जैन और अशोक जैन ने टाइम्स को सँभाला पर इन दोनों ने टाइम्स के दैनंदिन कामकाज में कोई रुचि नहीं ली। फलतः टाइम्स के सम्पादकीय स्टाफ का वर्षों तक ऐसा दबदबा कायम रहा कि तब देश में दो नौकरी सबसे मुश्किल मानी जाती थी। एक था प्रधानमंत्री का पद और दूसरा टाइम्स का सम्पादक बनना। सन् 1978 में शांतिप्रसाद जैन का निधन हुआ और अशोक जैन बेनेट कोलेमन एंड कंपनी के चेअरमैन बने। सन् 1984 में उनके बड़े पुत्र समीर जैन ने टाइम्स का दैनंदिन कामकाज सँभाला और इसके साथ टाइम्स का वास्तविक कायाकल्प हुआ। आज अशोक जैन की पत्नी इंदु जैन बैनेट एंड कोलेमन की चेअरमैन हैं, समीर जैन वाइस चेअरमैन और विनीत जैन मैनेजिंग डायरेक्टर।

समीर जैन से 12 साल छोटे हैं विनीत, जिन्हें अपने बड़े भाई से पितृतुल्य व्यवहार व संरक्षण (Fatherly treatment & protection) मिला है। समीर व विनीत जैन के स्वभाव में जमीन-आसमान का फर्क है और यह विसंगति ही शायद उन्हें एक-दूसरे का पूरक बनाती है। समीर 'थिंकर' हैं तो विनीत 'मूवर'। समीर 'ड्रीमर' हैं तो विनीत 'डूअर' । अपने ग्रेट ग्रांड फादर रामकृष्ण डालमिया की तरह समीर ऐसी कारोबारी रणनीति बनाने में माहिर हैं कि प्रतिद्वंद्वी को सेंध लगाने का मौका नहीं मिले तो विनीत एक कुशल आर्किटेक्ट की तरह बड़े भाई की मंशा पूरी करने में कोई कसर नहीं छोड़ते। समीर को आलोचना या निंदा विचलित नहीं करती। कहते हैं कि उनके दस सूत्री प्लान ने टाइम्स के सम्पादकीय स्टाफ को हिला दिया था। पत्रकारों ने कहा कि अब टाइम्स को पार्टटाइम सम्पादक चाहिए। समीर ने किसी की नहीं सुनी और अपने लक्ष्य- 'टाइम्स हो आत्मनिर्भर' पर अपना ध्यान केंद्रित रखा। उन्होंने इसके लिए अपनी कोर टीम में बहुराष्ट्रीय कम्पनियों और होटल उद्योग के एक्जीक्यूटिव को शामिल किया, जो समाचार-पत्र उद्योग के लिए तब नई पहल थी। समीर ने अखबार का सरकुलेशन और विज्ञापनी आय बढ़ने के स्पष्ट टारगेट अपनी कोर टीम को दिए और कहा कि जब उद्योगपति हमारे प्रोडक्ट्स (अखबार) के जरिये अपनी छवि बनाते हैं, उत्पाद बेचते हैं और मुनाफा कमाते हैं तो उनकी कमाई में हमारा भी हिस्सा है।

दुनिया का सबसे अनूठा मेट्रो है मुम्बई, विविधता और विरोधाभासों से सराबोर। यहाँ का सामाजिक ताना-बाना तो इतना विचित्र है कि मराठी, गुजराती, मारवाड़ी और पंजाबी पास-पास रहते हैं, साथ-साथ व्यापार करते हैं, पर 'आमच्या महाराष्ट्र' की बात हो तो मुम्बई के मूल बाशिंदे किसी को नहीं बख्शते। और बिहारी, उत्तर भारतीय, राजस्थानी और गुजराती यहाँ छोटा-मोटा कारोबार करके जीवन-यापन करते हैं। कई सम्पन्न भी हुए हैं, पर गृहप्रदेश की याद आए तो महाराष्ट्र और मुम्बई को भूल जाते हैं। मुम्बई की गली-गली में लाखों-करोड़ों के

स्वामी हैं तो उनके ही बाजू में ऐसे परिवार भी हैं, जो रोज कमाते हैं तब रोटी पाते हैं। मुम्बई की भागदौड़ से दोनों ही हैरान-परेशान हैं, पर कोई मुम्बई छोड़ना नहीं चाहता। सारे देश के चहेते अमिताभ बच्चन यहाँ हैं तो यह दाऊद इब्राहिम का भारतीय मुख्यालय भी है और इस महानगर का राजनीतिक माहौल तो इतना दिलचस्प है कि यहाँ बाल ठाकरे हैं तो शरद पवार भी, जो एक-दूसरे के राजनीतिक विरोधी पर निजी मित्र हैं।

ऐसे विरोधाभास से सराबोर देश की वाणिज्यिक राजधानी मुम्बई एड व मीडिया बिजनेस की मक्का-मदीना है। किसी समाचार-पत्र समूह के लिए यहाँ का सरदार होने का मतलब है अंतरराष्ट्रीय पहचान के साथ सोने की खदान पर कब्जा। मुम्बई की इसी विशेषता का 'टाइम्स' छह दशक (1950-2009) से दोहन कर रहा है। बैनेट एंड कोलमैन के लिए टाइम्स का अकेला मुम्बई संस्करण, जो विज्ञापनी आय जुटाता है, वह बैनेट एंड कोलमैन के सारे प्रकाशनों व टाइम्स के सारे संस्करणों की आय से ज्यादा है। इनसे भी ज्यादा महत्वपूर्ण है इसके जरिये टाइम्स को अपने अन्य शहरों के कमजोर प्रकाशनों के लिए भी विज्ञापन मिलते हैं। मुम्बई ने ही बैनेट कोलमैन को 'कैश रिच' कम्पनी बनाया है, जिसका श्रेय समीर जैन को है।

समीर जैन भारतीय समाचार-पत्र उद्योग में कूटनीतिज्ञ रणनीतिकार माने जाते हैं। ऐसे मीडिया मुगल जो मीडिया शॉय हैं, उन्हें जीत से ज्यादा अपने प्रतिद्वंद्वी को दौड़ाने व थकाने में मजा आता है। वे रणनीति बनाते हैं और उसका क्रियान्वयन प्रोफेशनल्स को सौंपकर बैक स्टेज से वॉच करना पसंद करते हैं। ऐसा क्रूर प्रतिद्वंद्वी ज्यादा खतरनाक होता है, जो परदे के पीछे से लड़ता है। अपनी इस कूटनीति की पहली मिसाल उन्होंने दिल्ली में एचटी से मुकाबले के समय पेश की थी, तो मुम्बई में एचटी और डीएनए (जी टीवी के सुभाष चंद्रा व भास्कर समूह के संयुक्त वेंचर) से मुकाबला करते हुए सफलता से दोहराई।

कहते हैं कि समीर जैन ने दिल्ली में एचटी का मुकाबला करते हुए अपनी सीनियर एक्जीक्यूटिव से एक बार कहा था कि विज्ञापनदाता को चाहे डिस्काउंट दो, पर इसका पुख्ता इंतजाम करो कि प्रतिस्पर्धी तक पैसा न पहुँचे। टाइम्स ने अपनी विज्ञापनी आय लॉक करने व उसका प्रवाह प्रतिस्पर्धियों तक न मुड़ने देने के लिए विज्ञापनदाताओं को सशर्त भारी डिस्काउंट देना शुरू किया। शर्त थी कि वे अपने विज्ञापन बजट का 60 से 80 प्रतिशत हिस्सा टाइम्स के प्रकाशनों को देंगे तो उन्हें डिस्काउंट मिलेगा। दूसरे, विज्ञापनदाता कम्पनियों की इक्विटी इस शर्त पर खरीदी कि वे उन्हें मिल रहे इक्विटी के मूल्य को बैनेट कोलमैन ब्रांड्स पर खर्च करेंगे। मुम्बई में तो समीर जैन ने 40 से ज्यादा कम्पनियों से यह पक्का कमिटमेंट भी ले लिया कि आगामी तीन वर्षों में वे बैनेट कोलमैन के प्रकाशनों को सर्वाधिक विज्ञापन जारी करेंगे। इसी तरह प्राइस-वॉर का उन्होंने जब भी शंखनाद किया, तब अपनी नुकसान की चिंता नहीं की, बल्कि यह अनुमान लगाया कि प्रतिद्वंद्वी क्या खोएँगे। समीर जैन ने अपनी रणनीति का खुलासा करते हुए एक साक्षात्कार में कहा है- 'Money must not be available for competition'।

गौरतलब है कि अत्यंत लो-प्रोफाइल समीर जैन ने प्रिंट मीडिया पर फोकस किया है तो हाई प्रोफाइल अनुज विनीत जैन ने प्रिंट मीडिया के साथ कई नए कारोबारी क्षेत्रों में बैनेट कोलमैन को सक्रिय किया है। इनमें उल्लेखनीय है द टाइम्स स्कूल ऑफ मार्केटिंग के अलावा टेलीविजन सॉफ्टवेयर (1993), टाइम्स म्यूजिक (1998), टाइम्स मनी (2000), टाइम्स जॉब पोर्टल (2004), लाइफ स्टाइल एंडइंटरटेनमेंट चैनल-झूम (2004), न्यूज चैनल टाइम्स-नाऊ (2006), रेडियो मिर्ची-एफएम रेडियो (2006), प्रॉपर्टी सर्विस पोर्टल-मैजिक ब्रिक्स (2006) और बिजनेस न्यूज चैनल आदि।

वस्तुत: 4 बिलियन डॉलर (करीब 18000 करोड़ रुपए) के मीडिया हाउस बैनेट कोलमैन (टाइम्स) की आर्नामेंटल चेअरमैन ही हैं इंदु जैन और वास्तविक सूत्रधार हैं समीर जैन और विनीत जैन। श्रीश्री रविशंकर और सद्‌गुरु जग्गी वासुदेव की अनुयायी इंदु जैन की सामाजिक सरोकार के साथ अध्यात्म और संस्कृति में गहन रुचि है। इंदु जैन ने द टाइम्स फाउंडेशन की स्थापना की है तो वे सन् 1944 में शांतिप्रसाद जैन और उनकी पत्नी रमा जैन द्वारा स्थापित भारतीय ज्ञानपीठ फाउंडेशन की भी चेअरपर्सन हैं।

प्रिंट मीडिया में बैनेट कोलमैन

नवभारत टाइम्स

टाइम्स ग्रुप के हिंदी दैनिक समाचार-पत्र 'नवभारत टाइम्स' का देश की आजादी के चार माह पूर्व अप्रैल, 1947 में नई दिल्ली में जन्म हुआ था। 29 जून, 1950 को इसका मुम्बई संस्करण भी शुरू हुआ। नवभारत टाइम्स को सँवारने वाले सम्पादकों में उल्लेखनीय हैं देश के अग्रणी लेखक-पत्रकार सत्यदेव विद्यालंकार, सुरेंद्र बलपुरी, चंद्रशेखर शास्त्री, जंग बहादुरसिंह राणा, मातादीन भागेरिया, रामगोपाल विद्यालंकार, अक्षयकुमार जैन, सच्चिदानंद वात्स्यायन अज्ञेय, आनंद जैन, राजेंद्र गाथुर, एस.पी. सिंह, महावीर अधिकारी, विद्यानिवास मिश्र और विश्वनाथ सचदेव। राजेन्द्र माथुर के कार्यकाल में टाइम्स समूह ने हिन्दी पत्रकारिता का अश्वमेध रचा था जिसके तहत जयपुर, लखनऊ और पटना से नवभारत टाइम्स के संस्करण प्रकाशित हुए थे। राजधानी दिल्ली में आज भी सबसे ज्यादा पाठक नवभारत टाइम्स के पास ही हैं। यहाँ टाइम्स ऑफ इंडिया का भी क्रम दूसरा है।

इलेस्ट्रेटेड वीकली ऑफ इंडिया

साप्ताहिक अंग्रेजी पत्रिका 'इलेस्ट्रेटेड वीकली ऑफ इंडिया' (1929 से 1993) को कई नामी सम्पादक मिले, पर सुप्रसिद्ध लेखक सरदार खुशवंत सिंह के सम्पादकीय नेतृत्व में इस पत्रिका ने 70 के दशक में तीन लाख प्रतियाँ बिकने का अपूर्व कीर्तिमान बनाया। टाइम्स ग्रुप के अनुसार-यह पत्रिका अपनी ही सफलता का शिकार हुई और 13 नवम्बर, 1993 को इसे बंद करना पड़ा।

इकोनॉमिक टाइम्स

5 मार्च, 1961 को जन्मा 'इकोनॉमिक टाइम्स' भी 'टाइम्स ऑफ इंडिया' की तरह भारतीय उद्योग/वाणिज्यिक जगत का प्रतिनिधि समाचार-पत्र है। इसके प्रथम सम्पादक थे पी.एस. हरिहरन, जिन्होंने 1964 में अपना दायित्व डी.के. रांगनेकर (1964-1979) को सौंपा। हन्नन इजेकिएल ने सन् 1985 तक और इसके बाद मनु श्राफ ने सन् 1990 तक इसका सम्पादन किया। इसके बाद इस महती दायित्व को सँभालने वाले शख्स हैं-टी.एन. निनान, स्वामीनाथन अंकलेसरिया अय्यर और जयदीप बोस। 13 जुलाई, 1990 को 'इकोनॉमिक टाइम्स' ने फाइनेंशियल टाइम्स लंदन की तरह 'पिंक' कलर अपनाया।

'इकोनॉमिक टाइम्स' के साप्ताहिक फीचर्स भारतीय कम्पनियों के 85 प्रतिशत सीईओ इन्हें नियमित रूप से पढ़ते हैं। ये फीचर्स बिजनेस वर्ल्ड की धड़कन है तो मार्केटिंग व एडवरटाइजिंग उद्योग का स्पंदन।

महाराष्ट्र टाइम्स

टाइम्स ग्रुप का मराठी समाचार-पत्र है 'महाराष्ट्र टाइम्स' जो 18 जून, 1962 से मुम्बई से प्रकाशित हो रहा है। 'महाराष्ट्र टाइम्स' के पहले सम्पादक थे डी.बी. कर्णिक। उनके बाद इस दायित्व को गोविंद तलवलकर, कुमार केतकर, भरत कुमार राऊत ने सँभाला। महाराष्ट्र टाइम्स हर साल 'माता सन्मान अवार्ड्स' प्रदान करता है। मराठी सिनेमा, थिएटर, टेलीविजन की हस्तियाँ इस अवार्ड से नवाजी जाती हैं। टाइम्स ग्रुप ने स्वर कोकिला लता मंगेशकर को 'महाराष्ट्र भूषण' से सम्मानित कर अपना मान बढ़ाया है।

फेमिना

टाइम्स ग्रुप द्वारा सन् 1959 से प्रकाशित पाक्षिक पत्रिका 'फेमिना' न्यू जनरेशन इंडियन वूमेन को फोकस करके उन्हें नई पहचान दिलवा रही है। 'फेमिना मिस इंडिया' कांटेस्ट में चयनित सुष्मिता सेन, ऐश्वर्या राय, डायना हेडन, युक्ता मुखी, प्रियंका चोपड़ा, दीया मिर्जा, लारा दत्ता 'मिस यूनिवर्स व मिस वर्ल्ड' जैसी प्रतियोगिताओं में पहुँची हैं और चयनित भी हुई हैं। फेमिना ने 'फेमिना लिटिल प्रिंसेस फाउंडेशन' भी स्थापित किया है, जो 'गर्ल-चाइल्ड' के कल्याणार्थ कार्यरत है। इस संदर्भ में टाइम्स ग्रुप व टाइम्स फाउंडेशन की चेअरमैन इंदु जैन के यूएन मिलेनियम वर्ल्ड पीस समिट में दिए उद्बोधन का सार दोहराना प्रासंगिक होगा। वे कहती हैं- 'आज का युवा विश्व नागरिक है, जो विश्व की भाषा 'प्यार' को अच्छी तरह समझता है। मैं उन्हें सलाम करती हूँ। मैं अहिंसा को सलाम करती हूँ। हम सबको युवा मस्तिष्क में प्यार की सही परिभाषा स्थापित करना चाहिए।

टाइम्स मिरर

सन् 2005 में टाइम्स के होमटाउन मुंबई में डीएनए (भास्कर समूह व जीटीवी का संयुक्त वेंचर) और हिंदुस्तान टाइम्स ने अंग्रेजी समाचार-पत्र लांच करने की घोषणा की तो अपने प्रतिस्पर्धियों के लिए मैदान रपटीला करने की मंशा से बैनेट कोलमैन ने मुंबई मिरर लांच किया और शुरुआत

में टाइम्स के पाठकों को निःशुल्क उपलब्ध करवाया। सन् 2007 में बैंगलोर मिरर और पुणे मिरर टाइम्स ने लांच किए।

बैनेट कोलमैन द्वारा प्रायोजित अवार्ड्स

फिल्म फेयर

'मैंने 27 साल तक फिल्मफेयर ट्रॉफी की प्रतीक्षा की, हर साल उम्मीद के साथ नया सूट सिलवाया, पर इससे वंचित रहा...' सुप्रसिद्ध सिने अभिनेता धर्मेंद्र ने 'फिल्म फेयर लाइफ टाइम अचीवमेंट' प्राप्त करते हुए आगे कहा-'जो कुछ मैं 27 साल नहीं प्राप्त कर पाया, उसकी कमी आज पूरी हो गई है।'

धर्मेंद्र का यह कथन दर्शाता है कि मनोरंजन उद्योग, खासकर सिनेजगत में 'फिल्म फेयर अवार्ड' की हैसियत क्या है। टाइम्स ग्रुप के इस ऑस्कर समकक्ष अवार्ड से वे सब सिने हस्तियाँ समय-समय पर पुरस्कृत हुई हैं, जिन्होंने भारतीय जनमानस के दिलों पर राज किया है। यह सूची बहुत लम्बी है, पर फिल्म फेयर अवार्ड समारोह के मुख्य अतिथियों में उल्लेखनीय हैं इजिप्ट के प्रेसीडेंट नासेर, विजयलक्ष्मी पंडित, ग्रेगरी पैक जैसी हस्तियाँ। इसी शृंखला में उल्लेखनीय है टाइम्स ऑफ इंडिया का 150वाँ वर्षगाँठ समारोह। नवम्बर, 1988 से नवम्बर, 1989 यानी एक साल तक आयोजित इस प्रसंग में आयोजित नेशनल-इंटरनेशनल एडिटर्स सेमिनार, मार्केटिंग व टेक्नोलॉजी सेमिनार, कंसर्ट्स, एक्जीबिशन्स, थिएटर व स्पोर्ट्स टूर्नामेंट्स ने टाइम्स ग्रुप की साख को गगनचुंबी बनाया है।

इकोनॉमिक टाइम्स अवार्ड्स फॉर कॉरपोरेट एक्सीलेंस

देश के कॉरपोरेट वर्ल्ड को बड़े स्वप्न देखने व उन्हें पूरा करने के लिए प्रेरित करने वाले इकोनॉमिक टाइम्स की देश के कॉरपोरेट्स को एक और बड़ी सौगात है-'इकोनॉमिक टाइम्स अवार्ड्स फॉर कॉरपोरेट एक्सीलेंस।' इस अवार्ड से वे उद्यमी सम्मानित किए जाते हैं, जिन्होंने भारतीय बिजनेस वर्ल्ड को नए आयाम दिए हैं। इसे उद्योग जगत में 'अल्टीमेट' अवार्ड्स का दर्जा हासिल है और 'ऑस्कर्स' की तरह मान्य किया जाता है। इसके तहत दिए जाने वाले अवार्ड्स हैं-'बिजनेस लीडर ऑफ द ईयर अवार्ड, कम्पनी ऑफ द ईयर, इमर्जिंग कंपनी ऑफ द ईयर, इंटरप्रिनर ऑफ द ईयर, बिजनेस वूमेन ऑफ द ईयर, कॉरपोरेट सिटीजन ऑफ द ईयर और ग्लोबल इंडियन ऑफ द ईयर।'

भारतीय ज्ञानपीठ पुरस्कार

सन् 1944 में बैनेट कोलमैन एंड कंपनी द्वारा एक स्वतंत्र संस्था 'भारतीय ज्ञानपीठ' की स्थापना के पीछे मंशा है-भारतीय संस्कृति व भारतीय साहित्य को संरक्षण प्रदान करना। महाबंध (11वीं शताब्दी का दुर्लभ जैन साहित्य), भागवत भूतावली एवं मूर्तिदेवी ग्रंथमाला (रामायण व महाभारत) के अलावा राष्ट्र भारती ग्रंथमाला का प्रकाशन इनमें उल्लेखनीय है। सन् 1965 से हर

साल विभिन्न भारतीय भाषाओं के साहित्यकार भारतीय ज्ञानपीठ पुरस्कार से सम्मानित किए जाते हैं। नकद चेक व प्रशस्ति-पत्र के अलावा वे इस पुरस्कार के तहत ताँबे की वाग्देवी प्रतिमा (धार-म.प्र. में 11वीं सदी में स्थापित सरस्वती मंदिर की प्रतिमा की प्रतिकृति, जो आज ब्रिटिश म्यूजियम लंदन के कब्जे में है) प्राप्त करते हैं।

तीन दर्जन पब्लिशिंग व प्रिंटिंग सेंटर्स, दैनिक समाचार-पत्र, बहुपठित पत्रिकाओं, 32 रेडियो स्टेशन, कई वेबसाइट्स, एक पीआर कम्पनी व एक आउटडोर एडवरटाइजिंग कम्पनी तथा तीन टीवी चैनल्स के साथ समीर व विनीत जैन इन्फॉर्मेशन व इंटरटेनमेंट बिजनेस के ऐसे महारथी हैं, जिन्होंने 170 साल पुराने टाइम्स को आक्रामक युवा बना रखा है।

'Nations which do not remember their past are condemned to repeat it'-जो राष्ट्र अपने भूतकाल को भूल जाते हैं, उन्हें उसे दोहराने की सजा भुगतना पड़ती है। इस कथन को टाइम्स ग्रुप कभी नहीं भूला है और यही कारण है कि इसने जो पाया या खोया, उससे सबक सीखा है और भारत के नए इतिहास को नए सिरे से रचने में अहम भूमिका निभाई है।

'Act local but think global...'

वाले सोच पर सतत चलने वाले टाइम्स ग्रुप का सूत्र वाक्य है-

'Their are no full stops in Times group...'

लोकल से ग्लोबल
इंडियन कॉरपोरेट्स

21

द बॉक्सर

सुभाष चंद्रा

वाणिज्यिक सूझबूझ के लिए मशहूर मारवाड़ी वैश्य समुदाय के लिए एक मिसाल हैं सुभाष चंद्रा। पंजाब (अब हरियाणा) के एक छोटे-से गाँव से मुम्बई पहुँचकर मात्र दो दशक में ही दुनिया के अग्रणी कुबेरपति की सूची में शामिल हो जाने वाले सुभाष चंद्रा की वाणिज्यिक यशोगाथा में तकदीर व तदबीर में से किसका ज्यादा योगदान है, इस पहेली को तो शायद वे ही कभी हल करें। पर एक बात निर्विवाद है कि उन जैसा हौसला बिरलों को ही मिलता है। वे साहसी नहीं, दु:साहसी हैं। वे चलते-चलते सम्भावनाओं को सूँघ लेते हैं और जोखिम उठाकर उसका दोहन भी शुरू कर देते हैं। बिना सोचे-समझे चुटकी बजाते ही खाली हाथ उन्होंने बड़े सौदे मंजूर किए और हमेशा अपने वादे पूरे भी किए हैं। बिजनेस प्रमोशन के लिए लॉबिंग में वे बेहद माहिर हैं, तो कानून-कायदों की कमी या त्रुटि का लाभ लेने से भी उन्हें परहेज नहीं है। दुनिया के मीडिया मुगल रूपर्ड मर्डोक से जहाँ उन्होंने दोस्ती की, वहीं छत्रपति शिवाजी के अंदाज में भारत बिकाऊ नहीं है (India is not for sale) के नारे के साथ तीखा गुरिल्ला युद्ध लड़ा और जीता भी। भारतीय इंटरनेट, इन्फोटेनमेंट व इन्फॉर्मेशन सेक्टर के इस महारथी ने हर बार ऐसे उद्योग को अपनाया, जिसका वे ककहरा भी नहीं जानते थे। उनके ही शब्दों में दोहराएँ तो वह हैं-जब आप जानते हैं कि आप अनजान हैं तो सफलता की सम्भावना बढ़ जाती है। (When you know, you don't know, you have a better chance of success).

इस बिजनेस मंत्र पर चलते हुए ही सुभाष चंद्रा ने कई नए आयाम स्थापित किए हैं, जैसे देश में सबसे पहले लेमिनेटेड ट्यूब्स बनाना, देश का पहला एक्यूजमेंट पार्क

स्थापित करना। पहले निजी टीवी चैनल, सिनेमा चैनल और न्यूज चैनल की लांचिंग से लेकर सबसे पहले डीटीएच सेवा...।

'मेरे चार पुत्रों में सुभाष शुरू से ही जिज्ञासु बालक था। मैं जब उसकी किसी बात का जवाब नहीं देता (या दे पाता) था, तो वह अपने दादाजी (स्व. जगन्नाथ गोयनका) को सताने लगता था। मुझे उसकी वाक्‌पटुता पर भरोसा था और विश्वास था कि वह अपनी अलग राह बनाएगा।'–यह कहना है नंदकिशोर गोयनका, सुभाष चंद्रा के पिताजी का। सन् 1950 में आदमपुर (जिला–हिसार, पंजाब) में जन्मे हैं सुभाष चंद्रा। सात भाई–बहनों में सबसे बड़े हैं वे। पिता नंदकिशोर, भाई (लक्ष्मी, जवाहर व अशोक), भतीजे (अतुल, गगन व गौरव) और पुत्रों (पुनीत व अमित) सहित परिवार के वरिष्ठ–कनिष्ठ सदस्य अपने नाम के आगे गोत्र 'गोयल' या 'गोयनका' लगाते हैं, पर सुभाष चंद्रा ने अपने नाम को सरनेम के झंझट से मुक्त कर दिया है। उनके अनुसार–यह सरनेम एक ट्रेडर होने का बोध करवाता है। दूसरे, यह जातिसूचक है, जबकि हम सब पहले भारतीय हैं, फिर कुछ और।

सुभाषजी के भरे–पूरे संयुक्त परिवार* का पुश्तैनी कारोबार था आटा चक्की (फ्लोर मिल), कपास की आढ़त व साहूकारी (देशी बैंकर)। 60 के दशक में मैट्रिक तक की पढ़ाई सुभाषजी ने आदमपुर में पूरी की। इसके बाद सिरसा के एक पॉलिटेक्निक कॉलेज में इलेक्ट्रिकल इंजीनियरिंग में प्रवेश ले लिया, पर वे वहाँ कुछ ही महीने पढ़ सके। पहला भारत–पाक युद्ध पंजाब की सीमा पर लड़ा गया, जिसने कॉटन के सट्टा व्यापार को बुरी तरह प्रभावित किया। पारिवारिक फर्म मेसर्स रामगोपाल इंदरप्रसाद को भी भारी घाटा हुआ। पाँच लाख के कर्ज के साथ संयुक्त परिवार के आर्थिक हालात ऐसे बिगड़े कि सुभाषजी की फीस भरना भी मुश्किल हो गया। उन्हें कॉलेज से वापस बुला लिया गया। 19 साल की उम्र में वे परिवार के अनाज व्यापार से जुड़ गए। संयुक्त परिवार का विभाजन हुआ। सुभाष चंद्रा ने अपने व छोटे भाई लक्ष्मीनारायण के नाम से एक नई फर्म मे. सुभाषचंद्र लक्ष्मीनारायण स्थापित की। इस फर्म के बैनर तले अनाज कारोबार करने लगे। फर्म भारतीय खाद्य निगम के माध्यम से फौज को अनाज सप्लाई करने लगी। सन् 1973 में सुभाषजी का किशनगंढ़ के एक मारवाड़ी परिवार की सुशीलादेवी से विवाह हुआ। यह एक दिलचस्प प्रसंग है। सुशीलाजी ने तो सुभाषजी को पहली ही नजर में रिजेक्ट कर दिया था, पर उनके भाई सुभाषजी के मित्र थे। उन्होंने पैरवी की। भाई ने बहन को समझाया और यह विवाह हुआ। सुभाषजी कहते हैं कि आज शायद मेरी पत्नी को इस जबरन लिये गए निर्णय पर पश्चात्ताप न होगा।

---

*सन् 1890 में सुभाषचंद्रा के ग्रेट ग्रांड फादर रामेश्वरदास व उनके पुत्र रामगोपाल गोयनका अनाज आढ़तिये (व्यापारी) थे। रामगोपाल गोयनका के बड़े पुत्र जगन्नाथ गोयनका (अन्य दो पुत्र गोपीराम और इंदरप्रसाद) के पुत्र हैं नंदकिशोर गोयनका। पिता–पुत्र ने सन् 1948 में मोतियाखान दिल्ली में दाल मिल स्थापित की, पर घाटा होने से वे पुश्तैनी गाँव हिसार लौट गए। यहाँ से दक्षिण भारत और गुजरात दालें भेजकर उन्होंने पैसा कमाया और एक दाल मिल व दो कॉटन जिनिंग फैक्टरी स्थापित की। नंदकिशोर गोयनका और तारादेवी की सात संतान (चार पुत्र व तीन पुत्री) में सबसे बड़े हैं सुभाष चंद्रा।

लक्ष्मीनारायण गोयल

अशोक गोयल

जवाहर गोयनका

पुनीत गोयनका

अमित गोयनका

विवाह के एक साल बाद सुभाषजी दिल्ली चले आए, क्योंकि सरकारी एजेंसियों के साथ बड़ा कारोबार यहीं से सम्भव था। इस हिकमत को जल्दी ही किस्मत की बैसाखी भी मिल गई। सन् 1976 में देश में इतना फसलोत्पादन हुआ कि भारतीय खाद्य निगम के सारे गोदाम भर गए, पर अनाज बच गया। निगम को 140 लाख टन भंडारण क्षमता के गोदाम चाहिए थे जिनके अभाव में निगम ने अनाज को खुले मैदान में रखा। सुभाषजी ने इसे पॉलिथीन शीट्स से ढँकने का सुझाव दिया और उसकी आपूर्ति का ठेका माँगा। दिलचस्प बात यह है कि न वे तब शीट्स बनाते थे और न उनके पास इसे सप्लाई करने के साधन थे। रातोरात उन्होंने एक प्लास्टिक लेमिनेशन प्लांट खरीदा और एचडीपीई कवर्स बनाने शुरू कर दिए। इस प्लास्टिक लेमिनेशन कारखाने के अधिकतम दोहन के लिए सुभाष चंद्रा ने सन् 1984 में देश में पहली बार लेमिनेटेड ट्यूब्स बनवाईं, जो सारे पैकेजिंग उद्योग के लिए वरदान साबित हुईं। इसके पहले टूथपेस्ट और कॉस्मेटिक्स निर्माता एल्यूमिनियम ट्यूब्स का उपयोग करते थे। बहुराष्ट्रीय टूथपेस्ट कम्पनियाँ इस परिवर्तन की जोखिम उठाने को तैयार नहीं थीं। हरेक के पास बहाना था। उपभोक्ता इसे स्वीकार नहीं करेंगे या हमारे श्रमिक तैयार नहीं होंगे आदि। एक किफायती व आधुनिक आइडिया व उत्पाद बेचने में सुभाषजी ने उस समय जो मेहनत की, उसका परिणाम उन्हें बाद में प्राप्त हुआ। एस्सेल प्रोपेक लि. आज एशिया की सबसे बड़ी और दुनिया की दूसरी सबसे बड़ी मल्टीलेयर्ड लेमिनेटेड प्लास्टिक ट्यूब निर्माता कम्पनी है।

सुभाषजी ने सन् 1993 में इजिप्ट में, सन् 1999 में जर्मनी में, सन् 2000 में नेपाल में लेमिनेटेड ट्यूब्स उत्पादन संयंत्र स्थापित किए। सन् 1997 में चीन में संयंत्र स्थापना सुभाषजी के साहस की मिसाल है। वे पहले भारतीय हैं, जिन्होंने वहाँ बिना किसी लोकल पार्टनर के मैन्यूफैक्चरिंग शुरू की, जो भारत से भी बड़ा मार्केट है। हमारे देश की तरह 1970 के दशक तक वहाँ भी एल्यूमिनियम ट्यूब्स ही उपयोग की जा रही थी। बड़ा मार्केट एक उद्यमी की प्रतीक्षा कर रहा है, इस विश्वास के साथ सुभाषजी ने 60 लाख डॉलर के निवेश से चीन में पहला संयंत्र स्थापित किया। आज एस्सेल प्रोपेक के वहाँ चार उत्पादक संयंत्र हैं। इसके बाद लेमिनेटेड ट्यूब्स व्यवसाय को ग्लोबल बनाने के लिए सुभाषजी ने सन् 2000 में स्विट्जरलैंड के प्रोपेक समूह को अधिगृहीत किया तो दुनिया के इस चौथे बड़े लिमिटेड ट्यूब्स निर्माता का चीन, फिलीपींस, कोलंबिया, वेनेजुएला, इंडोनेशिया और मैक्सिकन व्यापार सुभाषजी के नियंत्रण में

आ गया। परिणाम...एस्सेल प्रोपेक आज भारत के बाहर दुनिया के 13 देशों में कारोबार कर रही है। इसके 17 उत्पादन संयंत्र हैं, जो सालाना 35 करोड़ ट्यूब्स बनाते हैं। भारत और चीन में एस्सेल प्रोपेक की 80 फीसदी हिस्सेदारी है। ग्लोबल लेमिनेटेड ट्यूब्स मार्केट में कोलगेट व लीवर जैसी एफएमसीजी (बहुप्रचलित उपभोक्ता सामान) कम्पनियों की एक्सक्लूसिव ट्यूब्स सप्लायर है एस्सेल प्रोपेक। इसके सालाना टर्नओवर में विदेशी कारोबार की हिस्सेदारी 60 फीसदी से ज्यादा है। विदेश में अधिग्रहण, कॉस्मेटिक्स व फार्मा उद्योग को सप्लाई बढ़ाकर 7 बिलियन ट्यूब उत्पादन क्षमता जुटाना एस्सेल प्रोपेक का लक्ष्य है।

1980 के दशक में ही सुभाष चंद्रा ने रूस को अनाज निर्यात से भी भारी पैसा कमाया। चावल निर्यात करने के लिए उन्हें अपनी लाइजनिंग (सम्पर्क) व लॉबिंग क्षमता का भरपूर उपयोग करना पड़ा था। भारतीय व रशियन अफसरशाही के पास कई लिखित व अलिखित नियम थे। इन सबके बीच इस कारोबार के कुशल व मुनाफादेह संचालन ने सुभाष चंद्रा को धारदार बनाया है। यह वाणिज्यिक परिपक्वता आज उनके व्यक्तित्व व कृतित्व में साफ-साफ दिखाई देती है। पंजाब (अब हरियाणा) के एक छोटे-से कस्बे के व्यापारी से नई दिल्ली में उद्योगपति और फिर मुम्बई की रोमांचक व ग्लेमराइज्ड मनोरंजक दुनिया में प्रवेश ने सुभाष चंद्रा को देश ही नहीं, सम्पूर्ण एशिया का टीवी चैनल शाहंशाह बना दिया है। सुभाषजी व उनके भाइयों ने पैकेजिंग एवं रूस को चावल निर्यात से जो भारी पूँजी कमाई, उसका पहला निवेश मुम्बई में किया। उन्होंने मुम्बई के बाहरी हिस्से में 764 एकड़ भूमि खरीदी। यहाँ सन् 1989 में जन्मा एस्सेल वर्ल्ड एम्यूजमेंट व रिक्रिएशन सेंटर। सुभाष चंद्रा का अनुमान था कि पहले साल यहाँ कम से कम तीस लाख लोग आएँगे, पर ऐसा हुआ नहीं। इसके कारण खोजे गए तो निष्कर्ष निकला कि मध्यमवर्गीय भारतीय परिवार घर से दूर नहीं, पर घर में ही मनोरंजन चाहते हैं। यह कैसे संभव हो, का जवाब था सैटेलाइट टीवी।

सन् 1982 में एशियन गेम्स के साथ देश में रंगीन टीवी तो आ गए थे, पर उन्हें ड्राइंग रूम में मनोरंजन का सहज व सस्ता साधन बनाने के लिए सैटेलाइट तकनीक जरूरी थी। जवाब आसान था, पर उसका क्रियान्वयन बेहद कठिन। यह टेक्नोलॉजी कैसे मिलेगी, मिल जाए तो कैसे देश में काम करेगी, दर्शकों की रुचि अनुरूप टीवी कार्यक्रम कहाँ बनेंगे? कौन बनाएगा? कैसे मिलेंगे? उन्हें घर-घर पहुँचाने के लिए वितरण नेटवर्क कैसे तैयार होगा? मनोरंजन उद्योग से जुड़े लोग भी इन चुनौतियों को स्वीकार करने को तैयार नहीं थे, जबकि सुभाषजी तो इस उद्योग के लिए बिल्कुल नए थे। सरकारी दूरदर्शन ने विज्ञापनों के साथ कॉमर्शियल प्रसारण तो शुरू कर दिया था, पर उसका स्तर तब बेहद साधारण था। एकाधिकार के कारण दूरदर्शन के कार्यक्रम देखना दर्शकों की मजबूरी थी। 24 घंटे किसी चैनल को चला पाने की तब कल्पना भी नहीं की जाती थी। सुभाषजी ने इन सारे सवालों को लेकर टेक्नोक्रेट्स, मार्केटिंग गुरुओं, अपने दोस्तों और विज्ञापन जगत की हस्तियों से गहन मंत्रणा की। लोगों ने उन्हें डराया भी, पर उनका इरादा नहीं बदला। वे इस बात पर दृढ़ थे कि केवल अपलिंकिंग सुविधा जुटाना ही कठिन काम है। यदि यह

मिल जाए तो चैनल तो वे चला लेंगे। अंततः एक टेक्निकल सलाहकार ने इसका हल सुझाया कि हांगकांग स्थित एशिया सेट की अपलिंकिंग सुविधा से भारत में सैटेलाइट ट्रांसमिशन सम्भव है। स्टार टीवी तब हुचिसन ग्रुप हांगकांग के नियंत्रण में था। इसके सूत्रधार थे–रिचर्ड ली। सुभाष चंद्रा व उनकी टीम को स्टार टीवी के अधिकारियों को यह बात समझाने में सात माह लग गए कि भारत में भी सैटेलाइट चैनल चलाया जा सकता है। स्टार टीवी के अधिकारी यह मानने को तैयार नहीं थे कि चीन के बाहर यह सम्भव है।

23 सितम्बर, 1991 को सुभाषजी की स्टार टीवी के तत्कालीन चीफ ली से पहली औपचारिक मुलाकात हुई। सुभाषजी ने सैटेलाइट पर ट्रांसपोंडर की लीज-फीस 15 लाख डॉलर सालाना ऑफर की, पर स्टार टीवी ने उन्हें टालने के लिए माँगे 50 लाख डॉलर और साथ में तत्काल हाँ या ना। सुभाषजी ने भी उसी अंदाज में हामी भर दी तो स्टार टीवी की टीम ही नहीं, उनके संगी-साथी भी भौचक रह गए। ली ने सोचा था कि 50 लाख डॉलर सालाना शुल्क सुनते ही यह भारतीय भाग जाएगा। ऐसा नहीं हुआ तो उन्होंने पलटा खाया और बोले–वे भारत आएँगे और वहीं यह सौदा करेंगे। इसके बाद पाँच माह तक स्टार की टीम भारत के कई बड़े घरानों से सम्पर्क करती रही। अप्रैल, 1992 में रिचर्ड ली स्वयं भारत आए। वे बॉम्बे डाइंग के नुस्ली वाडिया, प्लस चैनल के अमित खन्ना व टाइम्स टीवी के मालिकों से मिले, पर बात नहीं बनी। ली अभी भी किसी ऐसे चावल व्यापारी को अपना पार्टनर नहीं बनाना चाहते थे, जिसे अंग्रेजी में बात करते हुए असुविधा होती हो। 22 अप्रैल, 1992 को हार मानकर औपचारिकता पूरी करने हेतु ली की टीम एस्सेल वर्ल्ड देखने गई। एस्सेल पैकेजिंग की लेमिनेटेड ट्यूब फैक्टरी का टीम ने अवलोकन किया। मानो वे सुभाषजी को उद्योगपति होने का दर्जा दे रहे हों।

21 मई, 1992 को एशिया टुडे लिमिटेड के गठन हेतु दोनों पक्षों ने सहमति-पत्र पर हस्ताक्षर किए। इस नई कम्पनी की इक्विटी में सुभाषजी की हिस्सेदारी थी 51.1 फीसदी व स्टार टीवी की 49.9 फीसदी। दिलचस्प बात यह है कि इस सहमति-पत्र पर हस्ताक्षर करते समय तक सुभाषजी के पास इतनी पूँजी नहीं थी, पर था हिम्मत व हौसला। उन्होंने इंग्लैंड के एक बिजनेसमैन सर जेम्स गोल्ड स्मिथ व अपने कुछ आप्रवासी भारतीय मित्रों से यह पूँजी उधार में प्राप्त की। जी टीवी ने जन्म लिया। जी नामकरण एड एजेंसी एम्बियंस के अशोक कुरियन ने सुझाया था। सुभाषजी ऐसा नाम चाहते थे जो किसी धर्म, देश और परम्परा से परे हो और आसानी से लोगों की जुबाँ पर चढ़ जाए।

1 अक्टूबर, 1992 से सुभाषजी ने देश के पहले निजी जी चैनल को हाईबैंड (दूरदर्शन के तब सारे प्रोग्राम लो बैंड पर बनते थे) पर लांच करने की घोषणा कर दी। सुभाष चंद्रा के स्कूली सहपाठी गुलशन सचदेवा के अनुसार–सन् 1992 में टीवी प्रसारण के व्यवसाय में सुभाषजी प्रतिदिन 9 लाख रुपए खर्च कर रहे थे। लोग उनका मजाक उड़ाते थे और कहते थे यह सैटेलाइट कारोबार उन्हें दिवालिया कर देगा, पर सुभाषजी शुरू से ही जिद्दी और महत्वाकांक्षी हैं। किशोर उम्र में वे मित्रों से कर्ज लेकर मंडी से अनाज खरीदते थे और उसी दिन थोड़े से मुनाफे से बेचकर दोस्तों के

पैसे लौटा देते थे। सचदेवा कहते हैं–व्यापार उनकी नस-नस में समाया हुआ है (Business is in his blood)। वे पीछे नहीं हटते और अपना वादा निभाते हैं।

15 अगस्त, 1992 को जब दो घंटे प्रतिदिन का परीक्षण प्रसारण शुरू हुआ, तब जी टीवी की प्रोग्राम लाइब्रेरी में मात्र दो दिन की प्रसारण सामग्री थी। देश में तब मात्र पाँच निर्माता हिंदी टीवी सॉफ्टवेयर बना रहे थे। वे दूरदर्शन से आधे घंटे के कार्यक्रम के लिए 2.5 से 3 लाख रुपए लेते थे। हिंदी फिल्मों के सैटेलाइट से प्रसारण हेतु कॉपीराइट अधिकार को लेकर फिल्म उद्योग भ्रमित व दुविधाग्रस्त था। जी टीवी ने नए निर्माता व नए कलाकारों को मौका दिया। प्रोग्राम निर्माण का शुल्क घटाकर एक-चौथाई कर दिया।

आज यही कलाकार कई फिल्म निर्माताओं व अभिनेताओं से ज्यादा लोकप्रिय हैं और ज्यादा पैसा कमा रहे हैं। जी टीवी के नेटवर्क में कई चैनल (जी टीवी, जी इंडिया टीवी, जी न्यूज, जी सिनेमा, जी बिजनेस म्यूजिक एशिया व क्षेत्रीय चैनल अल्फा, गुजराती, पंजाबी, बंगाली व मराठी आदि) का समावेश है। अमेरिका, इंग्लैंड, यूरोप, कनाडा, पश्चिमी एशिया, अफ्रीका सहित विदेशों में करोड़ों दर्शक हैं। जी टीवी यदि प्रति दर्शक प्रतिमाह एक डॉलर भी प्राप्त करता है तो अनुमान लगाएँ कि सुभाषजी ने विगत वर्षों में कितनी राशि जुटाई होगी? यही नहीं, जी टीवी की सॉफ्टवेयर लाइब्रेरी भी बेहद सम्पन्न हो चुकी है। 30 हजार घंटों से ज्यादा के कार्यक्रम यहाँ संग्रहीत हैं जो 200 घंटे प्रति सप्ताह की गति से बढ़ रहे हैं। इस टीवी सॉफ्टवेयर लाइब्रेरी का मूल्यांकन ही तीन हजार करोड़ रुपए किया गया है। पूँजी की जरूरत पड़ने पर सुभाषजी ने एक बार इसका एक छोटा-सा हिस्सा बेचकर 200 करोड़ रुपए जुटाए थे।

ऐसी सम्पदा और ऐसी आय में जी टीवी की विज्ञापनीय कमाई भी जोड़ दें तो कह सकते हैं कि सुभाषजी देश के नवोदित कुबेर हैं। टीवी को चैनल व केबल प्रसारण के माध्यम से हर घर के मनोरंजन का सस्ता माध्यम बनाने का श्रेय उन्हें प्राप्त है तो उनके हिंदी न्यूज चैनल (जी टीवी) और कॉमर्स चैनल (जी बिजनेस) ने पहली बार एशिया को एशियन नजरिये से दुनिया को दिखाया है। दिलचस्प बात यह है कि सुभाषजी के अपने ड्राइंग रूम में आज भी 14 इंच का टीवी सेट ही है। कफ परेड मुंबई स्थित चार बेडरूम के रो-हाउस मकान में वे धोती-कुरता ही पहनते हैं। घर में पत्नी का ऐसा कड़ा अनुशासन है कि अतिथि को घर में प्रवेश के पहले जूते-चप्पल बाहर ही उतारने पड़ते हैं।

मूलत: ठेठ मारवाड़ी हैं सुभाष चंद्रा। मार्केटिंग व ब्रांड गुरु हरीश बिजूर कहते हैं–मैं जब भी सुभाषजी को देखता हूँ तो मुझे शैम्पू नहीं शिकाकाई याद आती है। वे मर्सिडीज खरीदने जाएँगे, पर उसी फीचर की थोड़ी सस्ती मोटरकार ले आएँगे। सिंगल माल्ट या ब्लू लेबल की बात करेंगे, पर जानी वाकर सर्व करेंगे। वे क्रिकेट पसंद करेंगे पर हॉकी देखेंगे।

रूपर्ट मर्डोक से गुरिल्ला युद्ध

सुभाष चंद्रा के व्यक्तित्व व कृतित्व की चर्चा तब तक अधूरी है, जब तक रूपर्ट मर्डोक से उनकी भागीदारी व अनबन को न दोहराएँ। सन् 1993 में मर्डोक ने हुचिसन ग्रुप से 90 करोड़ डॉलर में घाटे में चल रही स्टार टीवी को खरीदा था। इसके साथ ही उन्हें एशिया टेलीविजन लिमिटेड की भी 49.9 फीसदी इक्विटी मिली थी। एशिया टेलीविजन के पास एशिया सेट पर तीन ट्रांसपोंडर्स के लीजिंग अधिकार थे, जो जी टीवी के चैनलों (म्यूजिक एशिया को छोड़कर) की ब्रॉडकास्टिंग करते थे। स्टार टीवी के अधिग्रहण के बाद मर्डोक भारत में हिंदी चैनल शुरू करना चाहते थे। वे चाहते थे कि सुभाष चंद्रा एशिया टेलीविजन से बाहर हो जाएँ। सुभाष चंद्रा का मोर्चा भी कमजोर ही था।

स्टार टीवी के पूर्ववर्ती चीफ ली से हुए अनुबंध में एक कमजोर शर्त थी कि छह माह के नोटिस पर अपलिंकिंग सुविधा बंद की जा सकती है। इसके साथ ही ग्लोबल मीडिया मुगल मर्डोक की ताकत व इरादे देखकर चर्चा होने लगी कि जी टीवी के दिन पूरे हो गए। सुभाष चंद्रा के साहूकार (इंग्लैंड के ग्लोड स्मिथ व अन्य प्रवासी भारतीय) भी हालात देखकर अपना कर्ज वापस माँगने लगे थे। सुभाषजी को एक करोड़ डॉलर की जरूरत थी और सामने था मर्डोक जैसा महारथी। सुभाषजी ने टेबल टर्न की। वे मर्डोक के अमेरिका स्थित सम्पर्क सूत्र से मिलने पहुँचे और एक 'बोगस गुगली' पटक आए। यह दिव्यास्त्र था–यदि स्टार जी टीवी से रिश्ता खत्म करता है तो हम उसके विरोधी खेमे (डिस्कवरी, सीएनएन, ईएसपीएन, टीएनटी व एमटीवी) से जुड़ जाएँगे। दिलचस्प बात यह है कि तब तक उनकी इस बाबत किसी से कोई चर्चा नहीं हुई थी। 'गैंग ऑफ फाइव' में शामिल न होने की सुभाषजी ने शर्त रखी–स्टार जी टीवी से रिश्ते और मजबूत करे। सुभाषजी का 'गेम्बिट मोहरा' (बड़ा मोहरा मारने की मंशा से पैदल की बलि) चल गया। एशिया टुडे में श्री मर्डोक ने 7 करोड़ डॉलर निवेश किए। उधारी चुकता करने के बाद भी बड़ी धनराशि बटोर लाए सुभाष चंद्रा, जबकि भारत छोड़ते समय उनके सामने संकट था अपने चैनल को बचाना। यही नहीं, मर्डोक ने पहली बार किसी वेंचर में छोटी भागीदारी भी स्वीकार की थी। सन् 1993 से 1998 तक यह भागीदारी ठीक-ठाक चली, पर फिर मनमुटाव होने लगा। स्टार टीवी ने हिंदी चैनल शुरू कर दिया था, जिससे जी टीवी बेहद रुष्ट था।

सुभाषजी के अनुसार–यह अनुबंध की भावना के विपरीत था। स्टार को जी से शिकायत यह थी कि सिटी केबल नेटवर्क उसके प्रोग्राम को अपेक्षित प्रसारण महत्व नहीं देता। परस्पर मतभेदों के बाद दोनों का आमना-सामना हुआ। सुभाषजी ने अंततः अक्टूबर, 1999 में मर्डोक को एशिया टुडे, एशिया ट्रेडिंग कंपनी और सिटी केबल नेटवर्क की उनकी इक्विटी (49.9 फीसदी) 30 करोड़ डॉलर (तब करीब 1260 करोड़ रुपए) में उन्हें बेचने को तैयार कर लिया। यहाँ भी सुभाषजी वणिक बुद्धि से एक खेल कर गए और मर्डोक को जी टेलीफिल्म की चार फीसदी इक्विटी (प्रति शेयर मूल्य 4 हजार रुपए) थमा आए। यानी, मर्डोक को देय राशि का बोझ आधा रह गया। सुभाष चंद्रा ने तब इस सौदे की जानकारी अपने शेयर धारकों को देते हुए कहा था कि

हम भारतीयों के लिए यह दोतरफा खुशी का मौका है–'एक, हम स्टार टीवी की इक्विटी खरीद रहे हैं। दूसरे, श्री मर्डोक जैसी हस्ती एक भारतीय कंपनी में निवेशक हो रही है। एशिया टुडे लिमिटेड हांगकांग अब सम्पूर्ण रूप से हमारे नियंत्रणाधीन है।*

जी टीवी अब ऐसी कम्पनी हो गई है जो प्रोग्रामिंग, ब्रॉडकास्टिंग व ग्लोबल डिस्ट्रीब्यूशन, यानी सारे काम खुद कर सकेगी। अब हम भारत से अपलिंकिंग करेंगे। यहाँ से लोकल ही नहीं, इंटरनेशनल चैनल्स का भी प्रसारण होगा।' सुभाष चंद्रा ने अपने शेयर धारकों को यह भी बताया कि जी टीवी को अब तक अपनी आय का 70 फीसदी हिस्सा एटीएल को देना पड़ता था। इसका आधा हिस्सा श्री मर्डोक ले जाते थे, अब ऐसा नहीं होगा। जी टीवी प्रोग्रामिंग, सैटेलाइट ब्रॉडकास्टिंग, केबल वितरण, फिल्म निर्माण व वितरण (बॉक्स ऑफिस हिट फिल्म गदर) म्यूजिक पब्लिसिंग, लॉन्ग डिस्टेंस एजुकेशन, एनिमेनेशन सॉफ्टवेयर क्रिएशन में अव्वल हुआ तो सुभाषजी को मीडिया ने एशियाई मर्डोक और मीडिया मुगल की उपाधि से नवाजा। एम्यूजमेंट पार्क ने इंटरनेट उद्योग में जी टीवी के जरिये इन्फोटेनमेंट सेक्टर में और जी न्यूज के माध्यम से इन्फॉर्मेशन क्षेत्र में गहरी घुसपैठ बनाने वाले सुभाषजी ने अगस्त, 2005 में भास्कर समूह के साथ प्रिंट मीडिया में इंट्री ली। इस ज्वॉइंट वेंचर के तहत मुंबई से लांच किया है अंग्रेजी समाचार-पत्र डीएनए।

जी टीवी सुभाषजी का पब्लिक फेस है, पर सिरमौर कम्पनी है एस्सेल प्रोपेक, हालाँकि उनके नियंत्रणाधीन डेढ़ दर्जन से ज्यादा कम्पनियाँ विभिन्न कारोबारी क्षेत्र में कार्यरत हैं। इनकी दैनंदिन जवाबदारी सुभाषजी के भाई, भतीजे और पुत्र सँभाले हुए हैं। इनमें सबसे प्रमुख हैं सुभाषजी के छोटे भाई लक्ष्मीनारायण गोयल, जिनके साथ उन्होंने सबसे पहली ट्रेडिंग फर्म स्थापित की थी–सुभाषचंद्रा लक्ष्मीनारायण। छोटा भाई बड़े भाई जैसा ही साहसी है, इसकी मिसाल है एक प्रसंग। अनाज ट्रेडिंग व निर्यात के लिए दोनों भाइयों ने सन् 1969 में स्थापित की थी रामा एसोसिएट्स, जो आज भी अपना मूल व्यवसाय कर रही है। इस फर्म के लिए अनाज की खरीद-फरोख्त करते हुए एक बार लक्ष्मीनारायण गोयल का हफ्ता वसूली करने वालों से सामना हो गया। उन्होंने चंदा देने से मना कर दिया तो हफ्ता वसूली करने वाली गैंग ने चेक पोस्ट से उनके ट्रकों की निकासी पर प्रतिबंध लगा दिया। लक्ष्मीनारायण गोयल स्वयं ड्राइव करते हुए अपने ट्रक चेक पोस्ट से निकालने लगे तो गुंडों ने उन पर व उनके साथियों पर तलवार-चाकू के साथ हमला कर दिया। लक्ष्मीनारायण न तो डरे और ना ही हफ्ता चुकाया, जिसके कारण हफ्ता वसूल करने

***ऑस्ट्रेलिया के अपने जमाने के सबसे प्रभावी मीडियामैन सर केथ मर्डोक के पुत्र रूपर्ट मर्डोक का जन्म सन् 1931 में मेलबार्न में हुआ। समाचार-पत्र-पत्रिकाओं व टीवी स्टेशंस से अपना कैरियर शुरू करने वाले रूपर्ट मर्डोक ने रुग्ण मीडिया हाउसेस को क्रूरता के साथ अधिगृहीत किया और उन्हें लाभदायक बनाया है। दुनिया के सबसे प्रभावी, सबसे बड़े व मीडिया सेगमेंट के सभी क्षेत्रों में सक्रिय मीडिया समूह न्यूज कॉरपोरेशन के वे मैनेजिंग डायरेक्टर हैं और दुनिया के सबसे प्रभावी मीडियामैन है।**

रूपर्ट मर्डोक

वालों का उस क्षेत्र से दबदबा ही खत्म हो गया।

साठ सदस्यों के संयुक्त परिवार में जन्म लेने व बड़े होने से परिवार में सबको योग्यतानुसार जवाबदारी और कद के अनुसार मान-सम्मान देने के संयुक्त परिवार के मूल मंत्र को सुभाष चंद्रा बेहतर समझते हैं। उन्होंने अपने भाइयों, पुत्रों और भतीजों के बीच अपने समूह की कम्पनियों का विधिवत् बँटवारा कर दिया है। तदनुसार लक्ष्मी गोयल के नियंत्रणाधीन हैं-सन सिटी व जी न्यूज व सहयोगी कम्पनियाँ। जवाहर गोयल डिश टीवी इंडिया, अशोक गोयल एस्सेल प्रोपेक, पान इंडिया प्रयत्न (एस्सेल वर्ल्ड/वाटर किंगडम), इंट्रेक्स इंडिया सँभालते हैं। सुभाष चंद्रा के बड़े पुत्र पुनीत गोयनका के नियंत्रणाधीन हैं-जी इंटरटेनमेंट व सहायक कम्पनियाँ, डिजिटल मीडिया कॉर्नर शॉप्स, प्रोकॉल तथा छोटे पुत्र अमित गोयनका को पान इंडिया नेटवर्क इन्वेस्टमेंट (प्लेविन) व सहायक कम्पनियाँ मिली हैं।

लक्ष्मी गोयल के पुत्र अतुल गोयल-ई सिटी वेंचर्स, ई सिटी प्रापर्टी मैनेजमेंट, ई सिटी रीयल एस्टेट, फन मल्टी फ्लेक्स, ई सिटी डिजिटल सिनेमा व ई सिटी मीडिया तथा जवाहर गोयल के बड़े पुत्र गगन गोयल बायोस्कोप तथा छोटे पुत्र गौरव गोयल इंटीग्रेटेड सब-स्क्रायबर मैनेजमेंट सँभालते हैं। सुभाष चंद्रा के सीधे नियंत्रणाधीन है-एस्सेल इन्फ्रा प्रोजेक्ट्स, डिलिजेंट मीडिया (डीएनए), वायर एंड वायरलेस, एस्सेल स्पोर्ट्स और नेचरल वेलनेस (वेरिया वेलनेस सेंटर)।

अशोक गोयल कहते हैं-हम संयुक्त परिवार के सदस्य हैं। संयुक्त परिवार की धुरी होता है परिवार का मुखिया। सुभाष चंद्रा परिवार में सबसे बड़े और वे ही हमारे मुखिया हैं। यही बात सुभाष चंद्रा इन शब्दों में कहते हैं-हम चारों भाइयों के बीच अच्छी ट्यूनिंग है, पर मैंने परिवारों के सदस्यों के बीच समूह के छोटे-छोटे कारोबार छोड़कर विधिवत् बँटवारा कर दिया है। तदनुसार हम जहाँ अलग-अलग हैं, वहीं साथ-साथ भी हैं। सुभाष चंद्रा के बाद कौन के जवाब में उनके पुत्र पुनीत गोयनका का कहना है कि मेरे पिता ही तय करेंगे कि उनके बाद ग्रुप चेअरमैन कौन होगा-उनके भाई या पुत्र। मेरे पिता हमेशा कहते हैं कि हम भाइयों को उनकी सम्पदा मिलेगी, पर कारोबार तब ही मिलेगा, जब हम खुद को साबित करेंगे। इस तारतम्य में सुभाष चंद्रा का एक और कथन दोहराना प्रासंगिक होगा। एक बार यह पूछने पर कि आपकी कम्पनियों के शीर्ष पर गोयल या गोयनका ही क्यों दिखाई देते हैं, सुभाषजी ने कहा था-यदि किसी परिवार के उद्यमी सदस्य कारोबार में रुचि लेते हैं तो हम उन्हें प्रोफेशनल्स की तरह स्वीकार नहीं करते। मैं खुश हूँ कि मुझे परिवार में ही अच्छे सहयोगी मिले। मैं जिस तरह उन्हें शेयरधारक होने से नहीं रोक सकता, वैसे ही उन्हें कोई महती जवाबदारी सँभालने से भी रोक नहीं सकता। मैं यह जानता हूँ कि जब तक वे अच्छा काम करेंगे, वे रहेंगे अन्यथा हटा दिए जाएँगे।

एस्सेल प्रोपेक, एस्सेल पैकेजिंग, जी इंटरटेनमेंट इंटरप्राइजेस, जी नेटवर्क, डिश टीवी के अलावा एस्सेल समूह की कम्पनियाँ बड़े दिलचस्प कारोबार कर रही हैं। मसलन, समूह के कुल टर्नओवर में हिस्सेदारी के आधार पर ग्रुप की सबसे बड़ी व सबसे कमाऊ कम्पनी है-पान इंडिया नेटवर्क जो 'प्लेविन लॉटरी' संचालित करती है। हमारे देश में लॉटरी को अच्छा व्यवसाय नहीं,

जुआ माना जाता है, इसलिए सुभाष चंद्रा ने इसे लो-प्रोफाइल बना रखा है। पान इंडिया के सीईओ अमित गोयनका के अनुसार दुनिया में 1 ट्रिलियन डॉलर की सालाना गेम्बलिंग (जुआ) होती है, जिसमें लॉटरी का हिस्सा है 225 बिलियन डॉलर। भारत में संचालित लॉटरी कारोबार है मात्र 5 बिलियन डॉलर। यहाँ 10 राज्यों में लॉटरी को अनुमति मिली हुई है। 17 राज्यों में इस पर प्रतिबंध है। तदनुसार प्लेविन के लिए भारत में भारी अदोहित सम्भावना है।

एस्सेल ग्रुप की वायर एंड वायरलेस देश के केबल उद्योग की सबसे बड़ी एमएसओ (मल्टी सिस्टम ऑपरेटर) हैं। एक और सूचीबद्ध कंपनी ईटीसी नेटवर्क इंटरटेनमेंट व एज्युकेशन क्षेत्र में सक्रिय है। जी लर्न के 697 किडजी प्रीस्कूल्स, 47 जी-स्कूल्स और 6 एनिमेशन ट्रेनिंग संस्थान हैं। एस्सेल ग्रुप की एक और कमाऊ कंपनी है-आईटीजेड कैश कार्ड (देश की पहली प्री-पेड कैश कार्ड कंपनी) और आईटीएक्स ट्रेड एक्सचेंज लिमिटेड (देश का पहला कैशलेस एक्सचेंज)। सुभाष चंद्रा के सीधे नियंत्रणाधीन एस्सेल इन्फ्रास्ट्रक्चर लिमिटेड टॉल रोड्स, एसईजेड, एयर पोर्ट्स, अरबन इन्फ्रास्ट्रक्चर्स और वाटर प्रोजेक्ट्स में दीर्घावधि निवेश करती है। इसने मालेगाँव व मनमाड़ के बीच 125 करोड़ लागत की 75 कि.मी. लंबी टाल रोड बनाई है। इंदौर के नजदीक लेबाड और जावरा के बीच फोर लेन रोड बना रही है। भोपाल में एक फैमिली रिक्रेएशन सेंटर व स्पोर्ट्स सिटी व हैदराबाद में आवासीय व वाणिज्यिक कंस्ट्रक्शन कर रही है। सुभाष चंद्रा मुंबई व गोवा के नजदीक इंटरटेनमेंट व टूरिज्म स्थल विकसित करना चाहते हैं, ताकि भारतीय परिवारों को दुबई, मकाऊ या सिंगापुर ना जाना पड़े।

सुभाष चंद्रा के दिलचस्प कारोबार में शामिल है-एरलिंग्टन, टेक्सास और मेरीलैंड में वेरिया वेलनेस सेंटर जहाँ योग के साथ बेली डांसिंग जैसी क्लासेस संचालित की जाती है तो चंद्रा हनी वेनिला बाथ साल्ट, चंद्रा लेवेंडर, चंद्रा लेमनग्रास जैसे उत्पाद बेचे जाते हैं। वेरिया वेलनेस टीवी नेटवर्क ई-कॉमर्स वेब, वेब पोर्टल और रिटेल श्रृंखला का भी संचालन करती है। सुभाष चंद्रा ने वेरिया वेलनेस सेंटर अभी वहीं स्थापित किए हैं, जहाँ लोग 'हेल्दी लिविंग' पर उदारता से खर्च करते हैं। मीडिया अकसर कहता है कि क्रिकेट के मैदान पर सुभाष चंद्रा बोल्ड हो गए। वे बीसीसीआई के समकक्ष इंडियन प्रीमियर लीग नहीं स्थापित कर पाए, पर यह उनकी पहली कारोबारी पराजय नहीं है। सन् 1978 में फाइबर ग्लास और सन् 1982 में उन्होंने हैंड टूल्स फैक्टरी स्थापित की थी, पर पैसा गँवाया तो पुश्तैनी कारोबार अनाज-आढ़त में लौट आए थे। यहाँ से वे इतने तेज दौड़े हैं कि फोर्ब्स इंडिया क्लब में 2.7 बिलियन डॉलर सम्पदा के साथ उनका क्रम 18वाँ (2009) हो गया है।

चार दशक पूर्व हिसार में दलहन-कपास का व्यापार करने वाले सुभाष चंद्रा के पिता नंदकिशोर गोयनका को अपने बेटे पर गर्व है। वे कहते हैं-अग्रोहा (अग्रवालों की जन्मस्थली) में पचास करोड़ की लागत से बने भव्य मंदिर में मेरे बेटे का सबसे ज्यादा योगदान है। धोती-कुरता व देसी जूते पहनने वाले नंदकिशोरजी अभी भी हिसार में ही रहते हैं। परिवार ने बुजुर्गों के लिए वहाँ 100 एकड़ का सर्वसुविधायुक्त फार्म हाउस बनवाया है। इसके अलावा सुभाषजी ग्लोबल

विपासना फाउंडेशन के ट्रस्टी हैं। ग्लोबल इंटरप्रिन्योर सीईओ ऑफ द ईयर (यंग एंड अर्नेस्ट एवं फिक्की 2004), इंटरप्रिन्योर सीईओ ऑफ द ईयर (अर्नेस्ट एंड यंग 1999) एवं इंटरप्राइज सीईओ ऑफ ईयर (इंटरनेशनल ब्रांड समिट) से सम्मानित सुभाषजी इस बात की जीवंत मिसाल हैं कि भारतीय किसी से कम नहीं हैं। बेहद लो-प्रोफाइल शख्स सुभाषजी कुछ भी पूछने पर मंद मुस्कान के साथ कहते हैं कि मैंने कोई कमाल नहीं किया है, जिस पर बड़ी-बड़ी बातें लिखीं या पढ़ी जाएँ। यह एक वणिक पुत्र का बड़प्पन है या उद्योगपति की चतुराई, यह तो वे ही जानें। पर जो लोग असम्भव को सम्भव करना चाहते हैं, उनके रोल मॉडल बन चुके हैं सुभाष चंद्रा।

लोकल से ग्लोबल

इंडियन कॉरपोरेट्स

22

फास्ट मूवर

सुनील भारती मित्तल

कारोबार जगत का पहला पाठ है–'नो रिस्क नो गेम' (बिना जोखिम मुनाफा नहीं)। इस पाठ का सबसे कठिन सवाल है–'कितनी रिस्क?' इस सवाल का कोई समान व सर्वमान्य हल नहीं है। यह ऐसा पैमाना है, जो खिलाड़ी बदलने के साथ बदल जाता है। उदाहरणार्थ, रिलायंस समूह के संस्थापक धीरूभाई अंबानी इस द्यूत क्रीड़ा (उद्योग जगत में जोखिम) के धुरंधर खिलाड़ी थे, पर उन्होंने भी कभी अपने अस्तित्व को दाँव पर नहीं लगाया। इन्फोसिस टेक्नोलॉजी के एन.आर. नारायण मूर्ति ने भी यह खेल बखूबी खेला, पर संयम व मर्यादा के साथ। उन्होंने अपनी प्रतिष्ठित नौकरी दाँव पर लगाई, पर अपना कवच-कुंडल (नॉलेज व नैतिकता) को हमेशा सुरक्षित रखा। सोची-समझी जोखिम (कैल्कुलेटेड रिस्क) उठाने वाले ऐसे उद्यमियों की सूची छोटी नहीं है, पर एक सूची ऐसी भी है जिसमें गिने-चुने नाम ही हैं। ये वे लोग हैं, जो बिना सुरक्षा-कवच जोखिम उठाते हैं। 'भाग्य व पुरुषार्थ' साथ दे जाए तो एक दाँव में ही इतना 'नाम' व 'नामा' (प्रतिष्ठा व पैसा) कमा लेते हैं कि फिर पलटकर नहीं देखना पड़ता। जोखिम उठाने वालों की एक चौथी किस्म भी है, पर वह सूची बहुत ही छोटी है। ये वे लोग हैं, जो बिना सुरक्षा बार-बार दाँव लगाते हैं... और हर बार सफलता जुटाते हैं। गौर करें तो पाएँगे कि इनके पास एक 'अदृश्य सुरक्षा-कवच' (रणनीति) होता है। इनके हथियार हैं–सही समय पर, सही जगह पर, सही मात्रा में सही-सही दाँव लगाना, दाँव गड़बड़ाने लगे तो तत्काल भूल सुधार कर लेना, पीछे हटने को प्रतिष्ठा का प्रश्न नहीं बनाना, पर 'करो या मरो' के संकल्प के साथ अंतिम बॉल तक मैदान में डटे रहना।

ऐसे ही बिरले शख्स हैं भारतीय टेलीकॉम उद्योग के महानायक सुनील भारती मित्तल। भारतीय एयरवेव्स किंग (India's airwaves king) का स्वप्न सँजोए सुनील मित्तल ने हर उस मौके का दोहन किया, जो उन्हें मिला या जो वे दूसरों से छीन पाए। वे सौभाग्यशाली भी हैं कि आर्थिक नियंत्रण मुक्ति के कारण उन्हें ऐसे अवसर खूब मिले। 'भाग्य व पुरुषार्थ' के इस अद्‌भुत मेल से ही मात्र दो दशक में उन्होंने भारती समूह को देश का टेलीकॉम सुपर पॉवर बना दिया है।

सुनील मित्तल की वाणिज्यिक यात्रा जहाँ रोचक व प्रेरक है, वहीं उनके स्वभाव के अनुरूप साहसी व रोमांचक भी। अपने जमाने के चर्चित व दिग्गज कांग्रेसी सांसद सतपाल मित्तल के तीन पुत्रों (दो अन्य-बड़े पुत्र राकेश भारती मित्तल व सबसे छोटे पुत्र राजन भारती मित्तल) में एक हैं-सुनील भारती मित्तल। परिवार के मूल नाम 'मित्तल' में भारती का जोड़ एक घटना की प्रतिक्रिया है। पंजाबी वणिक सतपाल मित्तल ने वर्षों पूर्व जब खत्री परिवार की ललिताजी से विवाह किया तो तत्कालीन सामाजिक परिवेश के कारण इस रिश्ते का भारी विरोध हुआ। सतपाल मित्तल इस घटना से ऐसे विचलित व विद्रोही हो गए कि उन्होंने जातिगत संबोधन की जगह भारतीयता का प्रतीक 'भारती' अपने नाम के साथ जोड़ लिया। पुत्रों ने यह नाम ऐसा पसंद किया कि सारा कारोबार भी भारतीय हो गया, यानी जन्मा-'भारती समूह।' राजनेता के पुत्र के नाते सुनील मित्तल के लिए राजनीति में प्रवेश आसान था, पर उन्होंने 'शॉर्ट-कट' के बजाय लम्बा रास्ता पसंद किया। हालाँकि, उनकी गति शुरू से चौंकाने वाली रही है। 23 अक्टूबर, 1957 को लुधियाना में जन्मे सुनील मित्तल पंजाब यूनिवर्सिटी के साधारण ग्रेजुएट हैं। बहुत वर्षों बाद सन् 1999 में उन्होंने हार्वर्ड बिजनेस स्कूल का ऑनर्स मैनेजमेंट प्रोग्राम कोर्स अटैंड किया है। कॉलेज की शिक्षा के दौरान 18 साल की उम्र में ही 20 हजार रुपए की पूँजी से लुधियाना में उन्होंने साइकिल पाट्‌र्स (क्रैंक सॉफ्ट, स्प्रिंग आदि) बनाने का कारखाना खोल लिया था और देश के महानगरों में भटकने लगे।

कोल्ड व हॉट रोलिंग की एक छोटी स्टेनलेस स्टील इकाई भी लगाई, पर युवा व महत्वाकांक्षी मन-मस्तिष्क को ऐसे लघु उद्योग से संतोष कैसे मिलता...? बड़े कैनवास पर काम करने की इच्छा से सन् 1978 में वे दिल्ली आ गए और पिता के लोदी स्टेट स्थित सरकारी आवास में रहने लगे। अपनी पुरानी फिएट कार से उन्होंने सारा दिल्ली शहर घूमा और अपने लिए चुना नया कारोबार। आयातित पोर्टेबल डीजल जनरेटर सेट्‌स की बिक्री। इन्हें वे होंडा मोटर व सुजुकी मोटर कंपनी जापान से मँगवाने लगे और तीन-चार साल में ही देश में इनके सबसे बड़े जनरेटर सेट्‌स आयातक बन गए। सुजुकी ने भारत में इन्हें अपना एक्सक्लूसिव वितरक नियुक्त कर दिया। सुनील मित्तल ने इस बिजनेस से अच्छा पैसा कमाया व बहुराष्ट्रीय कम्पनी के साथ व्यापार-व्यवहार का अनुभव सँजोया पर इससे भी कहीं ज्यादा जो पाया, वह था-'एक सपना ऐसा ही कारोबार हो अपना।' अच्छे कॉरपोरेट ब्रेक के लिए बेताब सुनील मित्तल ने भागीदारी में कैप्सूल्स बनाने की एक कम्पनी गठित की-'यूनाइटेड फार्मा।' भारती हेल्थ केअर के नाम से आज यह भारती समूह का हिस्सा है।

दूरसंचार सेक्टर में भारती समूह

राजन भारती मित्तल

राकेश भारती मित्तल

पुरुषार्थ से भाग्य का मिलन होता ही है, हुआ। पर, भाग्य ने आदतन इसके पहले पुरुषार्थ को परखा। एक दिन सरकार ने अनायास जनरेटर सेट्स के आयात पर प्रतिबंध लगा दिया। रातोरात जमा-जमाया कारोबार बंद हो गया। सुनील मित्तल बेरोजगार हो गए, पर वे रोजगार कार्यालय या किसी कम्पनी के दफ्तर की ओर नहीं दौड़े। नए बिजनेस की तलाश के लिए वे पूर्वी एशिया के देशों में जा पहुँचे। ताइवान में एक ट्रेड-फेयर में उन्होंने पुश-बटन टेलीफोन देखे। हमारे देश में तब प्रचलित बड़े, भारी, काले व भद्दे डायल फोन की तुलना में ये उन्हें बेहद लुभावने लगे। 'भारत में ये बेहद पसंद किए जाएँगे...' इस सम्भावना के साथ सुनील मित्तल अगले ही दिन पुश-बटन फोन कम्पनी किंगटेल के मालिक रिचर्ड ली तक पहुँच गए। भारत में फोन उपकरणों के आयात पर प्रतिबंध था, यह जानते हुए भी उन्होंने श्री ली से टेलीफोन कम्पोनेंट्स खरीदने का अनुबंध कर लिया। बिना 'सुरक्षा-कवच' की इस जोखिम ने ही सुनील मित्तल को आज टेलीकॉम सेवा उद्योग का शिखर आरोही बनाया है।

यह जिज्ञासा स्वाभाविक है कि सुनील मित्तल ने सन् 1983 में प्रतिबंधों के बावजूद टेलीफोन उपकरण मार्केट में उत्पादन व विपणन कैसे किया...? कायदे-कानून में त्रुटि/कमी होती ही है। उद्यमी शख्स चाहे धीरूभाई हों, सुभाष चंद्रा या सुनील मित्तल - ऐसी कमी का दोहन कर जाते हैं। उनकी ऐसी 'शातिर उद्यमी-बुद्धि' को सराहने के बजाय दुर्भाग्य से उन पर हम गैरकानूनी काम या कर-चोरी (कर प्रबंधन को प्राय: हम कर-चोरी मान लेते हैं) के आरोप लगा देते हैं। सुनील मित्तल ने तब आयातित पुश-बटन फोन बनाने के लिए ऐसी ही 'पतली गली' को चुना। अंतत: एक साल बाद ही दूसरे उद्योगों के दबाव में सरकार को नियंत्रण हटाना पड़ा, पर तब तक सुनील मित्तल टाटा, बिड़ला या थापर जैसे दिग्गजों से दस माह आगे खड़े थे। सारा घटनाक्रम बड़ा रोचक है। सरकारी प्रतिबंध का पालन करते हुए सुनील मित्तल ने फोन नहीं, उनके कम्पोनेंट्स आयात किए। उनकी भी अलग-अलग स्थानों पर डिलीवरी ली-हैंडसेट कहीं, बेस कहीं तो पुश-बटन और कहीं। इन सबको लुधियाना में असेम्बल करवाया व दूरभाष विभाग (डीओटी) को पुश-बटन फोन की सप्लाई शुरू की।

1980 के दशक में जब सरकार ने नियंत्रण हटाया तो पचास से ज्यादा उद्योगपतियों ने फोन उपकरण बनाने के लाइसेंस के लिए आवेदन किया। भारती समूह भी उनमें एक था, पर सबसे छोटा। सुनील मित्तल ने फिर जोखिम उठाई। लाइसेंस मिल ही जाएगा, इस उम्मीद के साथ सीमेंस को ऑर्डर दे दिया। परिणाम यह हुआ कि विधिवत् लाइसेंस जारी होने के बाद अन्य उद्योगपति जब विदेशी कंपनियों को ऑर्डर दे रहे थे, तब सुनील मित्तल हवाई जहाज से फोन उतरवा रहे थे। अंत में सीमेंस के लाइसेंसी में से मार्केट में केवल दो ही बचे-एक भारती समूह व

दूसरा टाटा। सन् 1986 में भारती ने सीमेंस के साथ गठबंधन करके भारत में ही पुश-बटन टेलीफोन बनाने के लिए एक कंपनी गठित की–'भारती इंटरप्राइजेज।' इसका संयंत्र अपने होम टाउन लुधियाना में स्थापित किया और बीटेल ब्रांड नेम से फोन उपकरण लांच किए। भारती समूह को देश में पहली बार कार्डलेस फोन व आन्सरिंग मशीन बनाने व निर्यात करने का गौरव हासिल है। हालाँकि, सुनील मित्तल के लिए यह अब सहायक कारोबार हो गया है। सन् 1996 में ही उन्होंने अपने एक सहयोगी (अनिल नायर) से कह दिया था कि भारती समूह टेलीकॉम सेवा क्षेत्र पर फोकस करेगा। केवल उपकरण नहीं बनाएगा। तेजी से प्रगति की संभावनाएँ वहीं हैं। यहाँ (फोन उपकरण मार्केट) नहीं।

दूर की सोचना और उस सोच को और भी द्रुत गति से लागू करना सुनील मित्तल की केवल रणनीति नहीं, वरन् स्वभाव है। मंजिल पर सबसे पहले पहुँचने की चाह में 'रफ व टफ' ड्राइविंग भी उन्हें डराती नहीं है। वे 'गति' को ही 'गंतव्य' मानकर हर प्रोजेक्ट शुरू करते हैं। सन् 1994 में राष्ट्रीय दूरसंचार नीति की घोषणा हुई। निजी क्षेत्र को लैंडलाइन व सेलफोन सेवा शुरू करने की अनुमति मिली। देश में निजी क्षेत्र की लैंडलाइन फोन सेवा (इंदौर मध्य प्रदेश में) सबसे पहले शुरू करने का गौरव भारती समूह ने जुटाया, जबकि इससे कई गुना बड़े व दिग्गज (रिलायंस, टाटा, एस्सार) बिजनेसमैन इस बार भी मैदान में थे। सबको अलग-अलग सर्किलों के लाइसेंस मिले थे। अन्य लाइसेंस-धारक प्रतीक्षा करते रहे कि सरकार इस सेवा के परिचालन से जुड़े अन्य मुद्दे स्पष्ट करे तब वे काम शुरू करेंगे। भारती समूह ने इस बीच गड्ढे खोदकर केबल बिछा दिए। नवंबर, 97 में इंदौर (मध्य प्रदेश) में टचटेल (अब एयरटेल) की घंटियाँ बजने लगीं। 'ऐसी जल्दबाजी क्यों...?' –के जवाब में तब राजन मित्तल ने कहा था–'जब लाइसेंस मिल गया है, सेवा शुरू करनी है तो फिर प्रतीक्षा क्यों...? जब भी व जो भी रियायतें मिलेंगी, वे सबको मिलेंगी।'

स्पष्ट है कि अपने संस्थापक सूत्रधार सुनील मित्तल का स्वभाव–'लक्ष्य पर फोकस व सबसे पहले लक्ष्य भेद' भारती समूह ने आत्मसात् कर लिया है। अड़चनें व आघात समूह को विचलित नहीं करते, वरन् मजबूत बनाते हैं। सेलफोन सेवा लाइसेंस आवंटन के समय ऐसा ही हुआ था। तीस दिग्गज औद्योगिक घरानों ने सेलफोन सेवा के लाइसेंस माँगे थे। भारती समूह तब भी इन सबमें छोटा था। मुम्बई व दिल्ली सर्किलों के लिए घमासान हो रहा था। भारती समूह ने बोली के आधार पर देश के चार बड़े महानगरों दिल्ली, मुम्बई, कलकत्ता और मद्रास के लाइसेंस प्राप्त कर लिये। अन्य कम्पनियों के दबाव में सरकार ने अचानक नियम बदल डाला और कहा कि एक कम्पनी को एक ही लाइसेंस मिलेगा। भारती समूह को मुम्बई सर्किल मिला, पर प्रतिस्पर्धी अदालत पहुँच गए। अंत में सुनील मित्तल को दिल्ली सर्किल प्राप्त हुआ जो उनकी पहली पसंद भी था। भारती की जगह कोई बड़ा समूह होता तो सरकार बोली के आधार पर आवंटित चारों सर्किल पहले ही चरण में उसे दे देती। पर, सुनील मित्तल ने कहा–'जो हुआ, अच्छा हुआ। चार सर्किलों में सेलफोन सेवा शुरू करना तब हमारे लिए मुश्किल भी था।' पर, इसकी अपूर्व सफलता सुनील मित्तल के लिए ऐसा टर्निंग प्वाइंट बनी कि आज भारती की सेलफोन सेवा

'एयरटेल' सबसे अव्वल है।

हाईटेक टेलीकॉम सेक्टर ऐसा उद्योग है, जिसमें टेक्नोलॉजी व बुनियादी सुविधा जुटाने के लिए पहले भारी पूँजी निवेश करना पड़ती है। लम्बी प्रतीक्षा के बाद तब आवक शुरू होती है, जब क्षमता का भरपूर दोहन होने लगे, यानी अधिकतम फोनधारक हों और वे सेवा का अधिकतम उपयोग भी करें। ऐसे पूँजीगत उद्योग में सुनील मित्तल के लिए अपने बलबूते पर मात्र दो दशक में टेलीकॉम सुपर पॉवर बनना संभव नहीं था। यह बात वे भी जानते थे, पर उन्हें लाइजनिंग व लॉबिंग की अपनी प्रतिभा पर विश्वास था। अपनी इसी निपुणता का उपयोग कर उन्होंने दुनिया के दिग्गज टेलीकॉम खिलाड़ियों को अपना भागीदार बनाया। सिंगटेल, सीमेंस, एटी एंड टी, विवेंडी, टेलीकॉम इंडिया जैसे दिग्गज न केवल आज उनके टेक्नोलॉजी पार्टनर्स हैं, वरन् उन्होंने भारती समूह में भारी पूँजी भी निवेश की। देश के टेलीकॉम सेक्टर में सबसे अधिक विदेशी निवेश जुटाने वाले सुनील मित्तल ने अंतरराष्ट्रीय स्तर के अपने इन भागीदारों का ऐसा विश्वास जीता है, जो भारतीय कॉरपोरेट वर्ल्ड के लिए एक मिसाल है। भारती समूह के हर प्रोजेक्ट में एक से ज्यादा भागीदार हैं, जो अन्यथा अपने-अपने मार्केट में एक-दूसरे के कट्टर प्रतिस्पर्धी भी हैं। सुनील मित्तल की मध्यस्थता (चेअरपर्सन) में वे एक ही बोर्ड रूम में बैठते हैं। दिलचस्प बात यह है कि भारती समूह अपने हर संयुक्त वेंचर में मायनर इक्विटी धारक (छोटा भागीदार) है, पर प्रोजेक्ट का नियंत्रण ज्यादा पूँजी लगाने वाले भागीदारों ने सुनील मित्तल की टीम को सौंपा हुआ है।

सचाई यह है कि विदेशी कम्पनियों से भारती समूह की ठोस भागीदारी का आधार है–परस्पर पारदर्शी व्यापार-व्यवहार, एक-दूसरे के हितों की चिंता और एक-दूसरे के अधिकारों को वाजिब वाणिज्यिक मान्यता। अपने उच्चाधिकारियों को सुनील मित्तल ने स्पष्ट निर्देश दिए हुए हैं कि जो भी दस्तावेज वे उन्हें पेश करते हैं, उन्हें प्रोजेक्ट के हर भागीदार को भी भेजें। सुनील मित्तल सार्वजनिक रूप से स्वीकार करते हैं कि मित्तल परिवार के अलावा भारती समूह के कई प्रमोटर्स हैं, जैसे–सिंगटेल, वारबर्ग, पिनकस, इंटरनेशनल फाइनेंस कॉरपोरेशन, एशिया इन्फ्रास्ट्रक्चर फंड, न्यूयॉर्क लाइफ इंश्योरेंस आदि। दूसरे शब्दों में, भारती समूह मूलतः उतना बड़ा नहीं है, जितनी विशाल इसकी भुजाएँ हैं और ये भुजाएँ भी दो नहीं कई हैं। यही नहीं, इनका बाहुबल विश्वस्तरीय है जो प्रकारांतर से भारती को भी ग्लोबल ग्रुप बना देते हैं।

भारती समूह ने टेलीकॉम सेक्टर में विदेशी निवेश जुटाने के साथ दूरसंचार सेवा के सुचारु संचालन के लिए एरिक्शन, नोकिया और आईबीएम की सेवाएँ भी प्राप्त की हैं। आईबीएम की जवाबदारी है एयरटेल उपभोक्ताओं का बिलिंग सिस्टम । आउटसोर्सिंग की इस रणनीति ने भारती समूह को रोजमर्रा की झंझटों से मुक्त करके प्रमुख व्यवसाय पर ध्यान देने का मौका प्रदान किया है। सुनील मित्तल की कारोबारी रणनीति का एक और दिलचस्प हिस्सा है टेलीकॉम इन्फ्रास्ट्रक्चर नेटवर्क की शेयरिंग। तदनुसार इस क्षेत्र की तीन प्रतिद्वंद्वियों–भारती समूह, वोडाफोन एस्सार और आइडिया सेल्युलर के देशव्यापी सवा लाख टॉवर्स तीनों शेयर करते हैं। टाटा समूह के साथ सुनील मित्तल ने समझौता किया है कि समुद्री केबल लिंक (चेन्नई-सिंगापुर) गड़बड़ा जाए तो एक-दूसरे के

नेटवर्क का उपयोग कर सकें। इन सबका सुफल है कि मोबाइल फोन सेवा सस्ती हुई और जन-जन तक पहुँची है। सन् 1995 में कुछ सम्पन्न लोग इसका उपयोग कर पाते थे, क्योंकि प्रतिकॉल खर्च था प्रति मिनट 14 से 15 रुपए। आज यह सुविधा माचिस की डिबिया के मूल्य से भी कम पर उपलब्ध है। ब्रांड बेड सुविधा गाँव-गाँव तक पहुँच गई है। तीनों भारती बंधु किसी बड़े बिजनेस स्कूल के छात्र नहीं रहे हैं। उनकी पाठशाला वास्तविक कार्यक्षेत्र है। फर्स्ट जनरेशन उद्यमी होने से वे ऑनर्स के अहं (मालकियत के अहंकार) वाली बुराइयों से भी दूर हैं। इसका सुपरिणाम यह है कि उन्होंने प्रोफेशनल्स की समर्पित व कर्मठ टीम बनाई है, उन्हें काम करने व निर्णय लेने की पूरी आजादी दी है। मसलन, सुनील मित्तल ने कई साल पहले चेक पर हस्ताक्षर करना बंद किया। यह व्यवस्था आज तक जारी है। सुनील मित्तल के शब्दों में कहें तो-भारती समूह की कार्यप्रणाली के तीन अंग हैं-ऑपरेशंस, मैनेजमेंट, गवर्नेंस। मैं ऑपरेशंस पर ध्यान नहीं देता। मैनेजमेंट भी छोड़ने लगा हूँ। भविष्य में खुद को गवर्नेंस तक सीमित कर लूँगा। तदनुसार सुनील मित्तल बिजनेस बैठक में सबकी बात सुनते हैं। जूनियर सहयोगी की तार्किक बात को भी पूरी तवज्जो देते हैं। असहमति को नजरअंदाज नहीं करते। वे तत्काल फैसला लेते हैं और निर्णय या उसके क्रियान्वयन के समय त्रुटि का जरा-सा संकेत मिलते ही भूल सुधार शुरू कर देते हैं, यानी फैसला बदलने में भी देर नहीं करते। पारदर्शी कार्य-संस्कृति व ऐसे खुलेपन के कारण ही भारती समूह को मेहनती व प्रतिभावान स्टाफ मिला हुआ है। भारती समूह अपने स्टाफ से जमकर काम लेता है। हालाँकि, भारती समूह 'हाई-पे-मास्टर' नहीं है। सुनील मित्तल के बड़े भाई राकेश मित्तल के अनुसार-'भारती समूह का सारा स्टाफ सुनील के विजन से बेहद प्रभावित है। प्रतिभावान युवा क्या चाहते हैं-व्यक्तिगत उन्नति। ...और जब टॉप पर वे ऐसा विजनरी का लीडर देखते हैं तो पूरी लगन से काम करते हैं। शुरू से ही 'जरा हट के हैं सुनील।'

सुनील भारती समूह के पब्लिक फेस हैं, पर उनकी सफलता में जिनका महती योगदान है, वे हैं-बड़े भाई राकेश व छोटे भाई राजन भारती मित्तल। ये तीनों भाई बेहद लो-प्रोफाइल हैं। राजन भारती मित्तल के अनुसार-जब हम दफ्तर पहुँचते हैं तो भाई नहीं होते, प्रोफेशनल्स होते हैं। हम भी भारती समूह की 50,000 मानव सम्पदा का हिस्सा हैं। व्यक्तिगत स्तर पर हमारी अपनी जिंदगी है। हम तीनों भाई अलग रहते हैं। बड़े भाई राकेश के दो पुत्र हैं, सुनील एक पुत्री व दो जुड़वाँ पुत्रों के पिता हैं, मेरी भी दो संतानें हैं। जब हम ग्रो हुए तब दुनिया अलग थी। बच्चे बड़े होंगे तब दुनिया अलग होगी। हम उन्हें विवश नहीं कर सकते कि हमारी तरह वे भी साथ-साथ कारोबार करें। सुनील मित्तल की ये ही सब आंतरिक ऊर्जा हैं। इस टीम के बीच की केमिस्ट्री अद्भुत है।

भारती समूह

भारती समूह अव्वल रहने का अभ्यस्त हो चुका है। फर्स्ट के इसके टैग्स की सूची लंबी है, जो सन् 1979 से शुरू होती है। जब समूह के संस्थापक सुनील मित्तल टेलीकॉम उद्योग में नहीं थे। वे पहले शख्स हैं, जिन्होंने देश में पहली बार विदेशी पोर्टेबल जनरेटर सेट्स भारत में उपलब्ध करवाए थे और सबसे बड़े आयातक होने का गौरव जुटाया था। टेलीफोन उपकरण बनाए तो वे

देश के सबसे बड़े फोन उपकरण निर्माता बन गए। भारत में पहली बार विदेशी पुश-बटन फोन, कॉर्डलेस फोन व आन्सरिंग मशीन बनाई। देश में निजी क्षेत्र की पहली लैंडलाइन फोन सेवा (मध्य प्रदेश सन्1997) भारती समूह ने शुरू की, जो टेलीफोन सेवा उद्योग में परिवर्तन की दिशा-सूचक बन गई। भारती समूह की लैंडलाइन फोन सेवा आज कई राज्यों में सेवारत है। भारत में सबसे बड़ा जीएसएम नेटवर्क (मोबाइल फोन सेवा टेक्नोलॉजी) भारती समूह ने स्थापित किया है। इससे आज एयरटेल सेलफोन सेवा 23 सेल टेलीफोनी सर्किलों में उपलब्ध है। इस तरह 10 करोड़ उपभोक्ताओं के साथ भारती समूह देश का मोबाइल स्पेस लीडर है। देश के 6.50 लाख गाँवों में से आधे से ज्यादा एयरटेल की पहुँच में हैं। भारत में दुनिया की सबसे सस्ती सेलफोन सेवा उपलब्ध करवाने व दूसरों को भी ऐसा करने के लिए विवश करने का श्रेय भी भारती समूह को है। वस्तुतः देश में निजी क्षेत्र का व्यापक टेलीकॉम इन्फ्रास्ट्रक्चर स्थापित करने का अभियान भारती समूह ने ही शुरू किया, जिसकी आज दूसरे दिग्गज नकल कर रहे हैं।

भारती समूह निजी क्षेत्र का देश का पहला एनएलडी प्रदायकर्ता है। इसने इस मार्केट में ऐसा प्राइज-वॉर शुरू किया कि लंबी दूरी के फोन कॉल्स की दरें रसातल में पहुँच गईं और बीएसएनएल को भी एकाधिकार की खुमारी से निकलकर दरें घटाना पड़ी। इंटरनेशनल लांग डिस्टेंस (आईएलडी) कॉल्स के लिए भारती ने चेन्नई में लैंडिंग स्टेशन स्थापित किया, जिससे आईएलडी सेवा पर वाइस व डाटा का इंटरनेशनल प्रसारण आसान हुआ है। समुद्र में केबल लिंक (चेन्नई व सिंगापुर के बीच) स्थापित करके भारती समूह ने निजी क्षेत्र को बीएसएनएल का तगड़ा प्रतिस्पर्धी बनाया है। भारती समूह ने अपनी 'इंडिया-वन' आईएलडी सेवा के लिए इंटरनेशनल कैरियर्स से भी अनुबंध किया है। टेलीकॉम उद्योग में सर्वाधिक विदेशी निवेश (एक बिलियन डॉलर से ज्यादा) भारती समूह ने ही जुटाया है। हालाँकि इस क्षेत्र में सुनील मित्तल का एक प्रयास अभी तक फलीभूत नहीं हुआ है। एयरटेल को लोकल ग्लोबल ब्रांड बनाने की महत्वाकांक्षा के साथ दक्षिण अफ्रीका की सबसे बड़ी मोबाइल सेवा एसटीएन को भागीदार बनाने की मंशा सफल नहीं हुई तो अब सुनील भारती मित्तल ने वहाँ की तीसरी बड़ी मोबाइल सेवा झेन को अधिगृहीत किया है। उनके अनुसार दक्षिण अफ्रीका का सेल फोन मार्केट वैसा ही है, जैसा कभी हमारे देश में था। इथीओपिया से भारत एक मिनट सेल फोन पर बातचीत करने की वहाँ लागत 70 रुपए है यानी कम लागत की सेल फोन सेवा के लिए पर्याप्त अवसर हैं। एटरटेल प्राइज-वॉर में पारंगत है। सुनील भारती मित्तल ने बांग्लादेश की चौथी सबसे बड़ी फोन सेवा वारिद को भी अधिगृहीत किया है। यह अब एयरटेल फोन सेवा होगी। ग्लोबल विजन के साथ सुनील भारती मित्तल ने समूह में इंटरनेशनल बिजनेस ग्रुप गठित किया है।

भारती समूह ने दूरसंचार सेवा क्षेत्र में वर्चस्व कायम करने के साथ जिन कारोबारी क्षेत्रों में प्रवेश किया है, वे हैं-कृषि, जीवन बीमा, रिटेल और एयरपोर्ट इन्फ्रास्ट्रक्चर। समूह की भारती इंटरप्राइजेस ने इंग्लैंड की इन्वेस्टमेंट बैंक रोथ्सचाइल्ड के साथ एक कम्पनी गठित की है-फील्ड फ्रेश फूड्स प्रा. लिमिटेड। इस वेंचर के तहत भारती समूह की योजना है फल-सब्जी की कांट्रैक्ट फार्मिंग करवाना और निर्यात करना। फील्ड फ्रेश के इंचार्ज राकेश मित्तल के

अनुसार–मसालों की पैकिंग व निर्यात आसान है। फल–सब्जी की शेल्फ लाइफ बहुत कम है, जिन्हें ताजा अवस्था में गंतव्य पहुँचाना कठिन काम है। भारती समूह ने यह बीड़ा उठाया है और पंजाब में फल–सब्जी की कांट्रैक्ट फार्मिंग शुरू करवा दी है।

जीवन बीमा क्षेत्र में भारती समूह ने एएक्सए पैसिफिक होल्डिंग्स लिमिटेड के साथ प्रवेश किया है। भारती एएक्स लाइफ इंश्योरेंस निजी क्षेत्र की देश में 14वीं कंपनी है, जो अपने प्रतिद्वंद्वियों से अलग कारोबार करना चाहती है। कंपनी का लक्ष्य है साधारण जन (Mass based) को जीवन बीमा उपलब्ध करवाना। रिटेल क्षेत्र में कारोबार करने के लिए भारती समूह ने अमेरिकन रिटेलर वॉलमार्ट को चुना है। राजन भारती मित्तल के अनुसार–इस वेंचर के तहत इण्डी–डे–स्टोर खोले जाएँगे, जिसकी हमने अपने होमटाउन लुधियाना से शुरुआत कर दी है। होलसेल केश–केरी श्रृंखला इसका अलग चरण होगा। सुनील मित्तल का कहना है कि देश में थाईलैंड जैसे छोटे व सुविधाजनक रिटेल स्टोर्स की जरूरत है जो लोगों को अच्छे व सस्ते उत्पाद उपलब्ध करवाएँ। एयरपोर्ट इन्फ्रास्ट्रक्चर प्रोजेक्ट में भारती समूह के भागीदार हैं चांगी एयरपोर्ट मैनेजर सिंगापुर और डीएलएफ।

भारती समूह के प्रतिद्वंद्वी प्रायः आरोप लगाते हैं कि मित्तल परिवार के राजनीतिक रिश्तों के कारण सुनील मित्तल इतने बड़े बिजनेस का संचालन कर रहे हैं। वे इन संपर्कों का अच्छा वाणिज्यिक दोहन करते हैं, पर सुनील मित्तल की दलील है कि हमारे पिता (सतपाल मित्तल) का 1992 में निधन हो गया। भारती समूह की ग्रोथ सन् 1992 के बाद शुरू हुई है। दस साल (1992–2002) में हम सम्पन्न व स्वावलम्बी हुए हैं। इन्हीं दस सालों में टेलीकॉम उद्योग में उदारीकरण की प्रचंड आँधी आई है। प्रतिस्पर्धा के इस दौर में कौन, किसको मदद करता है। उनके अनुसार–भारती समूह के अधिकांश अंतरराष्ट्रीय भागीदार इतने दिग्गज हैं कि वे अमेरिका के राष्ट्रपति को ठेंगा दिखा दें, हमारे स्व. पिता तो मात्र भारतीय सांसद थे और वे भी अब इस दुनिया में नहीं हैं।

भारती समूह ने आईआईटी दिल्ली के साथ भारती स्कूल ऑफ टेलीकम्युनिकेशन टेक्नोलॉजी एंड मैनेजमेंट की स्थापना की है। भारती फाउंडेशन ने इसके लिए 24 करोड़ रुपए की सहयोग राशि दी है। यह स्कूल एम.टेक. (टेलीकॉम) व एम.बी.ए. (टेलीकॉम) कोर्सेस संचालित करेगा। कोर्स का संचालन, परीक्षा व डिग्री आईआईटी प्रदान करेगा। 200 करोड़ रुपए निधि का भारती फाउंडेशन सत्य भारती स्कूल्स नाम से सारे देश में प्राइमरी स्कूल खोल रहा है। इन सबका प्रयोजन है–देश में तेजी से उभरते टेलीकॉम सेवा क्षेत्र के लिए प्रतिभावान युवा तैयार करना। इसके अलावा पंजाब विश्वविद्यालय में भारती समूह ने स्व. सतपाल मित्तल (पूर्व सांसद) की स्मृति में भारती चेयर (टेली कम्युनिकेशंस) की स्थापना करवाई है। गुजरात में भारती सेंटर फॉर इंटरप्रिन्योरियल प्रोग्राम शुरू किया गया है।

सुनील मित्तल पहले ऐसे टेलीकॉम उद्योगपति हैं, जो इंटरनेशनल बिजनेस मैगजीन 'बिजनेस वीक' द्वारा सन् 2000 में 'वन ऑफ द टॉप इंटरप्रिनर्स वर्ल्ड वाइड' व सन् 2001 में 'स्टार ऑफ

एशिया अवार्ड' से नवाजे गए हैं। 'अर्नेस्ट एंड यंग' ने सन् 2000 में उन्हें 'इंटरप्रिनर ऑफ द ईयर' (इन्फॉर्मेशन, कम्युनिकेशन एंड इंटरटेनमेंट सेक्टर ऑफ इंडिया) अवार्ड प्रदान किया। टेनिस व टेबल टेनिस के शौकीन सुनील मित्तल पत्र-पत्रिकाएँ व सफल व्यक्तियों की आत्मकथा पढ़ने के शौकीन हैं। अवसर मिलते ही वे वैष्णोदेवी व तिरुपति बालाजी पहुँच जाते हैं। पुत्री ईशा व जुड़वाँ पुत्र कविन व श्रवण के साथ सुनील मित्तल व उनके दोनों भाई तीज-त्योहार पर अपनी माँ का आशीर्वाद प्राप्त करना नहीं भूलते, अन्यथा उनकी एक ही नियति है-'टेलीकॉम.... टेलीकॉम, काम और केवल काम...।'

लोकल से ग्लोबल

इंडियन कॉरपोरेट्स

23

स्ट्रीट स्मार्ट

सुधीर व समीर मेहता

टोरेंट ग्रुप को हेल्थ केअर के साथ-साथ पावर सेक्टर में स्थापित करके सुधीर व समीर मेहता ने साबित किया है कि वे योग्य पिता की सुयोग्य संतान हैं। फार्मा उद्योग में निर्यात आय घटने से 1990 के दशक में टोरेंट को दुर्दिनों का सामना करना पड़ा था। मेहता बंधुओं ने न केवल फार्मा उद्योग में कम्पनी को पुनर्स्थापित किया, बल्कि एनर्जी सेक्टर में भी एंट्री ली। 1650 मेगावॉट जनरेशन क्षमता के साथ टोरेंट पावर अहमदाबाद, गांधीनगर व सूरत को 10 बिलियन यूनिट से ज्यादा विद्युत आपूर्ति कर रहा है। टोरेंट फार्मा की सहयोगी कम्पनी के ब्राजील में 20 उत्पाद लोकप्रिय हैं। जर्मनी में इसने 90 साल पुरानी एक फार्मा कम्पनी भी अधिगृहीत की है।

जरात उद्यमियों ने अपनी कारोबारी सूझबूझ से गुजरात को देश के सम्पन्न राज्यों के लिए चुनौती बना दिया है तो अन्य प्रदेश भी चाहते हैं कि गुजरात के उद्यमी उनके यहां उद्योग लगाएं ताकि उनके राज्य का भी भाग्योदय हो। ऐसे ही गुजरात के नवोदित कुबेर हैं टोरेंट समूह के सुधीर मेहता और उनके भाई समीर मेहता। गुजरात के सर्वाधिक धनी उद्यमियों की सूची में उनका क्रम दूसरा है।

टोरेंट समूह के संस्थापक हैं—स्व. उत्तमभाई मेहता। वे मेमदपुर (पालनपुर जिला) में जन्मे थे। ग्रामीण स्कूल में प्रारंभिक शिक्षा प्राप्त करते समय ही बड़े स्वप्न देखने लगे थे उत्तमभाई। स्वप्न साकार नहीं होते, उन्हें साकार करना पड़ता है—यह समझ आते ही वे मुम्बई आ गए। यहां विल्सन कॉलेज से ग्रेजुएशन की डिग्री लेने के बाद उन्होंने 1940 के दशक में एक सरकारी विभाग में पार्ट-टाइम क्लर्की करते हुए बहुराष्ट्रीय कम्पनियों के दफ्तरों के चक्कर लगाने लगे। उन दिनों इन कम्पनियों में नौकरी मांगने

के लिए भी साहस जुटाना पड़ता था। उत्तमभाई मेहता को मौका मिला और सेंडोज (अब नावार्टिज) में मेडिकल रिप्रेजेंटेटिव की हैसियत से जुड़े। सन् 1958 में सेंडोज ने उन्हें आसाम भेजा। उत्तमभाई वहां अस्वस्थ हुए तो इस संकल्प के साथ त्यागपत्र दे आए कि वे अब नौकरी नहीं करेंगे। फार्मा उद्योग के 13 साल के अनुभव और 25 हजार रुपए की पूंजी से उत्तमभाई मेहता ने 1959 में एक फार्मा कम्पनी–ट्रिनिटी लैब की स्थापना की। सन् 1972 में उन्होंने अपनी कम्पनी का नाम बदलकर रखा–टोरेंट फार्मास्युटिकल्स क्योंकि ट्रिनिटी नाम से दक्षिण भारत में एक कम्पनी पहले ही रजिस्टर्ड थी। सन् 1968 तक उनके इस वेंचर को अपेक्षित सफलता नहीं मिली, यही नहीं, मुंबई में उत्तमभाई अस्वस्थ भी रहने लगे थे। वे अहमदाबाद शिफ्ट हो गए और यहां हुआ भाग्योदय। 1970 के दशक में सायकाट्रिक डिसऑर्डर के उपचार के लिए टोरेंट ने ट्रांक्विलाइजर्स बनाना शुरू किया, जो कम्पनी के लिए टर्निंग पॉइंट साबित हुआ।

उत्तमभाई मेहता के बड़े पुत्र सुधीर मेहता सन् 1954 में जन्मे। सन् 1974 में बैचलर डिग्री प्राप्त करने के बाद पिता के कारोबारी सहयोगी बन गए थे। कॉमर्स ग्रेजुएट और एमबीए शिक्षा प्राप्त सन् 1963 में जन्मे दूसरे पुत्र समीर मेहता ने सन् 1986 में टोरेंट फार्मा को ज्वॉइन किया। पुत्रों ने पिता से ऐसा आक्रामक कारोबारी अंदाज सीखा जो सकारात्मक हो और जिसकी बुनियाद हो 'जो कहा वही करने का साहस'। पिता-पुत्रों की इस टीम ने सन् 1994 में टोरेंट फार्मास्युटिकल्स को शेयर मार्केट में सूचीबद्ध करवाया। टोरेंट के पब्लिक इश्यू को तब निवेशकों का अपेक्षित समर्थन मिला, क्योंकि कम्पनी के टर्नओवर में निर्यात का हिस्सा 28 फीसदी था। आज तो यह आम बात है पर तब फार्मा उद्योग में इसे एक उपलब्धि माना जाता था। दुर्भाग्य से यही निर्यात व्यापार टोरेंट के लिए दुर्दिनों का कारण भी बना। टोरेंट के निर्यात में रशिया की हिस्सेदारी 90 फीसदी थी। रशिया का विघटन हुआ तो यह निर्यात अनायास बंद हो गया। इससे टोरेंट का टर्नओवर दुष्प्रभावित हुआ, पर मेहता परिवार के पास पर्याप्त कैश सरप्लस था। भारत सरकार फार्मा उद्योग पर 'बौद्धिक सम्पदा अधिकार' संबंधी नियम-कायदे लागू कर रही थी। फार्मा उद्योग इसका विरोध कर रहा था। फार्मा उद्योग में इस कारण असमंजस था। सरप्लस कैश को निवेश करके मेहता परिवार ने नए सेगमेंट में प्रवेश किया और महिन्द्रा इलेक्ट्रिक्स खरीद ली। टोरेंट केबल के बैनर तले वे अब हाईटेंशन केबल्स भी बनाने लगे। सन् 1992 में सरकार ने पावर पॉलिसी घोषित की जिसमें निवेश पर 16 फीसदी वापसी की गारंटी दी जा रही थी। मेहता परिवार ने गुजरात टोरेंट एनर्जी कॉरपोरेशन स्थापित किया। सन् 1994-96 में गुजरात को छह मुख्यमंत्री मिले पर टोरेंट ने राजनीतिक अस्थिरता के बीच भी सन् 1998 में गैस आधारित 655 मेगावॉट का पावर स्टेशन भड़ूच के नजदीक स्थापित किया। इसी दौरान टोरेंट ग्रुप ने गुजरात सरकार की अहमदाबाद इलेक्ट्रिक कंपनी और सूरत इलेक्ट्रिक कम्पनी को अधिगृहीत किया और उनका नामकरण किया–टोरेंट एईसी (टीपीएएल) और टोरेंट एसईसी (टीपीएसएल)। सन् 1998 में उत्तमभाई का निधन हो गया। पुत्र सुधीर मेहता को वे पहले ही ग्रुप चेअरमैन और समीर मेहता को वाइस चेअरमैन बना चुके थे, अतः टोरेंट ग्रुप तो इस क्षति से खास प्रभावित नहीं हुआ, पर पुत्रों ने साहसी पिता का संबल खोया।

टोरेंट समूह ने पावर-सेक्टर में सफल एंट्री ली पर इसके साथ 1990 के दशक में ही रणनीति संबंधी चूक हुई। टोरेंट समूह ने एक गैर-बैंकिंग वित्तीय कम्पनी (एनबीएफसी) गुजरात लीजिंग एंड फाइनेंस के 25 फीसदी शेयर खरीदकर इसका नियंत्रण प्राप्त कर लिया। टोरेंट समूह ने पेनिसिलीन सेक्टर में प्रवेश करने की मंशा से गुजरात बायोटेक की भी स्थापना की। मंशा थी पेनिसिलीन बनाएंगे पर चीन से डम्पिंग से इस बल्क ड्रग की कीमत चार गुना कम हो गई। दूसरी तरफ गुजरात लीजिंग एंड फाइनेंस के कॉरपोरेट व रिटेल कर्जदारों ने समय पर कर्ज नहीं चुकाया और कम्पनी की नेटवर्थ खत्म हो गई, जबकि इसकी देनदारी थी 450 करोड़ रुपए जिसमें से 350 करोड़ रुपए पब्लिक डिपॉजिट थे तो 100 करोड़ रुपए मूल्य के डिबेंचर्स। करेला और नीम चढ़ा... टोरेंट केबल भी रुग्ण हो गई।

मेहता बंधुओं ने साहस खोए बिना कॉरपोरेट वर्ल्ड के लिए मिसाल कायम की। वसूली की प्रतीक्षा किए बिना उन्होंने देनदारी चुकाने का निर्णय लिया, जबकि देश की गैर-बैंकिंग वित्तीय कम्पनियों ने इसके पहले ऐसा कभी नहीं किया था। पूंजी संग्रहण के लिए मेहता परिवार ने ग्रुप की सिरमौर कम्पनी टोरेंट फार्मास्युटिकल्स पर भरोसा किया और गुजरात टोरेंट एनर्जी कॉरपोरेशन में अपनी सारी होल्डिंग पावरजेन को 1100 करोड़ रुपए में बेची और देनदारी चुकाकर साबित किया कि वे ऐसे पिता के पुत्र हैं, जिनके लिए व्यक्तिगत साख से बड़ी कोई चीज नहीं है।

कर्ज के बोझ से मुक्त होकर मेहता बंधुओं ने सबसे पहले घाटे की घाटी में फंसी टोरेंट केबल्स को संभाला और तय किया कि वे अब फार्मास्युटिकल्स व पावर सेक्टर पर फोकस करेंगे। इसके साथ ही उन्होंने प्रत्येक कम्पनी के दिए प्रोफेशनल सीईओ नियुक्त किए। सुधीर मेहता ने पावर तथा समीर मेहता ने फार्मा को अपना कार्यक्षेत्र बनाया। हालांकि ग्रुप की शेयर होल्डिंग में कोई फेरबदल नहीं किया, जिसका स्वामित्व टोरेंट प्रा.लि. के पास है यानी दोनों भाई स्वतंत्र कारोबार करते हुए भी साथ-साथ हैं।

टोरेंट पावर

कारोबार का नियंत्रण व दिशा तय होने के बाद आज हालात यह हैं कि टोरेंट फार्मास्युटिकल्स देश की फार्मा कम्पनी में एक है तो टोरेंट पावर देश पावर सेक्टर का अग्रणी ब्रांड है। टोरेंट पावर की जनरेशन क्षमता है 1650 मेगावॉट। कम्पनी सालाना अहमदाबाद, गांधीनगर और सूरत को 10 बिलियन यूनिट से ज्यादा विद्युत आपूर्ति कर रही है। इसके 19 लाख ग्राहक 408 वर्ग कि.मी. क्षेत्र में फैले हुए हैं। टोरेंट पावर ने सूरत के नजदीक 1100 मेगावाट पावर जनरेशन की स्थापना की है, जो गैस पर निर्भर देश का पहला ग्रीन फील्ड पावर प्रोजेक्ट है। गैस ईंधन के रूप में जहां पर्यावरण हितैषी है, वहीं प्रति यूनिट विद्युत उत्पादन लागत में भी सबसे ज्यादा किफायती है। टोरेंट पावर डिस्ट्रिब्यूशन फ्रेंचाइजी बिजनेस पर भी फोकस कर रहा है और इस दिशा में दिसम्बर, 2006 में भिवंडी के लिए महाराष्ट्र स्टेट इलेक्ट्रिसिटी डिस्ट्रिब्यूशन कम्पनी से इसने एक अनुबंध किया है जो अपने किस्म का पावर सेक्टर में सबसे पहला फ्रेंचाइजी गठबंधन है। सुधीर मेहता को उम्मीद है कि इन सबके कारण टोरेंट पावर की निकट भविष्य में आय दोगुना

हो जाएगी। सही सोच रहे हैं—सुधीर मेहता। टोरेंट पावर गुजरात के पावर सेक्टर का सबसे ज्यादा अनुभवी खिलाड़ी है, जो पावर सेक्टर के जनरेशन, ट्रांसमिशन व डिस्ट्रिब्यूशन हर सेगमेंट में सक्रिय है। टोरेंट समूह के सालाना टर्नओवर में टोरेंट पावर की हिस्सेदारी ज्यादा है, पर मेहता बंधु जानते हैं कि उनकी जड़ें फार्मा उद्योग से जुड़ी हुई हैं, इसलिए समूह की सिरमौर कम्पनी का जिक्र हो तो सबसे पहले याद करते हैं टोरेंट फार्मास्युटिकल्स को।

टोरेंट फार्मास्युटिकल्स

मेहता बंधु का जब पावर सेक्टर में ज्यादा फोकस था, तब टोरेंट फार्मा का क्रम पिछड़कर 18वां हो गया था, जिसे वे फिर से आगे ले आए। भारतीय फार्मा मार्केट में टोरेंट फार्मा के कार्डिया वासक्यूलर, सेंट्रल नर्वस सिस्टम, ओरल एंटी डायबिटिक, गेस्ट्रो इंटेस्टिनाल, पेन मैनेजमेंट और एंटी इन्फेक्टिव्स के करीब 175 उत्पाद हैं। 1990 के दशक में फार्मा उद्योग में छोड़े मैदान को कवर करने के लिए टोरेंट फार्मा ने सबसे पहले अपने सेल्स रिप्रेजेंटेटिव्स की संख्या दोगुना बढ़ाकर 2500 से ज्यादा की। इसके साथ ही नए उत्पाद लांच किए। टैक्स हालीडेज का लाभ लेने के लिए बड्डी हिमाचल प्रदेश में नई उत्पादन सुविधा जुटाई और यहां घरेलू मार्केट के लिए मैन्यूफैक्चरिंग शिफ्ट कर दी। टोरेंट फार्मा की अहमदाबाद स्थित फैक्टरी अब केवल निर्यात के लिए औषधियां बनाती है। इस संयंत्र के उन्नयन के लिए भी टोरेंट ग्रुप ने नया निवेश किया है। टोरेंट फार्मा एनएनडीए और डीएमएफ फिलिंग्स पर शोध=कार्यों पर भी फोकस कर रही है। टोरेंट के पास 50 देशों में 1000 से ज्यादा ड्रग्स रजिस्ट्रेशन हैं।

टोरेंट फार्मा ने दूसरी पारी में भी निर्यात-व्यापार पर फोकस किया है, पर एक ही देश पर निर्भर होने की भूल नहीं दोहराई है। यही नहीं, अमेरिका जोखिमयुक्त मार्केट है, इसलिए यह टोरेंट फार्मा की प्राथमिकता सूची में नहीं है। इसके बजाय टोरेंट फार्मा की ब्राजील स्थित सहायक कम्पनी का कारोबार तेजी से बढ़ा है। ब्राजील में टोरेंट फार्मा के 20 से ज्यादा उत्पाद खूब लोकप्रिय हैं। ब्राजील के बाद यूरोप मार्केट पर टोरेंट ने फोकस किया है, क्योंकि यहां फार्मा कम्पनी कई डिस्ट्रिब्यूटर नियुक्त कर सकती है। जर्मनी में टोरेंट फार्मा ने अपनी मार्केटिंग इकाई गठित की है और इसके लिए वहां फायजर की एक कम्पनी अधिगृहीत की है। 90 साल पुरानी इस जेनेरिक कम्पनी के 116 उत्पाद टोरेंट फार्मा को मिले हैं। मेहता बंधुओं को उम्मीद है कि जिस द्रुत गति से टोरेंट फार्मा पुनर्स्थापित हुई है, उससे यह निकट भविष्य में देश की टॉप फार्मास्युटिकल कम्पनी में एक हो जाएगी।

टोरेंट ग्रुप को फार्मा और पावर सेक्टर में स्थापित करके सुधीर मेहता और समीर मेहता ने साबित कर दिया है कि वे योग्य पिता की सुयोग्य संतान हैं जो सामाजिक सरोकार में भी पीछे नहीं हैं। सुनामी हो, सूखा हो या भूकम्प-आपदा के समय वे पुनर्वास कार्यक्रमों में उदारमना आर्थिक सहयोग प्रदान करते हैं। अहमदाबाद में टोरेंट ग्रुप ने परिमल गार्डन विकसित किया है जो स्थानीय नागरिकों के साथ पर्यटकों को भी लुभाता है। यही गुजराती उद्यमशीलता है—कमाओ और खर्च करो पर अपनी कमाई का एक हिस्सा समाज को भी लौटाओ।

24

वाणिज्य विशारद

उदय कोटक

जहाँ सम्भावना व अवसर दिखाई दें, वहाँ दाँव लगाने में माहिर हैं गुजराती वैश्य। 1970 के दशक में गृह निर्माण के लिए बैंकों से कर्ज नहीं मिलता था, तब हँसमुख टी. पारीख और दीपक पारीख ने एचडीएफसी की स्थापना की और मध्यमवर्गीय परिवारों को सरल शर्तों पर कर्ज दिया। एचडीएफसी आज हाउसिंग फाइनेंस मार्केट की लीडर कंपनी है तो इस कारोबार के जरिये अर्जित सम्पदा और समझ से कई अन्य वित्तीय सेवाएँ भी प्रदान कर रही हैं। ऐसे ही एक और गुजराती फाइनेंस विजार्ड (उस्ताद/विशेषज्ञ) हैं उदय कोटक। सन् 1985 में 25 वर्ष की उम्र में 300 वर्गफीट के दफ्तर में तीन कर्मचारियों के साथ उन्होंने कोटक कैपिटल मैनेजमेंट फाइनेंस की स्थापना की थी। आज कोटक महिन्द्रा समूह वैयक्तित्व वित्तीय सेवाएँ, कॉमर्शियल व कॉरपोरेट बैंकिंग, इन्वेस्टमेंट बैंकिंग, स्टॉक ब्रोकिंग सर्विसेस, एसेट मैनेजमेंट, जीवन बीमा के अलावा कमोडिटी ट्रेडिंग जैसी कई वित्तीय सुविधाएँ प्रदान कर रहा है... जिसके 370 शहरों में 1350 कार्यालय हैं...जिससे 20 हजार युवा प्रोफेशनल्स को रोजगार मिला हुआ है...जिसका कारोबार मॉरिशस, सेन फ्रांसिस्को, लंदन, दुबई, न्यूयॉर्क और सिंगापुर तक फैला हुआ है..., जो 40 हजार करोड़ रुपए की निधि का प्रबंधन करता है, जिसकी नेटवर्थ 9000 करोड़ रुपए से ज्यादा है। फलत: जिन निवेशकों ने 25 साल पहले उदय कोटक पर भरोसा करके उनके वेंचर में निवेश किया था, उनके एक लाख रुपए राइट शेयर व बोनस शेयर मिलाकर आज के शेयर मूल्यों के आधार पर 300 करोड़ रुपए हो गए हैं।

साठ सदस्यों के एक बड़े संयुक्त गुजराती परिवार में 15 मार्च, 1959 को जन्मे उदय

कोटक का उच्च मध्यमवर्गीय सुख-सुविधा के साथ लालन-पालन हुआ। तदनुसार उनके कॉटन ट्रेडर परिवार की हैसियत ऐसी थी कि वे महँगे स्कूल में पढ़ाई कर सके, पर कोटक परिवार ने अपनी राष्ट्रीय विचारधारा के अनुसार उदय कोटक को मेरिन ड्राइव स्थित हिंदी विद्या भवन में प्रवेश दिलवाया, क्योंकि इसका शुभारंभ गांधीवादी मोरारजी भाई देसाई ने किया था। स्कूली शिक्षा के दौरान उदय कोटक को पहली बार आभास हुआ कि आँकड़े उन्हें लुभाते हैं, वे उनसे बात करते हैं यानी मैथ्स में वे अपने सहपाठियों से ज्यादा पारंगत हैं। स्कूली शिक्षा के दौरान ही उदय कोटक इतना बेहतरीन क्रिकेट भी खेलने लगे कि वे स्कूल की क्रिकेट टीम के कप्तान बन गए। एक प्रतिभावान और स्पोर्टी (खिलाड़ी) छात्र होने से उदय कोटक को सिडनेहम कॉलेज में आसानी से प्रवेश मिल गया। यहाँ से बी.कॉम. की डिग्री उन्होंने यूनिवर्सिटी टॉपर की हैसियत से प्राप्त की। ग्रेजुएशन के बाद उनके सामने दो विकल्प थे-एक, वे पारिवारिक कारोबार से जुड़ जाएँ या एमबीए की पढ़ाई करें। उदय कोटक ने दूसरा विकल्प चुना और जमनालाल बजाज मैनेजमेंट इंस्टीट्यूट को ज्वॉइन कर लिया।

सितम्बर, 1979 में एक हादसा हुआ । कांगा लीग में क्रिकेट मैच के दौरान शॉट लगाकर वे रन बनाने दौड़े तो एक फील्डर के थ्रो ने स्टम्प के बजाय उन्हें हिट कर दिया। वे मैदान में ही बेहोश हो गए। अस्पताल पहुँचाए गए तो चिकित्सकों ने कहा-ब्रेन हेमरेज है, तत्काल ऑपरेशन करना पड़ेगा। घायल होने के दो घंटे बाद ही सर्जरी होने से उनकी जान तो बच गई, पर चिकित्सकों की सलाह पर एमबीए कोर्स का एक सेमेस्टर उन्हें छोड़ना पड़ा और क्रिकेट को हमेशा के लिए अलविदा कहना पड़ा। नियति की नीयत कौन जान पाया है? उदय कोटक को तो फाइनेंस विजार्ड बनना था। क्रिकेट के मैदान में दुर्घटना नहीं हुई होती तो वे शायद वित्तीय सेक्टर पर पूरा ध्यान नहीं दे पाते।

एमबीए की पढ़ाई से मिले जबरन ब्रेक के दौरान उदय कोटक परिवार के फोर्ट स्थित नवसारी बिल्डिंग के दफ्तर जाने लगे, जो उनके लिए एक सबक साबित हुआ। हर फैसले के लिए परिवार के वरिष्ठ 14 सदस्यों को समझाना और उनसे अनुमति प्राप्त करना उदय कोटक को रास नहीं आया। वीर संघवी को एक साक्षात्कार (हिंदुस्तान टाइम्स) में उन्होंने कहा है-'इस अप्रिय अनुभव के बाद मैंने तय किया कि कभी परिवार के किसी सदस्य के साथ कारोबार नहीं करूँगा। कोटक महिन्द्रा समूह में आज हजारों लोग कार्यरत हैं, पर कोई किसी का रिश्तेदार नहीं है।'

उदय कोटक इतने सिद्धांतप्रिय हैं कि एमबीए की डिग्री मिलने के बाद उन्होंने पारिवारिक कारोबार से पुनः जुड़ने के बजाय हिन्दुस्तान लीवर को ज्वॉइन करने का निर्णय लिया। उनके पिता नहीं चाहते थे कि गुजराती वैश्य परिवार का शिक्षित युवा अपना कारोबार करने के बजाय किसी दूसरे की नौकरी करे। पिता ने अपने भाइयों से बात की। उन सबको उदय कोटक की वित्तीय सूझबूझ पर भरोसा था। परिवार ने उदय कोटक को नवसारी बिल्डिंग परिसर में 300 वर्गफीट का छोटा-सा दफ्तर स्वतंत्र कारोबार के लिए सौंप दिया।

उदय कोटक कहते हैं–'हमारे देश में 'इंटरप्रिन्योर' उसे कहते हैं जो जोखिम उठाए, पर मेरे नजरिये से असली उद्यमी वह है, जो नवोन्मेषी सोच के साथ कारोबार करे, उद्योग स्थापित करे। जोखिम उठाने यानी दाँव लगाने से ज्यादा जरूरी है नया सोच और उसे लागू करने का तौर-तरीका।' अपने पिता, प्रोफेसर मानकेकर और मित्र-द्वय ग्रिंडलेज बैंक के सिडनी पिंटो व महिन्द्रा एंड महिन्द्रा के आनंद महिन्द्रा से मैंने सीखा है कि अपना कारोबार करो और उसे प्रोफेशनली सँभालो।*

80 का दशक याद करें। देश का फाइनेंस मार्केट तब 'लाक्ड' था। सार्वजनिक क्षेत्र की बैंकों का इस पर एकाधिकार था। उदय कोटक ने इसमें कारोबारी सम्भावना और अवसर देखे। उन्होंने देखा कि सरकारी बैंक लोगों की बचत पर औसतन छह प्रतिशत ब्याज देते थे, पर कर्ज पर 16.5 फीसदी ब्याज वसूल करते थे। चतुर मध्यस्थ उनके इस भारी मार्जिन (10 फीसदी ब्याजार्जन) में सेंध लगा सकता है, इस सोच के साथ उदय कोटक ने सन् 1985 में कोटक कैपिटल मैनेजमेंट फाइनेंस की स्थापना की और बिल डिस्काउंटिंग करने लगे। उनके पास वित्तीय समझ थी, पर पूँजी नहीं थी। उन्होंने अपने मित्र-परिजनों को समझाया कि हम कम ब्याज पर बैंक को अपनी बचत सौंप रहे हैं। हमें केवल 'सेवर' (बचतकर्ता) नहीं 'सेवर इन्वेस्टर' (बचतकर्ता निवेशक) होना चाहिए और अपनी बचत पर अधिकतम प्राप्ति का जुगाड़ (कोशिश) करना चाहिए। कोटक कैपिटल मैनेजमेंट उनकी पूँजी से उद्योगों को बिल ऑफ एक्सचेंज सुविधा प्रदान करेगा। इससे उन्हें भी ज्यादा ब्याज मिलेगा। उदय कोटक का पहला कॉरपोरेट क्लाइंट था टाटा समूह का नेल्को जिसे तब वर्किंग-कैपिटल की जरूरत थी। मित्र-परिजनों को उदय कोटक और कोटक परिवार पर तो भरोसा था ही, पर जब उन्होंने जाना कि उनकी पूँजी टाटा समूह में निवेश की जाएगी तो कोटक कैपिटल मैनेजमेंट फाइनेंस के लिए पूँजी संग्रहण आसान हो गया। उदय कोटक को पहला कारोबारी 'ब्रेक' मिला।

सन् 1985 में ही उदय कोटक को लाइफ व बिजनेस पार्टनर मिले। पहली ही मुलाकात में पल्लवी से उन्हें प्यार हो गया, जो कुछ ही महीनों में उनकी लाइफ पार्टनर बन गई। विवाह समारोह में ही उनसे आनंद महिन्द्रा मिले, जो उनके बिजनेस पार्टनर बने। आनंद महिन्द्रा पहली ही मुलाकात में उदय कोटक की वित्तीय सूझबूझ से ऐसे प्रभावित हुए कि उन्होंने चार लाख रुपए उन्हें निवेश के लिए सौंप दिए। विदेश में शिक्षा प्राप्त आनंद कोटक का प्रोफेशनल तौर-तरीका उदय कोटक को भी ऐसा रास आया कि उन्होंने उनसे कहा–आप मेरी कंपनी में केवल निवेशक नहीं पार्टनर बनें तो मैं कंपनी का नाम कोटक महिन्द्रा कर दूँगा। आनंद महिन्द्रा व्यक्तिगत स्तर पर (महिन्द्रा एंड महिन्द्रा नहीं) उनके भागीदार बनने को सहमत हो गए। उदय

---

*The term 'entrepreneur' is often misunderstood or ill defined one. An entrepreneur is seen as someone who takes the risk of venturing into untried areas. In the definition the emphasis is on the risk rather than the innovation aspect. Whereas what should be stressed is innovation, which is the nub of entrepreneurship. Says Uday Kotak: Smart Manager. July-Aug 08

कोटक ने आनंद महिन्द्रा से यह भी कहा कि ग्लोबल फाइनेंस हाउसेस–द मार्गेन्स, द रोथ्सचाइल्ड उनके संस्थापकों के नाम से कारोबार कर रहे हैं, जो निवेशकों को अतिरिक्त भरोसा दिलाता है। हमें भी हमारे देश में यह परंपरा शुरू करना चाहिए।

उदय कोटक को यह मानने में कोई संकोच नहीं है कि इसके पीछे मेरा विशेष प्रयोजन था। तब 'कोटक' ऐसा ब्रांड नाम नहीं था कि साधारण निवेशक भरोसा करें, जबकि महिन्द्रा देश का एक प्रतिष्ठित औद्योगिक समूह था। आनंद महिन्द्रा भी अपने इस फैसले से आज खुश ही होंगे, क्योंकि कोटक महिन्द्रा में निवेशित उनकी पूँजी समूह के मार्केट कैपिटेलाइजेशन के आधार पर आज करोड़ों रुपए हो गई है, तो बोनस में उन्हें उदय कोटक जैसा भरोसेमंद मित्र मिला है। इसी तरह फोर्ब्स इंडिया के सर्वे (सन् 2009) के अनुसार–उदय कोटक 3.3 बिलियन डॉलर नेटवर्थ के साथ भारत के 16वें क्रम के नवोदित कुबेर हैं, जबकि सन् 1985 में महिन्द्रा कोटक में अपने हिस्से की इक्विटी 30 लाख रुपए उन्होंने कर्ज के रूप में मित्र–परिजनों से प्राप्त की थी।

1980 के दशक में ही उदय कोटक ने एक और कारोबारी अवसर खोजा। कई सम्पन्न विदेशी बैंकों ने भारत में अपनी शाखाएँ तो खोल ली थीं, पर सरकारी प्रतिबंधों के कारण वे यहाँ ज्यादा पूँजी निवेश नहीं कर सकते थे। स्टैंडर्ड एंड चार्टर्ड जैसे ग्लोबल वित्तीय संस्थानों के पास पर्याप्त पूँजी है और वे अपनी पूँजी पर ब्याजार्जन करना चाहते हैं, यह जानकर उदय कोटक ने यूरोपियन बैंकों और भारतीय उद्योगपति कर्जदारों के बीच मध्यस्थ बनने का निर्णय लिया। वे कहते हैं कि इसके लिए हमें ज्यादा कुछ नहीं करना पड़ता था। हम इच्छुक कर्जदार खोजते थे और उनके 'बिल' (हुंडियाँ) इकट्ठा करके उन पर विदेशी बैंकों का ठप्पा लगवाते थे। इस व्यवसाय से कोटक महिन्द्रा को दो फायदे हुए–एक, विदेशी बैंकों से संपर्क बढ़ा और दूसरे–कॉरपोरेट मनी मार्केट में पहुँच बढ़ी।

महिन्द्रा एंड महिन्द्रा के चेअरमैन केशुब महिन्द्रा के अनुसार–उदय कोटक फाइनेंस मार्केट में नई–नई संभावनाएँ भाँपने में दूसरों से ज्यादा माहिर हैं। 1980 के दशक में हमारे देश में आसानी से कार खरीदने के लिए कर्ज नहीं मिलता था। हायर परचेज प्रणाली के तहत इच्छुक लोगों को इस ऋण पर 30 फीसदी ब्याज चुकाना पड़ता था तो एक और समस्या थी–कार प्राप्ति में प्रतीक्षा। बुकिंग करवाने के महीनों बाद कार मिलती थी अन्यथा प्रीमियम चुकाना पड़ता था। उदय कोटक ने इस मार्केट के अपने कर्जदार ग्राहकों के लिए एक विशेष सुविधा के साथ प्रवेश किया। कार फाइनेंसिंग शुरू करने के पहले कारों की बुकिंग करवाई। कार निर्माता कंपनियों से गठबंधन किया और इसके बाद ग्राहकों को वाजिब दर पर तत्काल कार डिलीवरी की सुविधा के साथ कार फाइनेंस शुरू किया।

सन् 1988 में उदय कोटक ने आनंद महिन्द्रा के पिता हरीश महिन्द्रा की सलाह पर नरीमन पाइंट स्थित नरीमन भवन में कोटक महिन्द्रा का दफ्तर शिफ्ट किया। वे कहते हैं तब बड़ा और लकदक दफ्तर खर्चीला निर्णय था, पर हम बिल डिस्काउंटिंग से अच्छा मुनाफा कमाने लगे थे। हमने स्टॉक मार्केट की सदस्यता भी ले ली थी और इसके जरिये इक्यूपमेंट लीजिंग करने लगे थे,

जो तब कर प्रबंधन (पढ़ें–कर बचाने) का सर्वमान्य तरीका था।

इन्फोसिस टेक्नोलॉजिस के संस्थापक नारायण मूर्ति के अनुसार–दुनिया में ऐसा कोई शख्स नहीं है, जिसका भगवान से साक्षात्कार नहीं होता, पर भगवान अत्यंत लो–प्रोफाइल और मीडिया–शॉय हैं। वे हमसे रूप बदलकर मिलते हैं। वे अवसर बनकर आते हैं। जो उन्हें पहचान लेते हैं वे पकड़ लेते हैं। सही कहा है नारायण मूर्ति ने। उनके इस कथन का एक और निहितार्थ है–जो पहली बार भगवान (अवसर) को पहचान लेते हैं, उनकी भगवान से बार–बार मुलाकात होती है। 1990 के दशक के बाद उदय कोटक के साथ यही हुआ। इसी क्रम में अनिल अंबानी की शादी में उनकी एक ऐसे शख्स से मुलाकात हुई जो फिक्स्ड डिपॉजिट डिस्ट्रीब्यूशन बिजनेस करते थे, पर वांछित सफलता ना मिलने से उसे बेचना चाहते थे। उदय कोटक ने 50 लाख रुपए में यह कारोबार खरीद लिया। इसके साथ उन्हें दलाल स्ट्रीट में 800 वर्गफीट का दफ्तर भी मिला। सन् 1991 में मर्चेंट बैंकिंग का लाइसेंस मिल गया, जिसने कोटक महिन्द्रा का मुनाफा बढ़ाया। सन् 1991 में उदय कोटक कोटक महिन्द्रा का पब्लिक इश्यू लेकर पूँजी मार्केट में आए। इस इश्यू के दस्तावेज में उन्होंने निवेशकों से वादा किया कि कोटक महिन्द्रा को वे विभिन्न वित्तीय सेवाएँ देने वाला सुपर फाइनेंस मार्केट बना देंगे। सन् 1993 में ग्लोबल फाइनेंस मार्केट में प्रवेश करके अपने इस स्वप्न को उन्होंने साकार किया।

गौरतलब है कि सन् 1991 में भारतीय उद्योग व मार्केट्स सरकारी प्रतिबंधों से मुक्त होने लगे तो उदय कोटक ने अनुमान लगाया कि अब भारतीय वित्तीय सेक्टर भी बहुआयामी हो जाएगा। यहाँ ग्लोबल फाइनेंशियल कॉरपोरेशन अपना कारोबार शुरू करेंगे। इसके लिए वे ऐसे भारतीय भागीदार खोजेंगे, जिन्हें लोकल मार्केट की समझ हो। नई दिल्ली में आयोजित यूरोमनी कॉन्फ्रेंस में उदय कोटक ने उन्हें घेरने का बंदोबस्त किया। संयोग से गोल्डमैन सेच के वरिष्ठ भागीदार हैंक पोल्सन से उदय कोटक की दोस्ती हुई जो दो वर्ष बाद फलीभूत हुई। गोल्डमैन सेच के साथ कोटक महिन्द्रा का बैंकिंग और सिक्यूरिटीज कारोबार के लिए अनुबंध हुआ और कोटक सिक्यूरिटीज और कोटक महिन्द्रा कैपिटल का जन्म हुआ। उसी समय महिन्द्रा एंड महिन्द्रा की फोर्ड के साथ भागीदारी हुई और कोटक महिन्द्रा का फोर्ड की कार फाइनेंसिंग इकाई फोर्ड मोटर क्रेडिट के साथ समझौता हो गया।

उदय कोटक ने एक साक्षात्कार में कहा है कि ग्लोबल फाइनेंस कंपनी गोल्डमैन सेच और बहुराष्ट्रीय वाहन निर्माता फोर्ड से ये समझौते मेरे लिए बहुत महत्वपूर्ण साबित हुए। तब तक मैं यह नहीं जानता था कि अंतरराष्ट्रीय वित्तीय कारोबार कैसे होता है? उनके साथ कारोबार करते हुए मैंने यह सब तो सीखा ही, पर यह भी जाना कि आर्थिक सुधार कार्यक्रम के बाद पुरातन पद्धति से कारोबार बहुत जल्दी हमारे देश में भी समाप्त हो जाएगा। अतः हमें भी कारोबार के वैश्विक तौर–तरीके सीखना चाहिए।

सन् 1998 में कोटक महिन्द्रा ने म्यूचुअल फंड लांच करने के लिए कोटक एसेट मैनेजमेंट कंपनी की स्थापना की और जीवन बीमा क्षेत्र में कारोबार करने के लिए ओल्ड म्यूचुअल के

साथ स्वतंत्र कंपनी स्थापित की। हालाँकि इसके पहले उन्होंने कई ऐसी पहल की थी, पर वे इतने लो-प्रोफाइल और मीडिया शॉय (मीडिया से दूरी) हैं कि वे अपने पंख फैलाते रहे, पर किसी ने ध्यान नहीं दिया कि एक और गुजराती वैश्य देश ही नहीं, दुनिया के वित्तीय सेक्टर में तेजी से अपनी जगह बना रहा है। इसका आभास आम लोगों को सन् 2003 में हुआ, जब उदय कोटक को भारतीय रिजर्व बैंक से निजी क्षेत्र की नई बैंक खोलने की अनुमति मिली। कम लागत की पूँजी का स्रोत कोटक महिन्द्रा बैंक आज समूह की सिरमौर कंपनी है, जो मार्केट कैपिटेलाइजेशन आधार पर निजी क्षेत्र की चौथी सबसे बड़ी बैंक है। इसके एक लाख शेयरधारक और 45 लाख से ज्यादा ग्राहकों को उदय कोटक ने ज्यादा फायदे के कई नए उत्पाद उपलब्ध करवाए हैं, जैसे 'स्वीप इन अकाउंट' जिसमें निर्धारित बैलेंस से ज्यादा राशि पर खाताधारक को सावधि जमा जितना ब्याज मिलता है। उदय कोटक का नया कारोबार फैलाव है-देश के पाँचवें मल्टी कमोडिटी एक्सचेंज, इलाहाबाद में भागीदारी।

1990 के दशक के बाद देश में जितने भी बड़े कारोबार सौदे (अधिग्रहण/विलियन) हुए हैं, उनमें उदय कोटक ने प्रत्यक्ष-अप्रत्यक्ष प्रोफेशनल मध्यस्थ की भूमिका निभाई है तो विदेशी कंपनी ने जब भी भारत में 'बिग मनी' निवेश करना चाही तो पहले उदय कोटक से परामर्श अवश्य लिया है। दिलचस्प बात यह है कि दूसरों के लिए बड़ी-बड़ी 'डील' आसान बनाने वाले उदय कोटक अनायास ही मीडिया वर्ल्ड में भी आ गए। हालाँकि बहुत कम लोग जानते हैं कि बिजनेस स्टैंडर्ड कोटक महिन्द्रा समूह का प्रकाशन है। कहते हैं कि एबीपी ग्रुप के अवीक और अरूप सरकार भारी घाटे (हर माह करीब 1.5 करोड़ रुपए) से परेशान हो गए थे। उन्होंने उदय कोटक से इसका ग्राहक खोजने को कहा। अंबानी, वाडिया व टाटा जैसे समूह ने जब बिजनेस स्टैंडर्ड को अधिगृहीत करने से इनकार कर दिया तो एबीपी ग्रुप ने इसे बंद करने का निर्णय ले लिया। उदय कोटक ने अनुमान लगाया कि यदि 20 करोड़ रुपए की नई पूँजी निवेश करें और बिजनेस स्टैंडर्ड को प्रोफेशनल पत्रकारों को सौंप दें तो एक अच्छा कॉमर्स पब्लिकेशन बचाया जा सकता है। अधिग्रहण की लागत लगभग शून्य थी। उन्होंने बिजनेस स्टैंडर्ड को स्वयं अधिगृहीत कर लिया। हालाँकि इसे फायदे का कारोबार बनाने के लिए उन्हें अनुमान से लगभग तीन गुना पूँजी निवेश करना पड़ी। बिजनेस स्टैंडर्ड का संचालन उदय कोटक ने इसके संपादक टी.एन. निनान और टी. थामस को सौंप दिया, जिन्होंने ना केवल इसे बंद होने से बचाया, बल्कि इसे बहुपठित और फायदे का सौदा बना दिया। उदय कोटक कहते हैं कि मीडिया बिजनेस में ऑनर्स को रोजमर्रा के कामकाज में हस्तक्षेप नहीं करना चाहिए। बिजनेस स्टैंडर्ड को अधिगृहीत करने के बाद मैंने यही किया-मैं वॉचमैन बन गया और इसे प्रोफेशनल पत्रकारों को सौंप दिया।

कोटक महिन्द्रा में ऐसे कई प्रोफेशनल्स हैं, जिन्हें उदय कोटक ने इंटरप्रिन्योर बनाया है। कोटक महिन्द्रा की कोर टीम में ब्रह्मा हैं, जो क्रिएटर व इनोवेटर हैं। विष्णु हैं जो सबका लालन-पालन करते हैं तो भगवान श्री महेश भी हैं जो चौकसी करते हैं, सबके लिए चुनौतियाँ खड़ी करते हैं। (Kotak Mahindra have all kinds of people–the Brahma who are business creators and innovators, the Vishnu who are the manintainers who grow the business and the Mahesh who challange every thing. Business Today: August 9, 2009)

कोटक महिन्द्रा से जो प्रोफेशनल एक बार जुड़ा है, वह उदय कोटक का दीवाना हो गया है। गौरांग शाह, शांति एकम्बरम, जैमिनी भट्ट, के.वी.एस., मनियान, एस. नारायण, विक्रम सूद, सुब्रत पानी, अरुणा राव कोटक महिन्द्रा से बड़ी कंपनियों की अहम जवाबदारियाँ छोड़कर उदय कोटक के संगी-साथी बने हैं। ऐसी ही एक वूमन प्रोफेशनल इंटरप्रिन्योर फाल्गुनी नायर (मैनेजिंग डायरेक्टर कोटक महिन्द्रा कैपिटल) कहती हैं-मैं वित्त क्षेत्र में काम करना चाहती थी। उदय कोटक से मुझे विलयन अधिग्रहण और प्रोजेक्ट एडवायजर हेड का ऑफर मिला तो ए.एफ. फर्गुसन को छोड़कर मैंने कोटक महिन्द्रा को ज्वॉइन कर लिया। इस क्षेत्र का मुझे अनुभव नहीं था। मैंने अपनी राह बनाई। नए क्लाइंट्स खोजे और पूरी गति से काम करने लगी थी कि मेरे पति संजय नायर (तब सिटी बैंक में कॉरपोरेट फाइनेंस व कैपिटल मार्केट हेड) को लंदन में पोस्टिंग मिली। मैंने जॉब छोड़कर इंग्लैंड जाना चाहा तो उदय कोटक ने मुझे वहाँ कोटक इंस्टीट्यूशनल इक्विटीज फ्रेंचाइजी नेटवर्क स्थापित करने का दायित्व सौंप दिया। सन् 1996 में संजय ने न्यूयॉर्क में नया जॉब ज्वॉइन किया तो उदय कोटक ने मुझे अमेरिका में कोटक महिन्द्रा की ब्रोकर फर्म स्थापित करने भेज दिया। मैं 34 वर्ष की उम्र में देश की अग्रणी निवेश व मर्चेंट बैंकर कंपनी के अमेरिकन कारोबार की सीईओ बना दी गई। सन् 2000 में हम पति-पत्नी स्वदेश लौटे तो उदय कोटक ने यहाँ मुझे अहम जवाबदारी सौंप दी। सन् 2005 में अजय सोढ़ी के बाद कोटक इन्वेस्टमेंट बैंक के शीर्ष पद के कई दावेदार थे। मैं भी इस दौड़ में शामिल थी। मुझे उम्मीद नहीं थी, पर उदय कोटक ने मुझे चुना। उदय के अनुसार-यह सब साधारण बातें हैं। सच यह है कि फाल्गुनी नायर जैसे संगी-साथी दुर्लभ हैं और कोई भी दूरंदेशी इंटरप्रिन्योर ऐसे लोगों को छोड़ नहीं देता, बल्कि उन पर अपनी पकड़ मजबूत करता है।

अमेरिका या यूरोप में रोथ्सचाइल्ड, जे.पी. मोर्गन या गोल्डमैन सेच जैसी कई हस्तियाँ हुईं, जिन्होंने अपना वैश्विक वित्तीय साम्राज्य स्थापित किया, पर 50 वर्षीय उदय कोटक अकेले भारतीय हैं, जिन्होंने अपनी वित्तीय सूझबूझ से पहला इंडियन फाइनेंस पॉवर हाउस बना दिया है। ज्ञान से धनोपार्जन (Create wealth through knowledge) की यह एक और अद्भुत मिसाल है। हालाँकि उदय कोटक इसे असाधारण उपलब्धि नहीं मानते और कहते हैं कि दक्षिण अफ्रीका के जंगलों में सफारी से भ्रमण करते हुए मैंने उन्मुक्त पशुओं को देखा तो समझा कि कोई नहीं जीतता, कोई नहीं हारता। हार-जीत परिणामों की होती है, व्यक्ति की नहीं।*

---

*I was on safari in a forest reserve in the jungles of Soth Africa, observing the animals in their natural habitat. The experience taught me, that in the final analysis there are no winners or losers, only consequences. Says Uday Kotak.

खेतिहर भूमिपुत्र

भँवरलाल जैन 'भाऊ साहब'

कामयाबी के शिखर पर पहुँचने के लिए चाहिए जमीनी सूझबूझ और असीम धैर्य। कामयाबी कड़ी परीक्षा लेती है। जो लोग मजबूती से कदमताल करते हुए शिखर पर पहुँचते हैं, वे हर परीक्षा में सफल होते हैं। वे दुर्दिनों का भी सामना करते हैं, पर अपने लक्ष्य के प्रति समर्पण और धैर्य के साथ। वस्तुतः सफल उद्यमी वे हैं, जो कामयाबी के पिरामिड पर लम्बी पारी खेलते हैं।

महाराष्ट्र के एक साधारण शहर जलगाँव के भँवरलाल जैन ऐसे ही फर्स्ट-जनरेशन उद्यमी हैं। सन् 1963 में स्थापित जैन इरिगेशन को उन्होंने अपनी सूझबूझ और एकाग्रचित्तता के बलबूते देश का प्रतिष्ठित औद्योगिक साम्राज्य बनाया है। 90 के दशक में वे कामयाबी का शिखर छूने की तैयारी कर रहे थे कि परीक्षा का दौर शुरू हुआ। विस्तारीकरण की लालसा में जैन इरिगेशन कर्ज के चक्रव्यूह में ऐसा फँसा कि सन् 1996 में कम्पनी के शेयर मूल्य 460 रुपए से घटकर मात्र 9 रुपए रह गए। उन्हीं दिनों भँवरलाल जैन को हृदयाघात हुआ। मीडिया ने कयास लगाना शुरू कर दिया कि उनकी कारोबारी पारी समाप्त हो गई है पर भँवरलाल जैन राजस्थानी वैश्य हैं जिन्हें माँ की कोख से व्यापार संचालन के संस्कार मिले हैं। पाँच हृदयाघात, दो बाइपास सर्जरी, एक एंजियोप्लास्टी तथा पेसमेकर का बड़ा भाई एआईसीडी ने भँवरलाल जैन को नहीं थकाया, ना ही थामा और ना ही डराया। खोई प्रतिष्ठा पुनः प्राप्त करने तक उन्होंने विराम नहीं लिया। आज जैन इरिगेशन दर्जन भर कंपनियों (डिवीजन) का वन-स्टॉप हाई-टेक एग्री समूह है जिसने प्लास्टिक, एग्रीकल्चर व फूड उद्योग में 550 मिलियन डॉलर (2216 करोड़ रुपए, वित्तवर्ष 2007-08) का टर्नओवर दर्ज किया है। इसके

संस्थापक चेअरमैन भँवरलाल जैन ने अपनी भूमिका गुरु–गाइड तक सीमित कर ली है, पर वे आज भी 12 घंटे व्यस्त रहते हैं। उनके चार पुत्र–अशोक, अनिल, अजित व अतुल समूह की दैनंदिनी जवाबदारी सँभाले हुए हैं। भँवरलाल जैन कहते हैं कि मैंने जब कारोबारी कैरियर शुरू किया था तब संकल्प लिया था कि मैं जब भी दुनिया छोड़ूँ तो यह उससे बेहतर हो जैसा मैंने इसे पाया था। मुझे संतोष है कि मैंने इस दिशा में ईमानदार कोशिश की।

भँवरलाल जैन के पुरखे रोजगार की तलाश में सन् 1887 में राजस्थान से जलगाँव आए थे। विश्वप्रसिद्ध अजंता गुफा के नजदीक एक छोटा–सा गाँव वडाली वाकोद उन्हें रास आया। वे यहाँ कपास व सब्जी की खेती करने लगे। सन् 1937 में जन्मे भँवरलाल ने जलगाँव में स्कूली शिक्षा और पोत्दार कॉलेज, मुम्बई से कॉमर्स व विधि स्नातक की डिग्री प्राप्त की। इसके बाद उन्होंने एमपीएससी की परीक्षा उत्तीर्ण कर ली तो उन्हें राजपत्रित अधिकारी की नौकरी मिल गई पर वैश्य संस्कारों ने उन्हें गजेटेड अफसर नहीं बनने दिया। युवा भँवरलाल ने अपना कारोबार शुरू करने का निर्णय लिया तो वैश्य परिवार ने जोखिम उठाकर तीन पीढ़ियों की सारी पुश्तैनी बचत उन्हें सौंप दी। भँवरलाल जैन ने 7 हजार रुपए की इस पूँजी से एक बैलगाड़ी और घासलेट के ड्रम्स खरीदे। वे गाँव–गाँव भटकने लगे। घासलेट बेचकर थोड़ा पैसा कमाया तो सलीके का कारोबार करने की मंशा से परिवार के सदस्यों के साथ एक ट्रेडिंग फर्म स्थापित की–जैन ब्रदर्स। जैन बंधुओं ने एस्कॉर्ट ट्रैक्टर्स व राजदूत मोटरसाइकिल की डीलरशिप भी ले ली। कृषि उपकरण, बीज, खाद, पेस्टीसाइड्स के अलावा केमप्लास्ट गरवारे के पीवीसी पाइप्स भी किसानों को बेचे।

भँवरलाल जैन ट्रेडिंग से अच्छा पैसा कमाने लगे थे पर उन्हें दूसरों के उत्पादों को प्रमोट करना रास नहीं आया और उन्होंने मैन्यूफैक्चरिंग सेक्टर में प्रवेश करने की योजना बनाई। भँवरलाल जैन ने 30 लाख रुपए में एक रुग्ण 'बनाना–पावडर संयंत्र' खरीदा जबकि तब उनके पास सरप्लस पूँजी थी मात्र 2 लाख रुपए। इस संयंत्र से उन्होंने पपीते के दूध से पपेन बनाना शुरू किया और उसे अमेरिका जैसे देश को निर्यात किया। रिफाइंड पपेन के विकल्प के रूप में सिंथेटिक्स उपयोग होने लगे तो भँवरलाल जैन इरिगेशन ने यह व्यवसाय समेट लिया है, पर 80 के दशक में वे पश्चिम के देशों को रिफाइंड पपेन सप्लाई करने वाले दुनिया के सबसे बड़े उद्योगपति बन गए थे। इस सफलता ने पहली बार जलगाँव को विश्व मानचित्र पर पहुँचाया तो भँवरलाल जैन का कद भी इतना बड़ा हो गया कि महाराष्ट्र के किसान उन्हें 'भाऊ साहब' के आत्मीय सम्बोधन से पुकारने लगे। सही भी है। भँवरलाल जैन ने भारतीय किसानों से बड़े भाई का सम्मान सूझबूझ से प्राप्त किया है। उन्होंने जोखिम उठाकर लीक से हटकर प्रयोग किए हैं और लाखों किसानों के घर समृद्धि व खुशहाली पहुँचाई है।

भाऊ साहब ने रिफाइंड पपेन का निर्यात करते हुए दुनिया के फूड मार्केट को नजदीक से देखा तो पाया कि भारत में भारी मात्रा में फल–सब्जी (लगभग 11 करोड़ टन) पैदा होते हैं, पर इसका मात्र 2 फीसदी हिस्सा ही वैल्यू–एडेड प्रोडक्ट्स में बदला जा रहा है जबकि दुनिया में इनकी

भारी माँग है। इस कारोबार में उन्हें जैन इरिगेशन के साथ भारतीय किसानों के लिए भारी सम्भावनाएँ दिखीं तो न्यू जनरेशन स्टेट-ऑफ-द-आर्ट संयंत्रों व वर्ल्ड क्लास पैकेजिंग व परिवहन साधनों के साथ फल-सब्जी प्रोसेसिंग उद्योग में प्रवेश किया। जैन इरिगेशन का यह निर्यात कारोबार आज इतना विशाल हो गया है कि कच्चे माल के लिए जैन इरिगेशन जहाँ जलगाँव स्थित 1000 एकड़ के जैन एग्री पार्क में खुद खेती कर रहा है वहीं 7000 से ज्यादा किसानों से फल-सब्जी की कांट्रेक्ट फार्मिंग करवा रहा है। जैन इरिगेशन डिहाइड्रेटेड प्याज, सब्जियाँ, फल आदि को 'फार्म फ्रेश' के नाम से अमेरिका, इंग्लैंड, कनाडा, जापान, जर्मनी, स्वीडन जैसे 60 देशों को निर्यात करता है। कोका कोला, नेस्ले, कारगिल जैसी बहुराष्ट्रीय कंपनियाँ 'फार्म फ्रेश' से बनी डिशेज सारी दुनिया में सर्व कर रही हैं। इस कारोबार ने जलगाँव क्षेत्र के हजारों किसानों को मिलेनियर बनाया है। जैन इरिगेशन की किसानों को एक और सौगात है-केला फसल के रोगमुक्त मदर प्लांट, जिन्हें जैन इरिगेशन के कृषि वैज्ञानिकों ने जलगाँव स्थित जैन एग्री पार्क में विकसित किया है। इसने केले का उत्पादन 50 से 100 फीसदी बढ़ाया है तो उत्पादन अवधि 18 माह से घटाकर 10 से 11 माह कर दी है। महाराष्ट्र, गुजरात, तमिलनाडु, कर्नाटक, मध्यप्रदेश, छत्तीसगढ़, मणिपुर, नागालैंड एवं असम के किसानों की केला एक पसंदीदा फसल हो गई है।

उत्तरप्रदेश, पंजाब में भी लम्बी दूरी के बावजूद जैन टिश्यू कल्चर केला उगाने का सिलसिला शुरू हुआ है। यदि यह दौर यूँ ही चला तो जलगाँव से यूपी एवं पंजाब जाने वाला केला वहीं पैदा होने लगेगा व केला फसल तथा परिवहन का खर्च घटेगा। यही नहीं, वहाँ की जनता भी कम से कम भाव में केले खरीद पाएगी। केले की फसल के अलावा अन्य फल-सब्जियों के उन्नत पौधे भी किसानों को जैन एग्री पार्क से मिलते हैं एवं उनकी खेती करने के गुर भी उन्हें सिखाए जाते हैं। हमारे देश में माइक्रो इरिगेशन सिस्टम का पायोनियर जैन समूह दुनिया का दूसरा सबसे बड़ा (प्रथम क्रम पर इजराइल की नेटाफिम) ड्रीप इरिगेशन निर्माता है। यह ऐसी सिंचाई पद्धति है जो खेती में पानी और खाद का उपयोग न्यूनतम करती है क्योंकि इसके जरिये खेती के ये दोनों अनिवार्य तत्व सीधे पौधों की जड़ों तक पहुँचते हैं। इसके लिए वॉल्व्स, पाइप्स, ट्यूबिंग् और एमिटर्स का उपयोग किया जाता है। ड्रीप इरिगेशन ने 25 लाख एकड़ से अधिक बंजर भूमि को उपजाऊ कृषि भूमि में बदला है। लाखों किसानों का इससे फसलोत्पादन बढ़ा है। कई किसानों ने तो 3 गुना अधिक उत्पादन का कीर्तिमान बनाया है। तमिलनाडु, आंध्र प्रदेश, गुजरात और महाराष्ट्र माइक्रो इरिगेशन सिस्टम को बढ़ावा दे रहा है। 2.11 हेक्टेयर भूमि को ड्रीप इरिगेशन पद्धति से सिंचाई की लागत करीब 34 हजार रुपए है, पर यह 135 क्विंटल उत्पादन बढ़ा देती है।

जैन इरिगेशन समूह टिश्यू कल्चर बनाना (केला) प्लांट्स उत्पादन का सबसे बड़ा समूह है तथा भारत में सर्वाधिक फल और सब्जियों का सबसे बड़ा प्रोसेसिंग उद्योग समूह है। यह समूह संगठित क्षेत्र में देश का सबसे बड़ा मैंगो (आम) पल्प प्रोसेसर भी है। अनुमान लगाया जाता है कि दुनिया में इस क्षेत्र में इसका तीसरा क्रम है। प्याज और सब्जी की कांट्रेक्ट फार्मिंग में भी जैन

समूह ने किसानों को भागीदार बनाया है। समूह के फूड प्रोसेसिंग प्लांट्स के लिए ये किसान अनुबंधित मूल्य पर कांट्रेक्ट फार्मिंग करते हैं। समूह उन्हें अधिक उत्पादन की तकनीक प्रदान करता है और बैंकों से कर्ज दिलवाने में भी मदद करता है। जैन इरिगेशन समूह भारत में सर्वाधिक प्लास्टिक पाइप्स बना रहा है तो एक छत के नीचे सबसे ज्यादा प्लास्टिक शीट्स (पीसी एंड पीवीसी) भी बनाता है । लकड़ी का बेहतर विकल्प होने से प्लास्टिक शीट्स जंगलों की कटाई घटाती हैं अर्थात पर्यावरण हितैषी हैं। सन् 1997 में इरिगेशन एसोसिएशन यूएसए ने भँवरलाल जैन को क्राफोर्ड रेड मेमोरियल अवार्ड प्रदान किया। यह अवार्ड उन्हें ड्रीप इरिगेशन तकनीक प्रमोट करने और उसे अमेरिका के बाहर इरिगेशन उद्योग में अपनाने के लिए मिला। वे दूसरे एशियन और पहले भारतीय हैं जिन्हें यह अवार्ड मिला है। भाऊ साहब को केंद्र और विभिन्न राज्य सरकारों ने भी दो दर्जन से ज्यादा अवार्ड्स प्रदान किए हैं। जैन समूह को वैज्ञानिक खेती बढ़ाने के लिए 130 से ज्यादा नेशनल व इंटरनेशनल अवार्ड्स मिले हैं। भारत में जैन इरिगेशन के 70 कार्यालय, 38 डिपो, 10 प्लांट्स और 1600 डीलर्स हैं। विदेशों में 13 प्लांट्स, 21 कार्यालय, 1000 डिस्ट्रिब्यूटर्स और डीलर्स हैं। जैन इरिगेशन समूह ने पिछले 3 सालों में सारी दुनिया में 10 से ज्यादा कंपनियों को अधिग्रहित किया है इनमें उल्लेखनीय है कोयम्बतूर में प्रायकोल समूह की टेरा एग्रो टेक्नोलॉजी और डिहाइड्रेशन सुविधा तथा केसकेड स्पेशलिटिज यूएस के वेजिटेबल डिहाइड्रेशन संयंत्र के अलावा एलएमपी गुजरात एग्रो एक्सपोर्ट्स, एशियन वेगप्रो इंडस्ट्रीज, अमेरिका की चेपिन वाटरमेटिक्स और एक्वेरिस, इजराइल में नानदान इरिगेशन सिस्टम, स्विट्जरलैंड में थामस मशीन्स। भँवरलाल जैन 'भाऊ साहब' की 4 मजबूत भुजाएँ हैं–बड़े पुत्र अशोक जैन समूह के वाइस चेअरमैन हैं। अनिल जैन मैनेजिंग डायरेक्टर, अजित जैन ज्वॉइंट मैनेजिंग डायरेक्टर तथा सबसे छोटे पुत्र अतुल जैन विदेशी कारोबार की देखरेख करते हैं।

कांताबाई जैन

अशोक जैन

अनिल जैन

अजीत जैन

अतुल जैन

किसान हितैषी भाऊ साहब

सन् 1947 में जब देश आजाद हुआ, तब हम थे 33 करोड़। देश की बहुसंख्यक आबादी तब भी खेती पर निर्भर थी। संयोग से हमारे पास पर्याप्त कृषि योग्य भूमि थी। हमने उन्हें मॉडर्न खेती के गुर नहीं सिखाए और देश को भुखमरी का सामना करना पड़ा। सन् 1964 में हरित क्रांति ने हमें अन्न के मामले में आत्मनिर्भर बना दिया, पर हमने इस सफलता को व्यापक नहीं बनाया। अब फिर दूसरी हरित क्रांति का स्वप्न

देखा जा रहा है, जिसे भँवरलाल जैन ने जलगाँव स्थित जैन एग्री पार्क में साकार किया है। यह इस बात का प्रमाण है यदि भारतीय किसान तकनीक आधारित मॉडर्न खेती करें तो भारत सही मायने में 'सुपर पॉवर' बन जाए जिसकी उम्मीद हम आईटी जैसे उद्योग क्षेत्र से करते हैं जो एक सीमित आबादी की आय तो कई गुना बढ़ा देते हैं पर बहुसंख्यक ग्रामीण आबादी को निरीह, नादान और नासमझ समझते हैं। भँवरलाल जैन 'भाऊ साहब' ने भारत को पुन: समृद्ध बनाने की इस बानगी को मूर्त रूप देने के लिए जैन इरिगेशन को कैसे तैयार किया है, यह जानना प्रेरक है तो दिलचस्प भी...

■ जैन इरिगेशन का माइक्रो इरिगेशन डिवीजन प्रीसिसन इरिगेशन प्रोडक्ट्स की सम्पूर्ण शृंखला बनाता है। किसानों को यह डिवीजन मॉडर्न खेती के लिए हर तरह की मदद करता है। इसके लिए जैन एग्री पार्क में 1000 एकड़ का हाई-टेक एग्रो इंस्टीट्यूट स्थापित किया गया है। यहाँ फार्मिंग शोध-अनुसंधान, डिमांस्ट्रेशन और ट्रेनिंग दी जाती है और टर्न-की प्रोजेक्ट्स पूरे किए जाते हैं। यहाँ 500 से ज्यादा कृषि और सिंचाई वैज्ञानिक, टेक्नोक्रेट्स और टेक्नोलॉजिस्ट कार्यरत हैं।

■ जैन इरिगेशन देश का सबसे बड़ा प्लास्टिक पाइप्स उत्पादक समूह है। यह हर किस्म के पाइप्स और फिटिंग्स बनाता है। जैन इरिगेशन के स्क्रीन और केसिंग पाइप्स यूरोपियन देशों को निर्यात किए जाते हैं तो पीवीसी और पीई पाइप्स भारतीय किसानों तक पहुँचते हैं जो जल आपूर्ति (परिवहन), कंस्ट्रक्शन कार्य, डक्टिंग, गैस परिवहन और सिंचाई के लिए उपयुक्त हैं। टेलीकॉम सेक्टर में डक्टिंग कार्य के लिए एयरटेल, रिलायंस कम्युनिकेशंस, टाटा टेलीसर्विसेज, वोडाफोन, एस्सार और बीएसएनएल जैसी बड़ी कंपनियाँ इन पर निर्भर हैं।

■ जैन इरिगेशन का टिश्यू कल्चर डिवीजन उन्नत बनाना (केला) प्लांट्स विकसित करता है। इसके लिए जैन एग्री पार्क में स्वतंत्र आर एंड डी और बायोटेक लैब स्थापित की गई है।

■ जैन इरिगेशन कृषि और फ्रूट प्रोसेसिंग वेस्ट को ऑर्गैनिक इनपुट्स में बदलता है।

■ एग्रो प्रोसेस्ड प्रोडक्ट्स डिवीजन फलों को शोरबे, कांसेंट्रेट्स, जूस और आईक्यूएफ उत्पाद बनाने के लिए प्रोसेस करता है। यहाँ प्याज और सब्जियों की सेल्फ लाइफ बढ़ाने के लिए उन्हें वैज्ञानिक पद्धति से डिहाइड्रेट किया जाता है। स्प्रे ड्राइंग इकाई फलों के शोरबे को पाउडर में तब्दील कर देती है। इतना वैज्ञानिक व उन्नत एग्रो प्रोसेस्ड डिवीजन भारत में अकेला है जिसने भारतीय किसानों के उत्पाद फल और सब्जी को वैल्यू-एडेड प्रोडक्ट्स में बदलने की मिसाल कायम की है।

■ जैन इरिगेशन पीवीसी शीट्स भी बनाता है जो जंगलों और वृक्षों की कटाई रोकते हैं, क्योंकि ये शीट्स लकड़ी का बेहतर विकल्प हैं।

■ जैन इरिगेशन सोलर वाटर हीटिंग और लाइटिंग सिस्टम (सौर ऊर्जा से चलने वाले प्रोडक्ट्स) बनाता है। जैन ज्योति लालटेन, जैन-ज्योत होम लाइटिंग सिस्टम और जैन ज्योत

स्ट्रीट लाइटिंग सिस्टम बिजली संकट का शानदार गैर-परंपरागत ऊर्जा स्रोत है। भँवरलाल जैन का कहना है कि समूह ने 90 के दशक में हुई कारोबारी भूल से सबक सीख लिया है। अब हम समूह के विस्तार और विविधीकरण को लेकर अत्यंत सतर्क, सजग और तत्पर हो गए हैं। मुझे उम्मीद है कि इसी सूझबूझ और सोची-समझी रणनीति के साथ 'ग्रो' होते हुए जैन इरिगेशन समूह का सालाना कारोबार आगामी सालों में एक बिलियन डॉलर (लगभग 4500 करोड़ रुपए) हो जाएगा। मेरे लिए अब इन सबसे ज्यादा महत्वपूर्ण है जैन इरिगेशन को भारतीय सोच वाला वैश्विक समूह बनाना एवं दुनिया को जब अलविदा कहें तो यह संतोष हो कि हमने नई पीढ़ी को पहले से बेहतर दुनिया सौंपी। गौरतलब है कि इस सोच के साथ भँवरलाल जैन ने जो भी उद्योग स्थापित किए हैं, उनमें अपने मुनाफे से पहले सामाजिक सरोकार समाया हुआ है।

सामाजिक दायित्वों का निर्वहन

सन् 1982 में भँवरलाल जैन ने जब जैन फाउंडेशन की स्थापना की थी, तब कॉरपोरेट वर्ल्ड में सीएसआर (Corporate Social Responsibility) को लेकर आज जितनी जागरूकता नहीं थी। जैन इरिगेशन के इस समाजसेवी सार्वजनिक ट्रस्ट की स्थापना का प्रयोजन था-शिक्षा व स्वास्थ्य सुविधाओं को जरूरतमंदों तक पहुँचाना, अपने कार्यक्षेत्र में स्पोर्ट्स खासकर देसी खेलों को प्रमोट करना और भारतीय संस्कृति व पर्यावरण को संरक्षण प्रदान करना। तदनुसार विगत 27 वर्षों में जैन फाउंडेशन ने ग्रामीण परिवारों को स्वास्थ्य सुविधा उपलब्ध करवाने के लिए हजारों चिकित्सा शिविर आयोजित किए हैं। स्थानीय अस्पतालों में चिकित्सा सुविधाओं के विस्तार के लिए सहयोग राशि प्रदान की है। कई टूर्नामेंट्स आयोजित किए हैं। एक सर्वसुविधायुक्त जिम स्थापित किया है। जैन फाउंडेशन ने मंदिरों, दरगाह और जैन स्थानकों के पुनरुद्धार में भी सहयोग प्रदान किया है। भँवरलाल जैन 'भाऊ साहब' का सोच है कि शिक्षा से ही देश की ग्रामीण आबादी का जीवन स्तर सुधरेगा। अत: उन्होंने कई अंग्रेजी, मराठी व उर्दू स्कूलों के भवन व होस्टल बनवाए हैं। गाँव में एक प्राइमरी और जलगाँव में किंडर गार्डन स्थापित किया है। नासिक में पॉलिटेक्निक कॉलेज के लिए सहयोग राशि प्रदान की तो शिक्षा के क्षेत्र में उनका ड्रीम प्रोजेक्ट है अनुभूति। जैन हिल्स व जैन वेली के नजदीक 100 एकड़ भूखंड पर स्थापित अनुभूति एक मॉडल रेसीडेंशियल स्कूल है, जहाँ एक कमरे में अधिकतम चार से छह बच्चे रहते हैं। उनके अध्यापक अपने परिवार सहित उनके साथ ही रहते हैं। इस स्कूल में बच्चों को शाकाहारी भोजन व डेरी उत्पाद सर्व किए जाते हैं। मनोहारी स्थल पर निर्मित भव्य स्कूल भवन ही नहीं पूरा परिसर एक मॉडर्न 'गुरुकुल' का आभास करवाता है। यहाँ सर्वसुविधायुक्त क्लासरूम बने हैं। छात्रों के अध्ययन व उनकी प्रगति के आकलन के मापदंड खुद भाऊ साहब के गाइडेंस में तय किए गए हैं। अध्यापन के साथ छात्रों के व्यक्तित्व विकास के लिए खेलकूद, सांस्कृतिक कार्यक्रम, योग, डांस, थिएटर, आर्ट्स व क्राफ्ट्स की भी ट्रेनिंग दी जाती है। जैन फाउंडेशन ने एक हाईटेक एग्रो डेवलपमेंट व ट्रेनिंग सेंटर भी स्थापित किया है, जिसके संचालन में इजराइल सरकार का कृषि मंत्रालय सहयोगी है। इसका प्रयोजन है-भारतीय किसान मॉडर्न खेती की तकनीक सीखें, उत्पादन बढ़ाएं-वे खुशहाल हों और देश सम्पन्न हो।

लोकल से ग्लोबल
इंडियन कॉरपोरेट्स

26

संजीवनी की खोज

डॉ. अंजी रेड्डी

राम-रावण युद्ध के दौरान मेघनाद के दिव्यास्त्र से घायल लक्ष्मण की जान बचाने के लिए हनुमानजी को गंधमादन पर्वत से संजीवनी औषधि लाने को कहा गया। वे वहाँ पहुँचे। उन्हें लगा कि पर्वत पर संजीवनी खोजने में समय लगेगा और इसके बाद भी औषधि की पहचान में भूल हो सकती है। अंजनी पुत्र (हनुमान) ने आव देखा न ताव और पूरा पर्वत ही उठा लाए, इसके बाद जो हुआ वह है–'लाय सजीवन लखन जियाए। श्री रघुवीर हरषि उर लाए॥'

कृष्णा नदी के किनारे विजयवाड़ा (आंध्र प्रदेश) के नजदीक एक गाँव है तांडापल्ली। इस गाँव के ग्राम देवता हैं अंजनी। यहाँ हर परिवार में एक बालक का नाम होता है 'अंजी।' यहीं जन्मे हैं हमारे युग के अंजनी डॉ. कलाम अंजी रेड्डी। त्रेतायुग के अंजनी यानी हनुमान व हमारे युग के इस अंजी में एक अंतर है। ये बाहुबल का उपयोग करके पूरा औषधि पर्वत नहीं उठाते हैं, बल्कि बौद्धिकता का दोहन करके औषधियों की खोज करते हैं। डॉ. अंजी रेड्डी द्वारा स्थापित डॉ. रेड्डीज लेबोरेटरीज लिमिटेड (डीआरएल) की कार्यप्रणाली व उपलब्धियाँ इसका प्रत्यक्ष प्रमाण हैं। सन् 1984 में डॉ. अंजी रेड्डी ने डीआरएल की बल्क ड्रग्स बनाने के लिए स्थापना की। 90 के दशक में यह फॉर्मूलेशन केंद्रित कंपनी हो गई और 2000 में देश और दुनिया में इसकी नई पहचान बनी–'रिसर्च केंद्रित जेनेरिक कम्पनी' (जेनेरिक मेडिसिन यानी पेटेंट्स नियम-कानून से मुक्त दवाएँ)। आधुनिक दवाओं की खोज करने, उन्हें बनाने एवं देश ही नहीं, अमेरिका जैसे कठिन मार्केट में (दवा पेटेंट व अन्य नियम-कानूनों के कारण वहाँ दवाएँ बेचना हमारे यहाँ जैसा आसान नहीं है) बेचने का लिए महारथी

बहुराष्ट्रीय कम्पनियों से डॉ. अंजी रेड्डी ने रणनीति के साथ जो लड़ाइयाँ लड़ी हैं, उससे मानव समुदाय लाभान्वित हुआ है। उसे नई-नई दवाइयाँ न्यूनतम मूल्य पर मिली हैं।

अपने नाजुक कार्य क्षेत्र (फार्मास्युटिकल सेगमेंट) में पहली बार कई करिश्मे करने का गौरव हासिल करने वाले डॉ. अंजी रेड्डी एक हल्दी उत्पादक किसान के पुत्र हैं। वे बचपन से ही बेहद जिज्ञासु रहे हैं। उनकी बड़ी बहन राजम्मा के अनुसार- 4 वर्ष की उम्र में 'भइया' अंकुरित होती फलियों को छील-छीलकर यह जानने की कोशिश करता था कि फली कैसे फल-फूल रही है। डॉ. अंजी रेड्डी ने प्रारंभिक शिक्षा हिंदू कॉलेज व आंध्रा क्रिश्चियन कॉलेज में प्राप्त की है। गुंटूर से साइंस ग्रेजुएट होने के बाद वे फार्मेसी की पढ़ाई के लिए यूडीसीटी मुम्बई आ गए। यहाँ फार्मेसी के बजाय केमिकल इंजीनियर बनने के लिए उन्होंने नेशनल केमिकल लेबोरेटरीज, पूना में प्रवेश लिया। सुप्रसिद्ध केमिकल इंजीनियर व वर्तमान में नेशनल केमिकल लेबोरेटरीज के डायरेक्टर ए.के. दोराईस्वामी उन्हें विषय परिवर्तन के कारण प्रवेश नहीं देना चाहते थे। हालाँकि, डॉ. रेड्डी के बारे में बाद में उनकी धारणा पूरी तरह बदल गई।

नेशनल केमिकल लेबोरेटरीज से पीएच.डी. करने के बाद डॉ. रेड्डी ने हैदराबाद में सरकारी कम्पनी आईडीपीएल के आर एंड डी विभाग में छह साल तक नौकरी की। वहाँ उन्हें अपनी फार्मा कम्पनी स्थापित करने की प्रेरणा मिली। इसका खुलासा करते हुए वे कहते हैं-सन् 1972 में आईडीपीएल की उस आर एंड डी टीम का मैं ग्रुप लीडर था जो मूत्राशय प्रतिजीवाणु (Urinary- Antibacterial) विकसित कर रही थी। 36 घंटे बिना विराम सतत काम करते हुए हमने जो दवा विकसित की, वह आयातित सल्फामोक्सोल (Sulphamoxoale) से ज्यादा कारगर थी। कम समय व कम लागत में वर्ल्ड क्लास मेडिसिन तैयार करने की भारतीयों की इस क्षमता ने मुझे प्रेरित किया और मैंने तय किया कि मैं अपनी फार्मा कम्पनी स्थापित करूँगा जो आम आदमी के लिए अफोर्डेबल औषधियाँ विकसित करेगी/ बनाएगी। सन् 1976 में डॉ. अंजी रेड्डी ने नौकरी छोड़ी और थोड़ी-सी पूँजी और भागीदार के साथ यूनिलाइड्स की स्थापना की और फार्मा क्षेत्र में प्रवेश किया। यूनिलाइड्स ने पेचिस उपचार औषधि (Anti amoebic drug) बनाने का कम लागत का तरीका खोजा और लांच की Metronidazole। यह इटालियन मेडिसिन से कम लागत में विकसित की गई थी अतः इसका मूल्य भी कम था। हालाँकि गुणवत्ता में बेहतर थी। डॉ. अंजी रेड्डी ने इसके बाद कई बल्क ड्रग्स बनाए पर दुर्भाग्य से उनका भागीदार इस क्षेत्र का ककहरा भी नहीं जानता था, पर उनके कामकाज में हस्तक्षेप करता था। डॉ. रेड्डी ने यह भागीदारी छोड़ी और नई कम्पनी स्टैंडर्ड ऑर्गेनिक्स की स्थापना की। यह कम्पनी बहुत जल्दी सल्फा मेथाक्साझोल बनाने वाली देश की सबसे बड़ी कम्पनी हो गई। इंडियन केमिकल मैन्यूफैक्चरर्स एसोसिएशन ने कम्पनी को 'रिसर्च एंड डेवलपमेंट' अवार्ड से भी नवाजा। डॉ. रेड्डी व उनके भागीदारों के बीच फिर पहले जैसी गड़बड़ हुई। डॉ. रेड्डी फार्मास्युटिकल्स पर फोकस करते हुए कम्पनी का विस्तार करना चाहते थे, जबकि भागीदार विचित्र विविधीकरण की माँग कर रहे थे। एक भागीदार ने जब गैस सिलेंडर बनाने की जिद की तो डॉ. रेड्डी का धैर्य खत्म हो गया। इस बार डॉ. रेड्डी ने स्टैंडर्ड ऑर्गेनिक्स लिमिटेड इस दृढ़

फैसले के साथ छोड़ी कि ऐसी कम्पनी स्थापित करेंगे जिसमें कोई भागीदार नहीं होगा। सन् 1984 में डॉ. रेड्डी लेबोरेटरीज डीआरएल का जन्म हुआ।

सतीश रेड्डी

डॉ. जी.वी. प्रसाद

सन् 1985 में 1.5 करोड़ रुपए का कारोबार करने वाली डीआरएल आज वन बिलियन डॉलर (करीब 5 हजार करोड़ रुपए) की देश की एक प्रतिष्ठित रिसर्च आधारित फार्मा कम्पनी है। अप्रैल, 2001 में न्यूयॉर्क स्टॉक एक्सचेंज व नेस्डेक में सूचीबद्ध होने वाली यह एशिया महाद्वीप की पहली फार्मा कम्पनी भी है। यह पहली भारतीय फार्मा कम्पनी भी है, जिसने बहुराष्ट्रीय कम्पनियों को प्राप्त उन पेटेंट्स को चुनौती दी है, जिन्हें बैसाखी बनाकर वे मुनाफाखोरी करते थे। डॉ. अंजी रेड्डी मूलतः वैज्ञानिक हैं। इस टेक्नोप्रिनर ने इसीलिए मौका मिलते ही डीआरएल का दैनंदिन कामकाज अपने पुत्र व दामाद को सौंप दिया है। अब वे डीआरएल की आर एंड डी गतिविधियों में रुचि लेते हैं या परोपकारी क्रियाकलापों में। डीआरएल के क्रियाकलाप आठ बिजनेस इकाइयों में बँटे हुए हैं। ये डिवीजन हैं–ब्रांडेड फॉर्मूलेशंस, जेनरिक फॉर्मूलेशंस, बल्क ड्रग्स, डिस्कवरी रिसर्च, कस्टम केमिकल सर्विसेस, क्रिटिकल केयर, डायग्नोस्टिक्स व बायो टेक्नोलॉजी। डॉ. अंजी रेड्डी के पुत्र सतीश रेड्डी (अमेरिका से मेडिक्लिनिकल केमेस्ट्री की डिग्री प्राप्त) कम्पनी के प्रबंध निदेशक व सी.ओ.ओ. हैं और दैनंदिनी कार्य सँभालते हैं। डॉ. अंजी रेड्डी के दामाद डॉ. जी.वी. प्रसाद (डीआरएल की सहयोगी कम्पनी केमिनार के पूर्व मैनेजिंग डायरेक्टर) एक्जीक्यूटिव वाइस चेअरमैन व सीईओ (नीति व रणनीति) हैं। डॉ. अंजी रेड्डी की पुत्री अनुराधा प्रसाद डॉ. रेड्डी फाउंडेशन की मैनेजिंग ट्रस्ट हैं। गुरु व गाइड की भूमिका में डॉ. अंजी रेड्डी ग्रुप चेअरमैन हैं, पर कम्पनी का न्यू ड्रग डिस्कवरी प्रोग्राम उन्होंने किसी को नहीं सौंपा है। इस बाबत उनके दामाद प्रसाद कहते हैं कि हम बिजनेस का कोई लक्ष्य पूरा न करें तो वे पूछताछ नहीं करते, नाराज भी नहीं होते, पर रिसर्च से संबंधित बात हो तो रात तीन बजे उठाकर सवाल-जवाब करने लगते हैं। फार्मा रिसर्च के मामले में उनमें बालसुलभ चंचलता, चपलता व जिज्ञासा आज भी बनी हुई है। उनकी पुत्री अनुराधा के अनुसार–'वे अपने नाती-पोतों से घंटों बतियाते हैं, जिसका एक ही विषय होता है कि इन दिनों वे और उनकी टीम लैब में क्या कर रहे हैं।' विदेशियों की यह धारणा उन्हें बेहद कचोटती है कि भारतीय दवा कम्पनियाँ या भारतीय लोगों के बूते की बात ही नहीं है कि वे औषधियों पर रिसर्च कर सकें। इस मामले में उनके अनुभव हैं भी बहुत खट्टे-मीठे। सन् 1985 का एक प्रसंग है–जब डीआरएल की साइंटिफिक टीम ने दुष्प्राप्य ड्रग मैथिलडोपा (हाइपरटेंशन की औषधि) विकसित की। डॉ. रेड्डी ने इसे मर्क (नया नाम मैरिन) को जाँच-पड़ताल के लिए भेजा। डीआरएल के एम.डी. स्वयं इसे लेकर मर्क के मैनेजर के पास अमेरिका पहुँचे, डॉ. रेड्डी के पूर्व सहपाठी थे पर उस परिचित शख्स ने भी डीआरएल का सैंपल बिना खोले यह कहकर फेंक दिया कि 'एक भारतीय कंपनी मैथिलडोपा जैसी जटिल दवा बना ही नहीं

सकती।' इस घटना के बाद डॉ. रेड्डी ने अपने जीवन का लक्ष्य बना लिया कि वे फार्मा रिसर्च व डेवलपमेंट के क्षेत्र में दुनिया में भारत को स्थापित करेंगे। नई दवाएँ खोजने के जुनून में डॉ. रेड्डी ने कई बार ऐसी जोखिम उठाई जो उनकी 25 साल की उपलब्धियों को दागदार बना सकती थी, पर वे अपने इस लक्ष्य पर दृढ़ रहे कि चाहे जो हो, उन्हें आम आदमी के लिए अफोर्डेबल मेडिसिन बनाना है। बिजनेस इंडिया का बिजनेसमैन ऑफ द ईयर (2001) अवार्ड लेते समय इस बाबत चर्चा करते हुए डॉ. अंजी रेड्डी ने कहा था–मुझे जब इस अवार्ड के लिए चुना गया तो मैं सबसे पहले अपनी माँ के पास पहुँचा। वे यह मानने को तैयार ही नहीं थीं कि मैंने दवा बनाकर व बेचकर इतना पैसा और प्रतिष्ठा कमाई है। हल्दी उत्पादक किसान पिता और मेरी माँ घर में एक आयुर्वेदिक काढ़ा बनाते थे और इसे जरूरतमंदों को नि:शुल्क बाँटते थे। मैं सोचता था कि निर्धन होकर भी वे ऐसा क्यों करते हैं। बाल्यकाल के इस सवाल का जवाब मुझे बरसों बाद तब मिला, जब मैंने विश्वप्रसिद्ध फार्मास्युटिकल कम्पनी मर्क के संस्थापक जॉर्ज डब्ल्यू. मर्क का यह कथन पढ़ा–दवाएँ मुनाफा कमाने के लिए नहीं, आदमियों के लिए है। यदि यह बात याद रखें तो मुनाफा तो खुद मिलने लगेगा। अपने इस कथन का अनुकरण करते हुए सन् 1987 में मर्क ने अफ्रीका में अंधेपन के उपचार की दवा लाखों लोगों को वितरित की थी।

सन् 1992 में इंडियन फार्मास्युटिकल कांग्रेस को संबोधित करते हुए डॉ. रेड्डी ने कहा था–'दुनिया के 90 फीसदी देश पेटेंट प्रणाली स्वीकार कर चुके हैं। हम इस सिस्टम को कुछ दिन टाल सकते हैं, पर इससे बच नहीं सकेंगे। हमें भी बेसिक दवाओं की रिसर्च पर ध्यान देना चाहिए, जो श्रम-साध्य, समय-साध्य व पूँजी-साध्य कार्य है। पश्चिमी देशों के आँकड़े डराते हैं कि इस कार्य की लागत दस से बीस करोड़ डॉलर है, पर मेरी मान्यता है कि हम अपने देश में यह काम सौ करोड़ रुपए में कर सकते हैं। कई भारतीय कम्पनियाँ यह राशि खर्च कर सकती हैं।' डॉ. रेड्डी की दूरन्देशी व इस दु:साहसी वक्तव्य पर तब कांग्रेस में कई लोगों ने उनकी मजाक उड़ाई, जब उन्होंने आगे कहा कि कोई और करे या न करे डॉ. रेड्डीज लेबोरेटरीज अगले दस सालों में नए ड्रग्स की खोज पर 100 करोड़ रुपए खर्च करेगी। लोगों की व्यंग्योक्ति अकारण नहीं थी। डॉ. रेड्डी 100 करोड़ रुपए रिसर्च पर खर्च करने की बात कर रहे थे, जबकि उस समय डीआरएल का कुल टर्नओवर भी इतना ही था, पर डॉ. रेड्डी ने जो कहा वह कर दिखाया।

सन् 1984 में डीआरएल ने आइबुप्रोफेन व रैनीटाइडिन बल्क ड्रग्स इनके मूल खोजकर्ताओं की उत्पादन लागत से कई गुना कम खर्च में बेहद सरल पर बिल्कुल अलग प्रक्रिया से विकसित की। मौलिक खोजकर्ता इस ड्रग्स को बनाने में लगे लम्बे समय व भारी खर्च की वसूली दवा महँगे मूल्य पर बेचकर कर रहे थे। डॉ. रेड्डी ने यही दवा उनसे आधे मूल्य में उन देशों में बेचकर खूब पैसा कमाया, जहाँ पेटेंट कानून लागू नहीं था। दिसम्बर, 2000 में डीआरएल ने अमेरिकन अदालत में विश्वप्रसिद्ध बहुराष्ट्रीय कम्पनी 'फाइजर' के विरुद्ध एक महत्वपूर्ण मुकदमा जीता। डॉ. रेड्डी ने वहाँ 'नारवोसेक' की एक नई वेरायटी (Fluoxetine 40 mg) लांच की थी। फाइजर को आपत्ति थी कि डीआरएल पेटेंट कानून का उल्लंघन कर रही है। इसके जवाब में डॉ. रेड्डी की दलील थी कि उन्होंने नारवोसेक का जो विकल्प लांच किया है, उसका आधार

बिल्कुल अलग है। अतः पेटेंट कानून का उल्लंघन नहीं हुआ है। गहन जाँच-पड़ताल व परीक्षण के बाद अमेरिकन अदालत ने डीआरएल की दलील को सही माना। फार्मा उद्योग के अनुसार-डीआरएल ने हार की तैयारी के साथ खेले इस दाँव को जीतकर दस करोड़ डॉलर (तब करीब 500 करोड़ रुपए) कमाए। यही नहीं, डीआरएल ने इसके साथ भारत के लिए अमेरिका में जो साख कमाई वह है-'किसी भारतीय कम्पनी द्वारा निर्मित पहले ब्रांडेड जेनेरिक की बिना बाधा कम मूल्य में बिक्री।'

हमारे युग के इस अंजनी (हनुमान) के ऐसे करिश्मे हनुमान चालीसा की एक और पंक्ति याद दिलाते हैं-'तेज प्रताप महा जगवंदन' यानी जिसके प्रताप (प्रतिभा) को दुनिया नमन (मान्य) करे। डॉ. रेड्डी को कई बार बहुराष्ट्रीय कम्पनियों ने ड्रग पाइरेट (नकलखोर) भी कहा, पर डॉ. रेड्डी अपने होंठों के पीछे शरारती मुस्कान छुपाते हुए कहते हैं-'कहने दें। उनकी वास्तविक परेशानी और है। हम भारत में उनसे दस गुना कम लागत पर दवा खोज लेते हैं और वे इस बात से ही डरते हैं। मजेदार बात यह है कि हमें नकलखोर कहने वाले बाद में हमारे ही मॉलीक्यूल्स के लाइसेंस हमसे माँगते हैं।' काउंसिल ऑफ साइंटिफिक एंड इंडस्ट्रीयल रिसर्च के डायरेक्टर जनरल आर.ए. मशेलकर डॉ. रेड्डी को ट्रू-इनोवेटर (वास्तविक खोजकर्ता) मानते हैं और कहते हैं कि डॉ. रेड्डी ने ग्लोबल फार्मा कम्पनियों को कई बार चेताया व छकाया है। वे साबित कर चुके हैं कि भारतीय भी वह सब कर सकते हैं, जो वे करते हैं। डॉ. मशेलकर के अनुसार-एक खोजकर्ता वह सब देखता है, जो दूसरे देखते हैं। पर वह सोचता अलग है, जो हम नहीं सोच पाते। डॉ. रेड्डी ने न्यू-मॉलीक्यूल्स में पहले सम्भावनाओं को देखा है और भारत में उन पर पहले खोज करने की दूरन्देशी दिखाई है। डॉ. रेड्डीज रिसर्च फाउंडेशन के प्रेसीडेंट ए. वेंकटेश्वरलू यही बात जिन शब्दों में कहते हैं, वे हैं-'सन् 1989 में डीआरएल मात्र 2700 करोड़ रुपए की कम्पनी थी, पर डॉ. रेड्डी एक दिन मुझे अपने अंगूर के बगीचे (हैदराबाद के नजदीक) में ले गए और बोले-हम यहाँ ड्रग्स डिस्कवरी की एक मॉडर्न लैब लगाएँगे। मुझे इस बात पर तब यकीन नहीं हुआ, पर दो साल बाद सन् 1991 में डॉ. रेड्डी ने मुझे एक खाली चेक देते हुए कहा कि यहाँ लैब की सारी बुनियादी सुविधाएँ जुटाओ और फार्मा वैज्ञानिकों की एक टीम बनाओ।' डॉ. रेड्डी के रिसर्च कार्य व लैब के प्रति रुझान का एक और भावुक प्रसंग दोहराना प्रासंगिक होगा। सन् 2000 में वे अपने पुराने कॉलेज (आंध्र क्रिश्चियन कॉलेज) में पहुँचे। वहाँ घुसते ही सबसे पहले उन्हें अपनी वह केमेस्ट्री लैब याद आई, जहाँ कभी वे पढ़ते थे। यह जानकर वे बड़े दुःखी हुए कि लैब अब वहाँ नहीं है।

डॉ. रेड्डी ने कॉलेज के प्राचार्य से कहा-'यहीं पर एक मॉडर्न एनॉलिटिकल लैब लगाएँ, जिसके सारे आधुनिक उपकरण वे उन्हें देंगे। आग्रह है कि लैब वहीं हो, जहाँ कभी मैंने प्रैक्टिकल किए।' अपने पुराने कॉलेज को उसकी लैब पुनः लौटाने को व्याकुल डॉ. रेड्डी ने 20 लाख डॉलर की लागत से अमेरिका में भी एक सैटेलाइट डिस्कवरी रिसर्च लेबोरेटरी स्थापित की है। आंध्र प्रदेश के पूर्व मुख्यमंत्री चंद्रबाबू नायडू सही कहते हैं-'नॉलेज आधारित उद्योगों का नया सेंटर है हैदराबाद। और इसके सबसे मूल्यवान शो-पीस हैं डॉ. अंजी रेड्डी। वे उन दुर्लभ लोगों में से एक

हैं, जो केवल स्वप्न ही नहीं देखते, उन्हें पूरा भी करते हैं।'

भाग्यशाली है डॉ. अंजी रेड्डी जिन्हें पुत्र सतीश रेड्डी व दामाद पुत्र डॉ. जी.वी. प्रसाद के रूप में ऐसे उत्तराधिकारी मिले हैं, जिन्होंने उन्हें कंपनी की दैनंदिन जवाबदारी से मुक्त करते हुए उनके द्वारा स्थापित डीआरएल को ग्लोबल फार्मा कम्पनी और देश की दूसरे सबसे बड़ी (प्रथम रेनबैक्सी जो अब दायचो सैंक्यो के नियंत्रणाधीन है) फार्मा कम्पनी बना दिया है। यह हैसियत प्राप्त करने के लिए इस प्रोफेशनल जोड़ी ने कई बहुराष्ट्रीय कम्पनियों से उनके देशों में कई मुकदमा लड़े। उनमें ये जीते तो हारे भी। इनके साथ डीआरएल के कारोबार के विस्तार के लिए देश और दुनिया में कई अधिग्रहण किए, जिनमें प्रमुख हैं–सन् 2005 में स्वीस ड्रग मेकर रोच की मैक्सिकन बल्क ड्रग्स यूनिट की खरीद और सन् 2006 में जर्मनी के चौथे सबसे बड़े जेनेरिक समूह बेटाफार्म के अधिग्रहण पर 480 मिलियन डॉलर (करीब 2000 करोड़ रुपए) का निवेश। सन् 2009 में डीआरएल ने इंग्लैंड की बहुराष्ट्रीय फार्मा कम्पनी ग्लेक्सो स्मिथ क्लाइन (जीएसके) के साथ एक जोखिमभरा मार्केटिंग अनुबंध किया है। इसके तहत जीएसके डीआरएल के जेनेरिक मेडिसिंस की भारत को छोड़कर एशिया, मध्यपूर्व एशिया, अफ्रीका और लैटिन अमेरिका के देशों में मार्केटिंग करेगी। सतीश रेड्डी व डॉ. जी.वी. प्रसाद को उम्मीद है कि इस अनुबंध से कम्पनी की ड्रग्स कई ने मार्केट्स में पहुँचेंगे और कम्पनी का टर्नओवर आगामी वर्षों में 3 बिलियन डॉलर हो जाएगा। जोखिम यह है कि बहुराष्ट्रीय कम्पनियाँ बिग ब्रदर बनती हैं, पर मौका मिलते ही आधिपत्य कर लेती हैं।

चाहे जो हो, डॉ. अंजी रेड्डी के लिए अब आधिपत्य या विलयन जैसी घटना–दुर्घटना से ज्यादा महत्वपूर्ण है ड्रग डिस्कवरी जिसकी उन्होंने सन् 1993 में शुरुआत की थी। इसके बाद हर साल डीआरएल ने इस मद पर खर्च बढ़ाया है। वित्तवर्ष 2008–09 में डीआरएल ने आर एंड डी पर 409 करोड़ रुपए खर्च किए एवं सन् 2002 में स्थापित ओरीजेन का पुनर्गठन किया है। अब ओरीजन की बैंगलोर में स्थापित आर एंड डी लैब में 280 वैज्ञानिक किफायती पर कारगर ड्रग्स खोज रहे हैं। डॉ. अंजी रेड्डी चाहते हैं ये मेडिको–वैज्ञानिक जिंस और प्रोटीन का रोगों से रिश्ता खोजें और ऐसे कम्पाउंड्स विकसित करें जो न्यूनतम दुष्प्रभाव के साथ रोगों का प्रभावी उपचार करे।

फार्मा उद्योग के लिए ऐसी कई अनुकरणीय पहल करने वाले डॉ. अंजी रेड्डी संपूर्ण उद्योग जगत के लिए भी एक मिसाल हैं। कम्पनी की दैनंदिन जवाबदारी अपने पुत्र व दामाद पुत्र को सौंपने के बाद उन्होंने कई परोपकारी पहल की है और उनके क्रियान्वयन में भी सक्रिय भागीदार बने हैं। उनके अनुसार–दान आधा–अधूरा परोपकार है, यह सम्पूर्ण तब होता है, जब दानदाता परोपकारी कामों के क्रियान्वयन में भी सक्रिय भूमिका निभाएँ। डॉ. अंजी रेड्डी के ऐसे कई परोपकारी प्रयासों में उल्लेखनीय है–डॉ. रेड्डीज फाउंडेशन के अलावा एलवी प्रसाद आई इंस्टीट्यूट, नवजात शिशु चिकित्सा के लिए एनआईसीई हॉस्पिटल और आंध्र प्रदेश सरकार के नांदी फाउंडेशन को उदारता से सहयोग राशि और इसके क्रियाकलापों में सक्रिय भागीदारी।

रेड्डीज फाउंडेशन द्वारा स्थापित लिवलीहुड एडवांसमेंट बिजनेस स्कूल (एलएवीएस) ने 1.35 लाख युवाओं में आजीविका जुटाने की सामर्थ्य पैदा की है तो 10 लाख छात्रों को आत्मनिर्भर बनाने के लिए रेड्डीज फाउंडेशन ने हैदराबाद के आसपास गुणवत्ता शिक्षा प्रदान करने वाले स्कूलों की स्थापना की है। इंस्टीट्यूट ऑफ लाइफ साइंसेस इस बात का प्रमाण है कि डॉ. रेड्डीज का पहला प्यार साइंस है। इस इंस्टीट्यूट के जरिये वे ऐसे युवा वैज्ञानिक तैयार कर रहे हैं, जो भविष्य में नोबेल पुरस्कार के दावेदार बनें। डॉ. रेड्डीज कहते हैं कि हमारे देश की आबादी सौ करोड़ से ज्यादा है, पर डॉ. सी.वी. रमन अकेले ऐसे वैज्ञानिक हैं, जिन्होंने नोबेल पुरस्कार प्राप्त किया। इस उपलब्धि को भी बरसों हो गए हैं। डॉ. अंजी रेड्डी इस महत्वाकांक्षी पहल पर 30 करोड़ रुपए खर्च कर रहे हैं। सौ करोड़ लागत से एल.वी. प्रसाद आई इंस्टीट्यूट को डॉ. अंजी रेड्डी ने दस वर्षों तक (2006 से 2016) तक एक करोड़ रुपए सहयोग राशि देने का वादा किया है। इस इंस्टीट्यूट ने पिछले पाँच सालों में 500 नेत्र रोगियों के कॉर्निया प्रत्यारोपण में स्टेम सेल्स का उपयोग करवाया है। इस किस्म के उपचार का यह एक कीर्तिमान है। डॉ. अंजी रेड्डी की परोपकार भावना से अभिभूत एल.वी. प्रसाद आई इंस्टीट्यूट ने अपने हैदराबाद कैम्पस का नामकरण किया है–डॉ. कलाम अंजी रेड्डी कैम्पस। आंध्र प्रदेश सरकार द्वारा गरीबों के उन्नयन के लिए स्थापित नांदी फाउंडेशन के डॉ. अंजी रेड्डी मनोनीत चेअरमैन हैं। नांदी फाउंडेशन आंध्र प्रदेश, मध्य प्रदेश व राजस्थान के 6.50 लाख बच्चों को मध्याह्न भोजन उपलब्ध करवा रहा है। डॉ. रेड्डीज फाउंडेशन की मैनेजिंग ट्रस्टी और डॉ. अंजी रेड्डी की पुत्री कहती हैं कि परोपकार का कोई भी सोच हो, यदि उन्हें उपयुक्त लगे तो वे तत्काल उसमें सक्रिय भागीदार बन जाते हैं। डॉ. अंजी रेड्डी इतने उदारमना टेक्नोप्रिनर हैं कि डीआरएल से मिलने वाली व्यक्तिगत सालाना प्राप्ति करीब 2 करोड़ रुपए वे पिछले 24 सालों से डॉ. रेड्डीज फाउंडेशन को सौंप रहे हैं।

लोकल से ग्लोबल
इंडियन कॉरपोरेट्स

27

काबिलियत से कामयाबी

अमृतभाई पटेल

आमिर खान की फिल्म थ्री इडियट कहती है–

'काबिलीयत प्राप्त करो, कामयाबी आपका पीछा करेगी। केवल कामयाबी प्राप्त करने के लिए दौड़ोगे तो मंजिल मिलेगी, पर ज्यादा देर एंजॉय नहीं कर पाओगे।' भारतीय उद्योग जगत में कई उद्यमी हैं, जिन्होंने अपनी काबिलीयत से कामयाबी पाई है। वे शून्य से शिखर पर पहुंचे हैं। लोकल से ग्लोबल उद्योगपति बने हैं। गुजरात की परीक्षित इंडस्ट्रीज के संस्थापक अमृतभाई पटेल भी काबिलीयत से कामयाबी प्राप्त करने वाले ऐसे ही उद्यमी हैं। यही नहीं, उन्हें तो काबिलीयत प्राप्त करने, उसे साबित करने और उसके बलबूते कामयाबी प्राप्त करने के लिए बचपन से प्रौढ़ावस्था तक जमकर संघर्ष भी करना पड़ा है। सूझबूझ और अथक श्रम से मिली सफलता व संपन्नता को आज वे न केवल एंजॉय कर रहे हैं, बल्कि उसका सुफल समाज को भी लौटा रहे हैं। अमृतभाई पटेल सजल नेत्रों से कहते हैं–'मेरी धर्मपत्नी नर्मदाबेन पटेल ने मेरे संघर्षकाल में 22 साल तक गांवों के सरकारी प्राइमरी स्कूलों में अध्यापन करके मेरा साथ निभाया। आज हम सुख और संतुष्टि के साथ संपूर्णता के अद्‌भुत अहसास में गोता लगा रहे हैं। मुझे गुरु और गाइड बनाकर हमारे पुत्रों विजय एवं परीक्षित ने उद्योग-व्यापार संभाल लिया है।'

महिसाणा जिले के वालम गांव में एक किसान परिवार में जन्मे हैं–अमृतभाई पटेल। 2 पुत्र व 6 पुत्रियों के लालन-पालन के लिए उनके पिता ने खेती के साथ गांव की प्राथमिक शाला में अध्यापन भी किया। सस्ता जमाना था, पर आठ बच्चों के बड़े परिवार का पेट भरना खेती व अध्यापन से संभव नहीं था। गरीबी और अभावों में

अमृतभाई और उनके भाई-बहन बड़े हुए। कच्चे मिट्टी के घर में बिना बिजली और पानी प्रारंभिक शिक्षा प्राप्त की। तत्कालीन सामाजिक परिवेश में पटेल समुदाय में बालविवाह हो जाते थे। अमृतभाई की बहनों के साथ भी यही हुआ। अमृतभाई का भी जब विवाह हुआ तो दुलहन को पिता ने गोद में उठाकर फेरे लगवाए थे। वर-वधू को याद भी नहीं है कि कैसे हुआ था उनका विवाह। उनकी यादें तो तब शुरू होती हैं, जब वे सातवीं कक्षा में पहुंचे। अमृतभाई के पिता रूढ़िवादी किसान थे, पर साथ में अध्यापक होने से वे परिवार की बालिका वधू को भी पढ़ाना चाहते थे। शादी अपने ही गांव में हुई थी, जहां एक ही स्कूल था। बालिका वधू अपने पिता के घर से स्कूल आती थी। विवाहोपरांत एक ही स्कूल में वर-वधू को पढ़ना था। शर्म के कारण वधू को पढ़ाई न छोड़ना पड़े, इसलिए अमृतभाई ने गांव छोड़ दिया। नजदीक के ही गांव बालिसणा में उनकी बहन ब्याही गई थी। उन्होंने वहां के स्कूल में दाखिला ले लिया। बहन के घर में रहकर अमृतभाई ने एमएससी तक की पढ़ाई की। अमृतभाई कक्षा में कभी अव्वल नहीं आए, पर अव्वल आने वाले छात्रों का पीछा करते हुए दूसरे या तीसरे क्रम पर उत्तीर्ण होते रहे। वे दसवीं कक्षा में जब पहुंचे तो पिताजी का निधन हो गया। इस घटना ने अमृतभाई को समय पूर्व मैच्योर बना दिया। डॉक्टर बनने का स्वप्न देखते हुए वे अहमदाबाद आ गए। गांव के स्कूल में अध्यापक बन चुके बड़े भाई (कांतिभाई पटेल) उन्हें 80 रुपए हर माह भेजने लगे। इतने पैसे से अहमदाबाद में उन्हें रहना था और पढ़ाई भी करनी थी। अहमदाबाद के भवन्स कॉलेज में साइंस विषय के साथ अमृतभाई ने पढ़ाई शुरू की, पर होम सिकनेस के कारण वे बार-बार गांव भाग आते। बीएससी के प्रथम वर्ष में वे अच्छे नंबरों से उत्तीर्ण तो हो गए, पर मेडिकल कॉलेज में प्रवेश नहीं मिला। इंजीनियरिंग कॉलेज में प्रवेश मिल सकता था, पर किसी ने कह दिया कि इंजीनियर बनकर बेकार घूमोगे या साधारण नौकरी पाओगे। अमृतभाई ने हॉस्टल में रहते हुए बीएससी की पढ़ाई जारी रखी। घर से मिलने वाले रुपए तो दो वक्त के खाने पर ही खर्च हो जाते। फिल्म देखने के शौकीन अमृतभाई नवरंगपुरा स्थित हॉस्टल से कॉलेज पैदल जाते, ताकि बस किराया 10 पैसे बच जाएं। सिनेमा के टिकट इकट्ठा होते ही वे थिएटर पहुंच जाते।

बीएससी की डिग्री मिली और इसके साथ ही अमृतभाई पिता भी बन गए। बड़े पुत्र विजय के जन्म के साथ अमृतभाई को लगा कि वे और उनका परिवार भाई पर बोझ है। अब उन्हें अपने पैरों पर खड़े हो जाना चाहिए। अमृतभाई ने एमएससी प्रथम वर्ष में दाखिला ले लिया था, पर इस अहसास के बाद उन्होंने पढ़ाई छोड़ दी और लुनावाला (महाराष्ट्र) में एक दवा कारखाने में 200 रुपए वेतन की नौकरी कर ली। दो सहकर्मियों के साथ एक कमरे में वे रहने लगे। वे खाने की फिक्स्ड प्लेट (लिमिटेड फूड) बुलवाते। घर भेजने लायक पैसा नहीं बचता था। अहमदाबाद में नौकरी करेंगे तो परिवार साथ रह सकेगा, इस सोच के साथ अमृतभाई ने अहमदाबाद की एक केमिकल कंपनी में मैन्यूफैक्चरिंग केमिस्ट की 225 रुपए वेतन की नौकरी कर ली।

आठ साल गुजर गए, वेतन 800 रुपए भी हो गया, पर अमृतभाई के स्वप्न बड़े थे। बचपन में एक बार ग्रामीण मेलों में आइस कैंडी व मुरमुरे की दुकान उन्होंने लगाई थी। उससे हुई कमाई उन्हें उकसाती थी कि सपने पूरे करना है तो अपना व्यापार करना पड़ेगा। ऐसा हुआ, पर व्यापार का

पहला अनुभव अच्छा नहीं रहा। 3000 रुपए उधार लेकर तीन मित्रों के साथ भागीदारी में अमृतभाई ने ईंट बनाना शुरू किया। इस व्यापार में 9000 रुपए का घाटा हुआ, पर अमृतभाई ने धुलेंडी के दिन मित्रों को लड्डू खिलाकर इस नुकसान को 'सेलिब्रेट' किया और कारोबार बंद कर दिया। अमृतभाई हंसते हुए कहते हैं–'वे आठ साल मैं और नर्मदाबेन भूल नहीं सकेंगे। हम दोनों नौकरी करते थे। महिसाणा, बस्त्राल व यशोदानगर के स्कूलों में नर्मदाबेन के स्थानांतरण हुए। मैं किराए की साइकिल पर बिठाकर उन्हें स्कूल छोड़ने जाता और फिर अपनी नौकरी पर पहुंचता। नर्मदाबेन कहती थीं कि जब आप घर खर्च जितना कमाने लगेंगे तब नौकरी छोड़ दूंगी। वे मुझे भरमाती थीं। परीक्षित इंडस्ट्रीज स्थापित हो गई, हम संपन्न हो गए, पर उन्होंने वादा नहीं निभाया। वो तो पुत्र परीक्षित ने भूख हड़ताल करके उन्हें विवश कर दिया। 22 साल बाद नौकरी जब छोड़ी, तब भी वे बोलीं–दो साल और नौकरी कर लेने दो, जीवन भर पेंशन मिलेगी। परीक्षित गुस्से में मां से बोला था–मां, पेंशन से कई गुना राशि तुमको हम दान करने के लिए दे देंगे, पर तुम जब इस्तीफा मुझे लिखकर दोगी, तब ही मेरी थाली लगाना।'

चलिए, बाल विवाह से सफल दम्पती बने अमृतभाई और नर्मदाबेन को गुदगुदाने वाले ऐसे प्रसंग एंजॉय करने दें, हम तो उनकी कारोबारी यात्रा का सिलसिला आगे बढ़ाएं...

सन् 1980 में अमृतभाई को अपनी काबिलीयत साबित करने का मौका मिला। हालांकि कामयाबी ने काबिलीयत का साथ देने के पहले उनकी कड़ी परीक्षा ली। सन् 1980 में गुजरात सरकार ने उद्यमिता कार्यशाला स्वरोजगार स्थापित करने के इच्छुक युवाओं को उद्योग विशेष की ट्रेनिंग (उद्यमिता कार्यशाला) के लिए चिह्नित किया। अमृतभाई पटेल ने भी इसमें शामिल होना चाहा। साक्षात्कार में उनसे पूछा गया–उनका प्रोजेक्ट क्या है? अमृतभाई ने बताया–बल्क ड्रग्स। वे कितना इन्वेस्ट कर सकेंगे?–इस सवाल के जवाब में हिचकिचाते हुए अमृतभाई बोले–पचास हजार रुपए। सच यह है कि उनके पास पैसा नहीं था। वे तो इस ट्रेनिंग के लिए अपने मित्र से बस किराया 20 रुपए उधार लेकर आए थे। साक्षात्कारकर्ता अधिकारी बोला–बल्क ड्रग्स के प्रोजेक्ट पर ज्यादा रुपया निवेश करना पड़ेगा। अच्छी शिक्षा भी जरूरी है। खैर, अमृतभाई किसी तरह ट्रेनिंग में शामिल कर लिये गए। इस प्रशिक्षण के दौरान जिस फैक्टरी में वे काम करते थे, वहां उन्होंने देखा कि एसिड प्रूफिंग (उद्योग के कार्यस्थल को एसिड प्रूफ बनाने व जंग लगने से बचाने के लिए किया जाने वाला ट्रीटमेंट) एंटी कोरोझोन का काम एक एजेंसी को सौंपा गया है। केमिकल ट्रीटमेंट होने से अमृतभाई को इसमें रुचि थी। उन्होंने उस एजेंसी के कर्मचारी से इस बाबत जानकारी प्राप्त की तो उन्हें लगा कि यह काम वे कर सकते हैं। कोरोझोन ट्रीटमेंट का 1200 रुपए का पहला जॉब वर्क किया तो हौसला बढ़ गया और अमृतभाई ने 50 रुपए माहवारी किराए की झोंपड़पट्टी में कोरोकेअर इंडस्ट्री स्थापित की। पहले साल सवा लाख रुपए का व्यापार किया।

अमृतभाई को एक दिशा मिल गई थी, पर वे नौकरी छोड़ने का साहस नहीं जुटा पाए। नौकरी में वे सेकंड शिफ्ट ले लेते ताकि एसिड प्रूफिंग के जॉब वर्क पूरा कर सकें। उनके साथ काम करने

वाले लोगों ने ईर्ष्यावश उनकी शिफ्ट बदलवाने की कोशिश की तो अमृतभाई को नौकरी छोड़नी पड़ी। वे बताते हैं कि मुझे पहली जोखिम उठाने में झिझक हुई पर एक बार ऐसा किया तो आदत पड़ गई। कोरोझोन ट्रीटमेंट करते हुए मैंने देखा कि जो लोग यह काम करते हैं, वे उद्योगों को असली समस्या का निदान नहीं सुझाते थे। उनकी मंशा रहती थी कि बार-बार उन्हें जॉब मिले। मैंने उचित सेवा का मंत्र अपनाया। अपनी सूझबूझ से कई उद्योगों को बताया कि उनकी मशीनरी में थोड़ा फेरबदल, सहायक उपकरण लगाने या कार्य करने की प्रणाली में बदलाव करने से वे बार-बार कोरोझोन ट्रीटमेंट करवाने से बच सकते हैं। कुछ कंपनियों ने झिझकते हुए मेरी सलाह मानी, पर उन्हें अपेक्षित परिणाम मिले तो मेरी साख व संपर्क बढ़ने लगे। अहमदाबाद के औद्योगिक क्षेत्र बव्वा में एसिड प्रूफिंग का पहला काम मुझे मिला। बड़ौदा से भी काम आने लगा। एसिड प्रूफिंग का मटेरियल भी मैं बनाने लगा। वहीं मैंने एक मित्र के शेड के पीछे अपना दफ्तर शिफ्ट कर लिया।

उन दिनों को याद करते हुए नर्मदाबेन कहती हैं—

'बड़े व्यस्त दिन थे वे। इन्हें न खाने की सुध थी, न सोने की। एक सेकंडहैंड स्कूटर खरीद लिया था। देर रात को सोते पर सुबह 4-5 बजे उठ जाते। स्कूटर पर पैरों के बीच सामान रखते और मजदूरों के घर पहुंच जाते। उन्हें उठाते और बड़ौदा ट्रेन पर बिठाकर लौटते। दिन में लोकल काम संभालते। दोपहर बाद ये भी बड़ौदा चले जाते। उन दिनों कई बार स्कूटर पर भी बड़ौदा तक गए। दिन में रोड-ठेले या ढाबे में जो मिलता, उससे पेट भर लेते।'

कुछ दिन बाद सरकार ने पर्यावरण संबंधी नियम-कानून कड़ाई से लागू किए। कोरोझोन ट्रीटमेंट उद्योगों को प्रदूषणमुक्त करता था, पर तब ही जब वैज्ञानिक तरीके से किया जाए। अमृतभाई कहते हैं कि कारखानों के मालिक पर्यावरण हितैषी होने की नौटंकी करते थे, पर इस पर खर्च अपव्यय मानते थे। मैंने कई लोगों को समझाया कि पर्यावरण संबंधी सावधानियों व उपायों पर यदि वे खर्च करेंगे तो उन्हें बाय प्रोडक्ट्स मिलेगा, जिसकी अच्छी कीमत मिलेगी।

अमृतभाई ने उद्योगों की पर्यावरण के प्रति अरुचि देखी। पॉल्युशन कंट्रोल का नकली काम कम मूल्य पर करने वालों से प्रतिस्पर्धा करने के बजाय अमृतभाई ने डायर्सिफिकेशन को चुना और जीआईडीसी में एक प्लांट प्राप्त करके वहां लेथ मशीन, टर्नर, सेमी हाइड्रोलिक इंजेक्शन मशीन लगाई। सन् 1989 में परीक्षित इंडस्ट्रीज स्थापित करके वे वहां प्लास्टिक वाल्व बनाने लगे। कोरोझोन ट्रीटमेंट व्यापार से बने संपर्क और उचित व्यापार-व्यवहार का उन्हें फायदा मिला। वे प्लास्टिक फैब्रिकेशन की पॉल्युशन कंट्रोल इक्विपमेंट और एचडीपीई पाइप भी बनाने लगे। वट्वा में एचडीपीई पाइप का संयंत्र स्थापित करने वाले अग्रणी उद्यमी हैं अमृतभाई। अब करोड़ों के ऑर्डर उन्हें मिलने लगे थे। आइसमेल्ट जो हो गया था।

पाइप का व्यापार करते समय उन्होंने एक बार फिर किसानों को नजदीक से देखा। बचपन में वे सूखी खेती करने वाले किसानों की दुर्दशा देख चुके थे। ड्रिप इरिगेशन और स्प्रिंकलर सेट के उपयोग का सोच तब नया था। संयोग से बड़े पुत्र विजय केमिकल इंजीनियर की डिग्री लेकर

उनके सहयोगी बन गए थे। पिता-पुत्रों की इस जोड़ी ने सीमित पूंजी के साथ ड्रिप इरिगेशन के ऑर्डर गुजरात के बाहर लेना शुरू किए। ड्रिप इरिगेशन पर तब किसानों को सरकारी छूट (सब्सिडी) मिलती थी। इसकी मदद से डीलर्स ड्रिप इरिगेशन सिस्टम को लोकप्रिय बना सकते थे, पर ट्रेडर्स प्रवृत्ति (तत्काल लाभ) के कारण वे कंपनी और किसानों के साथ छल करने लगे। परीक्षित इंडस्ट्रीज के 5-6 करोड़ रुपए राजस्थान और हरियाणा में फंस गए। अमृतभाई कहते हैं कि दुर्दिनों में कई नजदीकी रिश्तेदारों ने साथ छोड़ दिया तो जिन शुभेच्छु मित्रों ने हमारी मदद की, वे हैं—डाइयाभाई, करसनभाई, रमनभाई, प्रवीणभाई। मैंने इन लोगों से पहले भी पैसा उधार लिया था और ब्याज के साथ लौटाया था। इस व्यापार-व्यवहार ने हमारे रिश्ते मजबूत किए।

पिता-पुत्र मेहनत कर रहे थे कि छोटा बेटा परीक्षित मेकैनिकल इंजीनियर के बाद विदेश से एमबीए की डिग्री लेकर लौटा। अमृतभाई की ताकत बढ़ गई। उन्होंने कोरोझोन इंडस्ट्रीज बड़े पुत्र विजय को सौंपी और छोटे बेटे के साथ परीक्षित इंडस्ट्रीज को सही ट्रैक पर लाने में जुट गए।

पिता की काबिलीयत के साथ पुत्रों का पुरुषार्थ जुड़ा तो कामयाबी को एक बार फिर नतमस्तक होना पड़ा। आंध्र प्रदेश के तत्कालीन मुख्यमंत्री चंद्रा बाबू ने 1200 करोड़ रुपए का ड्रिप इरिगेशन प्रोजेक्ट अपने राज्य में लागू करने के लिए सिस्टम बनाने व इंस्टाल करने वाली कंपनियों को चिह्नित किया। उस समय देश में 140 कंपनियां यह काम कर रही थीं। आंध्र प्रदेश सरकार ने मात्र 38 कंपनियों से आवेदन मंगवाए, जिनमें से पांच को इस परियोजना में भागीदार बनाया जाना था। आंध्रप्रदेश सरकार की उच्च स्तरीय स्क्रीनिंग टीम ने जिन्हें चुना, उनमें गुजरात की अकेली कंपनी थी परीक्षित इंडस्ट्रीज। यह सरकारी ऑर्डर अमृतभाई के लिए प्राणवायु बन गया और सबक सीखकर परीक्षित इंडस्ट्रीज दुर्दिनों को पीछे छोड़ एक बार फिर दौड़ पड़ी।

नरेंद्र मोदी मुख्यमंत्री बने तो उन्होंने भी ड्रिप और स्प्रिंकलर को बढ़ावा देने के लिए एक कंपनी स्थापित करवाई—गुजरात ग्रीन रेवेल्यूशन। इस कंपनी से भी परीक्षित इंडस्ट्रीज को बड़े ऑर्डर मिले। अमृतभाई कहते हैं कि गुजरात व आंध्र प्रदेश में करीब 2.20 लाख हेक्टेयर भूमि की आज ड्रिप से सिंचाई हो रही है। इसमें से 92 प्रतिशत पर परीक्षित इंडस्ट्रीज के ड्रिप इरिगेशन सिस्टम लगे हुए हैं, जिन्होंने किसानों की आय बढ़ाई है। उनका जीवन स्तर सुधारा है। ड्रिप इरिगेशन की देश की तीन बड़ी कंपनियों में एक है—परीक्षित इंडस्ट्रीज। परीक्षित इंडस्ट्रीज गुजरात के अलावा 13 अन्य राज्यों में यह काम कर रही है। माइक्रो इरिगेशन के लिए पीवीसी पाइप, पॉली इथीलिन पाइप, उनके सभी ज्वाइंट्स और वाल्व, ड्रिप लाइन के सारे उपकरण बना रही है। वट्वा में दो शेड्स में 4000 गज जमीन पर परीक्षित इंडस्ट्रीज फैली हुई थी। आज सानंद में 32 हेक्टेयर जमीन पर आधुनिक संयंत्रों के साथ कार्यरत हैं अमृतभाई। उन्होंने लोकल से ग्लोबल बनने के लिए एक डच कंपनी एमटेल को इक्विटी भागीदार बनाया है। इसके साथ परीक्षित इंडस्ट्रीज अब माइक्रो इरिगेशन के अलावा टेली कम्युनिकेशन और एफटीटीएक्स का व्यापार बढ़ाएगी। सानंद में परीक्षित इंडस्ट्रीज का संयंत्र विदेशी भागीदारी का एशिया महाद्वीप में ग्लोबल प्रोडक्शन हब होगा। संक्षेप में कहें तो अमृतभाई ने जो पौधा रोपा था, वह वैश्विक बनने जा रहा है। कभी मात्र एक कारीगर के साथ स्थापित परीक्षित इंडस्ट्रीज में आज 1000 से ज्यादा कारीगर कार्यरत

हैं। 500 से ज्यादा विक्रेता परीक्षित इंडस्ट्रीज के उत्पाद बेच रहे हैं। इसके संयंत्र में इजराइली और स्विस मशीनें लगी हुई हैं। कंपनी के कुल कारोबार में निर्यात व्यापार की 20 फीसदी हिस्सेदारी है। ड्रिप इरिगेशन के सबसे ज्यादा प्रोजेक्ट गुजरात में कंपनी पूरे कर रही है। इसके कई उत्पाद पेटेंटेड हैं, जिन्हें सिर्फ यही बनाती है। अमृतभाई कहते हैं कि एमटेल से गठबंधन के कारण हमारी उत्पाद श्रृंखला बड़ी और विविध होगी। सिंचाई के अलावा अन्य सेक्टर में हम एंट्री लेंगे और हमारे उत्पाद विदेश भी पहुंचेंगे।

अमृतभाई पटेल ने कारोबारी जीवन की तरह पारिवारिक जीवन में भी दूरंदेशी का परिचय दिया है। उन्होंने अपने जीवनकाल में ही अपने पुत्रों को ग्रूप की दो कंपनियां स्वतंत्र संचालन के लिए सौंप दी हैं। तदनुसार बड़े भाई विजय पटेल के नियंत्रणाधीन कोरोझोन इंडस्ट्रीज कोरोझोन कंट्रोल ट्रीटमेंट की अग्रणी कंपनियों में गिनी जाती है। कोरोझोन इंडस्ट्रीज एचडीपीई टैंक, रिएक्शन वेसल्स, गैस स्क्री स्टेमस, वेंचुरीज, चिमनीज व प्लास्टिक ब्लोअर्स जैसे कई उपकरण भी बनाती है, जो रासायनिक इंडस्ट्री के लिए बहूपयोगी है। परीक्षित इंडस्ट्रीज ड्रिप और स्प्रिंकलर इरिगेशन के अलावा एचडीपीई पाइप लाइन, अंडर वाटर प्रोजेक्ट में देश की अग्रणी कंपनी है।

परीक्षित पटेल के नियंत्रणाधीन परीक्षित इंडस्ट्रीज ड्रिप इरिगेशन, मिनी स्प्रिंकलर, एचडीपीई, पीवीसी, कम्प्रेसन फिटिंग्स बनाने के अलावा इंडस्ट्रियल व सिविल लायजिंग प्रोजेक्ट्स के लिए मशहूर है। ग्रुप के कारखाने 35 एकड़ भूखंड पर फैले हुए हैं। परीक्षित पटेल कहते हैं—मेरे पिता की सबसे बड़ी ताकत है—डटे रहो। प्रतिकूल हालात में भी वे हौसला नहीं छोड़ते। हार नहीं मानते। वे अपने सोच और अपनी रीति-नीति पर भी अड़े रहते हैं। उनके आशावादी व सकारात्मक सोच ने मुझे भी साहसी बनाया है। अब उनकी तरह मैं भी सोचता हूं कि जो हुआ, जो किया—उससे बेहतर क्या हो सकता है। हम दोनों भाइयों के वे कारोबारी गुरु हैं। उन्होंने हमें प्रमोट करके बड़ी जवाबदारी सौंपकर आगे बढ़ाया है। हमारे कामकाज में कभी दखलंदाजी नहीं की, पर वे हमेशा हमारे सुरक्षा कवच (ढाल) बने रहे। उन्होंने स्वतंत्र निर्णय लेने की हमें आजादी दी। आज हम पूरे आत्मविश्वास के साथ अपने पैरों पर खड़े हैं तो इसका श्रेय केवल उन्हें है।

सामाजिक सरोकार

अमृतभाई पटेल गुजरात के प्रतिष्ठित उद्योगपति बन गए हैं, पर वे जमीन से जुड़े हुए शख्स हैं। 'उत्तम खेती, मध्यम व्यापार, निकृष्ट नौकरी' वाले सोच का यह 61 वर्षीय उद्योगपति सामाजिक सरोकार से भी गहराई से जुड़ा हुआ है। किसानों की भलाई के लिए नवोन्वेषी योजनाएं बनाने और उनके क्रियान्वयन पर उदारता से अपनी कमाई का एक हिस्सा खर्च करते हैं—अमृतभाई।

अमृतभाई पटेल द्वारा स्थापित नर्मदा अमृत चैरिटेबल ट्रस्ट गांवों में कई सेवा कार्य कर रहा है। इनमें प्रमुख है—कन्या शिक्षा। अमृतभाई अपनी जन्मभूमि पाटन में कन्या छात्रावास, कम्युनिटी

हॉल एवं मैरिज गार्डन बनवा रहे हैं। नर्मदा अमृत चैरिटेबल ट्रस्ट का दूसरा जनहितैषी प्रोजेक्ट है नर्मदा अमृत वन। इसके तहत पंचायत के स्वामित्व की गोचर भूमि पर ड्रिप इरिगेशन की मदद से फलदार पौधे लगाए जा रहे हैं। नर्मदा अमृत चैरिटेबल ट्रस्ट इनकी तीन वर्ष तक देखभाल करेगा। जब फल आने लगेंगे तब ग्राम पंचायत को यह गोचर भूमि सौंप दी जाएगी। संडेर एवं मूणंद ग्राम पंचायत इस प्रोजेक्ट के लिए चुनी गई हैं।

किसान ड्रिप इरिगेशन अपनाएं और कम से कम पानी से सिंचाई करके अधिकतम फसलोत्पादन करें, इस मंशा से ड्रिप इरिगेशन इंस्टाल करवाने वाले किसानों की फसल का एक साल के लिए एक लाख रुपए के बीमा का प्रीमियम परीक्षित इंडस्ट्रीज चुकाती है। इसके साथ ही परीक्षित इंडस्ट्रीज के ड्रिप सेवक गांव में ही ड्रिप इरिगेशन सिस्टम्स की देखरेख करेंगे।

अमृतभाई ने अहमदाबाद उपचार के लिए गांव से आने वाले किसान मरीजों के परिजनों के नि:शुल्क रहने-खाने के लिए खेड़तघर में एक गेस्ट हाउस 'परीक्षित किसान घर' बनवाया है।

अमृतभाई आज भी मध्यवर्गीय जीवन ही जीते हैं और कहते हैं कि गुजरात की माटी उद्यमी है, जो काबिलियत को सलाम करती है। मुझे भी इस माटी ने बनाया और नवाजा है। इस माटी की संतान होने का मुझे गर्व है।

28

माइलस्टोन

प्रताप सी. रेड्डी

चिकित्सा व्यवसाय (चाहें तो पढ़ें–जीवनरक्षक सेवा/सुविधा) को लेकर हमारा व्यवहार विचित्र ही नहीं, विरोधाभासी भी है। हम सब जानते हैं कि एडवांस चिकित्सा सुविधा सस्ती नहीं हो सकती, पर महँगी हो तो हमें 'रास' नहीं आती। हम सब चाहते हैं कि बेहतर चिकित्सा सुविधा तत्काल मिले, पर उसका व्यवसायीकरण भी न हो। एडवांस सर्जरी करवाना हो तो हम निजी क्षेत्र के महँगे हॉस्पिटल पर भरोसा करते हैं, पर उन्हें कोसने से भी बाज नहीं आते। हमारे विरोधाभासी व्यवहार की पराकाष्ठा यह है कि कोई चिकित्सक अपने ज्ञान, कुशलता व मेहनत से धनोपार्जन करके थोड़ा-सा भी लक्ज़री जीवन जीने लगता है तो हम कहने लगते हैं–'डॉक्टर साहब बीमारी के बहाने गरीबों की गाढ़ी कमाई से ऐश कर रहे हैं।' हम यह भूल जाते हैं कि उसने भी अपने जीवन के सुनहरे वर्ष कठिन पढ़ाई पर खर्च किए हैं, अपने रोगियों के उपचार के लिए महँगे उपकरण खरीदे हैं और अस्पताल बनाने व चलाने के लिए जो कर्ज लिया है, वह उसे ही चुकाना है। विलक्षण बात यह है कि यदि कोई इंजीनियर, आईएएस, आर्किटेक्ट या चार्टर्ड अकाउंटेंट शानदार जीवन जीता है तो हम उसकी प्रशंसा करते हैं कि 'अक्ल व मेहनत से धन कमाया है, इसका अनुसरण करो।' इन सबसे बड़ी गैर-जिम्मेदाराना हरकत तो यह है कि समाज का सम्पन्न व सक्षम वर्ग भी वह सस्ती या नि:शुल्क चिकित्सा सेवा प्राप्त करना चाहता है, जिस पर केवल उनका हक है जो निर्धन हैं।

अस्सी के दशक का प्रसंग है–अपोलो हॉस्पिटल समूह के संस्थापक डॉ. प्रताप सी. रेड्डी अपने पिता की सलाह पर भरपूर वेतन वाला जॉब छोड़कर अमेरिका से स्वदेश

लौटे थे। उन्होंने यहाँ कॉरपोरेट प्रबंधन शैली का एडवांस अस्पताल खोलने की घोषणा की तो उन्हें सुनना पड़ा था–'फॉरेन रिटर्न हैं। अब अपने देश में गरीबों को लूटेंगे।' डॉ. रेड्डी तब तो चुप रहे थे, पर अब कहते हैं–'सन् 1979 में बाईपास सर्जरी न करवा पाने के कारण एक युवक को मैंने अमेरिका में असमय मरते देखा था। उसकी युवा पत्नी, चार वर्षीय बेटे व दो वर्षीय पुत्री का रुदन मुझे आज भी कँपकँपा देता है। एक पल के लिए वही बनकर सोचें, अपनों के खोने का अहसास करेंगे तो मुझे कोसने के बजाय कहने लगेंगे–थैंक्यू अपोलो रेड्डी।'

अठंध्रप्रदेश में जन्मे हैं प्रताप सी. रेड्डी। सन् 1957 में स्टेनले मेडिकल कॉलेज से मेडिको ग्रेजुएट (एमबीबीएस) की डिग्री प्राप्त करने के बाद डॉ. प्रताप सी. रेड्डी ने कुछ साल चेन्नई में प्रैक्टिस की। इसके बाद उन्हें मैसाचुसेट्स जनरल हॉस्पिटल यूके में फेलोशिप मिल गई तो वे इंग्लैंड चले गए। फेलोशिप पूरी होते ही डॉ. रेड्डी ने अमेरिका के मिसोरी जनरल हॉस्पिटल एवं मिसोरी स्टेट चेस्ट हॉस्पिटल में 1967 से 1970 तक कार्डियोलॉजिस्ट के रूप में नाम कमाया और कई रिसर्च प्रोग्राम्स का नेतृत्व सँभाला।

एक दिन किसान पिता के एक पत्र ने पुत्र को झकझोर दिया। पिता ने पत्र में लिखा था–"मैं प्रसन्न हूँ कि तुम अमेरिका में खूब पैसा व प्रतिष्ठा कमा रहे हो। इससे तुम और तुम्हारा परिवार खुश होगा। पर तुम जो वहाँ कर रहे हो वह यहाँ करते तो तुम्हारे देश के कई लोगों को राहत मिलती। प्रसन्नता प्राप्त होती।"

साधारण शिक्षा प्राप्त दूरन्देशी पिता के प्रति असाधारण श्रद्धाभाव रखने वाले डॉ. रेड्डी ने तत्काल बोरिया-बिस्तर बाँधा और स्वदेश लौट आए। चेन्नई में उन्होंने फिर से प्रैक्टिस शुरू की और देखते-देखते जाने-माने हार्ट स्पेशलिस्ट बन गए। फिर एक ऐसा प्रसंग हुआ जिसके कारण डॉ. रेड्डी हार्ट स्पेशलिस्ट से इंटरप्रिनर बने और उन्होंने भारत के चिकित्सकीय इतिहास में एक नया अध्याय जोड़ दिया। आइए, यह घटना उनके ही शब्दों में पढ़ें।

"भारत में तब ओपन हार्ट सर्जरी नहीं होती थी। अपने रोगियों को इसके लिए मुझे टेक्सास मेडिकल सेंटर के डॉ. डेनटोन कॉली के पास भेजना पड़ता था। सन् 1979 में एक युवा हृदयरोगी को मैंने अमेरिका में ओपन हार्ट सर्जरी करवाने की सलाह दी। वह इसका खर्च नहीं जुटा पाया और उसका निधन हो गया। उसकी युवा पत्नी चार वर्षीय पुत्र और दो वर्षीय पुत्री के रुदन ने मुझे कँपकँपा दिया। मैंने संकल्प लिया कि विश्व की उत्कृष्ट चिकित्सा तकनीक व हमारे देश के मेडिको ब्रेन के तालमेल से मैं अपने देश में ऐसी वर्ल्ड क्लास हेल्थ केयर सुविधाएँ उपलब्ध करवाऊँगा जो 'अफोरडेबल' हो।"

समय पूर्व लिये गए किसी भी संकल्प को पूरा करने में कई बाधाओं का सामना करना पड़ता है। दृढ़ इच्छाशक्ति के दूरन्देशी लोग हार नहीं मानते और इतिहास रचते हैं। यही हुआ। डॉ. रेड्डी ने 80 के दशक में अमेरिका जैसे कॉरपोरेट हॉस्पिटल की अपनी संकल्पना जब लोगों को बताई तो उन्हें सुनना पड़ा–"डॉ. साहब फॉरेन रिटर्न हैं, अब अपने देश के गरीबों को लूटेंगे।" डॉ. रेड्डी ऐसी व्यंग्योक्तियाँ सुनकर तब चुप ही रहे। चेन्नई के एक जाने-माने एडवोकेट एवं डॉ.

रेड्डी के एक मित्र हबीबुल्ला बाशा ने एक साक्षात्कार में कहा है–''मुझे और हमारे उद्योगपति मित्र ओबुल रेड्डी को जब डॉ. रेड्डी ने निजी क्षेत्र की अत्याधुनिक हॉस्पिटल्स शृंखला की अपनी योजना बताई तो हमें भी यह अविश्वसनीय लगी। देश में तब कॉरपोरेट हॉस्पिटल का सोच कल्पनातीत था। जटिल रोगों के उपचार या सर्जरी के लिए आज जैसे प्राइवेट नर्सिंग होम नहीं थे। सरकार का दायित्व था कि वह आम आदमी को स्वास्थ्य सुविधाएँ उपलब्ध करवाए पर डॉ. रेड्डी अद्भुत 'फाइटर' हैं।

एडवोकेट बाशा और उद्योगपति ओबुल रेड्डी जैसे मित्रों ने अविश्वास करने के बावजूद डॉ. रेड्डी का हौसला बढ़ाया। डॉ. रेड्डी ने मित्र-परिजन से कर्ज लेकर किसी तरह 17 लाख रुपए जुटाए और नीलामी में चेन्नई स्थित एक भूखंड खरीद लिया। एक स्थानीय स्कूल यहाँ खेल का मैदान बनाना चाहता था। उसने आपत्ति दर्ज करवाई। तमिलनाडु के तत्कालीन मुख्यमंत्री एम.जी. रामचंद्रन ने डॉ. रेड्डी के प्राइवेट हॉस्पिटल का लाइसेंस रद्द कर दिया। प्रकरण अदालत पहुँचा जहाँ डॉ. रेड्डी के पक्ष में फैसला हुआ। इसके साथ सन् 1983 में चेन्नई में पहले अपोलो हॉस्पिटल का जन्म हुआ।

एक चीनी कहावत है कि हजारों मील की यात्रा एक नन्हे कदम से शुरू होती है। डॉ. रेड्डी का लक्ष्य भी एक नर्सिंग होम नहीं था। वे तो देश में वर्ल्ड क्लास कॉरपोरेट हॉस्पिटल्स की शृंखला स्थापित करना चाहते थे। कर्नाटक व आंध्र प्रदेश की सरकारों से उन्होंने इसके लिए जमीन माँगी तो उन्हें जवाब मिला–''अरबन सीलिंग एक्ट के अनुसार वे अधिकतम 500 वर्गमीटर जमीन ही खरीद सकते हैं।''' सार्वजनिक हित के लिए जमीन खरीद रहा हूँ अत: यह नियम मुझ पर लागू नहीं होना चाहिए'–उनकी इस दलील की सुनवाई नहीं हुई तो डॉ. रेड्डी संपर्क बनाते हुए तत्कालीन प्रधानमंत्री इंदिरा गाँधी तक पहुँच गए। डॉ. रेड्डी की उन्नत चिकित्सा सुविधा की योजना से इंदिरा गाँधी प्रभावित हुईं। उनके हस्तक्षेप पर इन राज्य सरकारों ने डॉ. रेड्डी को भूखंड आवंटित कर दिए। बाधाएँ यहीं खत्म नहीं हुईं। अभी और कठिन पड़ाव डॉ. रेड्डी को पार करना थे, मसलन–आयातित मॉडर्न मेडिको मशीनों की प्राप्ति। उन दिनों एक मशीन आयात करने के लिए विभिन्न सरकारी विभागों से एक दर्जन से ज्यादा अनुमतियाँ लेना पड़ती थीं। डॉ. रेड्डी को तो 340 मशीनें आयात करना थीं। लाइसेंस परमिट राज्य का वह दौर याद करें और कल्पना करें कि डॉ. रेड्डी को कितने सरकारी दफ्तरों में कितनी बार चक्कर लगाना पड़े होंगे। वहाँ उस अफसरशाही से कैसे सामना हुआ होगा जिनके लिए कॉरपोरेट हॉस्पिटल्स तब मात्र एक अजूबा थे और डॉ. रेड्डी भी तब एक साधारण चिकित्सक!

अपने प्रोजेक्ट के लिए पूँजी संग्रहण हेतु भी डॉ. रेड्डी को कड़ा संघर्ष करना पड़ा था। वित्तीय संस्थान कर्ज देने को तैयार नहीं थे। बैंकों का सोच था कि भारत में हेल्थ केयर से मुनाफा अर्जन हो ही नहीं सकता यानी कर्ज डूब जाएगा। डॉ. रेड्डी ने पब्लिक व इंस्टीट्यूशनल फंड जुटाने की अनुमति प्राप्त करने के लिए भी खूब संघर्ष किया। पूँजी मार्केट से पूँजी संग्रहण के लिए डॉ. रेड्डी ने पाँच साल (1979 से 1984) तक केंद्र सरकार से पत्राचार किया। राजधानी के सैकड़ों

चक्कर लगाए। अंत में सन् 1984 में प्रधानमंत्री राजीव गाँधी ने उनके इस संघर्ष को विराम दिया। इसके बाद डॉ. रेड्डी ने पलटकर नहीं देखा है। वे कहते हैं–"मैं जानता हूँ, मुझे क्या चाहिए? मैं यह भी जानता हूँ कि सही व्यक्ति से सही समय पर कैसे प्राप्त किया जाए।"

दृढ़ इच्छाशक्ति के शख्स कड़ी परीक्षा में भी खरा सोना साबित होते हैं। सौ बेड्स के चेन्नई से शुरू हुए एक अस्पताल से आज अपोलो हॉस्पिटल्स इंटरप्राइजेस लिमिटेड (एएचईएल ; अपोलो हॉस्पिटल समूह) देश ही नहीं, सम्पूर्ण एशिया का सबसे बड़ा एवं दुनिया का पाँचवाँ सर्वोच्च उन्नत चिकित्सा सेवा प्रदायकर्ता (Healthcare provider) है, जिसने करोड़ों लोगों को जटिल रोग व सर्जरी सुविधा उपलब्ध करवाई है। भारत के अलावा श्रीलंका, यूएई, सऊदी अरब व कुवैत सहित कई देशों में 47 अस्पतालों के 8000 बेड्स की प्रत्यक्ष देखरेख करने वाला अपोलो हॉस्पिटल समूह 30 हेल्थ एवं लाइफ स्टाइल क्लिनिक एवं 7 नर्सिंग कॉलेजों का भी संचालन कर रहा है। भारत स्थित अपोलो हॉस्पिटल्स में से चार को ज्वॉइंट कमीशन इंटरनेशनल (मुख्यालय यूएसए) से गोल्ड स्टैंडर्ड मिला हुआ है। हॉस्पिटल नेटवर्किंग, मेडिको बिजनेस प्रोसेस आउट सोर्सिंग, फार्मेसी और टेलीमेडिसन जैसी सहायक मेडिको गतिविधियों में भी संलग्न है अपोलो हॉस्पिटल समूह। इन सबसे महत्वपूर्ण तथ्य यह है कि 'अपोलो' चिकित्सा सेवा उद्योग का वह पावरफुल ब्रांड नेम है जिसने भारत में निजी क्षेत्र की चिकित्सा सेवा को उत्प्रेरित किया है। परिणाम! देश में 80 फीसदी जटिल उपचार/सर्जरी प्राइवेट सेक्टर के वे कॉरपोरेट हॉस्पिटल कर रहे हैं जो अपोलो की तर्ज पर जन्मे हैं। यही नहीं, इन सबके संयुक्त प्रयासों ने भारत को दुनिया का अव्वल मेडिको टूरिस्ट डेस्टिनेशन भी बना दिया है। संक्षेप में कहें तो डॉ. रेड्डी भारत के उन दुर्लभ टेक्नोइंटरप्रिनर (तकनीकी उद्योगपति) में एक हैं, जो स्वप्न देखते हैं और उन्हें पूरा करने में जुट जाते हैं। उनसे भी वे एक मामले में बिलकुल अलग हैं। बुद्धि से केवल धनोपार्जन नहीं, बल्कि जनसेवा के साथ धनोपार्जन का बेहतरीन उदाहरण है–अपोलो हॉस्पिटल समूह। 80 के दशक में कॉरपोरेटाइज्ड चिकित्सा सेवा की उनकी संकल्पना का मखौल उड़ाने वालों को डॉ. रेड्डी आज विनम्रता से जवाब देते हैं–"मेरे उस दिवगंत हृदय रोगी की युवा पत्नी व मासूम पुत्र व पुत्री की तरह अपनों के खोने का अहसास करें तो आप भी कहेंगे– थैंक्यू डॉ. रेड्डी।"जी हाँ, डॉ. रेड्डी अपने शहर व अपने मित्रों के बीच अब अपोलो रेड्डी के नाम से मशहूर हैं। वे हमेशा सूटेड-बूटेड रहते हैं और लक्जरी कारों के शौकीन हैं। उन्हें संतोष है कि उन्होंने धनोपार्जन किया, पर इसके लिए वह कारोबार किया जो मानव-सेवा का अटूट हिस्सा है।

रेड्डी सिस्टर्स

फाइटर माँ-पिता की संतान पुत्र हो या पुत्री फाइटर होती है। शर्त है उनके लालन-पालन व उनकी शिक्षा-दीक्षा में कोई भेदभाव न हो। डॉ. प्रताप सी. रेड्डी पुत्र के पिता नहीं बने पर भाग्य को कोसने के बजाय उन्होंने अपनी चारों बेटियों प्रीथा, सुनीता, शोभना व संगीता का पुत्रों की तरह लालन-पालन किया। इस मामले में वे जितने 'साफ्ट' हैं उतने ही 'हार्ड' भी। उनके ही गुरु मंत्र का परिणाम है कि उनकी पुत्रियाँ दो दशक की उनकी मैराथन दौड़ में मजबूत खिलाड़ी

साबित हुई हैं।

डॉ. प्रताप रेड्डी की सबसे बड़ी पुत्री प्रीथा रेड्डी अपोलो हॉस्पिटल समूह की प्रबंध निदेशक हैं। उनका दायित्व है एशिया की सबसे बड़ी हेल्थ केयर श्रृंखला की दैनंदिन गतिविधियों का संचालन। डॉ. रेड्डी ने अपनी पुत्रियों की नैसर्गिक प्रतिभा व उनके स्वभाव को चिह्नित करके पहले उन्हें बिजनेस के गुर सिखाए हैं और फिर उन्हें अलग-अलग जवाबदारियाँ सौंपी हैं। प्रीथा रेड्डी यह बात इन शब्दों में दोहराती हैं–''हम बहनें जब छोटी थीं तब पापा ने स्विमिंग पूल में धक्का देकर हमें तैरना सिखाया था। वे तब भी हमेशा हमारे आसपास होते थे, आज भी। हमने तो केवल उनके नीति-निर्देशों एवं निर्णयों को क्रियान्वित किया है। उनके लिए चिकित्सा सेवा तपस्या है। हमारे लिए तरंग।''

डॉ. रेड्डी ने प्रीथा रेड्डी को सन् 1989 में एएचईएल की बागडोर अत्यंत नाटकीय अंदाज में सौंपी थी। प्रीथा का स्वप्न था पिता की तरह डॉक्टर बनना। स्कूली पढ़ाई पूरी करने के बाद अपनी यह महत्वाकांक्षा उन्होंने डा. रेड्डी को बताई तो रूखा-सा जवाब मिला–''मेडिकल कॉलेज में प्रवेश में मैं कोई मदद नहीं करूँगा।'' किशोर उम्र की प्रीथा ने खूब मेहनत की और प्री-यूनिवर्सिटी परीक्षा (मेडिकल कॉलेज की प्रवेश परीक्षा) में 96 फीसदी अंक के साथ मद्रास मेडिकल कॉलेज में अपने लिए सीट जुटा ली। डॉ. रेड्डी से जब उन्होंने अनुमति माँगी तो इस बार भी चौंकाने वाला जवाब मिला–''मैं नहीं चाहता कि तुम डॉक्टर बनो।'' चिकित्सकों का सफेद कोट पहनने को बेताब प्रीथा को पिता के इस जवाब से इतनी निराशा हुई कि उन्होंने एक साल पढ़ाई को ही ब्रेक दे दिया और कला क्षेत्र, मद्रास (रुक्मणी अरुंडले द्वारा स्थापित डांस स्कूल) में नृत्य सीखा। इसके बाद प्रीथा जब साइंस ग्रेजुएशन की पढ़ाई कर रही थी, तब डॉ. रेड्डी ने उनका अपने उद्योगपति मित्र पी. ओगुल रेड्डी के पुत्र से विवाह कर दिया। 'गृहिणी बनना ही नियति है'–यह सोचकर प्रीथा 'रेड्डी-परिवार' की परंपरागत बहू और माँ बन गईं, पर चिकित्सक न बन पाने की टीस उन्हें हमेशा कटोचती रही। उन दिनों उनकी बहन संगीता डॉ. रेड्डी की प्रमुख सहयोगी थीं। संगीता के विवाह के बाद एक शाम पिता व ससुर ने प्रीथा को आदेश दिया कि तुम्हें कल से अपोलो हॉस्पिटल में संगीता की जवाबदारी सँभालना है। प्रीथा रेड्डी ने एक साक्षात्कार में कहा है– 'मुझसे सहमति नहीं माँगी गई थी। मैं न चिकित्सक थी और न ही मैंने मैनेजमेंट की शिक्षा प्राप्त की थी। मेरी मनोदशा तब ऐसी थी कि मैं चार-पाँच लोगों के सामने बात करने से भी डरती थी। मुझे तो पिता और ससुर से सीधे आदेश मिला था। अपने बुजुर्गों का यह निर्णय सुनकर मैं हतप्रभ रह गई।'

स्टेला मोरिस कॉलेज की साइंस स्नातक एवं नृत्य कला में पारंगत प्रीथा रेड्डी को अगले दिन अपोलो हॉस्पिटल्स के मुख्यालय पहुँचने पर आभास हुआ कि बड़े लक्ष्य तक पहुँचने के लिए छोटी-छोटी लालसाओं का मोह छोड़ना पड़ता है। वर्षों बाद वह पुरानी गुत्थी भी सुलझी कि पिता ने उन्हें मेडिकल कॉलेज में पढ़ाई के लिए क्यों नहीं भेजा था। वे चिकित्सक बन जातीं तो उनका ध्यान और उनकी व्यस्तता मेडिको प्रैक्टिस तक सीमित रह जाती। पिता तो चाहते थे कि पुत्री का गृहस्थ जीवन सेटल हो जाए तो वे उससे ऐसे चिकित्सा सेवा समूह का संचालन करवाएँ

जहाँ एक नहीं हजारों चिकित्सक कार्यरत हों। प्रारंभिक हिचकिचाहट के बाद प्रीथा रेड्डी अस्पताल की जीवन-रेखा से जुड़ीं तो अंतरमन की परतों में छुपा आत्मविश्वास भी खिलने लगा। स्टेनफोर्ड यूनिवर्सिटी में मेडिको मैनेजमेंट के उन्होंने शॉर्ट कोर्सेस अटेंड किए पर उनका वास्तविक ट्रेनिंग ग्राउंड है-अपोलो हॉस्पिटल्स एवं उनके वास्तविक गुरु हैं पिता। डॉ. रेड्डी ने भी केवल उन्हें जवाबदारियाँ ही नहीं सौंपी हैं, वरन् प्रोफेशनल एक्सपर्ट्स की ऐसी टीम भी दी है, जिसमें देश के सुप्रसिद्ध चिकित्सकों के अलावा अन्य प्रबंधकीय विशेषज्ञ भी शामिल हैं। दिलचस्प बात यह है कि ये ही प्रीथा रेड्डी की सबसे बड़ी चुनौती बने हैं।

अन्य उद्योग व कारोबार की तुलना में मेडिको बिजनेस के चिकित्सा सेवा क्षेत्र में मानव संसाधन को सँभालना सबसे टेढ़ी खीर है। टेक्नोलॉजिस्ट, नर्सिंग, स्वीपिंग, सिक्यूरिटी, फ्रंट ऑफिस, अकाउंट्स और हाउसकीपिंग जैसी विभिन्न फैकल्टी के असामान्य कार्मिकों के अलावा अलग-अलग स्तर की शिक्षा, आयु, अनुभव व उपलब्धियों वाले 'मेडिको पीपुल्स' इसमें शामिल हैं। इनसे बिजनेस की दैनंदिन जरूरतें पूरी करवाने के लिए आत्मीय व गरिमामय और कामकाजी व पारदर्शी वाणिज्यिक रिश्ते बनाना व लम्बे समय तक बनाए रखना कितना कठिन काम है यह प्रीथा रेड्डी ही दोहरा सकती हैं जिन्होंने 'ऑनर्स अहम्' (मालकियत का घमंड) से बचते हुए यह चुनौती आसान की है। वे कहती हैं-"चिकित्सक कलाकार की तरह होते हैं। उनकी जरूरतों को उनके नजरिए से समझना, उनके प्रति सम्मान भाव होना व संवेदनशील होना-उनसे व्यवहार की पहली अनिवार्य शर्त है। अपोलो में इसीलिए हमने कई परम्पराएँ डाली हैं, जैसे-अप्रिय मुद्दों या फैसलों पर हम पहले मौखिक बातचीत करते हैं, इसके बाद ही लिखा-पढ़ी। मेरी कठिन परीक्षा तो हर रोज उस डायनिंग टेबल बैठक पर होती है, जिसके अध्यक्ष हैं मेरे पिता। हमने हमेशा यहीं बड़े नीतिगत निर्णय लिये हैं।"

दूसरी पुत्री सुनीता रेड्डी को ग्रुप की डायरेक्टर (फाइनेंस) बनाने के पूर्व वित्त की जटिलताओं को समझने के लिए डॉ. रेड्डी ने उन्हें हार्वर्ड बिजनेस स्कूल में फाइनेंस प्लानिंग का कोर्स करवाया था। सुनीता रेड्डी ने समूह के पब्लिक इश्यू के साथ ग्लोबल डिपॉजिटरी रिसिप्ट (जीडीआर इश्यू-75 मिलियन डॉलर) का बखूबी प्रबंधन किया है। कभी डॉ. प्रताप रेड्डी को अपने देश में पब्लिक फंड प्राप्त करने के लिए जूझना पड़ा था। आज देश के हेल्थ केयर सेक्टर में एएचईएल अकेली ऐसी कम्पनी है जिसकी इक्विटी में विदेशी संस्थागत निवेशकों ने करोड़ों रुपया स्वेच्छा से निवेश किया है। इसका श्रेय सुनीता रेड्डी को है, जिनके बारे में डॉ. रेड्डी कहते हैं-"सुनीता ने ही मेरे वेंचर का नामकरण किया था-अपोलो हॉस्पिटल इंटरप्राइजेस, जिसमें हमारे परिवार के अंक ज्योतिषि ने बाद में 'एस' जोड़ दिया।" विज्ञान से जुड़े डॉ. रेड्डी के अनुसार-ज्योतिष पुरातन साइंस है। इसके प्रति अपनी एप्रोच पुरातन रखकर हमने इसका ही नहीं, अपना भी नुकसान किया है। अपोलो हॉस्पिटल्स के फार्मा डिवीजन की इंचार्ज हैं-शोभना रेड्डी (कामिनेनी) जिन्हें डॉ. रेड्डी बेटी नहीं अपना बेटा कहते हैं।

डॉ. प्रताप सी. रेड्डी की सबसे छोटी बेटी संगीता रेड्डी ने बीएससी (ऑनर्स) के साथ अमेरिका से हेल्थ एडमिनिस्ट्रेशन (स्वास्थ्य सेवा प्रशासन) की पढ़ाई की है। इसके अलावा

प्रीथा रेड्डी

उन्होंने सन् 2000 में स्थापित की है अपोलो हेल्थ स्ट्रीट। इस हेल्थ केयर बीपीओ की संगीता रेड्डी मैनेजिंग डायरेक्टर हैं। वे कहती हैं कि अमेरिका में पढ़ाई करते समय मैंने देखा कि वहाँ हेल्थ केयर खर्च का तीस फीसदी हिस्सा एडमिनिस्ट्रेटिव प्रोसेस पर खर्च होता है। इस व्यय का 5 फीसदी हिस्सा भी 2 ट्रिलियन डॉलर से ज्यादा होता है, जो भारतीय बीपीओ प्राप्त कर सकते हैं। संगीता रेड्डी के अनुसार–इस लक्ष्य के साथ अपोलो हेल्थ स्ट्रीट जन्मा था, जो आज भारतीय बीपीओ नहीं है, बल्कि ऐसी ग्लोबल कंपनी है, जिसके सौ क्लाइंट्स हैं।

शोभना कामिनेनी

ी है। इसके अलावा उन्होंने सन् 2000 में स्थापित की है अपोलो हेल्थ स्ट्रीट। इस हेल्थ केयर बीपीओ की संगीता रेड्डी मैनेजिंग डायरेक्टर हैं। वे कहती हैं कि अमेरिका में पढ़ाई करते समय मैंने देखा कि वहाँ हेल्थ केयर खर्च का तीस फीसदी हिस्सा एडमिनिस्ट्रेटिव प्रोसेस पर खर्च होता है। इस व्यय का 5 फीसदी हिस्सा भी 2 ट्रिलियन डॉलर से ज्यादा होता है, जो भारतीय बीपीओ प्राप्त कर सकते हैं। संगीता रेड्डी के अनुसार–इस लक्ष्य के साथ अपोलो हेल्थ स्ट्रीट जन्मा था, जो आज भारतीय बीपीओ नहीं है, बल्कि ऐसी ग्लोबल कंपनी है, जिसके सौ क्लाइंट्स हैं।

सुनीता रेड्डी

सन् 1983 में 21 वर्ष की उम्र में संगीता ने अपोलो हॉस्पिटल समूह को मैनेजमेंट ट्रेनी के रूप में ज्वॉइन किया था। पिता ने उन्हें चेन्नई के अपोलो हॉस्पिटल के हर विभाग में प्रशिक्षण दिलवाया और इसके बाद अपना एक्ज़ीक्यूटिव असिस्टेंट बनाया और जवाबदारी सौंपी–स्पेशल प्रोजेक्ट्स की देखरेख। संगीता रड्डी कहती हैं कि मैंने तब अपने पिता के कारोबारी व्यक्तित्व को नजदीक से देखा तो जाना कि वे दूसरों से पहले सोचते हैं और जो सोचते हैं उसे पूरा करके ही विराम लेते हैं। सन् 1995 में अपोलो इंस्टीट्यूट ऑफ हॉस्पिटल एडमिनिस्ट्रेशन हैदराबाद की स्थापना में महती भूमिका निभाने वाली संगीता रेड्डी अब हर छह सप्ताह के बाद एक सप्ताह अमेरिका में रहती हैं और ग्लोबल हेल्थ केअर उद्योग के एडमिनिस्ट्रेशन सेगमेंट की जानी-मानी हस्ती हैं।

संगीता रेड्डी

आई.टी. की समझ से संगीता रेड्डी ने ऑनलाइन चिकित्सा सेवा, आउटसोर्सिंग मेडिको बिजनेस व टेलीमेडिसिन्स जैसे मुनाफादेय कारोबार से भी अपोलो हॉस्पिटल्स समूह को अव्वल बनाया है। संगीता रेड्डी का कहना है कि एक हेल्थ केअर कम्पनी की स्थापना और उसे वर्ल्ड क्लास बना देना–यह सबक किसी क्लासरूम में नहीं सीखा जा सकता। मैदान में एकजुट होकर ही हम बहनों को यह दक्षता मिली है। हम सबकी योग्यतानुसार हमारी भूमिका तय हो

गई है। यह क्षमता हमने काम करते हुए जुटाई है। बहनें होने से हम समस्या के हर पहलू पर खुलकर बात करती हैं और निदान खोज लेती हैं।

और डॉ. रेड्डी कहते हैं–''अपोलो की सबसे बड़ी ताकत है टीम और टीम के हर सदस्य के बीच अद्‌भुत सामंजस्य। हेल्थ केअर सेक्टर की पहली शर्त है शत प्रतिशत गुणवत्ता। अन्य उद्योग में कोई उत्पाद गुणवत्तायुक्त न हो तो रिजेक्ट हो जाता है, पर हमारी एक छोटी-सी त्रुटि एक मरीज की जान ले लेती है। अतः हमारा लक्ष्य है हम हर समय सही हों–पहली बार से आखिरी बार तक...।''

डॉ. रेड्डी संतुष्ट होंगे कि अपोलो हॉस्पिटल समूह ने 98.4 प्रतिशत सफलता के साथ हजारों सफल ओपन हार्ट सर्जरी की है। यही नहीं, ये और ऐसी अन्य जटिल सर्जरी जिस कुशलता व जिस लागत में हुई है, वह दुनिया में अन्यत्र संभव ही नहीं है। डॉ. रेड्डी की मानें तो अपोलो सहित भारत के चुनिंदा अस्पताल (एस्कॉर्ट, बॉम्बे हॉस्पिटल, मद्रास मिशन हॉस्पिटल आदि) अंतरराष्ट्रीय लागत से दस फीसदी से भी कम में जटिल सर्जरी वर्ल्ड क्लास निपुणता के साथ कर रहे हैं। वे बताते हैं–'अमेरिका में हार्ट सर्जरी की लागत औसतन साठ हजार डॉलर है, जो भारत में मात्र तीन से चार हजार डॉलर में हो जाती है। बोनमैरो ट्रांसप्लांट की हमारे देश में लागत 35 से 40 हजार डॉलर है, जो अमेरिका में चार लाख डॉलर में ही सम्भव है। इसी तरह लीवर ट्रांसप्लांट यहाँ 40 हजार डॉलर में हो जाता है, जो वहाँ 4.50 लाख डॉलर में किया जा रहा है। लागत से बड़ा गंभीर मुद्दा है समय, जो रोगी की सुरक्षा व संतुष्टि से जुड़ा सवाल है। यूरोप में बड़ी सर्जरी करवाने की प्रतीक्षा अवधि बहुत लम्बी है, जबकि हम रोगी को कम से कम समय में निरोगी करके सकुशल उनके घर भेज देते हैं।'

'भारतीय दुनिया के सबसे निपुण चिकित्सक हैं, पर वे भारत के बाहर ही कमाल करते हैं। या...कि भारतीय अस्पतालों में साफ-सफाई व सर्जरी उपरांत सावधानी सुविधा स्तरीय नहीं है।' जैसे कई भ्रम भी अपोलो ने पूरी तरह दूर कर दिए हैं। भारतीय चिकित्सा सुविधा साधनों को आज ऐसा मौखिक प्रचार (माउथ पब्लिसिटी) मिल रहा है कि 'भारत दुनिया का सबसे बड़ा चिकित्सा पर्यटन केंद्र बनने लगा है।' श्रीलंका में अपोलो के पहुँचने के पूर्व अकेले कोलंबो स्थित भारतीय राजदूत हर रोज साठ से ज्यादा वीसा भारत में उपचार के लिए जारी कर रहे थे। अपोलो को विश्वसनीय हेल्थ केअर बना देने वाले डॉ. प्रताप रेड्डी इतने आशान्वित हैं कि वे भारत को भविष्य के दुनिया के सबसे बड़े 'हार्ट वर्कशॉप' के रूप में देखते हैं। उनके अनुसार–भविष्य में दुनिया की दो-तिहाई बाईपास सर्जरी भारत व चीन में होने लगेगी। इससे भारत की दुनिया में एक नई पहचान बनेगी और विदेशी मुद्रा का आगमन बढ़ेगा। यहाँ पर्यटक ज्यादा आने लगेंगे।

एक और फायदा होगा–'भारत के कॉरपोरेट अस्पताल स्थानीय नागरिकों को महँगी चिकित्सा कम लागत में उपलब्ध करवाने में ज्यादा समर्थ हो जाएँगे।' हालाँकि इस संदर्भ में डॉ. रेड्डी का कहना है–'मेडिकल इंश्यूरेंस की सुगठित व व्यवस्थित प्रणाली न होने से आम भारतीय महँगी

एडवांस चिकित्सा सुविधा से वंचित है, अन्यथा भारत में यह उनकी पहुँच में आ गई है। इससे दूरी तो उनकी (विदेशियों) बढ़ी है, जिन्होंने इसे खोजा है।'

सही कह रहे हैं डॉ. रेड्डी–सारी दुनिया में केवल दो प्रतिशत लोग ही हैं, जो एडवांस चिकित्सा सुविधा का खर्च खुद वहन कर सकते हैं। हमारे देश में तो इनकी संख्या और भी कम है। वस्तुतः यह 'शेयर बर्डन' है और इसे सबको सुलभ बनाने के लिए नीतिगत निर्णय लेने का समय आ गया है। निःसंदेह अस्पताल व चिकित्सकों के लिए मरीज व उसका उपचार सर्वोपरि है, पर एडवांस चिकित्सा सुविधाओं का सतत संचालन आसान काम नहीं है। उनकी स्थापना लागत, परिचालन का रोज बढ़ता व्यय, नाजुक व नॉलेजेबल स्टाफ (अपोलो ग्रुप में ही कई हजार चिकित्सक और उनसे पाँच गुना पैरामेडिकल स्टाफ) को सँभालना और अपने शेयरधारकों को उनके निवेश का रिटर्न जैसे मुद्दे अपोलो हॉस्पिटल जैसे चिकित्सा सेवा संस्थानों की 'बेड़ियाँ' हैं। अतः डॉ. रेड्डी जैसे उन्नत चिकित्सा सेवा प्रदायकर्ता के संकेत स्पष्ट हैं। मसलन, जिसे हम उन्नत व महँगी चिकित्सा कहते हैं, वह भारत में भी उतनी ही उन्नत हो चुकी है जितनी विकसित देशों में, पर यहाँ वह वहाँ की तुलना में लगभग निःशुल्क (दस फीसदी से भी कम लागत पर) उपलब्ध है। इसके बावजूद यदि यह आम आदमी की पहुँच से दूर है तो दोषी मेडिको वर्ल्ड नहीं है। उसने अपना दायित्व निभाया है और वह इन्हें यहाँ ले आया है। चिकित्सकों के प्रति गुस्से का अकारण इजहार करने के बजाय देश में अपोलो जैसे कॉरपोरेट स्तर के प्रोफेशनली मैनेज्ड अस्पताल और होने चाहिए, पर वहाँ उपचार करवाने के लिए लोगों को सहज व सस्ता बीमा कवर भी मिलना चाहिए।

सन् 2010 में भारत सरकार द्वारा पद्मभूषण से सम्मानित डॉ. रेड्डी की समूह को एक और प्रबंधकीय देन है अलग-अलग फैकल्टी के विशेषज्ञ प्रोफेशनल्स की उच्चस्तरीय कमेटियाँ जिनके बीच 'इन्फेक्शन से इथिक्स' तक की जवाबदारियाँ बँटी हुई हैं। रेड्डी सिस्टर्स ने पहले इन कमेटियों का विश्वास जीता, फिर उन्हें काम करने व निर्णय लेने की पूरी जवाबदारी सौंपी। अपने सीधे नियंत्रण में प्रीथा रेड्डी ने केवल वे सिस्टम रखे हैं जिनके अनुपालन के लिए ग्रुप में सब समान रूप से जवाबदेह हैं। अपोलो समूह की दैनंदिन गतिविधियों को ऑटो रन बना देने वाले डॉ. प्रताप रेड्डी मजाकिया अंदाज में अपनी पुत्रियों से कहते हैं–''मैं समूह का पॉवरलेस चेअरमैन हूँ। बहुत जल्दी तुम सबको भी वाइस चेअरमैन बनाकर तुम्हारे भी सारे अधिकार छीन लूँगा।''

प्रीथा रेड्डी के अनुसार डॉ. प्रताप सी. रेड्डी के विजन–'सबके सहयोग से सबको स्वास्थ्य सुविधा' (Health for all with the help of all) को मूर्तरूप देने के लिए हमें सबसे पहले चिकित्सकों को समझाना पड़ा कि अपोलो उपचार/सर्जरी का खर्च एक स्तर से ज्यादा नहीं बढ़ा सकता। इसी तरह हमने जनमानस को समझाया कि अपोलो की चिकित्सा सेवा थोड़ी महँगी दिखती है, पर हम उन्हें उनके पैसे का पूरा मूल्य लौटाते हैं। भारतीय कॉरपोरेट अस्पतालों में उपचार खर्च भारतीयों को महँगा प्रतीत होता है, पर विदेशी इसे दुनिया का सबसे सस्ता उपचार मानते हैं।

प्रीथा रेड्डी कहती हैं–''अपोलो की प्रोफेशनल मैनेजमेंट टीम समय की माँग समय के पूर्व समझ लेती है। नीतिगत निर्णयों पर अमल करने में यह टीम अत्यंत माहिर हो चुकी है। डॉ. रेड्डी ने हमें अपोलो कैंसर हॉस्पिटल स्थापित करने के लिए एक साल का समय दिया था। हमने समय पूर्व न केवल यह प्रोजेक्ट पूरा किया वरन् इसके लिए आईएसओ प्रमाण-पत्र भी प्राप्त कर लिया। अब हमारा लक्ष्य है 17500 बेड्स के 70 अस्पताल। यह साबित करता है कि "We love our work."

अंत में एक ऐसा प्रसंग जो डॉ. गिरिनाथ (चीफ कार्डियो थोरासिस, अपोलो हॉस्पिटल समूह) भी शायद ही कभी भूल पाएँ। एक दिन मध्य प्रदेश का एक भील एक बाजू में अपना धनुष-बाण व दूसरे बाजू में अपने बच्चे को लेकर अपोलो पहुँचा। बच्चे की हार्ट सर्जरी होना थी, पर उस आदिवासी के पास पैसे नहीं थे। डॉ. गिरिनाथ के कहने पर हमेशा की तरह श्रीमती प्रीथा रेड्डी ने निःशुल्क सर्जरी की पुष्टि कर दी। डॉ. गिरिनाथ ने नन्हे दिल को दुरुस्त किया। अपने निरोगी शिशु को लेकर वह भील तब तो चुपचाप चला गया, पर तीन माह बाद चेकअप के लिए आया तो साथ में एक मैली पोटली भी लाया। डॉ. गिरिराज को वह यह देने लगा तो उन्होंने जिज्ञासा के साथ पूछा–'क्या है...?' भील ने वह पोटली खोली, खून से सनी एक गाँठ निकाली और बोला–'भगवन, मैं पैसे तो नहीं दे सकता पर आपके लिए असली कस्तूरी लाया हूँ।' भील के भोलेपन से अभिभूत डॉ. गिरिनाथ यह जंगली सौगात लेने से मना नहीं कर पाए। और कहते हैं–'मेरे वार्डरोब को कई सालों तक सुगंधित रखा उस कस्तूरी ने।'

उस कस्तूरी की वह नैसर्गिक सुगंध थोड़ी देर भूल जाएँ। एक नन्हे शिशु के अंतर्मन से हर रोज निकलने वाली उस 'गंध' को याद करें जो मानव धर्म को महका देती है। यह खुशबू तब तक बनी रहेगी जब तक दुनिया में एक भी 'गिरिनाथ' जिंदा है। एक भी प्रताप सी. रेड्डी जिंदा है। आइए, हम भी कहें–थैंक्यू डॉ. रेड्डी।

29

चतुर शिकारी

अनिल अग्रवाल

धरती माँ की कोख में जो अकूत सम्पदा भरी है, उनमें से एक है धातु। मानवीय सभ्यता व सम्पन्नता का मूलाधार है धातु। मनुष्य ने धातु के यथावत् या रूपान्तरित लेनदेन से अथाह सम्पदा कमाई है। इसकी बेहतरीन मिसाल हैं ब्रिटिश नागरिक लक्ष्मीनिवास मित्तल, जिन्हें दुनिया के 'स्टील किंग' होने का गौरव मिला है। इसी दिशा में द्रुत गति से आगे बढ़ते हुए एक और भारतीय उद्यमी हैं अनिल अग्रवाल, जिन्होंने दुनिया के अलौह धातु (Non Ferrous metal) उद्योग में पहली बार भारतीय 'फ़ूट प्रिंट' अंकित किए हैं।

लक्ष्मीनिवास मित्तल की तरह भारतीय मूल के लंदन निवासी अनिल अग्रवाल को दो गुण विरासत में मिले हैं। एक–वे राजस्थान की तपोभूमि की संतान हैं। तपती बालू व गरम लू वाली इस मरुस्थली राज्य में जो जन्म लेता है, वह कुछ गुणधर्म माँ की कोख से ही प्राप्त कर लेता है। मसलन, प्रतिकूल परिस्थितियों में डटे रहने व अपनी राह बनाने की जिद, अभावों में जीवन–यापन के लिए सहनशीलता, वाणिज्यिक सूझबूझ व उद्यमशीलता के साथ सही समय पर सही जोखिम उठाने का साहस। अनिल अग्रवाल की दूसरी जन्मजात खूबी है–ऐसे वैश्य समुदाय में जन्म लेना, जो दरिद्रता व निर्धनता को कोढ़ से भी बड़ी बुराई मानता है। गरीबी से उबरने के लिए किसी भी हद तक संघर्ष व समझौता व संघर्ष कर लेने वाले वैश्य समुदाय ने सम्पन्नता की खोज में देश ही नहीं, विदेशों तक दौड़ लगाई है। वे जहाँ पहुँचे हैं, वहाँ अपनी वाणिज्यिक सूझबूझ, साहस व सामर्थ्य से उन्होंने खूब 'नाम व नामा' (Prestige and Prosperity) कमाया है।

अनिल अग्रवाल इसकी जीवंत मिसाल हैं। 1970 के दशक में स्क्रेप ट्रेडिंग करते थे और आज लंदन में रईसों की टाउनशीप मेफेयर में 20 मिलियन पौंड कीमत के भव्य आवास में रहते हैं। शोफरयुक्त महँगी बेंटले कार में घूमते हैं और अपने एयरक्राफ्ट में उड़ते हैं। अनिल अग्रवाल द्वारा स्थापित वेदांत रिसोर्सेस (स्टरलाइट ग्रुप) का सालाना टर्नओवर 5 बिलियन डॉलर यानी 22 हजार करोड़ रुपए (वित्त वर्ष 2009) से ज्यादा है। फोर्ब्स के 2009 के अनुसार–6.3 बिलियन डॉलर सम्पदा के साथ वे प्रथम 20 भारतीय धनपतियों में एक हैं। बड़ी रोमांचक है अनिल अग्रवाल की पटना से वाया मुम्बई–लंदन तक की कारोबार–यात्रा, जिसका दूसरा छोर दिखाई नहीं देता है।

सन् 1954 में पटना के एक स्क्रेप कारोबारी परिवार में जन्मे हैं अनिल अग्रवाल। उनके पिता लोहे के गेट्स व ग्रिल्स की फैब्रिकेशन करते थे। मिलर हाईस्कूल से मैट्रिक परीक्षा उत्तीर्ण करने वाले अनिल अग्रवाल को किशोर उम्र में स्कूल पहुँचने के लिए हर रोज दस कि.मी. पैदल चलना पड़ता था। साइकिल से वे वेस्पा स्कूटर पर आ गए पर कॉलेज पहुँचने के बजाय पटना से मुम्बई पहुँचे। 19 वर्ष की उम्र में स्टूडेंट कंसेशन से पटना से मुम्बई की हवाई यात्रा करते हुए वे किसी से नहीं बोले, क्योंकि अंग्रेजी नहीं बोल पाते थे। मुम्बई की सड़कों पर घूमते हुए नरीमन पाइंट पर उन्होंने ओबेराय होटल को देखा तो वहाँ एक रात रुकना चाहा, पर हिम्मत नहीं जुटा पाए। एक अनजान व्यक्ति से उन्होंने मदद माँगी। उस शख्स ने रिसेप्शन काउंटर पर इंट्री करवाकर अनिल अग्रवाल को रूम दिलवाया। होटल ओबेराय में रुके तो उन्हें लगा कि मुम्बई में बिजनेस एड्रेस के लिए यह सबसे अच्छा पता होगा। 1970 के दशक में 200 रुपए रोज के ओबेराय होटल के कमरे में अनिल अग्रवाल तीन माह रहे, पर खर्च बचाने के लिए उन्होंने होटल के बाहर खाना खाया और कपड़े धुलवाए।

मुम्बई में अनिल अग्रवाल ने पहला दफ्तर कालबादेवी में स्थापित किया, जिसका आकार था 8×10 वर्गफीट। यहाँ एक समय एक साथ अधिकतम तीन लोग बैठ सकते थे। टेलीफोन दूसरे दफ्तर की दूसरी मंजिल पर था। एक साक्षात्कार में उन्होंने कहा है–मुम्बई में मैंने अंग्रेजी बोलना और कपड़े पहनना सीखा और सीखे कारोबारी गुर। सच यह है कि उद्यमियों की बर्बर पाठशाला मुम्बई ने दस साल (1976 से 1986) तक अनिल अग्रवाल को ऐसा तपाया कि वे कुंदन बन गए। यहाँ अन्य राज्यों की केबल कम्पनियों से खरीदे स्क्रेप उन्होंने बेचे और थोड़ा पैसा कमाया तो बैंक से कर्ज लेकर एक केबल कम्पनी शमशेर स्टर्लिंग को खरीद लिया। उन दिनों वे घंटों बैंक मैनेजर के कैबिन के बाहर बैठे रहते थे। शीशे की दीवार से देखते थे कि कब बैंक मैनेजर मुस्कुराए और वे उनसे कहें कि प्लीज मेरा चेक पास कर दें, लौटाएँ नहीं।

सन् 1986 में अनिल अग्रवाल सही मायने में तब उद्योगपति बने जब उन्होंने स्टरलाइट इंडस्ट्रीज के नाम से जेसी फिल्ड केबल्स बनाने की फैक्टरी स्थापित की। इसके लिए उन्होंने सेकंडहैंड मशीनरी खरीदी तो लोगों ने कहा–यह प्लांट काम नहीं करेगा, पर अनिल अग्रवाल ने लक्ष्य पर निगाहें स्थिर रखीं। दो साल में यह फैक्टरी ऐसे हालात में आ गई कि पूँजी मार्केट में सन् 1988 में वे स्टर्लिंग इंडस्ट्रीज का पहला जननिर्गम लाए, जिसने उनकी वित्तीय सामर्थ्य बढ़ा दी। अब

उनकी महत्वाकांक्षा गगनचुम्बी हो गई। स्क्रेप ट्रेडिंग से केबल मैकिंग उन्हें अलौह धातु उद्योग में ले आई।

केबल ताँबा बनाने का प्रमुख कच्चा माल है ताँबा जो तब एमएमटीसी व हिंदुस्तान कॉपर सप्लाई करती थी। वे माँग के अनुसार आपूर्ति नहीं कर पाती थीं। अनिल अग्रवाल को भरोसा था कि टेलीकॉम सेक्टर में कॉपर वायर्स की माँग बढ़ेगी। कच्चे माल की आपूर्ति सुनिश्चित करने के लिए लोणावाला में उन्होंने कॉपर राड फैक्टरी स्थापित की। कॉपर स्मेल्टिंग तकनीक सीखने के लिए वे ऑस्ट्रेलिया गए तो वहाँ से औने-पौने दाम चुकाकर एक बंद कॉपर स्मेल्टिंग प्लांट भी खरीद लाए। इस तरह अमेरिका से उन्होंने कॉपर केबल मैन्यूफैक्चरिंग प्लांट खरीदा और भारत ले आए। अनिल अग्रवाल ने महाराष्ट्र में कारखाना स्थापित करना चाहा तो पर्यावरण हितैषी संगठनों ने विरोध किया। वे टुटीकोरिन (तमिलनाडु) पहुँच गए। यहाँ भी उनका विरोध हुआ। फैक्टरी में एक दुर्घटना में दो श्रमिक मारे गए, कुछ आहत हुए। अनिल अग्रवाल ने प्रतिकूल परिस्थितियों में धैर्य नहीं खोया, जिसका सुफल उन्हें मिला। स्टर्लिंग इंडस्ट्रीज का कारोबार दस सालों (1997-98) में 35 करोड़ रुपए से बढ़कर 1400 करोड़ हो गया। मुनाफा 4 करोड़ से बढ़कर 156 करोड़ रुपए पहुँच गया। अब उनका लक्ष्य था स्टरलाइट इंडस्ट्रीज को आत्मनिर्भर व संपूर्ण कॉपर कंपनी बनाना। अनिल अग्रवाल ने इसके लिए बेकवर्ड इंटीग्रेशन की रणनीति अपनाई और खदानें अधिगृहीत करके कॉपर उद्योग में प्रवेश किया। बहुत जल्दी वे देश के सबसे बड़े जेली फील्ड केबल्स व कॉपर निर्माता बन गए।

उदारीकरण के साथ दूरसंचार क्षेत्र में नियंत्रण मुक्ति व प्रतिस्पर्धा से स्टरलाइट समूह का कारोबार फैला। अनिल अग्रवाल की कारोबारी विस्तार की महत्वाकांक्षा को सरकार के विनिवेश कार्यक्रम से भी गति मिली। सन् 1995 में स्टरलाइट समूह ने 25.5 करोड़ रुपए निवेश करके मद्रास एल्यूमिनियम कम्पनी (माल्को) को अधिगृहीत किया। चार दशक पुरानी माल्को नब्बे के दशक में ऐसी रुग्ण हो गई थी कि सन् 1992 से तीन साल तक तालाबन्दी रही। इसका संकलित घाटा 33 करोड़ रुपए हो चुका था। स्टरलाइट समूह ने अधिग्रहण करने के सातवें दिन माल्को के दरवाजे खोल दिए और तीन सप्ताह में उत्पादन शुरू कर दिया।

पहले ही साल कम्पनी ने 25 करोड़ रुपए नकद मुनाफा कमाया। रुग्ण व कमजोर इकाइयों के लाभदायक प्रबन्धन की दक्षता का यह अनिल अग्रवाल का पहला ऐसा प्रदर्शन था, जिसने सारे मेटल उद्योग को चौंकाया तो अनिल अग्रवाल को वह बिजनेस मंत्र मिल गया, जिसे अपनाकर लक्ष्मी मित्तल स्टील किंग बने हैं। लक्ष्मी मित्तल की तरह अनिल अग्रवाल ने इसके बाद रुग्ण मेटल कम्पनियों खासकर सरकारी कंपनियों का नियंत्रण सँभाला है और उन्हें लाभदायक बनाया है। इस शृंखला में सन् 2000 में स्टरलाइट ने 20 करोड़ रुपए निवेश करके एआरएम केबल्स को अधिगृहीत किया। डीएमटी व इंडियन फाइल्स का प्रबन्धन सँभाला। ऑस्ट्रेलिया में दो कॉपर माइन्स को अधिगृहीत किया तो कनाडा में गोल्ड माइन्स पर कब्जा किया।

सन् 2001 में अनिल अग्रवाल द्वारा भारत एल्यूमिनियम कम्पनी (बाल्को) का अधिग्रहण/ प्रबन्धन राजनीतिक कारणों से राष्ट्रीय विवाद का मुद्दा बना, पर उनके कारोबारी कैरियर का यही

टर्निंग पॉइंट है। इस अधिग्रहण ने अनिल अग्रवाल के धैर्य व साहस की कड़ी परीक्षा ली। बाल्को का विनिवेश सरकार के विनिवेश कार्यक्रम का भी ऐसा अध्याय है, जिससे राजनीतिक दलों ने भी कई सबक सीखे हैं। पूरा घटनाक्रम बेहद दिलचस्प है। सन् 1996 में संयुक्त मोर्चा सरकार ने सार्वजनिक क्षेत्र की जिन 58 इकाइयों को विनिवेश के लिए चिह्नित किया था, उनमें से 38 लाभार्जन कर रही थीं और इनमें से एक बाल्को थी। दिसंबर, 1997 में बाल्को की विनिवेश प्रक्रिया शुरू हुई और इसके लिए वैश्विक सलाहकार चुने गए। जून, 2000 में सार्वजनिक सूचना जारी करके इच्छुक कम्पनियों को बोली लगाने के लिए आमंत्रित किया गया।

ारणों से राष्ट्रीय विवाद का मुद्दा बना, पर उनके कारोबारी कैरियर का यही टर्निंग पॉइंट है। इस अधिग्रहण ने अनिल अग्रवाल के धैर्य व साहस की कड़ी परीक्षा ली। बाल्को का विनिवेश सरकार के विनिवेश कार्यक्रम का भी ऐसा अध्याय है, जिससे राजनीतिक दलों ने भी कई सबक सीखे हैं। पूरा घटनाक्रम बेहद दिलचस्प है। सन् 1996 में संयुक्त मोर्चा सरकार ने सार्वजनिक क्षेत्र की जिन 58 इकाइयों को विनिवेश के लिए चिह्नित किया था, उनमें से 38 लाभार्जन कर रही थीं और इनमें से एक बाल्को थी। दिसंबर, 1997 में बाल्को की विनिवेश प्रक्रिया शुरू हुई और इसके लिए वैश्विक सलाहकार चुने गए। जून, 2000 में सार्वजनिक सूचना जारी करके इच्छुक कम्पनियों को बोली लगाने के लिए आमंत्रित किया गया।

फरवरी, 2001 में अंतिम निविदाएँ जाँची गईं। प्रारम्भ में बाल्को के लिए सात कम्पनियों में होड़ थी। इनमें जर्मनी, रूस व अमेरिका की भी तीन कम्पनियाँ थीं, जो बाद में मैदान छोड़ गईं। अंतिम बोली के समय दो कम्पनियाँ बचीं–स्टरलाइट व हिंडाल्को (आदित्य विक्रम बिड़ला समूह)। हिंडाल्को ने बाल्को की 51 फीसदी होल्डिंग 275 करोड़ रुपए में खरीदने की पेशकश की थी, जबकि स्टरलाइट का ऑफर इससे दो गुना 551 करोड़ रुपए था। सरकारी रिजर्व मूल्य 514.4 करोड़ रुपए से भी यह राशि ज्यादा थी।

इसके बाद राजनीतिक आरोप लगने लगे। कहा गया कि सरकार एक मुनाफा अर्जक सरकारी कंपनी को औने–पौने भाव पर एक निजी कम्पनी को बेच रही है। स्थिति तब और गंभीर हो गई, जब छत्तीसगढ़ के तत्कालीन मुख्यमंत्री अजीत जोगी ने धमकी दे दी कि यदि केंद्र सरकार ने इस सौदे को निरस्त नहीं किया तो वे बाल्को को प्राप्त बॉक्साइट माइनिंग व लैंड–लीज निरस्त कर देंगे। केंद्र सरकार को विवश होकर इस मुद्दे को लोकसभा में बहस के लिए पेश करना पड़ा।

पूर्व केंद्रीय विनिवेश मंत्री अरुण शौरी ने लोकसभा को बताया कि वैश्विक सलाहकारों ने कम्पनी के शेयर मूल्य, ब्रांड मूल्यांकन, उत्पादों के मूल्य व उत्पादन लागत के आधार पर बाल्को की सरकारी इक्विटी का 587 से 994 करोड़ रुपए (औसत मूल्य 740 करोड़ रुपए) मूल्यांकन किया गया है। सरकार अपनी 51 फीसदी इक्विटी बेच रही है, जिसकी इस मूल्यांकन के आधार पर कीमत 377 करोड़ रुपए (740 करोड़ रुपए का करीब 51 फीसदी) होती है। सरकार ने रिजर्व मूल्य 514.4 करोड़ रुपए तय किया है। शौरी ने कहा कि दो निविदाकर्ताओं में से जिसकी बोली ज्यादा (551 करोड़ रुपए) है, उसे बाल्को का प्रबन्धन सौंपना सही है। सरकार को पैसा

चुकाने के छह माह बाद तक कारखाना नहीं, कागज सँभालने वाले अनिल अग्रवाल ने तब एक ही वक्तव्य जारी किया कि हम बाल्को की सम्पदा हड़पने के लिए इसका अधिग्रहण (प्रबन्धन) नहीं कर रहे हैं। इसकी कालातीत उत्पादन तकनीक का नवीनीकरण करके इसे अंतरराष्ट्रीय स्तर पर प्रतिस्पर्धी बनाना स्टरलाइट का लक्ष्य है।

बाल्को का प्रबन्धन निजी क्षेत्र को सौंपने का विरोध करने वाले राजनेताओं ने केंद्र सरकार और स्टरलाइट की नीयत पर संदेह करने के साथ अनिल अग्रवाल की प्रबन्धकीय क्षमता पर भी आशंका व्यक्त की थी। हालाँकि, वे माल्को, इंडिया फाइल्स व एआरएम केबल्स को अल्पावधि में प्रतिस्पर्धी व मुनाफदेह बना चुके थे। अनिल अग्रवाल ने बाल्को के हालात भी बदल डाले हैं। बाल्को के संयंत्र का तकनीकी उन्नयन किया। मानव संसाधनों की संख्या को युक्तिसंगत व उत्पादक बनाया। बाल्को का उत्पादन बढ़ाया, उत्पादन लागत घटाई व बिक्री तथा मुनाफा बढ़ाया। राजनेताओं द्वारा उकसाए श्रमिक शुरू में अनिल अग्रवाल का विरोध कर रहे थे, पर अब वे उनके प्रशंसक हैं और बाल्को को उनके हाथों में ज्यादा सुरक्षित मानते हैं।

बाल्को के बाद स्टरलाइट का बड़ा स्वदेशी अधिग्रहण है, सन् 2002 में हिंदुस्तान जिंक का प्रबन्धन सँभालना। इसके लिए भी भारी होड़ हुई थी। निविदा आमंत्रण के पहले चरण में 15 देशी-विदेशी कंपनियाँ मैदान में थीं। इंडो गल्फ 35 रुपए प्रति शेयर व स्टरलाइट 40.50 रुपए मूल्य के साथ अंतिम बोलीकर्ता बचे थे। तीन विदेशी कम्पनियाँ जिन कारणों से पलायन कर गई थीं, वे हैं-देशी मार्केट में कारोबार करना व कंपनी के 9000 स्वदेशी श्रमिकों को सँभालना टेढ़ी खीर है। अनिल अग्रवाल के नेतृत्व में स्टरलाइट ने इसी चुनौती को अपनी ताकत बनाया और कम्पनी का उत्पादन दोगुना बढ़ाया पर लागत घटाकर आधी कर दी। विलक्षण बात यह है कि हिंदुस्तान जिंक के कर्मचारियों को भी कम्पनी के यूटर्न का भरोसा नहीं था। 8 रुपए मूल्य (तब) के शेयर स्टॉक ऑप्शन में खरीदने में जिन गिने-चुने कर्मचारियों ने रुचि ली, वे आज अनिल अग्रवाल को धन्यवाद देते हैं। अनिल अग्रवाल कहते हैं कि हमारा प्रयोजन है-स्टरलाइट को नॉन फेरस मेटल्स व मायनिंग उद्योग का अंतरराष्ट्रीय खिलाड़ी बनाना। ऐसा समूह जो कॉपर, एल्यूमिनियम, जिंक सिल्वर, लीड और गोल्ड के बेसिक कारोबार में सक्रिय हो। अनिल अग्रवाल ने इस लक्ष्य की प्राप्ति के लिए ही स्टरलाइट समूह की होल्डिंग कम्पनी वेदांता रिसोर्सेस को लंदन स्टॉक एक्सचेंज में सूचीबद्ध करवाया है।

किसी भारतीय कंपनी के शेयरों की पहली बार दुनिया के मेटल उद्योग के बेंचमार्क एक्सचेंज में ट्रेडिंग शुरू करवाने (लिस्टिंग) के लिए अनिल अग्रवाल ने 150 कॉरपोरेट एडवोकेट्स व चार्टर्ड अकाउंटेंट्स की टीम बनाई थी। इन विशेषज्ञों की नौ महीने की भारी मशक्कत से ही एलएसई में वेदांता रिसोर्सेस और एनवाईईएसई में स्टरलाइट इंडस्ट्रीज सूचीबद्ध हुई हैं। अमेरिका में भी किसी भारतीय कम्पनी का यह सबसे बड़ा निर्गम था। इनके बाद इंग्लैंड के डेली टेलीग्राफ ने लिखा कि अनिल अग्रवाल ने लंदन स्टॉक एक्सचेंज में वेदांता रिसोर्सेस को सूचीबद्धता करवाकर एक साल से भी कम अवधि में 7.50 करोड़ पौंड को 50 करोड़ पौंड में तब्दील किया है जबकि उन्होंने एक नई

पाई भी निवेश नहीं की है। एक साल में 50 से ज्यादा रातें कारोबारी हवाई यात्रा में गुजारने वाले अनिल अग्रवाल को बचपन से ही धातु के प्रति विशेष लगाव रहा है। नॉन–फेरस व माइनिंग के अलावा अनिल अग्रवाल ने पहली बार लौह अयस्क उद्योग में भी इंट्री ले ली है। इसके लिए सन् 2007 में उन्होंने सेसा गोवा की 51 फीसदी इक्विटी मित्सुई से खरीदी है। स्टरलाइट इंडस्ट्रीज को हिंदुस्तान जिंक को साथ मिले थे दो स्मेल्टर्स (विशाखापत्तनम तथा डेबरी) और भीलवाड़ा के नजदीक 42.4 टन रिजर्व की रामपुर आगुचा माइंस। सेसा गोवा के अधिग्रहण से उन्होंने 207 टन लौह अयस्क रिजर्व (गोवा कर्नाटक व उड़ीसा) पर कब्जा प्राप्त किया है तो साथ में उन्हें मिले हैं सेसा गोवा का पिग आयरन और पेट कोल बिजनेस तथा वैश्विक समुद्री लौह अयस्क व्यापार (Sea based non-ferrous metals trading) में सेसा गोवा की 1.3 फीसदी हिस्सेदारी। इन सबके साथ वेदांता रिसोर्सेस दुनिया का पहला ऐसा ग्लोबल मेटल व मायनिंग समूह बन गया है, जो चार धातु–कॉपर, एल्यूमिनियम, जिंक व स्टील उद्योग में एक साथ सक्रिय है। अनिल अग्रवाल का आगामी लक्ष्य है इन चारों मेटल्स के वन मिलियन टन ग्लोबल क्लब में शामिल होना यानी प्रत्येक की एक मिलियन उत्पादन क्षमता जुटाना। इसके साथ ही अनिल अग्रवाल 10 हजार मेगावॉट ऊर्जा उत्पादन की तैयारी भी कर रहे हैं। उड़ीसा में 2400 मेगावॉट ऊर्जा उत्पादन वे शुरू भी कर चुके हैं।

वेदांता रिसोर्सेस की कंपनियों की दैनंदिन जवाबदारी अपने दो अनुज नवीन–प्रवीण को सौंपकर अनिल अग्रवाल अब नीति निर्धारक हो गए हैं। वे सारी दुनिया में घूमते हैं और कारोबार विस्तार की सम्भावना व कॉरपोरेट हंटिंग (अधिग्रहण) के शिकार खोजते हैं।

उड़ीसा को ही अनिल अग्रवाल ने सामाजिक जिम्मेदारी के निर्वहन के लिए चिह्नित किया है। यहां वेदांता यूनिवर्सिटी की स्थापना की है। उनकी मंशा है उनकी यह ड्रीम यूनिवर्सिटी ओलिम्पिक चैम्पियन, कम्युनिटी लीडर पैदा करे। वेदांता यूनिवर्सिटी को स्टेनफोर्ड यूनिवर्सिटी की तर्ज पर शिक्षा व इको–सिस्टम का रिसर्च इंस्टीट्यूट बनाना चाहते हैं।

बड़े दिलचस्प व्यक्तित्व के धनी हैं अनिल अग्रवाल। एक मित्र परिवार की किरणजी किशोर उम्र में उनके साथ पटना में साइकिलिंग करती थी। यह संगत दोनों को ऐसी रास आई कि उन्होंने विवाह कर लिया। उम्र और व्यस्तता के कारण अब दोनों को पहले की तरह उन्मुक्त साइकिल दौड़ाने का मौका तो नहीं मिलता पर उन्हें अपने मेफेयर आवास के नजदीक हाइडपार्क में कच्ची उम्र का शौक पूरा करते हुए देखा जा सकता है। अनिल अग्रवाल के बालसखा डॉ. किरण गुप्ता (बॉम्बे हॉस्पिटल मुम्बई) कहते हैं कि अनिल आज भी वाराणसी के कृष्ण मंदिर रिक्शा में जाना पसंद करते हैं।

सम्पन्नता का शिखर छू रहे अनिल अग्रवाल जमीन से जुड़े शख्स हैं। जो कहते हैं कि ओवर स्मार्ट दिखने के बजाय थोड़ा मूर्ख दिखना ही बुद्धिमत्ता है। डिजाइनर सूट पहनना उनकी विवशता है, वे जोर से ठहाका लगाकर हँसते हैं और खुद को कॉरपोरेट वर्ल्ड में आज भी कम्फर्टेबल महसूस करते हैं। सुप्रसिद्ध इतिहासकार डॉ. गीता परिमल शायद इसीलिए कहती हैं कि भारतीय उद्योग जगत अनिल अग्रवाल को पसंद करता है, पर यह पहेली नहीं बुझा पाया है कि वे वास्तव में हैं क्या?

लोकल से ग्लोबल
इंडियन कॉरपोरेट्स

30

द आर्या

शोभना भरतिया

भारतीय महिलाओं खासकर मारवाड़ी परिवार की महिलाओं की भूमिका शिशु जन्म व लालन-पालन, परिवार की देखरेख एवं बुजुर्गों की साल-सँभाल तक सीमित रही है। यही नहीं इस जवाबदारी का सलीके से निर्वहन करके परिवार को एकजुट रखने और एक मजबूत आर्थिक आधार प्रदान करने के महिलाओं के प्रयासों का भी कभी सही मूल्यांकन नहीं हुआ है। सन् 1865 में बिड़ला परिवार के पितामह शिवनारायणजी बिड़ला सम्पन्नता की खोज में पिलानी (राजस्थान) से 'दिशावरी' (मारवाड़ी समुदाय में जन्मभूमि छोड़कर रोजगार की तलाश में माइग्रेशन को तब दिशावरी या मुसाफिरी कहते थे) पर निकले थे। उनकी देखा देखी अन्य मारवाड़ी भी धनोपार्जन के लिए परदेस गए और उन सबने फिर पलटकर विपन्नता नहीं देखी पर इसका श्रेय उन अशिक्षित महिलाओं को नहीं मिला जिन्होंने युवा अवस्था में पति वियोग सहा। शिशुओं व बुजुर्गों की देखरेख की और परदेस में परिवार के संघर्षरत पुरुषों को बेफिक्र रखा।

घनश्यामदास बिड़ला के सबसे छोटे पुत्र बसंतकुमार बिड़ला की धर्मपत्नी सरलादेवी बिड़ला बिड़ला परिवार की पहली शिक्षित महिला हैं। विवाह पूर्व उन्होंने पूना के फर्गूसन कॉलेज में पढ़ाई की। सन् 1941 में बिड़ला परिवार में उनकी इंट्री ने परिवार की बहू-बेटियों को समाज सेवा में प्रवेश दिलवाया। उनके बाद स्व. आदित्य विक्रम बिड़ला की पत्नी राजश्री बिड़ला परिवार की पहली ग्रेजुएट हैं, जिन्होंने कारोबारी क्षेत्र में प्रवेश किया। हालाँकि यह परिस्थितिजन्य है। पति के निधन के बाद उन्हें पुत्र कुमार मंगलम की मदद के लिए आदित्य विक्रम बिड़ला समूह की कम्पनियों में

डायरेक्टरशिप स्वीकार करनी पड़ी है। इस नजरिये से हिंदुस्तान टाइम्स की वाइस चेअरमैन व एक्जीक्यूटिव डायरेक्टर शोभना भरतिया बिड़ला परिवार की पहली पुत्री हैं जो दो बच्चों की माँ बनने के बाद स्वेच्छा से 'वूमन इंटरप्रिनर' बनी हैं। यही नहीं, वे आज मीडिया जैसे हाई-प्रोफाइल सेक्टर की भी देश की पहली महिला सीईओ हैं।

के.के. बिड़ला

सन् 1918 में जन्मे घनश्यामदास बिड़ला के पुत्र कृष्णकुमार बिड़ला (के.के. बिड़ला 1918-2008) बिड़ला घराने के पहले इंटर उत्तीर्ण शख्स थे। 17 वर्ष की उम्र में जी.डी. बिड़ला ने कारोबारी गुर सीखने के लिए पुत्र को कैसोराम मिल व बिड़ला जूट के मैनेजरों के सुपुर्द कर दिया था। एक साल बाद ही उन्हें टेक्समो का नियंत्रण सौंपा गया। सन् 1983 में जी.डी. बिड़ला ने लाइन ऑफ कंट्रोल (नियंत्रण) के आधार पर संयुक्त बिड़ला समूह का विभाजन किया तो के.के. बिड़ला को विरासत में वे कम्पनियाँ मिलीं जिन्हें उन्होंने स्थापित किया था या जो उनके नियंत्रणाधीन थीं। बिजनेस कैरियर सेटल हो जाने के बाद के.के. बिड़ला राजनीति में सक्रिय हो गए थे। वे राज्यसभा सदस्य भी रहे। के.के. बिड़ला ने अपने जीवनकाल में ही विरासत में मिली अपनी कम्पनियाँ अपनी विवाहित पुत्रियों व उनके पति व बच्चों को संचालन हेतु सौंप दी थी। बड़ी पुत्री नंदिनी (जन्म-1947, पति-बिमल कुमार नोपानी, संतान-चंद्र कुमार व श्रुति) का परिवार अपर गंगा शुगर्स, सतलज इंडस्ट्रीज, इंडिया स्टीमशिप व के.के. बिड़ला समूह के शकर कारखानों (गोविंद शुगर को छोड़कर) का नियंत्रण सँभाले हुए हैं। ज्योत्स्ना (जन्म-1950, पति सरोजकुमार पोद्दार, संतान-अक्षय व श्रद्धा) के नियंत्रणाधीन है गोविंद शुगर और जुआरी एग्रो। एचटी मीडिया सबसे छोटी पुत्री शोभना भरतिया के नियंत्रण में है जो एचटी-अंग्रेजी समाचार-पत्र, हिंदुस्तान-हिंदी समाचार-पत्र, कादंबिनी-साहित्यिक पत्रिका एवं नंदन-बाल पत्रिका व अंग्रेजी बिजनेस समाचार-पत्र 'मिंट' प्रकाशित करता है।

शोभना भरतिया

4 जनवरी, 1957 को कोलकाता (तब कलकत्ता) में जन्मी शोभना भरतिया का भी बिड़ला परिवार की परम्परानुसार लालन-पालन हुआ। के.के. बिड़ला ने अपनी तीनों पुत्रियों को बिड़ला समूह के स्कूलों में अध्ययन के लिए इसलिए नहीं भेजा कि बिड़ला पुत्रियाँ होने से वहाँ विशेषाधिकार, सुविधा व रियायतें मिलेंगी फलत: उन्हें स्वावलम्बी व प्रतिस्पर्धी होने का वह मंत्र नहीं मिलेगा जो स्कूली शिक्षा का पहल सबब है।

शोभना ने टोनी लोरेटो हाउस से कान्वेंटी स्कूली शिक्षा एवं लोरेटो कॉलेज से स्नातक डिग्री प्राप्त की। इसके बाद उन्होंने इंटीरियर डेकोरेशन का कोर्स किया। एक साक्षात्कार में शोभना भरतिया ने कहा-दिल्ली की तरह कोलकाता में स्टेटेस पर ज्यादा गौर नहीं किया जाता है। मैं देश के एक प्रमुख कारोबारी परिवार में जन्मी हूँ जो हमेशा लो-प्रोफाइल रहा है। बिड़ला संतानों को अन्य अमीर बच्चों की तरह हाईफाई होने की कभी अनुमति नहीं मिली। बिड़ला पुत्री होने से कई बार

कॉन्वेंट स्कूल में मुझे असुविधाजनक स्थितियों का भी सामना करना पड़ा। मसलन स्कूली शिक्षा के दौरान माँ से हमें प्रति सप्ताह मात्र तीन रुपए पॉकेट मनी मिलती थी।

के.के .बिड़ला

श्याम ऐरन भरतिया

बिड़ला परिवार की पुत्रियों व पुत्रवधुओं के लिए कारोबारी दुनिया में प्रवेश लगभग वर्जित था। हालाँकि उन्हें कभी फालतू भी नहीं बैठने दिया गया। उन्हें प्रेरित किया जाता था कि गृहिणी की जवाबदारी के साथ वे समाजसेवा करें, जैसे–बिड़ला घरानों के स्कूल/अस्पतालों की देखरेख। युवा होते ही बिड़ला पुत्रियों का विवाह कर दिया जाता था। निःसंदेह वर चयन में उनकी सहमति ली जाती थी। शोभना का भी 18 वर्ष की उम्र में सफल व सम्पन्न उद्योगपति भरतिया परिवार (वार्म ऑर्गेनिक ग्रुप) के श्याम भरतिया (जन्म–1952) से विवाह हो गया जो आज ज्यूबिलियेंट ग्रुप* के सूत्रधार हैं। एक दशक तक शोभना भरतिया ने गृहिणी की जवाबदारी का अत्यंत सलीके से निर्वहन किया। सन् 1976 में प्रियवृत व सन् 1979 में श्यामित–दो पुत्र जन्मे। सन् 1981 में श्याम भरतिया ने उत्तर प्रदेश में एक औद्योगिक इकाई स्थापित की जो लकी साबित हुई। इसके साथ भरतिया दम्पती दिल्ली आ गए। दिल्ली ऐसा शहर है जो सोशल व्यक्ति को स्वतः राजनीति की ओर धकेल देता है। 80 के दशक में भरतिया दम्पती के पुत्र स्वावलंबी होने लगे थे। शोभना भरतिया के पास समय था। के.के. बिड़ला अपने समूह की कम्पनियाँ अपनी पुत्रियों को सौंपने की मानसिकता बना चुके थे। उन्होंने शोभना भरतिया की राजनीति में रुचि देखी तो उन्हें हिंदुस्तान टाइम्स की बागडोर सँभालने को कहा। सन् 1986 में शोभना भरतिया की एचटी मीडिया में डायरेक्टर की हैसियत से इंट्री हुई। इसके साथ ही वे ऐसी पहली बिड़ला पुत्री भी हो गईं जिन्होंने पहली बार किसी कारोबारी इकाई का स्वतंत्र व प्रत्यक्ष दायित्व सँभाला है। एचटी मीडिया की चेअरपर्सन शोभना भरतिया किसी राष्ट्रीय समाचार-पत्र की भी पहली व अकेली सीईओ हैं। निःसंदेह इंदू जैन उनसे पहले बेनेट कोलेमन एंड कंपनी (टाइम्स ऑफ इंडिया) की चेअरपर्सन बन गई थीं पर यह आर्नामेंटल राज्याभिषेक है। कंपनी के वास्तविक सूत्रधार हैं समीर जैन व विनीत जैन।

दिलचस्प बात यह है कि शोभना भरतिया अत्यंत लो-प्रोफाइल हैं, पर उनके निकटस्थ लोग कहते हैं कि हिंदुस्तान टाइम्स के संपादन से प्रबंधन तक हर कार्य में वे सक्रिय हैं। यही नहीं, तीन झवेरी स्थित बिड़ला हाउस में उनके द्वारा आयोजित पारिवारिक भोज में प्रायः देश के वरिष्ठ राजनेता और सेलिब्रिटिज उनके निजी मित्र की हैसियत से शिरकत करते हैं। शोभना भरतिया

---

* श्याम ऐरन भरतिया ज्यूबिलिमेंट ग्रुप के चेअरमैन-मैनेजिंग डायरेक्टर हैं। ज्यूबिलिमेंट ग्रुप फार्मास्युटिकल्स, एग्रो केमिकल्स, कंस्ट्रक्शन, फूड एंड ब्रेवरेजेस, टेक्सटाइल, टायर तथा पेपर मैकेजिंग सेक्टर में सक्रिय हैं। कांट्रक्ट ड्रग मैन्यूफैक्चरर ज्यूबिलिमेंट ग्रुप के उत्पाद 50 देशों को निर्यात होते हैं।

राज्यसभा में भी मनोनीत की गई हैं।

वस्तुतः बिड़ला संस्कारों के कारण शोभना भरतिया अकारण पब्लिक एक्सपोजर से परहेज करती हैं। अपने निजी जीवन से जुड़े सवालों को वे सलीके से टाल जाती हैं। अतः उनका अंतरमन टटोलना आसान नहीं है। वस्तुतः वे उन बिरले लोगों में हैं जो चुप्पी का हथियार की तरह उपयोग करने में माहिर होते हैं। ऐसे लोग गुमसुम दिखकर (होकर नहीं) अपने विरोधियों को गफलत में डाल देते हैं। उनका अंडरवैलुएशन करने वाले उनके प्रतिद्वंद्वी तब चौंक उठते हैं जब जोर का झटका आहिस्ता से लगता है। टाइम्स ऑफ इंडिया जैसा दिग्गज समाचार-पत्र समूह दिल्ली और मुंबई में इसका भुक्तभोगी है।

हिंदुस्तान टाइम्स

सन् 1924 में बिड़ला समूह के समाचार-पत्र हिंदुस्तान टाइम्स के नई दिल्ली संस्करण की महात्मा गाँधी ने लांचिंग की थी तब कलकत्ता के मारवाड़ी चौंक उठे थे। बापू के साथ जी.डी. बिड़ला की निकटता का उन्हें आभास था पर चौंकाने वाली बात यह थी कि अंग्रेजों के शासनकाल में उनके विरुद्ध जारी संग्राम में शामिल होने की खुलेआम घोषणा थी-हिंदुस्तान टाइम्स की लांचिंग और लांचिंग समारोह में स्वयं महात्मा गाँधी की उपस्थिति। मारवाड़ी समुदाय के चौंकने का एक और कारण था। किसी भी नए उद्योग/व्यापार में प्रवेश करते समय अपने मुनाफे के प्रति अत्यंत सतर्क बिड़लाज ने अत्यंत करतबी कारोबार (Tricy Business) में इंट्री ली थी। यह अंदरूनी सच तब बहुत कम लोग जानते थे कि स्वतंत्रता संग्राम जब सम्पूर्ण ताप पर पहुँचा तब महात्मा गाँधी को आभास हुआ कि हरिजन (महात्मा गांधी द्वारा संपादित समाचार-पत्र) की पहुँच सीमित है और ऐसे राष्ट्रीय समाचार-पत्र चाहिए जो फोगों के मनमानस में आजादी की चाह पैदा करें।

देश में तब एक ही नेशनल न्यूज पेपर था- टाइम्स ऑफ इंडिया जो तब अंग्रेजों के नियंत्रणाधीन था और इसकी पहुँच भी अंग्रेजीदाँ भारतीय पाठकों तक सीमित थी। महात्मा गाँधी ने तब अपने अमीर मित्रों व अनुयायियों से आह्वान किया कि वे अपने-अपने क्षेत्र में राष्ट्रीय स्तर का समाचार-पत्र शुरू करें। बापू के आह्वान को सबसे पहले मूर्तरूप दिया जी.डी. बिड़ला ने और जन्मा हिंदुस्तान टाइम्स। दूसरे शख्स थे स्व. रामनाथ गोयनका जो जी.डी. बिड़ला जैसे धनी नहीं थे। समाचार-पत्र उद्योग में लौह पुरुष के विशेषण से सम्बोधित स्व. रामनाथ गोयनका ने अपना सम्पूर्ण कारोबार बेचकर तीन लाख रुपए एकत्र किए और सन् 1935 में एस. सदानंद से इंडियन एक्सप्रेस खरीद लिया।

अपने बड़े पुत्र के.के. बिड़ला की राजनीतिक व सार्वजनिक जीवन में रुचि देखकर जी.डी. बिड़ला ने हिंदुस्तान का नियंत्रण उन्हें सौंप दिया। हिंदुस्तान टाइम्स के पहले संपादक के.एम. पन्नीकर ने स्वतंत्रता संग्राम से जुड़े लोगों को वाणी प्रदान की। अपने शुरुआती दौर में हिंदुस्तान टाइम्स महात्मा गाँधी व स्वदेशी रंग से सराबोर था। 40 के दशक में महात्मा गाँधी के पुत्र देवदास गाँधी ने भी इस समाचार-पत्र का संपादन दायित्व सँभाला। हिंदुस्तान टाइम्स से जुड़ने वाली कई

अन्य जानी-मानी हस्तियों में उल्लेखनीय हैं-सन् 1962 में इंडोचीन युद्ध के दौरान सुरक्षा मंत्री कृष्णन मेनन की तीखी आलोचना के लिए मशहूर-एस. मुलगाँवकर, अजीत भट्टाचार्य, बी.जी. बर्गिस (सिक्किम नीति के लिए इंदिरा गाँधी के कटु आलोचक), एन.सी. मेनन, हिरणमय कारलेकर, चंदन मित्रा और खुशवंत सिंह। भारतीय समाचार-पत्र उद्योग में संपादकीय स्वतंत्रता की बुनियाद रखने वाले इन लोगों के संयुक्त साहस व प्रयासों का हिंदुस्तान टाइम्स को सुफल मिला है। इस समाचार-पत्र ने देश में स्वतंत्र मीडिया की संकल्पना स्थापित की है। हिंदुस्तान टाइम्स के दिल्ली संस्करण के बारे में किंवदंती है कि यह शहर के साथ और शहर इसके साथ बड़ा हुआ है।

गौरतलब है कि आजादी के शुरुआती दो दशक में देश में कई बुनियादी संस्थाओं का जन्म हुआ तो कई स्थापित संस्थाओं ने नई कार्य संस्कृति पाई। समाचार-पत्र उद्योग ने भी 'फ्रीप्रेस' की संकल्पना को साकार किया। जिसका आधार था अखबार प्रकाशन व प्रसारण शुद्ध व्यवसाय नहीं है वरन् यह राष्ट्रीय व सामाजिक सरोकार से जुड़ी महती जवाबदारी है। आदर्श स्थिति भी कभी सम्पूर्ण नहीं होती। समाचार-पत्रों से भी तब एक भूल हुई। आजादी की खुमारी के बाद पं. जवाहरलाल नेहरू के व्यक्तित्व व सम्मोहन से वशीभूत समाचार-पत्रों ने उनके समाजवादी मॉडल के गुणगान तो खूब किए पर भूलों को भूल गए।

70 के दशक के बाद इंदिरा गाँधी देश की राजनीति ही नहीं सम्पूर्ण सामाजिक व्यवस्था पर सुनामी बनकर टूट पड़ीं। हर क्षेत्र में पावर प्राप्ति का प्रलोभन बढ़ गया। समाचार-पत्र भी इस बुराई से नहीं बच सके। इंदिराजी के बाद देश को कभी राजनीतिक स्थिरता नहीं मिली, फलतः देश की अर्थव्यवस्था छिन्न-भिन्न हो गई। समाचार-पत्र उद्योग से जुड़े लोगों ने भी येन-केन प्रकारेण धनोपार्जन की बुराई अपना ली। समाचार-पत्र बाजारोन्मुखी हो गए। अखबार उत्पाद बन गया। पहले अखबार पाठक खरीदते थे अब डिटरजेंट पाउडर व टूथपेस्ट जैसे एफएमसीजी प्रोडक्ट्स की तरह बेचे जाते हैं। रीडर्स का डिमांडिंग होना स्वाभाविक था। उन्हें लुभाने के लिए न्यूजप्रिंट की क्वालिटी व प्रिंटिंग इतनी रंगीन होती गई कि अब पाठक से प्राप्त अखबार के मूल्य से इंक की लागत भी नहीं निकलती है। समाचार-पत्र अपने खर्च व मुनाफे के लिए विज्ञापन पर आश्रित हो चुके हैं। अखबार की प्राइसटेग दिखावा है। कई बाजारोन्मुखी समाचार-पत्रों के मालिक तो पाठकों तक बिना मूल्य अखबार पहुँचाने को तैयार हैं। यही नहीं, वे तो विज्ञापन पढ़ने का शुल्क भी पाठक को चुकाना चाहते हैं। उपहार, उत्सव, प्रतियोगिता व पुरस्कार इसका थोड़ा-सा परिष्कृत स्वरूप है। इस बहाने एक के साथ एक फ्री का बहुप्रचलित मार्केटिंग फंडा समाचार-पत्र उद्योग ने अपना लिया है। यही नहीं, उस सिस्टम की खोज हो रही है जो बिना मूल्य अखबार पाठकों तक पहुँचा दे। अभी आशंका यह है कि प्राइसलेस समाचार-पत्र पाठक से पहले रद्दी घर पहुँच जाएगा। प्रतीक्षा करें, बहुत जल्द विज्ञापन पढ़वाने की शर्म का यह महीन पर्दा उठने ही वाला है।

आइए, इस पृष्ठभूमि के साथ जानें कि शोभना भरतिया ने जब हिंदुस्तान टाइम्स का स्वतंत्र नियंत्रण

सँभाला तब उनके समक्ष परिस्थितिजन्य चुनौतियाँ क्या थीं और उन्होंने इसका कैसा सामना किया।

शोभना भरतिया की पहली अहम चुनौती थी–हिंदुस्तान टाइम्स की परम्पराएँ, लागत के प्रति सावधानी और उनकी अपनी पृष्ठभूमि। देश के एक प्रतिष्ठित व पुराने औद्योगिक घराने में जन्मी हैं शोभना भरतिया। उनकी हर गैर-परम्परागत पहल इस आरोप का कारण बनती है कि अब बिड़लाज भी बाजारोन्मुखी हो गए हैं। स्थिरता, प्रतिबद्धता, परम्परा व प्रतिष्ठा अर्थात भीड़ से अलग होने के कई फायदे हैं तो कई नुकसान भी। एक साक्षात्कार में शोभना भरतिया ने यह बात इन शब्दों में कही है–'ठोस बुनियाद वाले संस्थान में बदलाव बहुत बड़ी जोखिम है। नया अखबार शुरू करना आसान है क्योंकि वहाँ नई टेक्नोलॉजी व नए लोगों से शुरुआत होती है। ऐसा सिस्टम बन जाता है जो समय के साथ कदमताल कर सके। हिंदुस्तान टाइम्स को परम्परा व प्रतिबद्धता से जुड़ी कमजोरियों को भी दूर करना पड़ा है। उदाहरणार्थ एचटी के कम्प्यूटरीकरण में ही कई साल लग गए।'

बिड़लाज की उद्योग/कारोबार प्रबंधन शैली (उत्पाद की लागत व हिसाब-किताब पर निगरानी रखते हुए मुनाफा अर्जन) के अनुसार–के.के. बिड़ला मैदान से दूर रहकर मैदान पर नजर रखने वाले खिलाड़ी थे। तदनुसार वे हिंदुस्तान टाइम्स के दैनंदिनी कामकाज से कभी सीधे नहीं जुड़े। इसके विपरीत उनकी पुत्री शोभना भरतिया न्यू एज वूमन इंटरप्रिनर हैं जो मोर्चे पर तैनात होकर सैन्य संचालन करते हैं। समाचार-पत्र उद्योग में शोभना भरतिया की इंट्री को देश के जाने-माने कार्टूनिस्ट एवं दो दशक से ज्यादा हिंदुस्तान टाइम्स से जुड़े रहे सुधीर धर ने अपने दिलचस्प अंदाज में व्यक्त करते हुए कहा है–'मैं जब एचटी में आया था तो मैंने यहाँ ओल्ड गार्ड स्टाइल की परम्परागत कार्यप्रणाली देखी थी। अचानक एक दिन एक मोहक व्यक्तित्व की मिलनसार व मित्रवत् महिला ने इंट्री ली और मुझे क्लीन बोल्ड कर दिया। शोभना भरतिया के प्रबंधन सँभालते ही हिंदुस्तान टाइम्स में सारा माहौल स्वत: बदल गया।' गौलतलब है कि किसी समाचार-पत्र मालिक के लिए अपने किसी सहयोगी के ऐसे कॉम्प्लीमेंट्स दुर्लभ हैं। समाचार-पत्र उद्योग में तो मालिक की स्थापित छवि है–दंभी व चिड़चिड़ा ऐसा शख्स जो केवल नुक्ताचीनी करे और बात-बात में रोब गाँठे।

शोभना भरतिया ने एचटी का प्रबंधन सँभाला तब यह दिल्ली का सिरमौर समाचार-पत्र था पर टाइम्स ऑफ इंडिया ने सेंध लगाना शुरू कर दी थी। शोभना भरतिया ने शुरुआती वर्षों में समाचार-पत्र उद्योग को कोई संकेत नहीं दिए और वे गुपचुप आंतरिक व्यवस्था सुधारने में जुटी रहीं। जैसा कि पहले कहा गया है उनके इस लो-प्रोफाइल तरीके ने गफलत पैदा की। फलत: जब आक्रामक होकर हिंदुस्तान टाइम्स नए कलेवर के साथ री-लांच हुआ तो प्रतिस्पर्धी दंग रह गए। शोभना भरतिया ने नई दिल्ली का मोर्चा बचा लिया तो कई नए संस्करण भी लांच किए। इस तारतम्य में उल्लेखनीय है कि समाचार-पत्र के फैलाव के लिए पूँजी प्रबंधन उनकी सबसे बड़ी चुनौती बना। यही नहीं, यह ऐसा पोर्टफोलियो है जिसके लिए वे खुलकर दो लोगों से बात कर

सकती थी, एक स्व. पिता कृष्णकुमार बिड़ला और दूसरे हैं पति श्याम भरतिया। श्याम भरतिया के बारे में उनकी एक टिप्पणी दोहराना प्रासंगिक होगा–'वे अत्यंत विवेकी व बुद्धिमान शख्स हैं तथा मेरे ऐसे हिमायती जिनसे मैं किसी भी विषय पर कभी भी बातचीत कर सकती हूँ।' कार्टूनिस्ट सुधीर धर की तरह हिंदुस्तान टाइम्स में लंबा समय गुजारने वाले चंदन मित्रा ने कहा है–संपादकीय स्टाफ के लिए आदर्श मालिक हैं शोभना भरतिया। वे खबरों में गहन रुचि के साथ राजनीतिक परिदृश्य पर नजर रखने वाली जमीन से जुड़ी शख्सियत की धनी हैं। संपादकीय स्टाफ पूरी स्वतंत्रता लेकर भी उन्हें गुमराह नहीं कर सकता। 90 के दशक में उन्होंने एचटी की लाइफ स्टाइल मैगजीन लांच करके अखबार को इन्फोटेनमेंट सेगमेंट में प्रवेश दिलवाया जो उनकी संपादकीय सूझबूझ की मिसाल है।

हिंदुस्तान टाइम्स का सबसे बड़ा प्रतिद्वंद्वी समाचार-पत्र टाइम्स ऑफ इंडिया से यही चूक हुई। शोभना भरतिया जब एचटी मीडिया के प्रोडक्शन सेक्शन को उन्नत कर रही थीं, अखबार की सामग्री व प्रस्तुति का नवीनीकरण कर रही थीं तब टाइम्स ऑफ इंडिया ने उन्हें गफलत में समझकर सेंध लगाना चाही। आंतरिक व्यवस्था को अपडेट करके हिंदुस्तान टाइम्स ने आक्रामक रुख अख्तियार किया तो प्रतिद्वंद्वी हतप्रभ रह गए। उन दिनों हिंदुस्तान टाइम्स व टाइम्स ऑफ इंडिया के बीच दिल्ली के गलियारों में जो गुरिल्ला युद्ध हुआ था वह समाचार-पत्र उद्योग शायद ही भूल पाएगा। हिंदुस्तान टाइम्स का सर्कुलेशन दोगुना (5 लाख से 10 लाख) हो गया। शोभना भरतिया की जीत हुई पर वे जीत के दंभ से बौराई नहीं। उनके लिए तो यह यात्रा की शुरुआत थी। पहली जीत एक पढ़ाव मात्र थी। मंजिल तो मुंबई थी जो टाइम्स ऑफ इंडिया का गढ़ था। आप चाहें तो इसे ईंट का जवाब पत्थर कह सकते हैं पर सफल व्यवसायी ऐसी प्रतिक्रिया का नामकरण करते हैं कारोबार का विस्तार।

अगस्त, 2005 में हिंदुस्तान टाइम्स के मुम्बई संस्करण की लांचिंग के संकेत देते हुए एचटी मीडिया ने पूँजी मार्केट में दस्तक दी। एचटी मीडिया का पब्लिक इश्यू जब आया था तब हिंदुस्तान टाइम्स के संस्करण थे–नई दिल्ली, लखनऊ, पटना, रांची, कोलकाता। अकेले नई दिल्ली संस्करण की उन दिनों 10 लाख प्रतियाँ प्रकाशित हो रही थीं। हिंदुस्तान (हिदी समाचार-पत्र) के पटना, रांची, लखनऊ व दिल्ली संस्करणों की भी संयुक्त प्रसारण संख्या थी करीब 10 लाख। एचटी समूह की 20 फीसदी इक्विटी शोभना भरतिया ने हेंडरसन ग्लोबल (ऑस्ट्रेलिया की बैंकिंग, बीमा व पेंशन क्षेत्र में सक्रिय कम्पनी) एवं सिटी ग्रुप को बेची। इसके साथ यह देश का पहला प्रिंट मीडिया समूह हो गया जिसने सबसे पहले विदेशी निवेश जुटाया। गौरतलब है कि शोभना भरतिया ने जिन वित्तीय निवेशकों से पूँजी प्राप्त की, वे मीडिया वर्ल्ड में सक्रिय नहीं हैं यानी समाचार-पत्र के प्रबंधन में भागीदारी नहीं है। दूसरे शब्दों में–वे मुनाफे में भागीदार बनाए गए हैं। एचटी मीडिया समूह ने अपनी संपादकीय स्वतंत्रता दाँव पर नहीं लगाई है।

सन् 2005 में ही एचटी मीडिया समूह ने मुम्बई में हिंदुस्तान टाइम्स की लांचिंग की। यहाँ फिर वैसी ही जंग हुई जो नई दिल्ली में हिंदुस्तान टाइम्स व टाइम्स ऑफ इंडिया लड़ चुके थे। फर्क यह

था कि इस बार यह जंग द्विपक्षीय नहीं थी। इस द्वंद्व में डीएनए (भास्कर समूह व जी टीवी के सुभाष चंद्रा का संयुक्त वेंचर) भी शामिल था। मुम्बई में अपना वर्चस्व कायम करने की कोशिश में तीनों प्रतिद्वंद्वियों में कौन कितना सफल हुआ है यह इस आलेख का विषय नहीं है। इस आलेख के परिप्रेक्ष्य में तो यह कह सकते हैं कि शोभना भरतिया ने अपने दोनों ही प्रतिद्वंद्वियों को एक संकेत दे दिया है कि वे भी जोखिम उठाने में पीछे नहीं हैं। बल्कि उनकी रणनीति तुलनात्मक रूप से ज्यादा सटीक है। संक्षेप में कहें तो शोभना भरतिया ने दूसरों का कद काटकर बड़प्पन नहीं जुटाया है वरन् अपनी रेखा बड़ी की है। इसका एक और उदाहरण है उनका तरकश का नया तीर। एचटी समूह ने वाल स्ट्रीट जनरल के साथ कंटेंट्स शेयरिंग अनुबंध किया है। इसके तहत शोभना भरतिया ने इकोनॉमिक टाइम्स, बिजनेस स्टैंडर्ड व बिजनेस लाइन के विरुद्ध मोर्चा खोलते हुए अंग्रेजी बिजनेस समाचार-पत्र 'मिंट' लांच किया है।

कृष्णकुमार बिड़ला बेक ऑफिस ऑनर्स थे, पर शोभना भरतिया इसके विपरीत कारोबार को मोर्चे से संचालित करना चाहती थीं। अत: पिता ने पुत्री को एचटी सँभालने का कहा तो शोभना भरतिया ने थोड़े दिन वाशिंगटन टाइम्स में व्यतीत किए थे। वहाँ से लौटकर वे एचटी की प्रणाली बदलना चाहती थीं, पर कर्मचारियों के असहयोग के कारण ऐसा नहीं कर पाईं। उनकी यह चाह मिंट की लांचिंग के साथ पूरी हुई है। मिंट का उन्होंने जो दफ्तर बनवाया है। वह परम्परागत समाचार-पत्रों से बिल्कुल अलग है। अखबार 'जरा हटके' है, जिसे देखकर समाचार-पत्र उद्योग के लोगों ने कहा-एचटी समूह का यह कॉमर्स समाचार-पत्र लम्बी पारी नहीं खेलेगा पर ऐसा नहीं हुआ और मिंट का घाटा नाममात्र रह गया है। उन्होंने एचटी की प्रणाली बदलना शुरू कर दी है, तो हिंदी हिंदुस्तान टाइम्स के पाठक भी बढ़ गए हैं। शोभना भरतिया कहती हैं-भारत में समाचार-पत्र का प्रकाशन शुद्ध व्यापार नहीं है, बल्कि एक राष्ट्रीय मिशन भी है और एचटी समूह अपनी इस जवाबदारी को अच्छी तरह समझता है।

चाणक्य-सी चालें चलते हुए शोभना भरतिया ने अपने दादा जी.डी. बिड़ला एवं पिता के.के. बिड़ला के स्वप्न (एक स्वदेशी पर मॉडर्न समाचार-पत्र समूह) को मूर्त रूप दे दिया है पर उनके 'भोलेपन' पर गौर करें-वे कहती हैं मेरे लिए यह कारोबार शौक (Passion) है। काम नहीं, बोझ नहीं। मुझे यह काम करने में मजा आता है। मैं अपने आसपास होने वाली घटनाओं का पात्र बनना चाहती हूँ। इसीलिए समाचार-पत्र उद्योग में आई हूँ। मेरा लक्ष्य यहाँ पैसा कमाना नहीं है।

टेकओवर टायकून

अजय पीरामल व डॉ. स्वाति पीरामल

संयुक्त परिवार प्रणाली ने जीवन के विभिन्न क्षेत्रों में हमें जहाँ विजयी बनाया, वहीं इसकी आचार संहिता के तनिक से उल्लंघन पर जीत हार में बदली है। देश व समाज की अर्थव्यवस्था पर संयुक्त परिवार की भूमिका की चर्चा करते हुए सन् 1964 में सुप्रसिद्ध अर्थशास्त्री आर.के. हजारी ने कहा था–आजादी के समय देश की लगभग सभी उत्पादक कम्पनियाँ दो ब्रिटिश हाउसेस के अलावा 18 भारतीय परिवारों के कब्जे में थीं। इनमें से अधिकांश संयुक्त परिवार थे, जो देश के राष्ट्रीय व अंतरराष्ट्रीय कारोबार के तब सर्वेसर्वा थे। इन घरेलू औद्योगिक घरानों में से आज आधा दर्जन से भी कम अपनी पुश्तैनी साख व सम्पन्नता बचाए हुए हैं। शेष के गुम हो जाने या छोटे हो जाने के कई कारण हैं, जैसे–तकनीकी उन्नयन की उपेक्षा, प्रतिस्पर्धा में पिछड़ जाना, कारोबार प्रबंधन में समय के साथ कदमताल का अभाव या पारिवारिक विवाद व विभाजन। पीरामल समूह के साथ भी यही हुआ है। आज इसकी तीन इकाइयाँ हैं–एक दिलीप पीरामल समूह (ब्लो प्लास्ट–वीआईपी और मॉरिस इलेक्ट्रॉनिक्स), दूसरे अजय पीरामल तथा अशोक पीरामल समूह (चेअरपर्सन उर्वि पीरामल; मोरारजी टेक्सटाइल्स, रिटेल और अचल सम्पदा)। पीरामल समूह एकजुट होता तो सोचें कि टेक्सटाइल, फार्मास्युटिकल्स, अचल सम्पदा और इंजीनियरिंग सेक्टर में इसकी हैसियत क्या होती?

पीरामल परिवार की जड़ें राजस्थान के शेखावटी अंचल के एक छोटे से गाँव बांगर से जुड़ी हुई हैं। इस परिवार के पितृपुरुष चतुर्भुज पीरामल (1891–1955) ने रूई, रेशम, चाँदी, अफीम के व्यापार से गाँव में थोड़ा पैसा कमाया तो अपना भाग्य

आजमाने के लिए वे 28 वर्ष की उम्र में बम्बई (मुम्बई) आ गए। यहाँ उन्होंने शेयर ट्रेडिंग करते हुए सन् 1871 में देश की पुरानी कपड़ा मिलों* में से एक मोरारजी गोकुलदास स्पिनिंग एंड विविंग (मोरारजी मिल्स) के इतने शेयर खरीद लिये कि सन् 1934 में उन्हें इसकी ऑनरशिप मिल गई। सन् 1937 में उन्होंने वर्ली में पीरामल हाउस बनाया, ताकि मुम्बई में वे अपने संयुक्त परिवार के साथ सम्पन्नता से रह सकें। एक पिछड़े व सुस्त गाँव में गुलामी के दौर में जन्म लेने के बावजूद चतुर्भुज पीरामल इतने प्रगतिशील थे कि उन्होंने अपने गाँव में स्कूल खुलवाया। चतुर्भुज पीरामल के तीन पुत्र थे–बाबूलाल (1920–1985), गोपीकृष्ण (1923–1979) और सबसे छोटे मोहनलाल पीरामल (जन्म 1931) जो पीरामल मिल्स लेकर सबसे पहले संयुक्त परिवार से अलग हुए थे।

तीनों भाइयों में गोपीकृष्ण पीरामल पिता की तरह उद्यमी थे, जिन्होंने पीरामल समूह को व्यापारी से उद्योगपति बनाया। सादगी पसंद गोपीकृष्ण पीरामल ने जीवन पर्यंत सफेद वस्त्र पहने। घोड़ों से उन्हें इतना लगाव था कि अपने प्रिय घोड़े डेफोडिल के लिए उन्होंने गाँव की हवेली में सीढ़ियों के अलावा एक रैम्प भी बनवाया, ताकि डेफोडिल अपने मालिक के बैडरूम तक पहुँच सके। गोपीकृष्ण पीरामल ने कारोबार विस्तार के लिए कभी 'शॉर्टकट' नहीं अपनाया और अपने पुत्रों (दिलीप, अशोक व अजय) को भी सिखाया कि ब्याजार्जन व शेयर ट्रेडिंग न करें और देनदार से अपना वादा निभाएँ। पिता की तरह ही गोपीकृष्ण पीरामल इतने प्रगतिशील थे कि उन्होंने अपने दो बेटों–अशोक और अजय का गुजराती कन्याओं–उर्वि और स्वाति से विवाह करवाया। स्वाति पीरामल कहती हैं कि मेरे श्वसुर–पिता इस बात से खुश थे कि मैं डॉक्टर हूँ। वे चाहते थे कि महिलाएँ भी काम करें, केवल गृहिणी न बनें। डॉ. स्वाति पीरामल के मन में अपने स्व. श्वसुर–पिता के लिए इतनी श्रद्धा है कि पुत्रों ने अपने स्व. पिता की स्मृति में सन् 1983 में विकलांग बच्चों के पुनर्वास हेतु मुम्बई में गोपीकृष्ण पीरामल मेमोरियल अस्पताल बनवाया तो डॉ. स्वाति पीरामल ने इसके निर्माण में अहम भूमिका निभाई और दस साल तक इसका संचालन भी सँभाला।

सन् 1982 में पीरामल समूह का दूसरी बार विभाजन हुआ। गोपीकृष्ण पीरामल के निधन के तीन वर्ष बाद उनके बड़े पुत्र दिलीप पीरामल संयुक्त परिवार से अलग हुए। समूह की सिरमौर कम्पनी मोरारजी मिल टेक्सटाइल श्रमिकों की बार–बार हड़ताल से उन दिनों दुर्दिनों का सामना कर रही थी। पीरामल समूह के तत्कालीन चेअरमैन अशोक पीरामल समूह के ब्रेड–बटर व्यापार को सही ट्रैक पर लाएँ, इसके पहले ही दूसरा वज्रपात हुआ। सन् 1984 में 36 वर्ष की उम्र में अशोक पीरामल का किडनी कैंसर से निधन हो गया। गोपीकृष्ण पीरामल के सबसे छोटे बेटे 29 वर्षीय (तब) अजय पीरामल व उनकी धर्मपत्नी डॉ. स्वाति पीरामल पर अपनी पुत्री

*** 1860 के दशक में मुंबई में पहली कपड़ा मिल की स्थापना से भारतीय उद्यमियों ने बड़े पैमाने पर मैन्यूफैक्चरिंग की शुरुआत की थी। बंबई स्टॉक एक्सचेंज में सूचीबद्ध होने वाली चौथी कंपनी है–मोरारजी गोकुलदास स्पिनिंग एंड विविंग (मोरारजी मिल्स)।**

नंदिनी (तब उम्र 4 वर्ष) और नवजात शिशु आनंद के अलावा स्व. बड़े भाई की पत्नी उर्वि पीरामल को ढाढ़स बँधाने और उनके तीन पुत्र हर्ष (तब उम्र 11 वर्ष), राजीव (9 वर्ष) और नंदन (पिता के निधन के समय माँ की कोख में) के लालन-पालन के अलावा दुर्दिनों का सामना कर रहे पीरामल समूह को सँभालने की जवाबदारी आ गई। अजय पीरामल कहते हैं कि एक अनजान शक्ति (पढ़ें-भगवान) हमेशा हमारी मदद करते हैं। यही कारण है कि व्यापार में बिना गॉड फादर और राजनीति में बिना किसी संपर्क के मैं बिजनेस वर्ल्ड में बना हुआ हूँ। दुर्दिनों में संयोग से मैंने एक कहानी पढ़ी थी जिसे मैं भूल नहीं पाया हूँ।

'स्वप्न में एक शख्स ने देखा कि वह समुद्र तट पर घूम रहा है। बालू रेत पर उसके पैरों के निशान के साथ दो पदचिह्न और हैं। उस शख्स को अपने साथ भगवान की झलक दिखाई दी। वह खुश हो गया। उसे अपनी बीती जिंदगी दिखाई देने लगी। उसने देखा वह जहाँ गया था, वहाँ उसे भगवान के पदचिह्न दिखाई दिए, पर जीवन की बुरी घटनाओं के समय केवल उसके ही पैरों के निशान है। वह उदास हो गया कि दुर्दिनों में भगवान भी उसे अकेला छोड़ गए थे। सहसा उसके कानों में एक मधुर फुसफुसाहट सुनाई दी-मेरे बच्चे, उदास मत हो। यह पदचिह्न तेरे नहीं हैं, मेरे हैं। तुम्हें तो मैंने तब अपनी गोद में उठा रखा था।'

यही अजय पीरामल का अनदेखा चेहरा है। अत्यंत लो-प्रोफाइल अजय पीरामल श्रीमद्भगवत्गीता का नियमित पाठन करते हैं। वे कहते हैं कि यह केवल धार्मिक ग्रंथ नहीं है। यह जीवन प्रबंधन की वह पुस्तक है, जो परीक्षा की घड़ी में जीने का साहस प्रदान करती है। तनाव से मुक्ति का मार्ग बताती है।

3 अगस्त, 1955 को मुम्बई में जन्मे ऊँचे कद (6 फीट 2 इंच) के अजय पीरामल ने बॉम्बे यूनिवर्सिटी से बीएससी (ऑनर्स) एवं जमनालाल बजाज इंस्टीट्यूट ऑफ मैनेजमेंट से मास्टर डिग्री हासिल करने के बाद सन् 1978 में देश की सबसे पुरानी व सबसे बड़ी कम्पोजिट टेक्सटाइल मिल (मोरारजी मिल्स) से अपना कारोबारी कैरियर शुरू किया था। बड़े भाई अशोक पीरामल के निधन के बाद 22 साल (1984-2006) संयुक्त पीरामल समूह का कारोबार और अपने व अपने बड़े भाई के बच्चों को उन्होंने उच्च शिक्षा दिलवाई। पत्नी डॉ. स्वाति पीरामल और भाभी उर्वि पीरामल ने कारोबार के साथ पारिवारिक जिम्मेदारी के निर्वहन में उनकी मदद की। अजय पीरामल और स्व. अशोक पीरामल का परिवार इन वर्षों तक अँधेरी स्थित पीरामल हाउस की अलग-अलग मंजिलों में संयुक्त परिवार की तरह रहे। इतनी भारी-भरकम जवाबदारी के बावजूद अजय पीरामल ने सन् 1992 में हार्वर्ड बिजनेस स्कूल में एडवांस्ड मैनेजमेंट प्रोग्राम पूरा किया।

सन् 1984 में अजय पीरामल जब पीरामल समूह के चेअरमैन बने थे, तब मोरारजी मिल्स अन्य टेक्सटाइल मिलों की तरह श्रमिक नेता दत्ता सावंत के श्रमिक आंदोलन के कारण डूबने की कगार पर थी। इसे सही ट्रैक पर लाने के प्रयासों के साथ अजय पीरामल ने कई नए कारोबारी क्षेत्रों में भी प्रवेश किया और इसके लिए उन्होंने अधिग्रहण, विलयन और संयुक्त उपक्रम (Acquisitions, Mergers and Joint Ventures) स्थापित किए। अजय पीरामल का

एकमात्र ग्रीन फील्ड प्रोजेक्ट है जी.पी. इलेक्ट्रॉनिक्स। हाई फैरेट्स, ऑटो कम्पोनेंट्स, ग्लास टूल्स उद्योग में भी इसी रणनीति के साथ उन्होंने प्रवेश किया, पर उनके कारोबारी कैरियर का टर्निंग पाइंट है सन् 1988 में निकोलस लेबोरेटरीज का अधिग्रहण।

एक साक्षात्कार में इस अधिग्रहण का जिक्र करते हुए उन्होंने कहा है–'टेक्सटाइल या अन्य मैन्यूफैक्चरिंग सेक्टरों में मशीनें काम करती हैं, जबकि फार्मास्युटिकल सेक्टर में मानव मस्तिष्क जिसकी कोई सीमा नहीं होती। सन् 1988 में मुझे एक मित्र से पता चला कि सारा ली ग्रुप अपनी इकाई निकोलस लैब बेचकर भारत छोड़ना चाहता है। फार्मास्युटिकल क्षेत्र में हमारी दखलंदाजी तब गोपीकृष्ण पीरामल मेमोरियल हॉस्पिटल की स्थापना व संचालन तक सीमित थी, पर हमने लगभग अनजान फार्मा सेक्टर में प्रवेश करने का निर्णय लिया। भारतीय फार्मा उद्योग में निकोलस लेबोरेटरीज का तब 48वाँ क्रम था, पर कई फार्मा समूह इसके खरीदार थे। मैं सीधे माइक बेकर से मिला, जिन्हें पैरेंट कम्पनी ने भारतीय कारोबार बेचने के लिए अधिकृत किया था। मेरी पेशकश सुनकर वे हँस पड़े। वे सोच रहे थे कि 33 वर्ष का एक युवक जिसके पास टेक्सटाइल जैसे परम्परागत मैन्यूफैक्चरिंग सेक्टर का अनुभव है, क्यों ऐसे एडवांस सेक्टर में दाँव लगा रहा है, जिससे लोगों की जिंदगी जुड़ी हुई है। इसके बावजूद उन्हें मेरा साहस अच्छा लगा। सौदेबाजी करने के पहले उन्होंने मुझसे कम्पनी का टर्नअराउंड–प्लान पूछा। मैंने पूरे धैर्य के साथ उनके हर सवाल का जवाब दिया और कहा कि मैं निकोलस लेबोरेटरीज को फार्मा उद्योग की पाँचवीं बड़ी कम्पनी बना दूँगा तो वे तैयार हो गए।'

पीरामल समूह ने निकोलस लेबोरेटरीज को 1.6 करोड़ रुपए में खरीदा और उसका नामकरण किया निकोलस पीरामल। इसके साथ ही उन्होंने पीरामल हेल्थ केअर लिमिटेड की स्थापना की। फार्मा उद्योग से जुड़े लोगों ने भी तब माइक बेकर की तरह ही सोचा था कि अजय पीरामल फार्मा उद्योग के बारे कुछ नहीं जानते हैं, अतः इस उद्योग में वे जैसे आए हैं, वैसे ही अनायास एक दिन पलायन कर जाएँगे, पर अजय पीरामल ने अलग राह पर चलकर सबको चौंकाया।

गौरतलब है कि भारतीय फार्मा उद्योग सारी दुनिया में जेनेरिक ड्रग्स के लिए जाना जाता है। 1960 के दशक में इसकी शुरुआत हुई थी, जब देश के कई फार्मा ट्रेडर्स ने बहुराष्ट्रीय कम्पनियों द्वारा खोजी ड्रग्स को बेचने के लाइसेंसी अधिकार प्राप्त किए। यह व्यापार करते हुए उन्होंने 'रिवर्स इंजीनियरिंग' में भी कुशलता जुटा ली। बहुराष्ट्रीय कम्पनियों की ड्रग्स का उन्होंने विश्लेषण शुरू किया और उन्हें एक बिलकुल अलग ही प्रक्रिया से कम लागत पर बनाने लगे। विदेशी मार्केट के लिए इसी तरह उन्होंने बल्क ड्रग्स भी बनाई। हमारे देश में तब प्रोडक्ट्स पेटेंट जारी नहीं किए जाते थे, अतः 'अकल से नकल' का उन्हें भरपूर मौका मिला। भारत सहित दुनिया के सारे गरीब देश इससे लाभान्वित हुए। सिप्ला, रेनबैक्सी, वोकहार्ड्ट या रेड्डीज लेबोरेटरीज ने इसी रणनीति पर चलकर तेजी से प्रगति की है। हमारे देश में पेटेंट कानून लागू होने के बाद अब ये भी आर एंड डी के जरिये ड्रग्स डिस्कवरी करने लगी है। खैर दुनिया का फार्मा उद्योग जिसे 'नकलखोरी' कहता है, उसे जेनेरिक ड्रग्स उत्पादक बौद्धिक सम्पदा अधिकारों के दुरुपयोग के साथ 'मुनाफाखोरी' कहते हैं–जो इस आलेख का विषय नहीं है।

यहाँ तो हम अजय पीरामल की अन्य भारतीय दवा कम्पनियों से अलग रणनीति की चर्चा करें, जिनसे वे स्क्रेच से शुरू करके अपने लिए बिलकुल अनजान फार्मा उद्योग में स्थापित हुए हैं।

अजय पीरामल ने फार्मा उद्योग में अपने शुरुआती वर्षों में न तो रिवर्स इंजीनियरिंग की और न ही आर एंड डी के बारे में सोचा। सच तो यह है कि तब यह सब उनके लिए आसान भी नहीं था। उन्होंने बहुराष्ट्रीय कम्पनियों से भिड़ने के बजाय समझौतापरस्ती को अपनाया। वे उनकी ड्रग्स के वितरक-विक्रेता बन गए। इसके लिए उन्होंने देश के फार्मा उद्योग की सबसे बड़ी मार्केटिंग फौज (2700 से ज्यादा मेडिकल रिप्रेजेंटेटिव्स) बनाई। फार्मा उद्योग में पूर्व से स्थापित कम्पनियों के साथ उन्होंने संयुक्त वेंचर्स स्थापित किए, जहाँ सम्भव हुआ उन्होंने अधिग्रहण किए। पिछले 20 सालों में अजय पीरामल ने इतने अधिग्रहण किए कि मीडिया ने उन्हें टेकओवर-टायकून जैसी उपाधियों से नवाजा। यही नहीं, पीरामल हेल्थ केयर के पास ओटीजी दवाओं का सबसे बड़ा काकटेल बना, जिसमें शामिल है सेरिडॉन, एस्प्रो, लेक्टोकेलामाइन, बरनॉल, डेटॉल, डिस्प्रिन, स्ट्रेपसिल्स जैसी बहुप्रचलित दवाएँ। पीरामल हेल्थ केयर पेटेंट व ऑफ पेटेंटेड बल्क ड्रग्स और इंटरमीडिएट्स की सबसे बड़ी कांट्रैक्ट मैन्यूफैक्चरिंग कम्पनी भी है, जो स्विट्जरलैंड, अमेरिका, इंग्लैंड व जापान की कई महारथी फार्मा कम्पनियों के लिए मैन्यूफैक्चरिंग, पैकिंग व सीलिंग (आउट सोर्सिंग) करती है। पीरामल समूह के अपने कई फार्मा ब्रांड्स भी हैं, जो फार्मा उद्योग में लीडर हैं। इस भारी-भरकम ड्रग्स काकटेल ने निकोलस पीरामल को कार्डियो वासक्यूलर, रेसपाइरेटरी, एंटी बायोटिक्स, पेन-मैनेजमेंट, मनोविकार, ऑनकोलॉजी, गेस्ट्रो इंटेसटाइनल्स, एंटी बायोटिक्स, डायबिटीज, चर्मरोग और बायोटेक्नालॉजी ड्रग्स मार्केट का अग्रणी उत्पादक और विक्रेता बनाया है। इन सबके विपरीत अन्य भारतीय कम्पनियों को जेनेरिक ड्रग्स बनाकर अपना प्रोडक्ट्स पोर्टफोलियो बड़ा करने के लिए राष्ट्रीय व बहुराष्ट्रीय कम्पनियों से उनके व अपने देश की अदालतों में अनगिनत मुकदमा लड़ने पड़े हैं, जिनमें वे कई बार जीते हैं तो कई बार हारे हैं। यह सिलसिला आज तक जारी है।

परिणाम! बहुराष्ट्रीय कम्पनियों के बोर्ड रूम्स में पीरामल समूह के चेअरमैन अजय पीरामल को अन्य भारतीय फार्मा कम्पनियों की तरह शंका की नजरों से नहीं देखा जाता है। वहाँ उनकी साख है-ऐसा भारतीय फार्मा समूह जो अपने बिजनेस पार्टनर्स के हितों का अपने मुनाफे से ज्यादा ध्यान रखता है...या कि जो पेटेंट अधिकारों और अन्य देशों के नियम-कानूनों की अवहेलना नहीं करता है। इस साख के कारण ही ड्रग्स की खोज करने वाली कम्पनियाँ पीरामल समूह को अपने फॉर्मूलेशन बताने, दवा बनाने की जानकारी देने या अपने ब्रांड्स के यथावत् या अपने नाम से लांच करने के लिए सौंपते हुए हिचकिचाते नहीं हैं। दूसरे शब्दों में-अजय पीरामल अकेले ऐसे भारतीय फार्मा उद्योगपति हैं, जिन्हें दुनिया का फार्मा उद्योग मान-सम्मान प्रदान करता है। उनके साथ साझा व्यापार करने को हमेशा तैयार रहता है क्योंकि अजय पीरामल वैश्विक दवा उद्योग को यह भरोसा दिलाने में सफल हुए हैं कि आप दवा खोजें, विकसित करें तथा उसकी मैन्यूफैक्चरिंग, मार्केटिंग की जवाबदारी हमें सौंप दें। आपके साथ धोखा नहीं होगा। दिलचस्प बात यह है कि भारतीय फार्मा उद्योग में अजय पीरामल को यह हैसियत प्राप्त नहीं है। यहाँ तो

रेनबैक्सी के स्व. परविंदरसिंह, सिप्ला के यूसुफ के. हमीद, डा. रेड्डीज लेबोरेटरीज के डॉ. अंजी रेड्डी या बोकहार्डट्स के हबीब खोरकीवाला उनसे ज्यादा सम्माननीय हैं। उनका टर्नओवर और मुनाफा भी पीरामल समूह से ज्यादा है।

नंदिनी पीरामल

आनंद पीरामल

अजय पीरामल ने अपने इस कारोबारी रणनीति का खुलासा करते हुए एक साक्षात्कार में कहा है–मेरी शैली अन्य भारतीय फार्मास्युटिकल्स कम्पनियों से अलग है। मैंने किसी के पेटेंट अधिकार व दूसरे देशों के नियम-कानूनों की अवहेलना नहीं की या उनसे बचने के लिए कभी कोई शॉर्टकट (पतली गली) नहीं खोजा। मैंने लोगों को अपना भागीदार बनाया। अधिग्रहण करते समय भी ध्यान रखा कि सबके लिए 'विन-विन' स्थिति बने। बहुराष्ट्रीय दवा कम्पनियों ने दवा बनाने को कहा, तो बनाई। ब्रांड नेम उपयोग करने दिया, तो किया। संयुक्त उद्योग लगाने में रुचि दिखाई, तो वैसा किया। उन्होंने अपने उत्पाद बेचने को दिए तो हम उससे भी संतुष्ट हो गए। इस रणनीति से ही दुनिया के कई देशों में पीरामल समूह पहुँचा है। मसलन, दिसंबर, 03 में कैलिफोर्निया की आई केअर्स उत्पादक कम्पनी एडवांस्ड माइक्रो, ऑप्टिक्स (एएमओ) ने निकोलस पीरामल को 60 देशों के लिए कांटेक्ट लेंसेस के लिए आई ड्राप्स और टेबलेट्स बनाने के लिए चिह्नित किया। निकोलस पीरामल आज यह ड्रग्स बनाता है, तो उनकी पैकिंग व सीलिंग भी करता है।

गौरतलब है कि अजय पीरामल ने इसी रणनीति पर चलने वाली अपनी कोर टीम भी बनाई है। उन्होंने फार्मा उद्योग के अनुभवी व बुद्धिमान लोगों को चुना और उन्हें नीति-निर्देश देकर काम करने की पूरी आजादी दी है। कहते हैं कि निकोलस पीरामल के प्रबंध निदेशक सी.एम. हट्टनगड़ी ने सन् 1992 में अजय पीरामल से कहा कि हमें पीथमपुर में वर्ल्ड क्लास फार्मा मैन्यूफैक्चरिंग इकाई स्थापित करना चाहिए तो उन्होंने पूछा कि कंस्ट्रक्शन पर कितना खर्च करोगे। जवाब मिला–बीस करोड़ रुपए। अजय पीरामल का अगला सवाल था–क्या हमें इसकी जरूरत है। हट्टनगड़ी ने हामी भरी तो उन्होंने पूरे प्रोजेक्ट को बिना समझे स्वीकृति दे दी। ऐसे ही प्रसंगों के कारण फार्मा उद्योग में किंवदंती है कि पीरामल समूह में स्टाफ को केवल लक्ष्य बताए जाते हैं और इसके बाद लक्ष्य पूर्ति के लिए पूरी स्वतंत्रता मिल जाती है। यही नहीं, अजय पीरामल लक्ष्यभेदी सहयोगियों के लिए उदार पे-मास्टर भी हैं। अजय पीरामल के अनुसार–मेरी एचआर पॉलिसी (मानव संसाधन रीति-नीति) का आधार है मेरे पिताजी की एक सीख। वे कहते थे कि तथ्यों-आँकड़ों (Nitty-grity) में मत उलझो। लोगों को अपना काम करने दो। काम करते हुए वे भूल करें तो उन्हें सजा मत दो। उन्हें सम्बल प्रदान करो और दिशा दिखाओ। लोगों पर भरोसा करोगे, उन्हें मान-सम्मान दोगे तो तुम्हें भी मान-सम्मान मिलेगा। अजय पीरामल इसी गुरु मंत्र पर चले हैं। उन्होंने हर स्तर पर असहमति को टाला है और सबको संतुष्टि मिले ऐसा माहौल तैयार किया है।

गौरतलब है कि 1980 के दशक तक पीरामल समूह का सिरमौर कारोबार था टेक्सटाइल। गुलामी के दौर में स्थापित अधिकांश कपड़ा मिलें बंद हो गईं। मोरारजी मिल्स ने भी दुर्दिनों का सामना किया। अजय पीरामल ने मोरारजी मिल्स को डूबने नहीं दिया। 1980 के दशक के बाद पीरामल समूह का सिरमौर कारोबार बन गया–फार्मास्युटिकल्स।

अजय पीरामल के कारोबारी विस्तार में उल्लेखनीय है सन् 1984 में गुजरात ग्लास का अधिग्रहण, जिसका अब नाम है पीरामल ग्लास, जो फार्मा उद्योग के लिए बोतल आदि बनाती है। फार्मास्युटिकल उद्योग की यह सबसे तेजी से 'ग्रो' होती कम्पनी है। पीरामल ग्लास के लिए अजय पीरामल ने श्रीलंका की सिलोन ग्लास और ऑस्ट्रिया की एक सेकंड हैंड ग्लास फैक्टरी को खरीदा तो एम्बर बाटल्स बनाने के लिए 120 करोड़ रुपए निवेश किए। इसका ही सुफल है कि समूह के कारोबार में पीरामल ग्लास की हिस्सेदारी लगभग 1000 करोड़ रुपए है।

देश का पहला विश्वस्तरीय शॉपिंग मॉल–क्रॉस रोड भी अजय पीरामल ने ही स्थापित किया। दक्षिण मुम्बई में हाजी अली पर 1.50 लाख वर्गफीट भूखंड पर निर्मित क्रॉस रोड में कई कूजन्स का फूड कोर्ट है, विशाल इंटरटेनमेंट आर्केड है, स्पोर्ट्स कैफे हैं तो जापान के बाहर एशिया की सबसे बड़ी रिट्रेसेबल रूफ टॉप पार्किंग सुविधा है। कई मंजिलों में निर्मित क्रॉस रोड को क्लाथिंग, गारमेंट्स, खिलौने, होम फर्निशिंग, ज्वैलरी, कॉस्मेटिक्स जैसे सामानों की खरीद के लिए लोग पसंद करते हैं। मुंबई में पर्याप्त अचल सम्पदा होने से पीरामल समूह अचल सम्पदा मार्केट में भी सक्रिय रहा है।

कारोबारी जीवन की तरह निजी जिंदगी में भी अजय पीरामल ने सदैव सबको खुश रखा। यही कारण है कि स्व. भाई अशोक पीरामल के पुत्र वयस्क व शिक्षित हुए तो उन्हें पीरामल समूह में उनकी योग्यता व रुचि अनुसार जवाबदारी सौंपी गई। अशोक पीरामल की पत्नी उर्वि पीरामल ने समूह के कारोबार व पुश्तैनी सम्पदा का एक बार फिर बँटवारा चाहा तो अजय पीरामल ने स्वीकार कर लिया। सन् 2006 में हुए इस तीसरे विभाजन के बाद अजय पीरामल के नियंत्रण में रह गया है फार्मास्युटिकल्स कारोबार और पीरामल ग्लास। इस सेक्टर में अजय पीरामल समूह की कम्पनियाँ हैं–निकोलस पीरामल (अब पीरामल हेल्थ केअर), पीरामल लाइफ साइंसेस, पीरामल हेल्थ केयर प्रोडक्ट्स और रिसर्च चेन–पैथालॉजी लैब्स और डायग्नोस्टिक सेंटरों की श्रृंखला वेलस्प्रिंग। अजय पीरामल ने अचल सम्पदा मार्केट में पुनः प्रवेश के लिए सनटेक ग्रुप के साथ कंस्ट्रक्शन क्षेत्र में साझेदारी की है।

अजय पीरामल समूह द्वारा गठित प्रायवेट इक्विटी फंड हाउस–इंडिया वेंचर में अजय पीरामल के भागीदार हैं–भारतीय स्टेट बैंक के पूर्व चेअरमैन ए.के. पुरवार। इस कंपनी ने 400 करोड़ रुपए का हेल्थ केयर फंड लांच किया है। ए.के. पुरवार के अनुसार–इंडिया वेंचर उन महत्वाकांक्षी उद्यमी लोगों को वेंचर कैपिटल प्रदान करेगा, जिनका ट्रैक रिकॉर्ड अच्छा होगा। यह कंपनी इन्फ्रास्ट्रक्चर, खाद्य पदार्थ आधारित उद्योगों, मीडिया व इंटरटेनमेंट सेक्टर में भी निवेश करेगी।

डॉ. स्वाति पीरामल

द स्मार्ट मैनेजर को सन् 2005 में एक साक्षात्कार में अजय पीरामल ने कहा है–मेरी पत्नी डॉ. स्वाति पीरामल से मुलाकात मेरे लिए जीवन को बदलने वाला अनुभव है। अपने पति से ऐसी सराहना उन महिलाओं को ही मिलती है जो जीवन के हर मोड़–अच्छा हो या बुरा–उनका सम्बल बनती हैं। डॉ. स्वाति पीरामल ऐसी ही बुद्धिमान पत्नी और माँ हैं, जिन्होंने अपने परिवार को सलीके से सँभाला तो परिवार के कारोबार को नई ऊँचाइयों पर पहुँचाने में भी अहम भूमिका निभाई है। यह कहना शायद गलत नहीं होगा कि चिकित्सक पत्नी मिलने के कारण ही अजय पीरामल फार्मास्युटिकल्स उद्योग में आए और सफल हुए हैं। एक बिजनेस टायकून की पत्नी होने के बावजूद सम्मोहित करने वाले व्यक्तित्व की अत्यंत खूबसूरत महिला चिकित्सक डॉ. स्वाति पीरामल ने अपनी अलग पहचान बनाई है। उन्होंने साबित किया है कि सुघड़ गृहिणी होने के साथ महिलाएं कारोबारी जगत में महती योगदान दे सकती हैं।

पीरामल लाइफ साइंसेस की वाइस चेअरपर्सन और पीरामल हेल्थ केयर की डायरेक्टर डॉ. स्वाति पीरामल ने बॉम्बे यूनिवर्सिटी से एमबीबीएस और हार्वर्ड स्कूल ऑफ पब्लिक हेल्थ, बोस्टोन (यूएसए) से मेडिको की मास्टर डिग्री हासिल की है। वे इतनी प्रतिभावान और प्रखर वक्ता हैं कि हार्वर्ड की ग्रेज्युएशन सेरमनी (1992) में कामेन्समेंट स्पीकर चुनी गई थीं। डॉ. स्वाति पीरामल ने ड्रग्स डिस्कवरी, न्यू ड्रग डिलीवरी सिस्टम के लिए केमिकल प्रोसेसिंग की खोज, आयुर्वेद के कई गुमशुदा फॉर्मूले खोजने व पुनर्जीवित करने के साथ संयुक्त वेंचर्स स्थापित करने के प्रयासों में भी अहम भूमिका निभाई है। उनकी ही पहल पर पीरामल समूह ने आईटी रिसर्च स्ट्रेटजी अपनाई है। मेडिकल रिप्रेजेंटेटिव्स, चिकित्सकों को ज्ञानबुद्धि के लिए उन्होंने सायबर कैफेज की शृंखला सारे देश में स्थापित की है।

श्रीमती तरला दलाल और डॉ. वी.एन. आचार्य के साथ उन्होंने दो पुस्तक का भी लेखन किया है। सारे देश में पीरामल समूह ने पैथालॉजी लैब एंड डायग्नोस्टिक केंद्रों की शृंखला स्थापित की है। भारत सरकार और महाराष्ट्र सरकार ने भी डॉ. स्वाति पीरामल को कई जवाबदारियाँ सौंपी हैं। ड्रग्स टेक्निकल एडवायजरी बोर्ड, महाराष्ट्र बायो टेक्नालॉजी काउंसिल पुणे, बोर्ड ऑफ बायो टेक्नोलॉजी स्टडीज की वे सदस्य हैं। स्टेट बैंक ऑफ इंडिया लाइफ इंश्यूरेंस कम्पनी की वे परामर्शदाता हैं। यूएस मिशन ने उन्हें पूर्व अमेरिकन राष्ट्रपति बिल क्लिंटन से विशेष मुलाकात के लिए चिह्नित किया था। इस मुलाकात में उन्होंने क्लिंटन को भारत के नॉलेज पावर में रूपांतरित होने की सम्भावनाओं की विस्तार से जानकारी दी। वे विश्व स्वास्थ्य संगठन मेडिको कमेटियों की भी सम्माननीय सदस्य हैं। बिजनेस टुडे ने देश की 30 शक्तिशाली महिलाओं की सूची (2009) में लगातार दूसरी बार शामिल किया है। यह कहना भी गलत नहीं होगा कि वे पीरामल हेल्थ केअर का पब्लिक फेस हैं।

अजय पीरामल और डॉ. उर्वि पीरामल ने अपनी पुत्री नंदिनी और पुत्र आनंद को भी सलीके से तैयार किया है। ऑक्सफोर्ड और स्टेनफोर्ड ग्रेजुएट स्कूल ऑफ बिजनेस में शिक्षित नंदिनी

पीरामल ने अमेरिका में मैकेंजी एंड कंपनी में बिजनेस एसोसिएट्स की हैसियत से कार्यानुभव प्राप्त किया है। पीरामल हेल्थ केअर को उन्होंने सन् 2006 में जनरल मैनेजर की हैसियत से ज्वॉइन किया। उन्होंने समूह के इंग्लैंड व कनाडा में व्यापार विस्तार में अहम भूमिका निभाई है। सन् 2008-09 में अजय व स्वाति पीरामल ने समूह के गलोबल बिजनेस को पुनर्गठित किया और यूके का एक संयंत्र बंद किया तो नंदिनी पीरामल स्वदेश आ गई। पीटर टी यंग से विवाहित 29 वर्षीय (सन् 2009) नंदिनी पीरामल समूह के हेल्थ केयर सेगमेंट की एक्जीक्यूटिव डायरेक्टर हैं। यूनिवर्सिटी और पेनसिलवानिया से इकोनॉमिक्स डिग्री प्राप्त 23 वर्षीय (सन् 2009) आनंद पीरामल ने एक एनजीओ स्थापित किया है। इस प्रोजेक्ट के लिए आनंद पीरामल ने अपने पुरखों के गाँव बांगर (शेखावटी, राजस्थान) को चुना है। वे कहते हैं कि कॉलेज की पढ़ाई के दौरान एक दिन मैं इटली के समुद्र तट पर घूम रहा था। मेरे प्रोफेसर भी मेरे साथ थे। मैं इटली के हेरिटेज का गुणगान करने लगा तो मेरे गुरु ने कहा- अपने देश जाओ और अपने गौरवशाली इतिहास को समझो। अपने प्रोफेसर के इस कथन ने आनंद पीरामल को झकझोर दिया और उन्होंने एक युवा आंदोलन शुरू किया-भारत उदय का स्वप्न। पीरामल फाउंडेशन प्रतिदिन 50 हजार बच्चों के लिए मध्यान्ह भोज की व्यवस्था करता है।आनंद पीरामल कहते हैं कि प्रयोजन है-भारतीय स्वप्न देखने का साहस जुटाएँ और इसकी शुरुआत वे लोग करें, जो सामर्थ्यवान हैं। सौभाग्य से आनंद पीरामल ऐसे ही भारतीय युवा हैं, जिन्हें संपन्न परिवार, उद्यमी पिता व बुद्धिमान माँ एक वरदान के रूप में मिले हैं।

लोकल से ग्लोबल
इंडियन कॉरपोरेट्स | 32

सफेद सोने के सौदागर

अशोक, सुरेश व विमल पाटनी

देश के सीमावर्ती राज्य राजस्थान व इसके निवासियों ने मरुस्थल में जीने के साथ बहुत-कुछ सहा और देखा है। सदियों तक हर विदेशी बर्बर हमले का सामना राजस्थान की नियति रहा है। इस राज्य के रणबाँकुरों ने हर युद्ध में वीरता का गौरवशाली प्रदर्शन किया है। प्रकृति से इस क्षेत्र को प्रतिकूल परिस्थितियाँ मिली हैं। 'विपरीत माहौल व अभावों में ही पुरुषार्थ की पहचान होती है'–इस कथन को राजस्थान ने बार-बार साबित किया है। राजस्थान के बाशिंदे हर स्थिति में शान से जीने और मान से मरने की कला खूब जानते हैं। बबूलों, कैर-काटों, तपती बालू के बीच जब जीवनयापन कठिन था तब भी उन्होंने हार नहीं मानी। साधनों की कमी से उन्होंने कर्मठता का पाठ पढ़ा। अकाल से सहनशीलता व पर-पीड़ा का अहसास सँजोया। पानी की कमी से मितव्ययिता तो गरम लू और तपती बालू से उन्होंने तपना व पिघलना सीखा। यही कारण है कि राजस्थान के वैश्य दुनिया के हर हिस्से में कामयाब हैं, सफल व सम्पन्न जीवन जी रहे हैं। इसमें उनके पूर्वजों का रक्त व पसीना, माँ का दूध व पत्नी का जौहर छिपा है। वह जज्बा छुपा है जिसे कहते हैं–'कंगाली से मौत भली'।

विधाता जितना देता है, उससे ज्यादा लौटाता है। देने में कंजूसी दर्शाकर वह हमारी परीक्षा लेता है तो लौटाने में उदारता दर्शाकर अपनी 'पालनकर्ता' वाली पहचान पुख्ता करता है। राजस्थान की तपोभूमि ने भी जहाँ अपने पुत्रों को तपाया है वहीं अपनी कोख से उनके लिए सोना भी उगला है। जिन्होंने धैर्य नहीं छोड़ा और अपनी मातृभूमि पर विश्वास किया वे आज शानदार जीवन जी रहे हैं। ऐसे ही वैश्य उद्यमी हैं अशोक पाटनी तथा उनके अनुजद्वय सुरेश व विमल पाटनी। खेती-बाड़ी, गल्ला व ग्रामीण

साहूकारी के अपने पुश्तैनी कारोबार को छोड़कर पाटनी बंधुओं ने सन् 1989 में मार्बल उद्योग को अपनाया और मात्र एक दशक में वे दुनिया के सबसे बड़े मार्बल उत्पादक बन गए। सन् 1998 में गिनीज वर्ल्ड रिकॉर्ड्स में उनकी कम्पनी आर.के. मार्बल का शामिल होना साबित करता है कि भारतीय किसी से कम नहीं हैं।

भारत में मार्बल की कहानी 'ताजमहल' से शुरू होती है पर 300 साल तक यह 'ठहरी' हुई नजर आती है। असंगठित क्षेत्र में अर्द्धशिक्षित लोगों ने केवल मुनाफा अर्जन के लिए बिना किसी आचार संहिता के इस उद्योग को चलाया। पाटनी बंधुओं ने स्टोन-खनन से प्रोसेसिंग और मार्केटिंग तक वर्ल्डक्लास तकनीक अपनाकर सबसे पहले इस परम्परागत कुटीर उद्योग को प्रोफेशनल बनाया और दुनिया के सबसे बड़े मार्बल उत्पादक होने का गौरव प्राप्त किया। तीनों भाइयों में अशोक पाटनी सबसे बड़े हैं और संयुक्त परिवार की परम्परानुसार पाटनी ग्रुप के चेयरमैन। उनका कहना है कि हम भाइयों को उदार हृदय से गुरुजनों के आशीर्वाद, दादाजी, माँ व पिता का स्नेह व संरक्षण मिला है। मेरे दोनों अनुज सुरेश व विमल मेरी दो भुजाएँ हैं। भातृ-प्रेम की वे जीवंत मिसाल हैं। मुझे ईश्वर से बहुत-कुछ मिला पर इनमें भी सबसे अद्‌भुत व अनमोल उपहार हैं मेरे भाई।

पाटनी परिवार के पितामह—बाबा साहब

जयपुर से 105 किलोमीटर दूर राष्ट्रीय राजमार्ग (जयपुर-अजमेर) स्थित किशनगढ़ तहसील के एक छोटे से गाँव खंडाच के मूल निवासी हैं पाटनी बंधु। उनके दादाजी स्व. भँवरलालजी पाटनी कभी वहाँ खेती-बाड़ी के साथ ग्रामीण साहूकारी करते थे। उनके भाई रतनलालजी पाटनी ने ब्रह्मचर्य व्रत अपना लिया और वंशावली चलाने के लिए बड़े भाई (भँवरलालजी पाटनी) के पुत्र कँवरलाल को अपना दत्तक पुत्र बनाया। कँवरलाल व चत्तरदेवी पाटनी की सात सन्तानें हैं—चार पुत्रियाँ—गुणमाला, विमला, संगीता व नीलम तथा तीन पुत्र—अशोक, सुरेश व विमल पाटनी। इन्हें अपने दादा व पिता से संयुक्त परिवार की परम्परा व समाज से गहरे व नजदीकी रिश्ते बनाने व निभाने के संस्कार मिले हैं।

महाभारत के भीष्म पितामह ने तो पिता शांतनु की चाह पूरी करने हेतु जीवनपर्यंत ब्रह्मचर्य व्रत का पालन किया था पर पाटनी परिवार के पितामह रतनलाल पाटनी ने जैन धर्म के प्रति आस्था से यह व्रत आत्मसात् किया था। बाबा साहब के आत्मीय व आदरणीय संबोधन से पुकारे जाने वाले रतनलाल पाटनी ने यशस्वी व परोपकारी शतकीय पारी (उम्र 106 वर्ष) खेलते हुए 10 सितम्बर, 2005 को नश्वर काया त्यागी। बाबा ने जीवनपर्यंत एक समय शुद्ध व सात्विक भोजन के साथ जैन परम्परानुसार सूर्यास्त के पूर्व केवल फलाहार लिया। 105 वर्ष की उम्र में उनकी एंजियोप्लास्टी हुई पर प्राकृतिक बत्तीसी 106 वर्ष की उम्र में भी दुरुस्त थी। वे सफेद झक धोती व कुर्ता पहनते थे और पीठ टिकाकर इसलिए नहीं बैठते थे क्योंकि कपड़ों में सिलवट उन्हें रास नहीं आती थी। वस्तुत: इस अखंड ब्रह्मचारी ने जीवन पर्यंत जैन मुनियों-सा व्यवहार किया। निजी जीवन हो या व्यापार उनका कभी किसी से कोई विवाद नहीं हुआ। लेन-देन में कैसी भी

असहमति हो, आमने–सामने बैठकर व दु:ख सहकर उन्होंने समस्या सुलझाई। यही सोच बाबा ने अपने पुत्र-पौत्रों को सौंपी है। वे खुद तो मुक्तहस्त से दान करते ही थे पर अपने पौत्रों को उन्होंने दूसरों का ऐसा मददगार बनाया कि जैन समाज से पाटनी बंधुओं को एक और नाम मिला है 'भामाशाह'। इसकी मिसाल है अपने 'बाबा' की पुण्यतिथि (10 सितम्बर) पर पाटनी परिवार द्वारा आयोजित विशाल नेत्र चिकित्सा दिवस। 17,000 से ज्यादा ग्रामीण व निर्धन शहरी लोगों की नि:शुल्क नेत्र चिकित्सा व 3,500 से ज्यादा नेत्र सर्जरी सम्भवत: सामाजिक जिम्मेदारियों के निर्वहन का एक अनुकरणीय उदाहरण है।

पाटनी बंधु स्वयंभू उद्यमी

अशोक, सुरेश व विमल पाटनी ने कथित 'प्रोफेशनल या मैनेजमेंट' उच्च शिक्षा प्राप्त नहीं की है। तीनों भाई जन्मभूमि के नजदीक, साधारण स्कूल–कॉलेजों में पढ़े हैं। अपने दादा और पिता से उन्होंने व्यावहारिक स्तर पर कारोबार के गूढ़ गुर सीखे हैं और साबित किया है कि परम्परागत साधारण शिक्षा प्राप्त युवक भी साफ नीति व नीयत से व्यापार करें तो विश्वस्तरीय उद्योग स्थापित कर सकते हैं, भरपूर धन–सम्पदा कमा सकते हैं। अशोक पाटनी बेहद सुलझे हुए 'बिजनेस लीडर' हैं। नीति निर्धारण व उसके अनुपालन में उनका कोई सानी नहीं है। सुरेश पाटनी प्रोडक्शन, सेल्स व फाइनेंस के मास्टर हैं। फील्ड में रहना उन्हें खूब रास आता है। विमल पाटनी ने खदानों से खनन व वितरण में कमाल की सूझ–बूझ दिखाई है। कठिन माहौल को सहज बनाने व घुल–मिल जाने की कला में तीनों ही माहिर हैं।

अशोक पाटनी ने ग्रेजुएशन करने के बाद गल्ला व्यापारी के रूप में वाणिज्यिक पारी शुरू की थी और पैसा भी कमाया पर इस दूरन्देशी वैश्य को यह 'कैनवास' बहुत छोटा लगा। राजस्थान में मकराना हमेशा मार्बल के लिए मशहूर रहा है। सारे देश से ग्राहक मार्बल खरीदने हेतु किशनगढ़ होते हुए ही मकराना पहुँचते थे। अशोक पाटनी ने इस कारोबार के तत्कालीन हालात नजदीक से देखे थे। 1980 के दशक तक अर्द्धशिक्षित लोग इस उद्योग में सक्रिय थे। स्टोन–खनन, फिनिशिंग व प्रोसेसिंग की प्रक्रिया कालातीत थी। उत्पादक, प्रोसेसर्स, विक्रेता किसी के लिए कोई आचार संहिता नहीं थी। नए सोच व नए जोश के अभाव में प्रचुर सम्भावनाओं के बावजूद देश का मार्बल उद्योग लगभग 'थमा' हुआ था। यही नहीं, मार्बल तब 'लक्जरी' उत्पाद माना जाता था। महँगा होने से अति सम्पन्न परिवार अपने घर–दफ्तर में इसे लगाते थे अथवा मन्दिर, मस्जिद, गुरुद्वारों जैसे स्थलों में इसका उपयोग होता था।

मार्बल उद्योग में विज्ञापन की परम्परा भी नहीं थी। दूसरे शब्दों में, न्यूनतम लागत पर अधिकतम उत्पादन करके मार्बल के मूल्य घटाने और ग्राहकों को शिक्षित करने या सूचित करने का कोई प्रयास नहीं हुआ था। असंगठित कार्यप्रणाली के कारण ग्राहक छले जाते थे। मार्बल खरीदना एक जुआ था। क्या देख रहे हैं, किसके पैसे दे रहे हैं और क्या प्राप्त करेंगे, यह भय बना रहता था। पाटनी बंधु उचित व्यापार–व्यवहार वाले परिवार से आए थे। वे गल्ला व्यापार कर चुके थे जिसका आधार है जुबान। जो कहा वही किया। यही सूत्र उन्होंने मार्बल मार्केटिंग में भी

अपनाया। जो दिखाया वही ग्राहकों को डिस्पैच किया। सुरेश पाटनी कहते हैं कि हमारे सेल्स स्टाफ को हिदायत है कि वे बिक्री बढ़ाने के लालच में ग्राहकों को गुमराह ना करें। उन्हें सही-सही जानकारी दे ताकि 'ओलंबा' (शिकायत) न मिले। परिणाम! सारे देश में आज आर.के. मार्बल विश्वसनीयता व साफ-सुथरे लेन-देन के लिए जाना जाता है। केरल जैसे दूरदराज राज्यों के ग्राहक किशनगढ़ पहुँचते हैं और केवल एक ही कम्पनी से पूरी बेफिक्री के साथ खरीद-फरोख्त करते हैं। पाटनी बंधु कहते हैं कि वे मार्बल उद्योग में लम्बी पारी खेलने आए हैं। उनके लिए साख व लम्बे रिश्ते 'वन टाइम बिजनेस व प्रॉफिट' से ज्यादा महत्वपूर्ण हैं।

आर.के. मार्बल की स्थापना

गल्ले के व्यापार में उचित व्यापार-व्यवहार की पहचान बनाने वाले पाटनी बंधुओं ने 25 मई, 1989 को आर.के. मार्बल की स्थापना की और संकल्प लिया कि सदियों से जारी हालात को बदलेंगे। परम्पराओं की जंजीरें तोड़कर व्यावसायिक (प्रोफेशनल) शैली में कारोबार करेंगे और राजस्थान की शान मार्बल की सारी दुनिया में अलग पहचान बनाएँगे। गहन अध्ययन के बाद वे इस निष्कर्ष पर पहुँचे कि इटेलियन मार्बल सारी दुनिया में मशहूर है हालाँकि मौलिक गुणवत्ता में भारतीय मार्बल उससे बेहतर है। इसका कारण खोजा तो पता चला कि इटली में मार्बल का खनन व प्रोसेसिंग बेहद सलीके से की जाती है। वैज्ञानिक पद्धति व नई तकनीक के कारण दिखने (लुक) में इटालियन मार्बल सबको पीछे छोड़ देता है।

सदियों से उलझी पहेली सुलझाने के बाद पाटनी बंधुओं ने मदनगंज-किशनगढ़ में जब एक लाख क्यूबिक फीट मार्बल स्लेब की क्षमता वाली एक गेंगशॉ के साथ कारोबार शुरू किया, तब तीनों भाइयों की उम्र थी 25 से 35 साल। युवा जोश व ऊर्जा के साथ चार साल तक पाटनी बंधुओं ने इस उद्योग को नजदीक से समझा। सन् 1993 में उन्होंने मार्बल प्रोसेसिंग के 'पीछे' नजर डाली यानी अपने उद्योग की जड़ (खदानों) तक पहुँचने की रणनीति बनाई और सन् 1998 में वे दुनिया के सबसे बड़े मार्बल खननकर्ता बन गए। उद्योग जगत में इसे 'बैकवर्ड इंटीग्रेशन' कहते हैं जिसे अपनाकर ही धीरूभाई अम्बानी (पोलिएस्टर से पेट्रोकेमिकल्स तक रिवर्स यात्रा) ने रिलायंस जैसा औद्योगिक साम्राज्य खड़ा किया है।

बैकवर्ड इंटीग्रेशन से हुआ 'आइस मेल्ट'

पाटनी बंधुओं ने बैकवर्ड इंटीग्रेशन के लिए सन् 1993 में राजस्थान सरकार से मोरवड़ गाँव में मार्बल माइनिंग के लीज अधिकार प्राप्त किए। यहाँ इसके पहले किसी ने कोई खनन नहीं किया था। स्टोन भी बेहद कठोर था। यहाँ खनन एक चुनौती थी। यह जोखिम ही वह 'आइस मेल्टिंग पॉइंट' है जिसने पाटनी बंधुओं को विश्वस्तरीय सफलता दिलवाई। पाटनी बंधुओं ने आकलन कर लिया था कि भारी पूँजी निवेश करके उन्हें नई तकनीक व आधुनिक उपकरण जुटाने पड़ेंगे। तीनों भाई इसके लिए कई बार इटली गए। वहाँ की खदानों में भटके। वहाँ अपनाई जा रही तकनीक को देखा व सीखा। उन दिनों जब भी डायनिंग टेबल पर तीनों मिले तो उनकी सोच का मुद्दा होता था भारतीय परिस्थिति में इस अत्याधुनिक तकनीक को कैसे व किस परिवर्तन के साथ

अपनाया जाए। इस चिंतन का निष्कर्ष है कि आर.के. मार्बल ने बेंच माइनिंग के लिए लेटेस्ट गैजेट्स, जेट बेल्ट शॉ मशीनें, ब्लाइंड कट, वायर शॉ, एक्सकेवेटर्स, व्हील लोडर्स, डेरिक क्रेन्स, कम्प्रेशर, जैक हैमर, डम्पर कॉमेट, क्वारी मास्टर उपकरणों का पहली बार भारतीय मार्बल उद्योग में प्रयोग किया।

पहली बार प्रोफेशनल मैनेजर्स को भी इस उद्योग में प्रवेश मिला। कम्पनी के सारे क्रियाकलाप आरडीबीएमएस प्लेटफॉर्म पर विकसित बेहद नाजुक सॉफ्टवेयर से संचालित किए। आर.के. मार्बल देश की पहली मार्बल कम्पनी है जिसने करोड़ों रुपए आधुनिकतम उपकरण जुटाने, कम्प्यूटरीकरण व व्यावसायिक प्रबंधन पर निवेश किया है। देश के वाणिज्यिक जगत में बहुपठित अंग्रेजी समाचार-पत्र इकोनॉमिक्स टाइम्स ने 18 फरवरी, 1998 के अंक में लिखा-'उदयपुर से 80 किलोमीटर दूर किशनगढ़ के पाटनी ग्रुप की मोरवड़ खदानें 71 हजार वर्गमीटर क्षेत्र में फैली हुई हैं जहाँ हर साल पांच लाख टन मार्बल (तब) पैदा हो रहा है। इतने विशाल क्षेत्र में 2300 श्रमिक/कर्मचारी दिन-रात स्टोन खनन कर रहे हैं।' इकोनॉमिक्स टाइम्स ने लिखा है कि अत्याधुनिक तकनीक और व्यावसायिक प्रबंधन के इस संगम से सफेद मार्बल का बिल्डिंग व कंस्ट्रक्शन क्षेत्र में चलन बढ़ गया है।

आर.के. मार्बल को भारतीय मार्बल उद्योग में अपूर्व क्रान्ति का प्रणेता बताते हुए तब मीडिया ने कहा था कि पाटनी बंधुओं ने भारतीय मार्बल उद्योग का नवीनीकरण कर दिया है। अब भारत से कई यूरोपीय देशों को मार्बल निर्यात होने लगा है। दिलचस्प बात यह है कि कभी पाटनी बंधु अत्याधुनिक तकनीक प्राप्त करने के लिए इटली गए थे। आज इटली के माइनिंग विशेषज्ञ उनकी खनन तकनीक देखने भारत आते हैं। इसे आर.के. मार्बल ने 'इन-हाउस' विकसित किया है जो सारी दुनिया में कम लागत में अधिकतम उत्पादन के लिए जानी जाती है।

और हुआ मार्बल उद्योग का कायाकल्प

राजस्थान के सपूतों ने सारी दुनिया में मार्बल माइनिंग के क्षेत्र में 'लैंडमार्क' स्थापित किए तो अपनी अनजान जन्मभूमि किशनगढ़ को भी विश्व के मानचित्र पर पहुँचाने के लिए कई अभिनव पहल की है। पाटनी बंधुओं ने भारतीय मार्बल उद्योग में पहली बार विज्ञापन की परम्परा शुरू की। सदियों से छले जा रहे साधारण ग्राहकों को विश्वास दिलाया कि वे बिना शिलाखंड देखे ऑर्डर दे देंगे तो भी निराश नहीं होंगे। आर.के. मार्बल ने मार्बल को मध्यमवर्गीय परिवार की पहुँच में पहुँचाया और इसका सूत्र बनाया-'अधिकतम टर्न ओवर, न्यूनतम मुनाफा और यह मुनाफा भी अपनी लागत घटाकर कमाना।' माइनिंग क्षेत्र की पत्रिका स्टोन पेनोरामा (जनवरी, 2002) ने एक लेख 'द ड्रीम कम ट्रू' में इस रणनीति का खुलासा करते हुए लिखा है-'बेंच-माइनिंग प्रणाली और महँगे पर अत्याधुनिक आयातित उपकरणों से आर.के. मार्बल न्यूनतम वेस्ट के साथ अधिकतम उत्पादन कर रहा है। कम्पनी के सारे क्रियाकलाप पूरी तरह कम्प्यूटरीकृत होने से न्यूनतम लागत पर गुणवत्तायुक्त उत्पादन हो रहा है। उपकरणों के अधिकतम उपयोग व मशीनों से खनन के कारण 'एक्यूरिसी व स्पीड' बढ़ गई है। खर्च घटने का लाभ ग्राहकों को मिला है। जो मार्बल कभी मन्दिर, महलों या सम्पन्न परिवारों की कोठियों तक

सीमित था वह अब कम आय वाले मध्यमवर्गीय परिवारों के छोटे-छोटे फ्लैट-घरों में भी दिखने लगा है।'

स्व. रतनलाल पाटनी

मोरवड़ में आर.के. मार्बल के इस करिश्मे से देश व दुनिया के खनन विशेषज्ञ भी दाँतों तले अँगुली दबा बैठे थे। यह उनके लिए कल्पनातीत था कि एक छोटे-से क्षेत्र में कोई इतना अधिक स्टोन खनन कैसे कर सकता है? सच्चाई यह है कि दफ्तर से खदान तक और कैबिन से मैदान (मार्केट) तक तकनीकी प्रबंधकीय (टेक्नो-मैनेजेरियल) पहल से आर.के. मार्बल ने इतना उत्पादन किया कि कम्पनी दुनिया में सर्वाधिक मार्बल ब्लॉक्स बनाने के लिए गिनीज वर्ल्ड रिकॉर्ड्स में शामिल की गई। माइनिंग इंजीनियरों ने तब प्रमाणित किया था कि प्रति वर्गमीटर के मापदंड से यहाँ दुनिया का सर्वाधिक उत्पादन हुआ है।

कँवरलाल पाटनी

गृह राज्य के बाहर घुसपैठ

विनीत पाटनी

विकास पाटनी

अत्याधुनिक मशीनों व तकनीक से जटिल खदानों से मार्बल माइनिंग में आर.के. मार्बल को पहली बड़ी सफलता मिली तो पाटनी बंधुओं का उत्साह गगनचुंबी हो गया। अब वे मार्बल संसाधन वाले अन्य राज्यों में ऐसी खदानें खोजने लगे, जहाँ खनन मुश्किल होने से अन्य खननकर्ता जोखिम नहीं उठाते थे। इसी श्रृंखला में सन् 2000 में अशोक पाटनी को पता चला कि मध्य प्रदेश में जबलपुर के नजदीक मझौली में ऐसा स्टोन है, जिस पर प्रकृति ने चित्रकारी की है। लीक से हटकर सोचने व करने के अभ्यस्थ अशोक पाटनी भू-गर्भ के इस रहस्य को समझने व उजागर करने की मंशा से अकेले ही मझौली पहुँच गए। वहाँ से उन्होंने रंगीन मार्बल के सैम्पल प्राप्त किए और उन्हें आर.के. मार्बल की प्रोसेसिंग यूनिट में अपनी देखरेख में तैयार करवाया। जो मार्बल स्लेब तैयार हुई वह इटालियन मार्बल से ज्यादा मजबूत थी और दिखने में ग्रेनाइट से मिलता-जुलता था। आर.के. मार्बल ने इस विशिष्ट (एक्सक्लूसिव) मार्बल को पहली बार ब्रांड नेम से लांच किया। आर.के. मार्बल का 'वंडर मार्बल' आज सारी दुनिया में मशहूर है। पाटनी बंधु अपने विशिष्ट दार्शनिक अंदाज में कहते हैं-धरती माँ की कोख जितनी गहरी है, उससे ज्यादा रहस्यमय है। खदान से जो चट्टानें हमें ठोस मिलती हैं, वे धरती माँ की कोख में करोड़ों वर्षों तक द्रव्य अवस्था (Motton Form) में प्रतीक्षा करती हैं। यहाँ अत्यधिक ताप व दबाव तथा अन्य खनिजों व वनस्पति के सम्पर्क के कारण वे रंग-रूप बदलती हैं। मार्बल के सफेद या अन्य रंग का कारण है चट्टान में समाये खनिज कैल्सियम व डोलोमाइट। ब्लैक व ग्रे झलक मार्बल को ग्रेफाइट से मिलती है। 'वंडर मार्बल' पर चित्रकारी का रहस्य भू-वैज्ञानिकों के लिए खोज का मुद्दा है।

लोकल से ग्लोबल

अपने गृह राज्य और निकटवर्ती राज्यों के बाद आर.के. मार्बल वियतनाम पहुँचा है। अधिकतम केल्साइट मार्बल मकराना खदानों से मिलता था, पर सदियों से हुए खनन ने वहाँ मार्बल रिजर्व खत्म-सा कर दिया है। मार्बल के शौकीन व पारखी केल्साइट मार्बल ही माँगते थे, पर आर.के. मार्बल उन्हें पर्याप्त मात्रा में उपलब्ध नहीं करवा पाता था। केल्साइट मार्बल की आपूर्ति बढ़ाने के लिए आर.के. मार्बल ने सारी दुनिया की खदानों की सर्वे रिपोर्ट्स का अध्ययन किया तो पता चला कि मकराना मार्बल जैसा मार्बल वियतनाम में मौजूद है। विदेश में खनन अधिकार प्राप्त करने की जटिल प्रक्रिया को पूरा करने में दो-तीन साल का समय खर्च हुआ, पर सन् 2006 में आर.के. मार्बल ने वियतनाम के येन बै (Yen Bai) प्रांत में 50 हेक्टेयर के खनन अधिकार प्राप्त किए हैं। यहाँ से प्राप्त मार्बल की एक और खूबी है-बड़े आकार की स्लेब्स। मकराना में छोटे आकार की ही स्लेब्स मिलती थीं। कम्पनी अब 23 करोड़ रुपए और निवेश करके वियतनाम में ही प्रोसेसिंग संयंत्र लगा रही है। आर.के. मार्बल को पहले चरण में वियतनाम खदान से हर माह 1000 टन मार्बल मिलने की उम्मीद है। इसे दुनिया के सबसे बड़े मार्बल खपत वाले देश चीन के अलावा इटली, इंग्लैंड, इंडोनेशिया व यू.ए.ई. निर्यात किया जाएगा।

आर.के. मार्बल ने तुर्की में भी मार्बल खनन के अधिकार प्राप्त किए हैं, यहाँ से पाटनी बंधुओं को बिस्कुटी रंग (Beige-Coloured) का मार्बल मिला है, जिसकी यूरोप में खूब माँग है। आर.के. मार्बल ने वियतनाम और तुर्की से प्राप्त विशिष्ट और बिस्कुटी मार्बल भारतीय मार्केट में भी पेश कर दिया है।

अंतरराष्ट्रीय मार्केट में प्रवेश के बाद आर.के. मार्बल ने ग्लोबल मार्बल मार्केट को समझा तो एक और यूनिट स्थापित की है जो इटली, तुर्की, स्पेन व अन्य देशों से रफ मार्बल ब्लॉक आयात करती है। इसे किशनगढ़ में ही प्रोसेस करके आर.के. मार्बल अपने ब्रांड नाम से मार्केटिंग करती है। इस कारोबार की दैनंदिनी देखरेख सुरेश पाटनी के पुत्र विकास पाटनी को सौंपी गई है।

फिलाइट स्टोन का खनन

फिलाइट स्टोन को भी डायमेंशनल स्टोन की तरह लोकप्रिय बनाया जा सकता है, इस आकलन के साथ आर.के. मार्बल ने सन् 2008 में फिलाइट स्टोन * खनन शुरू किया है। इस कारोबार की देखरेख करने वाले अशोक पाटनी के पुत्र विनीत पाटनी कहते हैं-फिलाइट स्टोन लेमिनेटेड चट्टान है, जिसे काटना आसान है। भू-गर्भ में सहस्त्रों वर्षों की रूपांतरण प्रक्रिया से जन्म लेने वाले अत्यंत ठोस व सुगठित फिलाइट स्टोन को हमने पहली बार भारतीय मार्केट में 'ओशियन ब्लैक' (90 डिग्री स्टोन) ब्रांड नेम से लांच किया है।

विनीत पाटनी के अनुसार 'ओशियन ब्लैक' घरेलू व वाणिज्यिक प्रोजेक्ट्स के लिए किफायती व सुदर्शनीय है। इसकी प्राकृतिक रंग की स्लेब मजबूत है। इसकी बनावट (टेक्सचर्स) गुणवत्ता

* Ocean black is a phylite stone, which geologically evolved over a peiord of 500-600 million years. Thus it has a very compaction and qualified as a high-grade metamorphic stone.

व गहरा रंग आज की जीवनशैली का प्रतिनिधित्व करता है। प्राकृतिक व काले रंग की 90 डिग्री स्टोन स्लेब फ्लोरिंग व क्लेडिंग, बाह्य रास्तों, लैंडस्केपिंग, स्विमिंग पूल और डेक (छत) के अलावा काउंटर व डेकोरेटिव टॉप्स, विंडो स्टूल्स व दहलीज, फायर प्लेसेस के अलावा डेकोरेटिव स्टोन के रूप में बेहद उपयुक्त है। विनीत पाटनी को उम्मीद है कि इस 'ब्लैक स्टोन' को यूरोपियन मार्केट में भी पसंद किया जाएगा।

कार्मिक व पर्यावरण हितैषी रीति-नीति

पाटनी ग्रुप के चेयरमैन अशोक पाटनी के अनुसार–हमारे 3000 से ज्यादा कामगार हमारे सेवक नहीं, भागीदार हैं। आर.के. मार्बल में उनके लिए उत्पादन से जुड़ी एक अनूठी प्रोत्साहन योजना है। इसके तहत उत्पादन प्रक्रिया से जुड़ा हर कर्मचारी (स्टोर कीपर, ड्राइवर व चपरासी तक) निर्धारित उत्पादन करने पर वित्तीय प्रोत्साहन प्राप्त करता है। इससे कम्पनी की कार्यप्रणाली स्वचलित हो गई है। हर कार्मिक काम में किसी भी व्यवधान को उत्पादन में बाधा मानता है और इसे अपने वित्तीय प्रोत्साहन में कमी की नजर से देखता है। अपनी कम्पनी, अपनी खदान व अपना मुनाफा वाली सोच कम्पनी के हर स्तर तक आत्मसात् हो चुका है। पाटनी कहते हैं कि जहाँ अन्य कम्पनियाँ अपने श्रमिकों को काम करने के लिए कहती हैं वहाँ हमारे श्रमिक बिना कहे ज्यादा से ज्यादा काम करना चाहते हैं। सच्चाई यह है कि प्रोत्साहन के अलावा आर.के. मार्बल के कार्मिक अपने मालिकों के आत्मीय व्यवहार से अभिभूत हैं। वे जानते हैं कि हर आपात अवस्था में पाटनी बंधु उनकी व उनके परिवार की वैसे ही चिंता करेंगे जैसे अपने परिवार की।

वित्तीय जरूरत की उचित चिन्ता के साथ आर.के. मार्बल अपने कर्मचारियों व उनके परिवार के स्वास्थ्य व शिक्षा का भी प्रबंधन करते हैं तो बाहर से आने वाले हर ग्राहक परिवार को अतिथि सत्कार मिलता है। उनके लिए आर.के. मार्बल के भव्य कॉरपोरेट मुख्यालय के परिसर में स्टार सुविधायुक्त आवासगृह बने हुए हैं। यहाँ सुबह-शाम राजस्थानी परम्परानुसार मान-मनुहार के साथ भोजन परोसा जाता है। सुरेश पाटनी कहते हैं कि वे किसी से भी मार्बल खरीदें, हमारी कोशिश होती है कि किशनगढ़ को वे न भूलें। कम्पनी के स्टाफ कैंटीन में हर वर्ग के कर्मचारी को भी सुबह-शाम निःशुल्क भोजन परोसा जाता है। सभी कर्मचारियों को सर्वसुविधायुक्त निःशुल्क आवास दिए गए हैं। कम्पनी के ठेकेदारों के स्टाफ/श्रमिक भी यह सुविधा प्राप्त करते हैं। आर.के. मार्बल की खदान साइट्स पर आपातकालीन मिनी हॉस्पिटल है। यहाँ आधुनिक मेडिको उपकरण व एम्बुलेंस के अलावा सुशिक्षित चिकित्सक व पैरामेडिकल स्टाफ 24 घंटे मौजूद रहता है। कम्पनी के स्टाफ को इनडोर व आउटडोर खेल सुविधा भी उपलब्ध करवाई गई है। नवागंतुक स्टाफ को वोकेशनल ट्रेनिंग दी जाती है तो पुराने कर्मचारियों के लिए रिफ्रेशर प्रोग्राम होते रहते हैं। सभी कर्मचारियों को सामूहिक बीमा कवर उपलब्ध है।

आईएसओ-9002 वे 14001 प्रमाण पत्र प्राप्त आर.के. मार्बल का संस्थापक परिवार पर्यावरण के प्रति भी धीर-गम्भीर है। इस दिशा में समूह ने कई अभिनव पहल की हैं। आर.के. मार्बल के कॉरपोरेट कंसल्टेंट एवं सुप्रसिद्ध चार्टर्ड अकाउंटेंट रवीन्द्रसिंह मोहनोत बताते हैं कि कम्पनी की

खदानों से करीब 700 ट्रक पंजीकृत हैं। वे कांट्रेक्ट आधार पर परिवहन सेवा प्रदान करते हैं। इसके लिए खदान तक वे उस पहुँच मार्ग का उपयोग करते हैं जिन्हें कम्पनी ने अपने खर्च से बनवाया है। मोहनोत कहते हैं कि हमने अनिवार्य शर्त के साथ उन्हें इन सड़कों पर पौधारोपण व वृक्षों की सुरक्षा के लिए प्रेरित किया है। तदनुसार हर ट्रक ड्राइवर से एक पौधारोपण करवाया गया है जिसकी वह स्वयं देखरेख करता है। मार्बल प्रोसेसिंग फैक्टरी में प्रदूषण का प्रमुख कारण है ब्लॉक कटिंग प्रोसेस के बाद शेष बचा 'स्लरी'। पाटनी ग्रुप की प्रोसेसिंग यूनिट में एक आधुनिक 'वेस्ट डिस्पोजल सिस्टम' लगाया गया है। तदनुसार वाटर ट्रीटमेंट प्लांट से ड्राई केक्स निकलती है। स्लरी से निकला ताजा पानी पुनः इस्तेमाल होता है। इससे पानी की बचत होती है वहीं वेस्ट का भी वाणिज्यिक उपयोग होता है, जो अन्यथा पर्यावरण प्रदूषित करती है। पाटनी ग्रुप ने जहाँ भी कारखाने लगाए हैं, उस क्षेत्र की आर्थिक स्थिति ही नहीं वहाँ सड़क, पानी, स्वास्थ्य, शिक्षा व मार्केट जैसी आधारभूत सुविधाएँ भी विकसित हुई हैं।

दो दशक पूर्व का किशनगढ़ और आज का किशनगढ़ इसका प्रमाण है। कला-जगत में किशनगढ़ (राजस्थान) की पुरातन पहचान है। 18वीं सदी की मिनिएचर पेंटिंग-'बनी-ठनी', जिसे इंडियन मोनालिसा भी कहा जाता है। इस विलक्षण या कहें कि रोमांटिक पहचान के बावजूद आज से पच्चीस साल पहले तक किशनगढ़ एक सुस्त कस्बा था, जहाँ थे गिने-चुने अच्छे मकान और इक्का-दुक्का मोटरकारें। हालाँकि 65 कि.मी. दूर स्थित मकराना सारी दुनिया में मार्बल के लिए मशहूर था। सन् 1980 में किशनगढ़ के उद्यमियों को अहसास हुआ कि उनके आसपास सोने की खदानें हैं, जो उनके पुरुषार्थ की प्रतीक्षा कर रही हैं। इन युवाओं ने अत्याधुनिक मशीनों की मदद से मार्बल की माइनिंग की। वे तो सम्पन्न हुए ही, पर उन्होंने अपने शहर का कायाकल्प भी कर दिया तो हजारों शहरी व ग्रामीण युवाओं को रोजगार उपलब्ध करवाया है। यही नहीं, मध्यमवर्गीय परिवारों के लिए मार्बल को वहन योग्य (अफोर्डेबल) बनाकर वे केंद्र व राज्य सरकार को अच्छा राजस्व भी चुका रहे हैं। परिणाम! आज किशनगढ़ देश ही नहीं, दुनिया की ऐसी मार्बल मंडी और धनी शहर है, जहाँ शानदार हवेलियाँ व पक्के मकान हैं तो हर मूल्य व मॉडल की सैकड़ों लक्जरी मोटरकारें हैं। एक राज्य और वहाँ के बाशिंदों की जिंदगी को एक उद्योग खुशहाल बना सकता है, इसकी मिसाल है राजस्थान (किशनगढ़) का मार्बल उद्योग और पाटनी बंधु जैसे स्वयंभू उद्यमी।

पाटनी ग्रुप की गैर-वाणिज्यिक गतिविधियाँ

अपने दादा रतनलालजी पाटनी व अपने पिता कँवरलालजी पाटनी की प्रेरणा से पाटनी बंधु परमार्थ पर भी पूरा ध्यान देते हैं। समाज की विभिन्न धार्मिक व सामाजिक गतिविधियों के लिए तो पाटनी परिवार ने इतना सहयोग दिया है कि जैन समाज उन्हें आधुनिक 'भामाशाह' कहता है। कारगिल के शहीद परिवारों, गुजरात के भूकम्प पीड़ितों या उड़ीसा के तूफान पीड़ितों की पाटनी परिवार ने मुक्त हस्त से सहायता की है। सैकड़ों निर्धन बच्चों की शिक्षा का प्रबंध किया जाता है। विधवाओं व बेसहारा औरतों को पेंशन दी जाती है। कई स्थानों पर चिकित्सालय बनाने व उनके रख-रखाव के लिए आर्थिक सहायता प्रदान की गई है। गाँवों में प्राथमिक विद्यालय

स्थापित किए गए हैं तो शहरों के कई विद्यालयों व होस्टल को अनुदान दिया गया है। वृद्धाश्रमों को नियमित रूप से आर्थिक सहायता प्रदान की जाती है। जैन समाज व अपने परिवार की परम्परा के अनुरूप अशोक पाटनी, सुरेश पाटनी व विमल पाटनी अपनी कमाई का एक हिस्सा नियमित रूप से परमार्थ पर खर्च करते हैं।

'लो-प्रोफाइल' पाटनी परिवार

पाटनी बंधु जमीन से जुड़े उद्यमी हैं। सम्पन्नता के साथ वे शानदार जीवन जीते हैं पर स्वभाव से बेहद विनम्र ही नहीं लो-प्रोफाइल व्यक्तित्व के धनी हैं। यही कारण है कि वे अभी तक शेयर मार्केट में नहीं आए हैं। हालाँकि उनकी बुनियाद कई सूचीबद्ध कम्पनियों से ज्यादा मजबूत है।

वह जन्मभूमि और जननी तथा वे पितृ-पुरुष धन्य हो जाते हैं जिनके पुत्र-पौत्र दुनिया को फतह करने के बाद जब घर लौटते हैं तो एक अबोध शिशु की तरह माँ से लिपट जाते हैं। पाटनी बंधुओं ने भी अपनी जन्मभूमि व कर्मभूमि की पताका सारे विश्व में फहराई है पर अपनों के बीच वे वैसे ही नादान, निरीह व नासमझ होते हैं जैसे कल ही जन्मे हों या पहली बार घुटने घिसट रहे हों। अशोक पाटनी के अनुसार-पाश्चात्य समाज में जीवन का अन्तिम लक्ष्य धनोपार्जन है तो हम धर्म को लक्ष्य मानते हैं और अर्थ को परमार्थ का केवल एक माध्यम।

लोकल से ग्लोबल

इंडियन कॉरपोरेट्स

33

मेगा ड्रीम्स

देशबंधु गुप्ता

राजस्थान की कुंडली में ही दोष है, जिसे कई वरदान मिले हैं, पर वे अभिशापित हैं। इस मरुभूमि के बाशिंदों का हौसला ही है कि उन्होंने अभिशापित प्राकृतिक वरदानों का भी सकारात्मक दोहन किया है। सामाजिक परम्परा और रूढ़िवादिता उनकी पैरों की पग-पग बेड़ी बनी, पर वे थमे नहीं। शिक्षा की उपेक्षा के कारण राजस्थान पिछड़ा पर जिन लोगों ने निरक्षरता के दौर में अच्छी शिक्षा पाई वे सफलता के शिखर पर पहुँचे। प्रेरणास्पद यह है कि राजस्थानी उद्यमी सफलता के बाद अपनी जन्मभूमि को नहीं भूले हैं।

ल्यूपिन लिमिटेड के संस्थापक चेअरमैन डॉ. देशबंधु गुप्ता ऐसे ही शिखर आरोही हैं। वे शून्य से शिखर पर पहुँचकर भटके पर फिर सँभल गए। अब 'तमसो मा ज्योतिर्गमय' की तर्ज पर वे पिछड़े ग्रामीण इलाकों में अशिक्षा का अंधकार मिटा रहे हैं। डॉ. गुप्ता कहते हैं कि धन कमाने के बाद लोगों की पॉवर प्राप्त करने की भूख बढ़ जाती है अर्थात सम्पन्नता के बावजूद वे फिर भिखारी हो जाते हैं। पिछड़े ग्रामीण क्षेत्रों के जीवन स्तर को सुधारने के डॉ. देशबंधु गुप्ता के अभियान में शामिल उनकी पत्नी मंजु गुप्ता के अनुसार-मेरा परिवार भाग्यशाली है। यहाँ सरस्वती और लक्ष्मी साथ-साथ वास करती हैं और हमें शांति और खुशहाली प्रदान करती हैं।

ऑस्ट्रेलिया के जंगलों में एक हायब्रिड फ्लावर जन्म लेता है, जिसका नाम है ल्यूपिन रसेल। ल्यूपिन जिस भूमि में जन्म लेता है, उसे भी उपजाऊ बनाता है। डॉ. देशबंधु गुप्ता द्वारा स्थापित फार्मास्युटिकल कम्पनी ल्यूपिन लिमिटेड ने भी अपनी जन्मभूमि का मान और बढ़ाकर अपने नाम को चरितार्थ किया है। जी हाँ, ल्यूपिन फ्लावर से

प्रेरित ल्यूपिन लैब सन् 2002 में अचल सम्पदा व शेयर मार्केट में भारी निवेश करके कर्ज के चक्रव्यूह में ऐसी उलझी थी कि इसके शेयर का मूल्य दस गुना टपक गया था।

अपने मूल गुणधर्म के अनुरूप प्रतिकूल परिस्थितियों में भी 'ग्रो' होने के साथ ल्यूपिन लैब लड़खड़ाकर ऐसी सँभली कि आज फिर निवेशकों की डार्लिंग कंपनी है। वन बिलियन डॉलर ल्यूपिन के सालाना टर्नओवर में विदेशी मार्केट की हिस्सेदारी तीन-चौथाई है। दूसरे शब्दों में-ल्यूपिन विदेश में जो कमाती है, उसे देश की सम्पन्नता व खुशहाली पर खर्च करती है।

राजस्थान के अलवर जिले के एक गाँव राजगढ़ में जन्मे ल्यूपिन के संस्थापक चेअरमैन डॉ. देशबंधु गुप्ता (उम्र 75 वर्ष) एक स्कूल टीचर के पुत्र हैं, जिन्होंने बाल्यकाल में अपनी जन्मभूमि की दुर्दशा देखी है। संयोग से उन्हें अच्छी शिक्षा-दीक्षा मिली। जशवंत कॉलेज जोधपुर से रसायन शास्त्र की पोस्ट ग्रेजुएशन डिग्री प्राप्त करने के बाद वे बिड़ला इंस्टीट्यूट ऑफ साइंस एंड टेक्नोलॉजी, पिलानी में अध्यापन करने लगे। देश के इस प्रतिष्ठित टेक्नो-शिक्षा संस्थान की सम्मानजनक नौकरी से वे बहुत जल्दी ऊब गए, क्योंकि रूटीन लाइफ उन्हें रास नहीं आती है।

रोमांच की तलाश में देशबंधु गुप्ता ने एयरफोर्स ज्वॉइन करना चाही, पर घुटनों में फ्रैक्चर के कारण रिजेक्ट कर दिए गए। नए रोजगार की तलाश में वे मुंबई आ गए। यहाँ उन्होंने रोन पौलेक और खंडेलवाल लेबोरेटरीज में नौकरी की। 1970 के दशक में देशबंधु गुप्ता ने अपनी पत्नी मंजु गुप्ता के जेवर बेचकर सीड-कैपिटल जुटाई और फार्मास्युटिकल कम्पनी स्थापित की। कम्पनी के नामकरण के लिए उन्होंने हायब्रिड फ्लावर ल्यूपिन रसेल को चुना, क्योंकि यह फूल खुद फलता-फूलता है तो अपने आसपास खुशहाली भी फैलाता है।

यही हुआ। ल्यूपिन की तरह ही फले-फूले हैं देशबंधु गुप्ता। उनकी पाँच संतानों में इकलौते पुत्र नीलेश ने नार्टन में शिक्षा प्राप्त की है। केलाग्स स्कूल ऑफ मैनेजमेंट से प्रोफेशनल शिक्षा प्राप्त सबसे बड़ी पुत्री विनीता गुप्ता ग्रुप प्रेसीडेंट और ल्यूपिन की अमेरिकन इकाई की सीईओ है। देशबंधु गुप्ता की दूसरी पुत्री कविता माइक्रो बायोलॉजिस्ट है, जिन्होंने ल्यूपिन के पुनरुद्धार में अहम भूमिका निभाई है। विवाहोपरांत वे बैंगलोर में रहने लगी हैं। एक और पुत्री अनुषा शिशु कार्डियोलॉजिस्ट हैं और अमेरिका में सेटल हो गई हैं। सबसे छोटी पुत्री हैं रिचा। देशबंधु गुप्ता ने अपनी संतानों के साथ अपने आसपास के माहौल को भी खुशहाल बनाया है। बेटियों का बेटे की तरह लालन-पालन किया है। उन्हें शिक्षित व आत्मनिर्भर बनाया है तो सन् 1988 में स्थापित ल्यूपिन फाउंडेशन ने राजस्थान, मध्य प्रदेश, महाराष्ट्र और उत्तराखंड के 60 हजार परिवारों का जीवन स्तर सुधारा है।

1990 के दशक में देशबंधु गुप्ता ल्यूपिन को भी डॉ. रेड्डीज लैब, रेनबैक्सी, सिप्ला की तरह रिसर्च आधारित फार्मा कंपनी बनाना चाहते थे। ड्रग्स डिस्कवरी के लिए पुणे में उन्होंने स्क्रेच से रिसर्च सेंटर स्थापित किया। फार्मा उद्योग में शोध जितना महत्वपूर्ण है, उतना ही समय-साध्य और खर्चीला। वस्तुत: यह एक जुआ ही है, क्योंकि शोध पर भारी खर्च के अलावा समय लगता है, पर यह गारंटी नहीं होती कि सुपरिणाम मिलेंगे। यही नहीं, निवेश की वसूली और मुनाफा

अर्जन भी तब शुरू होता है, जब चिकित्सक ड्रग्स रिकमेंड करने लगते हैं। डॉ. गुप्ता को ड्रग्स डिस्कवरी के लिए पूँजी की जरूरत थी। पूँजी प्राप्त करने के लिए उन्होंने कर्ज लेकर मुंबई के उपनगर बांद्रा, मलाड व नवी मुंबई में अचल सम्पदा खरीदी और शेयर मार्केट में निवेश किया। दुर्भाग्य से ये दोनों मार्केट मंदी की गिरफ्त में ऐसे फँसे कि देशबंधु गुप्ता अपनी नेटवर्थ (तब 34 करोड़ रुपए) से दस गुना राशि के कर्जदार हो गए। ब्याज दीमक की तरह ल्यूपिन को खाने लगा। ल्यूपिन ने ऐसे दुर्दिन देखे कि इसके शेयर मूल्य 800 रुपए से घटकर 70 रुपए रह गए। डॉ. गुप्ता के लिए सांत्वना की बात यह थी कि ल्यूपिन टीबी व इन्फेक्टिव्स ड्रग्स की लीडर कंपनी थी। निवेशकों का रुझान घटा था, पर चिकित्सक ल्यूपिन की दवाएँ रिकमेंड कर रहे थे।

नीलेश गुप्ता

विनीता गुप्ता

ल्यूपिन को अस्तित्व की लड़ाई लड़ते देखकर प्रतिस्पर्धी आक्रामक हो गए। उन्होंने ल्यूपिन के ब्रेड-बटर बिजनेस पर हमला किया। घरेलू और विदेशी दोनों मार्केट में रैनबैक्सी ने ल्यूपिन के सिरमौर उत्पादों के विकल्प प्रमोट किए। रैनबैक्सी और ग्लेक्सो वेलकम ने ल्यूपिन के ड्रग्स मार्केट में अपनी हिस्सेदारी दोगुना पहुँचा दी। ल्यूपिन की टीबी ड्रग्स को चीन की सस्ती दवा से मुकाबला करना पड़ा, जिसने इसके मार्जिन पर हमला बोला।

ल्यूपिन कार्नर में धकेली गई तो डॉ. देशबंधु गुप्ता ने अलग फॉर्मूले से कम लागत की दवाएँ बनाने की कोशिश की, पर सफलता नहीं मिली। करेला और नीम चढ़ा...ल्यूपिन पर इल्ली लिली ने पेटेंट अधिकारों की अवहेलना का मुकदमा दायर कर दिया। वित्त वर्ष 1999 में ल्यूपिन की बिक्री मात्र 3 फीसदी बढ़ी, पर मुनाफा 25 फीसदी घट गया। ल्यूपिन लैब को शेयर मार्केट डूबती कम्पनी मानने लगा तो डॉ. देशबंधु गुप्ता ने उनकी इस भूल को सुधारने के लिए मैनेजमेंट्स कंसल्टेंसी फर्म मैकेंजी एंड कंपनी की सेवाएँ प्राप्त कीं। मैकेंजी की सलाह पर डॉ. देशबंधु गुप्ता ने ल्यूपिन के कारोबार व कामकाज का पुनर्गठन किया। फार्मास्युटिकल उद्योग के जाने-माने प्रोफेशनल्स नियुक्त किए जिनमें उल्लेखनीय हैं रैनबैक्सी के टेक्सोल डिवीजन के एक्जीक्यूटिव डायरेक्टर प्रदीप राणे, फॉर्मूलेशन रिसर्च के इंचार्ज हिमाद्री सेन और रैनबैक्सी के ही न्यू ड्रग रिसर्च डिवीजन के एक्जीक्यूटिव वाइस प्रेसीडेंट सुदर्शन अरोरा।

पारिवारिक स्तर पर डॉ. देशबंधु गुप्ता ने नई पीढ़ी को महती जवाबदारियाँ सौंपीं। कविता गुप्ता ने मैकेंजी के परामर्श को लागू करने की जवाबदारी सँभाली तो नीलेश गुप्ता को ड्रग्स डिस्कवरी और पेटेंट पोर्टफोलियो तथा विनीता गुप्ता को अमेरिकन जेनेरिक मार्केट में कम्पनी की पहुँच बढ़ाने का दायित्व सौंपा गया। सन् 2001 में ही ल्यूपिन ने पुणे में 1.50 लाख वर्गफीट भूखंड पर स्टेट ऑफ द आर्ट रिसर्च सुविधा जुटाई। इसी साल ल्यूपिन ने ऐसी पहली एशियाई फार्मा कंपनी बनाने का गौरव जुटाया, जिसके संयंत्र (मंडीदीप, भोपाल) को यूएसएफडीए ने मान्यता दी हो। देशबंधु जानते थे कि फार्मा उद्योग में पेटेंट प्रणाली लागू होने के साथ ग्लोबल मार्केट में एंट्री के लिए तथा अमेरिका व यूरोप में वे जेनेरिक ड्रग्स लांच करने के लिए ल्यूपिन के संयंत्रों को

यूएसडीए मान्यता दिलवाना होगी। प्रोडक्ट्स पोर्टफोलियो बड़ा होगा और ऑफ पेटेंटेड (पेटेंट मुक्त ड्रग्स) ड्रग्स के लिए ग्लोबल मार्केटिंग नेटवर्क होगा। रैनबैक्सी छोड़कर ल्यूपिन को ज्वॉइन करने वाले एक्जीक्यूटिव्स ने भी देशबंधु गुप्ता की पूरे मनोयोग से मदद की। मसलन, राणे ने टीवी ड्रग्स के अलावा ल्यूपिन के एंटीबायोटिक्स, कार्डियोलॉजी और डायबेटालॉजी ड्रग्स को प्रमोट किया। ल्यूपिन को इसके सुपरिणाम मिले।

देशबंधु गुप्ता ने ल्यूपिन के पुनर्गठन के साथ एक और जोखिम उठाई। कंपनी के अपने नियंत्रण अधिकार (शेयर होल्डिंग्स) को दाँव पर लगाया। उन्होंने अपनी 16.55 फीसदी इक्विटी बेचकर 380 करोड़ रुपए इकट्ठा किए और ब्याज-भार घटाया। मैकेंजी के परामर्श को गम्भीरता से लागू करने और देशबंधु गुप्ता की दूरन्देशी (चाहें तो कहें भूल सुधार) ने ल्यूपिन की ग्लोबल जेनेरिक मार्केट में पहुँच गहरी कर दी। नीलेश गुप्ता की टीम ने पिछले दस वर्षों में ड्रग्स डिस्कवरी करके कई नई ड्रग्स एप्लिकेशंस दाखिल किए तो कई ड्रग्स के पेटेंट व प्रॉपर्टी अधिकारों को चुनौती दी। इनसे ल्यूपिन का प्रोडक्ट्स पोर्टफोलियो बड़ा हुआ। विनीता गुप्ता ने ग्लोबल मार्केट में ऐसा नेटवर्क स्थापित किया कि यूएस मार्केट में टर्नओवर 1350 करोड़ पहुँच गया। यह ल्यूपिन की कुल बिक्री का 35 फीसदी हिस्सा है। नॉर्थ अमेरिका की ल्यूपिन आज नौवीं सबसे बड़ी जेनेरिक ड्रग्स कंपनी है। यही नहीं, ल्यूपिन ग्लोबल फार्मा लीडर्स को भी चुनौती देने लगी है।

देशबंधु गुप्ता ने ढलती उम्र में अपने पुत्र व पुत्री की सामर्थ्य को बढ़ाने के लिए जापान (क्योवा), साउथ अफ्रीका (फार्माडायनॉमिक्स), फिलीपींस (मल्टी केयर फार्मास्युटिकल्स, जर्मनी (हार्मोसन), ऑस्ट्रेलिया (जेनेरिक हेल्थ) में अधिग्रहण किए। इन अधिग्रहण ने ल्यूपिन को लोकल से ग्लोबल बनाया। इन अधिग्रहण के बाद ल्यूपिन के गोवा स्थित मैन्यूफैक्चरिंग संयंत्र को जापानी सरकार से मान्यता मिली। वित्त वर्ष 2009 में ल्यूपिन ने जापान में 12 ड्रग्स लांच की, जिनमें से उच्च रक्तचाप और सायकिट्रिक ड्रग्स ने अच्छी सफलता प्राप्त की। क्योवा के अधिग्रहण के बाद ल्यूपिन के टर्नओवर में जापान की हिस्सेदारी 12 फीसदी हो गई है। ल्यूपिन द्वारा अधिग्रहण के बाद दक्षिण अफ्रीका की फार्माडायनॉमिक्स ल्यूपिन अपने देश की छठी सबसे बड़ी जेनेरिक मेडिसिंस कंपनी बन गई, क्योंकि देशबंधु गुप्ता ने इसके ड्रग्स भारत में उन मैन्यूफैक्चरिंग प्लांट्स पर बनाना शुरू किए, जिन्हें एफडीए अमेरिका और ईएमईए यूरोप से मान्यता मिली हुई है। हार्मोसन के अधिग्रहण से ल्यूपिन को जर्मन की जेनेरिक ड्रग्स मार्केट में एंट्री मिली। संक्षेप में कहें तो ल्यूपिन द्वारा अधिग्रहण के बाद इन विदेशी कंपनियों का टर्नओवर बढ़ा तो इन सबने ल्यूपिन को भी इतना आक्रामक बना दिया कि वित्त वर्ष 2005 में 1261 करोड़ रुपए का कारोबार करने वाली ल्यूपिन लिमिटेड ने वित्त वर्ष 2009 में 3776 करोड़ रुपए का टर्नओवर किया। 92 करोड़ रुपए (2005) का मुनाफा पाँच गुना बढ़कर 501 करोड़ रुपए हो गया। पाँच सालों की ल्यूपिन की ग्रोथ भारतीय फार्मा उद्योग के दिग्गज रैनबैक्सी, डॉ. रेड्डीज लेबोरेटरीज, पीरामल हेल्थकेयर, सिप्ला और सन फार्मास्युटिक्स से बेहतर है। इस वित्त वर्ष में डॉ. रेड्डीज लैब ने 6900 करोड़ रुपए के टर्नओवर पर 917 करोड़ रुपए का घाटा दर्शाया है।

पीरामल हेल्थ केयर ने 3281 करोड़ रुपए की बिक्री पर 318 करोड़ रुपए, सिप्ला ने 5270 करोड़ की बिक्री पर 767 करोड़ रुपए मुनाफा कमाया है जबकि ल्यूपिन ने बिक्री बढ़ाई और मुनाफा मार्जिन दोनों ही इन सबसे ज्यादा बढ़ाया है।

डॉ. देशबंधु गुप्ता के लिए शायद चिंता की बात यह है कि ल्यूपिन की कुल बिक्री में भारतीय मार्केट की हिस्सेदारी घटकर 28 फीसदी रह गई है। हालाँकि ल्यूपिन अब केवल एंटी टीवी ड्रग्स पर निर्भर नहीं रही है। सांत्वना की बात यह भी है कि इसके 22 नए उत्पादों में से 8 मार्केट लीडर है तो ल्यूपिन की ब्लड प्रेशर, कोलेस्ट्राल व डायबिटीज ड्रग्स को भी चिकित्सकों ने पसंद किया है। विनीता गुप्ता अब अमेरिका के हाई ब्लड प्रेशर व कोलेस्ट्राल ड्रग्स मार्केट पर फोकस कर रही हैं। उनके अनुसार–लाइफ स्टाइल से जुड़े रोगों की दवाओं के लिए अमेरिका और यूरोप बड़ा मार्केट है। ऐसा ही वहाँ एक और मार्केट है कांट्रासेप्टिव। 3.3 बिलियन डॉलर के इस अमेरिकन मार्केट में एंट्री करने के लिए विनीता गुप्ता ने 7 नई ड्रग्स एप्लिकेशंस दाखिल की हैं। इन एएनडीए (Abbreviated new drug applications) को एफडीए मान्यता मिलने के बाद ल्यूपिन अमेरिकन मार्केट में ओरल कांट्रोसेप्टिव्स लांच करने जा रही है। विनीता गुप्ता का कहना है कि इस मार्केट में अभी केवल दो कम्पनियाँ वाटसन और टेवा सक्रिय हैं और नए खिलाड़ी के लिए भरपूर सम्भावना है।

राजनेता जानते हैं कि देश की 70 फीसदी ग्रामीण आबादी का जीवन स्तर नहीं सुधरेगा तो भारत एक प्रगतिशील देश नहीं बन सकेगा, पर वे ऐसा नहीं करेंगे। यह जवाबदारी उद्योगपतियों को सँभालना होगी। देशबंधु गुप्ता का यह कथन इस बात की मिसाल है कि वे साहसी उद्यमी हैं। उनके द्वारा सन् 1988 में स्थापित ल्यूपिन ह्यूम वेलफेयर एंड रिसर्च फाउंडेशन (एलएचडब्ल्यू आरएफ) की गतिविधियाँ इस बात का भी प्रमाण हैं कि वे जो कहते हैं, वह करते हैं। ल्यूपिन फाउंडेशन ने 35 गाँवों के उन्नयन से जो अभियान शुरू किया था, वह आज राजस्थान, मध्य प्रदेश, महाराष्ट्र और उत्तराखंड के 2200 गाँवों तक पहुँच गया है। ल्यूपिन फाउंडेशन इन गाँवों तक पहुँच गया है। ल्यूपिन फाउंडेशन इन गाँवों में मूलभूत आधारभूत सुविधाएँ, जैसे–पेयजल, पहुँच मार्ग, शौचालय, प्राथमिक स्कूल, कम्युनिटी सेंटर्स, विद्युतीकरण, स्वरोजगार के लिए प्रशिक्षण कार्यक्रम संचालित करता है, जिससे 60 हजार ग्रामीण परिवार लाभान्वित हुए हैं। ल्यूपिन फाउंडेशन का लक्ष्य है सन् 2015 तक उसके द्वारा गोद लिये गए गाँवों में गरीबी का स्तर छह फीसदी से कम हो जाए। देशबंधु गुप्ता कहते हैं कि जब मैं पहली बार किसी गाँव में पहुँचता हूँ तो लोग विश्वास नहीं करते। वे सोचते हैं–मैं यहाँ से चुनाव लड़ना चाहता हूँ। वे कहते हैं–मुंबई के सेठ अपनी काली कमाई दान कर रहा है। मैं ऐसी बातों का बुरा नहीं मानता, क्योंकि मेरे लिए यह दान नहीं है। मुझे चुनाव नहीं लड़ना है। स्कूल अध्यापक मेरे पिता कहते थे हम आज जो हैं, वह समाज की देन है, इसलिए जिनमें सामर्थ्य है, उन्हें यह कर्ज चुका देना चाहिए।

34

मैराथन रनर

वेणु श्रीनिवासन

परमात्मा का अंश 'आत्मा' हम सबकी काया में समाई हुई है। यह तो गंगोत्तरी है आदमी में आत्मविश्वास व आत्मसम्मान की। जिनकी गंगोत्तरी जितनी पावन, उनमें स्वाभिमान व स्वावलम्बन उतना ही प्रखर व प्रबल। यह कोई गूढ़ दार्शनिक गुत्थी नहीं है। इसे तो तत्काल हल किया जा सकता है। अपने आसपास देखें। कई लोग हैं जिनको खुद पर पूरा भरोसा है। अपनी राह उन्होंने खुद चुनी है। अपना 'आज और कल' उन्होंने खुद बुना है। अपनी भूलों को कबूलने व सुधारने में उन्होंने कोई देरी नहीं की है। इनसे वे ज्यादा मजबूत व परिपक्व हुए हैं। ऐसे ही शख्स हैं वेणु श्रीनिवासन, टीवीएस मोटर कम्पनी के सूत्रधार। वेणु श्रीनिवासन ने अपना औद्योगिक कैरियर न तो 'शून्य' से शुरू किया है और न ही अभी तक शिखर छुआ है, पर इस पुस्तक में उनका जिक्र जरूरी है, क्योंकि उनकी कम्पनियों ने जब भी दुर्दिन देखे, उन्होंने शॉर्टकट अपनाने के बजाय जमकर संघर्ष किया और हर बार ज्यादा 'बाहुबली' बनकर खड़े हुए। दक्षिण भारत के एक बहुप्रतिष्ठित ब्राह्मण घराने में जन्मे हैं वेणु श्रीनिवासन। देश के यशस्वी बिजनेस टायकून जी. सुंदरम् आयंगर के वे पोते हैं। पुरड्यू यूनिवर्सिटी, अमेरिका से बिजनेस मैनेजमेंट (एम.ए.) की पढ़ाई के बाद स्वदेश लौटते ही पिता के निधन के कारण 26 वर्ष की उम्र में उन्हें सुंदरम् क्लेटॉन को सँभालना पड़ा। ऑटो कम्पोनेंट्स बनाने वाली यह कम्पनी तब औसत कारोबार कर रही थी। 70-80 के दशक में देश का ऑटोमोबाइल उद्योग बहुत छोटा था। वेणु श्रीनिवासन ने लगभग रुग्ण सुंदरम् क्लेटॉन का चार्ज लिया था। यही सुंदरम् क्लेटॉन आज देश ही नहीं, दुनिया की महारथी ऑटोमोबाइल कम्पनियों को ऑटो कम्पोनेंट्स

सप्लाई कर रही है। कारोबारी सफलता के साथ सुंदरम् क्लेटॉन ने अपने इंजीनियरिंग कौशल के लिए दो बार ऐसी अंतरराष्ट्रीय मान्यता जुटाई है, जिसे मैन्यूफैक्चरिंग-वर्ल्ड में नोबेल पुरस्कार के समकक्ष माना जाता है। सुंदरम् क्लेटॉन पहली भारतीय कम्पनी है, जिसने सन् 1998 में जापान का अवार्ड 'डेनिम प्राइज' प्राप्त किया। सांख्यिकी गुणवत्ता नियंत्रक के प्रणेता विलियम एडवर्ड्स डेमिंग की स्मृति में यह पुरस्कार जापानी वैज्ञानिकों और इंजीनियरों का एसोसिएशन प्रदान करता है। इस अवार्ड के मापदंड बेहद कड़े हैं। जापान ने सुंदरम् क्लेटॉन (पढ़ें भारत) की इंजीनियरिंग दक्षता की एक बार फिर पुष्टि की, जब जापान क्वालिटी मेडल प्रदान किया, जिसमें केवल डेनिम विनर्स मैन्यूफैक्चरर्स ही शामिल किए जाते हैं। विगत 32 सालों में यह मेडल दुनिया की गिनी-चुनी कम्पनियों को मिला है, जिनमें से भी अधिकांश जापानी हैं।

अपने जमाने की छोटी-सी कम्पनी सुंदरम् क्लेटॉन को ऐसी वैश्विक मान्यता दिलवाने वाले वेणु श्रीनिवासन ने अपनी सिरमौर कम्पनी टीवीएस को भी वैसे ही धैर्य के साथ 'वयस्क' बनाया है, जिस तरह उनके दादा व पिता ने उन्हें बचपन से स्वावलम्बन का सबक सिखाया-'केवल उपदेश देकर नहीं, बल्कि पानी में धक्का देकर।' वेणु श्रीनिवासन को स्कूली पढ़ाई के साथ पॉकेट खर्च के लिए समर-अर्निंग (ग्रीष्म अवकाश में काम) करना पड़ती थी। स्वावलंबन का यह चस्का ऐसा 'चस्पाँ' हुआ कि अमेरिका में पढ़ते हुए उन्होंने घर-घर जाकर बाइबल्स बेचीं। अपना खर्च भी निकाला और अमेरिकन लोगों की लाइफ स्टाइल नजदीक से देखी।

किशोरावस्था में मिला आत्मनिर्भरता का यह सबक टीवीएस मोटर्स को सँभालने में भी बेहद मददगार साबित हुआ। सन् 1979 में स्थापित टीवीएस का दायित्व जब वेणु श्रीनिवासन ने सँभाला, तब दो-पहिया वाहन मार्केट में बजाज ऑटो का एकच्छत्र राज था। हीरो होंडा का जन्म भी नहीं हुआ था। हीरो समूह की कंपनी मैजेस्टिक ऑटो मोपेड बनाने की तैयारी कर रही थी। स्कूटरों का भारी क्रेज था। स्कूटर के बाद मोपेड के नाम पर पेट्रो-साइकिल लूना इतनी लोकप्रिय थी कि बाइक से भी ज्यादा बिकती थी। 'कुछ ही सालों में देश में बाइक की प्रचंड आँधी आएगी कि भारतीय सड़कों का चार दशक पुराना बादशाह स्कूटर हाशिए में चला जाएगा'-इस बात का सबसे पहले वेणु श्रीनिवासन ने अनुमान लगाया व सन् 1983 में सुजुकी जापान से तकनीकी गठबंधन किया। सुंदरम् क्लेटॉन (32.5 फीसदी इक्विटी हिस्सेदारी) व सुजुकी जापान (26 फीसदी) ने संयुक्त कम्पनी गठित की-'टीवीएस सुजुकी'।

'बाइक क्रांति' का बिगुल बजाते हुए टीवीएस सुजुकी ने सन् 1984 में एएक्स-100 मोटरसाइकिल लांच की, जो टीवीएस सुजुकी/इंड सुजुकी के नाम से लोकप्रिय हुई। आकर्षक लुक व कम पेट्रोल खपत के कारण 100 सीसी की इस बाइक ने भारतीय सड़कों का ट्रैफिक बदल डाला। भारी, ब्लैक व रफ-टफ राजदूत, जावा, एनफील्ड से उकताए बाइक चालक ही नहीं, स्कूटर सवार नए युवाओं ने भी टीवीएस सुजुकी का भरपूर स्वागत किया। होंडा जापान को बैसाखी बनाकर हीरो होंडा की सीडी-100 ने सन् 1985 में इसकी गति पर ब्रेक लगाया। वेणु श्रीनिवासन ने जो होड़ (पेट्रोल खर्च करने में कंजूस, न्यू लुक, 100 सीसी बाइक) शुरू की थी,

उसमें सन् 1986 में बजाज ऑटो (कावासाकी के साथ केबी-100) व एस्कॉर्ट्स (यामाहा आर.एक्स. 100) को भी शामिल होना पड़ा। हीरो होंडा ने बहुत जल्दी टीवीएस सुजुकी को पकड़ लिया, पर बजाज ऑटो जैसे दो-पहिया दिग्गज को कई सालों तक बाइक मार्केट में दूसरी पायदान के लिए संघर्ष करना पड़ा। टीवीएस सुजुकी का दूसरे क्रम पर लगभग एक दशक तक कब्जा बना रहा। यही नहीं, टीवीएस मोपेड मार्केट में भी ऐसे मुकाम पर पहुँच गई कि वेणु श्रीनिवासन को खिताब मिला 'मोपेड मन्नार' (मोपेड्स-किंग)। स्कूटी के नए वर्सन के साथ टीवीएस मोटर्स कम्पनी मोपेड मार्केट में यह हैसियत आज तक बनाए हुए है। हीरो होंडा की स्ट्रीट, बजाज की सन्नी, हीरो समूह का हीरो पुक मार्केट से गुम ही हो गए हैं। 90 का दशक वेणु श्रीनिवासन के लिए संघर्ष का न्योता लाया। उनके आत्मविश्वास का कड़ा परीक्षण शुरू हुआ। टीवीएस सुजुकी में हड़ताल हुई। सुजुकी ने सुख-दु:ख के साथी-सा साथ नहीं निभाया। 'He is not an average man or manager'-यह साबित करते हुए वेणु श्रीनिवासन ने श्रमिकों की अनुचित माँगों को मानने से साफ मना कर दिया। तीन महीने की तालाबंदी के बाद श्रमिक नरम पड़े और वेणु श्रीनिवासन की शर्तों पर स्थिति सामान्य हुई, पर उनके मन में सुजुकी को लेकर खटास पड़ गई। सुजुकी जैसे बहुराष्ट्रीय महारथी से बिना तैयारी भिड़ना भूल होगी, यह सोचकर हमारे युग के इस दक्षिण भारतीय 'चाणक्य' ने तब चुप्पी साध ली, पर वे शांत नहीं बैठे।

कम्पनी की आंतरिक प्रणाली व कार्य-संस्कृति को सुधारने के लिए वेणु श्रीनिवासन ने वार्विक यूनिवर्सिटी के प्रो. कुमार भट्टाचार्य (इंग्लैंड की रोवर के यू-टर्न में मददगार) को परामर्श के लिए बुलाया। टीवीएस सुजुकी ने बैंगलोर के नजदीक होसुर स्थित अपने प्लांट को उन्नत किया, न्यू टेक्नोलॉजी पर खर्च बढ़ाया, इन-हाउस डिजाइन की सुविधाएँ जुटाईं व टोयोटा स्टाइल क्वालिटी प्रोग्राम अपनाया।

आंतरिक व्यवस्था के नवीनीकरण के साथ टीवीएस सुजुकी ने सन् 1996 में केटेलिक कन्वर्टर 110 सीसी बाइक 'शोगन' पेश की। एक साल बाद कम्पनी ने फाइव स्पीड मोटर साइकिल 'शाओलीन' लांच की। सन् 1999 में फोर स्ट्रोक स्कूटर 'स्टेक्ट्रा' पेश किया, पर ये सारी नई पेशकश अपेक्षित परिणाम नहीं दे पाई। इस बीच, सुजुकी के साथ मनमुटाव बढ़ता गया। टीवीएस को शिकायत थी कि सुजुकी फोर स्ट्रोक टेक्नोलॉजी देने में देर कर रही है। एक तरफ, सरकार ने सन् 1996 में नए एमीशन नार्म्स (पर्यावरणीय मानक) लागू करके टू-स्ट्रोक बाइक के लिए मैदान रपटीला कर दिया। दूसरे, बजाज ऑटो भी कमर कसकर मैदान में आ गया। हीरो होंडा ने हर रोज अपनी हैसियत पुख्ता की। दुर्दिनों में टीवीएस सुजुकी को सन् 2000 में पेश की गई 'फिएरो' ने थोड़ी राहत दिलवाई, पर सन् 2001 में टीवीएस सुजुकी का मुनाफा 27.5 फीसदी घट गया।

सुजुकी से मन ही मन खफा वेणु श्रीनिवासन ने पॉवर बाइक- फोर स्ट्रोक फिएरो को डिजाइन करने व बनाने में इन-हाउस टीम पर भरोसा किया था। फोर स्ट्रोक स्कूटर स्पेक्ट्रा की असफलता से भी इस टीम ने सबक सीखा था। सारी स्थिति का आकलन करके एवं बाल्यावस्था के आत्मनिर्भरता के पाठ को दोहराने के दृढ़ इरादे के साथ अंतत: सितंबर, 2001 में वेणु

श्रीनिवासन ने घोषणा कर दी कि वे सुजुकी मोटर कॉरपोरेशन के साथ 19 साल पुरानी दोस्ती तोड़ रहे हैं। इसके साथ ही उन्होंने सुजुकी टेक्नोलॉजी के बिना डिजाइन की गई 110 सीसी विक्टर फोर स्ट्रोक लांच की। मार्केट में वेणु श्रीनिवासन की उन आठ महीनों की व्यस्तता व कड़ी परीक्षा की कल्पना करें। ऑटो उद्योग व शेयर मार्केट ने बिना सुजुकी टीवीएस को 'शून्य' मानना शुरू कर दिया था। 30 अप्रैल, 02 को टीवीएस सुजुकी ने शेयर मार्केट में ऐसा गोता लगाया कि शेयर मूल्य 82 रुपए (अक्टूबर, 99 में 830 रुपए) रह गए। दूसरी तरफ, वेणु श्रीनिवासन की मार्केटिंग टीम सारे देश में विक्टर को लांच करने में जुटी हुई थी। विक्टर सफल होगी या नहीं, इस ऊहापोह के बीच वे स्वयं बोर्डरूम में यह रणनीति बना रहे थे कि टीवीएस में सुजुकी की इक्विटी कम से कम दाम में वापस कैसे खरीदें। अप्रैल-मई, 2002 में दिन बदले। लम्बी सौदेबाजी के बाद सुजुकी अपनी 25.97 इक्विटी प्रति शेयर 15 रुपए मूल्य (तब मार्केट मूल्य 70 से 80 रुपए) पर बेचने को तैयार हुई। 30 अप्रैल, 2002 को वेणु श्रीनिवासन ने 9 करोड़ रुपए इक्विटी मूल्य व बकाया रॉयल्टी चुकाकर टीवीएस सुजुकी को टीवीएस मोटर्स कम्पनी बनाया, जो पूरी तरह अब उनके नियंत्रण में थी। कहते हैं कि सुजुकी ने अपनी इक्विटी मार्केट मूल्य से डिस्काउंट पर बेचकर भी इस भागीदारी से अच्छा पैसा कमाया था। दो दशक तक सुजुकी ने वेणु श्रीनिवासन से जो रॉयल्टी व पार्ट्स बिक्री पर मुनाफा लिया था, वह उसके कुल निवेश से कई गुना ज्यादा है। सामान्यत: ऐसे विदेशी भागीदार चार से पाँच हजार प्रति बाइक टेक्नोलॉजी रॉयल्टी ले लेते हैं। वेणु श्रीनिवासन ने इसीलिए तब कहा था-'हमारा मुनाफा अब रॉयल्टी न चुकाने व पार्ट्स के स्वदेशीकरण से बढ़ेगा। हम ज्यादा तेजी से नए उत्पादों का विकास कर पाएँगे और निर्यात मार्केट में भी प्रवेश कर सकेंगे।' वे ऐसा करने में सफल भी हुए हैं। टीवीएस मोटर्स के टर्नओवर में मोपेड की हिस्सेदारी ज्यादा है, जिसे (75 सीसी स्कूटी) टीवीएस की आर एंड डी टीम ने इन-हाउस ही डिजाइन किया है। जनवरी, 94 में लांच की गई देश की सबसे सफलतम मोपेड स्कूटी ने बिक्री के कीर्तिमान बनाए हैं।

मनचाही शर्त (लागत) पर सुजुकी से अलग होने के साथ, वर्ष 2001 व 2002 वेणु श्रीनिवासन के लिए विक्टर की सफलता के कारण बेहद शुभ साबित हुए। विक्टर की माँग ऐसी बढ़ी कि 400 वाहन का दैनिक उत्पादन बढ़ाकर एक हजार और एक ही साल में 2000 करना पड़ा। पूरी तरह स्वतंत्र व स्वावलंबी होते ही वेणु श्रीनिवासन ने विक्टर के प्रमोशन के लिए क्रिकेट के सुपर स्टार सचिन तेंदुलकर को ब्रांड एम्बेसडर बनाया। सुजुकी से अलग होने के बाद मितव्ययी स्वभाव के वेणु श्रीनिवासन ने ब्रांड बिल्डिंग व विक्टर की मार्केटिंग पर करीब 50 करोड़ रुपए खर्च किए। विक्टर ने भी लोकल मार्केट के अलावा वेणु श्रीनिवासन को पुन: विश्व स्तर पर वह 'विक्टरी' दिलवाई, जो उनके लिए नई तो नहीं थी, पर चौंकाने वाली थी। सन् 2002 में वेणु श्रीनिवासन ने फिर 'डेनिम' प्राइज प्राप्त किया, पर इस बार उन्हें यह गौरव टीवीएस के लिए मिला। भारत सरकार ने भी टीवीएस मोटर्स को विक्टर के लिए नेशनल टेक्नोलॉजी अवार्ड से नवाजा। इन सबसे बड़ी वेणु श्रीनिवासन की निजी उपलब्धि है अमेरिका के पूर्व राष्ट्रपति बिल क्लिंटन से बिजनेस वीक का 'स्टार ऑफ एशिया' (2002) अवार्ड प्राप्त करना। भारत के इस

अकेले व दुनिया के दूसरे ऑटो मेकर (उनके अलावा टोयोटा मोटर कॉरपोरेशन के प्रेसीडेंट फ्यूजियो चू) को इस सम्मान के लिए मनोनीत करते हुए बिजनेस वीक ने लिखा था–'वेणु श्रीनिवासन ने लम्बी हड़ताल के बाद लगभग टूट चुकी अपनी कम्पनी को पुनः खड़ा करने के लिए अथक श्रम किया है। यही नहीं, वेणु श्रीनिवासन ने न केवल अपनी शर्तों पर सुजुकी से तकनीकी नाता तोड़ा, बल्कि खुद नए वाहन डिजाइन करने का साहस जुटाया।' बिजनेस वीक ने सही लिखा। वस्तुतः टीवीएस भारतीय इंजीनियरिंग कुशलता का शो-पीस है। वेणु श्रीनिवासन ने साबित किया है कि बिना विदेशी मदद हम स्वदेशी संसाधनों व निपुणता से ऐसे वाहन बना सकते हैं, जो मेड-इन-इंडिया टैग की साख सारे विश्व में स्थापित करें। टीवीएस आज अकेली ऐसी भारतीय कम्पनी है, जिसका किसी विदेशी महारथी से कोई वाणिज्यिक या तकनीकी समझौता नहीं है। हीरो होंडा सबसे अव्वल है, पर इसका श्रेय होंडा, जापान भी शेयर करता है। इसी तरह बजाज का कावासाकी से तकनीकी गठबंधन है। दिलचस्प बात यह है कि वेणु श्रीनिवासन ने वर्ल्ड क्लास बाइक भारत में बनाने के लिए सबसे पहले ऐसी विदेशी बैसाखी (सुजुकी से दो दशक पहले गठबंधन) जुटाई थी और सबसे पहले उन्होंने ही आत्मनिर्भरता की घोषणा की–अपने स्तर पर 'स्केच' व 'स्क्रेच' से शुरू करके विक्टर बनाई और वह विक्टरी (सुयश) कमाई, जिसने दुनिया के ऑटो मार्केट में उनका ही नहीं, सारे देश का गौरव बढ़ाया। टीवीएस की तकनीकी उपलब्धियों में एक नया अध्याय जोड़ते हुए वेणु श्रीनिवासन ने सन् 2010 में देश की पहली ऑटो क्लच बाइक लांच की है। वेणु श्रीनिवासन संतुष्ट होंगे कि टीवीएस ने एक बार फिर नई तकनीक की बाइक इन-हाउस डिजाइन व विकसित की यानी उनके मुनाफे में कोई भागीदार नहीं है।

टीवीएस समूह

ब्रिटिश राज में ही कलकत्ता (कोलकाता) को केंद्र बनाकर बिड़ला के नेतृत्व में मारवाड़ी वैश्यों ने तो बॉम्बे (मुंबई) को केंद्र बनाकर टाटा के नेतृत्व में पारसी उद्यमियों ने देश में स्वदेशी उद्योग लगाने शुरू कर दिए थे। दक्षिण भारत में इनकी शुरुआत मद्रास (चेन्नई) से हुई थी। एस. अनंत रामाकृष्णन ने सन् 1938 में एमलगमेशन ग्रुप की स्थापना की, जो टेफे (मैसी ट्रैक्टर) के लिए आज भी मशहूर है। ए.एम. मुरुगप्पा चेट्टीयार ने सन् 1940 में 'मुरुगप्पा' समूह स्थापित किया। सन् 1945 में एम.ए. चिदम्बरम द्वारा स्थापित समूह 'लेम्ब्रेटा' के लिए सालोसाल जाना गया। 1964 में के.एम. माम्मेन माप्पिलाई द्वारा स्थापित 'एमआरएफ' टायर उद्योग का आज भी अग्रणी खिलाड़ी है। टीवीएस मोटर्स के वेणु श्रीनिवासन अपने युग के ऐसे ही एक दक्षिण भारतीय बिजनेस टायकून टी.वी. सुंदरम् आयंगर के पोते हैं। समूह की कंपनियाँ जटिल इंजीनियरिंग उत्पाद टू-व्हीलर्स, हैवी व्हीकल व्हील्स, हैवी व्हीकल्स ब्रेक, फास्टनर्स, रेडिएटर केप्स, ऑटोमोटिव ब्रेक लाइनिंग्स, दोपहिया वाहनों के टायरों के अलावा प्रिंटर्स व कम्प्यूटर आदि बनाती हैं। इनके अधिकांश ग्राहक देश व दुनिया के ऑटो उद्योग के महारथी हैं।

ग्रुप कम्पनियों की इक्विटी ग्रुप संस्थापक स्व. टी.वी. सुंदरम् आयंगर के पुत्रों टी.एस. राजम, टी.एस. कृष्णा, टी.एस. संथानम व टी.एस. श्रीनिवासन को 'क्रॉस होल्डिंग' (चारों परिवार

एक-दूसरे के नियंत्रण वाली कंपनियों में शेयरधारक) के रूप में विरासत में मिली थी। चारों भाइयों की संतानों (रामसंथाम, आर. रामानुजम, सुरेश कृष्णा, के. महेश, शोभना रामचंद्रन, गोपाल श्रीनिवासन व वेणु श्रीनिवासन) ने सन् 1984 व सन् 1992 में विरासत के स्पष्ट विभाजन व स्वतंत्र नियंत्रण की दो बार असफल कोशिशें कीं। सन् 1993 में जिस व्यवस्था को सबने मान्य किया, वह है–टी.एस. राजम परिवार को सुंदरम् इंडस्ट्रीज, टी.एस. कृष्णा परिवार को सुंदर ब्रेक्स लायनिंग्स, सुंदरम् फास्टनर्स व सुंदरम् टेक्सटाइल्स, टी.एस. संथानम परिवार को ब्रेक्स इंडिया, व्हील्स इंडिया व सुंदरम् फाइनेंस और टी.एस. श्रीनिवासन के बड़े पुत्र वेणु श्रीनिवासन को टीवीएस सुजुकी (अब टीवीएस मोटर कम्पनी) व सुंदरम् क्लेटॉन तथा छोटे पुत्र गोपाल श्रीनिवासन को टीवीएस इलेक्ट्रॉनिक्स।

सन् 2010 में पद्मश्री से सम्मानित वेणु श्रीनिवासन ने टीवीएस मोटर को मोपेड किंग व बाइक मार्केट की तीसरी बड़ी कम्पनी बनाकर अपने दादा व पिता के सोच–'अनुशासित उद्यमशीलता का कोई अंतिम छोर नहीं होता'–को पुनर्स्थापित किया है। परिवार में कैसा अनुशासित माहौल रहा होगा, इसका उदाहरण है वेणु श्रीनिवासन का यह कथन–'मैं किशोरावस्था में मदुरै में पढ़ रहा था। उन दिनों टीवीएस की बसें गुजरने के साथ लोग अपनी घड़ियाँ मिलाया करते थे।'

वेणु श्रीनिवासन अपने मधुर व मर्यादित रिश्तों व व्यवहार के लिए देश के कॉरपोरेट वर्ल्ड में मशहूर हैं। वे मजाक करने का कोई मौका नहीं छोड़ते तो मजाक सहने में भी उदार हैं। वर्कोहलिक वेणु श्रीनिवासन की कमजोरी है–'मैनेजमेंट की नई-नई पुस्तकें पढ़ना।' छह फीट लम्बे, दबंग पर आकर्षक व्यक्तित्व के धनी वेणु श्रीनिवासन का मल्लिका से विवाह हुआ है। वे भी दक्षिण भारत के एक अन्य पुराने व प्रतिष्ठित औद्योगिक समूह 'एमलगमेशन' के संस्थापक एस. अनंत रामाकृष्णन की पौत्री हैं व कॉरपोरेट वर्ल्ड में उद्यमशीलता के लिए मशहूर हैं। व्हार्टन बिजनेस स्कूल की एमबीए मल्लिका श्रीनिवासन को अपने पिता ए. सिवासैलम से विरासत में नियंत्रण के लिए मिली है ट्रैक्टर कंपनी टेफे, जो मैसी फर्गुसन ट्रैक्टर के लिए जानी जाती है। स्पष्ट है कि श्रीनिवासन दम्पती (वेणु श्रीनिवासन व मल्लिका श्रीनिवासन) ने दक्षिण भारत की उद्योग परम्परा व अस्तित्व को बचाए रखने में अहम भूमिका निभाई है।

लोकल से ग्लोबल
इंडियन कॉरपोरेट्स

35

चैम्पियनों के चैम्पियन

रमेशचंद्र अग्रवाल

एक नए आश्रम की स्थापना के लिए महंत ने पुराने आश्रम से एक ब्रह्मचारी बुलवाया। पुराने आश्रम ने दस ब्रह्मचारियों को रवाना कर दिया। सबको आश्चर्य हुआ कि बुलवाया एक था, दस क्यों भेजे? छह महीने बाद नए आश्रम से जानकारी आई कि जो एक ब्रह्मचारी बुलवाया गया था, वह पहुँच गया है। सबको आश्चर्य हुआ–दस भेजे थे, एक ही पहुँचा। खोज की गई तो पता चला कि दस की रवानगी के अगले दिन एक अन्य राज्य के मंत्री ने उनसे कहा–हमारे राजा का निधन हो गया है, राज ज्योतिषी ने बताया है कि सीमा पर जो पहला व्यक्ति नजर आए, उसे राजा बनाना। उन दस में से एक ने सोचा–क्या बुराई है, वह रुक गया। अगले दिन दूसरे राज्य के मंत्री ने कहा–हमारे राजा की एक ही पुत्री है, ज्योतिषियों ने बताया है कि सीमा पर जो पहला व्यक्ति आए, उसका राजकुमारी से विवाह करें। एक ब्रह्मचारी वहीं रुक गया। शेष बचे और आगे बढ़े। पर मार्ग में ऐसे प्रस्ताव आते रहे और अंत में पहुँचा एक ही ब्रह्मचारी। इसके बाद यह कहावत जन्मी–'चलते दस हैं, पहुँचता एक है।'

जी हाँ, दस ही चले थे, पर शिखर पर पहुँचा एक।

पिछले 25 वर्षों में समाचार-पत्र उद्योग में यही हुआ है।

हम सब जानते हैं कि मीडिया का समाज व सरकार में खासा दबदबा व दबाव है, हम यह नहीं जानते हैं कि रोज एक अखबार प्रकाशित करना और उसे पाठकों तक पहुँचाना टेढ़ी खीर है। यह ऐसा उत्पाद है, जो दुनिया भर की खबरें, सूचना, ज्ञान व मनोरंजन लेकर सूरज की पहली किरण के साथ हर रोज हमारे घर पर दस्तक देता है, पर यह केवल मुनाफा अर्जन करने वाला कारोबार नहीं है, यह एक मिशन है। यही

कारण है कि अखबार नहीं मिले तो सुबह सूनी हो जाती है और दिन बेचैन। पर हम इसकी मूल लागत का आधा हिस्सा भी नहीं चुकाते हैं। अखबार का एक पाठक बढ़ता है तो मालिक का घाटा बढ़ जाता है। पाठक न बढ़े तो भी घाटा बढ़ता है, क्योंकि विज्ञापन घटने लगते हैं। ऐसे कई विरोधाभासों के बीच अखबार हर रोज छपता है, क्योंकि इस उद्योग में जो एक बार सफलता का स्वाद चख लेता है, उसके लिए यह न छूटने वाला नशा हो जाता है। यह उद्योग ऐसा चक्रव्यूह है, जिसमें प्रवेश मार्ग तो है, पर निकास-द्वार नहीं। ऐसे विलक्षण उद्योग में यदि कोई समूह हर रोज, हर माह या हर साल सफलता का परचम फहराए तो कहना होगा कि उसके कर्ताधर्ता उन बिरले लोगों में हैं, जिन्हें विधाता से तीन वरदान-'भाग्य', 'पुरुषार्थ' और 'बुद्धिमत्ता' समान रूप से, समान मात्रा में मिले हैं। भारतीय समाचार उद्योग में 'भास्कर समूह' (अब डीबी कॉर्प) ने यही करिश्मा किया है।

पिछले 25 सालों में समाचार-पत्र उद्योग आर्थिक तंगी के शिकार हुए। देश के बड़े समाचार-पत्र समूह नए संस्करण शुरू करने के बजाय अपने साम्राज्य को बचाने के लिए जूझे हैं। उद्योग के ऐसे आपातकाल में 'भास्कर समूह' ने न केवल तीन दर्जन से ज्यादा संस्करण लांच किए, वरन् उन्हें एक-दो साल में ही अपने क्षेत्र का 'विनर' भी बना दिया। आज देश के 13 राज्यों से हिंदी, गुजराती और अंग्रेजी अखबारों के 52 संस्करण, 128 उपसंस्करण, न्यूयॉर्क व कनाडा से अंतरराष्ट्रीय संस्करण के अलावा अहा! जिंदगी, यंग भास्कर और लक्ष्य जैसी पत्रिकाओं और 18 एफएम रेडियो स्टेशनों के साथ देश का सबसे बड़ा मीडिया हाउस है-डीबी कॉर्प (भास्कर समूह)। देश ही नहीं, दुनिया के मीडिया वर्ल्ड में इतनी तेज गति से इतना व्यापक विस्तार एक कीर्तिमान है।

दिलचस्प बात यह है कि भास्कर समूह के चेअरमैन रमेशचंद्र अग्रवाल इसे बड़ी बात नहीं मानते। उनके अनुसार- 'भास्कर समूह' ने भारतीय भाषा के समाचार-पत्रों की दशा व दिशा बदली है। 'भास्कर' जहाँ गया, वहाँ इसने पूर्व स्थापित अखबारों का एकाधिकार समाप्त करके प्रतिस्पर्धा शुरू की। स्थापित अखबारों के पाठक नहीं तोड़े, बल्कि नए पाठक जोड़े। अखबारों की छपाई व प्रस्तुति में क्रांतिकारी सुधार किया। इससे भारतीय समाचार-पत्रों के साथ विज्ञापन उद्योग की आय भी कई गुना बढ़ी। इससे भी बड़ी बात यह है कि जिन अंग्रेजी अखबारों ने भारतीय भाषा के समाचार-पत्रों को हमेशा अपने से 'छोटा' माना और उन्हें दोयम दर्जा दिया, वे अब इन्हें अपना जबर्दस्त प्रतिस्पर्धी मानने लगे हैं।

'दैनिक भास्कर' की इस यशस्वी यात्रा को मोटे तौर पर तीन कालखंडों में बाँटा जा सकता है। पहला दौर है-60 व 70 के दो दशक। इस अवधि में स्व. द्वारकाप्रसाद अग्रवाल ने 'दैनिक भास्कर' की स्थापना (सन् 1958) की और तीन संस्करण (भोपाल, ग्वालियर व झाँसी) शुरू किए, पर वे परंपरागत व साधारण अखबार ही निकाल पाए। सन् 1978 में उनके पुत्र रमेशचंद्र अग्रवाल उद्योग से जुड़े तो वह दूसरा दौर शुरू हुआ, जो 'भास्कर' की सफलता की बुनियाद है। इस दौर की तीन बड़ी घटनाएँ काबिलेजिक्र हैं-एक, भोपाल गैस दुर्घटना (1984)। दूसरी,

'भास्कर' का इंदौर संस्करण व तीसरी रमेशचंद्र अग्रवाल के पुत्रों सुधीर अग्रवाल (मैनेजिंग डायरेक्टर डी. बी. कार्य), गिरीश अग्रवाल (डायरेक्टर मार्केटिंग) व पवन अग्रवाल (डायरेक्टर प्रोडक्शन) का समाचार-पत्र उद्योग में प्रवेश।

भोपाल गैस त्रासदी ने सन् 1984 में 'दैनिक भास्कर' को पाठकों के प्रति ईमानदारी व प्रतिबद्धता का सबक सिखाया। इस औद्योगिक दुर्घटना की 'दैनिक भास्कर' ने ऐसी बेबाक रिपोर्टिंग की कि सरकार व प्रशासन रुष्ट हो गए। अखबार ने तब पाठकों के हित में वे सारे तथ्य उजागर कर दिए थे, जिन्हें सरकार छुपाना चाहती थी। परिणामस्वरूप 'भास्कर समूह' ने 20 लाख रुपए से ज्यादा के सरकारी विज्ञापन खोए, पर पाठकों ने 'दैनिक भास्कर' को देखते-देखते मध्य प्रदेश की राजधानी भोपाल का लीडर समाचार-पत्र बनाकर इस क्षति की पूर्ति कर दी। रमेशचंद्र अग्रवाल के लिए 80 के दशक में 20 लाख रुपए कितने मूल्यवान थे, इसका अनुमान इस तथ्य से लगाया जा सकता है कि भोपाल व ग्वालियर के घाटे में संचालित दो संस्करणों के साथ वे तब इंदौर में दैनिक भास्कर को स्थापित करने के लिए कड़ा संघर्ष कर रहे थे। सन् 1983 में अपने पिता के विरोध के बावजूद उन्होंने मध्य प्रदेश वित्त निगम से 25 लाख रुपए का कर्ज लेकर इंदौर संस्करण शुरू किया था। स्व. द्वारकाप्रसाद अग्रवाल का विरोध अकारण नहीं था। एक, परिवार के पास तब बेहद सीमित संसाधन और दूसरे नई दुनिया से मुकाबला, जो तब इंदौर ही नहीं, पूरे प्रदेश का प्रतिनिधि अखबार था। पिता को पुत्र की क्षमता पर भी भरोसा नहीं था और इसे ही पुत्र ने एक चुनौती के रूप में स्वीकार किया था। गिरीश अग्रवाल ने एक साक्षात्कार में कहा है-'हमारे दादाजी के समय तक अखबार हमारे परिवार का मुख्य व्यवसाय नहीं था। तब हमने अखबार से पैसा भी नहीं कमाया। सन् 1983 में इंदौर संस्करण की लांचिंग के बाद हम गंभीर हुए।'

दैनिक भास्कर के इंदौर में कड़े संघर्ष के साक्षी कहते हैं कि अस्तित्व की रक्षा व मान-सम्मान को बचाने के लिए सब कुछ दाँव पर लगा दिया था रमेशचंद्र अग्रवाल ने। मुकाबला मध्य प्रदेश के ऐसे महारथी से था, जिसकी तब (सन् 1983) 1.40 लाख प्रतियाँ प्रकाशित हो रही थीं और शेष सारे समाचार-पत्रों की मात्र पाँच हजार। रमेशचंद्र अग्रवाल का तब ट्रंप कार्ड था-'खबरों के प्रति निष्पक्षता व उनकी जैसी है वैसी प्रस्तुति।' पाठकों के प्रति पूरी ईमानदारी के साथ मार्केटिंग के सारे गुर भी भास्कर समूह ने आजमाए। भास्कर उत्सव के बैनर तले सिने-सितारे व कई मशहूर हस्तियाँ सड़कों पर उतरीं। कथित बुद्धिजीवी पाठकों ने इसे 'चीप स्ट्रेटेजी' कहा। पर सन् 1990 में वह प्रचंड आँधी आ ही गई, जिससे बचने के लिए शुतुरमुर्ग जैसा ताकतवर पक्षी भी रेत में मुंह छुपा लेता है।

मध्य प्रदेश का नंबर वन अखबार बनने की खुशी में 90 के दशक में पाँच दिवसीय शोर-शराबे (भास्कर उत्सव) पर तीस लाख रुपए के खर्च को वाजिब बताते हुए भास्कर समूह के लो-प्रोफाइल मैनेजिंग डायरेक्टर सुधीर अग्रवाल कहते हैं-'दुर्भाग्य से हमारे देश में जब हम अपनी सफलता की स्वयं चर्चा करते हैं, शोर मचाते हैं तो हमें बड़बोला कहा जाता है। भारतीय अपनी उपलब्धि 'बताने व बेचने' के मामले में पूरी तरह अनाड़ी हैं, जबकि सफलता को सेलिब्रेट करके

हम दूसरों को जूझने व जीतने की प्रेरणा देते हैं।'

रमेशचंद्र अग्रवाल ने एक दशक लंबी इस लड़ाई का एक और दोहन किया। अपने पुत्रों को इसी दौर में प्रिंट उद्योग का 'इनसाइड' सिखाया। सुधीर अग्रवाल ने उन दिनों एडिटिंग, कपोजिंग, पेस्टिंग व प्रिंटिंग विभाग में अपने ही कर्मचारियों के अधीनस्थ काम किया। वे स्वयं सुबह अखबारों के बंडलों के साथ एजेंट्स के पास गए, यानी समाचार-पत्र उद्योग में एजेंट्स व हॉकर की उपयोगिता फील्ड में रहकर उन्होंने समझी। भास्कर उत्सवों में गिरीश अग्रवाल ने मंच बनवाए, बैनर बाँधे और प्रवेश-द्वारों पर ड्यूटी दी। पवन अग्रवाल इंडस्ट्रीयल इंजीनियरिंग की शिक्षा के लिए अमेरिका भेजे गए। रमेशजी की मंशा थी कि विदेश से शिक्षा के बाद वे ग्रुप के तकनीकी उन्नयन अभियान को सँभालेंगे।

रमेशचंद्र अग्रवाल समाचार-पत्र उद्योग को 'ग्रो' करने का जो दावा करते हैं, उसका प्रमाण है गिरीश अग्रवाल का एक बयान। वे कहते हैं कि 'भास्कर के लिए विज्ञापन की मार्केटिंग के लिए जब मैं पहली बार मुंबई गया तो चौंक उठा। वहाँ उद्योगपति व विज्ञापन उद्योग मध्य प्रदेश को कोई तवज्जो ही नहीं देते थे। हमने निर्णय लिया कि पहले हमें अपने राज्य की मार्केटिंग करना पड़ेगी। दो साल तक हमने यही किया। मध्य प्रदेश की अदोहित वाणिज्यिक संभावनाओं के प्रचार-प्रचार के लिए उस जमाने में ऑडियो-वीडियो लघु फिल्में बनवाईं। ब्रोशर्स व मेलर्स जारी किए। राष्ट्रीय समाचार-पत्र व इलेक्ट्रॉनिक मीडिया पर विज्ञापन दिए। हमारे इस भारी खर्च से प्रदेश का समूचा समाचार-पत्र उद्योग लाभान्वित हुआ।

आगामी संघर्ष के अपने योद्धा तैयार करने के साथ इसी दौर में रमेशजी ने अपने काका विश्वंभरप्रसाद अग्रवाल के साथ जबलपुर (1987) संस्करण लांच किया। सन् 1989 में रायपुर से भी दैनिक भास्कर प्रकाशित होने लगा। सन् 1995 में नेशनल रीडरशिप सर्वे का निष्कर्ष निकला कि 27.74 लाख पाठकों (आज करीब 50 लाख) के साथ भास्कर मध्य प्रदेश (छत्तीसगढ़ सहित) का सबसे ज्यादा पढ़ा जाने वाला समाचार-पत्र है। दैनिक भास्कर की गृहप्रदेश में इस ताजपोशी का रमेशचंद्र अग्रवाल ने अपने अंदाज में जश्न मनाया। उन्होंने भास्कर समूह के दैनंदिन कामकाज की बागडोर पुत्रों को सौंपी और खुद के लिए 'गुरु व गाइड' की भूमिका चुनी। भास्कर समूह के 'ब्रांड एम्बेसडर' बनकर वे नीतिगत निर्णय लेने लगे। हालाँकि, पुत्रों के लिए उनका कथन ब्रह्मास्त्र और उनके फैसले आज भी 'लक्ष्मण रेखा' है।

भास्कर समूह की यात्रा का तीसरा व ताजा दौर सन् 1995 में शुरू हुआ। इसके सारथी हैं रमेशचंद्र अग्रवाल तो धुरी हैं उनके तीन पुत्र सुधीर, गिरीश व पवन अग्रवाल। भास्कर समूह के इन युवा प्रबंधकों ने समूह की बागडोर सँभालने के बाद अश्वमेध यज्ञ (विस्तार कार्यक्रम) की वेदी सजाई और राजस्थान को पहला निशाना बनाया। हालाँकि, यहाँ का मीडिया मैदान मध्य प्रदेश से ज्यादा मुश्किल और रपटीला था। टाइम्स ऑफ इंडिया जैसा प्रतिष्ठित व संपन्न समाचार-पत्र समूह 'नवभारत टाइम्स' की असफलता के बाद यहाँ से पलायन कर चुका था। इस प्रतिकूल परिस्थिति को अनुकूल बनाने का सूत्र बताते हुए रमेशचंद्र अग्रवाल कहते हैं-'नए मार्केट को

चुनने के मेरे तीन मापदंड हैं। एक, वहाँ नंबर वन हैसियत जुटाने में लगने वाला समय, वहाँ विज्ञापन की संभावनाएँ और तीसरे वहाँ स्थापित समाचार-पत्र की पाठकों के प्रति प्रतिबद्धता।' वे कहते हैं–'कहाँ हमला करने से महत्वपूर्ण है कैसे हमला करें।'

सुधीर अग्रवाल ने एक साक्षात्कार (बिजनेस इंडिया, जून 99) में कहा है–'वे जब जयपुर विकास प्राधिकरण के कार्यालय में आवंटित भूमि की लागत 81 लाख रुपए जमा करने गए तो संबद्ध कर्मचारी ने उनका मजाक उड़ाते हुए कहा कि अब आप पत्रिका से लड़ेंगे?' उसने सलाह दी कि अपना पैसा मत डुबोओ। यह भूमि केवल अखबार के लिए आवंटित होगी, अखबार यहाँ आप चला नहीं पाएँगे और भूमि का अन्यत्र उपयोग भी नहीं कर सकेंगे। बेच भी नहीं पाएँगे।' आत्मविश्वास से सराबोर, दृढ़प्रतिज्ञ, वणिक पुत्रों के लिए ऐसी व्यंग्योक्ति ही ताकत बन जाती है। यही हुआ। उस नादान शख्स को अंदाज नहीं था कि जो रणनीति बनाई गई है, वह कुछ ही महीनों में प्रिंट मीडिया उद्योग में नया इतिहास रचेगी।

'पाठकों का अखबार, पाठकों के लिए, पाठकों के द्वारा' कैसे बनेगा–यह जानने के लिए भास्कर समूह ने जयपुर में प्रकाशन पूर्व अपने किस्म का पहला व अकेला सर्वे करवाया। पवन अग्रवाल के नेतृत्व में संचालित यह सर्वे ऐतिहासिक साबित हुआ। इसके लिए सारा शहर 18 हिस्सों में बाँटा गया। 245 युवा व ट्रेंड सर्वेयर भास्कर की टी-शर्ट व कैप लगाकर मैदान में उतारे गए। उन्होंने 54 दिनों में दो लाख परिवारों के द्वार पर एक बार से ज्यादा दस्तक दी। प्रकाशन पूर्व 'भास्कर ब्रांडनेम' स्थापित करने के लिए गिरीश अग्रवाल ने सुनियोजित व सघन प्रचार-प्रसार अभियान चलाया। हाथी, ऊँटों व दीवारों पर होर्डिंग व बैनर घुमाए व लगाए गए। बार-बार डमी अखबार छापकर गण्यमान्य नागरिकों को दिखाया गया। सर्वेयर जब अंतिम बार पाठकों के परिवार में 1.50 रुपए में साप्ताहिक रंगीन फीचर के साथ 16 पेज का रंगीन अखबार प्राप्त करने का नाता लेकर पहुँचे तो सारा प्रिंट मीडिया परिणाम देखकर दाँतों तले अँगुली दबा बैठा। पूर्व भुगतान प्राप्त 1,32,933 प्रतियों का पहले ही दिन ऑर्डर मिला।

सुधीर अग्रवाल ने एक साक्षात्कार में कहा है–'जब हमने राजस्थान में अखबार की लांचिंग के पूर्व मार्केटिंग शुरू की थी, तब हमारी आलोचना हुई थी कि हम शुद्ध मार्केटिंग-मैन हैं और केवल उत्पाद बेचना जानते हैं। पर हमें पता था कि कोई भी मार्केटिंग पहल तब तक सफल नहीं होगी, जब तक कि उसके पीछे अच्छा उत्पाद न हो।' वे कहते हैं–'हमारे पहले राजस्थान में जिन अखबारों ने प्रयास किया था, हम उसके विपरीत चले थे। उन्होंने पहले अखबार लांच किया था। पाठक बढ़ाकर विज्ञापन प्राप्त करना चाहे, पर असफल रहे। हमने पहले ब्रांड स्थापित किया। पाठकों में जिज्ञासा जगाई और फिर अखबार लांच किया। यह 'रिवर्स ब्रांड इंजीनियरिंग' कारगर सिद्ध हुई।' पूरे राजस्थान में फैलने और वहाँ अपना वर्चस्व स्थापित करने में भास्कर समूह को तीन साल लगे।

मध्य प्रदेश व राजस्थान में विजय पताका फहराने के बाद भास्कर समूह का विजयी अश्व सन् 2000 में चंडीगढ़ पहुँचा। यह नई चुनौतियों से भरा मार्केट था। मध्य प्रदेश व राजस्थान संस्कृति

व संस्कारों में समान व पड़ोसी राज्य हैं। पंजाब-हरियाणा इनकी तुलना में संपन्न हैं। चंडीगढ़ देश में अपने किस्म का अलग शहर है। नई बसावट वाले इस शहर के लोग सुशिक्षित व संपन्न हैं और ग्लेमराइज्ड (दिखावा) जीवन जीते हैं। यहाँ की भाषा-शैली व अखबारों का अंदाज भी सबसे अलग है। भास्कर समूह ने यहाँ भी प्रकाशन पूर्व राजस्थान वाला फॉर्मूला अपनाया। घर-घर सघन सर्वे के बाद ऐसा अखबार निकाला, जिसे पाठक पसंद करें। चंडीगढ़ में हमेशा अंग्रेजी समाचार-पत्रों का वर्चस्व रहा है। कोई गैर-अंग्रेजी अखबार कभी वहाँ टॉप फाइव अखबारों की सूची में नहीं पहुँचा। दैनिक भास्कर ने पहली बार इस धारणा को ध्वस्त किया कि चंडीगढ़ के पाठक किसी हिंदी समाचार-पत्र को भी पसंद करेंगे। दैनिक भास्कर यहाँ आज सबसे ज्यादा पढ़ा जाने वाला समाचार-पत्र है। जून, 2000 में भास्कर ने हरियाणा में शुरुआत की। हरियाणा से ही प्रकाशित किसी अखबार के एक साथ पूरे राज्य में एक ही दिन पहुँचने का कीर्तिमान बनाया। यही नहीं, दैनिक भास्कर ने पहले ही दिन पूर्व प्रसारित अखबारों की प्रसार संख्या से दो-गुना प्रसार का भी श्रेय सँजोया। दैनिक भास्कर आज चंडीगढ़ का लीडर अखबार है। इसकी वहाँ पूर्व स्थापित अंग्रेजी अखबारों से दो गुना रीडरशिप है।

और 21 जून, 2003 को भास्कर समूह की विजय यात्रा को अहमदाबाद में अद्‌भुत पड़ाव मिला। पहले ही दिन 4,52,150 प्रतियाँ प्रकाशित करके गुजरात के दो स्तंभ समाचार-पत्र 'गुजरात समाचार' व 'संदेश' को बचाव की मुद्रा में खड़ा कर दिया। दिव्य भास्कर ने लांचिंग से मात्र छह माह की अवधि में अहमदाबाद में 12.11 लाख पाठक संख्या (एसी निलसन ओआरजी-मार्ग पाठक सर्वेक्षण) जुटाकर 'नंबर वन' समाचार-पत्र का गौरव जुटाया है। यहाँ भी 'तम्हारी मरजी नूं अखबार' के सूत्र यानी कैसा अखबार पाठक चाहते हैं-यह जानने के लिए 45 दिन तक भास्कर के युवा सर्वेयरों ने 12 लाख परिवारों/दुकानों से संपर्क किया था। गिरीश अग्रवाल कहते हैं-'हमने यहाँ शून्य से शुरू करके लोगों की पसंद जानी है, दिल जीता है और फिर उन्हें हर रोज दस रंगीन पेज सहित 16 पेज का अखबार तथा हर रोज कलर फीचर सप्लीमेंट मात्र 1.50 रुपए कीमत पर सौंपा है।'

एक और उल्लेखनीय तथ्य यह है कि राजस्थान, चंडीगढ़ व हरियाणा में विस्तार के साथ दैनिक भास्कर समूह का संचालन पूरी तरह प्रोफेशनल हुआ है। समूह के युवा संचालकों ने अपने-अपने पोर्टफोलियो के लिए अपनी विश्वसनीय कोर टीम बनाई है। इन लोगों ने ही अहमदाबाद में 189 दिनों (17 दिसंबर, 02 को भूमिपूजन व 21 जून, 03 को अखबार की लांचिंग) में वह करिश्मा किया, जो समाचार-पत्र उद्योग के लिए आज तक अजूबा है। मात्र छह माह में यहाँ दो लाख वर्गफीट पर चार मंजिला ऐसा भास्कर भवन बनाया गया, जो भारतीय समाचार-पत्र उद्योग का भव्य व सर्वसुविधा युक्त कार्यालय है। कुछ घंटों में लाखों की संख्या में 16 से 24 पृष्ठ का रंगीन अखबार छापने के लिए यहाँ अत्याधुनिक प्रिंटिंग प्लांट (तीन न्यूज़ लाइन- 45, दो ओरिएंट सुपर प्रिंटिंग मशीन, दो आयातित हीट शीट मशीन) सहित कई अत्याधुनिक सहायक उपकरण स्थापित किए गए हैं। दैनिक भास्कर के संचालकों व ग्रुप कोर टीम सहित अन्य

संस्करणों से स्थानांतरित स्टाफ ने बाकायदा गुजराती भाषा सीखी है।

अहमदाबाद में प्राप्त सफलता से उत्साहित भास्कर ने एक ही साल में पूरे गुजरात में दिव्य भास्कर के संस्करण शुरू कर दिए। भास्कर समूह ने सौराष्ट्र के लीडर समाचार-पत्र सौराष्ट्र समाचार को अधिगृहीत करके गुजरात के इस अंचल में भी अपना वर्चस्व स्थापित किया।

सफलता वह भी निरंतर सफलता जीतने की आदत को जहाँ नशा बना देती है, वहीं साहसी भी। साहसी उद्यमी अकसर ऐसे निर्णय लेते हैं, जो सबको चौंकाए। यही हुआ। भास्कर समूह ने गुजरात से गुजराती समाचार दिव्य भास्कर की सफल लांचिंग के बाद जी टीवी के सुभाष चंद्रा के साथ डिलिजेंट इंडिया लिमिटेड की स्थापना की और 170 साल पुराने टाइम्स ऑफ इंडिया के गढ़ मुंबई से सन् 2005 में अंग्रेजी समाचार-पत्र (सन; लांचिंग पूर्व कोड नेम) लांच करने की घोषणा की तो समाचार-पत्र उद्योग से जुड़े लोगों ने कहा यह साहस नहीं, दुस्साहस है। यह आत्मविश्वास नहीं, आत्महत्या है।

ऐसी आशंकाएँ पूरी तरह आधारहीन भी नहीं थीं। बेनेट कोलमेन कंपनी के वाइस चेअरमैन व मैनेजिंग डायरेक्टर समीर जैन एवं उनका सिरमौर अंग्रेजी समाचार-पत्र टाइम्स भास्कर समूह का रोल मॉडल रहा है। यही नहीं, एचटी भी मुंबई से अंग्रेजी संस्करण शुरू करने जा रहा था यानी यह त्रिकोणीय मुकाबला था, जिसमें हार का मतलब था, अब तक अर्जित यश गँवाना। भास्कर समूह तो अपना अस्तित्व ही दाँव पर लगा रहा था, पर यही तो वैश्य की खूबी है-जिसे दूसरे असंभव कहे उसे संभव बना देना। आइए, पहले उस पिच का मुआयना करें जो इस त्रिकोणीय महाभारत का कुरुक्षेत्र बनने जा रहा था।

दुनिया का सबसे अनूठा महानगर है मुंबई-विविधता और विरोधाभासों से सराबोर। यहाँ का सामाजिक ताना-बाना तो इतना विचित्र है कि मराठी, गुजराती, मारवाड़ी और पंजाबी पास-पास रहते हैं, साथ-साथ व्यापार करते हैं, बिहारी, उत्तर भारतीय, राजस्थानी और गुजराती यहाँ छोटा-मोटा कारोबार करके जीवन-यापन करते हैं। मुंबई की गली-गली में लाखों-करोड़ों के स्वामी हैं तो उनके ही बाजू में ऐसे परिवार भी हैं, जो रोज कमाते हैं तब रोटी पाते हैं। मुंबई की भागदौड़ से दोनों ही हैरान-परेशान हैं, पर कोई मुंबई छोड़ना नहीं चाहता। यहाँ भाषायी पहेली भी गुत्थमगुत्था है। मराठीभाषी बहुसंख्यक हैं तो इसके बाद अंग्रेजी, फिर गुजराती। हिंदी का क्रम इन सबके बाद है। अत: यहाँ एक सफल समाचार-पत्र प्रकाशित करना एक टेढ़ी खीर है। यही नहीं, टाइम्स के सूत्रधार समीर जैन भारतीय समाचार-पत्र उद्योग में कूटनीतिज्ञ राजनीतिकार माने जाते हैं। वे मीडिया मुगल हैं, पर मीडिया से दूर रहते हैं। वे रणनीति बनाते हैं और उसका क्रियान्वयन प्रोफेशनल को सौंपकर बैक स्टेज से वॉच करना पसंद करते हैं। ऐसा प्रतिद्वंद्वी ज्यादा खतरनाक होता है जो परदे के पीछे से लड़ता है। समीर जैन की एक और खूबी है-वे अपने प्रतिद्वंद्वी की कमजोरी पर पूरी क्रूरता के साथ सबसे पहले प्रहार करते हैं। समीर जैन एचटी का मुकाबला दिल्ली में कर चुके थे। वे जानते थे कि एचटी बैनेट कोलमेन कंपनी की तरह ही 'कैश रिच' कंपनी है, पर इसकी सूत्रधार शोभना भरतिया एक शांतमना-शालीन यौद्धा हैं जबकि

भास्कर जिद्दी है। 'जिद करो और आगे बढ़ो' भास्कर की ताकत है तो कमजोरी भी।

ऐसी दिलचस्प चुनौती के साथ भास्कर ने समाचार-पत्र की प्री-लांच तैयारी शुरू की। भास्कर के युवा प्रमोटरों ने राजस्थान के बाद अपनी-अपनी ऐसी कोर टीम बना ली है जो केवल दो शब्द जानती है-करो या मरो...लक्ष्य मिलने के बाद जिसे ना तो दिन दिखाई देता है और ना रात...उनके कैलेंडर में तो होती है बस एक ही तिथि-कब करना है लक्ष्यभेद। इस कोर टीम को पहला लक्ष्य दिया गया बुनियादी सुविधाएँ जुटाने की एचटी की पूर्व तैयारी के नजदीक पहुँचो, ताकि हमारा समाचार-पत्र एचटी के साथ लांच हो सके। भास्कर समूह की कंपनी डीबी रीयल एस्टेट के वाइस प्रेसीडेंट संजय जैन एवं समूह के चीफ टेक्निकल अधिकारी आर.डी. भटनागर बताते हैं कि हमारे पास चार माह का समय था। सोचने व योजना बनाने का समय नहीं था। लोअर परेल में 25 हजार वर्गफीट का दफ्तर और वाशी न्यू मुंबई में प्रिंटिंग प्लांट के लिए 25 हजार वर्गमीटर भूमि 14 दिन में चिह्नित की गई। 4 फरवरी को फाउंडेशन स्टोन की स्थापना करने के लिए बिना टाइटल सर्च (स्वामित्व की जाँच-पड़ताल) क्रेता को भूखंड का पूरा भुगतान कर दिया गया। आर्किटेक्चर विधिवत् ड्राइंग बना ही रहे थे कि एक्सेल शीट पर तैयार ड्राइंग से निर्माण कार्य शुरू हो गया। 176 दिन में कंस्ट्रक्शन व 65 दिन में जिस तकनीक पर जिस आकार का प्रिंटिंग प्लांट इंस्टाल किया गया है, वह भारतीय समाचार उद्योग का सबसे बड़ा, सबसे सक्षम व सबसे सर्वश्रेष्ठ स्वदेशी प्रिंटिंग प्लांट है। भटनागर कहते हैं कि इस प्रोजेक्ट को उपलब्ध समयावधि में पूरा करने की चुनौती को यदि कुछ शब्दों में दोहराना है तो डॉ. हरिवंशराय बच्चन की कविता याद आती है-'कोशिश करने वालों की हार नहीं होती...।'

समीर जैन ने अपनी विज्ञापनी आय लॉक करने व उसका प्रवाह प्रतिस्पर्धियों तक ना मुड़ने देने के लिए विज्ञापनदाताओं को सशर्त भारी डिस्काउंट देना शुरू किया। शर्त थी कि वे अपने विज्ञापन बजट का 60 से 80 प्रतिशत हिस्सा टाइम्स के प्रकाशनों को देंगे तो उन्हें डिस्काउंट मिलेगा। दूसरे उन्होंने विज्ञापनदाता कम्पनियों की इक्विटी इस शर्त पर खरीदी कि वे उन्हें मिल रहे इक्विटी के मूल्य को बैनेट कोलमेन ब्रांड्स पर खर्च करेंगे। उन्होंने दोनों प्रतिद्वंद्वियों के समाचार-पत्र लांच करने के पूर्व 'मुंबई मिरर' भी लांच कर दिया। शुरुआत में टाइम्स के पाठकों को नि:शुल्क वितरित करके इसे नंबर दो अखबार बना दिया। आशय था प्रतिद्वंद्वियों पर मनोवैज्ञानिक दबाव... पहले छोटे भाई 'मुंबई मिरर' से मुकाबला करो फिर बिग ब्रदर टाइम्स से भिड़ना और नंबर वन बनने का स्वप्न देखना। दिलचस्प बात यह है कि विज्ञापनी आय लॉक करने की टाइम्स की रणनीति भास्कर समूह के युवा डायरेक्टर गिरीश अग्रवाल के लिए नई बात नहीं थी। वे यही तरीका मध्य प्रदेश, राजस्थान, चंडीगढ़, पंजाब, हरियाणा व गुजरात में आजमा चुके हैं तो डीएनए के प्रारंभिक वर्षों के लिए उनका लक्ष्य विज्ञापनी आय भी नहीं था। वे जानते हैं कि ब्रांड नेम स्थापित हो गया तो विज्ञापनी आय कोई लॉक नहीं कर पाएगा। अपने इस लक्ष्य की प्राप्ति के लिए उन्होंने 185 होर्डिंग्स बुक कर रखे थे। प्रिंट व इलेक्ट्रॉनिक मीडिया पर खर्च हेतु उनके पास बड़ा बजट था। समाचार-पत्र उद्योग के इस युवा मार्केटियर ने डीएनए के लांचिंग पूर्व ऐसा

धुआँधार प्रचार किया कि मुंबई के लोगों ने मान लिया कि पहली बार कोई दमदार प्रतिस्पर्धी टाइम्स को चुनौती दे रहा है। गिरीश अग्रवाल की खूबी है–प्रतिस्पर्धी को खिझाना ताकि वह भूल करे और उनके विरोध से अपने ब्रांड को अतिरिक्त पहचान व प्रचार-प्रसार मिले। दिलचस्प बात यह है कि टाइम्स उनकी इस चाल में फँस गया।

भास्कर के एक टीजर होर्डिंग पर अंकित था–'स्पीक अप, इट इज इन यूअर डीएनए।' होर्डिंग पर इस पंच लाइन के साथ एक युवती का फोटो छपा था, जिसके मुँह पर पट्टी बँधी हुई थी। विज्ञापन ने लक्ष्य भेद किया। बैनेट कोलमेन ने महाराष्ट्र टाइम्स और इंडिया एक्सप्रेस ग्रुप ने लोकसत्ता के लिए इस होर्डिंग के विरोध में एक विज्ञापन जारी किया। महाराष्ट्र टाइम्स के विज्ञापन में अंकित महिला मुँह की पट्टी हटा रही थी तो लोकसत्ता के विज्ञापन की महिला का कहना था–'नो वन कैन स्टॉप मी फ्रॉम स्पीकिंग।' लोकसत्ता सीधी लड़ाई में सक्रिय नहीं था, इसलिए गिरीश अग्रवाल ने उनके इस विरोध को तो नजरअंदाज कर दिया पर बैनेट कोलमेन को वे अदालत में खींच लाए। दलील थी कि विज्ञापन डिलिजेंट मीडिया के कॉपीराइट अधिकारों का उल्लंघन और अनुचित व्यापार-व्यवहार है। गौरतलब है कि इस अदालती कार्रवाई का छुपा आशय था इस प्रकरण की बार-बार चर्चा हो और हर बार डीएनए का होर्डिंग लोगों का ध्यान खींचे। ऐसी लड़ाई से हार-जीत का फैसला नहीं होता, पर मनोबल बढ़ता है। टाइम्स जैसे दिग्गज द्वारा इस मुकाबले में पहली बार घबराकर सार्वजनिक प्रतिक्रिया करने पर डिलिजेंट मीडिया के दफ्तर में सेलिब्रेशन हुआ, जिसके हीरो थे गिरीश अग्रवाल।

पवन अग्रवाल भास्कर की प्री-मार्केटिंग सर्वे टीम को लीड करते हैं। अन्य शहरों से अलग मुंबई में सर्वे अभियान को लागू करना कठिन काम था। मुंबई में लोगों के पास सुबह समय नहीं होता कि वे अखबार पढ़ें तो उनसे अपने मतलब से मुलाकात तो संभव ही नहीं है। शाम को भी वे देर से थके-माँदे दफ्तर-दुकान-कारखाने से घर लौटते हैं और जो थोड़ा समय मिलता है, उसे परिवार के साथ व्यतीत करना चाहते हैं। दूसरी मुश्किल थी मुंबई की सोसायटी-संस्कृति। वहाँ लोग समूह में रहते हैं और उनके आवास की सुरक्षा का दायित्व सोसायटीज सँभालती है। सोसायटी की लिखित अनुमति के बिना वहाँ किसी टाउनशिप या रहवासी बहुमंजिला भवन में प्रवेश संभव नहीं है तो लोगों के घर दस्तक कैसे दें? तीसरे, मुंबई के बाशिंदों से खुला संवाद तब ही संभव है, जब उनकी भाषा व उनके लहजे में बात की जाए।

मुंबई को 28 जोन और 10 डिवीजन में बाँटा गया। 128 सुपरवाइजर और 2700 सर्वेयर नियुक्त किए गए। 72 हजार सोसायटीज व 32 लाख परिवार सर्वे-विजिट के लिए चिह्नित किए गए, पर सात महीने (फरवरी-अगस्त, 2005) में डीएनए की सर्वे टीम 22 लाख लोगों तक ही पहुँच पाई, तथापि यह दुनिया का सबसे बड़ा 'डायरेक्टर-इन-हाउस' सर्वे है। कई सुझाव मिले, कई नए निष्कर्ष निकले, सबसे महत्वपूर्ण है–टाइम्स पेज थ्री पाठक वर्ग (संपन्न व प्रबुद्ध अंग्रेजी पाठक) का अखबार है और मध्यमवर्गीय व निचले तबके में इसकी पकड़ कमजोर है। निर्णय लिया गया कि डीएनए हर उस व्यक्ति का अखबार होगा, जो अंग्रेजी पढ़ लेता है और इसका

मूल्य भी सबके लिए अफोर्डेबल होगा।

सुधीर अग्रवाल के नेतृत्व में संपादकीय मोर्चा सँभाला भास्कर के ग्रुप एडिटर श्रवण गर्ग और उनकी विश्वस्त टीम ने। इनके साथ डीबी कॉर्प ने कई स्थानीय वरिष्ठ पत्रकारों को भी भारी वेतन पर हायर किया। कहते हैं कि कूटनीतिज्ञ मीडिया मुगल समीर जैन डीएनए की लांचिंग के पूर्व सुधीर अग्रवाल को शुभकामना देने आए। उन्होंने डीएनए के संपादकीय विभाग को देखा तो कहा–So you have times in DNA. उनका यह कथन इस बात का संकेत है कि संपादकीय स्टाफ की नई नियुक्तियों के मामले में भी तीनों प्रतिद्वंद्वियों के बीच जमकर राजनीति और कूटनीति हुई थी।

डीएनए की लांचिंग के छह माह बाद जनवरी, 2006 में बिजनेस वर्ल्ड* ने लिखा कि टाइम्स के वर्चस्व वाले मुंबई के समाचार-पत्र मार्केट को डीएनए व एचटी ने बदल दिया है। यहाँ छह माह में समाचार-पत्रों के 4 लाख पाठक बढ़े हैं, जो इस बात का प्रमाण है कि टाइम्स के एकाधिकार में सेंध लग गई है। नए समाचार-पत्रों ने अपने पैर जमा लिये हैं, जिसके कारण एक नई ताजगी आई है। डीएनए व एचटी की यह ऐसी सफल कोशिश है, जो भारतीय उद्योग जगत के महारथी अनिल अंबानी (द बिजनेस एंड पॉलिटिकल आब्जर्वर) और विजयपत सिंघानिया (द इंडियन पोस्ट) को भी नहीं मिली।

डीएनए ने नंबर टू अंग्रेजी समाचार-पत्र बनने का लक्ष्य हासिल कर लिया तो डिलिजेंट इंडिया ने अंग्रेजी समाचार-पत्रों के नेटवर्क का भी तेजी से फैलाव किया। आज यह मुंबई, सूरत, अहमदाबाद, जयपुर, पुणे और बैंगलोर से प्रकाशित होने लगा है और अपने-अपने मार्केट में नंबर वन या टू है। डिलिजेंट मीडिया का अंग्रेजी बिजनेस समाचार-पत्र डीएनए मनी इंदौर, भोपाल और मुंबई से प्रकाशित हो रहा है।

डीएनए की लांचिंग के बाद गिरीश अग्रवाल ने कहा कि मुंबई में उन्हें समाचार-पत्र उद्योग के 170 साल पुराने दिग्गज का सामना करना पड़ा, जबकि वे अब तक रणजी खेले थे, भास्कर ग्रुप ने टेस्ट मैच भी बखूबी खेला है।*

---

*New brands have found a foothold in Mumbai market, which had a TOI monopoly for ages. The market has already expanded by 4 lac copies. The ability of DNA and HT to hold on and expand the market is refreshing. Heavier names than theirs, Anil Ambani's The Business and Political Observer and Vijaypat Singania's The Indian Post failed miserable. This then, has been DNAs and HTs biggest victory so far. (Business World, January 2006)

*People were amazed at our ambition. We were taking on a giant whose profits were higher than our turnover. We had played Ranji League. This was a test match. Thanks God! We played well. Girish Agrawal

सुधीर अग्रवाल कहते हैं–'डीएनए है क्या? मूल की हूबहू प्रतिकृति बनाने का फॉर्मूला। अभी तो देश के ऐसे कई मार्केट हैं, जहाँ लोग अखबार पढ़ सकते हैं और उन्हें अपनी रुचि के अखबार की प्रतीक्षा है। भाषा और भूगोल के बंधन टूट जाने के बाद भास्कर समूह ऐसे हर मार्केट में 'पाठक का अखबार, पाठक के लिए, पाठक के द्वारा' संदेश के साथ पहुँचेगा।'

डीबी कॉर्प (भास्कर समूह) ने सन् 2008 में देश का पहला हिंदी बिजनेस समाचार-पत्र बिजनेस भास्कर की शुरुआत की और हिंदी समाचार-पत्र उद्योग में एक नया आयाम स्थापित किया। बिजनेस भास्कर के भोपाल, इंदौर, रायपुर, दिल्ली, जालंधर और लुधियाना से सात संस्करण प्रकाशित हो रहे हैं। इलेक्ट्रॉनिक मीडिया में डीबी कॉर्प की सहायक कंपनी एसएमईएल, माय एफएम का संचालन कर रही है। यह एफएम रेडियो इंटरटेनमेंट प्रोग्राम प्रकाशित करता है और देश के 17 शहरों से इसका प्रसारण हो रहा है। डीबी कॉर्प के तीन इंटरनेट पोर्टल्स भी हैं, जो समूह के समाचार-पत्रों की संपादकीय सामग्री ऑनलाइन उपलब्ध करवाते हैं। तदनुसार प्रिंट मीडिया में डीबी कॉर्प के सुबह के समाचार-पत्र हैं–दैनिक भास्कर (हिंदी), दिव्य भास्कर (गुजराती), बिजनेस भास्कर, डीबी स्टार (टैब्लाइड) तथा इलेक्ट्रॉनिक मीडिया में माय एफएम रेडियो और इंटरनेट पोर्टल्स। इसके अलावा मासिक पत्रिका अहा जिंदगी (हिंदी व गुजराती) तथा लक्ष्य (हिंदी)।

आकार से लेकर सामग्री तक अहा! जिंदगी अपने किस्म का अनूठा प्रयास है। रमेशचंद्र अग्रवाल के अनुसार–'जिंदगी को सब लोग अपने-अपने नजरिए से देखते हैं। अपनी-अपनी शैली में जीते हैं। पर एक बात हम सबमें समान है कि हम सब अपनी जिंदगी को सार्थक करना चाहते हैं। हो सकता है इच्छाएँ और महत्वाकांक्षाएँ अलग-अलग हों, लेकिन सही सफलता वह है जो हमें संतोष दे और समाज को समृद्ध करे। अहा! जिंदगी का यही लक्ष्य है।' अहा! जिंदगी की स्थापना के साथ दो साल इसके संपादक मंडल में रहे कमलेश माहेश्वरी कहते हैं कि बहुत से लोगों ने अहा! जिंदगी में धर्मयुग की छवि देखी, लेकिन इसमें और गुजरे ज़माने की धर्मयुग में फर्क है। यही वजह है कि 2008 में अहा! जिंदगी को धर्मवीर भारती सम्मान मिलना कई मायनों में दोनों पत्रिकाओं की प्रतिष्ठा को परिभाषित करता है।

सुधीर अग्रवाल, गिरीश अग्रवाल एवं पवन अग्रवाल

विगत बीस सालों में जिस द्रुत गति से भास्कर समूह ने संस्करण व उससे ज्यादा प्रचंड गति से पाठक संख्या बढ़ाई है, उससे हतप्रभ लोग खासकर प्रिंट मीडिया के उनके प्रतिस्पर्धी कहते हैं कि दैनिक भास्कर प्रचार-प्रसार के गैर-गरिमामय, सस्ते हथकंडे अपनाता है। ऐसे आरोपों से परे, निष्पक्षता से भास्कर समूह की प्रगति का विश्लेषण करें तो वह है–'सोची-समझी रणनीति व उसका तत्काल व प्रभावी क्रियान्वयन।' जोखिम उठाने व पैसा खर्च करने में समूह के संचालकों ने कभी कोई कमी नहीं की है। रमेशजी के नजदीकी कहते हैं कि इस वणिक पुत्र का सोच है–'पैसा फेंकने से पैसा लौटता है। पैसा सबसे बड़ा व सबसे प्रभावी चुंबक है।'

सुधीर अग्रवाल की दूरंदेशी और संभावनाओं को भाँपने व दोहन करने की क्षमता ने भास्कर समूह

की प्रगति को एक स्थिर गति प्रदान की है। प्रिंट मीडिया का यह युवा उद्यमी आज भी इस पुरातन सचाई को मानता है कि संपादकीय कामकाज में यदि मालिकों का हस्तक्षेप होगा तो समाचार-पत्र पाठकों के प्रति ईमानदार नहीं रह सकेगा। संपादकीय सामग्री सर्वोपरि है। यही अखबार की धड़कन है और पाठकों की संतुष्टि का आधार। सुधीर अग्रवाल कहीं भी जाएँ, कहीं से भी अखबार शुरू करें, संपादकीय स्टाफ के चयन को सबसे ज्यादा महत्व देते हैं। वरिष्ठ संपादकीय पद किसी को सौंपने के उनके अपने मानदंड हैं। इसकी लागत चुकाने में भी वे कोई कंजूसी नहीं करते हैं। समय के साथ कदमताल करते हुए समाचार-पत्र के बुनियादी साधन-सुविधाओं को उन्नत करने पर भारी पूँजी निवेश या इस मामले में कोई कड़ा व बड़ा निर्णय लेने में भी वे विलंब नहीं करते हैं। यही कारण है कि दैनिक भास्कर आज देश का अकेला ऐसा गैर- अंग्रेजी अखबार समूह है, जहाँ खबर लेखन से पेज मेकिंग तक कार्य शत प्रतिशत कम्प्यूटरीकृत हो चुका है। विशेष प्रशिक्षण प्राप्त संपादकीय स्टाफ पेपरलेस-पेनलेस कार्यप्रणाली अपना चुके हैं। सुधीर अग्रवाल कार्यप्रणाली को यदि प्रबंधन शैली में दोहराएँ तो वह है-25/8/53 यानी दिन में 25 घंटे, सप्ताह में आठ दिन व साल में 53 सप्ताह। यह कैसे संभव है? इसका जवाब है फुटबॉल कोच की तरह वे हमेशा मैदान में होते हैं और अपने हर खिलाड़ी पर चौकस नजर रखते हैं।

दैनिक भास्कर के कुबेर हैं गिरीश अग्रवाल। इस उद्यमी युवा ने छोटी उम्र में प्रिंटिंग मीडिया के अव्वल मार्केटिंग सीईओ का दर्जा जुटाया है। भास्कर समूह में किंवदंती है-'जहाँ बिजनेस वहाँ गिरीश'। बिक्री व बिक्री बाद सेवा का फंडा प्रिंट मीडिया को गिरीश अग्रवाल की ही देन है। दैनिक भास्कर के विज्ञापनदाता का बिजनेस बढ़े, इसके लिए वे अखबार व व्यक्तिगत स्तर पर हरसंभव प्रयास करते हैं। देश के विज्ञापन उद्योग में उन्हें 'मीडिया मैनेजर' नहीं 'मनी मैनेजर' कहा जाता है। यानी ऐसा शख्स जो अपने क्लाइंट्स (विज्ञापनदाता) का पैसा वैसे ही खर्च करे, जैसे वह उसकी अपनी पूँजी हो। गिरीश अग्रवाल जितना तेज चल सकते हैं, उतना तेज चलते हैं। वे जितनी ऊँची छलाँग लगा सकते हैं, उतना उड़ते हैं। उनकी मान्यता है कि यदि नियमों को तोड़ेंगे तो हम मैदान से बाहर हो जाएँगे। वे भूल माफ कर देते हैं, अकर्मण्यता नहीं।

विदेश में शिक्षा प्राप्त पवन अग्रवाल ने भास्कर समूह की प्रोसेसिंग प्रणाली को अत्याधुनिक बनाया है। नए संस्करणों के लिए बुनियादी सुविधाओं की स्थापना के समय उन्हें इस बात से भी परहेज नहीं होता है कि देर रात तक काम करते हुए थक जाए तो अखबार के बंडलों को बिस्तर की तरह बिछाओ और सो जाओ। यानी, मैदान में ही खाओ, लड़ो व सोओ, पर काम न थमने दो। उनका कहना है हरेक की अपनी निजी परेशानी व समस्या होती है, पर अच्छा व सच्चा प्रबंधक वह है जो इनके साथ जीने व काम करने की कला में माहिर हो। तीव्र व तीखी प्रतिस्पर्धा के ताजा दौर में प्रबंधन की सबसे बड़ी असफलता है-प्रोजेक्ट को समय पर पूरा न करना या अधूरा छोड़ देना। संक्षेप में कहें तो भास्कर के ये युवा संचालक अपनी टीम का मैदान में नेतृत्व करते हैं यानी मोर्चे पर सबसे आगे, स्वयं तैनात। इनके साथ वही काम कर सकता है जो रिस्ट वॉच नहीं देखे और यह नहीं कहे कि यह कैसे होगा?

‘बड़े स्वप्न देखो व उन्हें पूरा करने में जुट जाओ।’–स्व. धीरूभाई के इस कथन के अनुसार सुधीर अग्रवाल की निगाहें अब जापान से प्रकाशित दुनिया के सबसे बड़े समाचार–पत्र ‘असाही शिंबून’ पर टिकी हुई हैं। अपने रिपोर्टरों व फोटोग्राफरों को खास प्रसंग पर कवरेज के लिए अपने हवाई जहाजों (असाही शिंबून के हवाई बेड़े में निजी छह विमान) से सारी दुनिया में भेजने वाले असाही शिंबून के सौ से ज्यादा प्रात:कालीन / सायंकालीन समाचार–पत्रों की रोज 1.25 करोड़ प्रतियाँ प्रकाशित होती हैं। जापानी भाषा में ‘असाही शिंबून’ का मतलब है–‘उगता सूरज।’ कैसा दिलचस्प संयोग है कि दुनिया के सबसे बड़े समाचार–पत्र की तरह भारत के सबसे बड़े समाचार–पत्र के नाम का मतलब भी उगता सूरज है –‘भास्कर’।

सुधीर अग्रवाल

गिरीश अग्रवाल

पवन अग्रवाल

समूह के अन्य कारोबार

डीबी कॉर्प या इसके प्रमोटरों द्वारा स्थापित व संचालित एक दर्जन से ज्यादा कम्पनियाँ गैर–मीडिया व्यापार में सक्रिय हैं–

सॉल्वेंट एक्ट्रेक्शन रिफाइनरी : इस सेक्टर में भास्कर समूह की कंपनियाँ हैं–शारदा सॉल्वेंट लिमिटेड शिवपुरी, मेसर्स रिजेंसी एग्रो प्रोडक्ट्स प्रा.लि. शिवपुरी, भास्कर एक्साइल्स देवास/नागपुर, भास्कर फूड्स प्रा.लि. अमरावती। भास्कर ग्रुप के 6 सोया प्लांट्स हैं जिनकी उत्पादन क्षमता है 6 लाख टन सालाना। भास्कर ग्रुप की देश के पाँच टॉप सॉल्वेंट समूह में गणना की जाती है।

टेक्सटाइल : भास्कर समूह की कंपनी भास्कर इंडस्ट्रीज लिमिटेड डेनिम बनाती है। भास्कर ग्रुप की सालाना उत्पादन क्षमता है 1.20 करोड़ मीटर सालाना।

चल संपदा : ग्वालियर में एम्यूजमेंट पार्क को मिली सफलता के बाद अग्रवाल परिवार जयपुर में फन किंगडम और चंडीगढ़ में थीम पार्क और अहमदाबाद में एक वाणिज्यिक व रहवासी कॉम्प्लेक्स विकसित कर रहे हैं। मध्य प्रदेश में 400 हेक्टेयर एवं छत्तीसगढ़ में 2000 हेक्टयर का मल्टी प्रोडक्ट सेज बन रहा है, पर अचल संपदा क्षेत्र में डीबी कॉर्प का सबसे महत्वाकांक्षी प्रोजेक्ट है डीबी सिटी। समूह की कंपनी डीबी रीयल एस्टेट के वाइस प्रेसीडेंट संजय जैन के अनुसार डीबी सिटी देश के हृदयस्थल मध्य प्रदेश की राजधानी भोपाल की छवि बदल देगा। 13 हजार वर्गमीटर की डीबी सिटी में सबसे बड़ा माल, मल्टीप्लैक्स, शॉपिंग व हॉस्पिटेलिटी सेंटर होगा, जिसका निर्माण कार्य अंतिम चरण में पहुँच गया है। इस सेंटर में ए–गोल्ड श्रेणी के थिएटर, 6 स्क्रीन मल्टीप्लैक्स, हायपर मार्केट, 130 रिटेल आउटलेट्स, डी–रेस्त्राँ, डी कॉफी शॉप के अलावा 130 कमरों का फोर स्टार बिजनेस होटल बनाया गया है।

पॉवर/मायनिंग : समूह मध्य प्रदेश में 1300 मेगावॉट व छत्तीसगढ़ में 1200 मेगावॉट क्षमता के पावर संयंत्र स्थापित कर रहा है। गिरीश अग्रवाल कहते हैं कि पॉवर प्रोजेक्ट्स निर्धारित समय में पूरे हो जाएँगे। बिजली वितरण तो बहुत जल्दी शुरू हो जाएगा। हम दो शहरों में यह अधिकार प्राप्त करना चाहेंगे और इसके साथ पावर सेक्टर में विधिवत् एंट्री लेंगे। अग्रवाल परिवार ने छत्तीसगढ़ में कोयला खनन सुविधा भी जुटाना शुरू की है। दूसरे शब्दों में–भास्कर समूह केवल मीडिया वर्ल्ड में ही जाना जाता है, पर सच यह है कि अन्य कारोबार की कुल कारोबार में हिस्सेदारी मीडिया से ज्यादा है।

डीबी कॉर्प के चेअरमैन व उनके तीनों पुत्र किसी बी-स्कूल के छात्र नहीं हैं, पर उन्होंने फैमिली रन कारोबार को बिना शोर मचाए बेहद सलीके से प्रोफेशनल रन बनाने की अद्‌भुत मिसाल कायम की है। इसका सुफल समूह को सन् 2009 में मिला है। डीबी कॉर्प ने पूँजी बाजार में दस्तक दी। निवेशकों ने दोनों बाँहें फैला दीं। डीबी कॉर्प के आईपीओ को देशी-विदेशी संस्थागत व रिटेल निवेशकों का 39.54 गुना ज्यादा समर्थन मिला। 884.22 करोड़ रुपए संग्रहण का लक्ष्य बहुत पीछे छूट गया और 12535 करोड़ रुपए इकट्‌ठा हो गए। डीबी कॉर्प के चीफ फायनेंशियल ऑफिसर पी.जी. मिश्रा के अनुसार–मीडिया जगत के लिए भी यह एक अभूतपूर्व और उत्साह बढ़ाने वाला अनुभव है ।

‘वर्तमान आपाधापी के दौर में हम जिंदगी के उन पहलुओं से दूर होते जा रहे हैं, जो हमारे मन-मस्तिष्क को उत्साह व उमंग से भरते हैं और नई ऊर्जा का संचार करते हैं। भास्कर समूह के सारे प्रकाशन इन्हीं रंगों/प्रसंगों को निखारने में जुटे हैं। तदनुसार इनका लक्ष्य है–

हम समय की रेत पर छोड़ते चले निशाँ,

देखती हमें जमीं, देखता है आसमाँ।

लोकल से ग्लोबल
इंडियन कॉरपोरेट्स

36

द मदर ऑफ इन्वेंशन

किरण मजूमदार शॉ

'क्या विधाता ने महिलाओं को पुरुषों की तुलना में ज्यादा सहनशील बनाया है या पुरुषों को महिलाओं की तुलना में ज्यादा साहसी बनाया है?'

विज्ञान और मनोविज्ञान के अनुसार प्रकृति सेक्स आधारित ऐसा कोई पक्षपात नहीं करती। यह तो पुरुषों की साजिश है, जिसके पीछे छुपी मंशा है- महिलाओं को मुख्यधारा एवं कारोबारी जगत यानी प्रतिस्पर्धा से दूर रखना। जिन महिलाओं ने इस साजिश को समझ लिया, उन्होंने हमारे समाज में सदियों से व्याप्त मिथक (महिलाएं वीकर सेक्स) को छिन्न-भिन्न करके अपने कार्य क्षेत्र में पुरुषों को अपना अनुगामी व अनुयायी बना लिया है। इसका बेहतरीन उदाहरण हैं स्व. इंदिरा गांधी। उनके प्रतिद्वंद्वी भी कहते थे कि संसद में कोई पुरुष है तो इंदिरा गांधी। ऐसी ही दबंग व दु:साहसी उद्यमी हैं किरण मजूमदार शॉ जिन्होंने बिना पूँजी, बिना अनुभव और बिजनेस वर्ल्ड और राजनेताओं से बिना संपर्क केवल अपनी शिक्षा व साहस से बायोकॉन इंडिया की स्थापना की, जिसे 'बायो-2008' (दुनिया की टॉप बायो टेक्नोलॉजी कंपनियों) में शामिल किया गया है। यह दर्जा हासिल करने वाली एशिया की अकेली कंपनी है बायोकॉन इंडिया। यही नहीं, किरण मजूमदार शॉ को बिजनेस वर्ल्ड ने 'मदर ऑफ इन्वेंशन' (The New York Times called her India's mother of Invention) और 'बायोटेक क्वीन' (By The Economist) जैसे विशेषणों से नवाजा गया है। नेचर मैगजीन द्वारा संपादित सर्वे के अनुसार-किरण मजूमदार शॉ ने अमेरिका और यूरोप के बाहर बायो टेक्नोलॉजी को स्थापित किया हैं। नेचर मैगजीन का तो यह भी कहना है कि किरण मजूमदार शॉ अपने देश से ज्यादा विदेशों में मशहूर है क्योंकि जब वोटिंग हुई तो उन्हें भारत में कम मत मिले, जबकि विदेशियों ने उन्हें

बायोटेक क्षेत्र की मशहूर हस्ती माना।

80 का दशक याद करें। पंजाब आतंक की प्रचंड आग से झुलस रहा था। 27 वर्षीय एक युवती चंडीगढ़ से कपूरथला जाने वाली बस में सवार हुई। उसने देखा कि बस में वह अकेली महिला है शेष सारे कृपाण व तलवारधारी सिक्ख हैं। उस युवती ने बिना डरे वह यात्रा पूरी की। वह महिला थी किरण मजूमदार शॉ जो आज देश की सबसे ज्यादा धनाढ्य फर्स्ट जनरेशन (स्वयंभू) महिला उद्यमी हैं।

एक मध्यमवर्गीय महाराष्ट्रीयन परिवार में जन्मी बायोकॉन इंडिया की संस्थापक चेअरमैन किरण मजूमदार जन्म से ही ऐसे दबंग व्यक्तित्व की धनी हैं। किंगफिशर बीयर की खोज के लिए मशहूर उनके पिता आर.आई. मजूमदार (यूनाइटेड ब्रेवरिज के पूर्व ब्रेवमास्टर) की पुत्री ने प्राणिशास्त्र (Zoology) में स्वर्णपदक के साथ स्नातक डिग्री लेने के बाद चिकित्सक बनना चाहा था, पर मेडिकल कॉलेज में प्रवेश नहीं मिला तो पिता ने पुत्री को ऑस्ट्रेलिया भेज दिया। मोनाश विश्वविद्यालय में ब्रेविंग एंड फर्मेंटेशन कॉरपोरेट ग्रेजुएट क्लास में किरण अकेली युवती थी। उम्र में भी सबसे छोटी किरण को तब कारोबारी जगत का भी अनुभव नहीं था, जबकि उनके सहपाठी हर मामले में उनसे अव्वल थे। किरण ने यहाँ पुरुषों से प्रतिस्पर्धा करना सीखा और सबको चौंकाते हुए क्लास टॉपर की हैसियत से ब्रेवमिस्ट्रेज की डिग्री प्राप्त की।

भारत की पहली ब्रेवमिस्ट्रेज किरण स्वदेश लौटीं पर यहां उन्हें अच्छी शिक्षा के बावजूद किसी ब्रेविंग कंपनी ने इसलिए नौकरी नहीं दी कि वे महिला ब्रेवर नहीं चाहते थे। किरण ने एक साक्षात्कार में कहा है–मेरे पिता ने मुझे सिखाया था कि वैज्ञानिक ज्ञान 'हार्ड करंसी' है जो सबको नहीं मिलती। पुरुष हो या महिला यदि अपनी बौद्धिक सम्पदा का प्रयोजनशील उपयोग नहीं करते हैं तो वे अपने से ज्यादा अपने देश का नुकसान करते हैं। किसी भी प्रबुद्ध व्यक्ति को अपनी सामर्थ्य अकारण बर्बाद करने का हक नहीं है। पिता से पुत्री ने लड़ना सीखा था। वे कहते थे, हर चुनौती तुम्हें मजबूत बनाएगी और नए दरवाजे खोलेगी। दिलचस्प बात यह है कि पिता के निधन के बाद पुत्री ने मां को उद्यमी बनाया ताकि वे एकांतजीवी न हों। किरण मजूमदार शॉ की माँ मिसेज मजूमदार की आज बैंगलोर में अपनी दो कंपनियाँ हैं– एक मजूमदार फॉर्म और दूसरी ड्रायक्लिपिंग एंड लांड्री एजेंसी। वे आर्गेनिक वेजिटेबल्स के साथ उन सब्जियों की खेती करती हैं, जो आसानी से पैदा नहीं होतीं। स्टार होटल्स मजूमदार फॉर्म के ग्राहक हैं तो एयरलाइंस, इन्फोसिस जैसी कंपनियाँ मिसेज मजूमदार की ड्रायक्लिनिंग व लांड्री एजेंसी के क्लाइंट्स हैं।

बायोकॉन इंडिया की स्थापना

किरण मजूमदार ने सन् 1978 में बैंगलोर के नजदीक कोरमांगला में एक छोटे से शेड में 10 हजार रुपए की पूँजी से लिकर फरमेंटेशन के लिए कच्चे पपीते और ट्रापिकल फिश (उष्ण कटिबंधीय मछलियाँ) से एंजाइम बनाना शुरू किया। पिता अपनी सारी सेविंग्स एक गलत निवेश में गँवा चुके थे, फलतः किरण मजूमदार के पास पूँजी नहीं थी। उनके इस प्रोजेक्ट में

भागीदार बनी आयरलैंड की बायोकॉन केमिकल्स। बायोकॉन के कारोबार के विस्तार के लिए किरण मजूमदार ने 25 वर्ष की उम्र में कश्मीर से कन्याकुमारी की यात्राएं की। तब वे हवाई यात्राएँ खर्च वहन नहीं कर सकती थी, इसलिए ये यात्राएँ उन्होंने रेल व सड़क से की। वे कर्ज लेने बैंक पहुँची तो जवाब मिला- अनुभवहीन हो.. नए क्षेत्र में कारोबार कर रही हो- हम जोखिम नहीं उठा सकते। किरण मजूमदार के धैर्य की प्रशंसा करते हुए उनके बालसखा विजय माल्या ने कहा है- ''70 के दशक में उद्यमी पुरुष भी एक अनजाने सेक्टर में निवेश करने या दाँव लगाने से डरते थे, पर किरण मजूमदार बायो टेक्नोलॉजी सेक्टर में डटी रहीं।''

थोड़े ही दिनों में किरण मजूमदार की भागीदार बायोकॉन आयरलैंड की इक्विटी यूनिलीवर ने खरीद ली और किरण मजूमदार की नई भागीदार बन गई। यह पार्टनरशिप किरण मजूमदार के पैरों में बेड़ी बन गई। लीवर ने उन्हें कोई अन्य उत्पाद पर शोध करने या बनाने की अनुमति नहीं दी। 25 साल तक बायोकॉन इंडिया 'वन प्रोडक्ट' कंपनी बनी रही। सन् 1998 में किरण मजूमदार को इस बंधन से मुक्ति मिली। वस्तुतः यह उनके जीवन का 'टर्निंग ईयर' था।

कहते हैं, विवाह स्वर्ग में तय होते हैं, मिलन धरती पर। कभी-कभी इनके बीच लंबी दूरी होती है। किरण मजूमदार के साथ भी यही हुआ है। सन् 1998 में 45 वर्ष की उम्र में उन्होंने स्कॉटलैंड के मूल निवासी जॉन शॉ से विवाह किया। वे तब मदुरा कोट्स के मैनेजिंग डायरेक्टर थे। जॉन शॉ ने अपनी पत्नी को पहली सौगात दी- यूनिलीवर की पकड़ से मुक्ति। अपनी सारी बचत निवेश करके व अपनी सारी वित्तीय सूझबूझ का दोहन करके जॉन शॉ ने यूनिलीवर से बायोकॉन इंडिया की 25 फीसदी इक्विटी खरीद ली। इसके साथ किरण मजूमदार शॉ को पंख लग गए। अपनी स्थापना से 20 साल (1978-1999) में बायोकॉन इंडिया का टर्न ओवर 54 करोड़ रुपए पहुँच पाया था, जो बाद के छह साल (1999-2005) में 700 करोड़ रुपए हो गया।

दिलचस्प बात यह है कि लगभग अनजान बायोकॉन इंडिया को मात्र पाँच साल में देश की सबसे बड़ी और दुनिया की टॉप-20 में एक बायो टेक्नोलॉजी कंपनी बनाने में अहम् भूमिका निभाने वाले अत्यंत लो प्रोफाइल जॉन शॉ सारा श्रेय किरण मजूमदार की उद्यमशीलता और उनकी टीम को देते हैं। वे कहते हैं- 'Kiran is married to her top team.'

ध्यान दें कि जॉन शॉ मजाकिया अंदाज में बायोकॉन इंडिया की एचआर पॉलिसी (मानव संसाधन रणनीति) बयान कर गए हैं। इसका निहितार्थ किरण मजूमदार शॉ के एक साक्षात्कार में उजागर हुआ है। वे कहती हैं- ''बायोकॉन की जीत का मंत्र है सही समय पर सही व्यक्ति को सही जवाबदारी। खुले माहौल, पारदर्शिता व मिलनसारिता ने मेरे और मेरे स्टाफ के बीच एक अत्यंत मजबूत सेतु बनाया है। मैं अपने संगी-साथियों से कहती हूं कि भ्रष्ट लेन-देन नहीं करें और संगठन की अखंडता को मजबूत करें।'' किरण ने 26 वर्ष की उम्र में बायो टेक्नोलॉजी को पूरी तरह समझे बिना बायोकॉन इंडिया की स्थापना की थी। यह उनकी बौद्धिक संपदा, दूरदृष्टि व उद्यमशीलता थी, पर उनकी एक और विशेषता है कि वे पलक झपकते ही व्यक्ति की प्रतिभा व प्रतिभा की गहराई पहचान लेती हैं और मौका मिलते ही प्रतिभावान व्यक्ति को ऐसे जकड़ती हैं कि वह उनके शिकंजे (पढ़ें- संसर्ग) से फिर मुक्त नहीं हो पाता (पढ़ें- नहीं होना चाहता)।

80 के दशक का एक प्रसंग है- आईआईटी मद्रास के एक छात्र श्रीकुमार सूर्यनारायण किरण मजूमदार से मिलने आए। उन्हें एक एजुकेशनल प्रोजेक्ट के लिए एंजाइम की जरूरत थी। उन दिनों एंजाइम की कीमत 300 रुपए होती थी जो एक छात्र के लिए चुकाना आसान नहीं था। किरण मजूमदार ने बिना शुल्क उन्हें एंजाइम दे दिया पर जाते-जाते कहा- "मिलते रहना।" दो साल बाद एम टेक की डिग्री से लैस सूर्यनारायण किरण मजूमदार से मिलने आए और उन्हें बताया कि मुझे स्कॉलरशिप मिल गई है। मैं पीएचडी करने अमेरिका जा रहा हूँ। जवाब मिला- "आप यहीं रहें और बायोटेक के लिए रिसर्च करें।" यही हुआ।

जॉन शॉ

बायोकॉन इंडिया में ऐसे कई उदाहरण हैं। अमेरिका के एक टेक्नोलॉजी इंस्टीट्यूट से पीएचडी अरुण चंदावरकर के पिता हिंदुस्तान लीवर में काम करते थे। अरुण को भी लीवर से अच्छे वेतन पर जॉब का ऑफर था, पर उन्होंने कम वेतन पर बायोकॉन इंडिया को ज्वॉइन किया। बिजनेस वर्ल्ड में किरण मजूमदार की स्टोरी पढ़कर अजय भारद्वाज ने मेक्स इंडिया की नौकरी छोड़ दी। मुरली कृष्णन सन् 1988 में सीए की पढ़ाई कर रहे थे। किरण मजूमदार ने उनकी वित्तीय सूझबूझ को परख लिया और जॉब ऑफर कर दी। मुरलीकृष्णन किरण मजूमदार के चुंबकीय व्यक्तित्व से इतने सम्मोहित हुए कि सीए की पढ़ाई अधूरी छोड़ दी। ए.एस. अरविंद बताते हैं कि मैं माल्या हॉस्पिटल बैंगलोर में डायरेक्टर था और एक आमाशय रोग चिकित्सक के रूप में अच्छी प्रैक्टिस कर रहा था। एक दिन किरण मजूमदार मेरे घर आईं। उन्होंने जॉब ऑफर की। उनका तरीका, सलीका व अंदाज देखकर मैं ना नहीं कर सका। निरमा बरेगा, डॉ. गौतम दास, एस. गणेश, नीता राय जैसी कई प्रतिभाएँ कहती हैं कि बायोकेन इंडिया जैसा खुला वर्क कल्चर कहीं हो ही नहीं सकता। किरण मजूमदार शॉ नीति निर्धारण के बाद खुद को कंपनी के एम्बेसडर की भूमिका तक सीमित रखती हैं और बिजनेस हेड्स स्वतंत्र उद्यमी की तरह कार्य करते हैं।

स्पष्ट है कि फर्स्ट जनरेशन उद्यमी किरण मजूमदार शॉ ने उद्योग संचालन व मानव संसाधन का देखरेख, किताबों से नहीं सीखी है। असल जिंदगी के अनुभवों ने उन्हें तराशा है। सन् 1986-87 में बायोकॉन में करीब 50 अकुशल श्रमिक थे। एक श्रमिक नेता के उकसाने पर उन्होंने यूनियन बना ली। किरण ने उनसे कारण जानना चाहा। वे बोले- हमें आपसे कोई शिकायत नहीं है, पर हम संगठित होना चाहते हैं। श्रमिक नेता ने उन्हें भड़काया और वे नित नई माँग करने लगे। किरण ने एक दिन संयंत्र बंद कर दिया। श्रमिक नेता उन्हें फोन पर धमकी देने लगे। एसिड फेंक देने जैसी धमकी ने भी किरण को विचलित नहीं किया और कई सप्ताह बायोकॉन का संयंत्र जब पुनः शुरू हुआ तो वह ऑटोमेटेड था। किरण कहती हैं कि तब बायोकॉन एक छोटी-सी कंपनी थी। मेरा पहला वेतन 50 रुपए था। आर एंड डी विभाग के स्टाफ को शुरू में हमने 1200 रुपए वेतन पर नौकरी दी थी। वे कहती हैं कि बायोकॉन को बनाने में उन सबका योगदान है, जिन्होंने इसके शुरुआती दौर पर कम से कम वेतन पर इसे ज्वॉइन किया।

ये सारे उदाहरण साबित करते हैं कि भारत की 'बिलेनियर बायोटेक क्वीन' किरण मजूमदार शॉ के व्यक्तित्व में ऐसा साहस व सम्मोहन है जो लोगों को खींचता है। इसे चाहें तो प्रतिभा का प्रतिभा के प्रति स्वाभाविक आकर्षण कह सकते हैं। पर वास्तविकता यह है कि बॉयोकॉन इंडिया में किरण मजूमदार ने ऐसा वर्क कल्चर बनाया है, जो इससे जुड़े लोगों का इसके अतिरिक्त सोच ही कुंद कर देता है। बायोकॉन इंडिया की 60.90 फीसदी शेयर होल्डिंग* (सितंबर 2006 में मार्केट मूल्य 2716.55 करोड़ रुपए) के स्वामी हैं- किरण मजूमदार शॉ और जॉन शॉ तो 15 फीसदी शेयर स्टाफ के पास हैं। इस शेयर होल्डिंग के कारण किरण मजूमदार शॉ व जॉन शॉ को डिविडेंट सबसे ज्यादा मिलता है, पर उनका वेतन व अन्य सुविधाएँ अन्य साथियों के समान हैं। मजूमदार शॉ दम्पत्ती के 17 हजार वर्गफीट पर फैले बैंगलोर स्थित बंगले का एक हिस्सा छोड़ दें तो सारी कोठी वरिष्ठ स्टाफ के लिए 24 घंटे खुली रहती है।

जॉन शॉ की अपनी पत्नी को दूसरी बड़ी सौगात होसुर रोड बैंगलोर स्थित कोठी ग्लेनमॉर है। इस कोठी को उन्होंने स्वयं बनवाया है। इस कोठी की स्टार-लॉबी होटल जैसी भव्य व विशाल है। यहाँ कई डायनिंग हॉल, गेस्ट रूम, लाइब्रेरी व जिम्नेजियम हैं। इसकी छत केरल की परंपरागत वास्तुकला को ध्यान में रखकर डिजाइन की गई है तो कंट्री यार्ड स्पेनिश है। ऑर्ट कलेक्टर किरण मजूमदार शॉ के द्वारा समय-समय पर खरीदी कई पेंटिंग्स से सजी हुई है यह कोठी। वे कहती हैं- "इनमें से कई पेंटिंग्स मैंने तब खरीदी थी जब हाथ तंग था। हुसैन साहब की एक पेंटिंग की कीमत तो मैंने उन्हें तब तीन किस्तों में चुकाई थी।" बायोकॉन इंडिया की कोर टीम यहाँ दिन-भर बिजनेस बैठक करती है और घर लौटने में देर हो जाए तो डिनर के लिए परिवार को भी ग्लेनमॉर में ही आमंत्रित कर लिया जाता है। जॉन शॉ दम्पती का घर, दफ्तर, रिसोर्ट, बिजनेस मीट, समारोह स्थल व होटल की तरह उपयोग किया जाता है। यहीं बायोकॉन इंडिया के बिजनेस गेस्ट ठहरते हैं। कंपनी स्टार होटलों में आयोजन या अतिथियों के आवास का खर्च बचा लेती है और अतिथि भारतीय आत्मीयता से गद्गद होकर कहते हैं- "अद्भुत है बायोकॉन इंडिया और उससे भी ज्यादा अद्भुत हैं किरण मजूमदार शॉ।"

किरण मजूमदार शॉ अपनी उद्यमशीलता एवं बायोटेक की सफलता को लेकर अत्यंत हाई प्रोफाइल हैं तो अपनी निजी सम्पदा को लेकर लो प्रोफाइल होने के साथ मितव्ययी भी हैं। वे देश की सबसे ज्यादा धनाढ्य महिला उद्यमी बन गई हैं, पर अपने मध्यमवर्गीय लालन-पालन को नहीं भूली हैं और आज भी सोच-समझकर पैसा खर्च करती हैं। वे मर्सिडीज में घूमती हैं क्योंकि यह व्यवसाय की जरूरत है पर ज्वैलरी किफायती खरीदती हैं क्योंकि यह लक्जरी है। इसका आशय यह नहीं है कि वे सामाजिक सरोकार की उपेक्षा करती हैं और इस मामले में कंजूस हैं। बैंगलोर से उन्हें खास लगाव है। यहाँ ट्रैफिक को लेकर जागरूकता के संबंध में वे कई अभियान

*** अप्रैल, 2005 में बायोकॉन इंडिया 10 फीसदी इक्विटी की बिक्री के लिए पूँजी मार्केट में आई थी। 315 रुपए प्रति शेयर ऑफर मूल्य के इस निर्गम को निवेशकों का 38 गुना समर्थन मिला था। पहले दिन ट्रेडिंग 484 रुपए पर थमी थी।**

चला चुकी हैं। बैंगलोरियन को 'एगेटेरियन' बनाना चाहती हैं। बैंगलोर के सौंदर्य के लिए एकमुश्त एक करोड़ रुपया खर्च कर चुकी हैं। किरण मजूमदार शॉ ने अपनी निजी सम्पदा से 200 करोड़ रुपए सहयोग राशि देकर आरोग्य रक्षक बीमा प्रोग्राम शुरू किया है, जो दो लाख लोगों को जरूरी स्वास्थ्य सेवा उपलब्ध करवा रहा है।

किरण मजूमदार शॉ के अनुसार–कैरियर की ऊँचाई पर पहुँचने के लिए हर महिला को परिवार का समर्थन चाहिए। वर्किंग वूमन की जवाबदारी दोहरी होती है। कामकाजी जवाबदारी के साथ उसे परिवार की देखरेख भी करना पड़ती है। वे कहती हैं कि यह सच है कि मैं सिंगल थी तब मैंने बायोकॉन इंडिया की स्थापना की थी। पर इसकी ग्रोथ तब ही हुई जब मैंने विवाह किया। मेरी सफलता में मेरे पति ने अहम भूमिका निभाई है। दूसरे शब्दों में किरण मजूमदार शॉ कह रही हैं–'एक सफल महिला के पीछे एक पुरुष होता है।'

बायो टेक्नोलॉजी व बायोकॉन इंडिया

बायोलॉजी व टेक्नोलॉजी का योग है बायो टेक्नोलॉजी।* इस योग से वैज्ञानिक जीवित कोशिकाओं को इस तरह रूपांतरित करते हैं कि कृषि उत्पादन बढ़े। जटिल रोगों का सस्ता व कारगर उपचार हो सके और प्रदूषण नियंत्रित हो। बायोकॉन इंडिया ने बायो टेक्नोलॉजी को आधार बनाकर शोध व अनुसंधान से कोलेस्ट्रॉल घटाने, मधुमेह नियंत्रित करने, किडनी रोग के उपचार व कैंसर से बचाव के फार्मूलेशंस खोजे हैं। बायोकॉन इंडिया को रिसर्च आधारित बायो टेक्नोलॉजिकल फार्मास्युटिकल कंपनी बनाने के लिए किरण मजूमदार शॉ ने होसुर इलेक्ट्रॉनिक्स सिटी हाई–वे पर स्थित इन्फोसिस व विप्रो के मुख्यालय के नजदीक कॉरपोरेट कार्यालय से दो कि.मी. दूर, 90 एकड़ का बायोफॉर्म विकसित किया है, जहाँ स्तनी विज्ञान (Mamonalogy) सेल कल्चर के लिए लैब व आर एंड डी सेंटर बनाया गया है।

वस्तुतः दूरन्देशी उद्यमी किरण मजूमदार शॉ ने 90 के दशक की शुरुआत में आकलन कर लिया था कि जो जीवन शैली हम अपना रहे हैं, उसके कारण भविष्य में कोलेस्ट्रॉल घटाने वाली औषधियों की माँग बढ़ेगी, फलतः दूसरी फार्मा कंपनियों से बहुत पहले उन्होंने स्टेटिन लांच कर दी। यही नहीं, इसकी सप्लाई का दीर्घावधि अनुबंध कर लिया। लोवास्टेटिन या सिल्वास्टेटिन के मूल्य घटने के बावजूद बायोकॉन इंडिया को स्टेटिन (Cholesterol lowering drug) के पूर्व निर्धारित मूल्य मिले। डायबिटीज भविष्य में आम रोग हो जाएगा–यह अनुमान लगाकर बायोकॉन इंडिया ने इसके उपचार के लिए सतत् शोध किया। ह्यूमन इंसुलिन (Insugen) लांच किया और ओरल इंसुलिन पर शोध जारी रखा। सन् 2006 में बायोकॉन इंडिया की नई कैंसर प्रतिरोधक औषधि बायोमैब (BIOMAb-Edfr) की सिनेस्टार शाहरुख खान ने लांचिंग की है। इसकी लांचिंग के अवसर पर बैंगलोर में उन्होंने पूरा दिन बायोकॉन इंडिया की टीम के साथ व्यतीत किया था। वे किरण मजूमदार से इतने प्रभावित थे कि इस प्रोफेशनल सिने अभिनेता ने

***Biotech is all about the use of living organism to make or modify products, plants and animals, or to develop micro organisms for specific purposes.**

बायोकॉन से कोई पैसा नहीं लिया बल्कि वे बोले- "किरण मजूमदार शॉ व उनकी टीम कैंसर रोग से पीड़ित रोगी व उनके परिजन के हितार्थ सराहनीय कार्य कर रहे हैं। मुझे याद है कि मेरे पिता का गले के कैंसर से जब निधन हुआ था, तब हम कितने बेबस थे। ऐसी कोई औषधि उपलब्ध नहीं थी जो उन्हें राहत पहुँचाए और मौत के शिकंजे से मुक्त करे।"

गौरतलब है कि कई सालों तक बायोकॉन इंडिया ने फार्मास्युटिकल कंपनियों को इनग्रेडिएंट्स बेचे हैं। कंपनी जब सीधे मार्केट में आई तो इसे विश्व स्तर पर कड़ी प्रतिस्पर्धा का सामना करना पड़ा, पर बायोकॉन इंडिया की टीम ने हर मोर्चे पर साबित किया कि भारतीय किसी से कम नहीं हैं। इस शृंखला में अप्रैल 2003 में किरण मजूमदार शॉ ने छह मिलियन डॉलर निवेश करके नोबेक्स कॉरपोरेशन* को अधिगृहीत किया है, जो रिसर्च आधारित कंपनी है। सन् 2008 में बॉयोकान इंडिया ने एएक्सआई कॉरपोरेशन जर्मनी को अधिगृहित किया तो सन् 2009 में मिलान एवं एब्राक्सिस बायोसाइंस से गठबंधन किया। एएक्सआई कॉरपोरेशन के अधिग्रहण से बायोकॉन को जर्मनी में तो मिलान और एब्राक्सिस के कारण अमेरिका के अलावा दक्षिण व पश्चिमी एशियन मार्केट में इंट्री मिली। बायोकॉन ने अबूधाबी की नियोफार्मा के साथ भी संयुक्त वेंचर स्थापित किया है। इन सबके पीछे किरण मजूमदार की मंशा है बायोकॉन इंडिया को बायो सिमिलर्स (एक नए मार्केट) में प्रवेश दिलवाना। बायो सिमिलर्स रोग विशेष के उपचार पर फोकस करती है। जेनेरिक की तरह बायो सिमिलर्स दवाएँ अेरल मेडिसिन के समान होती है। सन् 2007 में यूएसएफडीए ने 22 ड्रग्स को अनुमति दी थी, जिनमें से 12 बायो सिमिलर्स थीं।

बायोकॉन इंडिया मूलत: रिसर्च कंपनी है, पर कारोबारी तथ्यों पर गौर करें तो यह वस्तुत: बायो टेक्नोलॉजिकल फार्मास्युटिकल कंपनी है। कंपनी के 15 संयंत्र मानव स्वास्थ्य के लिए बायो मालिक्यूल्स, इंडस्ट्रीयल एंजाइम, ड्रग्स इंटरमीजिएट्स, फूड इनग्रेडिएंट्स व प्रोसेसिंग एड्स बनाते हैं। इसकी दो सहयोगी कंपनियाँ- सिनेजेन एवं क्लीनीजेन टेस्ट रिसर्च, अर्ली ड्रग्स डेवलेपमेंट व क्लिनिकल ट्रायल्स करती हैं। कंपनी के पास 130 से ज्यादा पेटेंट्स हैं। इनमें नोबेक्स के पेटेंट्स जुड़ने के बाद बायोकॉन इंडिया देश के बायो टेक्नोलॉजिकल सेक्टर की सबसे बड़ी पेटेंटधारी कंपनी हो गई है। एचएसबीसी सिक्यूरिटीज एंड कैपिटल मार्केट की वाइस चेअरमैन नैनालाल किदवई ने तो सन् 2003 में ही कह दिया था-"किरण सोने की खदान पर बैठी हैं।"

बायोकॉन इंडिया की सफलता का श्रेय भारत के प्रतिभावान वैज्ञानिकों को देते हुए किरण

*** सन् 1993 में नार्थ कैरालीना रिसर्च ट्रायंगल पार्क में युवा वैज्ञानिकों के एक समूह द्वारा स्थापित नोबेक्स, यूएस का मूल मिशन है—ऐसी दवाएँ खोजना जिसे मानव शरीर बिना किसी बाधा के स्वीकार कर ले। नोबेक्स का शाब्दिक अर्थ ही है—कोई बाधा नहीं। उदाहरणार्थ, मधुमेह रोगियों के लिए इंजेक्टेड इंसुलिन के बजाय टेबलेट फार्म या ओरल इनहेलर। नोबेक्स ने विगत 11 वर्षों में 300 पेटेंट्स फाइल किए हैं। नोबेक्स के अधिग्रहण से बायोकॉन इंडिया की ड्रग रिसर्च क्षमता व पेटेंट सामर्थ्य कई गुना बढ़ गई हैं। किरण मजूमदार शॉ ने कहा है कि यह अधिग्रहण करते समय हमने इस तथ्य को ध्यान में रखा है कि बायोकॉन इंडिया और नोबेक्स का मिशन समान है। दोनों मूलत: रिसर्च कंपनी हैं।**

मजूमदार शॉ कहती हैं–''हमारे देश में करीब 200 बायो टेक्नोलॉजी कंपनियाँ हैं। देश में 40 से ज्यादा नेशनल रिसर्च लेबोरेटरीज हैं। इन कंपनियों व प्रयोगशालाओं में 25 हजार वैज्ञानिक सतत् शोध कर रहे हैं। देश में 300 से ज्यादा इंस्टीट्यूट हैं जो बायो टेक्नोलॉजी की डिग्री/डिप्लोमा दे रहे हैं। यहां पाँच लाख छात्र अध्ययनरत हैं। देश में 1000 से ज्यादा मेडिकल कॉलेज हैं, जो हर साल 10 हजार चिकित्सक तैयार कर रहे हैं। इन सबके बलबूते पर हम कम से कम लागत पर मानव उपचार की नई खोज कर सकते हैं। कम लागत पर क्लिनिकल रिसर्च की भारत में प्रचुर संभावनाएँ हैं, जो अभी भी अदोहित हैं। देश के बायो टेक्नोलॉजी सेक्टर का टर्न ओवर हम आसानी से 25 हजार करोड़ रुपए पहुंचा सकते हैं और लाखों लोगों को सम्मानजनक रोजगार दे सकते हैं।''

विश्वप्रसिद्ध नेचर मैगजीन के विश्वव्यापी सर्वे (2006) का निष्कर्ष है कि किरण मजूमदार शॉ बायोटेक का परचम फहरा रही हैं और अमेरिका और यूरोप के बाहर सारी दुनिया में इस सेक्टर की सबसे पॉवरफुल हस्ती हैं। एसोसिएशन ऑफ बायोटेक इंटरप्राइजेस की प्रेसीडेंट किरण मजूमदार शॉ का लक्ष्य है बायोकॉन इंडिया को बिलियन डॉलर कंपनी बनाना और दुनिया के बायो टेक्नोलॉजिकल फार्मास्युटिकल सेक्टर की टॉप फाइव कंपनियों में शामिल होना। इस उपलब्धि को किरण मजूमदार शॉ इंडियन बायोटेक को विश्वव्यापी मान्यता बताती हैं।

कौंसिल ऑफ साइंटिफिक एंड इंडस्ट्रियल रिसर्च के डायरेक्टर जनरल आर.ए. मसेलकर कहते हैं- ''मैं किरण मजूमदार शॉ की एकाग्रचित्तता से अत्यंत प्रभावित हूँ। एक दशक पहले बायोकॉन इंडिया ने बड़ी कंपनी बनने के संकेत दे दिए थे। लोग सही कहते हैं कि किरण बायोटेक सेक्टर की नारायणमूर्ति हैं और बायोटेक इंडिया इस सेक्टर की इन्फोसिस।''*

सन् 1980 में भारत सरकार द्वारा पद्मश्री से सम्मानित किरण मजूमदार शॉ को बिजनेस वर्ल्ड से भी कई अवाड्‌र्स मिले हैं, जिनमें उल्लेखनीय है–इकोनॉमिक टाइम्स द्वारा बिजनेस वूमन ऑफ ईयर (2004) और इमेजिंग इंटरप्राइज अवार्ड।

*** Says R.A.Mashelkar, Director General of Council of Scientific and Industrial Research : Over the years, I have been very impressed with her (Kiran Mazumdar Shaw) ability to remain focused. It was well over a decade before Biocon showed signs of becoming a large company. Some people have already referred to Kiran as Narayan Murthy of Bioteck! Yet, She has remained a totally humble, humane and warm human. (Business World September 4, 2006 & Business Today, March 12, 2006)**

रिटेल के राजा

किशोर बियाणी

किसी काम को करने के परंपरागत तौर-तरीकों पर जब सवालिया निशाना लगाते हैं, तब ही नए तरीके सूझते हैं, पर उन पर अमल करना सबके बूते की बात नहीं है। कई सवाल खड़े होते हैं, जैसे-नई पहल पहले हम ही क्यों करें...? या कि असफल हो गए तो लोग शेखचिल्ली कहेंगे! भारतीय उद्योग जगत में किशोर बियाणी ऐसे उद्यमी हैं, जिन्होंने बाल्यकाल से ही परंपरागत तौर-तरीकों को नकारा और खुद अपनी नई राह खोजी। उनके शब्दों में कहें तो मेरा जीवन-मंत्र है-'नियमों को बदलो, मूल्यों को बनाए रखो। आत्मविश्वास के साथ अपने सपने के पीछे भागो।' इस सूत्र को ही बिजनेस मंत्र बनाते हुए किशोर बियाणी एक साधारण दुकानदार से बने हैं रिटेल के राजा। इस दौड़ में उन्होंने कई बार अपना अस्तित्व दाँव पर लगाया। मीडिया ने हर बार उन्हें चेताया कि वे यूँ ही दौड़े तो अपनी पूँजी तो गँवाएँगे ही अपने निवेशकों को भी डुबाएँगे। मितभाषी किशोर बियाणी ने ऐसी हर सलाह और चेतावनी के जवाब में विनम्रता के साथ कहा-'मैं गलती करके सीखा हूँ। मसलन, मैंने दो फिल्में बनाईं। दोनों ही फ्लॉप हो गईं, पर यदि फिल्में नहीं बनाता तो मैं वह नहीं होता जो हूँ।'

राजस्थान के उस मारवाड़ी-वैश्य (माहेश्वरी) समुदाय में जन्मे हैं किशोर बियाणी, जिसे गरीबी कभी रास नहीं आई। आजादी के पहले सम्पन्नता की खोज में राजस्थानी वैश्यों ने अपना घरबार छोड़ा था और जिसे जहाँ रोजगार की संभावना दिखी, वह वहाँ पहुँच गया था। नई जगह और अनजान कारोबारी क्षेत्र में पैर टिकाने का मौका मिलते ही उन्होंने अपने मित्र-परिजनों को भी बुला लिया। किशोर बियाणी के दादाजी स्व. बंशीलालजी बियाणी भी ऐसे ही उद्यमी वैश्य थे। जोधपुर से लगभग 137 कि.मी. दूर

स्थित नागौर जिले के निम्बी गाँव में छह संतानों के परिवार का लालन-पालन उनके लिए मुश्किल हो गया तो सन् 1935 में वे बंबई आ गए। यहाँ पहले से संघर्षरत उनके ही समुदाय के लोगों ने उनकी मदद की। बंशीलाल बियाणी ने सेंट्रल स्थित विट्ठलवाड़ी में धोतियों और साड़ियों की दुकान खोली। 15 सालों में इस दुकान से वे इतनी कमाई करने लगे कि उन्होंने अपने छह बेटों को भी बंबई बुला लिया। यह संयुक्त परिवार बोरीवली (बंबई) में रहने लगा। व्यापार में युवा सहयोगी मिले तो बंशीलाल बियाणी ने एक साझा कंपनी स्थापित की, जो पॉलिएस्टर शर्ट्स की खरीद-फरोख्त करने लगी। वे नेपाल की एक टेक्सटाइल कंपनी अशोक इंडस्ट्रीज के वितरक भी बन गए। बंशीलाल बियाणी ने मुंबई के तत्कालीन ट्रेडिंग सेंटर जवेरी बाजार में अपने संयुक्त परिवार का आवास शिफ्ट किया और सन् 1972 में स्थापित की एक छोटी-सी कपड़ा मिल-बंशी मिल। बंशी मिल अँधेरी (मुंबई) व अजमेर के नजदीक किशनगढ़ में लूम पर कपड़ा बनाने लगी।

बंशीलाल बियाणी के पुत्र लक्ष्मीनारायण बियाणी और श्रीमती गोदावरी बियाणी के दूसरे पुत्र का 9 अगस्त, 1961 को जन्म हुआ, जिसका नामकरण किया गया किशोर। परिवार के ज्योतिषी ने किशोर की जन्मकुंडली बनाई और फलित निकाला-यह पुत्र बहुत उन्नति करेगा। वैश्य परिवार में तब उन्नति का आशय था सम्पन्नता। संयोग से किशोर के जन्म के एक वर्ष बाद संयुक्त बियाणी परिवार मलाबार हिल्स स्थित जीवन विहार के एक अपार्टमेंट में शिफ्ट हुआ और परिवार ने एक नया व्यवसाय भी शुरू किया। सिंथेटिक फर्निशिंग के इस कारोबार के लिए गठित फर्म का नाम रखा गया-मेसर्स किशोरकुमार बियाणी।

दादा-दादी, माँ-पिता, पाँच चाचा-चाची के संयुक्त परिवार में किशोर बियाणी का लालन-पालन हुआ। मानव मंदिर हाईस्कूल में संयुक्त बियाणी परिवार के एक दर्जन बच्चों ने स्कूली शिक्षा प्राप्त की। जीवन विहार अपार्टमेंट में सौ परिवार रहते थे। बच्चे स्कूल से लौटने के बाद परिसर को क्रिकेट का मैदान बना देते थे। किशोर बियाणी के अनुज अनिल बियाणी के अनुसार-'बड़े भैया स्वभाव से ही विद्रोही थे। वे हर रीति-रिवाज व तीज-त्योहार पर सवाल उठाते थे। दलीलों से समझाने के बाद ही वे किसी भी अनुष्ठान में शामिल होते थे।' उन्हें अपनी क्षमता और कुशलता पर इतना विश्वास था कि खेल में भी वे कमजोर टीम में शामिल होते और कहते-मैं राम की टीम में नहीं, रावण की टीम में रहूँगा। उनकी टीम हारने लगती तो भी वे पूरे आत्मविश्वास से खेलते, अपने साथियों का मनोबल बढ़ाते और जीतने की कोशिश करते थे। फिल्में देखने के वे शौकीन थे। अमिताभ बच्चन और राजेश खन्ना की फिल्म रिलीज होते ही दोस्तों के साथ निकट के अल्पना और मिनर्वा या वर्ली के सत्यम और लोटस टॉकीज पहुँच जाते।

स्कूल की पढ़ाई पूरी करने के बाद किशोर एच.आर. कॉलेज पहुँचे तो दुनिया के दरवाजे खुल गए। अब तक उनका सोच मलाबार हिल्स की गलियों तक सीमित था। कॉलेज में अलग पारिवारिक पृष्ठभूमि के दोस्तों के साथ किशोर अब ज्यादा समय नए-नए स्थानों पर घूमने में

बिताने लगे। परिवार ने किशोर को बागी मानते हुए जीवन विहार के ग्राउंड फ्लोर पर एक छोटा कमरा दे दिया। किशोर इसे 'डेन' (शेर की माँद) कहते थे।

किशोर बियाणी ने अपनी कारोबारी कहानी (पुस्तक–It happened in India) में लिखा है– कॉलेज के दोस्तों के साथ मैं अकसर ओबेराय होटल जाता था, क्योंकि वहाँ धीरूभाई अंबानी आते थे। मैं उनकी एक झलक देख लेता तो खुश हो जाता। धीरूभाई की शून्य से शिखर तक की यात्रा मेरे लिए इस बात की प्रेरणा थी कि एक साधारण शख्स भी अपनी दृढ़ इच्छाशक्ति के बलबूते बुलंदियों को छू सकता है। धीरूभाई मेरे रोल मॉडल बन गए।

मारवाड़ी–वैश्य परिवार में जन्मे किशोर को माँ की कोख से उद्यमशीलता के संस्कार मिले हैं। धीरूभाई को अपना रोल मॉडल बनाकर कॉलेज पढ़ाई के दूसरे वर्ष में ही वे स्वतंत्र व्यापार करने की सोचने लगे थे। रेडीमेड वस्त्रों का व्यापार करूँगा यह सोचकर वे दोस्तों के साथ चिरागदीन (मुंबई का तब एक रिटेल आउटलेट) और सेंट्रल मुंबई में सेंचुरी बाजार आने–जाने लगे। मित्र उन्हें कहते कि चिरागदीन हर माह तीस हजार तो केवल शर्ट ही बेचता है तो वे कहते–'बस'। किशोर ने मार्केटिंग का एक मिनी कोर्स भी किया। कॉमर्स स्नातक कोर्स के अंतिम वर्ष में वे परिवार की कालबादेवी पेढ़ी पर पहुँच गए। बंशीलाल बियाणी के छह पुत्र और पौत्र यहीं से परिवार का व्यवसाय सँभालते थे। किशोर को इस व्यवसाय में सीमित संभावना दिखी। उन्होंने यह बात अपने पिता व उनके भाइयों को बताई, पर वे बड़ी जोखिम उठाने को तैयार नहीं थे। पिता ने पुत्र को अकाउंट्स सँभालने को कहा, पर किशोर को मारवाड़ी समुदाय की लेखा प्रणाली 'पड़ता' भी पसंद नहीं आई। इस प्रणाली में यह ध्यान रखा जाता था कि लागत कम से कम होगी तो मुनाफा होगा, जबकि किशोर सोचते थे कि लागत चाहे बढ़े पर इससे कई गुना मुनाफा बढ़ना चाहिए। किशोर की पड़ता प्रणाली में अरुचि देखकर लक्ष्मीनारायण बियाणी ने उन्हें पत्र व्यवहार करने व टाइपिंग का काम सौंपा।

किशोर ने कॉलेज में एक दिन एक दोस्त को एक नए किस्म के धागे से बनी पतलून पहने देखा, जिसे तब स्टोनवाश फैब्रिक कहते थे। किशोर को लगा कि इस फैब्रिक की पैंट लोग पसंद करेंगे। मुंबई की ज्यूपिटर मिल से उन्होंने 200 मीटर स्टोनवाश खरीदा और उसे रेडीमेड वस्त्र निर्माताओं को बेचकर कमाई की। पहले मुनाफे ने उनका आत्मविश्वास बढ़ा दिया।

सन् 1983 में किशोर के माता–पिता ने उन्हें राठी परिवार की पुत्री संगीता से मिलवाया। माँ–पिता चाहते थे कि किशोर और संगीता का विवाह हो, पर किशोर ने छह माह के मेलजोल के बाद ही सहमति दी। संगीता बियाणी कहती हैं कि कई लोगों ने मुझे चेताया कि वे अलग सोच और स्वभाव के व्यक्ति हैं। मैंने इसकी झलक तब देखी, जब हमारे विवाह समारोह की धूमधाम देखकर वे गुस्सा हो गए। मैं उन्हें जानती थी। वे मुझे पहले ही कह चुके थे कि मैं अलग किस्म का आदमी हूँ और सब कुछ अपने दम पर करना चाहता हूँ। संगीता बियाणी कहती हैं कि परिवार में मेरे श्वसुर ने उन्हें प्रोत्साहित नहीं किया, पर रोका भी नहीं। संगीता बियाणी के इस कथन का

निहितार्थ है–पिता पुत्र को सबसे बेहतर जानते थे और उन्हें पुत्र की क्षमता पर भरोसा था।

यही हुआ। किशोर ने इससे बाद कई व्यापार किए। उन्होंने डब्ल्यूबीबी (डब्ल्यू–व्हाइट, बी–ब्ल्यू और बी–ब्राउन कलर का प्रतीक) ब्रांड नाम से पतलून फैब्रिक बनाने के लिए परिवार के अँधेरी स्थित दफ्तर में लूम लगाए। उन दिनों रेडीमेड वस्त्रों का आज जैसा चलन नहीं था। लोग कपड़ा खरीदते थे और अपने दर्जी से उन्हें सिलवाते थे। बंबई में उन दिनों होटलों में वस्त्र मेले व प्रदर्शनी लगाई जाती थी। किशोर के पास यहाँ स्टाल का किराया चुकाने जितने पैसे नहीं थे। वे होटल के बाहर छोटी–सी दुकान कम किराए पर लेकर डब्ल्यूबीबी ब्रांड के फैब्रिक बेचते। किशोर का अगला कदम था रेडीमेड पतलून बनाना व बेचना। उन्होंने पतलूनें सिलवाईं और दुकानदारों को दिखाई पर उन्होंने एक नौसिखिया उद्यमी की छोटी कंपनी के उत्पाद बेचने में रुचि नहीं दिखाई तो किशोर ने सीपी टैंक पर 400 वर्गफीट की एक दुकान खोली, जिसका नामकरण किया पतलून (पेंटालून ब्रांडनेम इसका ही विस्तार है)।

बंशी मिल के मालिक परिवार का बेटा पतलून बेचे यह परिवार के अन्य सदस्यों को पसंद नहीं आया। वे कहते–हम दर्जी नहीं हैं। तो उन्हें जवाब मिलता–मुझे कोई फर्क नहीं पड़ता। यह आत्मविश्वास ही किशोर बियाणी की वह ऊर्जा है, जिससे उन्होंने रिटेल मार्केट में अपने नियम बनाए और दूसरों को भी उन्हें मानने को विवश कर दिया। फिलहाल अभी इस कहानी का छूटा छोर पकड़ें और आगे बढ़ें।

किशोर ने पायधुनी (मुंबई) की एक दुकान पर फैंसी धागे का कपड़ा देखा तो इससे मिलता–जुलता धागा बनाने की योजना बनाई। इसके लिए वे कृष्णा झुनझुनवाला से मिले, जो रिलायंस तथा राष्ट्रीय वस्त्र निगम की मिलों के वितरक थे। दोनों को वस्त्र निर्माण की सतही जानकारी थी और उन्हें किसी अनुभवी शख्स की तलाश थी। वे सुशील सेन से भी मिले जो तब नेशनल टेक्सटाइल मिल्स दक्षिण महाराष्ट्र के चेअरमैन थे और एक साल बाद सेवानिवृत्त होने वाले थे। किशोर बियाणी और कृष्णा झुनझुनवाला ने सेन को अपना साझेदार बनने को कहा। सुशील सेन को किशोर बियाणी की बेबाक बातें पसंद आईं। उन्हें लगा कि यह युवक दब्बू दिखता है, पर दूरन्देशी है, जिसने संभावना को दूसरे से पहले भाँप लिया है। बियाणी परिवार अपने स्वामित्व के तारापुर औद्योगिक क्षेत्र में स्थित इंडस्ट्रियल प्लॉट में प्रोसेसिंग यूनिट लगाना चाहते थे, पर यहाँ किशोर बियाणी ने साझेदारों के साथ ध्रुव सिंथेटिक्स की स्थापना की, जिसने पहले ही वर्ष में एक करोड़ रुपए का फैंसी धागा बेचा। वे उत्पादन बढ़ाने की तैयारी करने लगे पर श्रमिकों ने असहयोग शुरू कर दिया। ध्रुव सिंथेटिक्स को बंद करना पड़ा। किशोर बियाणी उन दिनों अरविंद मिल्स के डेनिम के भी वितरक थे, जो 80 के दशक में खूब लोकप्रिय होने लगा था। डेनिम ने ही रेडीमेड परिधानों का भी चलन बढ़ाया। एक नई कंपनी मेंज वेअर के बैनर तले किशोर बियाणी ने पेंटालून ब्रांड नेम से 200 पतलूनें प्रतिदिन बनाना व बेचना शुरू किया। एक वर्ष में कंपनी का टर्नओवर 32 लाख रुपए पहुँच गया, पर कंपनी को 8 लाख रुपए का घाटा हुआ क्योंकि 16 लाख रुपए तो किशोर बियाणी ने ब्रांड बिल्डिंग व विज्ञापन पर ही खर्च कर दिए थे।

सन् 1991 में किशोर बियाणी ने गोवा में पेंटालून की बिक्री बढ़ाने के लिए फ्रेंचाइजी पेंटालून शॉप खोली। अरविंद मिल्स की डेनिम पतलूनें बेचते हुए किशोर बियाणी डेनिम मार्केट को समझ गए थे। उन्होंने बेयर नेसेसिरीज ब्रांड नेम से जीन्स लांच की। पेंटालून शॉप को जेंट्सवेयर की वन स्टाफ शॉप बनाने के लिए नाइटहुड के नाम से कमीज भी लांच की। पेंटालून शॉप पर अब पतलून-कमीज व डेनिम वेयर के अलावा जुराब, टाई और रूमाल आदि भी बिकने लगे। सन् 1991 के अंत तक देश में 22 फ्रेंचाइजी पेंटालून शॉप्स हो गईं। उदारीकरण के बाद स्टॉक मार्केट में तेजी थी। पूँजी संग्रहण का उपयुक्त समय देखकर सन् 1991 में किशोर बियाणी ने आईपीओ के जरिये 225 लाख रुपए जुटाए।

किशोर बियाणी की द्रुतगति से उनके दो चाचा सहम गए। उन्हें लगा कि वे भारी जोखिम उठा रहे हैं। सन् 1997 में उन्होंने अलग होने का निर्णय लिया। सन् 1998 में उनकी आशंका सही भी साबित हुई। पेंटालून के शेयर मूल्य निम्नतम स्तर (रु. 1.50) पर पहुँच गए। बैंक भी कर्ज देने से कतराने लगे। विपरीत परिस्थितियों में निवेशकों का भी दबाव था कि व्यवसाय चाहे कम हो, पर जोखिम न उठाएँ। प्रचार-प्रसार पर कम खर्च करें, जबकि किशोर बियाणी को भरोसा था कि स्थापित ब्रांड्स ही भविष्य में कमाई का बड़ा स्रोत बनेंगे। उन्होंने युवा ग्राहकों के लिए वेयर ब्रांड शर्ट लांच की, जिसे अमेरिकन समझकर ग्राहकों ने खूब खरीदा। महिलाओं के लिए डेनिम वेयर बनाना शुरू किया। एक अमेरिकन ब्रांड जॉन मिलर को पंजीकृत करवाया और जॉन मिलर शर्ट लांच की। ग्राहकों को लुभाने के लिए पहली बार डेनिम के लिए एक्सचेंज योजना शुरू की। पुरानी जीन्स के बदले छूट के साथ नई जीन्स योजना खूब सफल रही। पैंतालेंग्थ नाम से पतलून की एक किट लांच की, जिसमें कपड़े धागे और बटन आदि मौजूद थे। 2 हजार युवकों ने दफ्तर और अपार्टमेंट में दस्तक देकर यह किट बेची, जिसने पेंटालून ब्रांड को घर-घर पहुँचाया। पेंटालून, जॉन वीयर, वेयर व पैंतालेंग्थ ब्रांडों के लोकप्रिय होने के बाद पेंटालून फ्रेंचाइज शॉप के लिए आवेदन आने लगे। किशोर बियाणी ने पेंटालून-केश -एन-केरी आउटलेट शुरू किए। अब 40 शहरों में 72 पेंटालून शॉप्स हो गई थीं और टर्नओवर 9 करोड़ रुपए पहुँच गया था। 1997 में फिर पेंटालून की सेल्स ग्रोथ स्थिर होने लगी, क्योंकि देश में फॉर्मेट रिटेलिंग शुरू होने लगी थी। इस तरह का पहला आउटलेट 80 के दशक के आरंभ में शॉपर्स स्टोर्स के नाम से मुंबई में खुला। प्रतिबंध हटने के बाद विदेशी रिटेलर्स भी भारत आने की तैयारी कर रहे थे। किशोर बियाणी का भी फ्रेंचाइजी नेटवर्क का अनुभव अच्छा नहीं था। वे जान गए थे कि फ्रेंचाइजी अवसरवादी हैं। अच्छे दिनों में अच्छी-अच्छी बातें करते हैं, पर कारोबारी विस्तार के लिए फेरबदल करें या निवेश बढ़ाने की बात हो तो पीछे हट जाते हैं।

किशोर बियाणी के चचेरे भाई राकेश सन् 1999 में व्यवसाय में आए। वे बड़े भाई की उन्नति से उत्साही थे। किशोर ने उन्हें शॉपर्स स्टोर्स के संचालकों के पास भेजा, जो केवल अंतरराष्ट्रीय ब्रांड्स के परिधान ही बेच रहे थे। शॉपर्स स्टोर्स ने पेंटालून के ब्रांडेड परिधान बेचने की पेशकश ठुकरा दी। किशोर बियाणी के पास अब तीन विकल्प थे। एक, अपना बड़ा फैशन ब्रांड विकसित

करें। दूसरा, किसी अंतरराष्ट्रीय ब्रांड को 'बिग ब्रदर' बना लें या अपने स्वामित्व के रिटेल आउटलेट्स स्थापित करें।

द मेगा स्टोर के नाम से पहले रिटेल आउटलेट के लिए किशोर बियाणी ने हैदराबाद, चेन्नई और नागपुर को चिन्हित किया, जहाँ पेंटालून शॉप्स अच्छा कारोबार कर रही थी। ऐसे ही खोज में कलकत्ता की डाल्फिन पब्लिसिटी के प्रबंध निदेशक व किशोर बियाणी के पुराने मित्र सुधीर भंडारी ने उन्हें गरियाहाट में 10 हजार वर्गफीट की एक सम्पत्ति के बारे में बताया, जहाँ एक स्थानीय व्यापारी श्यामसुंदर धानुका मैरिज हॉल बनवा रहे थे। किशोर ने इस प्रॉपर्टी को देखा। शहर के बीचोबीच लोकेशन उन्हें पसंद आई। रोड से सीढ़ी के बिना सीधे पहुँच उन्हें अच्छी लगी तो संगमरमरी फर्श और नक्काशीदार दरवाजे उन्होंने नापसंद किए। धानुका ने किशोर बियाणी की योजना सुनी। प्रस्तावित मेगा स्टोर में केवल पेंटालून ब्रांड ही बेचे जाएँगे, यह जानकर उन्होंने मान लिया कि यह स्टोर ज्यादा नहीं चलेगा। उन्होंने इस शर्त के साथ अपना भवन किराए पर दिया कि दैनिक बिक्री का एक निश्चित हिस्सा उनके बैंक खाते में जमा होगा, ताकि उन्हें अपना किराया समय पर मिले।

दो माह तक दिन-रात काम करके किशोर बियाणी ने अपनी देखरेख में द मेगा स्टोर की सजावट पूरी करवाई। कलकत्ता के तब के सबसे बड़े स्टोर से दोगुना बड़ा रिटेल आउटलेट तैयार होने के कुछ सप्ताह पूर्व किशोर बियाणी ने तीन महीनों के लिए शहर में सौ होर्डिंग्स बुक करवाए एवं दो अंग्रेजी समाचार-पत्रों को हर सप्ताह पूरे पृष्ठ के विज्ञापन दिए। ऐसा महँगा विज्ञापन अभियान देखकर रिटेल उद्योग से जुड़े लोगों ने उन्हें 'शेखचिल्ली' कहा, पर सुधीर भंडारी कहते हैं कि एक विज्ञापन में खुद किशोर बियाणी ने एक भावनात्मक टिप्पणी जोड़ी, जिसमें लिखा था- 'कोलकत्ता जो आज सोचता है, शेष भारत उसे कल सोचता है। हम एक बार फिर यही बात साबित करेंगे, क्योंकि हमें हमारे शहर पर गर्व है।'

होर्डिंग और विज्ञापनों ने ग्राहकों के मन में जिज्ञासा पैदा कर दी। दुर्गापूजा का समय था। 8 अगस्त, 1993 को स्टोर ग्राहकों के लिए खोल दिया गया। थोड़ी ही देर में ग्राहकों की बड़ी कतार लग गई। शाम के समय भारतीय स्टेट बैंक की नजदीकी शाखा में स्टोर प्रबंधक नकदी जमा करवाने गए तो बैंक प्रबंधक ने यह कहकर नकदी स्वीकार करने से मना कर दिया कि उनके पास इतना स्टाफ नहीं है, जो इतना सारा रुपया गिन सके, जिसमें छोटे-छोटे नोट हैं। रिटेल मार्केट में सेंध लगी तो किशोर बियाणी ने फैलाव शुरू किया। रिटेल मार्केट में सन् 1999 के अंत तक देश में सोलह पेंटालूंस आउटलेट हो गए। किशोर बियाणी के अनुसार-कोलकाता में जब हमने पहला पेंटालून स्टोर खोला था, तब हमारे शेयर का मूल्य था 6.20 रुपए। तब यदि कोई निवेशक हमारे शेयर में एक हजार रुपए निवेश करता तो नौ वर्ष बाद (सन् 2006 में) उनकी कीमत हो जाती 2,62,000 रुपए। कोलकाता के एक बंगाली महाशय ऐसे ही निवेशक थे। गरियाहाट स्थित पेंटालूंस आउटलेट में उन्होंने ग्राहकों की भीड़ देखी और हमारे शेयर में निवेश शुरू किया। शुरू में उन्हें अच्छा प्रतिफल नहीं मिला, पर उनका भरोसा नहीं डिगा। वे आज निश्चित ही खुश

होंगे। ऐसे ही एक और व्यक्तिगत निवेशक राकेश झुनझुनवाला कहते हैं कि मैंने किशोर पर इसलिए भरोसा किया, क्योंकि वे अन्य उद्योगपतियों से अलग हैं। आक्रामक हैं, पर उनका झुकाव पैसे की ओर नहीं है। उनके अपने मापदंड हैं और कुछ नया करने की जिद है। वे लंबी रेस के धावक हैं।

पेंटालून स्टोर्स में किशोर बियाणी ने पेंटालून ब्रांड कपड़े बेचे तो पाया कि अपने ग्राहकों के सालाना खर्च का 8 प्रतिशत हिस्सा ही अपने स्टोर्स तक ला पाए हैं। खर्च का 50 प्रतिशत हिस्सा ग्राहक उनके आउटलेट्स पर खर्च करें, इस सम्भावना की खोज के लिए किशोर बियाणी कई शहरों में गए। वहाँ उन्होंने बाजारों और दुकानों का अध्ययन किया तो उनके मन-मस्तिष्क में हायपर मार्केट की संकल्पना जन्म लेने लगी। अकसर लोग कहते हैं कि किशोर बियाणी के रिटेल आउटलेट्स अमेरिका, इंग्लैंड व यूरोप के रिटेल आउटलेट्स की शृंखलाओं से प्रेरित हैं, पर नहीं। किशोर बियाणी को इनका भारतीय मॉडल चेन्नई के सरवना स्टोर से मिला है। एक परिवार द्वारा संचालित इस स्टोर का बिजनेस मंत्र है-'कम लागत-ज्यादा टर्नओवर'। एक बेसमेंट व पाँच मंजिला इस स्टोर में गृहोपयोगी सम्पूर्ण सामान मिलता है। किराना सामान, कपड़े, आभूषण, खिलौने, चश्मे, टेक्सटाइल, गारमेंट्स, सिल्क, चादर, स्टील के बर्तन की खरीद-फरोख्त के अलावा फास्ट फूड, आइसक्रीम, शीतल पेय, इडली, पूड़ी, पराँठा आदि यहाँ शॉपिंग को इंटरटेनमेंट बदल देते हैं। कुछ लोगों के यहाँ शॉपिंग कष्टप्रद है तो मध्यमवर्गीय परिवारों के लिए मौज-मजा। सरवना स्टोर फॉर्मेट रिटेलिंग के पश्चिमी मॉडल के कई मापदंडों को नकारता है। यह इस बात की मिसाल है कि बहुमंजिला भवन में भी रिटेल स्टोर हो सकता है। शहर में यातायात सुविधाजनक हो तो उपनगरीय क्षेत्रों में भी रिटेल स्टोर चलाए जा सकते हैं।

एक ही छत के नीचे सब कुछ बेचा जा सकता है। सरवना स्टोर से ही किशोर बियाणी ने सीखा कि परिवार के हर उम्र के सदस्य की रुचि का सामान स्टोर में होना चाहिए। इसके विपरीत विदेशों में हायपर मार्केट बड़े आकार के होते हैं। एक ही मंजिल पर सारा सामान ऊँची-ऊँची अलमारियों में सजाया जाता है। लम्बे और सँकरे गलियारे होते हैं, जो अकेले खरीदारी के लिए उपयुक्त है। भारत में सम्पूर्ण परिवार एक साथ शॉपिंग करता है। किशोर बियाणी ने इस अनुभव के बाद भारतीय हायपर मार्केट का पूरा नक्शा पहले अपने मन-मस्तिष्क में उकेरा और सितंबर, 2001 में हैदराबाद में पहला बिग बाजार खोलने की तैयारी शुरू की। ठेकेदार निर्माण कार्य समय पर पूरे नहीं कर पाया और कोलकाता में ही पहला बिग बाजार खुला। किशोर बियाणी के अनुसार-बिग बाजार में हमने जो पैटर्न अपनाया, वह हमारे देश में पहले नहीं था। कोई नहीं जानता था कि क्या चलेगा, क्या नहीं चलेगा, पर हमने अपने प्रतिस्पर्धियों की तरह प्रतीक्षा नहीं की। यह सोचकर गहरे पानी में कूद पड़े कि हम करेंगे और सीखेंगे। हमसे गलतियाँ भी हुईं। मसलन ज्यादा खरीदेंगे तो सस्ता बेच सकेंगे, यह सोचकर हमने एक लाख सफेद कमीज के ऑर्डर दे दिए। हमने इनकी कीमत रखी 149 रुपए। ग्राहकों ने दिलचस्पी नहीं ली। बिग बाजार के प्रमुख राजन मलहोत्रा कहते हैं कि विज्ञापन, बिक्री प्रोत्साहन, छूट जैसे उपायों के बावजूद

शर्ट्स नहीं बिके। हमारे खरीद मूल्य 105 रुपए पर भी ग्राहक नहीं मिले तो किशोरजी बोले–49 रुपए में बेचकर देखो। हमें नुकसान होगा, पर गलती हुई है तो उसे मानो, सुधारो और आगे बढ़ो। राजेश मलहोत्रा के अनुसार–यह अनुभव इसके बाद ग्रुप की प्रेरणा बन गया। 'गलती हो जाए तो उसे मानो, सुधारो और आगे बढ़ो'।

वित्त वर्ष 2002 की समाप्ति तक किशोर बियाणी का रिटेल व्यापार 1.5 लाख वर्गफीट (14 पेंटालून शॉप, 3 बिग बाजार, 28 छोटी दुकानों) में फैल गया। पेंटालून रिटेल ने 175 करोड़ रुपए का सालाना कारोबार किया, पर व्यापार के आकार (वर्गफीट में फैलाव) के आधार पर किशोर बियाणी देश के सबसे बड़े रिटेलर हो गए। 'करो, सीखो और बढ़ो' के बिजनेस मंत्र के साथ सन् 2006 तक किशोर बियाणी ने अगल–अलग फॉर्मेट के कई रिटेल आउटलेट्स खोले और उन्हें प्रमोट करने के लिए दो फिल्में (ऋतिक रोशन, सैफ अली खान, ईशा देओल अभिनीत–न तुम जाने न हम और ईशा देओल, राखी सावंत और जाएद खान अभिनीत–चुरा लिया है तुमने) भी बनाई जो फ्लॉप हो गई। सही मायने में तो 26 जनवरी, 2006 को 'आइस मेल्ट' हुआ। आइए, यह प्रसंग किशोर बियाणी के ही शब्दों में पढ़ें–

बृहस्पतिवार का दिन था। सुबह 7.30 बजे ग्रुप के पश्चिमी क्षेत्र के प्रमुख सदाशिव नायक का फोन आया। उन्होंने बताया कि लोअर पटेल (मुंबई) के बिग बाजार के बाहर ग्राहकों की लंबी कतार लगी हुई है। मैंने स्वयं स्थिति को देखने का निश्चय किया, लेकिन इसके पहले बंगलौर, गुड़गाँव और कलकत्ता से ऐसे ही खबरें आने लगीं। कोलकाता में हवाई अड्डे की ओर जाने वाले वीआईपी रोड पर स्थित हमारे स्टोर पर इतनी लंबी कतार लग गई थी कि हवाई अड्डे जाने का मार्ग अवरुद्ध हो गया था। दूसरा स्टोर हाईलैंड पार्क आवासीय परिसर में स्थित है। वहाँ स्थानीय निवासियों को परिसर में आने–जाने में परेशानी होने लगी तो उन्होंने स्टोर प्रबंधक को विवश कर दिया कि वे शटर गिरा दें। प्रतीक्षारत भीड़ बेकाबू हो गई तो पुलिस ने फिर स्टोर खुलवा दिया। बैंगलोर के कोरामंगला स्थित स्टोर में तो हालात ऐसे थे कि स्टोर का स्टाफ शटर भी बंद नहीं कर सका तो पुलिस अधिकारी ने खुद ही घोषणा कर दी कि बिक्री का समय कल तक के लिए बढ़ा दिया गया है। सुबह 10 बजे लोअर पटेल (मुंबई) स्थित 55 हजार वर्गफीट के बिग बाजार में 10 हजार ग्राहक अंदर थे तो इतने ही बाहर खड़े प्रतीक्षा कर रहे थे।

किशोर बियाणी आगे कहते हैं–वर्षों से हम दीवाली के अवसर पर विशेष छूट–ऑफर देते थे। ग्राहकों की उत्साहवर्धक प्रतिक्रिया देखकर 26 करोड़ रुपए के बिक्री लक्ष्य के साथ 26 जनवरी, (26 को 26) को हमने सबसे सस्ता दिन घोषित किया था। इस लक्ष्य को घोषित करते समय हमारा ध्यान बिक्री लक्ष्य को प्राप्त करने पर केंद्रित था, पर जब लोग बिग बाजारों में उमड़े और टेलीविजन, मोबाइल फोन, डीवीडी प्लेयर जैसी लक्जरी व महँगी चीजें सब्जी की तरह बिकने लगीं और इन्हें खरीदने के लिए दौड़ व होड़ शुरू हुई तो स्टाफ को हमारे ग्राहकों की सुरक्षा की चिंता होने लगी। बिक्री लक्ष्य गौण हो गया।

किशोर बियाणी के अनुसार–जनवरी, 2006 के बाद बिग बाजार की इस कहानी ने देश के रिटेल उद्योग के इतिहास को दो हिस्सों में बाँट दिया–सबसे सस्ते दिन से पहले और इसके बाद। 26 जनवरी के इस अनुभव के बाद किशोर बियाणी के सहयोग या स्टाफ का आत्मविश्वास इतना बढ़ गया कि अब कोई भी बिक्री लक्ष्य उन्हें असंभव नहीं लगता। किशोर बियाणी कहते हैं कि सबसे सस्ते दिन की ऐतिहासिक सफलता का कारण है मानव मन की चार भावनाएँ–लालच, परोपकार, डर और ईर्ष्या। लालच में व्यक्ति वास्तविकता से ज्यादा खरीदारी करता है। कई विकल्प अच्छे उत्पाद व सस्ते दाम खरीदारी की इच्छा बढ़ाते हैं। उपहार (परोपकार) देने के उद्देश्य से भी लोग ज्यादा खरीदारी करते हैं। ऑफर बंद हो जाएगा यह डर भी खरीदारी बढ़ाता है तो पड़ोसी या रिश्तेदार को खरीदते देखकर ईर्ष्याभाव से भी लोग खरीदारी करते हैं।

इन मानवीय कमजोरी के परिप्रेक्ष्य में ही किशोर बियाणी ने अपने रिटेल आउटलेट्स के विभिन्न फॉर्मेट गढ़े हैं। तदनुसार बिग बाजार लोगों को उनके पैसे का पूरा मूल्य लौटने वाले हायपर मार्केट है जहाँ भारतीय बाजारों की 'देखो–छूआ और फिर खरीदो' वाली सुविधा और न्यूनतम मूल्य ग्राहकों को लुभाते हैं। सेंट्रल मॉल समाज के सम्पन्न लोगों के लिए है। पेंटालून शॉप शृंखला फ्रेश फैशन आउटलेट्स हैं, जो युवाओं को लुभाते हैं। फूड बाजार गृहिणियों के लिए है, जिसका प्रयोजन है पूरे परिवार को बिग बाजार में खरीदारी के लिए बुलाना।

ग्राहकों की प्रवृत्ति को समझने के लिए किशोर बियाणी ने मुंबई की निर्धन बस्ती धारावी में कई दोपहर गुजारी है तो अकसर वे अपने ही स्टोर में ग्राहकों को वॉच करते हुए देखे जा सकते हैं। उन्हें यह देखकर खुशी होती है कि बिग बाजार में कार को पार्किंग में खड़ा करने के बाद पहले मालिक और फिर ड्राइवर अलग–अलग काउंटरों पर पहुँचकर खरीदारी करते हैं। अपने रिटेल आउटलेट्स पर कम दाम पर सामान बेचने के लिए किशोर बियाणी बिक्री से ज्यादा खरीद पर भरोसा करते हैं। वे सारा माल नकद मूल्य चुकाकर बिना मध्यस्थ सीधे उत्पादक या सप्लायर से खरीदते हैं। जबरदस्त बार्गेनिंग करते हैं और न्यूनतम लागत पर थोक खरीद करके न्यूनतम दाम पर खुदरा बेचकर अपना मुनाफा निकालते हैं। इन सबका सुफल है कि किशोर बियाणी का व्यापार साम्राज्य आज 1.30 करोड़ वर्गफीट में फैल गया है।

संगठित रिटेल व्यापार में 'अली बर्ड्स' होने ने उनके लिए दूसरों की तुलना में संभावनाएँ बढ़ा दी हैं। 6 करोड़ वर्गफीट स्पेस की उन्होंने अचल सम्पदा मार्केट के मंदी के दौर में बुकिंग कर ली थी। उन्हें यह स्पेस अब औसतन 45 वर्गफीट मासिक किराए पर मिलेगी, जबकि उनके प्रतिस्पर्धी इससे दस गुना किराया चुकाकर उपयुक्त स्थान खोज रहे हैं। किशोर बियाणी के ही शब्दों में कहें तो हम अपने नए–पुराने प्रतिस्पर्धियों–शॉपर्स स्टोर्स–रहेजा ग्रुप, लाइफ स्टाइल–लैंडमार्क यूएई, फूड कोर्ट, शुभिक्षा, विशाल रिटेल के अलावा महारथी प्रतिद्वंद्वी–रिलायंस समूह (मार्कस एंड स्पेंसर यूके के साथ), टाटा समूह (टेस्को यूके के साथ), भारती समूह (वॉलमार्ट के साथ) और कुमार मंगलम के मेगा मोर रिटेल आउटलेट्स से तीन साल आगे हैं। जब तक वे हमारे आसपास पहुँचेंगे तब तक हम उनसे फिर आगे खड़े होंगे।

वस्तुत: किशोर बियाणी ने दूसरों से पहले संगठित रिटेल व्यापार का भविष्य देख लिया था। आज से 20 साल पहले जब उन्होंने पेंटालून स्टोर्स की फ्रेंचाइजी शृंखला स्थापित की थी, तब भारत में संगठित खेरची व्यापार कई जंजीरों में जकड़ा हुआ था। गली-मोहल्ले के 70 लाख से ज्यादा छोटे-बड़े दुकानदार का हर स्तर पर विरोध, सरकारी रीति-नीति में ऊहापोह, करारोपण में विसंगति, बैंक से कर्ज ना मिलने के अलावा भारतीय ग्राहकों को इस चैनल से खरीद-फरोख्त के लिए तैयार करना सबसे बड़ी चुनौती थी। दुनिया के सम्पन्न व विकसित देशों से इसी कारण संगठित खुदरा व्यापार में हम एक जनरेशन पीछे थे। परिणाम! भारतीय उपभोक्ता गुणवत्तायुक्त उत्पाद, उत्पाद के कई विकल्प, उनकी कम से कम और प्रतिस्पर्धी मूल्य पर प्राप्ति से वंचित रहे। ऐसे जटिल मार्केट में कोई भी नई शुरुआत करने के लिए चाहिए थी-भारी पूँजी, हर स्तर पर कई कार्मिक, लॉजिस्टिक व इन्वेंटरी मैनेजमेंट। *

सन् 2000 तक किशोर बियाणी 'वन मेन आर्मी' थे। वे ही सोचते और अपने स्थायी-अस्थायी सहयोगियों से अपने सोच को मूर्त रूप देते थे। बिग बाजार की सफलता खासकर सबसे सस्ते दिन (26 जनवरी, 2006) के बाद उन्हें अहसास होने लगा कि अब उनका रिटेल साम्राज्य इतना विशाल हो गया है कि उन्हें एक कोर टीम चाहिए। तदनुसार कारोबार के अलग-अलग पोर्टफोलियो के लिए उन्होंने प्रोफेशनल्स नियुक्त किए और अँधेरी से अपना मुख्यालय तारदेव लोअर परेल, नरीमन पाइंट और जोगेश्वरी शिफ्ट किया। समूह का नाम मेंज वेयर प्रा.लि. से पेंटालून हुआ था। आज पेंटालून रिटेल इंडिया लि. समूह के नए नाम फ्यूचर मार्केट्स एंड कंज्यूमर ग्रुप (फ्यूचर ग्रुप) की इकाई है। फ्यूचर ग्रुप रिटेल, वित्त, बीमा, लॉजिस्टिक, मीडिया व लर्निंग सेक्टर में सक्रिय है।

समूह के कारोबार में बिग बाजार की 65 फीसदी हिस्सेदारी है, जो देश के संगठित रिटेल व्यापार का पोस्टर बॉय है। 30 हजार कर्मचारियों के रिटेल आउटलेट्स में बिग बाजार के अलावा फूड बाजार व सेंट्रल मॉल तथा बुक्स व म्यूजिक शृंखला (डिपो), स्पोर्ट्स वेयर (प्लेनेट स्पोर्ट्स) और आधार (ग्रामीण रिटेल) शॉपिंग पोर्टल और फर्नीचर डॉट कॉम शामिल हैं।** फ्यूचर ग्रुप रिटेल ट्रेडिंग के कई अन्य छोटे-बड़े फॉर्मेट्स पर भी काम कर रहा है। मसलन, 'चामोसा' (चाय व समोसा शॉप्स) से लेकर ग्रामीण अंचलों के लिए केबी का थोक बाजार।

*** संचार तंत्र : अलग-अलग जगह से अलग-अलग सामान की खरीद, परिवहन, सार-संभाल आदि और इन सबसे महत्वपूर्ण ग्राहकों की हर पल बदल जाने वाली जरूरत का आकलन और आपूर्ति।**

**** वित्त वर्ष 2008 की समाप्ति पर 45 पेंटालून शॉप, 10 सेंट्रल, 97 बिग बाजार, 136 फूड बाजार, 7 होम टाउन (होम इक्यूपमेंट शृंखला), 37 ई-जोन (इलेक्ट्रिक गुड्स), 90 इलेक्ट्रॉनिक्स बाजार, 85 फर्नीचर बाजार, 54 प्लेनेट स्पोर्ट्स (स्वोर्ट्सवेयर स्टोर), 112 डिपो (बुक व म्यूजिक), 102 के.बी. फेयर शॉप, 150 फ्यूचर मनी की स्पेशलिटी रिटेल फॉर्मेट्स, शू फैक्टरी, ली कूपर स्टेपल्स, इंडस लीग फॉर्मेट्स शामिल है। समूह का सालाना कारोबार 9000 करोड़ रुपए हो गया है। तदनुसार पहले बिग बाजार (स्थापना सन् 2000) से आज तक किशोर बियाणी का रिटेल व्यापार 51 गुना (175 करोड़ रुपए से 9000 करोड़) बढ़ा है।**

किशोर बियाणी के अनुसार–भारत में 72 करोड़ उपभोक्ता 6,27,000 गाँवों में रहते हैं। फ्यूचर ग्रुप को भविष्य में रिटेल व्यापार का लीडर बने रहना है तो ग्रामीण अंचल में भी सक्रिय होना पड़ेगा। तदनुसार फ्यूचर ग्रुप ग्रामीण अंचल में 25 से 30 एकड़ के थोक बाजार खोलने की तैयारी कर रहा है, जहाँ ग्रामीण उपभोक्ता की सारी वस्तुओं के अलावा भंडारण, गृह पार्किंग, परिवहन व जनसुविधा मौजूद होगी। यह कंपनी देश के 32 शहरों में 36 लाख वर्गफीट आकार के वेयर हाउस संचालित करता है, यहाँ से ग्रुप के 1000 रिटेल आउटलेट्स को सामान पहुँचता है। इनके अलावा अन्य सप्लायर्स भी रिटेल आउटलेट्स को गुड्स उपलब्ध करवाते हैं। फ्यूचर ब्रांड्स के प्रभारी की जवाबदारी है ब्रांड क्रिएशन, डेवलपमेंट व मैनेजमेंट, अधिग्रहण एवं ग्रुप के बौद्धिक सम्पदा अधिकारों की देखरेख। फ्यूचर ग्रुप बीमा व्यापार श्री करन हैं। फाइनेंस सेक्टर में फ्यूचर ग्रुप का एक और वेंचर है–क्षितिज वेंचर कैपिटल फंड, जिसने देश के तेजी से उभरते ग्यारह शहरों में 50 लाख वर्गफीट रिटेल स्पेस विकसित की है। गौरतलब है कि कॉलेज की पढ़ाई के दौरान किशोर बियाणी ने एक क्लब बनाया था 'क्षितिज', जो तब छोटे-छोटे आयोजन करता था। अल्हड़ उम्र की यादों में शामिल क्षितिज आज उनके रीयल एस्टेट फंड का भी नाम है। (क्षितिज यानी अनंत उड़ान की संभावना)।

अशनी बियाणी

विवेक बियाणी

किशोर बियाणी जहाँ निकटवर्ती लोगों के लिए दिलचस्प व्यक्तित्व के धनी हैं, वहीं दूसरों के लिए दंभी। वे अंतर्मुखी हैं और पहली नजर में ही वे आदमी की गहराई व मंतव्य भाँप लेते हैं। विज्ञापन उद्योग से लम्बे समय से जुड़े गोपी कुकड़े यह बात अपने अंदाज में कहते हैं–किसी योजना या नए विचार को समझने के लिए उन्हें मात्र दस सेकंड चाहिए। मैंने उन्हें कुछ पंच लाइन 'चने के भाव काजू' और बंगाली में 'रूई के दामे इलिश' सुझाई। वे मेरा निहितार्थ (बिग बाजार में सब कुछ अत्यंत सस्ता) तुरंत समझ गए। किशोर बियाणी की रचनात्मकता आसानी से समझ में नहीं आती। वे बिग बाजार को आम आदमी का मार्केट बनाना चाहते थे, इसके लिए ग्राहक की भावना को झकझोर देने वाला आइडिया कहीं से भी मिला, उसे उन्होंने लपक लिया। सही कह रहे हैं गोपी कुकड़े। किशोर बियाणी अपने ग्राहकों की मानसिकता समझने के लिए अपने ही मार्केट में आज भी चहलकदमी करते हुए देखे जा सकते हैं तो शहर के अन्य स्टोर्स में भी वे बिना बुलाए पहुँच जाते हैं और साधारण ग्राहक की तरह खरीद करने लगते हैं, ताकि वहाँ के स्टाफ का तौर-तरीके देखें। ग्राहक सेवा के स्तर समझें।

किशोर बियाणी वे सप्ताह में दो-तीन बार आधा घंटा योग करते हैं। वे शाकाहारी हैं और वर्कोहलिक होने से लिकर की उन्हें जरूरत नहीं पड़ती। उनके चार भाई (इनमें से दो सगे व दो चचेरे–विजय, अनिल, राकेश व सुनील) उनके कारोबारी सहयोगी हैं। अपनी पत्नी संगीता को भी उन्होंने प्रेरित किया कि दोपहर में जो खाली समय मिलता है, उसका रचनात्मक उपयोग करें।

संगीता और संतोष (विजय बियाणी की पत्नी) अपनी सहेली ममता (संयोग से वे भी बियाणी) के साथ मांगलिक समारोहों व तीज-त्योहारों पर डिजाइनर डेकोरेशन की प्रोफेशनल सेवा प्रदान करती हैं। संगीता बियाणी के अनुसार-'बंधन' (तीनों महिलाओं की साझेदारी फर्म) के पीछे मंशा पैसा कमाना नहीं, बल्कि अपने हॉबी को बचाए रखना है। हम मारवाड़ी महिलाओं को बचपन में रांगोली बनाने, जन्माष्टमी व गणेश चतुर्थी पर झाँकी सजाने, विवाह समारोह पर गिफ्ट पैक करने की ट्रेनिंग मिलती है, जो हमारी हॉबी बन गई है। इसे बचाए रखने की ही कोशिश है बंधन।

बियाणी दम्पती की दो पुत्रियाँ हैं। बड़ी पुत्री अशनी स्टेनफोर्ड से बिजनेस मैनेजमेंट की शिक्षा प्राप्त फ्यूचर ग्रुप की फ्यूचर आइडिया एंड होम सॉल्यूशंस रिटेल इंडिया लिमिटेड की डायरेक्टर हैं। उनकी जवाबदारी ग्राहकों की मानसिकता समझना, उनकी खरीद-फरोख्त के तौर-तरीके जानना और इसके निष्कर्ष ग्रुप की कंपनियों तक पहुँचाना। अपने ऐसे ही एक अनुभव को शेयर करते हुए अशनी कहती हैं-हम बेंगलौर में बिग बाजार खोलने वाले थे। मैं उस क्षेत्र के लोगों से मिली तो पाया कि वहाँ गुलकंद खूब खरीदा जाता है। बिग बाजार में हमने गुलकंद रखा, जिसने ग्राहकों को लुभाया। किशोर बियाणी की छोटी पुत्री अवनि न्यूयॉर्क यूनिवर्सिटी में अध्ययनरत है। विजय बियाणी के पुत्र विवेक बियाणी ई-जोन (इलेक्ट्रॉनिक श्रृंखला) की देखरेख करते हैं।

किशोर बियाणी के मित्र कहते हैं कि 'असल किशोर' को कोई नहीं जानता। उनके स्टोन फेस चेहरे की किफायती पर स्मित मुस्कान के पीछे छुपा हुआ है क्विक सिल्वर ब्रेन (पारा चढ़ा मस्तिष्क)। वे नए-नए आइडियाज का चलता-फिरता बाजार हैं। किशोर बियाणी को रिचर्ड बुक की कहानी 'जोनाथन लिबिंग स्टोन सीगल' खूब पसंद है। इस कहानी का सार संक्षेप है-जोनाथन नाम की एक समुद्री चिड़िया ने पुरानी धारणाओं को तोड़कर अपने झुंड से अधिक ऊँचाई पर उड़ने का फैसला किया। झुंड के सदस्यों ने उसे समझाया और कहा अधिक ऊँचाई पर जाने की कोशिश मत करो। वहाँ कोई नहीं पहुँचा है। जोनाथन नहीं मानी और मुश्किलों का सामना करते हुए अपने लक्ष्य तक पहुँचने के लिए ऊँचाइयों पर उड़ती गई। ऊँचाई पर उसकी मुलाकात चियांग से हुई, जिसने क्षमता को सिद्ध करने का उसका हौसला बढ़ाया। जोनाथन की लगन और इच्छाशक्ति उसे मुश्किलों पर विजय दिलाती गई और वह वहाँ पहुँच गई, जहाँ कभी कोई समुद्री चिड़िया नहीं पहुँची थी।

लोकल से ग्लोबल 38
इंडियन कॉरपोरेट्स

वायुपथ

नरेश गोयल

जो लोग सफलता के पहले पढ़ाव को ही अपनी मंजिल मानकर ठहर जाते हैं, वे जीती हुई बाजी हार जाते हैं। सफलता के हर पढ़ाव से अगली सफलता की सम्भावना जन्म लेती है। सफलता के पहले, दूसरे या इससे अगले पढ़ाव पर ही थम जाने का मतलब है सम्भावनाओं की अपने ही हाथों हत्या और पिछड़ चुके प्रतिस्पर्धी के लिए खुद अपने नजदीक पहुँचने की सम्भावनाओं को जन्म देना। 'जो हो गया, वह इतिहास, जो होगा वह रहस्य'...इस कथन का यहाँ निहितार्थ है–हर सफलता को उपलब्धि मानें, उस पर गर्व भी करें, पर उसे लक्ष्य की प्राप्ति मानकर थम न जाएँ। याद रखें कि जो मिल गया वह इतिहास बन गया है और जो मिल सकता है, वह एक पहेली (रहस्य) है। इस पहेली को हल करेंगे तो ही शिखर पर पहुँचेंगे और लम्बे समय तक शिखर आरोही भी बने रहेंगे।

इसी जीवन मंत्र को अपना कारोबारी सूत्र बनाकर जेट एयरवेज के संस्थापक चेअरमैन नरेश गोयल ट्रेवल एजेंट से वर्ल्ड क्लास एयरलाइंस के ऑनर बने हैं। ऐसे नवोदित कुबेर जिनका फोर्ब्स की भारतीय कुबेर सूची 2009 में 75वाँ क्रम है। नरेश गोयल सही कहते हैं कि जिस दिन हम यह मान लेते हैं कि मंजिल मिल गई, उसी दिन से हम मंजिल से फिसलने लगते हैं।*

28 मार्च, 1949 को पटियाला (पंजाब) के एक साधारण परिवार में जन्मे हैं नरेश गोयल। अपने आभूषण विक्रेता पति को युवावस्था में खो देने से उनकी माँ के लिए

---

*The day you are happy, remember that is the day you are asking for trouble.

अपनी संतानों का लालन-पालन एक कठिन तपस्या थी। अभावों में माँ ने अपनी संतानों का किसी तरह पेट भरा और सरकारी स्कूल में पढ़ने के लिए भेजा। नरेश अपने भाई-बहनों के साथ मीलों पैदल चलकर स्कूल पहुँचते थे, क्योंकि माँ के लिए सम्भव नहीं था कि वह अपने पुत्र को एक साइकिल दिलवा सके। अभागी माँ नहीं जानती थी कि उनका जो पुत्र आज एक साइकिल को तरस रहा है, कल वह बड़ा होकर कई हवाई जहाजों का मालिक होगा। नरेश ने एक एवरेज छात्र की हैसियत से कॉमर्स स्नातक की डिग्री प्राप्त की तो 18 वर्षीय पुत्र को माँ ने अपने एक रिश्तेदार के पास दिल्ली भेज दिया, जो वहाँ एक ट्रेवल एजेंसी के मालिक थे। नरेश को उनके चाचा सेठ चरणदास रामलाल ने ईस्ट-वेस्ट ट्रेवल एजेंसी में सहानुभूतिवश कैशियर की नौकरी दे दी। तीन साल तक नरेश ने साइकिल दौड़ाकर ग्राहकों को टिकट डिलीवर किए। दिन में जिस डेस्क पर काम किया, रात में उस पर ही सो गए। नरेश गोयल के अनुसार-आज यह सब कष्टप्रद लगता है, पर मैंने जो संघर्ष किया, उसने मुझे सिखाया कि सबसे कारगर हथियार है-विनम्रता। सन् 1964 में 300 रुपए वेतन एक बड़ी राशि थी। पहली कमाई ने मुझे यह अहसास करवाया कि हम जिस आसमाँ के नीचे जीते हैं, वह सम्भावना का सागर है। गहरा गोता लगाने वालों को ही यहाँ मोती वाली सीप मिलती है। इसके साथ नरेश गोयल ने संकल्प लिया कि इस पहली सफलता को वे बुनियाद बनाकर सफलता के अगले पायदान की ओर कूच करेंगे। संयोग से यही हुआ, ईस्ट-वेस्ट ट्रेवल एजेंसी की नौकरी ने उन्हें लेबनानी इंटरनेशनल एयरलाइंस के प्रेसीडेंट कार्लोस एरोडा से मिलवाया। हवाई यात्रा की समय सारणी और किराया याद रखने की नरेश की अद्‌भुत क्षमता से वे ऐसे सम्मोहित हुए कि उन्हें अपने साथ बेरुत ले गए और अपनी एयरलाइंस का जनरल सेल्स एजेंट (जीएसए) बना दिया।

सन् 1969 में नरेश ने इराकी एयरवेज को जनसम्पर्क प्रबंधक की हैसियत से ज्वॉइन किया। कार्लोस एरोडा ने नरेश गोयल को जार्डोन के किंग हुसैन के सलाहकार व किंग रॉयल जार्डियन एयरलाइंस (आरजेए) के संस्थापक अली गंडौर से मिलवाया। गंडौर ने सन् 1971 में नरेश गोयल को आरजेए ज्वॉइन करने को कहा। आरजेए के रीजनल मैनेजर की हैसियत से नरेश गोयल ने तीन साल तक यूरोप, न्यूजीलैंड और खाड़ी देशों की कई बार यात्रा की और वैश्विक उड्‌डयन उद्योग को नजदीक से देखा। नरेश गोयल कहते हैं कि अली गंडौर मेरे गॉड फादर हैं। वे और सिंगापुर के पूर्व चेअरमैन जे.वाय.एम. पिल्लई मेरे प्रेरणास्त्रोत हैं।

अंतरराष्ट्रीय उड्‌डयन सेवा उद्योग की कार्यप्रणाली समझने के बाद नरेश गोयल को लगा कि एयरलाइंस के जनरल सेल एजेंट (जीएसए) के लिए पर्याप्त अदोहित सम्भावनाएँ हैं। सन् 1974 में नरेश गोयल ने इस कारोबार के लिए जेट ट्रांसपोर्टेशन (इसका ही विस्तार है जेट समूह) की स्थापना की। इस फर्म के बैनर तले वे दुनिया की कई एयरलाइंस का प्रतिनिधित्व करने लगे। नरेश गोयल लायजनिंग व लॉबिंग यानी रिश्ते बनाने व निभाने में अत्यंत माहिर हैं और इसके बलबूते पर ही वे वर्तमान मुकाम पर पहुँचे हैं, पर इस दौर की उनकी एक और उपलब्धि है जीवनसाथी। सन् 1979 में ओबेराय ग्रुप की एक महिला एक्जीक्यूटिव अनिता से नरेश गोयल एक वैवाहिक समारोह में मिले। उनकी मार्केटिंग क्षमता ने उन्हें इतना लुभाया कि

अनिता गोयल

उन्होंने अनिता को दूसरे ही दिन नौकरी ऑफर कर दी। ओबेराय ग्रुप की नौकरी छोड़कर एक जीएसए को ज्वॉइन करना कोई बुद्धिमत्ता नहीं थी, पर नियति की नीयत कौन जान पाया है? अनिता ने जेट ट्रांसपोर्टेशन को ज्वॉइन कर लिया। यह रिश्ता दिसंबर, 1988 में प्रेम विवाह में बदल गया।

कमाऊ कारोबार और बुद्धिमान व कामकाजी जीवनसाथी एक बड़ी उपलब्धि या कहें कि सफलता का बड़ा पड़ाव साबित हुआ। नरेश गोयल यहीं संतुष्ट हो जाते तो शायद आज से ज्यादा तनावमुक्त जिंदगी जीते, पर जीवनपर्यंत एयरलाइंस के ही टिकट बेच रहे होते, पर उनका स्वप्न तो था अपनी खुद की ऐसी एयरलाइंस जिसके टिकट दूसरे बेचें और जिस पर वे ही नहीं, हर भारतीय गर्व करे और कहे–'मेड इन इंडिया'। बड़े स्वप्न देखना आसान है, पर इन्हें साकार करने के लिए चाहिए ऐसा धैर्य जो असम्भव को सम्भव कर दे। नरेश गोयल ने सफलता के इस पहले पड़ाव पर तय किया कि वे जोखिम उठाकर अपनी क्षमता का एक बार फिर परीक्षण करेंगे। वे अपना ही यह रहस्य खोजेंगे कि सफलता के पहले पड़ाव पर बिना विराम–विश्राम अगले पायदान की ओर कूच करने की उनमें सामर्थ्य है, साहस है और है धैर्य।

छह वर्ष (1964–1973) नौकरी और इसके बाद 20 वर्ष (1973–1993) नरेश गोयल ने जनरल सेल एजेंसी का संचालन करते हुए अंतरराष्ट्रीय उड्डयन सेवा उद्योग की बारीकियों को समझने पर खर्च किए। इस दौरान उद्योग से जुड़े लोगों से उन्होंने गहरे रिश्ते बनाए। उन दिनों दुनिया के किसी भी हिस्से में इंटरनेशनल एयर ट्रेवल एसोसिएशन (एआईटीए) वैश्विक एयरलाइंस के प्रतिनिधि संगठन के कार्यक्रम या बैठक हुई तो वहाँ नरेश गोयल पहुँच गए। ऐसे मौकों पर अलग–अलग देशों की एयरलाइंस के प्रतिनिधियों से उनके कमरे में उन्होंने निजी मुलाकातें कीं और ऐसे भरोसेमंद दोस्त चुने, जो आज भी उनके कॉल या बुलाने की प्रतीक्षा करते हैं और उनकी मदद करके खुश होते हैं। ये लोग कहते हैं कि नरेश गोयल का दोस्त बनाने और दोस्ती निभाने का अंदाज सबसे अलग है। आत्मीयता उनमें कूट–कूटकर भरी है और दोस्तों की चाह को वे पूरा करके खूब प्रसन्न होते हैं। नरेश गोयल के अनुसार–मित्रों ने ही मेरी सफलता के बंद दरवाजे खोले हैं और मेरे स्वप्नों को साकार किया है।

और सन् 1993 में नरेश गोयल ने जेट ट्रांसपोर्टेशन को जेट एयर में बदलने की घोषणा करके सफलता के अगले पढ़ाव की ओर कूच कर ही दिया। नरेश गोयल को भारतीय ट्रेवल उद्योग से जुड़े लोगों ने शेखचिल्ली कहा, क्योंकि वे यह मानने को तैयार नहीं थे कि एक साधारण जनरल सेल एजेंट कैसे हवाई सेवा प्रदान कर पाएगा? यह तो ऐसा उद्योग है, जिसके लिए भारी–भरकम सीड कैपिटल चाहिए और जो लंबी प्रतीक्षा के बाद मुनाफा अर्जन शुरू करता है। यही नहीं, यह ऐसा उद्योग भी है, जिसे अच्छे दिनों में भी अनायास ऐसे किसी एयर पॉकेट(वायुगर्त : ऐसी आसमानी परिस्थिति कि एयरक्राफ्ट अनायास हवा में हिचकोले खाने लगे।) का सामना करना पड़ सकता है और देखते–देखते वर्षों की सारी मेहनत मटियामेट कर देता है।

भारत सरकार ने जेट एयर को शुरुआत में एयरटैक्सी की मान्यता दी, जिसे संचालित करने में नरेश गोयल को भारी चुनौती का सामना करना पड़ा। एयरक्राफ्ट्स को आसानी से कभी भी 'ग्राउंड होल्डिंग-स्पेस या पार्किंग' नहीं मिली, क्योंकि भारतीय एयरपोर्ट्स पहले ही 'ओवर क्राउडेड' थे। एयरपोर्ट्स पर इंजीनियरिंग सुविधाओं की कमी ने भी परेशानियाँ खड़ी कीं। जेट एयर को समय सारणी जारी करने की अनुमति नहीं मिली और उन्हें फ्लाइट्स के नामकरण करना पड़ा–ब्रेकफास्ट फ्लाइट, लंच फ्लाइट और डिनर फ्लाइट। ऐसे नाम जो समय का बोध करवाए।

भारत सरकार ने सन् 1993 में ओपन स्काई पॉलिसी घोषित की। जेट एयरवेज को फुल सर्विस एयरलाइंस लांच करने की अनुमति मिली तो लीज पर प्राप्त चार बोइंग एयरक्राफ्ट्स से जेट ने 13 अप्रैल, 1993 को हवाई सेवा शुरू की। नरेश गोयल की चाह थी कि जेट के एयरक्राफ्ट्स का भारतरत्न जेआरडी टाटा लोकार्पण करें, जिन्होंने कभी भारत की पहली हवाई उड़ान सेवा लांच की थी। सन् 1953 में भारत सरकार ने जब टाटा एयरलाइंस सहित निजी क्षेत्र की तत्कालीन एयरलाइंस को अधिगृहीत करके एयर इंडिया का गठन किया था तो जेआरडी टाटा को ही इसका चेअरमैन बनाया था। जेआरडी टाटा का कार्यकाल एयर इंडिया का सबसे सुनहरा दौर है, जब एयर इंडिया के विमान बेहतरीन हवाई सेवा के साथ समय पाबंदी के लिए ऐसे मशहूर थे कि लोग उनकी उड़ान के साथ अपनी घड़ियाँ चेक किया करते थे। कहते हैं कि जेआरडी टाटा ने जेट के एयरक्राफ्ट्स को लोकार्पण करते समय नरेश गोयल से कहा था कि यदि जेट एयरलाइंस को दुनिया की सर्वश्रेष्ठ एयरलाइंस बनाने का हौसला ना हो तो ये एयरक्राफ्ट्स आज ही लौटा दो।

जेट एयरवेज ने सन् 1993 में लांचिंग वर्ष में ही मुनाफा अर्जन किया। इसके बाद भी एक दशक में केवल दो वित्तीय वर्ष में घाटा दर्शाया। सन् 2005 में 1900 करोड़ के जननिर्गम से जेट एयरवेज शेयर मार्केट में सूचीबद्ध हुई। अपनी 80 फीसदी इक्विटी में से 20 फीसदी शेयर निवेशकों को बेचकर नरेश गोयल की नेटवर्थ (तब) 8000 करोड़ रुपए हो गई। नरेश गोयल बिलियन डॉलर कुबेर क्लब में शामिल हुए। हवाई सेवा उद्योग में उन्होंने इतनी सामर्थ्य व हौसला भी जुटा लिया कि सन् 2006-07 में एक बड़े विवाद के बाद 500 मिलियन डॉलर (करीब 2300 करोड़ रुपए) निवेश करके उन्होंने एयर सहारा (अब लो-कास्ट एयरलाइन जेट लाइट) का जेट एयरवेज में विलयन कर दिया। इसके साथ जेट एयरवेज के हवाई बेड़े में 27 नए एयरक्राफ्ट्स जुड़े और इसके मार्केट शेयर (तब 34 फीसदी) में 11.6 फीसदी की बढ़ोतरी हुई, जिसने जेट एयरवेज को देश की सबसे बड़ी हवाई सेवा प्रदायकर्ता कम्पनी बना दिया। जेट एयरवेज के हवाई बेड़े में (सितम्बर, 2009) 84 एयरक्राफ्ट्स हो गए, जिनमें शामिल हैं–एटीआर-72-500, एयरबस ए-330-320, बोइंग 737-700, 737-800, 737-900, 777-300 ईआर और 787-8। आज प्रतिदिन औसतन 40,000 हवाई यात्रियों को ये एयरक्राफ्ट्स 425 से ज्यादा उड़ानों के जरिये दुनिया और देश के करीब 100 शहरों के लिए वर्ल्ड क्लास हवाई सेवा उपलब्ध करवा रहे हैं। जेट एयरवेज ने सन् 2005 में अंतरराष्ट्रीय उड़ान की भी

शुरुआत की। आज इसके एयरक्राफ्ट्स एशिया, यूरोप, खाड़ी देश और नॉर्थ अमेरिका के कई शहरों में पहुँचने लगे हैं। जेट समूह की जेट लाइट और जेट एयरवेज कुवैत लो-कास्ट, नो फ्रिल्स (इन फ्लाइट टी-स्नेक्स, फूड जैसी अतिरिक्त सेवा नि:शुल्क नहीं) एयरलाइंस भी है। इनके अलावा एक सहायक कंपनी है जेट कार्गो। जेट एयर आज भी जीएसए कारोबार कर रही है यानी इंटरनेशनल एयरलाइंस के टिकटों की सेल्स व मार्केटिंग करती है।

सन् 2001 के बाद सारी दुनिया के हवाई सेवा संचालकों को कई एयर पॉकेट्स का सामना करना पड़ा है। 26/11 यानी 26 सितंबर, 2001 को वैश्विक ट्रेड सेंटर, न्यूयॉर्क स्थित ट्विन टॉवर्स पर हुए दुनिया के सबसे बड़े आतंकी हमले से इसकी शुरुआत हुई। पर्यटन उद्योग खासकर हवाई सेवा उद्योग इससे सँभल नहीं पाया था कि हवाई ईंधन के मूल्य बढ़ने लगे और 157 डॉलर की ऐतिहासिक ऊँचाई पर पहुँच गए। आतंकवादी हमले ने यात्री घटाए तो हवाई ईंधन के मूल्यों ने परिचालन लागत बढ़ा दी। आय भी घटी, मुनाफा भी घट गया। पर्यटन उद्योग इन एयर पॉकेट्स से सँभल पाता, इसके पहले वैश्विक अर्थव्यवस्था मंदी की चपेट में आ गई। वाणिज्यिक जगत ने खर्च कटौती शुरू की। कारोबारी यात्री घटे या वे कम खर्च के परिवहन साधन उपयोग करने लगे। भारत के हवाई सेवा संचालकों पर तो एक और वज्रपात हुआ।

सन् 2008 में मुम्बई में हुए आतंकी हमले ने भारत आने वाले लोगों की संख्या घटा दी। जेट एयरवेज भी एयर पॉकेट्स की इस सुनामी से बच नहीं पाया। नरेश गोयल को कई कड़े फैसले लेना पड़े। परिचालन लागत घटाने के लिए फ्लीट साइज एडजेस्ट की गई। रूट्स को युक्तिसंगत किया गया। कांट्रेक्ट व पैमेंट शेड्यूल बदलवाए गए हैं। नए एयरक्राफ्ट्स की आवक स्थगित करवाई है। जेट कनेक्ट के नाम से लो-कास्ट हवाई सेवा शुरू की । नई भर्ती पर रोक लगाई, स्टाफ के वेतन में कटौती और छँटनी की कोशिश की गई तो पायलेट्स की ऐतिहासिक हड़ताल का भी सामना किया। इन सारी कोशिशों के बावजूद घाटे की घाटी से बाहर निकलने की कोशिश सतत जारी है। नरेश गोयल कहते हैं कि हवाई सेवा उद्योग के लिए एयर पॉकेट्स सामान्य बात है, पर एक साथ इतने झटके असामान्य घटना है। फिलहाल तो हम मुनाफे के बजाय परीक्षा की इस घड़ी में अस्तित्व बचाने में जुटे हैं। इस भीषण संकट से उबरेंगे तो एक बार फिर दुनिया की पाँचवीं सबसे बड़ी हवाई सेवा बनने के अपने लक्ष्य पर फोकस करेंगे। नि:संदेह हालात बहुत बुरे हैं, पर जेट एयरवेज को नरेश गोयल जैसा जमीन से जुड़ा पायलेट मिला है।

देश के नवोदित कुबेर नरेश गोयल की इस रीयल लाइफ स्टोरी के कई अन्य यशस्वी आयामों की चर्चा के पहले आइए उन लांछनों को भी जानें, जिससे मुक्त होने में उन्हें पूरे 15 साल खर्च करना पड़े है। यही नहीं, भारत सरकार और सेबी ने क्लीन चिट दे दी तथापि अमेरिकन एयरपोर्ट्स पर जेट एयरवेज के हवाई जहाज उतारने और उड़ाने की नरेश गोयल ने अनुमति माँगी तो वहाँ की सरकार अड़ गई और एक बार फिर उन्हें सफाई देना पड़ी और अपने अंतरराष्ट्रीय मित्रों की मदद लेना पड़ी।

भारत सरकार ने निजी क्षेत्र के उड्डयन उद्योगपतियों के लिए भारतीय आकाश को सन् 1993 में नियंत्रण मुक्त किया तो जेट एयरवेज के अलावा दामनिया, ईस्ट-वेस्ट, एनईसीपी और मोदी

लुफ्त ने हवाई सेवाएँ शुरू की थीं। वे सब चार साल में ही क्रैश हो गए पर जेट एयरवेज ने हर साल नए क्षितिज छुए तो ईर्ष्या भाव जन्मा। उड्डयन उद्योग से जुड़े लोगों सहित नरेश गोयल के कई आलोचकों को यह रास नहीं आया कि एक साधारण टिकट विक्रेता ने वर्ल्ड क्लास हवाई सेवा कम्पनी स्थापित कर ली और उसे बखूबी मुनाफादेय भी बना लिया। जेट एयरवेज के स्वामित्व पर प्रश्नचिह्न लगाते हुए कहा गया कि नरेश गोयल के पूँजी के स्रोत संदेहास्पद हैं। जेट एयरवेज की पैरेंट कंपनी ताई विंड्स* के तार आतंकवादियों से जुड़े हुए हैं।

इस आरोप के जवाब में नरेश गोयल ने तब कहा था कि क्यों कुछ लोग यह मानने को तैयार नहीं हैं कि मैं जेट का मालिक हूँ। मैंने बैंकिंग चैनल से पूँजी जुटाई है, सन् 1997 में यूएस एक्जिम बैंक की गारंटी पर बरक्लेज बैंक और ग्रीन लैंड बैंक से 380 मिलियन डॉलर (करीब 1800 करोड़ रुपए) और इसके बाद स्टेन चार्ट से 360 मिलियन डॉलर (करीब 1600 करोड़ रुपए) का कर्ज प्राप्त करके जेट एयरवेज का हवाई बेड़ा बड़ा किया है। नरेश गोयल के इस स्पष्टीकरण पर सेबी ने भी भरोसा नहीं किया और उनके पूँजी स्रोतों को परखने के बाद ही जेट एयरवेज को शेयर मार्केट से पूँजी एकत्रित करने की अनुमति दी। सेबी की जाँच के मुद्दे थे–ताई विंड्स पर भारतीय रिजर्व बैंक ने प्रतिबंध तो नहीं लागू किया?...नरेश गोयल ने ताई विंड्स की होल्डिंग्स कब प्राप्त की? क्या वे इसके पहले से मालिक थे या यह होल्डिंग्स बाद में खरीदी है? तथा नरेश गोयल और ताई विंड्स ने कंपनी अधिनियम के प्रावधानों का उल्लंघन तो नहीं किया है?

इन तथ्यों की गहन जाँच-पड़ताल के बाद ही सेबी ने क्लीन चिट दी। भारत सरकार ने भी अपने स्तर पर जाँच-पड़ताल करने के बाद नरेश गोयल को पाक-साफ मान लिया, पर उन्होंने अमेरिकन उड़ान शुरू करने की अनुमति माँगी तो न्यू जर्सी स्थित समान नाम की एक अन्य एयरलाइंस (समान नाम जेट एयरवेज ही) ने यही आरोप फिर लगाए कि नरेश गोयल की पूँजी का स्रोत अलकायदा व दाऊद इब्राहिम है। बिजनेस वर्ल्ड (17 जुलाई, 2006) के अनुसार तो जेट एयरवेज लाइंस के वरिष्ठतम अधिकारी सरोज दत्ता पर सन् 1998 में हुए हमले को भी अंडरवर्ल्ड से जोड़ा गया।

अंततः कोहरा छँटा और सारे आरोप-प्रत्यारोप इतिहास के पन्नों में गुम हो गए और सबको मानना पड़ा कि नरेश गोयल ने अपनी सूझबूझ और अपने सम्पर्कों से जेट एयरवेज को दुनिया की टॉप-टेन हवाई सेवा में से एक बनाया है। खिसियानी बिल्ली खम्भा नोचे की तर्ज पर नरेश गोयल के आलोचक फिर भी यह कहते हैं कि उन्होंने अपने कार्ड्स बड़ी चतुराई से खेले हैं और उनके मित्रों ने उनकी मदद की है। यह सही है कि स्व. माधवराव सिंधिया व स्व. प्रमोद महाजन नरेश गोयल के मित्र थे। शरद पवार, मनोहर जोशी, गोपीनाथ मुंडे जैसे कई वरिष्ठ राजनेता उनके नजदीकी मित्र हैं। उनके मित्रों की लम्बी सूची में जावेद अख्तर, शबाना आजमी, शेखर कपूर जैसे सेलिब्रिटीज भी शामिल हैं, पर नरेश गोयल के अनुसार–ये सब उनके व्यक्तिगत मित्र

*** एक आप्रवासी कॉरपोरेट बॉडी ताई विंड्स जिसकी अधिकतम इक्विटी के मालिक नरेश गोयल हैं**

हैं। इस मित्रता से प्रोफेशन का कोई लेना-देना नहीं है। वे तो कहते हैं-जेट एयरवेज का दुनिया में केवल एक ही प्रतिद्वंद्वी है दुनिया की बेस्ट एयरलाइन।

आइए, अब इस पहेली को हल करें कि क्या नरेश गोयल स्व. जेआरडी टाटा से किया वादा निभा पाए? जेट एयरवेज दुनिया की सर्वश्रेष्ठ हवाई सेवाओं की सूची में पहुँची? नरेश गोयल स्मार्ट मैनेजर (मई-जून, 09) में प्रकाशित अपने आलेख में कहते हैं कि जेट एयरवेज जिस मुकाम पर पहुँची है, उसका श्रेय मानव मस्तिष्क को है। मशीन कितनी भी एडवांस हो, वह बेहतर परिणाम तब ही देती है, जब उसे कोई ब्रिलियंट ब्रेन चलाए। संयोग से जेट एयरवेज को ऐसे ही बुद्धिमान लोग मिले हैं, जिन्होंने जेट एयरवेज के बहाने भारतीय उड्डयन उद्योग को भी कई नए आयाम दिए हैं। नरेश गोयल ने अपने आलेख में ऐसे कई प्रसंगों का जिक्र किया है। वे कहते हैं कि अपने यात्रियों को सर्वश्रेष्ठ सेवा प्रदान करने के लिए जेट को कई बाधाओं का सामना करना पड़ा, पर जेट की टीम ने हर बार हर बाधा का कोई अभिनव हल खोजा। मसलन, जेट ने जब फुल सर्विस हवाई सेवा शुरू की तो हमने देखा कि लैंडिंग के बाद यात्री अपने बैगेज की लम्बी प्रतीक्षा करते हुए खीझ उठते हैं। हम बैगेज बेज या बेल्ट्स सुविधाओं के विस्तार की माँग तो नहीं कर सकते थे अतः जेट एयरवेज की कोर टीम ने तय किया कि जेट यात्री के अरायवल टर्मिनल पर पहुँचने के पहले हम बेल्ट पर बैगेज पहुँचाएँगे। जेट एयरवेज की टीम ने यह करके दिखाया।

हम अपने यात्रियों को खुश रखेंगे इस मंशा से एयरक्राफ्ट का चयन करते समय नरेश गोयल ने सावधानी बरती। उनके सामने दो विकल्प थे। बोइंग 737-200 सस्ता एयरक्राफ्ट था तो न्यू जनरेशन बोइंग-बी 737-300 महँगा। नरेश गोयल ने लगभग दोगुना ज्यादा लीज चुकाकर महँगा विकल्प चुना, क्योंकि वह ज्यादा आरामदेय था और बेहतर सेवा दे सकता था। इससे समयबद्ध उड़ान सम्भव हुई जिससे जेट एयरवेज को कई अन्य फायदे हुए। जैसे न्यू जनरेशन बोइंग की फ्यूल खपत तुलनात्मक रूप से 8 फीसदी कम होने से फ्यूल खर्च घटा, एयरक्राफ्ट्स के रखरखाव पर कम खर्च करना पड़ा। यात्रियों के लिए हवाई यात्रा की बुकिंग को आसान करने के लिए सैटेलाइट, मोबाइल और ई-टिकटिंग सुविधा सबसे पहले जेट एयरवेज ने ही प्रदान की जिससे कॉरपोरेट यात्री आकर्षित हुए। सिटी-चैक-इन, रिटर्न-चैक-इन, वन-टाइम-चैक-इन, टेली एंड रिटर्न-चेकिंग, वेब-चेकिंग और कियोस्ट-चेकिंग जैसे सिस्टम भी भारतीय उड्डयन उद्योग को जेट एयरवेज की देन है।

जेट एयरवेज का कॉकपिट और कैबिन क्रू स्टाफ वर्ल्ड क्लास यात्री सेवा का स्तर देखे, समझे और आत्मसात् करे, इस मंशा से नरेश गोयल ने एनसेट ऑस्ट्रेलिया से अपने पायलेट व इंजीनियरों को और ब्रिटिश एयरवेज की इकाई स्पीड विंग्स इंग्लैंड से कैबिन क्रू स्टाफ को प्रशिक्षण दिलवाया। 'हैप्पी जर्नी, हैप्पी कस्टमर एंड ग्रोइंग बिजनेस' इस सोच के साथ जेट एयरवेज ने इनफ्लाइट्स अटेंडेंट्स के नेल पॉलिश के शेड, उनके बालों की लंबाई और उनके लिए डिओड्रेंट्स के चयन में भी विशेषज्ञों का परामर्श लिया है। नरेश गोयल ऐसे सारे प्रयासों के संदर्भ में कहते हैं कि सेवा उद्योग में वे ही लंबी पारी खेलते हैं, जो ग्राहक संतुष्टि के सतत नए-नए तरीके खोजते हैं। नए आइडियाज आपको अपने साथी उद्योगपति, परामर्शदाता प्रोफेशनल

मैनेजमेंट से मिलते हैं तो बैगेज हैंडलर (एयरपोर्ट-कुली) भी आपको ऐसे सुझाव दे सकते हैं, जो बड़ी समस्या का छोटा और आसान निदान हो तथा ग्राहकों को आकर्षित करे। यही कारण है कि नरेश गोयल को आप एयरपोर्ट्स या इनफ्लाइट्स में अपने जूनियर स्टाफ से बतियाते हुए देख सकते हैं। इस तारतम्य में जेआरडी टाटा का एक प्रसंग याद आता है जो नरेश गोयल का भी प्रेरणा स्रोत है।

'जेआरडी टाटा इंडियन एयरलाइंस के चेअरमैन थे। एक हवाई यात्रा के दौरान वे उठे और जब काफी देर बाद लौटे तो उनके शर्ट की बाँहें कोहनी तक लिपटी हुई थी। उनके बाल बिखरे हुए थे। सहयात्री ने जिज्ञासावश पूछ लिया- सर, आप कहाँ चले गए थे। जेआरडी मुस्कुराए और बोले–अटेंडेंट ने जो नेपकिन हमें दिए थे, उन पर सलीके से इस्त्री नहीं हुई थी।' मित्रो, जेआरडी टाटा ने क्या किया था, यह दोहराना बेमानी है, पर इसमें छुपा संकेत है कि छोटी-छोटी बातों पर गौर करो और अपने स्टाफ के लिए उदाहरण बनो।

नरेश गोयल ने यही किया है। जेट एयरवेज के अँधेरी स्थित कॉरपोरेट कार्यालय के चौथे माले पर उनका केबिन है, पर अपने किसी जूनियर साथी से उन्हें कुछ काम हो तो वे खुद वहाँ से तल मंजिल स्थित वर्क स्टेशन पर पहुँच जाते हैं। अपने ही एयरक्राफ्ट की अंतिम सीट पर यात्रा करना उन्हें पसंद है, ताकि यात्रा के दौरान वे अपने स्टाफ और यात्रियों को देख सकें। केबिन में उन्हें धूल का कण भी दिखाई दे जाए तो वे आपा खो बैठते हैं। वे यह आकलन भी करते हैं कि सुरक्षा जाँच के बाद प्लेन तक पहुँचने में एक यात्री का कितना समय खर्च हुआ। नरेश गोयल डिमांडिंग बॉस हैं, वे चौबीसों घंटे कामकाजी मूड में रहते हैं। सुबह पाँच बजे भी अपने किसी सीनियर एक्जीक्यूटिव को फोन करने में हिचकिचाते नहीं हैं और कहते हैं–सॉरी, मैंने आपको जगा दिया, पर क्या करूँ, जो सोचा है, वह अभी नहीं बताऊँगा तो कोई नई बात आ जाएगी और मैं यह बात भूल जाऊँगा। नरेश गोयल कहीं भी हों हर सुबह वे जेट की हर फ्लाइट की पिछले दिन की परफॉर्मेंस वॉच करते हैं। नॉन परफॉर्मर मनुष्य हो या मशीन उन्हें रास नहीं आते।

नरेश गोयल के तीन दशक पुराने मित्र और परामर्शदाता फिलीपींस एयरलाइंस के पूर्व एक्जीक्यूटिव प्रेसीडेंट विक्टोरियानो पिंट डुंगा कहते हैं कि दूसरों की पूरी बात सुने बिना बीच में ही बोल पड़ना उनकी ऐसी आदत है जो तब तक खटकती है, जब तक यह अहसास नहीं हो कि वे अशिष्ट नहीं हैं। सच यह है कि उनका मस्तिष्क जापानी बुलेट की तरह दौड़ता है इसलिए वे अगला आइडियाज सूझे इसके पहले जो सोचा है, वह बता देना चाहते हैं। नरेश गोयल बॉलीवुड फिल्मों के शौकीन हैं, क्योंकि इन्हें देखते समय नहीं याद रखना पड़ता कि पिछले दृश्यों में क्या देखा था।

जेट एयरवेज ने पिछले 15 वर्षों में तीन दर्जन से ज्यादा राष्ट्रीय व अंतरराष्ट्रीय अवाड्र्स प्राप्त किए हैं, जिसका श्रेय नि:संदेह जेट की टीम को है तो नरेश गोयल की पत्नी अनिता गोयल ने भी जेट को प्रीमियर एयरलाइंस बनाने में अहम भूमिका निभाई है। वे जेट की मार्केटिंग ब्रेन हैं। गोयल परिवार के लंदन स्थित आवास में गोयल परिवार रहता है। अनिता गोयल वहीं से जेट के

ऑपरेशंस की देखरेख करती हैं। ऑपरेशंस हेड होने के साथ इंटरनेशनल एयरलाइंस की टिकट सेल्स, जेट एयरवेज की सेवाओं की प्राइजिंग व रूटिंग भी उनके पोर्टफोलियो के हिस्से हैं। अनिता गोयल से नरेश गोयल को मिली है एक पुत्री (नम्रता) व एक पुत्र (नवीन) की सौगात। इन चारों को साथ-साथ रहना खूब पसंद है पर अब ऐसा कम ही हो पाता है, क्योंकि पति-पत्नी प्राय: कारोबारी प्रयोजन से अलग-अलग सारी दुनिया में घूमते हैं।

लोकल से ग्लोबल
इंडियन कॉरपोरेट्स

39

मसलमैन

के.एम. माम्मेन

महाभारत में एक लघुकथा है। धनुर्विद्या के आचार्य द्रोणाचार्य अपने शिष्यों की परीक्षा ले रहे थे। उन्होंने राजपुत्रों से कहा–वृक्ष पर बैठे पक्षी की आँख का निशाना लगाना है, पर यह मौका उसे ही मिलेगा जो पहले मेरे सवाल का सही जवाब देगा। सवाल सबके लिए समान था–तुम्हें क्या दिख रहा है? जवाब सबने अलग-अलग दिए। किसी ने कहा- वृक्ष, किसी ने कहा–डाल, तो किसी ने कहा–पक्षी। ये उत्तर सुनकर आचार्य उदास हो गए। अर्जुन का क्रम आया। वह बोला–'गुरुदेव, कहीं कुछ है ही नहीं। मुझे तो बस एक छोटी-सी आँख दिख रही है।' गुरुदेव बोले–'अर्जुन, तो चलाओ तीर...।'

'संपूर्ण ध्यान केवल लक्ष्य पर...' लक्ष्यभेद के इस गुर को चरितार्थ करके ही के.एम. माम्मेन माप्पिलाई ने मद्रास रबर फैक्टरी (एमआरएफ) की सन् 1946 में स्थापना की व उसे देश की अग्रणी व अव्वल टायर कंपनी बनाया। पाँच दशक की शानदार औद्योगिक पारी के बाद 3 मार्च, 2003 को दक्षिण भारत के इस यशस्वी उद्योगपति ने दुनिया को जब अलविदा कहा, तब 2250 करोड़ रुपए के सालाना टर्नओवर के साथ एमआरएफ टायर मार्केट का लीडर था। इसके साथ एमआरएफ खिलौने, ऑटोमोटिव पेंट्स और इंडस्ट्रियल रबर उत्पाद भी बना रही थी। शून्य से शिखर तक की के.एम. माप्पिलाई की इस यात्रा में ऐसे कई पड़ाव हैं, जो यह सीख देते हैं कि स्वप्नदर्शी (ड्रीमर) यदि कर्मयोगी (डूअर) हो तो विजेता (विनर) बनेगा ही। शर्त एक ही है कि महाभारत के अर्जुन की तरह निगाहें निशाने से हटना नहीं चाहिए।

के.एम.एम. माप्पिलाई को 'दक्षिण भारत का धीरूभाई' भी कह सकते हैं। एक

साधारण शिक्षक के यहाँ जन्मे धीरूभाई अंबानी ने पेट्रोल पंप के असिस्टेंट के रूप में शुरुआत करके निजी क्षेत्र का देश का सबसे बड़ा औद्योगिक साम्राज्य खड़ा किया। स्व. माप्पिलाई इतना बड़ा करिश्मा तो नहीं कर पाए, पर उन्होंने भी गुब्बारे बनाने व बेचने से शुरुआत की थी। देश के टायर मार्केट में जब डनलप, गुड ईयर, सीएट, फायर स्टोन जैसी विदेशी कम्पनियों का वर्चस्व व बोलबाला था, तब माप्पिलाई ने न्यूनतम साधन व संसाधनों से स्वदेशी टायर बनाए। ऐसे शख्स ही उन युवाओं की प्रेरणा बन सकते हैं जो उद्यमी तो हैं, पर सीमित साधनों के कारण शुरुआती असमंजस से मुक्त नहीं हो पाते हैं। स्व. माप्पिलाई का व्यक्तित्व व कृतित्व ऐसे युवाओं को संदेश देता है कि जो छोटा काम शुरू में बहुत छोटा होता है, पर लगन व धुन से संचालित किया जाए लक्ष्य पर निगाहें टिकी रहें तो इतना बड़ा हो सकता है कि जो देखे, वह चौंक जाए।

स्व. के.एम. माम्मेन माप्पिलाई के बाल्यकाल में न ज्यादा तनाव है, न ज्यादा मोड़। किशोर होते ही उन्हें स्वविवेक से अपना भाग्य सँवारना पड़ा। भारतीय टायर उद्योग के पितामह माप्पिलाई का 28 नवंबर, 1922 में त्रावणकोर के एक सीरियाई क्रिश्चियन परिवार में जन्म हुआ था। के.सी. माम्मेन माप्पिलाई के आठ बेटों में सबसे छोटे होने से वे संपूर्ण परिवार के बेहद प्रिय बेबी थे। उनके पिता तत्कालीन त्रावणकोर रियासत में प्रिंट-मीडिया, बैंक, बीमा व प्लांटेशन क्षेत्र के प्रतिष्ठित व्यापारी थे। सन् 1938 तक सब कुछ ठीक चला, पर इसके बाद स्वतंत्रता संग्राम ने जोर पकड़ा। माप्पिलाई के पिता इस संग्राम में कूद पड़े। त्रावणकोर रियासत के दीवान सी.पी. रामास्वामी इस बात पर उनसे इतने रुष्ट हुए कि उनकी सारी संपदा कुर्क करके उन्हें जेल में डाल दिया। माम्मेन के पुत्रों को शिक्षा व रोजगार के लिए गृहनगर छोड़ना पड़ा। सबसे छोटे बेटे माप्पिलाई ने मद्रास (अब चेन्नई) में औपचारिक शिक्षा प्राप्त की। 24 वर्ष की उम्र में उनका कुंजम्मा से विवाह हो गया। इसके साथ ही उनके लिए रोजगार की तलाश शुरू हुई। माप्पिलाई अच्छे चित्रकार (पेंटर) भी थे, अत: पिता ने सलाह दी कि वे कॉमर्शियल आर्टिस्ट बनें, पर माप्पिलाई ने सबको चौंकाते हुए बिलकुल अलग फैसला किया।

उन दिनों देश में जापानी गुब्बारे आए ही थे और खूब लोकप्रिय भी रहे थे। सन् 1946 में बिना परिवार की मदद लिए माप्पिलाई ने 10 हजार रुपए की पूँजी से घर में ही गुब्बारे बनाने का कुटीर उद्योग लगाया। पति-पत्नी यहाँ लेटेक्स रसायन से गुब्बारे बनाने लगे। माप्पिलाई और उनके भाई के.एम. मैथ्यू (आज मलयालम मनोरमा के प्रकाशक-संपादक) इन्हें बेचते थे। वह छोटा कारोबार ऐसा चला कि घर में ही हर रोज 1000 गुब्बारे बनने लगे। इस कारोबार का विस्तार करके माप्पिलाई ने लेटेक्स से ही रबर के खिलौने भी बनाने शुरू किए, जिनका जापान से आयातित खिलौने से मुकाबला था। थोड़ा पैसा इकट्ठा हुआ तो माप्पिलाई सन् 1951 में अपने एक रिश्तेदार (कुरियन थॉमस) की सलाह पर रिट्रेडिंग कंपाउंड भी बनाने लगे। इस मार्केट में माप्पिलाई का डनलप जैसी बहुराष्ट्रीय कंपनी से सामना हुआ। डनलप ने अपने इस अदने से प्रतिस्पर्धी को मार्केट से बाहर करने की नीयत से अस्वस्थ प्रतिस्पर्धा शुरू की। लागत से भी कम मूल्य पर उत्पाद बेचना शुरू किया। माप्पिलाई ने सरकार से शिकायत की।

सरकारी हस्तक्षेप के कारण माप्पिलाई की नवजात इकाई मद्रास रबर फैक्टरी तो बच गई, पर यह घटना उनके मन में फाँस बनकर चुभ गई। बहुराष्ट्रीय कंपनियों के प्रति उनके मन में गहरा रोष समा गया। डनलप के प्रति तो यह गुस्सा इतना प्रचंड था कि वे टायर उद्योग में प्रवेश करने की सोचने लगे जो डनलप का बड़ा कारोबार था। वे जानते थे कि बड़ी पूँजी व तकनीक के बिना यह संभव नहीं है, पर उनमें लक्ष्य के प्रति जुनून भी कूट-कूटकर भरा था। मन मसोसकर तब जिद्दी स्वभाव के माप्पिलाई को बैलगाड़ी के बिना ट्यूब के ठोस रबर टायर बनाकर संतोष जुटाना पड़ा। सन् 1961 में स्वप्न को साकार करने का उन्हें मौका मिला। बड़े भाई के.एम. फिलिप मेन्सफील्ड टायर एंड रबर कंपनी के मालिक को जानते थे। उनकी मदद से माप्पिलाई ने मेन्सफील्ड से तकनीक अनुबंध किया और टायर मार्केट में आ गए। शुरुआती वर्षों में उन्हें डनलप, गुड ईयर, सिएट व फायर स्टोन से जूझना पड़ा। देश में तब वाहन निर्माता व वाहन दोनों ही कम थे। फलतः टायरों का मार्केट भी बहुत छोटा था। सरकार से भी निजी व स्वदेशी उद्योगों को कोई प्रश्रय व संरक्षण नहीं मिलता था। कई वर्षों तक माप्पिलाई इस छोटे उद्योग के बहुत छोटे खिलाड़ी बने रहे, पर दूरन्देशी माप्पिलाई ने एमआरएफ ब्रांड नाम को अपने अंदाज में स्थापित किया। रचनात्मक हॉबी (पेंटिंग) ने इस मामले में उनकी बड़ी मदद की। वे जब गुब्बारे बनाते थे, तब उन्होंने स्वयं एक विज्ञापन बनाया था, जिसकी पंचलाइन थी–'अपने बच्चों को गुब्बारे दो, उनके फेफड़े मजबूत करो।' एमआरएफ के प्रतीक चिह्न (टायर उठाए मसलमैन) की खोज भी बड़ा रोचक प्रसंग है। कंपनी का पहचान चिह्न खोजने के लिए माप्पिलाई ने मार्केट सर्वे करवाया। उनकी टीम ने सारे देश में कई लोगों से सवाल पूछे। इनमें से एक सवाल था–'ट्रक का टायर कैसा होना चाहिए?' एक ट्रक ड्राइवर ने अपने मौलिक अंदाज में जवाब दिया–'पहलवान जैसी ताकत वाला..' । माप्पिलाई को सूत्र मिल गया और जन्मा टायर उठाए हुए एक मसलमैन, जो आज तक एमआरएफ की पुख्ता पहचान बना हुआ है।

सन् 1947 में गुब्बारे बनाने वाले कुटीर उद्योग को सन् 1987 में टायर मार्केट का लीडर बनाने की स्व. के.एम. माप्पिलाई की यशोगाथा का सूत्र पकड़ें तो फिर वही बात दोहरानी पड़ेगी–'लक्ष्य पर स्थिर निगाहें।' कंपनी के सूत्रधारों का हमेशा फोकस रहा है–समूह को सिरमौर गतिविधि टायर। कंपनी के टर्नओवर में गैर-टायर कारोबार की कुल हिस्सेदारी मात्र पाँच फीसदी है। तदनुसार एमआरएफ ने 95 फीसदी आय जटिल टायर उद्योग के जटिलतम मार्केट से जुटाई है। कंपनी का शुरू से ऐसे महारथी बहुराष्ट्रीय कंपनियों से सामना हुआ है, जिनका देश के कानून-कायदों के प्रति लापरवाह नजरिया था, और है। दो दर्जन से ज्यादा कंपनियाँ इस मार्केट में सक्रिय हैं। इस उद्योग की जटिलता का एक और प्रमाण यह है कि इसके सुचारु संचालन हेतु भारी पूँजी चाहिए। उत्पाद की लागत में कच्चे माल रबर की हिस्सेदारी 70 फीसदी है, जिसका हमेशा भारी भंडारण रखना पड़ता है। ये और ऐसे अन्य कारणों से औद्योगिक जगत आज भी टायर उद्योग को 'टफ व डर्टी' बिजनेस कहता है।

स्व. माप्पिलाई ने ऐसे कठिन उद्योग में जिन मुद्दों पर स्वयं सर्वाधिक ध्यान दिया है, वे हैं–

न्यूनतम उत्पादन लागत, अधिकतम गुणवत्ता, सुगठित प्लांट परिचालन व ब्रांड इमेज के लिए योजनाबद्ध प्रत्यक्ष व अप्रत्यक्ष प्रचार-प्रसार। वित्तीय प्रबंधन में भी माप्पिलाई का कोई सानी न हीं था। ब्रांड प्रमोशन पर उन्होंने उदारता से खर्च किया पर खुद को प्रोजेक्ट करने से परहेज किया। उनका सोच था कि धनी और पावरफुल बनने व दिखने की कोई जरूरत नहीं है, क्योंकि काम बोलता है, आदमी या पैसा नहीं। दिलचस्प बात यह है कि एमआरएफ देश की अपने आकार की अकेली कंपनी है, जिसकी इक्विटी पूँजी सबसे कम (4.5 करोड़ रुपए) है। कंपनी की इक्विटी का अधिकतम हिस्सा माम्मेन व माप्पिलाई परिवार के पास है। माप्पिलाई देश के शायद अकेले ऐसे प्रमोटर भी हैं, जो कंपनी की पूँजी बाहर नहीं ले गए हैं। मुनाफे का अधिकतम हिस्सा प्रमोटरों ने वापस कंपनी में ही निवेश किया है। एमआरएफ देश की अकेली ऐसी टायर कंपनी भी है, जिसका किसी विदेशी कंपनी से कोई गठबंधन नहीं है यानी दिल से वास्तव में स्वदेशी माप्पिलाई 'एकला चलो रे..' की रीति-नीति पर चले नहीं, दौड़े हैं और उनके लिए मिसाल बन गए हैं जिन्हें स्वदेशी होने पर दंभ है।

इस मामले में एक प्रसंग दोहराना जरूरी है, जिसके तार फिर सन् 1951 की उस घटना (रिट्रेडिंग कंपाउंड मार्केट में डनलप से सामना) से जुड़े हैं, जिसने माप्पिलाई के मानस में बहुराष्ट्रीय कंपनियों के प्रति गहरा विषाद भर दिया था। रेडियल टायर उत्पादन टेक्नोलॉजी प्राप्त करने के लिए एमआरएफ ने मिकेलिन फ्रांस से गठबंधन किया था। इसके बदले में विदेशी भागीदार एमआरएफ की इक्विटी में हिस्सेदारी चाहता था। स्व. माप्पिलाई 9.08 फीसदी से ज्यादा इक्विटी हस्तांतरण पर तैयार नहीं हुए। मिकेलिन इतनी कम हिस्सेदारी के बावजूद गठबंधन को तैयार हो गई, पर नीयत साफ नहीं थी। सन् 1993 में मिकेलिन ने एमआरएफ के शेयर चुपचाप खरीदने शुरू किए तो माप्पिलाई का धैर्य खत्म हो गया। उन्होंने इसे अधिग्रहण की साजिश माना और सन् 1994 में विदेशी भागीदार से कंपनी की इक्विटी वापस खरीदकर यह बेमेल रिश्ता खत्म कर दिया। मार्केट में चर्चा हुई कि वर्ल्ड क्लास टेक्नोलॉजी के बिना एमआरएफ बदलते टायर ट्रेंड में कैसे बचेगी? तब माप्पिलाई ने कहा-'एमआरएफ ने भारत की खराब सड़कों व ओवरलोडिंग को देखते हुए जो टेक्नोलॉजी जुटा रखी है, वह न केवल उपयुक्त है वरन् इसे दुनिया ने भी सर्वश्रेष्ठ माना है।' मिकेलिन से अलग होने के पहले दूसरे देशों में एमआरएफ ने क्रॉस-प्लस टायर खूब बेचे हैं।

जीवनपर्यंत बेहद लो-प्रोफाइल रहे माप्पिलाई ने सोची-समझी रणनीति के साथ एमआरएफ को सन् 1987 में टायर मार्केट का लीडर बनाया, तो एमआरएफ टायर आज भी भरोसेमंद माने जाते हैं। एमआरएफ अपने प्रतिद्वंद्वी अपोलो टायर्स, सिएट, गुड ईयर और ब्रिजस्टोन सबकी तुलना में कंजरवेटिव है पर इस कथित कमी को ही अपनी ताकत बनाकर अपने प्रतिद्वंद्वियों को छका रहा है। बदलती टेक्नोलॉजी की माप्पिलाई ने उपेक्षा नहीं की, पर इस पर कभी ज्यादा तवज्जो भी नहीं दी। एमआरएफ ने सबसे पहले जिस निशाने पर निगाहें टिकाईं, वे थे ट्रक मार्केट व टायरों का रिप्लेसमेंट मार्केट। माप्पिलाई जानते थे कि भारतीय सड़कों पर एक ट्रक टायर की अधिकतम

लाइफ 50 हजार किलोमीटर है और छह माह में ट्रक मालिक को टायर बदलने पड़ते हैं। एमआरएफ ने जहाँ ओ.ई.एम. की हैसियत से देश में कार्यरत लगभग सभी वाहन निर्माताओं को टायर उपलब्ध करवाए, पर ज्यादा ध्यान रिप्लेसमेंट मार्केट (डायरेक्ट सेल) पर दिया।

एमआरएफ उन गिनी-चुनी टायर निर्माता कंपनियों में भी एक है, जो ट्रैक्टर से दोपहिया तक यानी हर किस्म के वाहन के लिए टायर बनाती है। माप्पिलाई की एक और रणनीति देशी-विदेशी टायर निर्माताओं को बड़ी देर से समझ आई। एमआरएफ ने अपने कारखानों की उत्पादन क्षमता बढ़ाने की अपेक्षा नई-नई जगह नए कारखाने लगाए, इससे उत्पादों की क्षेत्रीय मार्केट में पहुँचाने की लागत घटी। एमआरएफ की सात फैक्टरियाँ अलग-अलग प्रदेश व शहरों में फैली हुई हैं। एमआरएफ ने विदेशी मार्केट पर भी ध्यान दिया और कई बार सर्वाधिक टायर निर्यातक का गौरव जुटाया। वित्तवर्ष 1979 में 100 करोड़ रुपए व वित्तवर्ष 93 में एक हजार करोड़ रुपए टर्नओवर को माइलस्टोन छूने वाली पहली भारतीय टायर निर्माता कंपनी एमआरएफ को सन् 1996 में 'फॉर इस्टर्न इकोनॉमिक रिव्यू' के पाठक सर्वे में एशिया की अग्रणी 200 कंपनियों की सूची में शामिल किया गया। एमआरएफ को दक्षिण भारत स्थित टॉप-टेन कंपनियों की सूची में भी स्थान मिला। सन् 96 में के.एम.एम.एम. माप्पिलाई ने अपने शेयरधारकों को संबोधित करते हुए कहा कि भारत में ऑटोमोबाइल उद्योग अब जिस गति से आगे बढ़ेगा, उसमें टायर बिजनेस के लिए प्रचुर संभावनाएँ हैं। एमआरएफ ने भी द्रुत गति (हाईगियर स्पीड) से दौड़ने की तैयारी कर ली है। हमारा सोच है-Leading the race means setting the pace (रेस का लीडर ही रेस की गति तय करता है)।

रेस का लीडर बनने में एमआरएफ की ब्रांड इमेज व इसके मार्केटिंग का भी बड़ा योगदान है, जिसे सँवारने के लिए माप्पिलाई, उनके बेटे व उत्तराधिकारी (वर्तमान चेअरमैन व मैनेजिंग डायरेक्टर) के.एम. माम्मेन ने अथक श्रम किया और अपूर्व कल्पनाशीलता दिखाई है। क्रिकेटप्रेमी देश में क्रिकेट से एमआरएफ शुरू से जुड़ा हुआ है। विश्वप्रसिद्ध क्रिकेट स्टार सचिन तेंदुलकर, ब्रायन लारा और स्टीव वॉ एमआरएफ के सालों ब्रांड एम्बेसडर रहे हैं। चेन्नई में कंपनी तेज गेंदबाज तैयार करने के लिए एमआरएफ पेस फाउंडेशन एकेडमी चलाती है। वाहन रेसिंग के आयोजन व प्रायोजन में एमआरएफ हमेशा अव्वल रही है। चेन्नई में कंपनी ने देश का सबसे बड़ा क्लास टायर टेस्टिंग ट्रैक बनाया है।

मद्रास मैनेजमेंट एसोसिएशन बिजनेस लीडरशिप अवार्ड 1984 के लिए के.एन. माप्पिलाई का चयन करते समय इंस्टीट्यूट ऑफ फाइनेंशियल मैनेजमेंट एंड रिसर्च चेन्नई के डायरेक्टर रामास्वामी पी. अय्यर ने कहा था कि माप्पिलाई को इस सम्मान के लिए मनोनीत करने के लिए हमने समय के साथ बदलाव के गुण 'परफार्मेंस व प्रोफेशनल्स' को मापदंड बनाया। एमआरएफ को जिस तरह उन्होंने जन्म दिया, पाला-पोसा और वहाँ जो वर्क-कल्चर विकसित किया, उसके आगे हम नतमस्तक हैं। बेहद यशस्वी पर उतने ही लो-प्रोफाइल माप्पिलाई की दूरदृष्टि के कारण ही एमआरएफ को वैश्विक पहचान मिली है। क्वालिटी, मार्केटिंग और सर्विस में

एमआरएफ की खास साख व पहचान है।

अजीब शख्सियत के धनी थे भारतीय टायर उद्योग के पितामह के.एम. माम्मेन माप्पिलाई। पाँच दशक से ज्यादा लंबी औद्योगिक पारी में वे अपवादस्वरूप ही मीडिया से रूबरू हुए। जुझारू इतने थे कि हर हमले का आक्रामक जवाब देते थे और हार-जीत का फैसला न होने तक मैदान नहीं छोड़ते थे। हर अनुभव को सबक में तब्दील कर लेते थे और भूल दोहराने की भूल नहीं करते थे। एमआरएफ को एक बार अधिग्रहण से बचाने के बाद इतने सतर्क हो गए थे कि इसकी सीमित इक्विटी ही रिटेल निवेशकों को बेची। विदेशी कंपनी से एक बार हाथ मिलाया जो रास नहीं आया तो फिर किसी पर भरोसा नहीं किया। यह परंपरा आज भी जारी है। एमआरएफ के प्रतिद्वंद्वी विदेश में अधिग्रहण कर रहे हैं, विदेशी भागीदारों से हाथ मिला रहे हैं, पर एमआरएफ अपने स्वर्गीय संस्थापक के इस निर्णय पर दृढ़ है कि विदेश में टायर बेचने के लिए वहाँ कारखाना होना जरूरी नहीं है। एमआरएफ का मैनेजमेंट इक्विटी बढ़ाने को भी तैयार नहीं है और कहता है कि हम सालाना करोड़ों रुपए मार्केट से प्राप्त करते हैं, जो विस्तार के लिए काफी है।

स्व. माप्पिलाई अत्यंत लो-प्रोफाइल थे, मीडिया से बचते थे, पर वे अंतरमुखी नहीं थे। मित्र-परिजनों से वे खुलकर बतियाते थे और मजाक भी करते थे। दक्षिण भारत के इस यशस्वी उद्योगपति के निधन (मार्च, 2003) के बाद उनके निकटतम मित्र व एआईडी पेरी के पूर्व चेअरमैन डॉ. एसो जॉन ने कहा कि हर स्थिति में हँसना मेरे दोस्त का गुण था। अपने एक युवा बेटे रवि के असामयिक निधन के बाद तो वे परिवार व दोस्तों को ज्यादा समय देने लगे थे। श्री जॉन कहते हैं-स्व. माप्पिलाई एक मामले में बेहद कंजूस थे। वे खुशी सबसे बाँटते थे, पर दुःख छुपा लेते थे।

एमआरएफ के जन्मदाता व पालक-पोषक माप्पिलाई के निधन के बाद उनके पुत्र के.एम. माम्मेन ने कंपनी के सूत्र सँभाल लिये हैं। पुत्र में पिता के गुण पूरी तरह हस्तांतरित हुए हैं। वे भी अपने पिता की तरह सबसे अलग सोचते हैं। इसकी मिसाल है वित्तवर्ष 2008 की समाप्ति के बाद शेयरधारकों की साधारण सभा में उनका संबोधन। अपने बिजनेस पार्टनर्स से उन्होंने कहा-कच्चे माल की लागत बढ़ने, ग्लोबल टायर कंपनियों के देश में आने और चीन के सस्ते उत्पादों ने हमारा मार्केट रपटीला कर दिया है। टायर मार्केट में ट्रक टायर सेगमेंट की हिस्सेदारी (70 फीसदी) सबसे ज्यादा है। एमआरएफ के प्रतिद्वंद्वी सोचते हैं कि भारतीय सड़कों के सुधरने और ओवरलोडिंग पर प्रतिबंध लगने से रेडियल टायरों का चलन बढ़ेगा पर हमारा सोच है कि अभी कई वर्षों तक इस मार्केट का बड़ा हिस्सा ट्रक टायर सेगमेंट परंपरागत क्रॉस प्लाय टायर्स ही उपयोग करेंगे। हमारे देश में ओवरलोडिंग बंद नहीं हो सकती और सड़कें कितनी भी सुधारें, आगामी कई वर्षों तक यहाँ विदेश जैसी सड़कें नहीं होंगी। भारतीय सड़कों के लिए तो साधारण टायर ही उपयुक्त है, इसलिए रेडियल टायर बनाने की हमें जल्दी नहीं है। हम पैसेंजर कारों के लिए रेडियल टायर बनाएँगे और इसके लिए हमने 900 करोड़ रुपए लागत की ग्रीन फील्ड रेडियल टायर उत्पादन सुविधा तमिलनाडु में स्थापित की है।

करोड़ रुपए लागत की ग्रीन फील्ड रेडियल टायर उत्पादन सुविधा तमिलनाडु में स्थापित की है।

सही कह रहे हैं के.एम. माम्मेन। एमआरएफ ऐसा टायर ब्रांड है, जो चार दशक से ज्यादा समय से भारतीय सड़कों पर बिना पंक्चर हुए दौड़ रहा है। यह सही है कि माम्मेन ने अपने पितृ-पुरुषों के स्वदेश-प्रेम, आजादी की लड़ाई में सब कुछ खोने, तिनका-तिनका जोड़कर एक औद्योगिक साम्राज्य खड़ा करने का संघर्ष देखा नहीं, पर वर्षों उन्होंने स्व. पिता के अधीन काम किया है। अंतिम वर्षों में पिता ने गुरु व गाइड की तरह पुत्र को तैयार किया था। माम्मेन परिवार की विरासत को के.एम. माम्मेन कहाँ तक ले जा पाएँगे, यह तो समय तय करेगा, पर उन्हें अपने स्व. पिता से एक गुण मिला है कि विदेशी प्रतिस्पर्धा में भी भारतीय अपना स्थान बना लेते हैं और साबित कर देते हैं कि हम किसी से कम नहीं।

लोकल से ग्लोबल | **40**

इंडियन कॉरपोरेट्स

बीज-पुरुष

डॉ. बद्रीनारायण बारवाले

एक राजा के तीन पुत्र थे। चुनाव करना मुश्किल था कि राजा किसे अपना राज्य सौंपे। राजा ने एक संत से पूछा। संत ने उसे फूलों के बीज की तीन बोरियाँ दीं और कहा–इन्हें अपने पुत्रों को दे दे और तीर्थयात्रा पर चला जा। अपने पुत्रों से कहना जब मैं वापस आऊँगा तो बीज सुरक्षित मिलने चाहिए। राजा तीर्थयात्रा पर चला गया। पहले बेटे ने सोचा बीजों को सुरक्षित रखने का एक ही उपाय है कि इन्हें लोहे की तिजोरी में बंद कर दूँ। वहाँ चूहे नहीं पहुँचेंगे, कीड़े भी नहीं लगेंगे। उसने यही किया। दूसरे पुत्र ने सोचा कि तिजोरी में हवा-धूप न मिली, तो बीज सड़ जाएँगे। मैं इन्हें बेच देता हूँ। जब पिता आएँगे तो फिर बीज खरीद लाऊँगा। बीज-बीज में क्या फर्क है। पिता पहचान नहीं पाएँगे। उसने वे बीज बेच दिए।

तीसरे बेटे ने बीज अपने महल के पीछे बगीचे में बो दिए। उसने सोचा बीज का तो अर्थ ही है सम्भावना। बीज को बचाना अर्थात् सम्भावनाओं को बचाना है। पिता वापस लौटा। पहले बेटे ने तिजोरी खोली लेकिन बीज तो सड़ गए थे। उनसे दुर्गंध उठ रही थी। राजा ने कहा–तूने तो मेरे दिए बीज सड़ा दिए। दूसरे बेटे ने कहा–जरा रुकिए, मैं बाजार से खरीद लाऊँ। मैंने आपके दिए बीज बेचकर जो पैसे प्राप्त किए थे, उन्हें खर्च नहीं किया है। पिता ने कहा–पर वे बीज वह नहीं होंगे जो मैंने तुम्हें दिए थे। उन बीजों को तो संत का आशीर्वाद मिला हुआ था। राजा ने तीसरे बेटे से पूछा तो वह बोला–आइए, मेरे महल के पीछे चलें। मैंने आपके दिए बीज बो दिए हैं। मेरी बगिया फूलों से भर गई है। मैं माली बनकर धन्य हो गया हूँ। मुझे राजा नहीं बनना। धन्यवाद पिताजी।

हमारे युग में बीज में ऐसी ही सम्भावना देखने और बीजों को अनगिनत संख्या में बदलने वाले उद्यमी हैं बद्रीनारायण बारवाले। 60 के दशक में उन्होंने पुश्तैनी खेतीबाड़ी के साथ संकर बीजों (हायब्रिड सीड्स) का उत्पादन और वितरण करके हरित क्रांति को सफल बनाने में अहम भूमिका निभाई है। इस 'बीज-पुरुष' की शून्य से शिखर तक की कारोबारी यात्रा भारतीय कृषि के इतिहास का अभिन्न हिस्सा है।

27 अगस्त, 1930, गणेश चतुर्थी के पावस दिवस पर महाराष्ट्र के एक छोटे से तालुके (तब) हिंगोली में जन्मे हैं बद्रीनारायण, जिन्हें बाल्यकाल में निकनेम मिला-'बदरी'। उनके पिता जयकिशन कागलीवाल चार पुत्रों और दो पुत्रियों के भरे-पूरे परिवार के लालन-पालन के लिए पशुपालन और दुग्ध-बिक्री पर निर्भर थे। बदरी के तीन बड़े भाई-रामलाल, लक्ष्मीनारायण और भगवानदास ने कच्ची उम्र में कपड़े और परचून की दुकानों पर नौकरी की। ग्रामीण स्कूल में पाँचवीं कक्षा में पढ़ते हुए बदरी ने भी स्कूल के बाहर चूरण की पुड़ियाँ बेचीं तो साप्ताहिक हाट में शकर, आलू और घी की खरीद-फरोख्त की। किशोर उम्र के चारों भाई तब केवल यह समझ पाए थे कि उनके निर्धन पिता के लिए उनका लालन-पालन कठिन है। बचपन में उन्होंने पैबंद लगे कपड़े पहने तो मेले-ठेले में गुब्बारे भी बेचे।

जालना के एक सम्पन्न किसान भीकूलाल बारवाले के एकमात्र पुत्र का असामयिक निधन हुआ तो उन्होंने रामलाल कागलीवाल से कहा कि वे अपने छोटे भाई बदरी को उन्हें गोद दे दे। गरीब भाई को यह प्रस्ताव खूब रास आया। भीकूलाल के दत्तक पुत्र बने तो बदरी को नया नाम मिला-बद्रीनारायण बारवाले। सन् 1943 में 13 वर्ष की उम्र में बद्रीनारायण ने जालना के मिशन हाईस्कूल में फिर से पढ़ाई शुरू की। भीकूलालजी के निधन के बाद उनके नजदीकी रिश्तेदारों ने बद्रीनारायण को बारवाले के दत्तक पुत्र के रूप में नकारते हुए अदालती कार्रवाई शुरू कर दी। बद्रीनारायण चाहते तो रिश्तेदारों को कुछ नहीं मिलता, पर तब उन्हें गोद लेने वाले परिवार की सम्पदा प्राप्त करने के लिए वर्षों प्रतीक्षा करना पड़ती। कच्ची उम्र में अपने पैरों पर खड़े होने के आत्मविश्वास के कारण बद्रीनारायण तो उम्र से पहले 'मेच्योर' हो गए थे। उनकी सोच थी कि जो पैसा बिना समय गँवाएँ मिलता है वह ही काम का है। अदालती कार्रवाई के दौरान भीकूलाल के रिश्तेदारों को भी आभास हो गया था कि उनका पक्ष कमजोर है। वे अदालत के बाहर समझौता करने के लिए तैयार हो गए। इस घटना ने बद्रीनारायण को सबक सिखाया कि ईर्ष्यालु प्रतिस्पर्धी से दुनिया में अपना हक प्राप्त करने के लिए भी जूझना पड़ता है। कोई किसी को सम्पन्नता तश्तरी में भेंट नहीं करता। इसे तो खुद कमाना पड़ता है।

हैदराबाद के निजाम कॉलेज में पढ़ाई करते हुए बद्रीनारायण बारवाले स्वतंत्रता संग्राम से जुड़ गए। सन् 1947 में जब यह तय हो गया कि अंग्रेज भारत छोड़ देंगे तो सरदार वल्लभभाई पटेल ने देश की छोटी-छोटी रियासतों के विलयन से भारत-संघ बनाने की रणनीति बनाई। हैदराबाद निजाम ने अपनी रियासत के विलय से इनकार कर दिया। उनके इस फैसले के विरुद्ध जनमत

बनाने के लिए स्वतंत्रता-प्रेमी छात्रों ने आंदोलन शुरू किया जिसकी बागडोर जालना से बद्रीनारायण बारवाले ने सँभाली। उनके नेतृत्व में छात्रों का सक्रिय समूह भूमिगत होकर रात में दीवारों पर नारे लिखता, पोस्टर बाँटता कि अन्य रियासतें भारत-संघ में शामिल हो रही हैं पर निजाम अपने स्वार्थ के कारण इसका विरोध कर रहे हैं। 15 दिवसीय ट्रेनिंग कैम्प में बद्रीनारायण ने कुछ चुनिंदा मित्रों के साथ सिक्ख रेजीमेंट से ट्रेनिंग प्राप्त की और मशीनगन चलाना सीखा। दुर्भाग्य से यह 'ज्वॉइन इंडिया मूवमेंट' हिन्दू-मुस्लिम समुदाय में विवाद का मुद्दा बन गया। हसनाबाद में मुस्लिम समुदाय ने एक हिन्दू आबादी को परेशान किया तो काजला गाँव में हिन्दुओं ने कुछ मुस्लिम परिवारों को घेर लिया। बद्रीनारायण बारवाले को यह बात पता चली तो मित्रों के मना करने के बावजूद वे घटनास्थल पर पहुँच गए। मुस्लिम परिवारों को बचाने के लिए बद्रीनारायण ने जान की बाजी लगा दी और दोनों समुदायों को समझाया कि हैदराबाद रियासत के आजाद भारत में बिना शर्त विलयन से ही उन्हें सच्ची और सम्पूर्ण आजादी मिलेगी जो उनका जन्मसिद्ध अधिकार है।

बद्रीनारायण बारवाले के सत्याग्रही साथियों ने एक दिन कुंडालिका नदी का पुल बम से उड़ाने की चेष्टा की। निजाम-पुलिस ने आंदोलनकारी छात्रों को गिरफ्तार करके रियासती अदालत में पेश किया जहाँ उन्हें 12 माह की कड़ी सजा सुनाई गई। किशोर उम्र में बद्रीनारायण ने दोस्तों के साथ 10 माह सेंट्रल जेल औरंगाबाद में गुजारे। कांग्रेस के दबाव पर जब राजनीतिक कैदियों को मुक्त करने की पहल हुई और बद्रीनारायण कमेटी के सामने पेश किए गए। कमेटी के प्रमुख ने उन्हें देखकर कहा-'बच्चा है, इसे जाने दो।' सरदार वल्लभभाई पटेल की सूझबूझ से हैदराबाद भारत का अभिन्न अंग बन गया तो लौहपुरुष सरदार पटेल बद्रीनारायण के आदर्श बन गए जिसकी झलक उनकी कारोबारी यात्रा में देखी जा सकती है।

आजादी के बाद 'ज्वॉइन इंडिया मूवमेंट' के अपने एक साथी जनार्दन मामा की प्रतिमा बनवाने बद्रीनारायण बारवाले खामगाँव गए। वहाँ के एक निवासी नंदलाल झुनझुनवाला ने उन्हें अपने घर आमंत्रित किया। बद्रीनारायण के एक पड़ोसी गोवर्धन सेठ ने उनका नाम झुनझुनवाला को उनकी पुत्री के सम्भावित वर के रूप में सुझाया था। बद्रीनारायण ने गोमती झुनझुनवाला को देखा तो विवाह के लिए हामी भर दी। गोमती बारवाले से उन्हें छह संतानों की सौगात मिली जिसमें पाँच पुत्रियाँ हैं तो एकमात्र पुत्र का नाम है-राजू बारवाले (महिको के मैनेजिंग डायरेक्टर)।

गौरतलब है कि कश्मीर से कन्याकुमारी तक उत्तर-दक्षिण दिशा में 3200 किलोमीटर और आसाम से बलूचिस्तान तक पूर्व-पश्चिम दिशा में 3500 किलोमीटर तक की भूमि भारतीय-संघ, पाकिस्तान और बांग्लादेश की तीन स्वतंत्र राजनीतिक इकाइयों से बँटी हुई है। इस 42 करोड़ 35 लाख हेक्टेयर क्षेत्र में से करीब 32 करोड़ 37 लाख हेक्टेयर कृषि योग्य है। तदनुसार हमारे देश के 35 फीसदी हिस्से पर कृषि की जा सकती है, जबकि दुनिया के अन्य देशों में औसतन 20 फीसदी पर ही खेती सम्भव है। यही नहीं, भारत की कृषि योग्य भूमि तुलनात्मक

रूप से उर्वर है, जिसे कई छोटी–बड़ी नदियों से पर्याप्त मात्रा में जल मिलता है। सिंधु, गंगा, ब्रह्मपुत्र व अन्य सहायक नदियों का जल अपने साथ उपजाऊ मिट्टी भी लाता है। पश्चिम की ओर बहने वाली नर्मदा, ताप्ती और पूर्व की ओर बहने वाली महानदी, गोदावरी, कृष्णा व कावेरी देश के दक्षिणी पठार को उपजाऊ बनाती हैं। इतनी विस्तृत व उपजाऊ भूमि पर खेती करके भारत सारी दुनिया का पेट भर सकता है। सन् 1947 में आजाद भारत की आबादी थी करीब 37 करोड़। इनमें से 70 फीसदी लोग कृषि पर निर्भर थे बल्कि यूँ कहें कि यह बहुसंख्यक आबादी केवल खेती–बाड़ी या पशुपालन ही कर सकती थी। देश में पर्याप्त कृषि भूमि थी जो उन्हें रोजी–रोटी दे सके और इतना फसलोत्पादन भी हो कि देश खाद्यान्न के मामले में आत्मनिर्भर बन जाए। दुर्भाग्य से आजाद भारत की सरकार ने इस सम्भावना की उपेक्षा की और भारतीय किसानों को भगवान के भरोसे छोड़ दिया। आधुनिक खेती के उपकरण तो तब कल्पनातीत थे पर भारतीय किसानों को तो अच्छे बीज और सिंचाई के लिए पर्याप्त पानी भी नहीं मिला। करेला और नीम चढ़ा...आजादी के साथ देश का विभाजन हुआ और उपजाऊ भूमि का बड़ा हिस्सा पाकिस्तान में चला गया। यही नहीं, कृषि भूमि की होल्डिंग इतनी छोटी–छोटी थी कि भारतीय किसानों के लिए खेती आज तक फायदे का सौदा नहीं बन पाई। परिणाम! आबादी के अनुपात में फसलोत्पादन नहीं बढ़ा। देश ने बहुसंख्यक आबादी की खुशहाली का मौका खो दिया।

60 के दशक में कृषि की ऐसी घनघोर उपेक्षा का अभिशाप सारे देश ने भुगता। खाद्यान्न की कमी के कारण लोग भूखों मरने लगे। तत्कालीन प्रधानमंत्री लालबहादुर शास्त्री को अपील करनी पड़ी कि देश का हर नागरिक सप्ताह में एक दिन उपवास करे। अमेरिका से पीएल 480 कार्यक्रम के तहत दान में प्राप्त उस लाल अनाज से लोगों ने पेट भरा जिसे अमेरिकन अपने पशुओं को खिलाते थे। देश को भुखमरी की दुर्गति से बचाने के लिए सन् 1964 में भारत सरकार ने भारतरत्न सी. सुब्रमण्यम, बी. शिवरमण और डॉ. एम.एस. स्वामीनाथन के नेतृत्व में हरित क्रांति का स्वप्न सँजोया। इसके तहत सबसे पहले डॉ. नॉरमन ई. बोरलॉग के मार्गदर्शन में मेक्सिकन गेहूँ की खेती शुरू हुई पर भारतीय किसान परम्परागत खेती में इतने मग्न थे कि वे महँगे विदेशी बीज अपनाने को तैयार नहीं थे। उनकी सोच थी कि यह नाजुक खेती है जिसे केवल प्रकृति के भरोसे नहीं सँभाला जा सकता। इसके लिए तो खास मानवीय सूझबूझ चाहिए।

युवा किसान बद्रीनारायण बारवाले इनमें अपवाद थे जिन्होंने कृषि वैज्ञानिकों की बात को समझा। सरकार से प्राप्त मुट्ठी भर बीजों को न केवल उन्होंने अपने खेतों में बोया बल्कि उन्हें अनगिनत बनाकर दूसरे किसानों को भी उपलब्ध करवाने की मुहिम चलाई। बारवले स्वयं दूरदराज के किसानों के खेत–खलिहानों तक पहुँचे और उन्हें समझाया कि संकर बीजों की प्रारंभिक लागत थोड़ी ज्यादा है पर फसलोत्पादन कई गुना होगा जो उन्हें खुशहाल बनाएगा और देश को भुखमरी से बचाएगा। यही हुआ। हरित क्रांति ने देश को भुखमरी से बचाया। तदनुसार हरित क्रांति के प्रणेता कृषि वैज्ञानिक हैं तो उसके जमीनी क्रियान्वयन का श्रेय बद्रीनारायण

बारवाले जैसे प्रगतिशील किसानों को है। वे कहते हैं–'किसान होने के नाते हमेशा मेरे चिंतन का विषय रहा है भारतीय कृषि के विकास की सम्भावनाएँ जो अनंत हैं... Sky is limit. भारत दुनिया का ऐसा भाग्यशाली देश है जहाँ कई बारहमासी नदियाँ हैं, पर्याप्त उर्वरा भूमि है तो हर रोज दहकता सूरज, जिससे मिलने वाली फोटो सिंथेटिक ऊर्जा फसलोत्पादन बढ़ाती है। इन प्राकृतिक सम्भावनाओं के दोहन के लिए भारतीय किसानों को चाहिए सिंचाई के लिए पानी और संकर बीज के साथ फसल के सही लालन–पालन की ट्रेनिंग।

विस्मयजनक ही है कि भारत में हरित क्रांति की सफलता में बद्रीनारायण बारवाले के योगदान को अंतरराष्ट्रीय मान्यता पहले मिली है और राष्ट्रीय सम्मान उसके बाद। सन् 1998 में वर्ल्ड फूड प्राइस फाउंडेशन ने उन्हें प्रदान किया–वर्ल्ड फूड प्राइज। एक करोड़ रुपए नकद राशि के साथ यह अवार्ड उन्हें मिलता है जो दुनिया से भुखमरी मिटाने में अहम भूमिका निभाते हैं। यही नहीं, यह अवार्ड प्राप्त करने वाले दुनिया के अकेले कृषि उद्योगपति भी हैं बद्रीनारायण बारवाले। अन्यथा यह सम्मान इसके पूर्व केवल कृषि वैज्ञानिकों को ही मिला है। इस अंतरराष्ट्रीय अवार्ड के तीन साल बाद भारत सरकार ने बद्रीनारायण बारवाले को पद्मभूषण सम्मान से नवाजा। यह विरोधाभास इस बात का स्पष्ट प्रमाण है कि हमारे देश में कृषि उद्योगपतियों की हमेशा उपेक्षा हुई है। हम तो उन गिने–चुने उद्यमियों के लिए ही रेड कारपेट बिछाते हैं जिनके पास लकदक कोठी–कार–कारिंदे और भव्य कॉरपोरेट दफ्तर हैं... और जो गिने–चुने प्रोफेशनल शिक्षा प्राप्त युवाओं को ललचाते हैं, उन्हें भारी पे–पैकेज के साथ रोजगार देते हैं। देश की बहुसंख्यक अर्द्धशिक्षित या अशिक्षित आबादी को रोजी–रोटी और हमें भरपेट भोजन देने वाले लोगों को तो हम निरीह, नादान और नासमझ समझते हैं। हमें आज भी यह बात रास नहीं आती कि झोपड़पट्टी का कोई किशोर अपनी सूझबूझ से मिलेनियर बन जाए। बद्रीनारायण बारवाले ऐसे ही मिलेनियर उद्यमी हैं जिन्होंने खेत–खलिहान में पसीना बहाकर सम्पदा कमाई तो देश के किसानों को धनोपार्जन के गुर सिखाए। इन्हें नादान समझना नादानी नहीं, मूर्खता है।

ध्यान दें कि हरित क्रांति की सफलता के लिए हमारे देश में केवल 60 के दशक में एक कोशिश मात्र हुई है। भारत सरकार ने तब भारतीय कृषि अनुसंधान संस्थान (आईएआरआई) और नेशनल सीड्स कॉरपोरेशन का गठन किया जिसके पीछे मंशा थी कि निजी क्षेत्र में ऐसी कंपनियाँ स्थापित हों जो भारी मात्रा में संकर बीज का उत्पादन करें और उन्हें किसानों तक पहुँचाएँ।

बद्रीनारायण बारवाले ने सबसे पहले इसकी शुरुआत की। महिको की स्थापना तो बाद में हुई है, इसके पहले ही उन्होंने अपने पुश्तैनी खेतों में उन्नत बीज पैदा किए और किसानों तक पहुँचाए। उनके द्वारा विकसित पहला उन्नत भिंडी बीज आज तक सब्जी उत्पादक किसानों में लोकप्रिय है। यही नहीं, दूसरी फसलों के लिए संकर बीज प्राप्त करने के लिए उन्हें भारी मशक्कत करना पड़ी है। इसके लिए वे सारे देश में भटके हैं। इस शृंखला में भारत कृषक समाज द्वारा दिल्ली में आयोजित विश्व कृषि मेले में प्राप्त जानकारी के आधार पर आईसीएआर के वनस्पति विभाग से

उन्होंने भिंडी की पूसा सावनी उन्नत किस्म के साथ अन्य सब्जी बीज प्राप्त किए।

मांडवा गाँव में उनके द्वारा पहली बार उत्पादित 9 इंच लम्बी भिंडी देखकर भारत सरकार के एक तत्कालीन वरिष्ठ अधिकारी डॉ. वेंकटरमन तब इतने प्रभावित हुए कि उन्होंने आईएआरआई के जाने-माने वेजिटेबल ब्रीडर डॉ. सरदार हरभजनसिंह को बारवाले से मिलने उनके गाँव भेजा। डॉ. वेंकटरमन ने तब अखबारों में एक आलेख भी लिखा जिसका शीर्षक था- Moneylenders became Seedsman. (एक साहूकार बना बीज-पुरुष)।

यह ही वह 'आइस मेल्टिंग पाइंट' है जिसने बद्रीनारायण बारवाले के मनमानस में महिको का भ्रूण स्थापित किया। जी हाँ, भ्रूण सम्बोधन इसलिए कि महिको बाद में जन्मी है पर इसके पहले बद्रीनारायण बारवाले ने काश्तकारी करने के साथ हायब्रिड सीड्स का उत्पादन और विपणन शुरू कर दिया था। एक प्रसंग देखें... बारवाले ने दाहोद के एक अपने ही जैसे दूरन्देशी किसान से प्राप्त संकर ज्वार (सोरगम) की अपने खेतों में बोवनी की। इस फसल को देखकर रॉकफेलर फाउंडेशन के डॉ. वायने एच. फ्रीमेन इतने प्रभावित हुए कि उन्होंने हवाई जहाज से फोटोग्राफर बुलवाया और बारवाले की फसल के फोटो अपने मुख्यालय भिजवाए। डॉ. फ्रीमेन इससे भी संतुष्ट नहीं हुए और उन्होंने बारवाले को सलाह दी कि वे वैज्ञानिक पद्धति से बीजों की प्रोसेसिंग करें। बारवाले ने जब उन्हें बताया कि उनके पास उपकरण नहीं हैं तो डॉ. फ्रीमेन ने सीड्स क्लीनर, ट्रीटर, बैग क्लोजर, थ्रेड्स और सील आदि उन्हें उपलब्ध करवाए। यही नहीं, रॉकफेलर फाउंडेशन के एक युवा इंजीनियर को भी भिजवाया जिसने इन उपकरणों को बारवाले के घर स्थापित किया। क्लीन सीड्स के संग्रहण के लिए वहाँ तब पानी का टैंक (हौद) बनवाया गया था। महिको की यह अघोषित स्थापना थी, जिसका विधिवत् नामकरण 11 नवंबर, 1964 को हुआ। बद्रीनारायण बारवाले ने अपने मित्र-परिजनों के साथ महाराष्ट्र हायब्रिड सीड्स कॉरपोरेशन (महिको) की स्थापना की जिसने विभिन्न सब्जियों सहित कई फसलों के हायब्रिड सीड्स विकसित किए, पर बारवाले का स्वप्न तो था भारतीय बीज उद्योग को विश्वस्तरीय बनाना। दिलचस्प बात यह है कि इसके लिए उन्हें किताबी ज्ञान पर भरोसा नहीं था। भारतीय खेत-खलिहानों में महिको जन्मी थी और बद्रीनारायण बारवाले चाहते थे कि वे स्वयं विकसित देशों के खेत-खलिहान देखें और तदनुसार महिको किसानों के साथ आगे बढ़ें, प्रगति करें।

भारत कृषक समाज ने उन्हें यह मौका प्रदान किया। इस संस्था के सदस्य की हैसियत से वे अमेरिका गए जहाँ उन्होंने डेरी फार्मिंग व पोल्ट्री फार्मिंग तकनीक का अध्ययन किया। परड्यू की कृषि यूनिवर्सिटी और कैलिफोर्निया में बादाम, सलाद व टमाटर की मॉडर्न खेती देखी। अमेरिका की निजी क्षेत्र की बीज कम्पनियों की कार्यप्रणाली और अमेरिकन कृषि महाविद्यालयों की शिक्षा प्रणाली को समझा। वे कहते हैं कि विदेशी दौरों में मैं कभी भी होटलों में नहीं रहा बल्कि वहाँ के किसान परिवारों के घरों में रुका, उनका पकाया शाकाहारी खाना खाया हालाँकि वह बेस्वाद था, क्योंकि वे शाकाहारी भोजन सलीके से पकाना नहीं जानते थे। पर मेरा मकसद

था उनकी जीवनशैली को समझना। संयोग से बद्रीनारायण बारवाले को बहुत जल्दी भारत सरकार की सीड रिव्यू टीम के सदस्य की हैसियत से स्वीडन, हॉलैंड, इंग्लैंड, अमेरिका, जापान और फिलीपींस के दौरे पर जाने का मौका मिल गया। इस दौरे के लिए सरकार ने निजी क्षेत्र की जिन दो कम्पनियों को चुना था, वे थीं–ईआरडी पैरी और महिको। इस दौरे में भी बारवाले ने मौज-मजे के बजाय उन देशों के कृषि क्रियाकलापों को समझा। अपने इन कारोबारी विदेशी दौरों के दो प्रसंग बारवाले भूल नहीं पाए हैं। वे कहते हैं कि एक बार मुझे आप्रवासी भारतीयों ने एक सभा में वक्ता की हैसियत से आमंत्रित किया। मैंने वहाँ आप्रवासी भारतीयों से जब कहा कि आपका देश खाद्यान्न के मामले में आत्मनिर्भर होने जा रहा है तो एक सज्जन ने मुझे ललकारते हुए कहा कि हमें मूर्ख मत समझो और सच बोलो। बारवाले कहते हैं कि इसके बाद मुझे सभा को मेहनत करके समझाना पड़ा कि हरित क्रांति का स्वप्न साकार हो गया है और भारत को अब विकसित देशों से अनाज की भीख नहीं माँगना पड़ेगी बल्कि हम बहुत जल्दी दूसरे देशों को सस्ता खाद्यान्न उपलब्ध करवाने लगेंगे।

दूसरा यादगार प्रसंग है विश्व बैंक द्वारा सीड्स रिव्यू टीम के सदस्यों को भोज के लिए आमंत्रित करना। बारवाले बताते हैं कि भोज स्थल पर पहुँचने के लिए हमें शोफर चलित लक्झरी कारें दी गई थीं। स्टार डिनर में हुई उस आवभगत को देखकर भूल गया कि मैं एक गरीब देश के छोटे-से टाउन जालना का साधारण काश्तकार हूँ। इससे हमारा यह विश्वास पुख्ता हुआ कि हायब्रिड बीजों के जरिए भारतीय कृषि के विकास में विश्व बैंक की गहन रुचि है। यह मानता है कि भारतीय किसान यदि मॉडर्न खेती के गुर सीख जाएँ तो सारी दुनिया भुखमरी से बच जाएगी।

ध्यान दें कि बद्रीनारायण बारवाले के इस आत्मविश्वास, बाल्यकालीन गरीबी, किशोर उम्र में देश के स्वतंत्रता संग्राम में भागीदारी, युवावस्था में अपने हक के लिए लड़ाई और काश्तकारी व पशुपालन, हरित क्रांति के दौरान अपने खेतों में हायब्रिड बीजों की ट्रायल खेती, इन परीक्षित बीजों की बिक्री के समय मूल्यों को लेकर आरोप-प्रत्यारोप, विदेशों में मॉडर्न खेती के अवलोकन और अनुभव ने महिको को देश की सबसे प्रगतिशील और विश्वस्तरीय हायब्रिड सीड्स कंपनी बनाया है। आज महिको के उत्पाद संपूर्ण एशिया महाद्वीप और समान जलवायु वाले दुनिया के कई देशों में उच्च गुणवत्ता की अधिकतम फसल के लिए जाने जाते हैं क्योंकि बद्रीनारायण बारवाले ने 60 के दशक में स्थापना के समय ही महिको के लिए लक्ष्य तय कर दिया था–'रिसर्च आधारित सीड्स कंपनी'।

बद्रीनारायण बारवाले ने अपने पुत्र राजू बारवाले को गोविंद वल्लभ पंत कृषि महाविद्यालय में देश के साधारण काश्तकार पुत्रों के साथ कृषि शिक्षा प्राप्त करने के बाद ही महिको में एक जूनियर कर्मचारी की हैसियत से मौका दिया। कई वर्षों के अनुभव के बाद उन्हें मैनेजिंग डायरेक्टर बनाया और महिको की बागडोर सौंपी। इस आलेख के लिए चर्चा करने हेतु मैं राजू बारवाले से मिलने पहुँचा तो मुंबई के एक बहुमंजिला भवन के फ्लैट में उनकी मध्यमवर्गीय जीवनशैली और

विनम्र व्यवहार ने मुझे अभिभूत कर दिया। मुझे याद है कि राजू बारवाले ने मुझे सबसे पहले यह उलाहना दिया कि अपनी पुस्तक 'शून्य से शिखर' में मैंने एक भी कृषि उद्योगपति को शामिल नहीं किया है। मैंने अपनी भूल मानी। राजू बारवाले कहते हैं कि मेरे पिता ने महिको को रिसर्च आधारित बीज कम्पनी बनाने के लिए आर एंड डी की बुनियादी सुविधाओं पर लगभग 75 करोड़ रुपए से ज्यादा की राशि खर्च की है। इस परम्परा का निर्वहन करते हुए महिको आज भी हर साल लगभग 40 करोड़ रुपए नए उत्पादों की खोज और विकास पर खर्च करती है। यही कारण है कि महिको ने भारतीय किसानों को सबसे पहले, सबसे ज्यादा फसलों के हायब्रिड सीड्स उपलब्ध करवाए हैं। महिको भारत की पहली ऐसी कम्पनी भी है जिसे सन् 2002 में भारत सरकार ने कीटरोधक (इंसेक्ट-टॉलरेंट) बीटी कॉटन की वाणिज्यिक बिक्री की अनुमति प्रदान की है। कॉटन की इस नस्ल को लेकर सारे देश में विवाद हुआ तो पिता ने हमें ढाढ़स बँधाते हुए कहा कि भारतीय कृषि की यह सबसे बड़ी विडम्बना है। मैंने ऐसी विपरीत परिस्थितियों का कई बार सामना किया है, अब तुम्हारी बारी है। धैर्य रखना। यदि भारतीय किसान लाभान्वित होंगे तो देर-सवेर कपास की इस नस्ल को भी वैसे ही अपना लेंगे जैसे उन्होंने हायब्रिड सीड्स अपनाकर देश को भुखमरी से बचाया है। यही हुआ।

राजू बारवाले

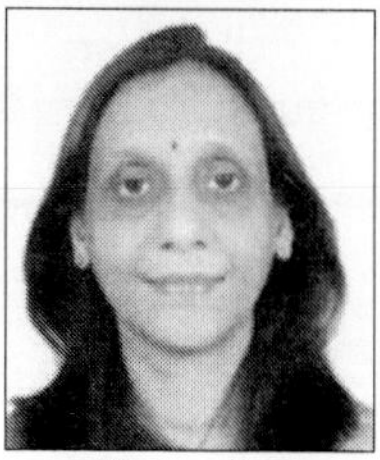
डॉ. उषा जेहर

महिको की इक्विटी में विश्वप्रसिद्ध एग्रो कंपनी मॉनसेंटो की हिस्सेदारी है जो महिको को भारतीय किसानों, भारतीय माटी, भारतीय जलवायु के अनुरूप कृषि उत्पाद विकसित करने में तकनीकी मदद प्रदान करती है। राजू बारवाले इस लम्बी बातचीत का समापन करते हुए कहते हैं कि मैंने और महिको के स्टाफ ने कंपनी के संस्थापक से एक ही सबक सीखा है कि निशाने पर निगाहें टिकाए रखो। तदनुसार महिको के आर एंड डी विभाग के कृषि वैज्ञानिक अब नमक व सूखे का सामना (Abiotic Stresses Tolerant) करने वाली बीज वेरायटी विकसित कर रहे हैं। महिको बहुत जल्दी न्यू ब्रीडिंग प्रणाली से न्यूनतम समयावधि में नए उत्पाद विकसित करने की क्षमता जुटा लेगी। फिलहाल महिको 30 फसलों के 115 नए उत्पाद विकसित करने और बेचने की भी तैयारी कर रही है।

सन् 2002 में तमिलनाडु एग्रीकल्चर यूनिवर्सिटी, कोयम्बतूर द्वारा ऑनेररी डॉक्टरेट की उपाधि से सम्मानित डॉ. बद्रीनारायण बारवाले 80 वर्ष की उम्र में भी महिको के आर एंड डी कार्यक्रम में गहन रुचि लेते हैं। इस विभाग से संबद्ध डॉ. बारवाले की सबसे छोटी पुत्री डॉ. उषा जेहर, ज्वॉइंट डायरेक्टर रिसर्च (महिको) कहती हैं कि कंपनी के अच्छे कारोबारी परिणामों पर पिताजी हमारी पीठ थपथपाते हैं और न ही कभी डाँटते-डपटते हैं पर आर एंड डी में जरा सी लापरवाही हो जाए तो उनके रौद्र रूप का सामना करने की किसी में हिम्मत नहीं है। महिको के वर्तमान व

पूर्व कर्मचारी (कई आज दूसरी कम्पनियों में महती जवाबदारी सँभाले हुए हैं) कहते हैं कि डॉ. बारवाले 'हार्ड टास्क मास्टर बॉस' हैं। उनके अधीन काम करना लोहे के चने चबाना है। सही कहते हैं वे। डॉ. बारवाले के रोल मॉडल सरदार वल्लभभाई पटेल हैं जिन्हें सारा देश लौह पुरुष के रूप में याद करता है। डॉ. बारवाले इन सब बातों का जवाब अपनी मितव्ययी मुस्कान के साथ देते हैं–'मुझे या महिको को जो मान्यता और मान-सम्मान मिला है उसका श्रेय मेरे संगी-साथियों को है, पर इसके साथ हम सबकी जवाबदारी बढ़ गई है कि हम केवल भारतीय किसान ही नहीं, सारी दुनिया के किसानों की जरूरत समझें और उन्हें पूरा करें। सच कहूँ तो वर्ल्ड फूड प्राइज मिलने के बाद मैं और महिको दुनिया से भुखमरी मिटाने के विश्वव्यापी अभियान का अभिन्न हिस्सा हो गए हैं।

लोकल से ग्लोबल
इंडियन कॉरपोरेट्स

41

द ग्रेट फोर्जर

बाबा कल्याणी

बिजनेस मैनेजमेंट विशेषज्ञों का कहना है कि पहली पीढ़ी उद्योग-व्यापार स्थापित करती है। दूसरी पीढ़ी उसे आगे बढ़ाती है। तीसरी पीढ़ी पुश्तैनी धन-सम्पदा का उपभोग करती है। परिवार की तीसरी पीढ़ी पुश्तैनी विरासत को सलीके से सँभाल लेती है तो यह सिलसिला कई पीढ़ी तक जारी रहता है अन्यथा विभाजन या बिखराव शुरू हो जाता है। तदनुसार दूसरी पीढ़ी की भूमिका बेहद जटिल है, जिसे उद्योग-व्यापार को आगे बढ़ाने के साथ तीसरी पीढ़ी को भी तैयार करना पड़ता है कि वे अपने पुरखों के कृतित्व को न केवल सम्भाले, सुरक्षित रखे, बल्कि नए आयाम दे, नई ऊँचाइयाँ दें।

कल्याणी ग्रुप के संस्थापक हैं नीलकंठ कल्याणी (जन्म-1928)। उनके पुत्र बाबा कल्याणी (जन्म-1949) ने कल्याणी समूह की विश्वव्यापी पहचान व पहुँच बनाई है तो अपने पुत्र अमित कल्याणी (जन्म-1975) को उसे आगे बढ़ाने और नई ऊँचाइयों पर पहुँचाने के लिए भी तैयार किया है। पिता-पुत्र की यह जोड़ी इतनी तेज दौड़ी है कि भारत फोर्ज (कल्याणी समूह की सिरमौर कम्पनी) आज दुनिया की दूसरी सबसे बड़ी फोर्जिंग कम्पनी है। दुनिया की महारथी ऑटोमोबाइल कम्पनियाँ व उनके ओरिजनल इक्यूपपेंट सप्लायर्स भारत फोर्ज पर निर्भर है। अमेरिका, यूरोप, जापान, ऑस्ट्रेलिया, चीन, मैक्सिको, ब्राजील सहित दुनिया के जिस देश में भी ऑटोमेटिव बनते हैं, वहाँ कल्याणी ग्रुप का कारोबार फैला हुआ है। हर बड़ी ऑटोमोबाइल कम्पनी के टॉप टू कम्पोनेट्स सप्लायरों में एक है कल्याणी समूह। बाबा कल्याणी जब पिता नीलकंठ कल्याणी के सहयोगी बने थे, तब कल्याणी समूह सालाना 4 करोड़ रुपए का कारोबार

कर रहा था। आज इसका टर्नओवर है–11 हजार करोड़ रुपए (2.5 बिलियन डॉलर)। बाबा कल्याणी गर्व से कहते हैं कि हर दूसरे अमेरिकन ट्रक में हमारे फ्रंट–एक्सेल लगाए जा रहे हैं।

नीलकंठ कल्याणी

कल्याणी ग्रुप की जड़ें महाराष्ट्र के लिंगायत समुदाय से जुड़ी हुई हैं। पुणे से 160 कि.मी. दूर सतारा जिले के हल्दी किंग थे नीलकंठ कल्याणी के पिता अन्नप्पा कल्याणी। दुर्भाग्य से व्यापार में उन्होंने सम्पन्नता गँवा दी तो पुत्र को पढ़ाई अधूरी छोड़कर हल्दी व मूँगफली का व्यापार करना पड़ा। इसके साथ परिवार की 60 एकड़ भूमि पर वे गन्ना भी पैदा करते थे। नीलकंठ कल्याणी ने परिवार को दुर्दिनों से उबारा। कृष्णा सहकारी फैक्टरी और एक भूमि विकास बैंक स्थापित की पर मन में चाह थी कि उद्योगपति बने। 1960 के दशक में उन्हें यह मौका मिला। महाराष्ट्र के वरिष्ठ राजनेता यशवंतराव चौहान को कल्याणी परिवार से बचपन में पुत्र–तुल्य संरक्षण मिला था। मुख्यमंत्री बनने के बाद उन्होंने इस कर्ज को उतारने के लिए नीलकंठ कल्याणी को उद्योग स्थापना के लिए प्रेरित किया और मदद की। चौहान के सिफारिशी पत्र से नीलकंठ कल्याणी को केंद्रीय उद्योग मंत्रालय से फोर्जिंग कारखाना लगाने की अनुमति मिल गई। परिवार के ही एक और नजदीकी मित्र एस.एल. किर्लोस्कर (किर्लोस्कर समूह) की सहायता से नीलकंठ कल्याणी ने सन् 1961 में भारत फोर्ज की स्थापना की। इस कारखाने के 15 लाख रुपए के प्रारंभिक निवेश में नीलकंठ कल्याणी का हिस्सा मात्र 2 लाख रुपए था। पाँच–पाँच लाख रुपए किर्लोस्कर व कोल्हापुर के महाराजा ने निवेश किए थे। तीन लाख रुपए का कर्ज बैंक से मिला था।

परमिट व लाइसेंस राज में नया कारखाना स्थापित करना एक कठिन काम था। स्थापना के पाँचवें वर्ष सन् 1966 में कंपनी फोर्ज शॉप स्थापित कर पाई और आठवें वर्ष में पहली फोर्जिंग बना पाई। चौहान की सिफारिश से कारखाना लगाने की अनुमति तो मिल गई थी, पर कई अन्य औपचारिकताओं के लिए नीलकंठ कल्याणी को विभिन्न मंत्रालयों में पाँच साल चक्कर लगाने पड़े। उनके ही शब्दों में दोहराएँ तो (बिजनेस टुडे, अगस्त, 1997) 'मैं कुछ स्वीकृतियों के लिए चौहान के पत्र के साथ तत्कालीन केंद्रीय मंत्री मनुभाई शाह के पास पहुँचा तो उन्होंने फाइल देखने के बाद एक शख्स से मिलने को कहा। मैंने पूछा–वे कौन हैं तो जवाब मिला–उनसे मिलें, वे आपके भागीदार होंगे। मैंने कहा–मुझे तो भागीदार नहीं चाहिए। यह सुनकर मनुभाई शाह ने फाइल मेरे मुँह पर ऐसे फेंकी कि मेरा चश्मा गिर गया।' इसके बाद सन् 1962 में चीन से युद्ध हुआ, फलतः भारत फोर्ज को उत्पादन शुरू करने के लिए सन् 1966 तक प्रतीक्षा करना पड़ी।

ध्यान दें कि कल्याणी ग्रुप के संस्थापक नीलकंठ कल्याणी आजादी से दो दशक पहले जन्मे हैं। गुलामी के दौर में उन्होंने परिवार को दुर्दिनों का सामना करते देखा और खेती व व्यापार से धनोपार्जन किया। आजादी के 15 साल बाद अपनी सूझबूझ और अपने सम्पर्कों के बलबूते पर उन्होंने उद्योग स्थापित किया। पिता चाहते थे कि पुत्र उद्योग सँभाले, आगे बढ़ाए पर हड़बड़ी न करे। पुत्र का सोच था कि समय बदल गया है और अब वही आगे बढ़ेगा जो जोखिम उठाएगा।

अब इसे पीढ़ियों के सोच का अंतर कहें या अतिरिक्त सावधानी– नीलकंठ कल्याणी को पुत्र की तीखी व तीव्र कार्यप्रणाली रास नहीं आई। 1990 के दशक में इस मसले को लेकर पिता–पुत्र में टकराव हुआ, पर यह विवाद घर के ड्राइंग रूम से कम्पनी के बोर्ड रूम तक पहुँचे, इसके पहले सन् 1994 में नीलकंठ कल्याणी ने अपनी कारोबारी पारी को विराम देते हुए पुत्र को कल्याणी ग्रुप की स्वतंत्र बागडोर सौंप दी।

नीलकंठ कल्याणी

बाबा कल्याणी

नीलकंठ कल्याणी ने अपने दो पुत्र (बाबा और गौरीशंकर) एवं एक पुत्री (सुगंधा) का अनुशासित माहौल में लालन–पालन किया। किशोर उम्र में बाबा कल्याणी फौजी बोर्डिंग स्कूल भेज दिए गए थे। किंग जार्ज रॉयल इंडियन मिलिट्री अकादमी बेलगाम के प्रिंसिपल एन. मनी ने उन्हें प्रभावित किया। बाबा कल्याणी ने एक साक्षात्कार में कहा है–'प्रिंसिपल सर का एक जुमला–'प्ले–द–गेम' मैं भूला नहीं हूँ। इससे मैंने सीखा है कि हार–जीत के बारे में सोचे बिना, अपना काम करो।'

बाबा कल्याणी ने बिड़ला इंस्टीट्यूट ऑफ टेक्नोलॉजी (बिट्स) पिलानी से मेकैनिकल इंजीनियरिंग की डिग्री प्राप्त करने के बाद एमआईटी बोस्टोन (यूएस) से पोस्ट ग्रेजुएशन (एमएस) डिग्री प्राप्त की है। उनका जब विवाह हुआ तब पत्नी सुनीता मेडिकल कॉलेज के अंतिम वर्ष की छात्रा थी। 1970 के दशक में बाबा कल्याणी जब टेक्नोप्रिनर की हैसियत से कल्याणी समूह से जुड़े तब यह एक धुएँ की चिमनी वाला (Smoke stack) उद्योग समूह था। इसका ब्रेड–बटर बिजनेस था भारतीय ऑटो उद्योग को फोर्जिंग सप्लाई। आर्थिक प्रतिबंधों के दौर में जो लाइसेंस मिले, वह ले लो की रणनीति के कारण कल्याणी समूह ने भी विभिन्न भागीदारों के साथ कई नए क्षेत्रों में प्रवेश किया। शार्प जापान के साथ कल्याणी शार्प कंज्यूगर ड्यूरेबल्स–टीवी आदि बनाता था। कल्याणी लेजर्स वाहनों के रिम्स तो राकवेल इंटरनेशनल के साथ ऑटोमेटिव एक्सल्स बनाता था। अलाइड सिग्नल यूएस के साथ कल्याणी समूह का गठबंधन था। प्रतिबंधित अर्थव्यवस्था के दौर में यह फैलाव उपयुक्त था, पर उद्योग नियंत्रण मुक्त हुए तो यह विस्तार बोझ बन गया। अपने मूल कारोबार (फोर्जिंग व ऑटो कम्पोनेंट्स) के अलावा अन्य सेक्टरों में कल्याणी ग्रुप को औसत सफलता मिल रही थी। सन् 94 के मंदी के दौर में तो सिरमौर कारोबार फोर्जिंग भी संकटग्रस्त हो गया। बाबा कल्याणी ने असंगत व्यापार से मुक्त होने और मूल कारोबार के तकनीकी उन्नयन की रणनीति बनाई। उनकी द्रुतगति नीलकंठ कल्याणी को रास नहीं आई थी। पिता सावधानी से आगे बढ़ना चाहते थे, जबकि पुत्र तेजी से दौड़ना चाहता था।

बाबा कल्याणी ने सन् 1991 में अमेरिका से तो सन् 1994 मित्सुबिसी जापान से बड़े निर्यात ऑर्डर प्राप्त किए, जिसने कल्याणी समूह को मंदी के दौर से बचाया। इस अंतरराष्ट्रीय सप्लाई से उन्होंने कई सबक भी सीखे। उन्हें अहसास हुआ कि वे जिस हेमर फोर्ज शॉप से उत्पादन

करते हैं, वह कालातीत हो चुका है। यदि संयंत्रों का उन्नयन नहीं करेंगे तो विश्व मार्केट में पहचान नहीं बना पाएँगे। विदेशी ग्राहकों की जरूरतों (गुणवत्ता व समय पाबंदी) की पूर्ति करने के लिए बाबा कल्याणी ने पाँच साल (1996 से 2000) में करोड़ों रुपए संयंत्रों के तकनीकी उन्नयन पर खर्च किए तो ऑटो कम्पोनेंट्स उद्योग से जुड़े लोग चौंक उठे। भारत में तब गिने-चुने ऑटोमोबाइल कारखाने थे। उनके उत्पादों की माँग सीमित थी। ऑटो-कम्पोनेंट्स उद्योग में भी इसलिए सुस्ती थी। कल्याणी समूह के प्रतिद्वंद्वियों का सोच था कि तकनीकी उन्नयन पर भारी निवेश फायदे का सौदा नहीं है, जबकि बाबा कल्याणी की नजर विश्व मार्केट पर थी। नियंत्रण मुक्ति के साथ उन्हें यह भी भरोसा था कि ऑटोमोबाइल उद्योग के दुनिया के महारथी भारत में कारखाने लगाएँगे और यहाँ से दुनिया के मार्केट खासकर एशिया महाद्वीप में कारोबार करेंगे। यही नहीं, ऑटोमोटिव उद्योग पर से अपनी निर्भरता घटाने के लिए ऑइल व गैस, फर्टिलाइजर, पावर, शिप बिल्डिंग व फौज के लिए भी कल्याणी समूह फोर्जिंग बना रहा है।

बाबा कल्याणी ने आलोचकों की परवाह नहीं की। उन्होंने 120 करोड़ रुपए लागत की रोबोट्स युक्त स्वचलित स्टेट ऑफ द आर्ट फोर्जिंग प्रेस लाइंस खरीदी। डिजाइनिंग प्रोसिशन डाइज के लिए अत्याधुनिक मशीनें लगाईं। 120 करोड़ रुपए लागत की प्रेस लाइंस स्थापित की। बुकनाल यूनिवर्सिटी यूएस से इंजीनियरिंग शिक्षा प्राप्त समूह के एक्जीक्यूटिव डायरेक्टर अमित कल्याणी कहते हैं कि तकनीकी उन्नयन की हमने जो जोखिम उठाई और इस पर भारी निवेश किया, उसने ही भारत फोर्ज को देश का सबसे बड़ा फोर्जिंग व केक शाफ्ट्स निर्माता-निर्यातक बनाया है। पहले हमारा उत्पादन आधार मानव निपुणता थी, अब मानव मस्तिष्क है। मसलन, फोर्जिंग बनाने की सबसे जटिल प्रक्रिया डिजाइनिंग पहले ड्राफ्ट्समैन करते थे, अब कम्प्यूटर करते हैं। अब डिजाइनिंग को कम्प्यूटर से सीधे मशीन में डाउनलोड किया जाता है। इससे उत्पादन में त्रुटि की आशंका न्यूनतम हो गई है। शॉप फ्लोर कर्मचारियों की संख्या घटी है। उत्पादों का मानक स्तर सुधरा है। पहले एक डाई से 1000 नग बनते थे, आज 2500 बनने लगे हैं। ऊर्जा खपत भी 40 फीसदी घट गई है। इसके अलावा अंतरराष्ट्रीय ग्राहक जो एक्यूरेसी व स्पीड चाहते हैं, वह हमें प्राप्त हुई है। बोनस में कंपनी की उत्पादन लागत में 6000 रुपए प्रति टन की बचत हुई है।

कल्याणी समूह को संयंत्रों के तकनीक उन्नयन से सबसे बड़ा फायदा यह हुआ कि दुनिया के ऑटोमोबाइल उद्योग में पहुँच गहरी हुई और बाबा कल्याणी व अमित कल्याणी बहुराष्ट्रीय उद्योगपति बने। जनरल मोटर्स, फोर्ड, डेमलर क्रिसलर, टोयोटा, होंडा, रेनोल्ट, वोल्वो, केटर, पिलर, परकिंस, कमिंस, जेना कॉरपोरेशन, अर्विन मेरिटोर (यूएसए), फर्स्ट एंड सेकंड ऑटोमोटिव वर्क्स (चीन) अपने उत्पादों के कम्पोनेंट्स के बड़े ऑर्डर कल्याणी समूह को देने लगे। भारत में टोयोटा, ह्युंडई, होंडा, सुजुकी ने मैन्यूफैक्चरिंग शुरू की तो कल्याणी समूह पर भरोसा किया।

बाबा कल्याणी ने निर्यात ऑर्डर पूरा करते हुए विश्व मार्केट को देखा व समझा तो उनकी महत्वाकांक्षा को पंख लग गए। तकनीकी उन्नयन के बाद कल्याणी समूह ने अधिग्रहण की रणनीति बनाई और कई अधिग्रहण किए। अंतरराष्ट्रीय मार्केट में यूरोप के डाना कॉरपोरेशन के

पहले अधिग्रहण ने बाबा कल्याणी का हौसला ऐसा बढ़ाया कि उन्होंने अमेरिका की फेडरल व इमाट्रा फोर्जिंग को खरीदा। सन् 2003 में उन्होंने जर्मन फोर्जिंग कम्पनी सीडीपी को अधिगृहीत किया, जिसने कल्याणी समूह की वाहन उद्योग पर से निर्भरता घटाई। सीडीपी के अधिग्रहण से कल्याणी कार उद्योग के कई बड़े निर्माताओं का सप्लायर बन गया। इसके अलावा समूह पिस्टन भी सप्लाई करने लगा। 2006 में कल्याणी समूह ने चीन की सबसे बड़ी वाहन निर्माता कम्पनी फर्स्ट ऑटोमोबाइल वर्क्स को अधिगृहीत किया। इस अधिग्रहण ने भारत फोर्ज की क्षमता बढ़ाकर 6 लाख टन (2006 में) कर दी। कल्याणी समूह दुनिया की दूसरी सबसे बड़ी (पहली जर्मन की थामसन क्रूप्प) फोर्जिंग कंपनी बन गई। दूरन्देशी पिता-पुत्र की इस जोड़ी की अब मंशा है कल्याणी समूह की ऑटोमोबाइल उद्योग से निर्भरता घटाना और नए सेक्टर में प्रवेश करना। एरोस्पेस में स्ट्रक्चरल और रोटेरिंग कम्पोनेंट्स, एनर्जी सेक्टर में विंड मिल शाफ्ट्स, गैस इंजन कम्पोनेंट्स, रेलवे के लिए इंजन कम्पोनेंट्स व टर्नआउट्स, कंस्ट्रक्शन उद्योग के लिए इंजन कम्पोनेट्स, ऑइल व गैस उद्योग के लिए वाल्व बॉडीज, चोक बॉडीज व मेरिन सेगमेंट के लिए इंजन कम्पोनेंट्स बनाना चाहते हैं। एनटीपीसी के साथ पावर प्लांट उपकरण, एस्टॉम के साथ विंड टर्बाइन्स, एर्वा के साथ हैवी फोर्जिंग और न्यूक्लियर प्लांट्स के संयुक्त वेंचर्स कल्याणी समूह स्थापित कर रहा है। अमित कल्याणी के अनुसार-हम अब तेजी से उभरते गैर-ऑटोमोटिव सेक्टर्स में निवेश कर रहे हैं। और बाबा कल्याणी ने बिजनेस इंडिया का बिजनेसमैन ऑफ द ईयर (2006) अवॉर्ड लेते हुए कहा है-1970 के दशक में हमारा लक्ष्य था देश की सबसे बड़ी फोर्जिंग कंपनी बनना। 1980 में हमने एशिया पर फोकस किया तो अब हमारी नजर दुनिया पर है। अब हमारा लक्ष्य है अपने सेक्टर की ग्लोबल लीडरशिप। अपने संबोधन में देश के पूर्व राष्ट्रपति डॉ. एपीजे अब्दुल कलाम को याद करते हुए बाबा कल्याणी कहते हैं-स्वप्न वह नहीं जो हम सोते हुए देखते हैं। स्वप्न तो वह है जो आपकी नींद उड़ा दे। सही कह रहे हैं बाबा कल्याणी। किशोर उम्र के फौजी बोर्डिंग जीवन ने उन्हें इतना अनुशासित बना दिया है कि वे 60 वर्ष की उम्र में भी सबसे पहले शॉप फ्लोर पर पहुँचते हैं। डेट्राइट (अमेरिका) स्थित ऑटो कम्पोनेंट्स महारथी ग्लोबल प्रोक्यूरमेंट के वाइस प्रेसीडेंट मार्क पुर्तिलर अपनी एक विजिट याद करते हुए कहते हैं कि मैं भारत फोर्ज की पुणे स्थित फैक्टरी में पहुँचा तो एक मर्सिडीज बेज को मैंने अपनी ओर आते देखा। गाड़ी रुकी तो उसमें से ग्रीस और ऑइल लगे हाथों के साथ बाबा कल्याणी उतरे। वे सीधे शॉप फ्लोर से आए थे। वस्तुतः बाबा कल्याणी का उद्योग संचालन का अंदाज सबसे अलग है। वे कहते हैं-मैं पहले यह आकलन करता हूँ कि मैं इस सेगमेंट में प्रतिस्पर्धी हो सकता हूँ। इसके बाद उस सेगमेंट में अपनी क्षमता बढ़ाता हूँ। दूसरे लोग पहले ऑर्डर प्राप्त करते हैं, फिर क्षमता बढ़ाते हैं।

अमित कल्याणी

बाबा कल्याणी टेनिस व गोल्फ के शौकीन हैं। उनकी दूसरी कमजोरी है वाटरस्की। खुर्जे स्थित उनके फॉर्म हाउस में उनका स्पीड बोट है। ग्लायर पायलट लाइसेंसी बाबा कल्याणी पावर्ड एयरक्राफ्ट उड़ाने के भी शौकीन हैं। पत्नी सुनीता, पुत्र अमित, पुत्रवधू दीक्षा और पौत्र आदित व

पौत्री श्रिया को वे अपनी ऊर्जा बताते हैं और कहते हैं–दूसरों को प्यार करने, दूसरों के लिए कुछ करने से प्रसन्नता मिलती है। बाबा कल्याणी का ऐसी खुशी खोजने का विराम स्थल है–प्रथम पुणे एज्युकेशन फाउंडेशन। इस एनजीओ के वे फाउंडर चेअरमैन हैं जो गरीब परिवारों के बच्चों के लिए प्राथमिक शिक्षा आसान बनाता है।

लोकल से ग्लोबल
इंडियन कॉरपोरेट्स

42

पुरुषार्थी

ओंकार एस. कँवर

भाग्यशाली होते हैं, वे परिवार जिनकी तीन पीढ़ी लगातार उद्यमी हो। ऐसा संयोग तो यदा-कदा ही बनता है कि एक पीढ़ी पूर्व पीढ़ी से ज्यादा दूरन्देशी हो। ऐसे दूरन्देशी उद्यमी परिवारों का उद्योग-व्यापार कितनी तेजी से फलता-फूलता है, इसकी मिसाल है अपोलो टायर्स। यह ऐसी कम्पनी है, जिसमें सत्ता-हस्तांतरण दो बार हुआ है। पहले हस्तांतरण में पिता-पुत्र का मतभेद ड्राइंग रूम से वाया बोर्ड रूम अदालत तक पहुँचा, पर इसने अपोलो टायर्स की बुनियाद पुख्ता की। रुग्ण हो चुकी अपोलो टायर्स चुस्त-दुरुस्त होकर 1000 करोड़ रुपए का सालाना कारोबार करने लगी। दूसरी बार एक पिता ने पुत्र की क्षमता को परखा और स्वेच्छा से कम्पनी की बागडोर सौंप दी। इस हस्तांतरण ने कम्पनी का टर्नओवर 1000 करोड़ रुपए से 1 बिलियन डॉलर (करीब 5000 करोड़ रुपए) पहुँचा दिया। अपोलो टायर्स देश की सबसे बड़ी ट्रक व कार टायर निर्माता कम्पनी बन गई जो अब लोकल से ग्लोबल बनने की तैयारी कर रही है। निश्चित ही पहले हस्तांतरण में अपने पुत्र से रुष्ट हुए स्वगीय पिता, आज जहाँ भी होंगे, कहते होंगे- 'वेल डन माय सन.. माय ग्रांड सन।'

अपोलो टायर्स के संस्थापक सरदार रौनकसिंह

महाभारत के एक सबसे दिलचस्प चरित्र कर्ण को याद करें। जन्म से अभिशप्त इस शूरवीर को पग-पग पर संघर्ष करना पड़ा, पर इसे कभी चैन नहीं मिला। महादानी-महावीर कर्ण को अपनों से उपेक्षा मिली तो परायों ने उनका दोहन किया। देश के टायर उद्योग में अग्रणी अपोलो ग्रुप के सरदार रौनकसिंह भी हमारे युग के ऐसे ही उद्योगपति हैं। बचपन में तिनका-तिनका जोड़कर उन्होंने घोंसला बनाया, पर वृद्धावस्था में उन्हें

मिला एकाकीपन।

सियालकोट (पाकिस्तान) के नजदीक एक छोटे-से गाँव दासका में सन् 1922 में जन्मे सरदार रौनकसिंह ने 10 वर्ष की कच्ची उम्र में अपने पिता सरदार निहालसिंह को खो दिया था। विधवा माँ व तीन बच्चों की जीवनाधार थी एक छोटी-सी किराना दुकान। गाँव के ही एक क्रिश्चियन स्कूल से रौनकसिंह ने किसी तरह 10वीं की परीक्षा उत्तीर्ण की और रोजगार के लिए लाहौर जाने का मन बनाया। लाहौर तक का किराया एक रुपया दो आना (एक रुपया 12 पैसे) जुटाने में उन्हें बारह दिन लग गए। लाहौर की एक फर्म में डिलीवरी बॉय की नौकरी मिली। हर रोज 30 मील साइकिल चलाने के बाद उन्हें मिलते थे हर माह 8 रुपए। सस्ता जमाना था, इनमें से भी कुछ पैसा बचाकर वे माँ को भेजने लगे। एक बार घबराकर घर लौट आए तो माँ ने समझा-बुझाकर फिर से लाहौर भेज दिया। इस बार सुबह के खाने के साथ बीस रुपए मासिक वेतन की नौकरी मिली। सरदार रौनकसिंह ने पैसे बचाना शुरू किए और सन् 1943 में लाहौर में पाइप्स व फिटिंग्स की एक छोटी दुकान खोली-रौनक एंड कंपनी। इस बीच, सतवंत कौर से उनका विवाह हो गया। अच्छे दिनों की शुरुआत हुई ही थी कि विभाजन का वज्रपात हुआ।

14 अगस्त, 1947 को दंगे शुरू हुए। सरदार रौनकसिंह रिफ्यूजी ट्रेन से अमृतसर होते हुए 14 दिनों में किसी तरह सपरिवार दिल्ली पहुँचे। दो मकानों सहित दुकान व सम्पदा लाहौर में छूट गई। सरदारजी ने परिवार के भरण-पोषण के लिए मसालों की एक दुकान पर नौकरी की, पर यह उनकी नियति नहीं थी। दिल्ली के गोल मार्केट में परिवार के 14 सदस्यों को छोड़कर रौनकसिंह सन् 1947 में कलकत्ता पहुँचे। पूँजी के नाम पर उनके पास 8 हजार रुपए थे, जो उन्होंने पत्नी के जेवर बेचकर जुटाए थे। कलकत्ता में एक बोहरा दोस्त एस. अब्बास ने मदद की। क्लाइव रोड पर एक किराए के कमरे में रौनकसिंह ने डेरा बसाया। उस कमरे में ही रहते और उसे ही दुकान बनाकर मसालों की ट्रेडिंग करने लगे।

भगवान जितना लेता है, उससे ज्यादा लौटाता है। वाहे गुरु की कृपा हुई। पहले ही साल रौनकसिंह ने चालीस लाख का कारोबार किया। तीन साल में इस व्यापार से थोड़ी पूँजी इकट्ठा हुई तो सन् 1950 में वे परिवार के पास दिल्ली लौटे। यहाँ जीवी रोड पर एक दुकान खोलकर वे लोहे के पाइप बेचने लगे। यह व्यवसाय उन्हें उद्योग जगत में कैसे ले आया, यह प्रसंग रोचक है तो रौनकसिंह की जिंदगी का टर्निंग प्वाइंट भी।

देश में तब दो ही स्टील उत्पादक थे-एक बीजू पटनायक की कलिंगा ट्यूब्स व दूसरी टाटा समूह की इंडियन ट्यूब्स। पाइपों के आयात पर बंदिश थी। सारे ट्रेडर्स इन दोनों पर ही निर्भर थे। कलिंगा ट्यूब्स ने एक दिन अचानक पाइपों के मूल्य बढ़ा दिए और ट्रेडर्स की मार्जिन घटाकर मात्र तीन फीसदी कर दी। दिल्ली के पाइप विक्रेता बीजू पटनायक से मिलने कलकत्ता पहुँचे। बीजू ने उनकी बात तो शांति से सुनी, पर चर्चा का समापन इस कटु-कथन से किया-'कलिंगा ट्यूब्स का मालिक मैं हूँ। मेरी मर्जी, मैं अपने उत्पाद किस मूल्य पर और किसे बेचूँ। न बेचना चाहूँ तो हुबली में बहा दूँ।' सरदार रौनकसिंह यह सुनकर आपा खो बैठे। बीजू पटनायक से

बोले–'अब मैं स्टील पाइप का अपना कारखाना खोलने के बाद ही आप से मिलूँगा।' चाणक्य को याद करें। नंद के दरबार में उस ज्ञानी पर जिद्दी ब्राह्मण गुरु ने शपथ ली थी–'अब चोटी तब ही बाँधूँगा, जब चंद्रगुप्त को राजा बना दूँगा।' सरदार रौनकसिंह भी उस दिन शायद चाणक्य हो गए थे। जुझारू सरदार ने दिल्ली लौटकर जुगाड़ शुरू की और लाइसेंस प्राप्त किया। एक विदेशी कंपनी इब्बे एटना मशीन से गठबंधन करके सन् 1965 में गनोर (सोनीपत) में भारत स्टील ट्यूब्स की स्थापना की। थोड़े ही दिनों में चेन्नई के नजदीक रानीपेठ में दूसरी फैक्टरी लगाकर अपनी शपथ पूरी की। इसके साथ एक और शरणार्थी ने उद्योगपति बनने की शुरुआत की। ऐसा सिक्ख-शरणार्थी जिसका अभावों में लालन-पालन हुआ था और जो किशोर उम्र में सम्पन्नता की खोज करने लगा था। रौनकसिंह की गृहस्थ जिंदगी भी सेटल होने लगी थी, पर वे तो कर्ण जैसा भाग्य लेकर जन्मे थे।

सरदार रौनकसिंह

राजा कँवर

नीरज कँवर

श्रीमती सतवंत कौर से उन्हें पाँच संतानें हुईं। चार पुत्र ओंकारसिंह, अरविंद, नरेन्द्रसिंह, सुरिन्दर तथा एक पुत्री रानी। दूसरी पत्नी गुरमीत कौर ने एक पुत्र सतिन्दर पाल को जन्म दिया। सन् 1974 में रौनकसिंह ने मेश्यूटी मराट्टकलम और जेकब थामस नाम के दो शख्स से टायर मैन्यूफैक्चरिंग के लाइसेंस खरीदे। अप्रैल, 1975 में भागीदारों के साथ पेरम्बरा (केरल) में उन्होंने पहला टायर मैन्यूफैक्चरिंग संयंत्र स्थापित किया। सन् 1977 में इस संयंत्र ने 4.20 लाख टायर और इतनी ही ट्यूब्स सालाना क्षमता के साथ वाणिज्यिक उत्पादन शुरू किया। सन् 1976 में अपोलो टायर्स लिमिटेड एक पंजीकृत (रजिस्टर्ड) कंपनी बनी। सन् 1977 में अपोलो टायर्स ने केरल में ही 40 टन प्रतिदिन क्षमता का एक संयंत्र और स्थापित किया। सन् 1982 में कंपनी पैसेंजर कार के रेडियल टायर्स भी बनाने लगी, पर इसके बाद कंपनी ने दुर्दिनों का सामना किया। अपोलो टायर्स रुग्ण हो गई।

ओंकारसिंह कँवर

सरदार रौनकसिंह के एक पुत्र ओंकारसिंह, यूनिवर्सिटी और कैलिफोर्निया बिजनेस एडमिनिस्ट्रेशन की डिग्री प्राप्त करने के बाद पिता के कारोबारी सहयोगी बन गए थे। वे कम्पनी के प्लांट पर कार्यरत श्रमिक आंदोलन को अपने तरीके से सँभालना चाहते थे और चाहते थे कि अपोलो टायर्स केरल से बाहर निकले। उन्हें अपने पिता का कारोबार संचालन का परंपरागत तरीका भी पसंद नहीं था। इसके विपरीत सरदार रौनकसिंह बीजू पटनायक से अपनी मुलाकात नहीं भूले थे।

एकाधिकार का उन्होंने हमेशा विरोध किया। इंदिरा गांधी के पुत्र संजय गांधी ने भारतीय कार मार्केट में एम्बेसडर व फिएट का वर्चस्व खत्म करने के लिए मारुति का कारखाना स्थापित

किया तो सरदार रौनकसिंह ने उनका मुखर समर्थन किया। इससे उनकी इंदिरा गांधी से नजदीकी बढ़ गई। इस नजदीकी का जनता पार्टी की सरकार के समय उन्होंने दुष्परिणाम भुगता। मोरारजी देसाई की सरकार ने अपोलो टायर्स के साथ सख्ती बरती। सन् 1980 में इंदिराजी की वापसी ने अपोलो टायर्स को बचा लिया, पर इस बार तो मुकाबला अपने ही पुत्र से था, जो पूरे जोश के साथ टायर्स उद्योग में कारोबार करना चाहता था।

पिता-पुत्र के इस मतभेद के मद्देनजर सितम्बर, 1993 में अपोलो टायर्स के नियंत्रक मंडल ने सरदार रौनकसिंह को कंपनी चेअरमैन पद से हटा दिया। नियंत्रक मंडल के इस फैसले के विरुद्ध रौनकसिंह ने अदालत में दस्तक दी। अपोलो टायर्स में जिन वित्तीय संस्थानों का पैसा लगा था, उन्होंने सक्रिय हस्तक्षेप किया। भारतीय उद्योग जगत में अपोलो टायर्स ऐसी पहली कम्पनी है, जिसके 90 के दशक में दो मैनेजिंग डायरेक्टर थे। अदालत के फैसले के अनुसार-रौनकसिंह चेअरमैन व मैनेजिंग डायरेक्टर तथा ओंकारसिंह वाइस चेअरमैन व मैनेजिंग डायरेक्टर नियुक्त किए गए।

80 के दशक में ओंकार एस. कँवर जब अपोलो टायर्स से जुड़े, तब कम्पनी का संकलित घाटा (वित्तवर्ष 1982 में 278 करोड़ रुपए) नेटवर्क के बराबर पहुँच गया था। ओंकारसिंह केरल से बाहर भी कंपनी का विस्तार करना चाहते थे, पर सभी प्रमुख राज्यों में तब प्रतिद्वंद्वियों का एकाधिकार था। बंगाल में डनलप, तमिलनाडु में एमआरएफ, उड़ीसा में बिड़ला टायर्स, महाराष्ट्र में सिएट, राजस्थान और मध्य प्रदेश में जेके टायर्स का वर्चस्व था। ओंकारसिंह ने गुजरात में संभावना देखी, जहाँ कोई कम्पनी टायर नहीं बना रही थी। सन् 1991 में उन्होंने गुजरात में अपोलो टायर्स का दूसरा संयंत्र स्थापित किया। सन् 1995 में प्रीमियर टायर का केरल संयंत्र अधिगृहीत किया और अपोलो टायर्स की उत्पाद शृंखला बढ़ाने के साथ, मार्केटिंग नेटवर्क सारे देश में फैलाया। उनकी इस पहल से कम्पनी रुग्णता से मुक्त हुई और 1000 करोड़ रुपए सालाना टर्नओवर करने लगी।

राजा कँवर व नीरज कँवर

ओंकार एस. कँवर की एक पुत्री व दो पुत्र हैं-राजा कँवर व नीरज कँवर। राजा कँवर लीक से हटकर चलने वाले उद्यमी हैं। फेलाडेल्फिया की ड्रेक्सेस यूनिवर्सिटी से मार्केटिंग व फोटोग्राफी ग्रेजुएट राजा कँवर ने तीन साल तक विश्वप्रसिद्ध पत्रिका वोग के लिए फ्री लांस फोटोग्राफी की है। सन् 1995 में वे स्वदेश लौटे। यहाँ उन्होंने एक सॉफ्टवेयर कम्पनी डेट्स वेली टेक्नोलॉजिस का गठन किया, जिसने इंश्योरेंस और बैंकिंग सेक्टर के लिए वेब एप्लिकेशन फॉर्म सॉफ्टवेयर बनाए। आईटी सेवी राजा कँवर ने इससे भी पहले महिलाओं के लक्जरी (हाई-एंड) गारमेंट्स बनाना शुरू किए थे। राजा कँवर द्वारा स्थापित यूएफओ मूवीज फिल्मों के डिजिटाइल वर्जन बनाती है। ओंकार एस. कँवर ने अपने पुत्रों को वे जो चाहे वह करने की अनुमति और सुविधा प्रदान की है। राजा कँवर अपोलो टायर्स के नियंत्रक मंडल के सदस्य हैं, पर नीरज कँवर (छोटे पुत्र) की मैन्यूफैक्चरिंग सेक्टर में रुचि होने से वे अपोलो टायर्स का दैनंदिन कामकाज सँभालते हैं।

यूएस में शिक्षा प्राप्त नीरज कँवर सन् 1994 में अपोलो टायर्स में पिता के कारोबारी सहयोगी बने थे। पिता ने उन्हें कम्पनी के विभिन्न विभागों में आठ साल तपाया, फिर बड़ी जवाबदारी सौंपी। सन् 2002 में वे कम्पनी के सीओओ, 2008 में वाइस चेअरमैन और मई, 2009 में मैनेजिंग डायरेक्टर बनाए गए। इन वर्षों में अपोलो टायर्स ने घरेलू मार्केट में अपनी पकड़ मजबूत की और विश्व मार्केट में भी पहचान बनाई। वित्तवर्ष 2009 में अपोलो टायर्स ने 4984 करोड़ का सालाना टर्नओवर किया। नीरज कँवर को उम्मीद है कि वित्तवर्ष 2011 की समाप्ति पर यह 8000 करोड़ रुपए और वित्तवर्ष 2015 में टर्नओवर के आधार पर अपोलो टायर्स दुनिया की बड़ी दसवीं टायर निर्माता कम्पनी होगी।

टायर उद्योग में अपोलो टायर्स

80 के दशक तक भारतीय टायर उद्योग पर विदेशियों का कब्जा था। भारतीय ऑटोमेटिव उद्योग प्रतिबंधित था। ऑटोकम्पोनेंट्स और टायर उद्योग के लिए यहाँ कोई भी संभावना नहीं थी। अत: विदेशी कम्पनियों ने यहाँ अपने मैन्यूफैक्चरिंग संयंत्र बंद किए या बेच दिए। सन् 1991 में भारतीय उद्योग जगत नियंत्रण मुक्त हुआ तो ऑटोमेटिव सेक्टर ने भी करवट ली। आज भारतीय टायर मार्केट में जिन भारतीय कंपनियों का वर्चस्व है, वे हैं–अपोलो, एमआरएफ, जे.के. टायर, सिएट और बिड़ला टायर्स। अपोलो टायर्स इन सबमें अव्वल है। विदेशी टायर उद्योग का परिदृश्य इसके ठीक विपरीत है। यह एक बहुत बड़ा मार्केट है और जिसका 65–70 प्रतिशत चार बहुराष्ट्रीय कम्पनियों–ब्रिजस्टोन, मिकेलिन, गुड ईयर टायर एंड रबर कम्पनी तथा कांटिनेंटल एजी के कब्जे में है। शेष कम्पनियाँ 30–35 प्रतिशत मार्केट शेयर के लिए प्रतिस्पर्धा करती हैं। 25 हजार करोड़ रुपए सालाना टर्नओवर करने वाला भारतीय टायर उद्योग तेजी से प्रतिस्पर्धी होने लगा है, क्योंकि विदेशी टायर कम्पनियाँ पुन: प्रवेश करने लगी हैं। अपोलो टायर्स प्रतिस्पर्धा के लिए तैयार है। नीरज कँवर ने अपोलो टायर्स का देशव्यापी सर्विस नेटवर्क स्थापित कर दिया है, जिसने अपोलो ब्रांड को ग्राहकों की पहली पसंद बना दिया है। अपोलो टायर्स की ताकत है– लागत पर कड़ा नियंत्रण, टायर मार्केट के सबसे बड़े सेगमेंट ट्रक टायर पर फोकस और ग्राहकों से सीधा सम्पर्क।

हमारे देश में सालाना 12 लाख वाणिज्यिक और 15 लाख यात्री वाहन टायर बनते हैं। यह मार्केट दो हिस्सों में बँटा हुआ है–ओईएम (सीधे वाहन निर्माता को आपूर्ति) और रिप्लेसमेंट मार्केट (ग्राहक को आपूर्ति)। कॉमर्शियल वाहन सेगमेंट में रिप्लेसमेंट मार्केट की हिस्सेदारी 72 फीसदी है, जबकि वाहन यात्री सेगमेंट में 50 फीसदी। वित्तवर्ष 2009 में अपोलो टायर्स ने भारी वाणिज्यिक वाहन सेगमेंट के लिए 26 फीसदी मार्केट शेयर के साथ 2.70 लाख से ज्यादा टायर बनाए तो पैसेंजर कारों के लिए वित्तवर्ष 2009 में 2.60 लाख से ज्यादा टायर बनाए। एमआरएफ की इस सेगमेंट में सबसे ज्यादा हिस्सेदारी (24 फीसदी) के बाद अपोलो टायर्स ने 19 फीसदी मार्केट शेयर जुटाया, पर नीरज कँवर को उम्मीद है कि इस सेगमेंट में अपोलो टायर्स एक–दो साल में लीडर हो जाएगा। वे कहते हैं कि बड़ी बहुराष्ट्रीय टायर कम्पनियों का टर्नओवर 20 बिलियन डॉलर (प्रत्येक) है, जबकि हम 2 बिलियन डॉलर से कम की रेंज में हैं। सांत्वना की

बात यह है कि हम तेजी से आगे बढ़ रहे हैं। मार्केट सबके लिए खुला हुआ है और सबको अपनी राह बनाने की छूट है। सन् 2015 में अपोलो टायर्स 25 बिलियन डॉलर की सीमा पार कर जाएगा। यह बड़बोलापन नहीं है। अपोलो टायर्स के भारत में चार उत्पादन संयंत्र हैं, जिनकी उत्पादन क्षमता है 950 टन प्रतिदिन। चेन्नई में ग्रीन फील्ड प्रोजेक्ट की स्थापना पर अपोलो टायर्स ने 2000 करोड़ रुपए खर्च किए ताकि यह संयंत्र प्रतिदिन 100 ट्रक टायर बना सके। इसी तरह गुजरात स्थित उत्पादन संयंत्रों को 10 हजार से 16000 टायर प्रतिदिन उत्पादन के लिए अपग्रेड करने पर अपोलो टायर्स ने 1500 करोड़ रुपए निवेश किए हैं।

वैश्विक स्तर पर पहुँचने के लिए उत्पादन क्षमता बढ़ाने के साथ अपोलो टायर्स ने भारतीय सड़क, भारतीय वाहन व भारतीय चालक के अनुरूप टायर बनाए हैं। मसलन, दक्षिण भारत के ट्रक चालक ऐसे टायर चाहते हैं जो लंबी यात्रा में साथ दें तो उत्तर भारत में ऐसे टायरों की माँग है जो खराब सड़कों पर ज्यादा बोझ (ओवरलोड) ढो सकें। ओंकार एस. कँवर यह बात जिस रोचक अंदाज में दोहराते हैं, वह है–'चूँकि हम टायर के हिसाब से सड़कें नहीं बना सकते, इसलिए हम सड़कों के हिसाब से टायर बनाते हैं–हाई माइलेज, किफायती और ओवर लोडिंग टायर।' दूसरे शब्दों में अपोलो टायर्स पैसेंजर कारों, एसयूवी, एमयूवी,हलके ट्रक, बस, ट्रैक्टर्स के अलावा इंडस्ट्रियल और ऑफ द रोड टायर्स बनाता है। रिट्रेडिंग मटेरियल, रिट्रेडेड टायर्स के अलावा अलाय व्हील्स भी इसकी उत्पाद शृंखला में शामिल है।

नीरज कँवर ने डीलर्स नेटवर्क बड़ा करने और बिक्री बढ़ाने के लिए भी खूब मेहनत की है। सन् 2000 में वे 14 दिनों में 21 शहरों में पहुँचे। वे कहते हैं कि मैंने एक शहर में लंच लिया, दूसरे शहर में वहाँ के डीलर्स के साथ डिनर। इसका सुफल है कि अपोलो टायर्स के देश में 4000 डीलर्स और 140 कार्यालय हैं। भारत की सड़कों पर दौड़ने वाला हर चौथा टायर अपोलो है। हर 100 से 150 किलोमीटर की रेंज में एक अपोलो टायर डीलर है। इसी तरह बिक्री बढ़ाने के लिए सन् 2001 में नीरज कँवर ने एक अभियान लांच किया था–'धो डालो'। वे कहते हैं कि मेरे स्टाफ ने भी मेरे इस आइडिया को पहले 'क्रेजी' कहा था, पर हम कम्पनी की बिक्री 1200–1400 करोड़ से बढ़ाकर 2300 करोड़ रुपए पहुँचाने में सफल हुए। वित्तवर्ष 2009 में एक बिलियन डॉलर की उपलब्धि को अब 3 बिलियन डॉलर पहुँचाना हमारा लक्ष्य है। यही 'धो डालो' अभियान का लक्ष्य था–आक्रामक बनो, ग्रोथ के लिए मेहनत करो। ग्रोथ को आदत बना लो।

ओंकार एस. कँवर और नीरज कँवर ने घरेलू मार्केट में पकड़ बनाने के साथ वैश्विक मार्केट में भी सोची-समझी रणनीति के साथ एंट्री ली और दो बड़े अधिग्रहण किए हैं–डनलप के दो जिम्बाब्वे और दो दक्षिण अफ्रीका स्थित संयंत्र और सन् 2009 में हॉलैंड की व्रेडेस्टेन। नीरज कँवर कहते हैं कि व्रेडेस्टेन मुनाफादेय टायर निर्माता थी, जिसका टर्नओवर था 50 मिलियन डॉलर। कंपनी के प्लांट्स पूरी तरह ऑटोमेटेड थे। इसके अधिग्रहण से हमें 1500 से ज्यादा कुशल टेक्नोक्रेट्स कर्मचारी, डीलर नेटवर्क और हाई एंड उत्पाद मिले। व्रेडेस्टेन के यूरोप और अमेरिका में 100 कार्यालय के अलावा इसके आर एंड डी विभाग में 100 कर्मचारी अपोलो

टायर्स के नेटवर्क से जुड़े। व्रेडेस्टेन के अधिग्रहण से विश्व पैसेंजर कार और हाई एंड फार्म टायर्स मार्केट में अपोलो की पहुँच बढ़ी है। सही कह रहे हैं नीरज कँवर। व्रेडेस्टन दुनिया के हाई एंड वाहन उद्योग में ब्यूटीफुल टायर के लिए जानी जाती है। इटली के एक जाने-माने ऑटो डिजाइनर से कम्पनी ने अपने टायर्स डिजाइन करवाए हैं, जो 'हाई एंड सेक्सी' टायर्स के नाम से विख्यात हैं और पश्चिमी देशों में गुणवत्ता व सेफ्टी के लिए भी मशहूर हैं। नीरज कँवर के अनुसार वहाँ राजमार्गों पर वाहन तूफानी गति से दौड़ते हैं। अब भारतीय सड़कें भी सुधरने-सँवरने लगी हैं और हमारे यहाँ के वाहन मालिक भी समझने लगे हैं कि टायर्स चाहे महँगे हों, उनसे सेफ्टी मिलना चाहिए। व्रेडेस्टेन के अधिग्रहण से हमें अच्छे लुक के सेफ टायर्स बनाने की तकनीक मिली है। व्रेडेस्टेन विपरीत डनलप के संयंत्र पूरी क्षमता से काम नहीं कर रहे थे, जिसे बढ़ाने के लिए अपोलो टायर्स ने इसके हर संयंत्र पर भारतीय इंजीनियरों को नियुक्त किया। कच्चे माल की खरीद को भारत व दक्षिण अफ्रीका व नीदरलैंड (हॉलैंड) स्थित संयंत्र के लिए एकीकृत किया। माल की बल्क खरीद होने से लागत घटी और मुनाफा बढ़ा तो अपोलो टायर्स ने दक्षिण अफ्रीका के स्थानीय स्टाफ के साथ उत्पादकता 180 टन से 220 टन प्रतिदिन पहुँचाई, जिससे टर्नओवर बढ़ा।

मानवीय संसाधन (एचआर) को ओंकार एस. कँवर ने हमेशा संवेदित मुद्दा माना है। पिता-पुत्र नई स्टाफ की भर्ती से लेकर स्टाफ को रोके रखने के मामले में अत्यंत सावधानी बरतते हैं। मध्यमवर्गीय परिवारों के बी-स्कूल में शिक्षित युवकों को वे प्राथमिकता देते हैं। वे स्टाफ को नौकरी से निकालने के बजाय उन्हें ट्रेंड करने पर ध्यान देते हैं। अपोलो टायर्स के स्टाफ का वेतन हर साल 15 से 16 फीसदी बढ़ता है, उन्हें परफॉर्मेंस बोनस भी दिया जाता है। पिता-पुत्र स्टाफ के साथ कैंटीन में लंच टेबल उनके साथ शेयर करते हैं और हमेशा अपने स्टाफ को उपलब्ध रहते हैं। इसी तरह बिजनेस पार्टनर्स से नीरज कँवर सालाना बैठक में मिलते हैं। हर साल की शुरुआत में कम्पनी की नीति का विवरण और लक्ष्य स्टाफ को बताया जाता है। अपोलो स्टाफ का कहना है कि नीरज कँवर डायनामिक लीडर हैं, जिन्हें मार्केट का अच्छा ज्ञान है। वे यूरोप के अपने डीलर्स और ग्राहकों की पसंद जानने का कोई मौका नहीं छोड़ते।

ऑटोमोबाइल उद्योग के साथ देश के टायर उद्योग को उदारीकरण के बाद उन्मुक्त उड़ान के लिए पंख मिले हैं। अपोलो टायर्स बेहतरीन प्रबंधकीय क्षमता और वैसी ही लीडरशिप के साथ महत्वाकांक्षी हुआ है। आगामी दस साल टायर उद्योग के साथ अपोलो टायर्स के लिए भी शानदार होंगे। रिटेल व संस्थागत निवेशकों के पास इसके 61 फीसदी शेयर हैं। शेष कँवर परिवार के पास हैं। शेयर मार्केट के विशेषज्ञों के अनुसार-इन शेयरों का मूल्य बढ़ेगा और तदनुसार कँवर परिवार की सम्पदा और महत्वाकांक्षा भी बढ़ेगी। अब यह तो समय ही बताएगा कि कौन सी भारतीय टायर कम्पनी सबसे पहले 'लोकल से ग्लोबल' बनती है।

चाहे जो हो, पर पाँच बार अपना नेटवर्थ दाँव पर लगा चुके और एक बार पारिवारिक कलह से प्रभावित स्व. सरदार रौनकसिंह द्वारा स्थापित अपोलो समूह को ओंकार एस. कँवर व उनके पुत्रद्वय राजा कँवर व नीरज कँवर आज जिन ऊँचाइयों पर ले आए हैं, वह इस बात का प्रमाण है

कि वाहे गुरु कड़ी परीक्षा लेते हैं, पर अपने कर्मयोगी बंदों को अकेला नहीं छोड़ते। जो इस परीक्षा के दौरान धैर्य छोड़ देते हैं, वे पिछड़ जाते हैं, पर जो परीक्षा को भी प्रभु का प्रसाद मानकर स्वीकार कर लेते हैं, वे ऐसी सफलता व सम्पन्नता सँजोते हैं कि जो देखे वो निहाल।

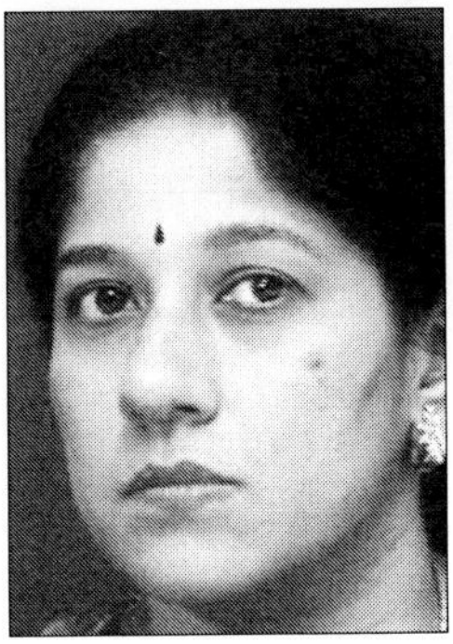

ट्रैक्टर क्वीन

मल्लिका श्रीनिवासन

भारतीय महिलाओं को अपनी उद्यमशीलता के बलबूते पर उद्योग जगत के कथित 'ऑनर्स-ओ-झोन' (सीईओ/सीओओ) में पहुँचने के अवसर अपवादस्वरूप ही मिले हैं। परिस्थितिजन्य अवस्था, यथा–पिता या पति के असमय निधन या पुत्र के अवयस्क होने पर विकल्प के रूप में ही महिलाओं ने पारिवारिक उद्योग/कारोबार की बागडोर सँभाली है। पुत्री को पुत्र तुल्य मानकर उद्योग संचालन के लिए बचपन से ही तैयार करने एवं सम्पूर्ण दायित्व सौंपने के अनुकरणीय उदाहरणों में एक है–दक्षिण भारत के 70 साल पुराने बहुप्रतिष्ठित अमलगमेशन्स ग्रुप की सिरमौर कम्पनी टेफे की सीईओ मल्लिका श्रीनिवासन।

अंग्रेज चाहते थे कि गुलाम भारतीय ब्रिटिश कम्पनियों के उत्पादों की केवल ट्रेडिंग करें, मैन्युफैक्चरिंग नहीं। यही कारण है सौ साल पहले टाटा-बिड़ला की तरह दक्षिण भारत में भी कई ट्रेडिंग समूह जन्मे, जैसे–मुरुगप्पा, नाम्बियार, चिदम्बरम, टीटीके, माप्पिलाई और अमलगमेशन्स। अमलगमेशन्स के संस्थापक स्व. एस. अनंतरामाकृष्णन (1908–64) एक यूरोपियन फर्म सिम्पसन एंड संस के कंपनी सेक्रेटरी थे। मेहनत, बुद्धिमत्ता व लगन के कारण कंपनी के अंग्रेज नियंत्रक उनसे बहुत खुश थे। वे 'जे' के उपनाम से भी पुकारे जाते थे। सन् 1947 में जब अंग्रेज देश छोड़ने लगे तो सिम्पसन एंड कंपनी के नियंत्रक मंडल ने कंपनी किसी बिजनरी उद्यमी को बेचने का निर्णय लिया। जे को यह ऑफर मिला, पर उनके पास पूँजी नहीं थी। सिम्पसन एंड कंपनी ने उन्हें छूट दे दी कि वे कंपनी चलाएँ, पैसा कमाएँ और फिर मूल्य चुकाएँ। जे ने इस अवसर को लपक लिया और थोड़े ही दिनों में वे कई

अधिग्रहण व विलियन करके मल्टी प्रोडक्ट्स उद्योगपति बन गए। इसके साथ जन्मा अमलगमेशंस उद्योग समूह। अनंतरामाकृष्णन मात्र 56 वर्ष जीये, पर जब भी मौका मिला उन्होंने कई नए कारोबार शुरू किए। जे ने पर्किंस के साथ तकनीकी अनुबंध करके डीजल इंजन भी बनाए। सन् 1964 में उनके निधन के समय अमलगमेशन्स समूह की तीन दर्जन से ज्यादा कम्पनियाँ ट्रैक्टर्स, ऑटो कम्पोनेंट्स, बैटरीज, फर्टिलाइजर, प्लांटेशन, पेंट्स, फाइनेंस बिजनेस के अलावा बुक्स रिटेलिंग व द मेल नाम से समाचार-पत्र प्रकाशित कर रही थी। उनके अनायास निधन के बाद अमलगमेशंस ग्रुप उनके 28 वर्षीय (तब) पुत्र ए. सिवासेलम को सँभालना पड़ा। विजनरी उद्यमी का ए. सिवासेलमसन् 2011 में निधन हो गया।

सिवासेलम की दो पुत्रियाँ हैं–मल्लिका (टीवीएस मोटर्स व सुंदर क्लेटॉन के चेअरमैन-मैनेजिंग डायरेक्टर वेणु श्रीनिवासन से विवाहित) एवं जयश्री (मुरली वेंकटरमन से विवाहित)। सिवासेलम ने मल्लिका व जयश्री को बचपन से ही अपने उत्तराधिकारी के रूप में तैयार किया। बड़ी पुत्री मल्लिका को तो पिता ने 'बिजनेस वूमन' के रूप में ऐसा गढ़ा है जैसे कुम्हार कच्ची माटी से कलश बनाता है। मल्लिका ने बिजनेस स्कूल से पढ़ाई पूरी करते ही सन् 1985 में टैफे को ज्वॉइन कर लिया था। एक साक्षात्कार में उन्होंने कहा है–''भगवान से हमें जो जिंदगी मिली है उसका सदुपयोग करना चाहिए, क्योंकि बीता समय नहीं लौटता है। मेरे पिता चाहते थे कि मैं परिवार का कारोबार सँभालूँ। बिजनेस लाइन चुनने के साथ सभी क्षेत्रों में मुझे भरपूर आजादी मिली।''

जो वक्त की कद्र करते हैं, वक्त भी उनका हाथ कसकर पकड़ लेता है। यही हुआ। मल्लिका को प्रगतिशील व दूरन्देशी पिता मिले तो जीवनसाथी के रूप में मिले वेणु श्रीनिवासन। मल्लिका स्व. अनंतरामाकृष्णन की पौत्री हैं तो उनके ही समकक्ष एक अन्य दक्षिण भारतीय बिजनेस टायकून स्व. जी. सुंदर आयंगर के पौत्र हैं वेणु श्रीनिवासन। दोनों को स्थापित औद्योगिक साम्राज्य के साथ विरासत में मिली है उद्यमशीलता। संयोग की इस अनूठी शृंखला में कई अन्य कड़ियाँ भी हैं। मसलन, मल्लिका सारे देश में मैसी फर्गूसन ट्रैक्टर के लिए जानी जाती हैं तो वेणु श्रीनिवासन टीवीएस बाइक्स के साथ 'मोपेड मन्नार' (मोपेड्स किंग) हैं। टेफे का देश के ट्रैक्टर उद्योग में दूसरा क्रम (प्रथम महिन्द्रा एंड महिन्द्रा) है तो टीवीएस मोटर्स देश की तीसरी बड़ी टू व्हीलर (प्रथम हीरो होंडा व द्वितीय बजाज ऑटो) कंपनी है। दोनों कंपनियों ने अपने-अपने सेक्टर में यह हैसियत टेक्नोलॉजी और आर एंड डी के बलबूते जुटाई है।

वेणु श्रीनिवासन ने पुरड्यू यूनिवर्सिटी अमेरिका में बिजनेस मैनेजमेंट की पढ़ाई करते समय स्वावलम्बी बनने के लिए अवकाश के दिन घर-घर दस्तक देकर बाइबिल्स बेची थी और 26 वर्ष की उम्र में सुंदर क्लेटोन के शॉप फ्लोअर से अपना कैरियर शुरू किया था। मल्लिका श्रीनिवासन भी उनकी ही तरह वर्कहॉलिक हैं। उन्होंने कॉरपोरेट कैरियर में स्वावलम्बी बनने के लिए दस माह की नवजात पुत्री को अपनी माँ व पति के भरोसे छोड़कर व्हार्टन स्कूल ऑफ बिजनेस से एमबीए की पढ़ाई की। वे कहती हैं–''मेरी माँ और वेणु साथ नहीं देते तो यह सम्भव नहीं था।''

मल्लिका श्रीनिवासन एवं वेणु श्रीनिवासन की अद्‌भुत संगत व संयोग का सुफल है कि पति-पत्नी एक-दूसरे के पूरक बन गए तो दुनिया के रोल मॉडल। दिलचस्प बात यह है कि अपनी संतानों पुत्री लक्ष्मी और सुदर्शन को दोनों ने वैसे ही तराशा है जैसे उन्हें तराशा गया था। माँ-पिता की तरह विदेश में उच्च शिक्षा प्राप्त (अर्थशास्त्र में स्नातक एवं वार्विक यूनिवर्सिटी इंग्लैंड से पीएचडी) लक्ष्मी वेणु टीवीएस मोटर समूह की कम्पनी सुंदरम क्लेटॉन की डायरेक्टर (स्ट्रेटजी) नियुक्त की गई हैं तो सुदर्शन अपनी माँ मल्लिका श्रीनिवासन के साथ अमलगमेशंस समूह में कार्यानुभव प्राप्त कर रहे हैं। मल्लिका व वेणु श्रीनिवासन के अनुसार-हमारी तरह सुंदरम और लक्ष्मी को भी अपनी राह खुद बनाना पड़ेगी।

ए. सिवासेलम

वेणु श्रीनिवासन

लक्ष्णी श्रीनिवासन

आइए, इस परिप्रेक्ष्य में जानें कि हमारे इस आलेख की नायिका मल्लिका श्रीनिवासन ने मात्र दो दशक में अमलगमेशन्स ग्रुप की सिरमौर कंपनी टेफे का सालाना कारोबार कैसे 50 गुना (85 करोड़ से 4700 करोड़ रुपए) पहुँचा दिया। क्या है वह कारोबारी रणनीति व सूझबूझ जिसके कारण टेफे ट्रैक्टर्स व इंजीनियरिंग प्लास्टिक जैसे जटिल सेगमेंट के साथ हायड्रोलिक पम्प, पेनल्स इंस्ट्रूमेंट्स, गियर्स, ऑटोमोटिव बैटरीज और फॉर्म इम्पलिमेंटर (कृषि उपकरण) जैसे उद्योगों में सफलता से सक्रिय हैं।

19 नवम्बर, 1959 को जन्मी मल्लिका श्रीनिवासन ने 27 वर्ष की उम्र में जनरल मैनेजर की हैसियत से जब टेफे को ज्वॉइन किया, तब पिता ने उनसे कहा-"पूरा परिवार तुम्हारे साथ है। कारोबार को आगे बढ़ाने के लिए कोई भी निर्णय लेने की तुम्हें पूरी आजादी है।" मल्लिका श्रीनिवासन कहती हैं- "मुझे पता था कारोबार कोई भी हो सबकी अनिवार्य व न्यूनतम जरूरत समान है। अत: मैंने इस विश्वास के साथ टेफे में शुरुआत की थी कि ट्रैक्टर हो या कोई अन्य कारोबार कोई फर्क नहीं पड़ता।"

मल्लिका श्रीनिवासन ने सहज व सात्विक कारोबारी रणनीति अपनाई-अपनी रेखा बड़ी करो। यह रेखा भी उन्होंने सीधी खींची और सबसे पहले किसानों से जाना कि वे कैसा ट्रैक्टर चाहते हैं। इसके लिए टेफे ने तब सारे देश में कस्टमर केअर सेंटर स्थापित किए और यहाँ से प्राप्त रिस्पांस को पूरी गम्भीरता से लागू किया। यह 'गेम प्लान' तब उतना आसान नहीं था, जितना आज दिखाई देता है। मल्लिका श्रीनिवासन के शब्दों में कहें तो-"भारतीय किसान डिमांडिंग हैं और अपना पैसा खर्च करने के मामले में अत्यंत चतुर। तदनुसार हमारे सामने सबसे बड़ी चुनौती थी ट्रैक्टर की सालों पुरानी तकनीक, डिजाइन व मॉडल को बदलना, उनमें नए-नए फीचर जोड़ना, पर लागत व मूल्य नहीं बढ़ने देना।"

टेफे का इंजन टेक्नोलॉजी के लिए एगको कॉरपोरेशन अमेरिका के साथ गठबंधन है। यह विदेशी भागीदार विश्व स्तर के ट्रैक्टर बनाने में माहिर है। यही कारण है कि परफॉर्मेंस के मामले में टेफे के ट्रैक्टर की कोई सानी नहीं है, पर भारतीय कृषि उद्योग तो विविधताओं से सराबोर है। हमारे देश के बड़े रकबे वाले संपन्न किसान ज्यादा पॉवरफुल ट्रैक्टर्स चाहते हैं। वे खेती-बाड़ी के अलावा अन्य कामों के लिए भी ट्रैक्टर का उपयोग करते हैं। मध्यम आकार के बहुसंख्यक किसान कम हॉर्स पॉवर का ऐसा ट्रैक्टर चाहते हैं, जो किफायती हो, पीढ़ी-दर-पीढ़ी झंझटमुक्त सेवा प्रदान करे। हमारे देश में सड़कों व खेतों के हालात भी 100 से 200 किलोमीटर में ही पूरी तरह बदल जाते हैं। यही नहीं, जब एक क्षेत्र में अकाल पड़ता है तो नजदीक के क्षेत्र में बाढ़। तदनुसार ट्रैक्टर्स का उपयोग एवं उसके सहायक टूल्स व एप्लिकेशन्स बदल जाते हैं। मल्लिका श्रीनिवासन ने जब ट्रैक्टर उद्योग में शुरुआत की थी तब 21 से 30 हॉर्स पॉवर के ट्रैक्टर खूब बिकते थे। मल्लिका ने एक ही उत्पाद श्रेणी पर निर्भरता के बजाय टेफे के कई मॉडल्स लांच किए। टेफे 75 हॉर्स पॉवर तक के ट्रैक्टर बनाने लगी। हालाँकि तब उनका मार्केट बहुत छोटा था। इसके लिए कम्पनी ने 100 करोड़ रुपए उत्पादन संयंत्रों के उन्नयन पर खर्च किए। इन-हाउस आर एंड डी सुविधा जुटाई। अपने ग्राहकों को 'टोटल ट्रैक्टर पैकेज' देने के लिए कई सहायक कम्पनियाँ स्थापित कीं। टेफे एक्ससेस लिमिटेड फ्रंट एंड लोडर्स, स्पेयर्स, ट्रीलर्स आदि वेंडर्स से बनवाकर अपने डीलर्स को ट्रैक्टर के साथ बिक्री के लिए उपलब्ध करवाए। कम्पनी ने ट्रैक्टर्स एसेसरीज के अलावा ऑटोमोटिव एसेसरीज, जैसे-हायड्रोलिक पम्प, मेकैनिकल व इलेक्ट्रिकल ऑटो मीटर्स भी बनाना शुरू किए। टेफे द्वारा सन् 1993 में स्थापित पॉवर सोर्स डिवीजन दो व चार पहिया वाहनों की बैटरीज (एमको) भी बना रहा है।

मल्लिका श्रीनिवासन की इंजीनियर प्लास्टिक के उत्पादन की पहल को तो स्व. आदित्य विक्रम बिड़ला ने भी सराहा था। एक बिजनेस मीटिंग में लंच के दौरान मल्लिका श्रीनिवासन को शाबाशी देते हुए स्व. बिड़ला ने कहा था-"देश में प्लास्टिक इंजीनियरिंग की माँग बढ़ेगी। आपने सही क्षेत्र में सही समय पर प्रवेश किया है। ऐसी फैक्टरी लगाएँ जो तीन शिफ्ट में भी काम कर सके।" यही हुआ। टेफे के इंजीनियरिंग प्लास्टिक डिवीजन द्वारा निर्मित इंजीनियरिंग प्लास्टिक का आज ऑटोमोबाइल, इन्फॉर्मेशन टेक्नोलॉजी व कन्ज्यूमर ड्यूरेबल सेगमेंट भरपूर उपयोग कर रहे हैं। टेफे प्लास्टिक इंजीनियरिंग की देश की सबसे बड़ी कंपनी है।

बिजनेस सहजता से बहने वाली सरिता नहीं है। इस नदी में पानी सूखता है तो बाढ़ भी आती है। दुर्दिनों में जो बौखलाते नहीं और अच्छे दिनों में जो बौराते नहीं, वे ही यहाँ लम्बी पारी खेलते हैं। इसे 'बिजनेस रिस्क' कहते हैं। पुरुष बिजनेसमैन दावा करते हैं कि इस मामले में महिलाएँ उनका मुकाबला नहीं कर सकतीं। मल्लिका श्रीनिवासन ने पुरुषों के इस बड़बोलेपन को झुठलाया है। 90 के दशक में ट्रैक्टर्स मार्केट मंदी की गिरफ्त में फँस गया था। अन्य ट्रैक्टर्स निर्माताओं ने जहाँ बिक्री बढ़ाने के लिए अपने डीलर्स पर दबाव डाला वहीं मल्लिका श्रीनिवासन ने फिर सीधी रेखा खींची। उन्होंने बिजनेस ग्रोथ, टर्नओवर व मार्जिन को दाँव पर लगाया और उत्पादन घटा दिया। टेफे के डीलर्स ने महसूस किया कि उनका पैतृक संस्थान

प्रतिकूल स्थितियों में भी उनका साथ नहीं छोड़ता है। 'साथ जीयेंगे, साथ मरेंगे' वाले इस सोच ने टेफे की मार्केट में साख बचाई। मल्लिका श्रीनिवासन कहती हैं–"हमने डीलर्स को ना तो जबरन सप्लाई भेजी और न बिलिंग की। डीलर्स को आश्वस्त किया कि दुर्दिनों में धैर्य न खोएँ। जो बिजनेस आता है उस पर फोकस करें। कंपनी ने नए मॉडल्स व नई योजनाएँ लांच कीं। प्रमोशन प्रोग्राम भी चालू रखा। प्राप्तियों को नियंत्रित रखा और कर्ज की मात्रा व लागत नहीं बढ़ने दी। अन्य कम्पनियों ने उन दिनों कागजी मुनाफा दिखाया पर टेफे ने वास्तविक कमाई की।"

मल्लिका श्रीनिवासन के ऐसे सामयिक फैसलों व तात्कालिक सूझबूझ का सुफल है कि अपनी स्थापना से आज तक कम्पनी को कभी घाटा नहीं हुआ है। मल्लिका श्रीनिवासन के शब्दों में कहें तो–"पतली रस्सी पर चलने की क्षमता यानी बैलेसिंग कला महिलाओं को स्वभाव से मिलती है।"

मल्लिका श्रीनिवासन मूलतः अंतर्मुखी हैं। दक्षिण भारतीय उद्योग जगत स्वभाव से ही अत्यंत लो–प्रोफाइल है। टेफे इन संस्कारों से प्रभावित है, पर इसका आशय यह नहीं है कि वाणिज्यिक महत्वाकांक्षाओं की पूर्ति करना हो तो मल्लिका श्रीनिवासन आक्रामक रुख अख्तियार ही नहीं करती हैं। सन् 2005 में ऐसे ही तेवर दिखाते हुए उन्होंने आयशर के ट्रैक्टर्स इंजन व गियर्स कारोबार को 310 करोड़ रुपए में खरीदा है। इससे टेफे की हिमाचल प्रदेश, राजस्थान व मध्य प्रदेश यानी उत्तर भारत के राज्यों में भी सक्रियता सघन हुई है। कम्पनी को यहाँ तीन स्थापित मैन्यूफैक्चरिंग प्लांट्स 'रेडी टू यूज अवस्था' में मिले हैं। मल्लिका श्रीनिवासन इनके नवीनीकरण व तकनीकी उन्नयन पर 100 करोड़ रुपए निवेश किए हैं। भोपाल के नजदीक मंडीदीप संयंत्र का भी नवीनीकरण हुआ है। आयशर के ट्रैक्टर बिजनेस के अधिग्रहण से टेफे को दो सबसे बड़े फायदे हुए हैं। एक, कम हॉर्स पॉवर के ट्रैक्टर मार्केट में एंट्री और दूसरे, अमेरिकन मार्केट में घुसपैठ। अब कंपनी दक्षिण भारत आधारित न रहकर राष्ट्रीय पहचान बना चुकी है। इन सबसे ज्यादा उल्लेखनीय यह है कि टेफे की ट्रैक्टर मार्केट में कुल हिस्सेदारी 9 से बढ़कर 22 फीसदी हो गई है। यानी इस उद्योग के सबसे अव्वल खिलाड़ी महिन्द्रा एंड महिन्द्रा के मार्केट शेयर 26 फीसदी के नजदीक पहुँच गई हैं मल्लिका श्रीनिवासन। इनकी सबसे महत्वपूर्ण उपलब्धि यह है कि मल्लिका श्रीनिवासन व वेणु श्रीनिवासन आज दक्षिण भारत की उद्योग परम्परा के देश ही नहीं दुनिया में ध्वजारोहक हैं।

निजी जीवन एवं वाणिज्यिक जीवन के बीच महीन पर गरिमामय परदे की कट्टर पक्षधर मल्लिका श्रीनिवासन कई ऐसे अवार्ड्स से भी नवाजी गई हैं, जो किसी भी भारतीय बिजनेस वूमन को पहली बार प्राप्त हुए हैं। इनमें से कुछ हैं–बीबीसी द्वारा प्रवर्तित बिजनेस वूमन ऑफ द ईयर (1999), इकोनॉमिक टाइम्स का बिजनेस वूमन ऑफ द ईयर अवार्ड, लक्ष्मीपति सिंघानिया–आईआईएम लखनऊ नेशनल लीडरशिप अवार्ड (यंग लीडर इन बिजनेस) के अलावा वे राजस्थान सरकार के बोर्ड ऑफ ट्रेड एंड इकोनॉमिक डेवलपमेंट तथा इंडियन स्कूल ऑफ हैदराबाद के एक्जीक्यूटिव बोर्ड की भी मनोनीत सदस्य रही हैं। ट्रैक्टर्स मैन्यूफैक्चरर्स एसोसिएशन, मद्रास मैनेजमेंट एसोसिएशन तथा मद्रास चैम्बर ऑफ कॉमर्स एंड इंडस्ट्री की

पहली महिला प्रेसीडेंट होने का गौरव भी उन्हें हासिल है। टेफे कई स्कूल व अस्पतालों का भी संचालन करती है। मल्लिका श्रीनिवासन के अनुसार–कारोबार के सुचारु संचालन के लिए आसपास जरूरी है शिक्षित व स्वस्थ आबादी। तदनुसार कोई भी बिजनेसमैन सामाजिक सरोकार व जवाबदारियों की उपेक्षा नहीं कर सकता।

गौरतलब है कि टेफे शेयर मार्केट में सूचीबद्ध नहीं है। करीब 5000 करोड़ रुपए के सालाना कारोबार करने वाली कम्पनी के खजाने में खूब रिजर्व है, कोई कर्ज नहीं है। इसका आशय है कि उत्तराधिकारी के रूप में ए. सिवासेलम की पुत्रियाँ मल्लिका और जयश्री टेफे का संपूर्ण स्वामित्व प्राप्त करेंगी। दिलचस्प बात यह है कि भरपूर सम्पदा के बावजूद मल्लिका श्रीनिवासन की बिजनेस फिलॉसफी समाजोन्मुखी है। वे कहती हैं–''एक ही काम को करने के कई तरीके हो सकते हैं, मतभेद हो सकते हैं पर नैतिकता को लेकर मतान्तर नहीं हो सकता। नि:संदेह व्यवसाय को चलाने के लिए मुनाफा कमाना जरूरी है, पर इसका यह आशय तो नहीं है कि केवल पैसे के लिए ही कारोबार करें। हमारा स्वप्न होना चाहिए–एक ग्रेट इंस्टीट्यूट और एक ग्रेट टीम का निर्माण। कारोबार का उद्देश्य बड़ा हो और उसको पूरा करने के लिए खर्च करने की इच्छाशक्ति।''

महिला शक्ति की कट्टर पक्षधर मल्लिका श्रीनिवासन के अनुसार–महिलाओं के राष्ट्र व समाज में योगदान के आकलन के लिए कॉरपोरेट जगत में उनकी भूमिका एक बहुत छोटा मापदंड है। बच्चों को शिक्षित करने में महिलाएँ जो भूमिका निभाती हैं, वह इससे भी ज्यादा महत्वपूर्ण है। हर महिला को अपना लक्ष्य/अपनी नियति स्वयं चुनना चाहिए। वह काम करना चाहिए जिसे करने में वे ज्यादा सक्षम हों। इसे अपनाते समय जो भी चुनौती आए उससें न तो डरना चाहिए और न ही माँ–पिता या अन्य किसी के दबाव में अपना फैसला बदलना चाहिए। महत्वाकांक्षा आकाश को छूने की हो, पर जड़ें जमीन से जुड़ी रहें।

और अंत में एक रोचक प्रसंग–इकोनॉमिक टाइम्स के वूमन ऑफ द ईयर अवार्ड से नवाजे जाने के बाद मीडिया ने मल्लिका श्रीनिवासन से फोटो सेशन के लिए आग्रह किया तो जवाब मिला–''मैं बॉलीवुड की नायिका नहीं हूँ। यह अवार्ड मुझे नहीं मेरी टीम को मिला है।''

मैडम मल्लिका की इस विनम्रता और बड़प्पन के हम प्रशंसक हैं। वे हर उस महिला की नायिका हैं जो स्वावलम्बी व स्वाभिमानी जीवन जीना चाहती हैं ।

लोकल से ग्लोबल

इंडियन कॉरपोरेट्स

44

इंडियन हर्बल क्वीन

शहनाज हुसैन

'तुम भारत में जन्मी हो, यहीं तुम्हें दफन होना है। यदि तुम्हें अपने मां-बाप से प्यार है तो विदेशी नागरिकता मत लेना।'

पिता ने पुत्री को यह चिट्ठी तब भेजी थी, जब उन्हें पता चला कि बेटी ईरान की नागरिकता लेने जा रही है। बेटी को पिता की चिट्ठी ने ऐसा झकझोरा कि उसने घर का सारा सामान औने-पौने में बेचा। ईरान की मुद्रा तब कनवर्टिवल नहीं थी। दूसरे देश में इसका कोई मूल्य नहीं था। बेटी ने फ्रेंच फर्नीचर व ईरानी कालीन खरीदे। स्वदेश लौटकर नई दिल्ली स्थित ग्रेटर कैलाश में एक बेडरूम के मकान के बरांडे को इस कालीन व फर्नीचर से सजाकर यहां नेचर ट्रीटमेंट ब्यूटी केअर सैलून खोला, जिसे देखकर मीडिया ने लिखा था—अद्‌भुत। भारत में पेरिस की झलक...!

जी हां, यह शहनाज हुसैन का भारत में पहला नेचर केअर सैलून था। वही शहनाज हुसैन आज हर्बल केअर क्वीन के नाम से सारी दुनिया में मशहूर हैं, जिन्होंने इंदिरा गांधी और प्रिंसेस डायना का लुक संवारा है और जिन्हें बॉलीवुड फिल्म निर्माता कंपनी फर्स्ट लाइट इंटरटेन ने अपनी 10 करोड़ डॉलर की फिल्म 'ताजमहल—एक लवस्टोरी' में नूरजहां बेगम का रोल ऑफर किया। उनकी व्यस्तता देखकर कंपनी ने यह भी कहा कि उनके सारे दृश्यों के सेट दिल्ली में लगाए जाएंगे यानी यहीं शूटिंग होगी। शहनाज हुसैन ने एक करोड़ डॉलर की पेशकश यह कहकर ठुकरा दी कि वे जो कर रही हैं, उससे बहुत खुश हैं और अपना ध्यान भंग करना नहीं चाहतीं।

इतनी ही दिलचस्प दम्पती की संतान हैं—5 नवंबर, 1941 को हैदराबाद में

जन्मी—शहनाज हुसैन। वकील परिवार के उनके पिता स्व. एन.यू. बेग ने कैम्ब्रिज में शिक्षा प्राप्त की थी। वे इलाहाबाद उच्च न्यायालय के मुख्य न्यायाधीश रहे। शहनाज के चाचा एच.यू. बेग भारतीय सुप्रीम कोर्ट के मुख्य न्यायाधीश रहे। उनकी मां हैदराबाद के नवाब (निजाम) की वंशज थीं और मुस्लिम परंपराओं की कट्टर पक्षधर। शहनाज हुसैन के दादाजी मीर यार जंग हैदराबाद उच्च न्यायालय के मुख्य न्यायाधीश और नागपुर के गवर्नर रहे। नानाजी उह्यमानुद्दौला फौज में जनरल थे। उन्होंने हैदराबाद में प्रतिनियुक्त भारतीय फौज का भी नेतृत्व संभाला। शहनाज के पिता ने पुत्री को बाल्यकाल में ही ऐसे संस्कार दिए कि वे रॉयल व सेलिब्रेटी फैमिली के ग्लैमर में न फंसें और खुद को एक सरकारी अधिकारी की बेटी मानें। वे बताती हैं कि पिता शेव करते समय मुझे कीट्स व शेक्सपियर की कविताएं याद करवाते, सुनते और खुद कविता लिखने को कहते। बचपन में उनके लिए यह सब पहेली थी। जब अंतरराष्ट्रीय ब्यूटी कॉन्फ्रेंस और प्रेस कॉन्फ्रेंसेस पहुंचीं तो उन्हें आभास हुआ कि पिता से उन्होंने क्या सीखा है।

शहनाज हुसैन के मां-पिता को हैदराबाद और लखनऊ में रहना पड़ता था, अत: उन्होंने बेटी और बेटे को लखनऊ के लॉ-मार्टिनियरे बोर्डिंग स्कूल में दाखिला दिलवा दिया। हालांकि शहनाज की मां का सोचना था कि लड़कियों को विवाह पूर्व लड़कों से नहीं मिलना चाहिए, दोस्ती नहीं करनी चाहिए। शहनाज की जब उम्र थी 10 वर्ष, तब उनके पिता इलाहाबाद उच्च न्यायालय के मुख्य न्यायाधीश बने और परिवार इलाहाबाद शिफ्ट हुआ। शहनाज को यहाँ उन्होंने आयरिश क्वींस मेरी कॉन्वेंट स्कूल में दाखिला दिलवाया। मां बेटी को परदे लगी कार से स्कूल भेजतीं। दुनिया देखने की ललक में स्कूल आते-जाते शहनाज परदे से ताक-झांक करतीं। एक मुस्लिम युवक ने एक दिन ऐसी ही ताक-झांक करते हुए शहनाज को देखा तो उन्हें लगा कि यही उनकी 'ड्रीम गर्ल' है। उन्होंने शहनाज के परिवार का पता लगाया और वालिद से बोले—मैं शहनाज से विवाह करना चाहता हूं। मुस्लिम परंपरा अनुसार वर पक्ष वधू परिवार में विवाह का प्रस्ताव भेजता है। यही हुआ। शहनाज हुसैन के पिता चाहते थे कि विवाह के पहले बेटी खूब पढ़े और अपने पैरों पर खड़ी हो। शहनाज तब आठवीं कक्षा में ही पढ़ रही थीं। वर परिवार ने इसके जवाब में कहा—शहनाज को विवाह के बाद भी पढ़ने दिया जाएगा। शहनाज की मां ने पति से कहा—यह विवाह होने दें। मुझे पता है कि यह विवाह नहीं हुआ तो आप बेटी को पढ़ने के लिए विदेश भेज देंगे और वह कभी देश नहीं लौटेगी। वे यह भी जानती थीं कि उनके पति दीन-ए-इलाही मत के प्रगतिशील शख्स हैं। (सर्व धर्म समभाव सोच के साथ मुगल सम्राट अकबर द्वारा प्रवर्तित धर्म को भारत में धर्मनिरपेक्षता की शुरुआत कह सकते हैं। दीन-ए-इलाही की बुनियाद है—मानवधर्म सर्वोपरि ।) वे मुस्लिम परंपराओं की अवहेलना करने से भी परहेज नहीं करेंगे। शहनाज हुसैन की मां ने पिता को विवश कर दिया। 14 वर्ष की उम्र में शहनाज की सगाई हुई और 15 वर्ष की उम्र (तब लड़कियों के विवाह की न्यूनतम वैधानिक उम्र) में विवाह हो गया। 16 वर्ष की उम्र में शहनाज हुसैन एक पुत्री निलोफर की मां बन गईं, जिसे वे एक रोमांचक अनुभव मानती हैं और कहती हैं कि अपनी बेटी के साथ मैं भी 'ग्रो' हुईं। एक सहेली की तरह।

हमें कभी अहसास ही नहीं हुआ कि हम मां-बेटी हैं। निलोफर के जन्म के 16 साल बाद शहनाज बेटे समीर की मां बनीं।

विवाह के बाद शहनाज हुसैन के पति मध्य-पूर्व देशों के डायरेक्टर (फॉरेन ट्रेड) बना दिए गए और परिवार तेहरान शिफ्ट हो गया। वहां शहनाज हुसैन को पिता की चाह पूरा करने का मौका मिला। वे कहती हैं कि पढ़ाई अधूरी छोड़कर मेरा विवाह करवाने की विवशता से मेरे पिता ग्लानि महसूस करते थे। वे चाहते थे कि मैं किसी अंतरराष्ट्रीय अदालत की न्यायाधीश बनूं। ऐसा नहीं हुआ। विवाह के बाद उन्होंने कहा था कि पढ़ाई करना और अपने पैरों खड़े होना, ताकि कभी हाथ नहीं फैलाना पड़े। विवाह के एक साल बाद ही मां बनने के साथ मेरे लिए लॉ या मेडिको कॉलेज के दरवाजे बंद हो गए थे। मैं तो ग्रेजुएट भी नहीं थी। मैंने तय किया कि मैं ब्यूटी केअर का प्रशिक्षण लेकर पैरामेडिकल क्षेत्र में कार्य करूंगी।

तेहरान में यह मौका मिला। वे पुत्री के साथ लंदन आईं, वहां भारतीय उच्चायुक्त उनके पिता के मित्र थे। उनके घर में रहकर शहनाज हुसैन ने ब्यूटी केअर प्रशिक्षण प्राप्त किया। शहनाज के पति चार साल तेहरान में रहे। इस दौरान उन्होंने लंदन, जर्मनी व पेरिस के जाने-माने ब्यूटी केअर प्रशिक्षण केंद्रों में कॉस्मेटोलॉजी व कॉस्मेटिक केमिस्ट्री पढ़ी। यह प्रशिक्षण प्राप्त करते हुए शहनाज हुसैन ने जाना कि सिंथेटिक कॉस्मेटिक्स नुकसानदेह है। बचपन में उन्होंने अपने दादाजी की हर्बल्स में रुचि देखी थी। इन दोनों अनुभवों से वे इस निष्कर्ष पर पहुंचीं कि जड़ी-बूटियां हमारी नेचुरल केअर करती हैं। भारत की पुरातन आयुर्वेदिक चिकित्सा विधा सबके लिए अत्यंत फायदेमंद है। उन्होंने पेरिस, न्यूयॉर्क और लंदन में कई इंटरनेशनल ब्यूटी कॉन्फ्रेंसेस में भी हिस्सा लिया और वहां हर्बल ब्यूटी केअर प्रोडक्ट्स को मान्यता व प्रमोशन के लिए इंटरनेशनल सिंथेटिक्स कॉस्मेटिक कंपनियों से जूझीं। शहनाज हुसैन के अनुसार खूबसूरती संवारने में कॉस्मेटिक्स 20 प्रतिशत मदद करते हैं तो 70-80 प्रतिशत हमारी फिटनेस (इंटरनल स्ट्रेंथ)। खूबसूरत चेहरे नहीं, बल्कि इसके साथ खूबसूरत ब्रेन सही मायने में हमें खूबसूरत बनाता है। वे इसे ब्यूटी पावर कहती हैं। यह ब्यूटी पावर ही वह सम्मोहन है, जिससे शहनाज हुसैन दूसरों से अपनी बात मनवा लेती हैं। नाक का कांटा और घने बाल इस सम्मोहन को और भी लुभावना बना देते हैं। शहनाज के इस ब्यूटी पावर को दुनिया से पहले उनके पति ने समझा था। विवाह के तुरंत बाद वे समझ गए थे कि शहनाज दृढ़ इच्छाशक्ति की धनी हैं। वे जो करना चाहती हैं, वह करने का मौका नहीं दिया गया तो बागी भी हो सकती हैं। शहनाज कहती हैं कि मैं भाग्यशाली हूं कि मेरे पति मेरे काम में कभी बाधा नहीं बने, बल्कि उन्होंने मुझे प्रोत्साहित किया।

तेहरान में शहनाज हुसैन ने एक ब्यूटी सैलून खोला। वे फैशन मैगजीन्स में भी नियमित रूप से लिखने लगीं। वे कहती हैं कि इसके पीछे मेरी तब मंशा थी कि विदेश में महंगे प्रशिक्षण कोर्सेस का खर्च खुद जुटाऊं। उन दिनों विदेश में पढ़ाई के लिए भारत सरकार से मात्र 50 डॉलर मिलते थे। तेहरान में शहनाज हुसैन ने ईरान ट्रिब्यून के लिए खूब लिखा ही नहीं, पत्रिका को ही खरीद

लिया। यह उनके लिए फायदे का सौदा साबित हुआ। पत्रिका से उन्होंने उन दिनों अच्छा पैसा कमाया।

फिर परीक्षा की घड़ी आई, एक बड़े प्रलोभन के साथ। शहनाज हुसैन के पति को ईरान ऑयल के सीईओ बनने का प्रस्ताव मिला। पति के लिए यह ड्रीम जॉब था तो वे भी अच्छा पैसा कमा रही थीं। उन्हें ईरान की नागरिकता भी मिल रही थी। शहनाज हुसैन ने अपने पिता को हमेशा की तरह यह बात लिखी तो जो जवाब मिला, वह झकझोरने वाला था। पिता ने पुत्री को लिखा—हम लॉयल (देशभक्त) लोग हैं, पलायनवादी नहीं। यदि तुम्हारे शरीर में मेरा रक्त है तो तुम जहां जन्मी हो, उसे ही अपनी कर्मभूमि बनाओ। यही हुआ। शहनाज हुसैन स्वदेश लौट आईं। ग्रेटर कैलाश, नई दिल्ली में उन्होंने पहला नेचुरल केअर सैलून खोला और इसके साथ उनका लक्ष्य हो गया 5000 साल पुरानी आयुर्वेदिक खोजों और जड़ी-बूटियों से ऐसे हर्बल कॉस्मेटिक्स और हेल्थ प्रोडक्ट्स बनाना और लोकप्रिय बनाना, जो लोगों को सिंथेटिक उत्पादों के दुष्प्रभावों से बचाए। इसके साथ वे सारी दुनिया में इंडियन हर्बल्स की ब्रांड एम्बेसेडर बन गईं।

शहनाज हुसैन स्वदेश लौटी थीं तो उन्होंने अपने पिता को न्यूयॉर्क, पेरिस व लंदन स्थित विश्वप्रसिद्ध ब्यूटी केअर प्रशिक्षण केंद्रों से प्राप्त प्रमाण-पत्र दिखाते हुए कहा था—गिनीज वर्ल्ड रिकॉर्ड के लोग यह पता लगा रहे हैं कि क्या दुनिया में मेरी उम्र की इतनी उच्चस्तरीय ब्यूटी केअर प्रशिक्षण प्राप्त दूसरी महिला है? यह प्रसंग याद करते हुए वे कहती हैं—पिता को प्रमाण-पत्र दिखाने के पीछे मेरी मंशा यह थी कि उन्हें ग्लानि से मुक्त करूं कि उनकी बेटी का छोटी उम्र में विवाह होने से वह उच्च शिक्षा नहीं प्राप्त कर पाई और आत्मनिर्भर नहीं बन पाई। पिता ने पुत्री की पीठ थपथपाई पर इसके साथ ही जीने का मकसद सिखाते हुए कहा—यदि केवल अपने फायदे के लिए काम करोगी तो खुशी नहीं मिलेगी। अल्लाह ने हमें यहां इसलिए भेजा है कि हम यहां अपने अस्तित्व को साबित करें। हम इस दुनिया में थोड़े समय ही रहेंगे। यह हमारा घर नहीं, एक पड़ाव है। लोग यहां रहने के तो सारे तामझाम जुटा लेते हैं, पर अपने स्थायी घर के लिए कुछ नहीं करते। अपने ज्ञान, अपने धन से लोगों को लाभान्वित करना उस घर की सजावट है। शहनाज हुसैन को पिता के इस दूसरे सबक ने फिर झकझोरा। उन्होंने मूक-बधिरों का ऐसा स्कूल खोला जो उन्हें स्वावलंबी बनाए। दस साल बाद तत्कालीन राष्ट्रपति जैलसिंह इस स्कूल में आए और शहनाज से बोले—तुम्हारे जैसा छोटा उद्यमी परोपकार के ऐसे काम कर रहा है जो दूसरों के लिए प्रेरणा बने। शहनाज का इस शाबाशी ने हौसला बढ़ाया, पर उन्हें रंज है कि मूक-बधिर स्कूल के विधिवत् शुभारंभ के पहले उनके पिता दुनिया को अलविदा कह गए थे। आज यह स्कूल मूक-बधिरों के साथ नेत्रहीन बच्चों के जीवन को भी रौशन कर रहा है।

सिंथेटिक कॉस्मेटिक खूबसूरती बढ़ाते नहीं, बिगाड़ते हैं—यह तथ्य जानने-समझने और हर्बल ब्यूटी केअर खूबसूरती बिगड़ने से बचाते हैं और संवारते हैं, यह भरोसा हो जाने पर शहनाज हुसैन ने भारतीय हर्बल पर हुई पुरातन खोजों का अध्ययन किया और नेचर केअर फॉर्मूलेशंस व सॉल्युशंस विकसित करना शुरू किया। विदेशों में प्राप्त कॉस्मेटोलॉजी व कॉस्मेटिक केमिस्ट्री

के ज्ञान से पुरातन हर्बल्स को रेडी टू यूज फॉर्मूलेशंस में विकसित करने में भी शहनाज हुसैन को तब खूब मशक्कत करनी पड़ी। इस आर एंड डी में सफलता मिली तो केअर प्रोडक्ट्स लोगों तक पहुंचाने ही नहीं, उनका सही तरीके से उपयोग करने के लिए शहनाज हुसैन ने एक नेटवर्क बनाना शुरू किया। सन् 1970 में उन्होंने पहला नेचर केअर सैलून स्थापित किया था। इसका विस्तार अकेले अपनी बेटी निलोफर के साथ संभव नहीं था, इसलिए फ्रेंचाइजी सिस्टम अपनाया गया। शहनाज हुसैन ने इंडियन हर्बल नेचर केअर प्रोडक्ट्स को प्रमोट करने के लिए भी भारी मेहनत ही नहीं, साहस का परिचय दिया है। उनका मुकाबला ग्लोबल सिंथेटिक कॉस्मेटिक्स निर्माताओं से था, जो भारी धनराशि उत्पादों की पैकेजिंग और प्रचार-प्रसार पर खर्च करते हैं। शहनाज हुसैन की दृढ़ इच्छाशक्ति का कड़ा परीक्षण हुआ। वे अपने खर्चे से विदेशों में आयोजित ब्यूटी कॉन्फ्रेंस में पहुंचतीं। वहां कड़े शब्दों में सिंथेटिक उत्पादों के दुष्प्रभाव की प्रमाणित जानकारी लोगों को बतातीं और समझातीं कि हर्बल उत्पाद इनके विपरीत प्रोटेक्टिव, प्रिवेंटिव और करेक्टिव हैं। ये आंतरिक सुंदरता बचाते व बढ़ाते हैं। सही मायने में खूबसूरत बनाते हैं। उम्र बढ़ने के दुष्प्रभाव से बचाते हैं। इस अभियान ने शहनाज हुसैन को साहसी बना दिया। हर्बल कॉस्मेटिक्स व हेल्थ केअर उत्पादों को मान्यता मिलने लगी तो और आर एंड डी करने का हौसला बढ़ा। निलोफर की मदद से शहनाज हुसैन ने फ्रेंचाइजी नेचर केअर क्लिनिक की श्रृंखला बढ़ाई। परिणाम...

शहनाज हुसैन ग्रुप आज नेचुरल ब्यूटी और एंटी एजिंग उपचार का ग्लोबल समूह है। समूह आयुर्वेदिक केअर और क्योर के करीब 400 फॉर्मूलेशंस व सॉल्युशंस बना रहा है। इनमें से 80 स्किन व बॉडी केअर हैं तो शेष आयुर्वेदिक फॉर्मूलेशंस। शहनाज हुसैन औषधियां, हेल्थ केअर, हेल्थ ड्रिंक, हर्बल टी के अलावा पुरुषों के लिए भी एक्सक्लूसिव ब्यूटी व हेल्थ प्रोडक्ट्स बना रही हैं। नैसर्गिक गुणवत्ता का कच्चा माल प्राप्त करने के लिए समूह हर्बल खेती भी करता है। समूह के नेचर केअर सैलून की फ्रेंचाइजी संख्या 400 से ज्यादा हो गई है, जो दुनिया के 138 देशों में लोगों की आंतरिक ब्यूटी को बचाते हुए बाह्य लुक संवार रहे हैं, उम्र के बढ़ते प्रभाव से बचा रहे हैं और उन्हें चुस्त-दुरुस्त रख रहे हैं। ट्रेंड ब्यूटीशियन की पर्याप्त उपलब्धि के लिए ग्रूप ब्यूटी केअर ट्रेनिंग इंस्टिट्यूट का भी संचालन कर रहा है। सारी दुनिया के ब्यूटी मार्केट में हर्बल क्रांति की जनक शहनाज हुसैन कई राष्ट्रीय-अंतरराष्ट्रीय अवार्ड्स से नवाजी गई हैं, जिनमें उल्लेखनीय है—वर्ल्ड्स ग्रेटेस्ट वुमन इंटरप्रिन्योर अवार्ड (सक्सेस मैगजीन, यूएसए), फ्लाइंग कालकोन अवार्ड (आईटीईसी, यूके), उद्योग ज्योति अवार्ड (1992), राजीव गांधी अवार्ड (1995), लता मंगेशकर अवार्ड (2000), गोल्डन पिकाक बिजनेस वुमन अवार्ड, प्रियदर्शिनी अवार्ड फॉर वुमन इंटरप्रिन्योर मिलेनियम (2000), आउटस्टैंडिंग इंटरनेशनल पर्सनालिटी अवार्ड, ग्लोबल क्वालिटी मैनेजमेंट अवार्ड, आउटस्टैंडिंग वुमन इंटरप्रिन्योर (यूके 2003), ग्लोबल इंडियन वुमन मिलेनियम अवार्ड (यूएसए)।

शहनाज हुसैन के अनुसार इन सबसे ज्यादा महत्त्वपूर्ण है—नेचर केअर उत्पादों के प्रमोशन का

अभियान जो जनहितैषी व्यापार बनकर मेरे रक्त के कण–कण में समा गया है। शहनाज हुसैन की बेटी निलोफर व ग्रांड सन शरीक उनके ऐसे कारोबारी सहयोगी हैं, जिन पर उन्हें भरोसा है कि वे उनके इस अभियान को थमने नहीं देंगे। शहनाज हुसैन सेवानिवृत्ति के बारे में पूछने पर कहती हैं–'जल्दी क्या है! जब तक दम है, तब तक हम हैं।'

लोकल से ग्लोबल
इंडियन कॉरपोरेट्स

45

रंग-रोगनकार

अश्विन दानी

कार्टून कला के पितामह आर.के. लक्ष्मण की गिनी-चुनी कॉमर्शियल कार्टून कृतियों में एक था-एशियन पेंट्स का शरारती गट्टू। हाफ पैंट पहने, एक आँख छुपाए, हाथ में पेंटिंग ब्रश के साथ पाँच दशक पहले आर.के. लक्ष्मण ने इसे जन्म दिया था। सन् 1957 से सन् 2000 तक सारे देश में गट्टू एशियन पेंट्स की पहचान बना रहा। सन् 2002 में कंपनी के नियंत्रक मंडल ने लोगो (प्रतीक चिह्न) बदलने का निर्णय लिया तो सब गट्टू की लंबी व समर्पित सेवा से इतने अभिभूत थे कि कंपनी के वाइस प्रेसीडेंट (इंटरनेशनल) जलज दानी को आर.के. लक्ष्मण से मिलने व गट्टू को गुम करने की सफाई देने का अप्रिय काम सौंपा गया। देश की सबसे बड़ी पेंट्स कंपनी एशियन पेंट्स ने केवल गट्टू को ही रिटायर्ड नहीं किया है, पर सन् 1997 के बाद एक सोची-समझी रणनीति के साथ कंपनी की संपूर्ण कार्यप्रणाली व रणनीति बदली है। कंपनी के नए वाइस चेअरमैन व प्रबंध निदेशक अश्विन दानी के नेतृत्व में इस दौरान कंपनी का कारोबार ऐसा फैला कि एशियन पेंट्स आज न केवल देश की सबसे बड़ी पेंट्स कंपनी है वरन् दुनिया की टॉप-टेन डेकोरेटिव पेंट्स कंपनियों में भी एक है।

देश की आजादी के साथ स्व. चंपकलाल एच. चौकसे व उनके तीन मित्रों-चिमनलाल एन. चौकसी, सूर्यकांत सी. दानी और अरविंद आर. वकील ने एशियन पेंट्स की स्थापना की थी। इक्विटी में चारों मित्र परिवारों की समान (प्रत्येक की 13.5 फीसदी) हिस्सेदारी थी। कंपनी का नाम उन्हें टेलीफोन डायरेक्टरी ने सुझाया। चारों प्रमोटर संस्थापकों में से चौकसे परिवार ही सन् 1997 तक हाई-प्रोफाइल रहा। चंपकलाल चौकसे कंपनी के चेअरमैन थे और उनके पुत्र अतुल चौकसे प्रबन्ध

निदेशक और पब्लिक फेस। दानी परिवार के अश्विन दानी प्रोडक्शन व टेक्नोलॉजी इंचार्ज थे। चौकसी परिवार के वारिस अश्विन चौकसी खरीदी देखते थे। वकील परिवार का प्रतिनिधित्व अभय वकील करते थे। उनकी जवाबदारी थी पैकेजिंग व गुणवत्ता नियंत्रण करना। कंपनी के इस असंतुलित नियंत्रण व असमान जवाबदारी विभाजन के कारण हमेशा यह आशंका बनी रही कि जिस दिन चारों प्रमोटरों की नई पीढ़ी के बीच असंतुलित पावर शेयरिंग के कारण टकराव होगा, उस दिन एशियन पेंट्स को कोई बहुराष्ट्रीय कंपनी अधिगृहीत कर लेगी। इस उम्मीद से देश व विदेश की पेंट्स कंपनियों की एशियन पेंट्स पर हमेशा गिद्ध-दृष्टि बनी रही।

जुलाई, 1997 में वह दिन आ भी गया। कंपनी के मैनेजिंग डायरेक्टर अतुल चौकसे ने अपने परिवार की इक्विटी मार्केट में बिक्री के लिए पेश कर दी। कंपनी के बोर्ड रूम में चारों भागीदारों के बीच जो कुछ हुआ, उसके बारे में कई अनुमान लगाए गए। मसलन, अतुल चौकसे कंपनी पर अपना नियंत्रण और बढ़ाना चाहते हैं... या उन्होंने अन्य भागीदारों को कंपनी में निजी निवेश बढ़ाने को कहा, पर वे तैयार नहीं हुए। अश्विन दानी, अभय वकील व अश्विन चौकसी ने तब एक साक्षात्कार में कहा था कि एशियन पेंट्स धनवान कंपनी है। हम इंटरकॉरपोरेट मार्केट के साहूकार हैं। भारतीय स्टेट बैंक ने कंपनी को 100 करोड़ रुपए का ऋण दिया, पर हमने केवल 40 करोड़ रुपए ही लिये। यानी ग्रोथ के लिए कंपनी के पास पूँजी की कमी नहीं है।

ऐसी बहस के साथ कई दिनों तक एशियन पेंट्स के भागीदारों का कॉरपोरेट द्वंद्व मीडिया में खूब चर्चित हुआ था। अंततः 30 जुलाई, 1997 को चौकसे परिवार ने इक्विटी बेचने के लिए डीएसपी मेरिल लिंच को मध्यस्थ नियुक्त किया। 31 जुलाई को 35 लाख शेयर बेचने का सौदा हो गया, जो पूरा नहीं हुआ। 7 अगस्त को डीएसपी ने इस सौदे से इनकार करते हुए कहा कि केवल चौकसे परिवार अपनी इक्विटी बेच रहा है। कंपनी के पब्लिक फेस होने से हमने व खरीदार ने यह समझा था कि सारे प्रमोटर अपनी इक्विटी घटा रहे हैं।

8 अगस्त को शेयरधारकों की सालाना सभा में भावुक अंदाज में अतुल चौकसे ने इस बाबत अपना स्पष्टीकरण दिया कि उनके पिता अपने शेयर कभी किसी विदेशी समूह को नहीं बेचेंगे। अन्य तीनों भागीदारों ने भी शेयरधारकों को आश्वस्त किया कि हम कंपनी चलाएँगे पर मात्र दस दिन बाद 17 अगस्त को अतुल चौकसे ने कोटक महिन्द्रा कैपिटल को अपनी इक्विटी (9.8 फीसदी, 36.66 लाख शेयर) 347.50 रुपए प्रति शेयर मूल्य पर बेच दी। कोटक महिन्द्रा ने कुछ घंटों बाद ये शेयर 351 रुपए मूल्य पर आईसीआई को बेच दिए, जो तब दुनिया की एक बड़ी बहुराष्ट्रीय पेंट कंपनी थी और एशियन पेंट्स पर नजरें जमाए हुए थी। अश्विन दानी के नेतृत्व में कंपनी के भागीदारों ने शेयरधारकों, वित्तीय संस्थानों व सरकार से लॉबिंग करके एशियन पेंट्स का नियंत्रण तो बचा लिया, पर इस बीच एक और अप्रिय घटना हुई। 31 जुलाई, 1997 को अनायास एशियन पेंट्स के प्रमुख प्रमोटर संस्थापक व चेअरमैन चंपकलाल हीरालाल चौकसे का निधन हो गया।

चंपकलाल चौकसे आज भी भारतीय पेंट उद्योग के पितृपुरुष के रूप में याद किए जाते हैं।

जलज दानी

चालीस के दशक में इस उद्यमी ने अनुमान लगा लिया था कि देश के पेंटिंग उद्योग/मार्केट में अदोहित संभावनाएँ हैं। दूरन्देशी के साथ काम करते हुए उन्होंने अपने पुत्र अतुल चौकसे के साथ एशियन पेंट्स को स्थापना के मात्र बीस साल बाद देश के पेंट मार्केट का लीडर बना दिया। यह गौरव आज तक एशियन पेंट्स को प्राप्त है। चौकसे परिवार ने जब एशियन पेंट्स का बोर्ड रूम छोड़ा, तब पेंट मार्केट में कंपनी की हिस्सेदारी 34 फीसदी थी, इसके निकटतम प्रतिद्वन्द्वी गुडलास नेरोलेक की इससे आधी यानी 17 फीसदी। डेकोरेटिव पेंट मार्केट में तो एशियन पेंट्स का 41 फीसदी हिस्से पर कब्जा था, जबकि निकटतम प्रतिस्पर्धी बर्जर पेंट्स का मात्र 11 फीसदी। एशियन पेंट्स के तब देश में चार (भांडुप-मुंबई, अंकलेश्वर-गुजरात, पाटनशेहरू-आंध्रप्रदेश व कासना-उत्तर प्रदेश) उत्पादन संयंत्र थे और महाराष्ट्र में पाँचवाँ संयंत्र लगाने की तैयारी हो चुकी थी। कंपनी की उत्पादन क्षमता दो लाख टन से ज्यादा थी। दुनिया के अन्य देशों में एशियन पेंट्स की 6 सहायक कंपनियाँ थीं।

कंपनी ने 950 करोड़ रुपए की बिक्री पेटे 68 करोड़ रुपए शुद्ध मुनाफा (वित्त वर्ष-1998) कमाया था। कंपनी कॉरपोरेट जगत की साहूकार थी। इस तरह एशियन पेंट्स व इसके शरारती गट्टू का देश के पेंट्स मार्केट में एकच्छत्र वर्चस्व था। दूसरे शब्दों में सन् 1997 में चौकसे परिवार ने अप्रिय स्थिति व पारिवारिक दुर्घटना के साथ एशियन पेंट्स को तो छोड़ा, पर कंपनी की हैसियत इतनी ऊँचाई पर पहुँचा दी थी कि उसे केवल एक कुशल व दूरन्देशी ड्राइवर (संचालक) चाहिए था। संयोग से यह क्षमता केमिकल इंजीनियर अश्विन दानी में थी।

चौकसे परिवार की निकासी के बाद कंपनी के तीन प्रमोटरों-दानी, चौकसी व वकील के बीच जवाबदारी व अधिकारों का पुनः बँटवारा हुआ। अश्विन चौकसी कंपनी के चेअरमैन बनाए गए। अश्विन दानी ने वाइस चेअरमैन व प्रबन्ध निदेशक का दायित्व सँभाला। वकील परिवार के प्रतिनिधि के रूप में अभय वकील पूर्णकालिक डायरेक्टर बनाए गए। तीनों प्रमोटरों की युवा पीढ़ी को भी महती जवाबदारी सौंपी गई। अश्विन चौकसी के भतीजे मनीष चौकसी सीनियर प्रेसीडेंट (आईटी) बनाए गए। अभय वकील की बेटी को एक्जीक्यूटिव जवाबदारी दी गई। अश्विन दानी के पुत्र जलज दानी कंपनी के इंटरनेशनल कारोबार के प्रेसीडेंट बने। तीनों प्रमोटरों की युवा पीढ़ी में वे ही तब सबसे ज्यादा अनुभवी व शिक्षित थे।

एमआईटी से केमिकल इंजीनियर 33 वर्षीय जलज दानी ने चौकसे के साथ द्वंद्व के दौरान कंपनी के पक्ष में अहम भूमिका निभाई थी। इसके बाद आईसीआई द्वारा खरीदी गई चौकसे परिवार की इक्विटी नवंबर, 1999 में वे पुनः खरीदने में भी सफल हुए। (दिलचस्प बात यह है कि अक्टूबर, 2003 में सरकार ने आईसीआई की अपनी 9.2 फीसदी इक्विटी बेची तो इसे एशियन पेंट्स ने खरीदा है। आज आईसीआई दुर्दिनों का सामना कर रही है।) जलज दानी ने तब कहा था कि एशियन पेंट्स जैसी कंपनी बनाने व स्थापित करने में हमारे बुजुर्गों को अथक श्रम करना पड़ा है। अब हमारी परीक्षा है कि हम अपने बिजनेस पार्टनर्स (शेयरधारक, वितरक व विक्रेता)

एवं देश व दुनिया में फैले हमारे ग्राहकों की अपेक्षाएँ पूरी करें।

एशियन पेंट्स के प्रबन्ध निदेशक अश्विन दानी के पुत्र जलज दानी ने सन् 1999 में जो बात कही, उसे साबित भी किया है। वित्त वर्ष 1999-2000 से 2005-06 की अवधि में कंपनी का मुनाफा 97 करोड़ रुपए से बढ़कर 188 करोड़ रुपए हुआ तो 377 करोड़ रुपए पहुँचाने में अश्विन दानी और जलज दानी को मात्र दो वर्ष लगे। कंपनी का टर्नओवर भी तदनुसार बढ़ा। वित्त वर्ष 2008-09 में एशियन पेंट्स वन बिलियन डॉलर (करीब 4500 करोड़ रुपए) सालाना टर्नओवर करने लगी। इनसे ज्यादा महत्वपूर्ण है 44 फीसदी मार्केट हिस्सेदारी के साथ पेंट्स मार्केट की लीडरशिप। डेकोरेटिव पेंट्स मार्केट में कंपनी का आज एकाधिकार (93 फीसदी हिस्सेदारी) है। दुनिया के दो दर्जन देशों में कंपनी के ढाई दर्जन उत्पादन संयंत्र हैं। कंपनी की उत्पादन क्षमता है 33 करोड़ लीटर सालाना। अश्विन दानी ने भी इस बढ़ते व्यापार के सुचारु संचालन के लिए अलग-अलग बिजनेस पर फोकस करने हेतु अलग-अलग इकाइयाँ बनाई हैं। ये हैं-डेकोरेटिव, इंडस्ट्रियल, इंटरनेशनल व ग्रोथ यूनिट।

सीमेंट पेंट्स सेगमेंट में पहली बार प्रवेश कंपनी के लिए बेहद शुभ साबित हुआ है। इस व्यवसाय पर अन्यथा स्नोकेम का एकाधिकार था। उत्सव सब-ब्रांड (चूना पुताई का आधुनिक विकल्प) ने देश के बड़े मध्यमवर्गीय व ग्रामीण उपभोक्ताओं में एशियन पेंट्स की पहुँच गहरी की है। ट्रैक्टर कंपनी का वेल्यू फॉर मनी ब्रांड है और बेहद लोकप्रिय है। ध्यान दें कि पेंट्स मार्केट अन्य कंज्यूमर गुड्स से अलग किस्म का बाजार है। यहाँ ब्रांड से ज्यादा वितरक नेटवर्क व काउंटर सेवा महत्वपूर्ण है। इस निष्कर्ष के साथ एशियन पेंट्स ने कलर वर्ल्ड व होम सॉल्यूशन्स जैसी ग्राहक हितैषी सुविधाएँ व सेवाएँ शुरू की हैं। कलर वर्ल्ड के तहत ग्राहक डीलर्स काउंटर पर टिंटिंग सिस्टम से मनचाहा शेड चुन सकते हैं, बनवा सकते हैं।

एशियन पेंट्स के देशभर में 1500 से ज्यादा डीलर्स हैं, पर इसने 2500 से ज्यादा टिंटिंग मशीनें मार्केट में लगवाई हैं। अश्विन दानी के अनुसार-टिंटिंग सिस्टम्स ने पेंट्स की खरीद में ग्राहकों की भागीदारी बढ़ाई है अन्यथा इसके पहले पेंटर्स ही सारे निर्णय लेते थे और उनकी सलाह मानने के लिए ग्राहक बाध्य थे। एशियन पेंट्स की इससे डेकोरेटिव पेंट मार्केट में हिस्सेदारी बढ़ी है। दानी कहते हैं कि पेंट्स का उपयोग बढ़ाने के लिए भारतीय पेंट उद्योग को अभी भी बहुत-कुछ करना है। एशियन पेंट्स नवोन्मुखी ग्राहकोन्मुख पहल करने में सबसे अव्वल है। एशियन पेंट्स होम सॉल्यूशन्स के तहत ग्राहकों को समस्त पेंटिंग सेवाएँ प्रदान करती है। इस प्रोग्राम का सूत्र वाक्य है-'एशियन पेंट्स केवल पेंट्स ही नहीं बेचता, वह पेंटेड वॉल व घर बेचता है।'

अर्न्स्ट एंड यंग इंटरप्रिनर (मैन्यूफैक्चरिंग) अवार्ड-2003 से सम्मानित एशियन पेंट्स के 61 वर्षीय वाइस चेअरमैन व मैनेजिंग डायरेक्टर अश्विन दानी गहरी शख्सियत के धनी हैं। वे अपनी क्षमता का सर्वश्रेष्ठ दोहन करते हैं। यह गुर उन्होंने अपने योग गुरु बी.के.एस. आयंगर से सीखा है। दानी के अनुसार-भारतीय योग विद्या को यदि वैज्ञानिक नजरिये से अपना लें तो हम अपने शरीर की वास्तविक क्षमता जान सकते हैं । श्री दानी की एक और हॉबी है फोटोग्राफी। वे अपने

पोते-पोतियों के भी प्रिय दादा हैं।

एशियन पेंट्स इंटरनेशनल लिमिटेड

एशियन पेंट्स की पहुँच दुनिया के 50 देशों में है। 24 देशों में कंपनी के 30 उत्पादन संयंत्र हैं। 33 करोड़ लीटर सालाना उत्पादन क्षमता वाली देश की सबसे बड़ी पेंट कंपनी एशियन पेंट्स को दुनिया की टॉप-टेन डेकोरेटिव कंपनी का दर्जा भी हासिल है। एशियन पेंट्स (इंटरनेशनल) के प्रेसीडेंट जलज दानी का आगामी लक्ष्य है टॉप-फाइव डेकोरेटिव पेंट्स कंपनी बनना। इस स्वप्न की पूर्ति के लिए उन्होंने ग्रीन-फील्ड प्रोजेक्ट लगाने के साथ अधिग्रहण को अपना हथियार बनाया है। सन् 2002 में बर्जर इंटरनेशनल को अधिगृहीत कर उन्होंने 11 नए देशों में एशियन पेंट्स को पहुँचाया है। इसके पहले अगस्त, 2002 में इजिप्ट की एससीआईबी इंटरनेशनल को, नवम्बर, 2000 में ऑस्ट्रेलिया की पैसिफिक पेंट्स को और अक्टूबर, 1999 में श्रीलंका की डालमेज फोर्सिथ को उन्होंने खरीदा था।

एशियन पेंट्स ने 1978 में फिजी में प्रवेश करके बहुराष्ट्रीय कंपनी का दर्जा हासिल कर लिया था। सन् 1982 में टोंगा, सन् 1983 में कंपनी नेपाल पहुँच गई थी। आज इन दोनों देशों के पेंट मार्केट में एशियन पेंट्स लीडर है। एशियन पेंट्स के वाइस चेअरमैन अश्विन दानी कहते हैं कि इस दिशा में हमें अभी लंबे डग भरने हैं। हमारे कुल टर्नओवर में विदेश व्यापार की हिस्सेदारी आधी है। एशियन पेंट्स नए उत्पाद अब तक भारत में ही विकसित करता रहा है, पर अब इसने दूसरे देशों में भी लेबोरेटरीज स्थापित की हैं। अश्विन दानी और जलज दानी का स्वप्न है-एशियन पेंट्स को ग्लोबल भारतीय कंपनी बनाना। हालाँकि, वे कहते हैं कि भारतीय प्रबंधन, भारतीय टेक्नोलॉजी, भारतीय शोध-अनुसंधान, भारतीय कार्मिक व भारतीय दर्शन हमारी ताकत है। अश्विन दानी के अनुसार-उन्होंने ऑनरशिप, गवर्नेस और मैनेजमेंट के कॉकटेल से कंपनी को बचाया है और इसके लिए जलज दानी ने कंपनी के पुनर्गठन के लिए मैनेजमेंट कंसल्टेंट्स की सलाह पर कंपनी की नॉन-एक्जीक्यूटिव डायरेक्टरशिप छोड़ी है और अन्य भागीदारों (प्रमोटरों) को संकेत दिया है कि हमारे लिए महत्वपूर्ण है कंपनी, हम नहीं।

अश्विन दानी ने सन् 1967 में अमेरिकन कंपनी इमोंट कार्प (अब वीएएसएफ) में डेवलपमेंट केमिस्ट के रूप में कैरियर शुरू किया था। मुंबई से साइंस की दो स्नातक डिग्रियाँ प्राप्त अश्विन दानी ने अमेरिका से पॉलीमर साइंस में मास्टर डिग्री व कलर साइंस में डिप्लोमा भी प्राप्त किया है। वे पेंट उद्योग में तकनीकी उन्नयन के लिए जाने जाते हैं। कई नए पेंट उत्पाद विकसित करने व उन्हें लांच करने का उन्होंने श्रेय सँजोया है। इसका लाभ एशियन पेंट्स को मिला है। दूसरी पेंट्स कंपनियाँ एशियन पेंट्स की फॉलोअर बनी हैं। यह वह लीडरशिप है, जो आसानी से नहीं मिलती और इसके श्रेय के हकदार अश्विन दानी हैं।

लोकल से ग्लोबल
इंडियन कॉरपोरेट्स

46

शुगर सुल्तान

शिशिर व कुशाग्र बजाज

संयुक्त परिवार के साझा व्यापार को तब अग्नि-परीक्षा का सामना करना पड़ता है, जब नई पीढ़ी वयस्क होती है। नई पीढ़ी को कारोबार सौंपते समय सहोदर (एक ही कोख से जन्मे भाई) आमने-सामने खड़े हो जाते हैं। एक की संतान को मलाई और दूसरे की संतान को खुरचन-जैसे आरोप-प्रत्यारोप के साथ मनमुटाव होता है तो सगे भाइयों का विवाद पंचों तक पहुँच जाता है, जिनके लिए एक-दूसरे का कथन जीवनपर्यंत ब्रह्मवाक्य रहा हो। बजाज ऑटो से पहचाने जाने वाले बजाज परिवार में विभाजन का यह कारण है या नहीं, यह तो कभी राहुल बजाज या उनके छोटे भाई शिशिर बजाज ही बताएँगे पर सन् 2003 में शिशिर बजाज ने पारिवारिक सम्पदा और परिवार द्वारा नियंत्रित कम्पनियों के बँटवारे की विधिवत् माँग की तो एक तरफ थे-राहुल बजाज और उनके तीन कजन-शेखर, मधुर और नीरज तो दूसरी तरफ थे इकलौते सगे भाई शिशिर बजाज और उनके पुत्र कुशाग्र नारायण बजाज। कई बैठकों के बाद सन् 2009 में राहुल खेमे और शिशिर बजाज के बीच समझौता हुआ तो जन्मा शिशिर बजाज समूह। शिशिर बजाज ने इस समूह की सिरमौर कम्पनी बजाज हिंदुस्तान का ज्वॉइंट मैनेजिंग डायरेक्टर कुशाग्र बजाज को नियुक्त किया, जो सन् 2001 से सीईओ की हैसियत से यह जवाबदारी सँभाले हुए थे। परिवार के परंपरागत बैग-बेगेज से मुक्त शिशिर बजाज ने 78 साल पहले सन् 1931 में गोला गोरखनाथ (उ.प्र.) में एक शकर कारखाने के साथ अपने ग्रेट ग्रांड फादर स्व. जमनालाल बजाज द्वारा स्थापित बजाज हिंदुस्तान को देश की सबसे बड़ी शकर उत्पादक कम्पनी बनाकर अपने लो-प्रोफाइल पिता से किया वादा पूरा किया है। दिलचस्प बात यह है कि शुगर

सेक्टर के दिग्गजों (बलराम चीनी त्रिवेणी इंजीनियरिंग, धामपुर शुगर मिल्स, डीसीएम श्रीराम इंडस्ट्रीज और के.के. बिड़ला समूह) से जमकर मुकाबला करने वाले 31 वर्षीय कुशाग्र आज भी कॉलेज स्टूडेंट ही लगते हैं। छरहरी कद-काठी के कुशाग्र का बजाज परिवार के अनुशासित व परंपराप्रिय माहौल में लालन-पालन हुआ है। 1990 के दशक में जब उन्होंने कार्गेनी मेलोन बैचलर डिग्री के लिए ज्वॉइन किया तो शुद्ध शाकाहारी होने से विदेश में तीन दिन तक उन्होंने केवल कोक पीकर काम चलाया। माँ मीनाक्षी बजाज विवश होकर विदेश पहुँची और महीनों बाद तब वापस लौटी, जब पुत्र ने इंडियन वेज रेस्त्राँ खोज लिया और खुद को वहाँ एडजेस्ट कर लिया। इकोनॉमिक्स, पॉलिटिकल साइंस और फाइनेंस में ग्रेजुएट कुशाग्र शिकागो की नार्थ-वेस्टर्न यूनिवर्सिटी से मार्केटिंग में पोस्ट ग्रेजुएट की डिग्री लेकर स्वदेश लौटे तो शिशिर बजाज ने परिवार की अपने नियंत्रण की कम्पनी बजाज हिंदुस्तान का उन्हें सीईओ नियुक्त किया। कॉलेज शिक्षा के दौरान ही कुशाग्र बजाज का स्व. आदित्य बिड़ला की पुत्री एवं कुमारमंगलम बिड़ला की बहन वासवदत्ता से विवाह हो गया था। कुशाग्र बजाज ने एक साक्षात्कार में कहा है कि मैं जब पढ़ रहा था, तब यह अरेंज मैरिज हुई थी। बिड़ला और बजाज परिवार में ऐसी नजदीकी रही है कि मेरे ग्रेट ग्रांड फादर ने वासवदत्ता की दादी (सरलादेवी बिड़ला, बसंतकुमार बिड़ला की धर्मपत्नी) का कन्यादान किया था।

विदेश से प्रोफेशनल शिक्षा प्राप्त कुशाग्र बजाज पुश्तैनी व्यापार से जुड़े तो उन्होंने महसूस किया कि उनके ताऊजी के नियंत्रणाधीन संयुक्त परिवार में नई पीढ़ी को समान ट्रीटमेंट नहीं मिल रहा है। उनके ही शब्दों में कहेंगे तो ताऊजी (राहुलजी) सेल्फ सेंटर्ड व सन सेंट्रिक (अपने और अपने पुत्रों को धुरी मानने वाले) हैं। वे परिवार के ऐसे मुखिया हैं, जिनके लिए सर्वोपरि है उनके पुत्र (राजीव व संजय) और शेष सब गौण हैं। मेरे पिता बजाज हिंदुस्तान व बजाज सेवाश्रम के चेअरमैन थे, पर उन्हें स्वतंत्रता से निर्णय लेने के अधिकार नहीं थे। यहाँ तक कि विभाजन के बाद मध्यस्थों (एस. गुरुमूर्ति और डीएस मेहता) द्वारा तय किए गए अधिकार भी उन्हें आसानी से नहीं मिले थे। हमने दो-तीन वर्षों तक संयम बनाए रखा, क्योंकि विवाद को सार्वजनिक करने से सौ सालों में स्थापित परिवार की साख और हमारे पुरखों की प्रतिष्ठा इससे प्रभावित होती। कुशाग्र के अनुसार-शिशिर बजाज को विभाजन का सुझाव शेखर बजाज ने दिया था। उनका सोच था कि वे एकजुट होकर दबाव बनाएँगे तो राहुल बजाज को यह मसला जल्दी सुलझाना पड़ेगा। शेखर बजाज बाद में पीछे हट गए और शिशिर अकेले रह गए। मध्यस्थों ने तीन-चार सालों तक कई बैठकें कीं, कई समझौता फॉर्मूले सुझाए। कई बार ऐसा लगा कि बँटवारा बन्द कमरे में हो जाएगा, पर जब राहुल बजाज ने शिशिर को बजाज सेवाश्रम के चेअरमैन पद से हटाना चाहा तो मार्च, 2003 में सारा विवाद कंपनी लॉ बोर्ड (सीएलबी) में पहुँच गया। सीएलबी को राहुल खेमे ने विश्वास दिलाया कि वे यथास्थिति बनाए रखेंगे। सीएलबी ने दोनों पक्षों को यह सलाह भी दी कि वे आपस में विवाद सुलझाएँ और कानूनी कार्रवाई से बचें। 21 दिसंबर, 2008 को अंततः समझौते के अंतिम प्रारूप पर सबने हस्ताक्षर किए। इन सबके जवाब में राहुल बजाज का कहना है कि कुशाग्र महत्वाकांक्षी डायनॉमिक यंगमैन है। जो हुआ

अच्छा हुआ। हमारे रिश्तों में ऐसी खटास आ गई थी कि हम सामाजिक समारोहों में भी मुँह छुपाने लगे थे। अब स्थिति सामान्य हो गई है। 12 जनवरी, 2009 को शिशिर की पत्नी मीनाक्षी ने पूरे परिवार को मुंबई के नेशनल सेंटर फॉर परमार्फिंग आर्ट में आमंत्रित किया था। वहाँ पूरे परिवार ने साथ-साथ लीना सेमसॉन के नृत्य-संगीत समारोह का आनंद लिया।

15 अगस्त, 1947 को जब देश आजाद हुआ था, तब देश की सारी अर्थव्यवस्था की धुरी थे 18 परिवार। वे देश की सारी मैन्यूफैक्चरिंग इकाइयों के मालिक थे। इनमें पारसी, मारवाड़ी, चेट्टियार, पंजाबी सबसे अव्वल थे। आजादी के बाद अपने समझौतापरस्त व्यवहार के कारण मारवाड़ी परिवार तेजी से दौड़े। सन् 1997 में 50 साल बाद देश के टॉप 50 औद्योगिक घरानों में से एक-तिहाई मारवाड़ी थे। इनमें अव्वल थे बिड़ला, बांगड़, मफतलाल, सिंघानिया, गोयनका, डालमिया और बजाज। बिजनेस मैनेजमेंट के गुरु कहते हैं कि पहली पीढ़ी जो साझा परिवार शुरू करती है, उसे आगे की पीढ़ी स्थापित करती है, पर तीसरी पीढ़ी से विभाजन शुरू हो जाता है। यही हुआ। मारवाड़ी परिवार बिखरते गए। पुश्तैनी सम्पदा के कई विवाद उन्होंने बन्द कमरों में सुलझा लिये तो कुछ अदालत भी पहुँचे। इनमें सबसे बड़ा विभाजन बिड़ला घराने का है, जिसकी इनसाइड स्टोरी आज तक मीडिया नहीं खोज पाया है। दूसरा बड़ा और चर्चित बजाज परिवार का विभाजन है जो छह वर्ष में सुलझा और इसकी मीडिया में भी चर्चा हुई। मारवाड़ी परिवारों में विभाजन के जो न्यू जनरेशन उद्यमी उभरे, उनमें सबसे अव्वल हैं स्व. आदित्य विक्रम बिड़ला। उनके असमय निधन के बाद उनके पुत्र कुमारमंगलम बिड़ला दूसरे सबसे नवोदित स्टार उद्यमी हैं तो बजाज परिवार के न्यू जनरेशन उद्यमी हैं राजीव व संजीव बजाज जो बजाज ऑटो को दोपहिया-तिपहिया ग्लोबल ऑटोमोबाइल कंपनी बनाने की ओर अग्रसर हैं। यह एक संयोग ही है कि कुमारमंगलम बिड़ला के बहनोई (बहन के पति) कुशाग्र बजाज इस क्रम में चौथे ऐसे युवा मारवाड़ी हैं, जो मात्र 7-8 वर्षों में देश के शुगर-सुल्तान बन गए हैं और अब उनका लक्ष्य है विश्व का सबसे बड़ा शकर उत्पादक बनना। आइए, एक शांत व संतोषी पिता के इस आक्रामक पुत्र की कारोबारी यात्रा पर एक नजर डालें।

सन् 2001 में कुशाग्र बजाज बजाज हिंदुस्तान के सीईओ और सन् 2009 में ज्वॉइंट मैनेजिंग डायरेक्टर बनाए गए। इन आठ सालों में वे तेजी से दौड़े हैं और उन्होंने शकर उद्योग में कई नए आयाम स्थापित किए हैं। उनकी सबसे दिलचस्प उपलब्धि है शुगर इंडस्ट्रीज की इमेज बदलना। देश के कमोडिटी उद्योग में शकर उद्योग की पहचान थी-थ्री 'एम'-मक्खी, मच्छर और मारवाड़ी। कुशाग्र ने इनमें से दो एम-मक्खी और मच्छर को मिटाया और दो नए एम जोड़े- मनी और मसल पॉवर।

कुशाग्र बजाज के अनुसार-कमोडिटी उद्योग में सफलता तब ही मिलती है, जब कम से कम लागत में अधिक से अधिक उत्पादन हो। कुशाग्र ने यही किया। सन् 2003-04 में बजाज हिंदुस्तान की उत्पादन क्षमता थी 24 हजार टन गन्ना पेराई (क्रशिंग) प्रतिदिन, जिसे उन्होंने तीन गुना किया। अब उनका लक्ष्य है एक लाख टन गन्ना पेराई क्षमता प्रतिदिन। इसके लिए बजाज हिंदुस्तान ने उत्तर प्रदेश सरकार के यूपी स्टेट शुगर कॉरपोरेशन की 24 शुगर मिलों को चिह्नित

किया, जिनकी कुल उत्पादन क्षमता है 25 हजार टन गन्ना पेराई प्रतिदिन। सन् 2005 में बजाज हिंदुस्तान ने प्रतापपुर शुगर इंडस्ट्रीज को अधिगृहीत करके 3700 टन पेराई क्षमता प्रतिदिन बढ़ाई, पर इन सबसे उल्लेखनीय है उत्तर प्रदेश में चार नए स्टेट ऑफ द आर्ट शकर कारखानों की रिकॉर्ड समय में स्थापना, जिनके लिए उनका प्रदेश के दिग्गज शकर उत्पादकों से मुकाबला हुआ।

बजाज हिंदुस्तान के प्रतिद्वंद्वियों का कहना था कि चार दशक में जिन क्षेत्रों को हमने गन्ना फसल के लिए विकसित किया, वहाँ कुशाग्र बजाज नए शकर कारखाने स्थापित कर रहे हैं। हम प्रतिस्पर्धा से नहीं डरते, पर प्रदेश सरकार से अपेक्षा करते हैं कि वह उन्हें संरक्षण प्रदान करे, जिन्होंने प्रदेश को गन्ना उत्पादन में अव्वल बनाया है। कुशाग्र बजाज का इस संगठित विरोध के जवाब में कहना है कि नियमानुसार दो शकर कारखानों के बीच 15 कि.मी. की दूरी होना चाहिए और वे इस नियम का पालन कर रहे हैं। दूसरे उत्तर प्रदेश में जितना गन्ना पैदा हो रहा है, उसे यहाँ स्थापित कारखाने नहीं खरीद पाते हैं और इसका बड़ा हिस्सा किसानों को गुड़ व खाँड़सारी उद्योग को बेचना पड़ता है। ऐसे हालात में नए शकर कारखानों के लिए सम्भावना है, जो किसानों का भी भला करेंगे। उन्हें उनकी फसल का अच्छा मूल्य मिलेगा। कुशाग्र बजाज इसके साथ यह भी कहते हैं कि बजाज हिंदुस्तान का किसानों के साथ 'नो ड्यूज' का 75 सालों का गौरवशाली इतिहास है। उनके कथन का निहितार्थ है- किसानों का भला करने के कथित दावेदार पहले अपने गिरेबान में झाँकें। यही वह मनी व मसल पॉवर है, जिसे कुशाग्र बजाज ने अपना दिव्यास्त्र बनाया है।

विरोधाभास में जीवनयापन हमारी कमजोरी है। दुनिया के सबसे ज्यादा मधुमेह रोगी हमारे देश में हैं तो शकर की खपत के मामले में भी हम सबसे अव्वल हैं। शकर उद्योग का एक और दिलचस्प पहलू है गन्ने की पेराई, जिसका वेस्ट भी शकर मिलों का मुनाफा बढ़ाता है। ध्यान दें कि गन्ने की पेराई से 45 फीसदी पानी, 11 फीसदी शकर, 33 फीसदी खोई (Bagasse), 5 फीसदी सूखा-चूरा (Molasses) और 4 फीसदी प्रेसमड मिलता है। कुल शुगर मात्र 2 फीसदी है। प्रेसमड का खाद की तरह उपयोग होता है। शकर के क्रिस्टल बनाने के दौरान 5 फीसदी गन्ना ज्यूस मिलता है। बजाज हिंदुस्तान ने वेस्ट से इथेनॉल बनाने के लिए एक डिस्टिलरी स्थापित की है। ऑटो फ्यूल (पेट्रोल) में 5 फीसदी इथेनॉल मिलाने की सरकार ने अनुमति दी है। क्रूड ऑइल के बढ़ते आयात खर्च को घटाने के लिए सरकारी स्तर पर विचार-विमर्श हो रहा है कि ऑटो फ्यूल में 10 फीसदी इथेनॉल का मिश्रण अनिवार्य कर दिया जाए। शकर उद्योग को अपने वेस्ट शीरे को इथेनॉल बदलने में ज्यादा खर्च नहीं करना पड़ता है। शकर उत्पादन क्षमता बढ़ाने के साथ बजाज हिंदुस्तान देश का सबसे बड़ा इथेनॉल उत्पादक भी बन गया है। शीरा शराब उत्पादन में भी उपयोगी है, जो अच्छे मुनाफे वाला कारोबार है, पर कुशाग्र बजाज शराब उत्पादक नहीं बन सकते। उनकी बाधाएँ हैं-एक, वे स्व. जमनालाल बजाज के ग्रेट ग्रांड सन हैं, जिन्हें महात्मा गांधी अपना दत्तक पुत्र कहते थे। दूसरे कुशाग्र बजाज स्वयं भी कट्टर टीटोटलर (Tee to latter) हैं। वे तो कैंडी व चॉकलेट भी नहीं खाते। उनका कहना है कि जब मोलासिस

की बिक्री से अच्छी कमाई होती है तो बजाज हिंदुस्तान ऐसा कारोबार क्यों करे जो हमारे संस्कारों के प्रतिकूल है। बजाज हिंदुस्तान ने शराब बनाने के बजाय शकर कारखाने के वेस्ट से विद्युत उत्पादन शुरू किया है, जिसकी लागत राज्य विद्युत मंडल से मिलने वाली बिजली की लागत से कम है। इसके अलावा बजाज हिंदुस्तान वेस्ट से पार्टिकल बोर्ड बनाने की तैयारी भी कर रहा है।

इस सारी सोची-समझी, दूरन्देशी कारोबारी रणनीति का सुफल है कि बजाज हिंदुस्तान की उत्तरप्रदेश में आज 14 शकर मिलें हैं, जिनकी उत्पादन क्षमता है प्रतिदिन 1 लाख 36 हजार टन। समूह एथेनाल का भी देश का सबसे बड़ा उत्पादक है तो गन्ने के अवशेष के 430 मेगावाट विद्युत भी उत्पादन कर रहा है। समूह का कारोबार करीब 2500 करोड़ रुपए सालाना हो गया है जो चार-पाँच साल पुराने टर्नओवर से पाँच गुना है। कुशाग्र बजाज बजाज हिंदुस्तान को वन बिलियन डॉलर कंपनी बनाना चाहते हैं। स्पष्ट है कि आम के आम, गुठली के दाम वाली किंवदंती को चरितार्थ करते हुए बजाज परिवार के विभाजन के बाद एक बार और युवा कुबेर का उदय हुआ है। कुशाग्र बजाज का कहना है कि मेरे रोल मॉडल हैं-स्व. धीरूभाई अंबानी, जी.डी. बिड़ला व राहुल बजाज। उनका यह कथन इस बात का भी संकेत है कि शिशिर व कुशाग्र बजाज ने जो हुआ, उसे भूलकर अपने लिए नया क्षितिज खोज लिया है।

लोकल से ग्लोबल
इंडियन कॉरपोरेट्स

47

मैदानी सिपाही

हबील खोरकीवाला

मुस्लिमों में एक छोटा समुदाय है—बोहरा। यह गुजराती शब्द 'व्यवहार' से जन्मा है। यहां व्यवहार से आशय है—ट्रेडिंग। सारी दुनिया में लगभग 10 लाख बोहरा हैं, जिनके पुरखों ने मूलतः व्यापार ही किया, पर नई पीढ़ी अब कंसल्टेंट, एनालिस्ट व मेडिको प्रोफेशनल्स भी है। बोहरा परिवारों की महिलाओं को पुरुषों के समान शिक्षा मिली तो परिवार के कारोबार में भी मौका मिला। बोहरा शांतिप्रिय हैं। ये जिस देश में रहते हैं, वहां के कायदे-कानूनों का पालन करते हैं।

बोहरा समुदाय के अधिकांश परिवार भारत और पाकिस्तान में व्यापार-व्यवसाय कर रहे हैं। बोहरा समुदाय की सबसे प्रगतिशील शाखा दाऊदी बोहरा है। इनमें से एक खोरकीवाला परिवार की मुंबई में पहचान है, सौ साल से ज्यादा देश का सबसे पहला डिपार्टमेंट स्टोर 'अकबरअलीज'। इस परिवार की वैश्विक पहचान है फार्मास्युटिकल्स कंपनी वॉकहार्ड्ट जिसके सूत्रधार हैं हबील खोरकीवाला, जो दुनिया के गिने-चुने बोहरा उद्योगपतियों में अव्वल क्रम पर हैं।

पांच भाइयों के संयुक्त परिवार में सबसे बड़े फकरुद्दीन खोरकीवाला थे। उनके तीन पुत्रों में हबील का 22 सितंबर, 1942 को मुंबई में जन्म हुआ। 50 सदस्यों के बड़े परिवार में उनका लालन-पालन हुआ। अपने घर के बिलकुल नजदीक भादरा न्यू हाईस्कूल में उन्होंने प्रारंभिक शिक्षा प्राप्त की। उनके हमउम्र चाचा तब बीएससी की पढ़ाई कर रहे थे। चाचा कॉलेज लैब से मेढक व कॉकरोच चीर-फाड़ के लिए घर लाते थे। चीर-फाड़ करते हुए हबील कौतूहलवश उन्हें देखते। चाचा ने हबील को सलाह दी कि तुम फार्मेसी की पढ़ाई करना।

यही हुआ, स्कूली शिक्षा पूरी करने के बाद हबील खोरकीवाला ने अहमदाबाद के एलएम फार्मेसी कॉलेज को ज्वॉइन किया। फार्मेसी की पांच वर्षीय स्नातक डिग्री लेने के बाद 60 के दशक में उन्होंने पुरड्यू यूनिवर्सिटी से फार्मेसी की पोस्ट ग्रेजुएशन शिक्षा प्राप्त की।

खोरकीवाला परिवार ने सन् 1959 में एक छोटी दवा कंपनी वर्ली केमिकल्स खरीद ली थी। सामान्य रोगों की दवा बनाने वाली यह कंपनी तब साधारण व्यवसाय करती थी और मुनाफा अर्जन नहीं कर रही थी। सन् 1966 में हबील खोरकीवाला अमेरिका से स्वदेश लौटे, तब वर्ली केमिकल्स में 40 कर्मचारी कार्यरत थे और सालाना टर्नओवर था मात्र दस लाख रुपए। 40 वयस्क सदस्य तब संयुक्त परिवार की अलग-अलग जवाबदारियां संभाले हुए थे, पर वर्ली केमिकल्स में किसी की रुचि नहीं थी। परिवार के बुजुर्गों ने हबील से कहा कि उन्होंने फार्मेसी की शिक्षा प्राप्त की है, वे यह कंपनी संभालें। 23 वर्षीय हबील ने दो साल में वर्ली केमिकल्स को मुनाफा अर्जक बना दिया और इसके बाद बड़ा निर्णय लिया कि कंपनी का नाम ऐसा हो, जो इसकी ग्लोबल पहचान बनाए। 'वर्ली' नाम इसे हमेशा लोकल कंपनी बनाए रखेगा। वर्ली केमिकल्स का नया नामकरण किया गया–'वॉकहार्ड्ट' जो जर्मन कंपनी होने का बोध कराता है हालांकि इसका मतलब है 'वर्क हार्ड' (खूब मेहनत करो)।

दाऊदी बोहरा समुदाय की परंपरानुसार हबील खोरकीवाला ने कभी कर्ज नहीं लिया। आर्थिक प्रतिबंधों के दौर में तब बैंक से कर्ज मिलता भी नहीं था। कई सालों तक हबील ने जो कमाया, उससे वॉर्कहार्ड्ट को चलाया, फिर उन्हें परिवार से कंपनी की अचल सम्पदा बेचने की अनुमति मिली। पूंजी प्राप्त हुई तो हबील खोरकीवाला ने औरंगाबाद में वॉर्कहार्ड्ट का मॉडर्न मैन्यूफैक्चरिंग संयंत्र स्थापित किया।

भारतीय दवा उद्योग का इतिहास ऐतिहासिक फिल्म की कहानी की तरह ही दिलचस्प है। 70 के दशक तक इस मार्केट पर विदेशी कंपनियों का कब्जा था। जटिल रोगों की दवाएं आम आदमी की पहुंच से दूर थीं। सन् 1970 में पेटेंट अधिनियम में संशोधन के बाद सरकार ने घरेलू दवा कंपनियों को बढ़ावा देने की मंशा से नई दवा नीति घोषित की। इसके साथ सिप्ला जैसी स्थापित दवा कंपनियों के साथ नवोदित रैनबैक्सी और डॉ. रेड्डीज लेबोरटरीज ने ऑफ पेटेंट दवाओं की री-इंजीनियरिंग करके जेनेरिक दवाएं बनाना शुरू कीं। इसने भारतीय मार्केट में दवाएं सस्ती की तो ग्लोबल दवा कंपनियों को भी विवश कर दिया कि वे पेटेंट कानून से प्राप्त एकाधिकार के बलबूते मुनाफाखोरी न करें। वॉकहार्ड्ट तब तक एक छोटी साधारण दवा कंपनी थी।

1980 के दशक में हबील खोरकीवाला ने तीन माह का हार्वर्ड एडवांस्ड मैनेजमेंट प्रोग्राम अटैंड किया। इस प्रोग्राम में दुनिया के कई प्रमुख बिजनेसमैन उनके सहपाठी थे। खोरकीवाला ने एक साक्षात्कार में कहा है कि हार्वर्ड में मुझे अपनी कमजोरी व ताकत दोनों पता चली। मैंने ग्लोबल बिजनेस वर्ल्ड को जाना। इस प्रोग्राम में मैंने खुद को 'डिस्कवर' किया और निर्णय लिया कि वॉकहार्ड्ट को साधारण दवा कंपनी से स्पेशलिटी ड्रग्स उत्पादक बनाऊंगा।

हबील खोरकीवाला को वॉर्कहार्ड्ट का कायाकल्प करने में चार साल लगे। उन्होंने इन-हाउस-

आर एंड डी टीम तैयार की और नई दवाओं की खोज पर कमाई का एक हिस्सा खर्च किया। एक सहायक कंपनी वॉकहार्ट्ट हेल्थ साइंसेस के बैनर तले एग्रो केमिकल्स, आईवी फ्ल्यूड्स बनाना शुरू किया। इस शृंखला में 90 के दशक में वॉकहार्ट्ट हॉस्पिटल लिमिटेड का गठन करके स्पेशलिटी अस्पताल भी खोले।

हबील खोरकीवाला के अनुसार सामान्य कारोबार करके सामान्य सफलता ही जुटा सकते हैं। असली उद्यमी वह है, जो जटिल और प्रतिस्पर्धी कारोबारी संगठन स्थापित करे। हबील खोरकीवाला ने यही किया। सिप्ला, रैनबैक्सी या डॉ. रेड्डीज लेबोरेटरीज जैसी कंपनियां जब जेनेरिक दवाओं के साथ ग्लोबल दवा उद्योग में विस्तार कर रही थीं, तब हबील खोरकीवाला ने घरेलू मार्केट पर फोकस किया, पर इससे ज्यादा महत्त्वपूर्ण कदम था बायोटेक फार्मा सेक्टर में प्रवेश।

यह तब किसी भारतीय दवा कंपनी के लिए एक बड़ी जोखिम थी। जेनेरिक दवा बनाने के लिए री-इंजीनियरिंग की जाती है यानी एक फॉर्मूला होता है, जिसका विकल्प खोजना पड़ता है, जबकि बायोटेक दवाएं एक विशेष बैक्टेरियम स्ट्रेन से बनती हैं। इस स्ट्रेन की खोज के बाद फर्मेंनटेशन प्रोसेस के कारण बायोटेक औषधियों का कोई विकल्प नहीं होता।

वॉकहार्ट्ट देश की पहली बड़ी दवा कंपनी है, जिसने बायोटेक सेक्टर में सन् 1995 में एंट्री ले ली। तब दुनिया में भी गिनी-चुनी दवा कंपनियां जैसे–इली लिली और नोवा नारडिस्क बायोटेक दवाएं बना रही थीं। डॉ. हबील खोरकीवाला का सोचना था–10-15 साल बाद यानी सन् 2010 के बाद दवा उद्योग में बायोटेक्नोलॉजी अत्यधिक महत्त्वपूर्ण होगी। यही हुआ, वॉकहार्ट्ट ने भारतीय दवा मार्केट में सबसे पहले ह्युमन इंसुलिन और हेपेटाइटिस-बी वैक्सीन के अलावा एनीमिया रोगियों के लिए बायोटेक औषधि लांच की। इनकी लांचिंग के बाद इली लिली और नोवा नाइडिस्क का एकाधिकार टूटा और उन्हें मूल्य कटौती करना पड़ी। वॉकहार्ट्ट आज दुनिया की चौथी सबसे बड़ी ह्यूमन इंसुलिन (ब्रांड नेम वासुलिन) निर्माता है, जिसकी खोज पर आठ मेडिको वैज्ञानिकों ने नौ वर्ष खर्च किए हैं, पर कंपनी को इसका सुफल मिला है। लांचिंग के बाद 45 दिनों में ही वासुलिन की बिक्री एक करोड़ रुपए हो गई। दिलचस्प बात यह है कि वॉकहार्ट्ट की बायोटेक औषधियां जब लांच हुई, तब रैनबैक्सी व डॉ. रेड्डीज लैब का इस मार्केट में अस्तित्व ही नहीं था।

विजनरी हबील खोरकीवाला से सन् 2008 में कारोबारी चूक भी हुई और वॉकहार्ट्ट डूबने की कगार पर पहुंच गई। कंपनी को वैश्विक दवा उद्योग में पहुंचाने की मंशा से सन् 2007 के बाद हबील खोरकीवाला ने कई अधिग्रहण किए। उन्हीं दिनों विदेशी व्यापार के कारण भी उन्हें भारी घाटा हुआ और सन् 2008 में कंपनी पर चार हजार करोड़ रुपए से ज्यादा का कर्ज हो गया। ब्याज भार से कंपनी घाटे की गिरफ्त में फंस गई, पर एक धैर्यवान उद्यमी की तरह खोरकीवाला ने अचल सम्पदा बेचकर, वित्तीय संस्थानों से ब्याज घटवाकर और विदेशी व्यापार के घाटे का सेटलमेंट करके कंपनी को दुर्दिनों से उबार लिया। दिलचस्प बात यह है कि कंपनी जब डूबने

की कगार पर पहुंच गई थी, तब भी इसके शेयरधारकों ने हबील खोरकीवाला पर इतना भरोसा किया कि शेयर मूल्य गिरे नहीं, बल्कि बढ़े।

हबील खोरकीवाला अपने कारोबार पर लौह–पकड़ के लिए उद्योग जगत में मशहूर हैं। उनके सहयोगी कहते हैं कि वे किसी भी नए आइडिया को आसानी से स्वीकार नहीं कर लेते। वे अपनी सोच पर स्थिर रहते हैं। जमीन से जुड़े उद्यमी हैं, इसलिए उनके साथ मैदानी सिपाही ही काम कर सकता है। हबील खोरकीवाला कहते हैं कि मेरी उम्र 68 वर्ष है, मुझे रिटायर्ड हो जाना चाहिए, पर मैं अभी भी स्वस्थ हूं और अपने काम में मजा लेता हूं, अतः रिटायर्ड नहीं हो रहा हूं। हबील खोरकीवाला चाहे जो कहें, पर वे ससम्मान सेवानिवृत्ति की तैयारी कर चुके हैं। सन् 2009 में अपने पुत्र मुर्तजा को उन्होंने वॉकहार्ड्ट का मैनेजिंग डायरेक्टर और हुजैफा को एक्जीक्यूटिव डायरेक्टर नियुक्त कर दिया है। लिटरल आर्ट्स में ग्रेजुएट उनकी पुत्री अपना स्वतंत्र व्यवसाय कर रही है।

7000 कर्मचारियों और एक बिलियन मार्केट कैपिटेलाइजेशन की वॉकहार्ड्ट के भारत, आयरलैंड व इंग्लैंड में 14 मैन्यूफैक्चरिंग संयंत्र हैं। हबील खोरकीवाला कहते हैं कि वॉकहार्ड्ट प्रोफेशनली मैनेज्ड कंपनी है और यही बनी रहेगी। उनके पुत्र–पुत्री खुद को साबित करेंगे तो ही कंपनी के सूत्रधार बनेंगे।

लोकल से ग्लोबल
इंडियन कॉरपोरेट्स

48

यशोदा मैया

विद्या मुरकुम्बी/नरेन्द्र मुरकुम्बी

नर और नराधम ही नहीं, नारायण को भी जन्म लेने के लिए चाहिए–माँ की कोख। देवकी किसी विवशतावश लालन-पालन नहीं कर पाईं तो हर कन्हैया को चाहिए–माँ यशोदा की गोद। किसी ने सच कहा है–दुनिया के हर रिश्ते से कम से कम नौ माह तो बड़ा होता ही है–माँ का रिश्ता।

बेलगाम (कर्नाटक) के हजारों किसानों की यशोदा मैया हैं–विद्या मुरकुम्बी। उन्होंने एवं उनके पुत्र नरेन्द्र मुरकुम्बी ने मात्र एक दशक में बेलगाम के गन्ना उत्पादक हजारों किसानों को 'मिलेनियर' बनाकर इस क्षेत्र की सारी इकोनॉमी को बदल डाला है। माँ-बेटे का यह करिश्मा विश्वप्रसिद्ध यूनाइटेड स्टील कॉरपोरेशन, यूएस की जन्मकथा याद दिलाता है। तो आइए, माँ-पुत्र की 'रीयल लाइफ स्टोरी' इस कहानी से ही शुरू करें।

2 दिसम्बर, 1900 को करीब 100 अमेरिकन कुबेरपति चार्ल्स एम. श्वाब को सुनने इकट्ठा हुए थे, जो मात्र एक औपचारिकता थी। आयोजकों ने श्वाब को पहले ही चेता दिया था कि न्यूयॉर्क के अमीर उद्योगपति अपनी सफलता व सम्पन्नता के वशीभूत इतने आत्ममुग्ध हो चुके हैं कि अब उन्हें कोई नया आइडिया नहीं लुभाता है। वे लम्बे भाषण पसंद नहीं करते हैं अत: श्वाब 15-20 मिनट ही बोले। श्वाब 90 मिनट बोले और खूब बोले। उनके भाषण का सार था कि बिस्किट, विस्की, शुगर, रबर या ऑइल की तरह स्टील कम्पनियों का भी एक कॉरपोरेशन होना चाहिए। दमदार दलीलों और वजनदार आँकड़ों के साथ श्वाब ने कहा–"एकजुट होने से सबकी क्षमता बढ़ेगी, विशेषज्ञता बढ़ेगी, एकाग्रचित्तता बढ़ेगी और एक मजबूत सिस्टम बनेगा जो विश्व

स्टील मार्केट का बड़ा हिस्सा हथियाने में मददगार होगा।'' श्वाब की रणनीति पारदर्शी और प्रभावी थी, पर लम्बे ऊहापोह व कई महीनों की जद्दोजहद के बाद यूनाइटेड स्टील कॉरपोरेशन जन्मा, जिसने अमेरिकन स्टील उद्योग को आर्थिक स्थिरता प्रदान की। एक व्यक्ति के एक सोच ने अमेरिका के सबसे समृद्ध (6,00,000,000 डॉलर; आज के डॉलर मूल्य के आधार पर 2,70,00,000,000 रुपए) सबसे सशक्त औद्योगिक समूह को जन्म दिया। सन् 1930 तक श्वाब ने यूनाइटेड स्टील कॉरपोरेशन के प्रेसीडेंट का दायित्व सँभाला।

कुछ ऐसी ही संकल्पना, संकल्प और सद्-इच्छा से जन्मी है बेलगाम (कर्नाटक) स्थित श्री रेणुका शुगर्स जिसकी चेअरपर्सन हैं विद्या मुरकुम्बी और मैनेजिंग डायरेक्टर हैं उनके पुत्र नरेन्द्र मुरकुम्बी।

मुरकुम्बी परिवार टाटा टी एवं टाटा केमिकल्स का डिस्ट्रीब्यूटर्स था। प्राय: पिता पुत्र को बिजनेस टूर पर साथ ले जाते थे, फलत: नरेन्द्र को किशोर उम्र में आसाम के चाय बागान और पंजाब में गेहूँ की खेती देखने का सुअवसर मिला। इलेक्ट्रॉनिक इंजीनियरिंग की डिग्री लेने के बाद सन् 1994 में उन्होंने आईआईएम अहमदाबाद से एमबीए की शिक्षा ली और अपने लिए स्वतंत्र कारोबार की खोज शुरू की। टाटा समूह के बायो-पेस्टिसाइड्स प्रोजेक्ट्स में काम कर चुके मुरकुम्बी परिवार के एक मित्र के साथ नरेन्द्र ने बायो-पेस्टिसाइड्स बनाने का निर्णय लिया। पिता से प्राप्त 25 लाख रुपए की सीड कैपिटल से एक छोटे से शेड में मुरकुम्बी बायो एग्रो की स्थापना की। सन् 1988 तक 8 राज्यों में 80 सेल्स स्टाफ के साथ कम्पनी का टर्नओवर 5 करोड़ रुपए और मुनाफा 40 लाख रुपए पहुँच गया, पर इसके साथ ही नरेन्द्र मुरकुम्बी को आभास हुआ कि रासायनिक पेस्टिसाइड्स को किसान पसंद नहीं करते। हालाँकि ये ज्यादा सुरक्षित हैं। बायो-पेस्टिसाइड्स में सीमित व धीमी ग्रोथ का आकलन करके नरेन्द्र मुरकुम्बी ने नए कारोबार की खोज शुरू की।

सन् 1998 में भारत सरकार ने शकर उद्योग को नियंत्रण मुक्त किया। निजी क्षेत्र के उद्योगपतियों ने तीन साल बाद फिर शुगर कारखाने लगाना शुरू किए। विद्या मुरकुम्बी भी पुत्र की तरह उद्यमी महिला हैं। माँ ने पुत्र से कहा कि बेलगाम में गन्ने की खूब पैदावार होती है। हमें यहाँ शुगर मिल स्थापित करना चाहिए। संयोग से आंध्र प्रदेश सरकार हिंदपुर स्थित एक रुग्ण सहकारी शुगर मिल बेचना चाहती थी, जिसकी प्राइज टेग थी 55 करोड़ रुपए। माँ-बेटे ने भारी जद्दोजहद के बाद आईडीबीआई से 33 करोड़ रुपए का कर्ज एवं शुगर डेवलपमेंट फंड से 8.25 करोड़ रुपए इक्विटी के रूप में स्वीकृत करवा लिये। शेष 14 करोड़ रुपए के लिए उन्होंने परिवार की सारी सम्पदा व प्रतिष्ठा दाँव पर लगा दी, पर पाँच करोड़ रुपए की कमी रह गई। किनारे पर पहुँचकर कश्ती डूबते देख विद्या मुरकुम्बी ने हौसला नहीं छोड़ा।

सहकारी शुगर मिलों का पूँजीगत आधार है-सदस्य किसानों का निवेश। विद्या मुरकुम्बी को किसानों से अपने वेंचर में भी निवेश की उम्मीद थी, हालाँकि निवेश का उनका आइडिया किसानों के लिए पूरी तरह गैर-परम्परागत था। इसे सेल करने के लिए वे बेलगाम जिले के 80

गाँवों में भटकीं। 10 हजार से ज्यादा किसानों से बार-बार मिलीं और उन्हें समझाया कि बेलगाम में शुगर मिल होगी तो किसानों को गन्ने की डिलीवरी के लिए 60 से 70 किमी दूर रामबागा नहीं जाना पड़ेगा और न ही गन्ने का भुगतान प्राप्त करने के लिए बार-बार चक्कर लगाना पड़ेंगे। स्थानीय शुगर मिल उन्हें तत्काल भुगतान करेगी जबकि अभी वे प्रायः नॉन पेमेंट के शिकार भी हो जाते हैं। विद्या मुरकुम्बी ने किसानों से आग्रह किया कि प्रत्येक किसान बेलगाम जिले में मुरकुम्बी परिवार (माँ-बेटे) द्वारा स्थापित की जा रही श्री रेणुका शुगर मिल के शेयर 10 रु. मूल्य पर खरीद लें। यह शुगर मिल उनसे ही गन्ना खरीदेगी और मिल में निवेश के बदले उन्हें अपने मुनाफे में भी भागीदार बनाएगी। किसानों ने उनकी बात तो सुनी पर वे रेणुका शुगर्स के शेयर खरीदने के लिए तब ही तैयार हुए जब नरेन्द्र मुरकुम्बी निजाम शुगर फैक्टरी की 2000 टन से भी ज्यादा वजन की मशीनरी आंध्र प्रदेश से उठाकर कर्नाटक (बेलगाम) से 70 किमी दूर शिडोंगी लाए और उसे यहाँ स्थापित किया। माँ-बेटे का स्वप्न साकार हुआ। विद्या मुरकुम्बी के लिए किसानों का यह आर्थिक सहयोग वह 'टर्निंग प्वाइंट' है जिसने माँ-बेटे की इस जोड़ी को सबसे तेजी से दौड़ते शकर उद्योगपति बनाया है।

श्री रेणुका शुगर्स ने सन् 1998 में 1250 टन प्रतिदिन गन्ना पिराई (Sugarcane crusing) क्षमता के साथ शकर उत्पादन शुरू किया। सन् 2004 ने कम्पनी ने 2500 टन गन्ना पिराई क्षमता की महाराष्ट्र स्थित अजारा कोऑपरेटिव फैक्टरी भी लीज आधार पर संचालन के लिए प्राप्त कर ली। इस सफलता ने विद्या व नरेन्द्र मुरकुम्बी की महत्वाकांक्षा को नए पंख लगा दिए। श्री रेणुका शुगर्स के कारोबारी विस्तार के लिए अक्टूबर, 2005 में उन्होंने पूँजी मार्केट में दस्तक दी।

एक बार फिर यह सबसे अलग किस्म का जननिर्गम था। शेयर मार्केट में सूचीबद्धता के पहले ही कम्पनी के 9900 शेयरधारक, विगत 4 वर्षों से कम्पनी को कच्चा माल-गन्ना सप्लाई कर रहे थे। उन्होंने कम्पनी के प्रमोटरों की विश्वसनीयता पर मुहर लगाई और श्री रेणुका शुगर्स के जननिर्गम को निवेशकों का भरपूर समर्थन प्राप्त हुआ।

अपने किस्म के इस अनूठे जननिर्गम के दस्तावेज में दर्शाया गया था कि श्री रेणुका शुगर्स ने जिन रुग्ण सहकारी शुगर मिलों का लीज आधार पर प्रबन्धन सँभाला है, वे मुनाफा अर्जन कर रही हैं। कर्नाटक व महाराष्ट्र में गन्ने के सघन रकबे के नजदीक स्थित ये शुगर मिलें प्रतिदिन 5000 टन गन्ना पिराई करती हैं। इसके अलावा कम्पनी की शुगर रिफाइनिंग क्षमता है प्रतिदिन 1000 टन। तदनुसार रेणुका शुगर्स गन्ने के अलावा आयातित रॉ शुगर से भी हाईग्रेड शकर बनाती है, जिसके ग्राहक हैं चॉकलेट, च्युइंगम, साफ्ट ड्रिंक्स व ब्रेवरेजेस जैसे उत्पाद बनाने वाले उद्योग, जो केवल सल्फरलेस शुगर* ही उपयोग करते हैं। श्री रेणुका शुगर्स के कुल उत्पादन का दो-तिहाई हिस्सा ये संस्थागत ग्राहक खरीद रहे हैं यानी फिनिश्ड प्रोडक्ट की बिक्री में कोई बाधा नहीं है। निवेशक भी होने से गन्ना उत्पादक किसान कच्चे माल की आपूर्ति सुनिश्चित करते हैं। कम्पनी

*** सल्फरलेस शुगर - न्यूनतम सल्फर वाली शकर कम झागदार यानी कम फेनिल होने से आसानी से अन्य तत्वों के साथ घुल-मिल जाती है। च्युंगम, चॉकलेट, सॉफ्ट ड्रिंक्स जैसे उत्पाद बनाने वाले उद्योग इसलिए केवल सल्फरलेस शुगर ही पसंद करते हैं।**

हाईग्रेड शुगर निर्यात भी करती है। बंदरगाह के नजदीक स्थित होने से रेणुका शुगर्स के लिए शकर जैसी कमोडिटी का निर्यात भी आसान है। कंपनी 60 किलोलीटर एथेनॉल एवं 20 मेगावॉट बिजली उत्पादन भी कर रही है। जिनका कच्चा माल है गन्ने का सूखा चूरा (Bagasse) और शीरा (Molasses)। ये दोनों शकर उद्योग के बाई प्रोडक्ट्स हैं अर्थात वेस्ट के रूप में निकलते हैं। लगभग बिना लागत प्राप्त होते हैं पर मुनाफा अर्जन करते हैं। जननिर्गम वाले वित्त वर्ष में रेणुका शुगर्स ने इन उत्पादों की बिक्री से 420 करोड़ रुपए जुटाए हैं और 32 करोड़ रुपए मुनाफा अर्जन किया है।

100 करोड़ रुपए के जननिर्गम के दस्तावेज में रेणुका शुगर्स के प्रमोटरों ने यह भी दर्शाया था कि कम्पनी ने मोहननगर (महाराष्ट्र) में तीसरी रुग्ण शुगर मिल अधिगृहीत की है, जिसकी उत्पादन क्षमता है 2500 टन गन्ना पिराई प्रतिदिन। इसका उत्पादन बढ़ाकर 4000 टन किया जा रहा है। मुनोली इकाई की गन्ना पिराई क्षमता भी बढ़ाई जा रही है और कम्पनी हल्दिया में 2000 टन क्षमता की एक नई शुगर रिफाइनरी लगा रही है। रेणुका शुगर का लक्ष्य है वित्त वर्ष 2006-07 तक गन्ना पिराई क्षमता 12,500 टन प्रतिदिन पहुँचा देना। तदनुसार एथेनॉल व ऊर्जा का उत्पादन भी बढ़ाना।

रेणुका शुगर्स के 300 रु. प्रति शेयर ऑफर मूल्य को निवेशकों का अच्छा समर्थन मिला। अक्टूबर, 2005 में विद्या मुरकुम्बी ने बेलगाम के एक गन्ना उत्पादक किसान से ही कस्टमरी बेल बजवाकर रेणुका शुगर्स के स्टॉक एक्सचेंज में सूचीबद्ध होने की घोषणा करवाई। कम्पनी के शेयरों की खरीद-फरोख्त के पहले ही दिन 90 के दशक में श्री रेणुका शुगर्स में निवेश करने वाले 9900 किसान 129 करोड़ रुपए के मालिक बन गए। पाँच करोड़ रुपए का उनका निवेश अप्रैल, 2006 में तो बढ़कर 811 करोड़ रुपए हो गया। सरल शब्दों में कहें तो 5000 रुपए छह साल में 7.81 लाख रुपए हो गए थे।

सही कहते हैं बेलगाम के गन्ना उत्पादक किसान-हमारे लिए माँ से भी बढ़कर हैं विद्या मुरकुम्बी, जिन्होंने हमारा और हमारे परिवार का जीवन बदल डाला है। उन्होंने हमें अच्छी गुणवत्ता के बीज व खाद खरीदने के लिए कर्ज दिलवाया। हमें कोयम्बटूर भेजकर मॉडर्न खेती का प्रशिक्षण दिलवाया। वे आज भी कृषि वैज्ञानिकों के साथ स्वयं हमारे खेतों में आती हैं। हमारी फसल देखती हैं और हमें सलाह देती हैं। कभी हम प्रति एकड़ 30 से 40 टन गन्ना उत्पादन कर रहे थे। अब यह औसतन 50 से 60 टन हो गया है, जो कभी-कभी तो 70 टन प्रति एकड़ भी हो जाता है। 'विद्या माँ' से ही हमने सीखा है कि खूब कमाओ पर खर्च खूब सोच-समझकर करो। तदनुसार हमने जमीनें खरीदी हैं। सिंचाई साधन बढ़ाए हैं। मकान बनवाए हैं। बच्चों को उच्च शिक्षा दिलवाई है। हमारे कुछ प्रतिभावान बच्चे तो विदेशों में भी पढ़ रहे हैं। अब हमारे पास मोटरकारें हैं। एक किसान रायप्पा मालप्पा सेट्टी कहते हैं-सन् 2004 में मैं 40 एकड़ भूमि पर मक्का पैदा करता था। सालाना एक लाख रु. कमाता था। इस आय से परिवार का भरण-पोषण मुश्किल था। आज मेरे पास 100 एकड़ भूमि है। मैं प्रति एकड़ लाखों रुपए हर

साल कमा रहा हूँ, इंडिका में घूमता हूँ। वे मजाकिया अंदाज में कहते हैं–"काश अम्मा की बात मानकर मैंने रेणुका शुगर्स के ज्यादा शेयर ले लिये होते तो आज मैं एरोप्लेन में उड़ता।"

इस परिप्रेक्ष्य में यह जानने की जिज्ञासा स्वाभाविक है कि विद्या मुरकुम्बी एवं नरेन्द्र मुरकुम्बी की शेयर होल्डिंग का मूल्य कितना होगा। उनके पास श्री रेणुका शुगर्स के 46.87 फीसदी शेयर हैं, जिनका मार्केट मूल्य होता है करीब 2000 करोड़ रुपए। दिलचस्प बात यह है कि नवकुबेर विद्या मुरकुम्बी आज भी बेलगाम में ही रहती हैं। उनकी जीवनशैली व दिनचर्या नहीं बदली है। और नरेन्द्र मुरकुम्बी! जब मीडिया उन्हें नवोदित कुबेर कहता है तो वे जवाब देते हैं–"यह गौण है कि मेरी सम्पदा कितनी है। गर्व की बात यह है कि हमारी जरूरत के समय हमारा साथ देने वाले किसान हमारे साथ-साथ सम्पन्न हुए हैं। रेणुका शुगर्स आज प्रतिदिन 50 हजार किसानों से 2 करोड़ रुपए मूल्य का गन्ना खरीदा रही है। हम कभी भी इसका समय पर भुगतान करने से नहीं चूके हैं, बल्कि हमने सहकारी शुगर मिलों से औसतन 200 रुपए प्रति टन ज्यादा भुगतान ही किया है।"

वस्तुतः नरेन्द्र मुरकुम्बी को भी माँ से संस्कार मिले हैं–"जड़ों से नाता मत तोड़ो। जड़ से जुड़े रहोगे तो खूब फलोगे-फूलोगे।" यही कारण है कि नरेन्द्र मुरकुम्बी कई साल तक वर्ली सी-फेस मुम्बई में किराए के एक छोटे फ्लैट में रहे हैं। साउथ मुम्बई में फ्लैट खरीदना चाहा पर प्रभादेवी (मुंबई) में खरीदा क्योंकि यह तुलनात्मक रूप से सस्ता था और बड़ा भी।

कर्नाटक के बेलगाम जिले में माँ रेणुका (स्थानीय देवी) की अगाध श्रद्धा के साथ पूजा-अर्चना की जाती है। विद्या मुरकुम्बी ने भी अपने वेंचर का नामकरण किया है श्री रेणुका शुगर्स। माँ-बेटे पर माँ की कृपा हुई, क्योंकि एक दूरन्देशी महिला ने 10 हजार किसानों के सौभाग्य के साथ अपना व अपने पुत्र का भाग्य जो जोड़ दिया था। पुरुषार्थ से भाग्य के इस अद्भुत मेल में पुत्र के गुरुषार्थ को दोहराना भी प्रासंगिक होगा।

नरेन्द्र मुरकुम्बी

सालाना 30 हजार करोड़ रुपए का भारतीय शकर उद्योग दो हिस्सों में बँटा हुआ है। उत्तर भारत में निजी हाथों ने इसके सूत्र सँभाले हुए हैं तो कर्नाटक और महाराष्ट्र में यह उद्योग सहकारी संस्थाओं के नियंत्रण में है। सहकारी क्षेत्र की अपनी कार्यप्रणाली है जिसका परम्परागत दोष हैं–नॉन- प्रोफेशनल परिचालन (Non professional operation)। मसलन, सहकारी शुगर मिलें पूरी तरह केवल गन्ने की फसल पर निर्भर हैं। किसी साल यदि गन्ना उत्पादन कम हो तो उनका शकर उत्पादन भी घट जाता है। उत्पादन में गुणवत्ता के यूरोपीय मापदंडों (उदाहरणार्थ शकर में सल्फर तत्व कम से कम हो) का ये अनुपालन नहीं करती हैं, जिसके कारण औद्योगिक क्रेता (कोको कोला, कैडबरी आदि) इनसे खरीद नहीं करते हैं। सहकारी शुगर मिलों की तीसरी बड़ी समस्या है उत्पादन घटने से रुग्णता और फलस्वरूप किसानों को गन्ने के भुगतान में विलम्ब या नॉन- पेमेंट। सहकारी शुगर मिलों ने वित्तीय संस्थानों से भारी कर्ज लेकर अपनी इस रुग्णता को और भी गम्भीर बनाया है। श्री रेणुका शुगर्स का नरेन्द्र मुरकुम्बी ने प्रोफेशनल

संचालन किया है। लीज पर सहकारी शुगर क्षेत्र की मिलों का अधिग्रहण व कायाकल्प उनकी पहली अद्भुत पहल* है।

सहकारी शुगर मिलें लीज पर प्राप्त करने से उन्हें दो फायदे हुए हैं। एक, कम लागत में उत्पादन क्षमता बढ़ गई। दूसरे, नई मिल स्थापित करने का समय, श्रम व पूँजी बची। शुगर मिलें मिल गईं तो नरेन्द्र ने सबसे पहले उत्पादन के दोनों स्रोत एक साथ खोले। गन्ने के अलावा उन्होंने लो-क्वालिटी इम्पोर्टेड रॉ शुगर का भी कच्चे माल की तरह उपयोग किया और उत्पादन कई गुना बढ़ा दिया। रॉ शुगर से बनी हाईग्रेड शुगर कंपनी ने औद्योगिक खरीदारों को बेची या निर्यात की। परिणाम! कम्पनी की कुल बिक्री में संस्थागत खरीदारों की हिस्सेदारी दो-तिहाई है। इस सीधी बिक्री से कम्पनी का मुनाफा बढ़ा और भुगतान भी समय पर प्राप्त हुआ। कई अन्य फायदे हुए, जैसे-प्रतिबद्ध खरीदार, उनके द्वारा निर्धारित समय पर निश्चित खरीद के साथ मूल्य के मूवमेंट की जोखिम से मुक्ति, सीमित कार्यशील पूँजी से ज्यादा व्यापार और ब्रोकर्स से छुटकारा। परिणाम! श्री रेणुका शुगर्स आज देश की सबसे बड़ी शकर निर्यातक कम्पनी है। कम्पनी के कर्नाटक व महाराष्ट्र में अपने व लीज्ड कई संयंत्र हैं। सन् 2008 में कम्पनी ने हल्दिया (पश्चिम बंगाल) में रिफाइनरी स्थापित की है। पश्चिम बंगाल में गन्ना पैदा नहीं होता। अतः श्री रेणुका शुगर्स वहाँ लो-क्वालिटी रॉ शुगर को प्रोसेस करती है। रिफाइनरी का यह आयातित कच्चा माल है तो रिफाइंड शुगर भी निर्यात करती है। समुद्र तट पर स्थित होने से यहाँ से इंटरनेशनल ट्रेडिंग की कम लागत का श्री रेणुका शुगर्स को 'बोनस' (अतिरिक्त फायदा) मिलता है। निःसंदेह उत्पादकता के नजरिए से श्री रेणुका शुगर के बिग ब्रदर्स (पढ़ें-प्रतिस्पर्धी) हैं-शिशिर बजाज व कुशाग्र बजाज द्वारा संचालित बजाज हिंदुस्तान (56 हजार टन गन्ना पिराई क्षमता प्रतिदिन) एवं मीनाक्षी सरावगी द्वारा संचालित बलिराम चीनी (45 हजार टन गन्ना गिराई क्षमता प्रतिदिन)। श्री रेणुका शुगर्स की उत्पादन क्षमता इनसे कम (कुल 35 हजार टन) है, पर बिजली उत्पादन, डिस्टलरी व रिफाइनरी के जरिये कम्पनी शकर उद्योग के हर बाईप्रोडक्ट व्यापार में उनसे आगे है। स्थापना के तीन वर्ष बाद सन् 2000 में श्री रेणुका शुगर्स ने 50 करोड़ रुपए के सालाना टर्नओवर पर 2 करोड़ रुपए मुनाफा कमाया था। इसके बाद नरेन्द्र मुरकुम्बी ने श्री रेणुका शुगर्स को शुकर इंडस्ट्री के हर सेगमेंट में सक्रिय किया तो टर्नओवर व मुनाफा तेजी से दौड़ा। इसका श्रेय नरेन्द्र मुरकुम्बी को है, जो कम्पनी के मुम्बई स्थित कॉरपोरेट कार्यालय से कारोबार संचालित करते हैं। वे फाइनेंस व ट्रेडिंग में माहिर हैं तो विद्या मुरकुम्बी का आज भी मुख्यालय बेलगाम में है। उनकी खूबी है स्थानीय लोगों खासकर किसानों और स्थानीय प्रशासन से नजदीकी के साथ शुगर मिलों का दैनंदिन संचालन। है न अद्भुत योग! माँ-बेटे एक-दूसरे के पूरक हैं।

*** विश्व के सबसे बड़े स्टील उत्पादक लक्ष्मी एन. मित्तल नरेन्द्र मुरकुम्बी के प्रेरणास्त्रोत हैं। उन्होंने सरकारी क्षेत्र की रुग्ण स्टील मिलों को अधिगृहीत करके लाभदायक बनाया है। नरेन्द्र मुरकुम्बी ने रुग्ण सहकारी शुगर मिलों पर यह बिजनेस मंत्र सफलता से लागू किया है।**

नरेन्द्र मुरकुम्बी विश्व शकर मार्केट के प्राइस मूवमेंट पर सतत नजर रखते हैं। इस मार्केट के बड़े खिलाड़ियों मसलन यूके की टेटे एवं लेले (Tate & Lyle plc,UK) के साथ श्री रेणुका शुगर्स के वाणिज्यिक रिश्ते हैं। यह दुनिया की सबसे बड़ी शुगर ट्रेडिंग कम्पनी है। वर्ल्ड शुगर मार्केट की समझ व रुझान को पकड़ने के कारण नरेन्द्र मुरकुम्बी की एनसीडीईएक्स (शुगर फ्यूचर मार्केट) में भी खास साख है। शकर उद्योग के बाइ प्रोडक्ट एथेनॉल* के मार्केट पर भी श्री रेणुका शुगर्स की नजर है।

नरेन्द्र मुरकुम्बी को उम्मीद है कि बॉयोफ्यूल का चलन बढ़ेगा और श्री रेणुका शुगर्स एथेनॉल बिक्री से भी अच्छा मुनाफा कमाएगी। गन्ना पिराई के वेस्ट (सूखे चारे) से श्री रेणुका शुगर्स बिजली उत्पादन बढ़ाकर अपना मुनाफा बढ़ा रही है। कम्पनी की कुल आय में नॉन शुगर कमाई की हिस्सेदारी 15 फीसदी हो गई है। शकर ट्रेडिंग का आय में हिस्सा 28 फीसदी के आसपास है। नरेन्द्र मुरकुम्बी की प्रबंधकीय सूझबूझ और विद्या मुरकुम्बी की नमोन्मेषी पहल का सुफल है कि विदेशी निवेशक श्री रेणुका शुगर्स की इक्विटी में भागीदार बनने लगे हैं। रेणुका शुगर्स कमोडिटी उद्योग की कैश-रिच कम्पनी है, जिसकी शेयर मार्केट व गन्ना उत्पादक किसानों के बीच खूब साख है।

विद्या मुरकुम्बी ने साबित किया है कि प्रकृति से पुरुषों की तरह ही महिलाओं को उद्यमशीलता मिली है। वे परिवार के कृत्रिम सुरक्षा कवच से बाहर निकलने का साहस जुटा लें तो उद्योग व कारोबार के क्षेत्र में भी पुरुषों को परास्त कर सकती हैं। बिजनेस वर्ल्ड ने विद्या मुरकुम्बी व नरेन्द्र मुरकुम्बी की इस सफलता को 'रंक से राजा' बनने के विशेषण से नवाजा है। मेरे नजरिये से यह जोश और होश से धन कमाने की कहानी है। एक माँ के संकल्प व सद्-इच्छा व पुत्र के पुरुषार्थ ने अपने लिए अपार सम्पदा कमाई है, वरन् अपने आसपास के माहौल को भी पूरी तरह बदल डाला है। माँ-बेटे ने भारतीय किसानों को दुर्दिनों से उबरने का मार्ग भी दिखाया है।

***हमारे देश का सबसे बड़ा आयात खर्च है क्रूड ऑइल। देश की कुल क्रूड ऑइल जरूरत का 80 फीसदी हिस्सा आयात से पूरा होता है। इस खर्च को घटाने एवं पर्यावरण हितैषी ईंधन का वाहनों में उपयोग बढ़ाने के लिए भारत सरकार ने एथेनॉल ब्लेंडेड डीजल वितरित करने का निर्णय लिया है, पर इसकी कमी के कारण यह संभव नहीं हुआ। सरकार की मंशा है कि सारे देश में एथेनॉल ब्लेंडेड ऑटो फ्यूल उपयोग होने लगे। यदि ऐसा होता है तो देश को सालाना लाखों किलो लीटर एथेनॉल की जरूरत पड़ेगी। ऑइल मार्केट कम्पनियाँ एथेनॉल की आपूर्ति के लिए शकर मिलों और ब्राजील पर निर्भर है। भारतीय शकर उद्योगपतियों का कहना है कि वे करोड़ों टन शकर उत्पादन करके इतना एथेनॉल उपलब्ध करवा सकते हैं कि सरकार चाहे तो सारे देश में एथेनॉल ब्लेंडेड ऑटो फ्यूल का उपयोग अनिवार्य कर दे, आपूर्ति हो जाएगी।**

लोकल से ग्लोबल
इंडियन कॉरपोरेट्स

49

गोताखोर

राजश्री पाथी

"हम जब जन्म लेते हैं तो मुट्ठी बँधी होती है, पर हम जब दुनिया छोड़ते हैं तो हथेलियाँ खुली होती हैं।"

विधाता के इस विधान (फॉर्मूले) की दार्शनिकों ने अलग-अलग व्याख्या की है। ओशो कहते हैं-"भगवान भूल नहीं करता। वह किसी को भी दुनिया में खाली हाथ नहीं भेजता है। दुनिया में ऐसा एक भी शख्स नहीं है जिसे माँ की कोख से कोई प्रतिभा या कोई गुण नहीं मिला हो।" प्रतिभा को निखारने में परिवेश अहम भूमिका निभाता है यानी 'जैसा संग वैसा रंग।' यही कारण है कि जिन्हें सकारात्मक परिवेश मिलता है उनका व्यक्तित्व बहुआयामी हो जाता है अन्यथा नैसर्गिक प्रतिभा धूमिल हो जाती है। अपनी चमक खो देती है।

भारतीय महिलाओं को पारिवारिक परम्पराओं व सामाजिक परिस्थितियों के कारण ऐसे अवसर नहीं मिले, जो व्यक्तित्व को बहुआयामी व धारदार बनाए। बचपन में पिता, युवा अवस्था में पति और प्रौढ़ावस्था में पुत्र का संरक्षण उन्हें भी इतना रास आया कि इस सुरक्षा कवच के बदले उन्होंने शारीरिक शोषण व मानसिक दोहन को अपनी नियति मान लिया। नि:संदेह, हमारे समाज में ऐसी महिलाएँ भी हैं, जिन्होंने इस सुरक्षा कवच को छिन्न-भिन्न किया और अपनी जन्मजात प्रतिभा को बहुआयामी बनाते हुए अपनी अलग पहचान बनाई है। अपने व्यक्तित्व व अपने कृतित्व को अपनी महत्वाकांक्षा के अनुरूप सँवारने वाली ऐसी ही एक उद्यमी हैं-राजश्री पाथी।

कोयम्बटूर के राजश्री ग्रुप की चेअरमैन-मैनेजिंग डायरेक्टर राजश्री पाथी को देखकर यह विश्वास नहीं होता कि वे वयस्क पुत्री व पुत्र की माँ हैं। एक साक्षात्कार में राजश्री

ने बड़ी दिलचस्प बात कही है–''हिंदुस्तान टाइम्स की डायरेक्टर शोभना भरतिया एवं मेरे बीच एक समझौता हुआ है कि हम दोनों पत्रकारों को अपनी उम्र नहीं बताएँगे।'' विगत 22 वर्षों से राजश्री ग्रुप के टेक्सटाइल, कृषि, फूड्स, कॉटन यार्न, एनर्जी, अचल सम्पदा, ऑटोमोटिव, ट्रेवल्स व फाइनेंस कारोबार का अकेले संचालन करते हुए राजश्री पाथी ने अपने सारे शौक भी पूरे मनोयोग से पूरे किए हैं। फॉर्मूला वन (कार रेस) के लिए मशहूर नारायण कार्तिकेय के पिता की कजन राजश्री पाथी शोलावरम* में हिस्सा ले चुकी हैं।

स्कूबा डाइव (Scuba Dive; अंतरजलीय गोताखोरी)** करते हुए उन्होंने समुद्र की गहराई के रोमांच को महसूस किया है तो पानी की गहराई में जीव-जन्तु और वनस्पति के जीवन को अपने कैमरे में कैद किया है। वे कोयम्बटूर स्थित सेंटर फॉर परफारमेंस आर्ट्स से जुड़ी हुई हैं और यंग आर्टिस्ट खासकर ग्रामीण कलाकारों की मददगार व प्रमोटर हैं। राजश्री पाथी का कला-प्रेम उनके व्यावसायिक जीवन में भी दिखाई देता है। कोयम्बटूर स्थित उनके दफ्तर का नाम है– यूफीजी (Uffizi)। यह नामकरण फ्लोरेंस स्थित विश्वप्रसिद्ध म्यूजियम यूफीजी गैलरी से केवल प्रेरित है। यूफीजी की तरह यहाँ भी खूबसूरत व दुर्लभ पेंटिंग्स देखी जा सकती हैं, जिन्हें राजश्री ने सारी दुनिया से चुन-चुनकर खरीदा है। कोयम्बटूर एयरपोर्ट मार्ग पर स्थित नारियल के वृक्षों से आच्छादित 25 एकड़ भूखंड पर निर्मित उनके आवास के आर्किटेक्चर एवं इंटीरियर डेकोरेशन की मिलान आर्किटेक्चर डायजेस्ट ने प्रशंसा की है। यह भारत का दूसरा निजी आवास है जिसकी विश्वप्रसिद्ध आर्किटेक्चर मैगजीन में चर्चा हुई है। राजश्री पाथी का कहना है कि उन्होंने अपने घर को सजाने पर मात्र तीस लाख रुपए खर्च किए हैं। दूसरे शब्दों में वे कह रही हैं कि सलीके से रहने व जीने के लिए पैसा जरूरी नहीं है, बस चाहिए थोड़ी सूझबूझ।

सही कहती हैं राजश्री पाथी। प्रतिभावान महत्वाकांक्षी शख्स–महिला हो या पुरुष बँधी-मुट्ठी में समाए नैसर्गिक/जन्मजात गुणों को वैसे ही निखार लेते हैं जैसे सीप में मोती। वस्तुतः राजश्री पाथी का दूसरा नाम है हौसला। उनके बिजनेस कैरियर पर थॉमस फुलर का यह कथन अक्षरशः चरितार्थ होता है–व्यवसाय की पहली, दूसरी व तीसरी जरूरत है हिम्मत, हिम्मत और हिम्मत। (Boldness in business is first, second and third thing: Thomas Fuller)।

तो आइए, इस परिप्रेक्ष्य में मूल विषय पर लौटें और जानें कि राजश्री पाथी कैसे बनी हैं बिजनेस टायकून और इस रपटीले कॉरपोरेट कैरियर को उन्होंने किस बहादुरी से इस मुकाम पर पहुँचा

*** Sholavaram: Motorsports/car racing, like Formula One event organised by the Federation of Motor Sports of India in accordance competition rules.**

**** Scuba Diving: It is using self-contained breathing equipment to stay underwater for periods of time greater than human breath-holding ability allows. There are a variety of reasons why people go Scuba diving such as: It allows interested individuals to be close to various marine lives. Each dive has something unusual to offer. It is an enormous approach of discovery. It is relaxing outdoor activity.**

दिया कि फिक्की ने उन्हें 'वूमन ऑफ द ईयर' अवार्ड से नवाजा। मजेदार बात यह है कि इस अवार्ड समारोह में राजश्री पाथी ने कहा था–''जब बैलेंसशीट में नहीं लिखा होता कि इसे महिला या पुरुष चेअरपर्सन में से किसने बनाया है तो बिजनेस वर्ल्ड महिला सीईओ या पुरुष सीईओ में अंतर क्यों करता है। महिला उद्यमी को अलग अवार्ड क्यों?''

कठरोबारी गुर (सूझबूझ) राजश्री पाथी को अपने पैतृक परिवार से विरासत में मिला है। उनके दादा पीएसजी नायडू ने सन् 1911 में एक जीनिंग फैक्टरी स्थापित की थी। उनके पिता वरदराज ने इस कारोबार का विस्तार करते हुए सन् 1957 में गंगा टेक्सटाइल लिमिटेड और सन् 1980 में राजश्री स्पीनिंग मिल्स की स्थापना की। वरदराज के 'राज' व राजश्री पाथी की माँ 'श्री' के योग से बना है–शब्द राजश्री (समूह)।

स्कूली शिक्षा पूरी करने के बाद राजश्री पाथी जेजे स्कूल में आर्ट और आर्किटेक्चर की डिग्री लेना चाहती थीं पर माँ भावुक हो गई कि बेटी घर से दूर अकेली रहेगी। माँ की भावना का आदर करते हुए राजश्री ने कोयम्बटूर नहीं छोड़ा। कॉमर्स ग्रेजुएशन की पढ़ाई करते हुए वे और उनकी बहन जयश्री कारोबार में पिता की मददगार बन गईं। जवानी की दहलीज पर कदम रखते ही कोयम्बटूर के पाथी परिवार (लक्ष्मी मिल के लिए मशहूर) में राजश्री का विवाह हो गया।

सन् 1990 में वज्रपात हुआ। राजश्री पाथी के पिता एवं राज्यसभा सदस्य जी. वर्धराज एम्सटर्डम में सांध्य भोज में एक टिक्का (Steak; a slice of meat or a large fish) निगल गए । दस दिन कोमा में रहने के बाद 52 वर्ष की उम्र में उनका निधन हो गया। राजश्री कहती हैं–माँ यह सदमा बर्दाश्त नहीं कर पाईं। पहले उन्होंने याददाश्त खोई फिर हमें अकेला छोड़ गईं। अनायास ही माँ–पिता नहीं रहे तो कारोबार का सारा बोझ राजश्री के कंधों पर आ पड़ा। राजश्री पाथी तब एक परम्परागत बहू और एक नन्हे शिशु की माँ थीं। उन्होंने तत्कालीन चुनौती का कैसे सामना किया इसे उनके इन शब्दों से समझा जा सकता है 'Lifc is a rollcr coastcr ridc- cnjoy the high and survive the lows.'

इसे हिंदी में दोहराएँ तो–

''जीवन है समुद्र की लहरों पर सवार नौका
लहरों पर झूलने का सुनहरा मौका
जीवन है हर पल भारी होड़
पल-पल रोमांच तो जीवन बचाने की दौड़।''

जी. वर्धराज राज्यसभा में मनोनीत हुए तो उन्होंने बड़ी पुत्री राजश्री को राजश्री ग्रुप की चेअरमैन- मैनेजिंग डायरेक्टर नियुक्त कर दिया था। समूह तब शुगर टेक्सटाइल, ट्रेवल और फाइनेंस सेक्टर में सक्रिय था और 12 करोड़ रुपए का टर्नओवर कर रहा था। सन् 1990 में पिता के असमय निधन के बाद वे सही मायने में समूह की सिरमौर बनीं, तब टर्नओवर था 60 करोड़ रुपए। एक साक्षात्कार (बिजनेस स्टैंडर्ड, दिसम्बर, 2005) में उन्होंने कहा है–''भावुकता के क्षणों में मेरे पिता ने अपने मित्र स्व. एमजी रामचंद्रन के चुनाव क्षेत्र अंडीपट्टी (तमिलनाडु) में

एक शुगर फैक्टरी स्थापित कर दी थी जो उन दिनों गन्ने की फसल लगातार कमजोर होने से हमारे लिए भारी घाटे का कारोबार थी। जब मैंने जवाबदारी सँभाली तो इस शुगर मिल के पास इतना पैसा भी नहीं था कि वेतन चुका सके। दो वर्ष तक मैंने कोयम्बटूर से बार-बार अंडीपट्टी तक दौड़ लगाई। उसी दौर में दूसरी संतान को भी जन्म दिया। तमिलनाडु के शकर उद्योग से जुड़े महारथी–ईआईडी पेरी, शक्ति आदि ने इस रुग्ण शुगर मिल को खरीदने की पेशकश की। मैंने मना कर दिया तो उन्होंने मेरे ससुराल से सम्पर्क किया। मित्र-परिजनों ने मुझे समझाया कि तुम कारोबार की बारीकियाँ नहीं जानती हो। राजश्री ग्रुप की बागडोर समुदाय के किसी प्रोफेशनल पुरुष को सौंप दो।''

राजश्री पाथी ने किसी की बात नहीं सुनी। लोगों ने उन्हें अक्खड़ (Arrogant) कहा और अपने हाल पर छोड़ दिया। माँ-पिता के जीवनकाल में उन्हें शानदार व आरामदेह जीवन मिला था। राजश्री को तब भी विवादों और प्रतिकूल परिस्थितियों से रूबरू होने में खूब मजा आता था। गैर- परम्परागत आइडिया उन्हें उकसाते थे। किसी ने सच ही कहा है कि सकारात्मक सोच के साथ लीक से हटकर चलने वाले ही वह सफलता प्राप्त करते हैं जो बिरलों को मिलती है। यही हुआ। राजश्री पाथी ने पिता से विरासत में मिले कारोबार को 25 वर्षों में दस गुना कर दिया है। उनके नेतृत्व में राजश्री ग्रुप ने न केवल रुग्ण शुगर इकाइयों को पुनर्जीवित किया वरन् एक नई शुगर मिल और एक मॉडर्न टेक्सटाइल यूनिट भी स्थापित की है। राजश्री शुगर्स एंड केमिकल्स ने शकर के बॉई-प्रोडक्ट्स बेगासिस से बिजली और मोलासिस से इंडस्ट्रियल अल्कोहल बनाना शुरू किया। हाईग्रेड शुगर (ब्राउन) डेमेरारा ब्रांड नाम से लांच की है।

राजश्री कहती हैं–''मैं वातानुकूलित दफ्तर में बैठकर आईटी जैसे बिजनेस के लिए नहीं बनी हूँ। मुझे तो गन्ने के खेत अच्छे लगते हैं। किसानों से बात करना मुझे पसंद है। मैं नि:संकोच उनके घर में घुस जाती हूँ।'' और राजश्री पाथी की मित्र मल्लिका साराभाई कहती हैं–''राजश्री पाथी जब तमिलनाडु के दूरदराज के गाँवों में भटकती थीं, खेतों में किसानों से मिलती थीं और उन्हें गन्ना बोने के लिए उकसाती थीं तब वे तमिल व तेलगू नहीं जानती थीं, पर अब तो गाँवों की बोली भी वे फर्राटे से बोलती हैं।''

जिज्ञासाओं का समाधान खोजना राजश्री पाथी का गुण भी है और कमजोरी भी। ज्ञान प्राप्ति में उम्र व परिस्थितियाँ उनके लिए बाधा नहीं बनी हैं। कॉरपोरेट वर्ल्ड में सक्रिय हुईं तो राजश्री को लगा कि उनके पास प्रोफेशनल शिक्षा होना चाहिए। बस, हार्वर्ड बिजनेस स्कूल से तीन वर्षीय ऑनर्स/प्रेसीडेंट मैनेजमेंट प्रोग्राम (1994-96) उन्होंने ज्वॉइन कर लिया। सन् 1999 में फ्रांस के एक बिजनेस स्कूल से Strategic alliances and Corporate Ethics (रणनीतिक गठबंधन एवं कॉरपोरेट मूल्यों) की पढ़ाई की। विलम्ब से प्राप्त की गई इस मॉडर्न शिक्षा-दीक्षा के बारे में राजश्री का कहना है कि–''इन कोर्सेस खासकर ऑनर्स मैनेजमेंट कोर्स ने मेरा आत्मविश्वास बढ़ाया है। दूसरे देशों के बिजनेस ऑनर्स इस कोर्स में मेरे सहपाठी थे। हमने परस्पर अनुभव शेयर किए। फलत: हम चीजों को नए अंदाज से देखने लगे।''

नो-नॉनसेंस स्वभाव की राजश्री पाथी ने समय के साथ ग्रुप की कोर टीम को भी बदला है। जो उनकी प्रोफेशनल कार्यप्रणाली को पसंद नहीं करते थे, उन्हें अलविदा कहा और अपनी नई टीम बनाई। उनके अनुसार लॉयल्टी से ज्यादा जरूरी है-अपने काम के प्रति गंभीरता और लक्ष्य प्राप्ति के लिए प्रतिबद्धता। वे कहती हैं-"मुझे यह देखकर संतुष्टि मिलती है कि तमिलनाडु के जिस पिछड़े व वीरान क्षेत्र में हमने शुगर मिल स्थापित की थी, वह अब चहल-पहल से सराबोर एक खुशहाल इंडस्ट्रियल एरिया है। राजश्री पाथी तब संतुष्टि महसूस करती हैं जब गन्ना उत्पादक किसान भावुक होकर कहते हैं-आपने तो हमें भी करोड़पति बना दिया है।"

दिलचस्प बात है कि राजश्री पाथी अपनी उम्र नहीं बतातीं, पर राजश्री शुगर व केमिकल्स लि. का ऐसा कारोबार भी है, जो इस बात का संकेत देता है कि वे अपने लुक से अपनी उम्र कैसे झुठला पायी हैं। यह कारोबार है आयुर्वेदिक ब्यूटी प्रोडक्ट्स। सन् 2002 में राजश्री पाथी ने जाने-माने ग्राफिक व प्रोडक्ट डिजाइनर विवेक साहनी के साथ लांच की है कामा आयुर्वेद, जिसके प्रोडक्ट्स की अमेरिकन पत्रिका वॉग (Vogue) में चर्चा हुई है। वॉग ने कामा आयुर्वेदिक के हर्बल कॉस्मेटिक उत्पादों पर प्रकाशित लेख में लिखा है-"कामा आयुर्वेद के उत्पाद भारत सहित दुनिया के कई देशों के विश्वप्रसिद्ध स्पॉ व स्टार होटलों में उपयोग किए जा रहे हैं।" विश्वप्रसिद्ध पत्रिका में कामा इंडियन हर्बल कॉस्मेटिक प्रोडक्ट्स की चर्चा के संदर्भ में कामा आयुर्वेद के डायरेक्टर विवेक साहनी का कहना है कि यह इस बात की मिसाल है कि पूर्व ने पश्चिम को केवल योग नहीं सिखाया है, बल्कि ऐसे प्रमाणित पुरातन सौंदर्य-पोषक उत्पाद भी दिए हैं, जो कभी कालातीत नहीं होते।

राजश्री पाथी ने कॉरपोरेट वर्ल्ड से भी मान्यता व मान-सम्मान पाया नहीं, कमाया है। साउथ इंडियन शुगर मिल एसोसिएशन के बैनर तले उन्होंने शुगर इंडस्ट्री के लिए तो कॉन्फिडरेशन ऑफ इंडियन इंडस्ट्री (सीआईआई) के बैनर तले टेक्सटाइल उद्योग के लिए जमकर लॉबिंग की है। इंडियन शुगर मिल एसोसिएशन ने 2004-05 में पहली बार किसी महिला उद्यमी को अपना प्रेसीडेंट मनोनीत किया। इस कार्यकाल में राजश्री पाथी ने भारत में इथेनॉल ब्लेंडेड ऑटो फ्यूल का चलन बढ़ाने के लिए भारत सरकार को तैयार किया। उनकी दलील थी कि इससे सरकार का क्रूड ऑइल का आयात खर्च घटेगा और ईको फ्रेंडली ईंधन का उपयोग बढ़ने से जनसाधारण का भी भला होगा। शुगर इंडस्ट्री के लिए तो यह फायदे का सौदा है ही क्योंकि इथेनॉल का कच्चा माल शकर उद्योग का वेस्ट या कहें कि बाई-प्रोडक्ट है। राजश्री पाथी के प्रयासों से ही भारत सरकार ने इथेनॉल प्रोग्राम को योजना आयोग के एजेंडा में शामिल किया है।

राजश्री पाथी के लिए फिक्की के लेडीज ऑर्गेनाइजेशन के 'वूमन ऑफ द ईयर' अवार्ड से ज्यादा महत्वपूर्ण है सन् 1996 में डेवोस में आयोजित वर्ल्ड इकोनॉमिक फोरम में 'ग्लोबल लीडर ऑफ टूमारो' अवार्ड (Global Leader of Tommorow Award)। इस अवसर पर सारी दुनिया में इथेनॉल को ऑटो फ्यूल के रूप में मान्यता दिलवाने के लिए राजश्री पाथी ने ग्लोबल शुगर एलायंस के गठबंधन में भी अहम भूमिका निभाई थी।

राजश्री पाथी के मित्र कहते हैं कि दोस्त बनाने व दोस्ती निभाने की कला में माहिर हैं राजश्री। कॉरपोरेट कार्यालय में वे जितनी देर बैठती हैं उससे ज्यादा समय गन्ने के खेतों में व्यतीत करती हैं। बिजनेस टूर उन्हें खूब पसंद हैं। जहाँ जाती हैं वहाँ प्रबुद्ध लोगों खासकर कलाधर्मी हस्तियों को अपना निजी मित्र बना लेती हैं। उनका दक्षिण भारतीय कुक हमेशा उनके साथ होता है। मित्रों को वे अपनी पसंद की दक्षिण भारतीय डिशेस बड़े चाव से सर्व करती हैं। राजश्री पाथी के व्यक्तित्व व कृतित्व को कम से कम शब्दों में समेटना हो तो अंग्रेजी में एक शब्द है–Workerettes (ऐसा शख्स जो प्रयोजन विशेष के लिए काम करे)।

राजश्री पाथी के अनुसार–समाज को कुछ लौटाने की सामर्थ्य कॉरपोरेट सेक्टर की सबसे बड़ी उपलब्धि है। बॉटम लाइन या शेयर होल्डर वैल्यू जैसे शब्द जुगाली (Buzzwords) हैं जो मुझे नहीं लुभाते। मुझे तो संतुष्टि तब मिलती है जब लोग कहते हैं कि आपके प्रयासों से हम भी आज शानदार जीवन जी रहे हैं। अपने दो बच्चों के साथ मैं एक साल तक गाँव में भी रही हूँ। किसानों को गन्ना पैदा करने की प्रेरणा देने के लिए उन दिनों मैं लगातार दौड़ी हूँ। यही मेरी सफलता का राज है।

हमारे देश की सालाना क्रूड ऑयल जरूरत है 15 करोड़ टन। इसका 80 फीसदी हिस्सा हम आयात से जुटा रहे हैं। यह ऐसा भारी खर्च है, जिसे बचाना चाहिए। बायो फ्यूल्स से यह संभव है। सन् 2007 में भारत सरकार ने परिवहन ईंधन में 5 फीसदी बायो फ्यूल्स का मिश्रण अनिवार्य किया था, पर बायो फ्यूल्स की कमी के कारण यह लागू नहीं हुआ। अब सरकार ने लक्ष्य बनाया है कि देश में बायो फ्यूल का इतना उत्पादन हो कि सन् 2017 तक परिवहन ईंधन में 20 फीसदी बायो फ्यूल्स का मिश्रण अनिवार्य कर दिया जाए। शकर उत्पादक उद्योगपतियों के लिए यह मौका है। इनमें से भी वे तो इसे सुनहरे मौके में बदल सकते हैं, जो शोध अनुसंधान से बायो फ्यूल्स का न्यूजनरेशन फॉर्मेट विकसित कर लेंगे।

शहंशाह की वापसी

अमिताभ बच्चन

यह सवाल स्वाभाविक है कि भारतीय कॉरपोरेट वर्ल्ड के स्टार्स पर केंद्रित इस पुस्तक में सिने स्टार अमिताभ बच्चन पर यह निबंध क्यों? जवाब है बच्चन देश के मनोरंजन उद्योग के ऐसे कॉरपोरेट भी हैं, जो पहली पारी में हिट विकेट आउट हुए। घाटे की घाटी में बुरी तरह फँसे और कर्ज का फंदा ऐसा कसा कि उनका दम घुटने लगा। उनकी कंपनी अमिताभ बच्चन कॉरपोरेशन लि. (एबीसीएल) को बीआईएफआर (औद्योगिक व वित्तीय पुनर्गठन मंडल) के आईसीयू में शरण लेनी पड़ी। साहूकारों ने दर्जनों मुकदमे कायम करके अमिताभ बच्चन की चमचमाती छवि को पूरी तरह व बुरी तरह धूल-धूसरित कर दिया। अमिताभ के घनघोर प्रशंसक मीडिया जगत की नींद भी उड़ गई और 'एक शहंशाह के अंत' वाले शीर्षक की काल्पनिक कहानियाँ खूब लिखी व पढ़ी गईं। दुर्दिनों के दौर में बिग-बी का आसमाँ छूता कद इतना बौना हुआ कि टूटते सितारे को देखना 'लक' मानने वाले लोग सबसे ज्यादा चमकीले सितारे के टपकने की प्रतीक्षा करने लगे। और फिर करिश्मा हुआ। रील लाइफ में हमेशा संघर्ष करके अपना हक छीनने वाले अमिताभ बच्चन रीयल लाइफ में भी जुझारूपन की जिंदा मिसाल बन गए। अपना डूबता मान-सम्मान बचाने के लिए 60 साल की ढलती व थकती उम्र में उन्होंने बेल्ट कसा, अपनी सारी क्षमता व प्रतिभा को इकट्ठा किया, अस्तित्व व अस्मिता दाँव पर लगाकर ऐसी मिसाल कायम की, जिसे देख सिने जगत ही नहीं, देश का कॉरपोरेट वर्ल्ड भी दाँतों तले अँगुली दबा बैठा। अकेले अमिताभ ने वह कर दिखाया है, जो कई नामी-गिरामी कंपनियाँ भी नहीं कर पाई थीं। दिवालिएपन की मोहर लग जाने पर कर्ज नहीं चुकाने की क्षम्य परंपरा

को तार-तार करके बच्चन ने साहूकारों की पाई-पाई लौटाई। अपने ही एक सिनेमाई संवाद 'सेठ, मैं फेंके हुए पैसे नहीं उठाता' को बच्चन ने वास्तविक जीवन में भी चरितार्थ किया। यही नहीं, अपनी 61वीं वर्षगाँठ (11 अक्टूबर, 2003) पर उन्होंने घोषणा की कि मेरी कंपनी मेरे शेयरधारकों का मुझ पर एहसान (कर्ज) है। मैं इसे फिर से जिंदा कर रहा हूँ।

यह करिश्मा ही, यह मिसाल ही, इस जिज्ञासा का समाधान है कि इस पुस्तक में अमिताभ बच्चन पर यह निबंध क्यों? क्योंकि, उनके जीवन का यह करेले से भी कड़वा अनुभव इस कथन की पुष्टि करता है कि क्रिकेट की तरह जिंदगी में भी दो पारी होती हैं। पहली पारी की हार से ऐसा न हारें कि मैदान में लौटने का हौसला ही न बचे। पहली पारी की पराजय से सबक सीखकर जो पूरे आत्मविश्वास के साथ दूसरी पारी शुरू करते हैं, अंत में वे ही विजयश्री को वरण करते हैं।

मनोरंजन उद्योग का सिरमौर सेक्टर है सिनेमा। इसकी धुरी है बॉलीवुड। करोड़ों रुपयों का हर रोज कारोबार करने वाले इस मार्केट में वित्तीय अनुशासन है ही नहीं। लचर लेन-देन की पुरानी व लंबी परंपरा के कारण यहाँ कायदे-कानूनों व नैतिक बंधनों का सरेआम उल्लंघन होता है। इस बिकाऊ व कमाऊ उद्योग में कॉरपोरेट कल्चर लाने के संकल्प के साथ अमिताभ बच्चन ने सन् 1996 में एबीसीएल की स्थापना की थी। कंपनी के प्रमोटरों की ओर से निवेशित की जाने वाली प्रारंभिक पूँजी के लिए भी वे एक अभिनव आइडिया लेकर कैपिटल मार्केट में आए थे। कंपनी के प्रमोटर-द्वय अमिताभ बच्चन व जया बच्चन की ब्रांड वैल्यू का क्रमशः 15 करोड़ व 3 करोड़ रुपए मूल्यांकन किया गया था। यही कंपनी की प्रारंभिक पूँजी व शेयर मूल्य का आधार बनी थी। जनवरी में इन्वेस्टमेंट बैंकर कोटक महिन्द्रा ने 70 रुपए प्रीमियम (अंकित मूल्य 10 रु.) पर एबीसीएल के लिए बैंकों व वित्तीय संस्थानों से 60 करोड़ रुपए जुटाए थे। साहूकारों को इश्यू का प्रयोजन बताया गया था-'फिल्में बनाना, उनका वितरण करना, म्यूजिक अधिकार खरीदना व बेचना, टीवी सॉफ्टवेयर (प्रोग्राम) बनाना, इंटरटेनमेंट-इवेंट्स आयोजित करना।' अमिताभ बच्चन ने स्वप्न देखा-सन् 2000 में एबीसीएल 1000 करोड़ रुपए की इंटरटेनमेंट और फिल्म प्रोडक्शन कंपनी हो। हिन्दुस्तान लीवर के एक वरिष्ठ एक्जीक्यूटिव संजीव गुप्ता के नेतृत्व में कंपनी के रोजमर्रा के कामकाज के लिए प्रोफेशनल्स की टीम बनाई गई थी। पहले साल कंपनी ने अच्छा कारोबार किया व अच्छा मुनाफा (15 करोड़ रुपए) कमाया, पर इसके बाद नकद पूँजी की कमी होने लगी। बैंगलोर में विश्व सुंदरी शो को इसका बड़ा कारण बताया गया। मशहूर पाकिस्तानी गायक नुसरत फतेह अली के 86 एलबम के पैकेज की खरीदी भी महँगा सौदा साबित हुई। कई फिल्मों को भी अपेक्षित सफलता नहीं मिली। बुरे दिनों में मध्यस्थ वित्तीय संस्थानों ने भी हाथ खींच लिये। बच्चन ने अपने दोस्तों व रिश्तेदारों के पास एबीसीएल के 87.50 लाख शेयर सममूल्य (पहले 70 रु. प्रीमियम वसूला गया था) पर प्लेसमेंट करके 'ऑक्सीजन' जुटाई। दिल्ली की टी-सीरीज को एबीसीएल ने अपने संगीत अधिकार औने-पौने भाव में बेचकर भी पैसा इकट्ठा किया, पर एबीसीएल कुप्रबंधन का शिकार होती गई। सिने उद्योग तटस्थ मुद्रा में एबीसीएल की डूबती नैया को देखता रहा। पूँजी बाजार में चर्चा होने लगी कि अब अमिताभ बच्चन पहले की तरह बिकाऊ नहीं रहे हैं। उनकी ब्रांड इक्विटी के बिना

उनकी कंपनी का मूल्य शून्य है। संकट गहराया, साहूकार बेचैन हो गए और वसूली के लिए मुकदमे दायर होने लगे। अमिताभ बच्चन ने भास्कर समूह की पत्रिका 'अहा! जिंदगी' को एक साक्षात्कार में कहा है–मैं व्यावहारिक नहीं हूँ। नतीजा! मैं हिसाब-किताब नहीं सँभाल पाया। यह काम मेरे छोटे भाई अजिताभ देखते थे। वे जब अपने कारोबार के सिलसिले में लंदन बस गए तो मुझे सारी चीजें मैनेजरों के भरोसे छोड़नी पड़ी थीं।

जरा सिने जगत के शहंशाह के संकट की कल्पना तो करें। फिल्में फ्लॉप हो रही हैं... कठरोबारी वर्ल्ड एंडोर्समेंट करार का नवीनीकरण करने के लिए इच्छुक नहीं हैं...पुत्र अभिषेक को ब्रेक नहीं मिल रहा है... हिन्दी साहित्य के महासागर एवं अमिताभ के प्रिय बाबूजी हरिवंशराय बच्चन वृद्धावस्था के कष्टों से जूझ रहे हैं...उनके सिरहाने बैठी हैं बच्चन परिवार की ऊर्जा व अपने युग की दबंग महिला तेजी बच्चन...और बज उठती है प्रतीक्षा (बच्चन परिवार के घर) की कॉलबेल... द्वार पर खड़ा आगंतुक कहता है–'अमिताभ बच्चन वल्द हरिवंशराय बच्चन को बुलाइए... वसूली नोटिस लाया हूँ।' इस कल्पना दृश्य से मिलते-जुलते अनेक प्रसंग सुपर स्टार अमिताभ ने कई बार कैमरे के सामने दोहराए हैं, पर यह उन्होंने भी नहीं सोचा होगा कि वास्तविक जीवन में भी ऐसा होगा।

मर्द कौन? वह, जिसका तन पहलवान-सा हो, पर मन चूहे-सा? या वह, जिसकी छरहरी काया में समाया हो बुलंद हौसला? फिर अमिताभ तो अपने युग की जीवंत किंवदंती हैं। एक साक्षात्कार (इंडिया टुडे : अक्टूबर, 2002) में वे कहते हैं–'दुर्दिनों में एक दिन जागकर मैंने खुद से पूछा–मैं क्या कर रहा हूँ... फिर मैं यश चोपड़ा के पास गया और बोला–काम चाहिए।' परिणाम... जन्मी 'मोहब्बतें'। इसके साथ शुरू हुई अमिताभ बच्चन की दूसरी पारी, जिनके बारे में उनके मित्र कहते हैं–'बहुत भावुक हैं वो। उनमें दर्द सहने की अद्‌भुत क्षमता है।'

आगने दर्द को छुपाकर इस महानायक ने कैसे पूरी की होगी 'मोहब्बतें' ! अब कभी फिर से यह फिल्म देखें तो अमिताभ की आँखों में झाँकिएगा जरूर। आप पाएँगे–वे सजल हैं, पर इस जल में खुद डूब जाने या सारी दुनिया को डुबो देने का शहंशाही गुस्सा उनकी घनी पलकों का पर्दा भी छुपा नहीं पाया है। बहुत कम बोले हैं अमिताभ 'मोहब्बतें' में। पर, बहुत-कुछ कह गए हैं अबोले रहकर।

चलिए, हम अमिताभ बच्चन की 'रील लाइफ' को यहीं छोड़ें और फिर से रीयल लाइफ में लौटें। 'मोहब्बतें' बन रही थी कि स्टार प्लस ने 'कौन बनेगा करोड़पति' (केबीसी) के लिए संपर्क किया। लोगों ने सलाह दी कि ऐसा न करें। छोटे पर्दे पर 'महानायक' का आना भूल होगी। पर, विकल्प कहाँ था? उन्हें करीब 90 करोड़ रुपए का कर्ज लौटाना था और जिद थी कि एक-एक पैसा चुकाऊँगा। छोटे पर्दे पर एंकर बनने से खूब पैसा मिल रहा था। वे राजी हो गए। 'कौन बनेगा करोड़पति' के 85 एपिसोड के एंकर बनकर अमिताभ ने 15 करोड़ रुपए कमाए। 'कौन बनेगा करोड़पति' से सैकड़ों दर्शक लखपति/करोड़पति बने हैं, तो स्टार प्लस के दिन भी बदले हैं। पर इस शो ने अमिताभ बच्चन को फिर से पूरे मान-सम्मान के साथ बिजनेस वर्ल्ड में

लौटाया है। इसके बाद उन्हें एंडोर्समेंट्स (उत्पाद की गुणवत्ता की पुष्टि एवं प्रमोशन) ऑफर्स मिलने लगे। आईसीआईसीआई बैंक ने 10 करोड़ चुकाकर उन्हें ब्रांड एंबेसेडर बनाया। युवा प्रोफेशनल्स, निर्माता-निर्देशक तक ढलती उम्र के अमिताभ को लेकर फिल्में बनाने लगे। कहते हैं कि अपने चमकीले दौर में उन्हें इतने रुपए प्रति फिल्म नहीं मिले हैं, जो उन्होंने दूसरी पारी में वसूले। एक कटु अनुभव ने उन्हें प्रोफेशनल बना दिया। पार्कर पेन, रेड एंड टेलर, नॅरोलक पेंट्स, कैडबरी व डाबर के वे पब्लिक फेस (ब्रांड एम्बेसेडर) बने और इसके लिए भी उन्होंने करोड़ों रुपए फीस वसूली। बिग बॉस से उन्होंने 2.5 करोड़ रुपए कमाए। उत्तर प्रदेश सरकार ने उन्हें अपने प्रदेश की छवि सुधारने के लिए अनुबंधित किया। अमिताभ बच्चन ने मार्केट से पैसे जुटाए और एबीसीएल की बैलेंस शीट साफ-स्वच्छ कर दी।

डॉ. हरिवंशराय बच्चन

तेजी बच्चन

निजी जीवन में यह एक अभिनेता की वापसी थी तो सार्वजनिक जीवन में तीन चीजों की वापसी-एक, बॉलीवुड में वित्तीय अनुशासन की शुरुआत; दूसरे, कॉरपोरेट वर्ल्ड को मेहनत व ईमानदारी का संदेश एवं तीसरे, एबीसीएल का पुनर्जन्म। 'लेकर मुकरने वाले बॉलीवुड' के एक सितारे ने साबित किया कि 'मन के हारे हार है, मन के जीते जीत'। एबीसीएल का सारा कर्ज चुकाने के बाद बच्चन ने कहा था-'सबकी पाई-पाई लौटाकर मुझे संतोष मिला है। मैं फिर एबीसीएल को मार्केट में लौटा रहा हूँ।' चूक कहाँ हुई थी, इसका खुलासा करते हुए वे कहते हैं-'मैंने कथित प्रोफेशनल्स शैली अपनाई थी। मुझे कहा गया था कि एक्जीक्यूटिव्स पर पूरा भरोसा करूँ और उन्हें काम करने की आजादी दूँ। मुझे लगता है कि मुझे भी चौकस रहना चाहिए था। अंतिम निर्णय व नियंत्रण अपने कब्जे में रखना था। मैंने सबक सीख लिया है।'

जया बच्चन

अभिषेक बच्चन

इस कटु अनुभव के साथ नव-अवतरित एबी कॉर्प के लिए अमिताभ बच्चन ने नई टीम बनाई है। सितंबर, 2008 में समाप्त वित्त वर्ष में एबी कॉर्प ने 29.25 करोड़ की आय पर 19.26 करोड़ रुपए मुनाफा कमाया है। इस आय में 22.45 करोड़ रुपए एंडोर्समेंट आय है। सन् 2008 में 19 और 2009 में अमिताभ को 13 एंडोर्समेंट ऑफर्स मिले थे। बिग बॉस के 84 में से 24 एपिसोड्स में अमिताभ दिखाई दिए थे। इसके प्रति एपिसोड उन्हें 2.25 करोड़ रुपए मिले। अब पत्नी जया बच्चन के अलावा पुत्र अभिषेक और बहू ऐश्वर्या राय बच्चन भी उनके साथ हैं। एबी कॉर्प ने रिलायंस बिग पिक्चर्स के साथ 'पा' बनाई। 'पा' में 67 वर्षीय पिता ने पुत्र के 12 वर्षीय पुत्र की भूमिका निभाई। फिल्म बॉक्स पर हिट हुई। एबी कॉर्प

ऐश्वर्या राय बच्चन

की मराठी फिल्म विहिर को भी दर्शकों ने पसंद किया।

दूध के जले अमिताभ छाछ भी फूँक-फूँक कर पीने लगे। रफ व फास्ट ड्राइविंग के बजाय उन्होंने धीमी व सुरक्षित रणनीति अपना ली है, पर वे मनोरंजन उद्योग में नई क्रांति के अपने संकल्प से पीछे नहीं हटे हैं। अमिताभ अब इतने पेशेवर हो गए हैं कि काम माँगने और पैसा वसूलने में भी संकोच नहीं करते। दूसरे शब्दों में, कॉरपोरेट जगत में पहली पारी की हार को भूलकर हमारे युग के सिनेमाई ही नहीं, वास्तविक जीवन के भी महानायक ने पूरे आत्मविश्वास के साथ दूसरी पारी शुरू की है। अमिताभ के मित्र यश चोपड़ा इसे अपने युग की सबसे बेमिसाल वापसी कहते हैं। आइए, हम सब भी महानायक का स्वागत करें और जोर से शोर करें–'यस... यू हैव कम बैक शहंशाह...'।